현대 금융의 판도를 뒤바꾼 돈의 제왕들

월스트리트의 유대인들

THE MONEY KINGS
Copyright © 2023 by Daniel Schulman
Published by arrangement with William Morris Endeavor Entertainment, LLC.
All rights reserved.

Korean Translation Copyright © 2025 by Sangsang Academy
Korean edition is published by arrangement with William Morris Endeavor
Entertainment, LLC. through Imprima Korea Agency

이 책의 한국어판 저작권은 Imprima Korea Agency를 통해 William Morris Endeavor
Entertainment, LLC.와의 독점 계약으로 상상아카데미에 있습니다.
저작권법에 의해 한국 내에서 보호를 받는 저작물이므로 무단전재와 무단복제를 금합니다.

월스트리트의 유대인들
현대 금융의 판도를 뒤바꾼 돈의 제왕들

1판 1쇄 펴냄 2025년 9월 26일

지은이 대니얼 슐먼
옮긴이 민태혜
발행인 김병준·고세규
발행처 생각의힘
편집 정혜지 디자인 김경민·이소연 마케팅 김유정·신예은·최은규

등록 2011. 10. 27. 제406-2011-000127호
주소 서울시 마포구 독막로6길 11. 2, 3층
전화 편집 02)6925-4183, 영업 02)6925-4187 팩스 02)6925-4182
전자우편 tpbook1@tpbook.co.kr 홈페이지 www.tpbook.co.kr

* 책값은 뒤표지에 있습니다.
* 잘못된 책은 구입하신 서점에서 교환해 드립니다.

ISBN 979-11-94880-19-6 (93320)

현대 금융의 판도를 뒤바꾼 돈의 제왕들

월스트리트의 유대인들

대니얼 슐먼
민태혜 옮김

생각의힘

스테이시, 웨슬리, 리드에게
그리고
버나드 슐먼을 추모하며(1930~2022년)

차례

머리말: 빚 _ 13
프롤로그: 세일럼 필즈 _ 19

1부 기원

1. 그리고 형제들 _ 29
2. 행상들의 전진 _ 41
3. 명백한 운명 _ 55
4. 전쟁이 가져다준 부 _ 69

2부 성장

5. 제국의 도시 _ 99
6. 공황! _ 121
7. 작은 거인 _ 145
8. 도금된 게토 _ 159
9. 미국의 몬테피오레 _ 189
10. 대탈출 _ 213
11. 한 시대의 종말 _ 237

3부 황금시대

12. 합병과 인수 _ 267
13. 동업자와 경쟁자 _ 293

14 주피터의 그림자 _ 311
15. 완전한 평화 _ 331
16. 전쟁의 힘줄 _ 369
17. 해리먼 제거 동맹 _ 409
18. 골드만 삭스의 황금 _ 437
19. 그리고 여전히 그들은 오고 있다 _ 457
20. 여권 문제 _ 485
21. 사냥꾼들 _ 507

4부 왕조의 몰락

22. 우리 사이에 놓인 장벽 _ 543
23. 연합국 _ 573
24. 영웅의 땅 _ 589
25. 비극의 서막 _ 629
26. 헨리 포드 _ 651
27. 다가올 세상 _ 675

에필로그: 다시 찾은 세일럼 필즈 _ 713
도움 주신 분들께 _ 719
주 _ 725
참고문헌 _ 761
사진 출처 _ 763
찾아보기 _ 765

가계도

- 굵은 선(—)은 결혼을 의미
- 괄호 안은 결혼 전 성을 뜻함

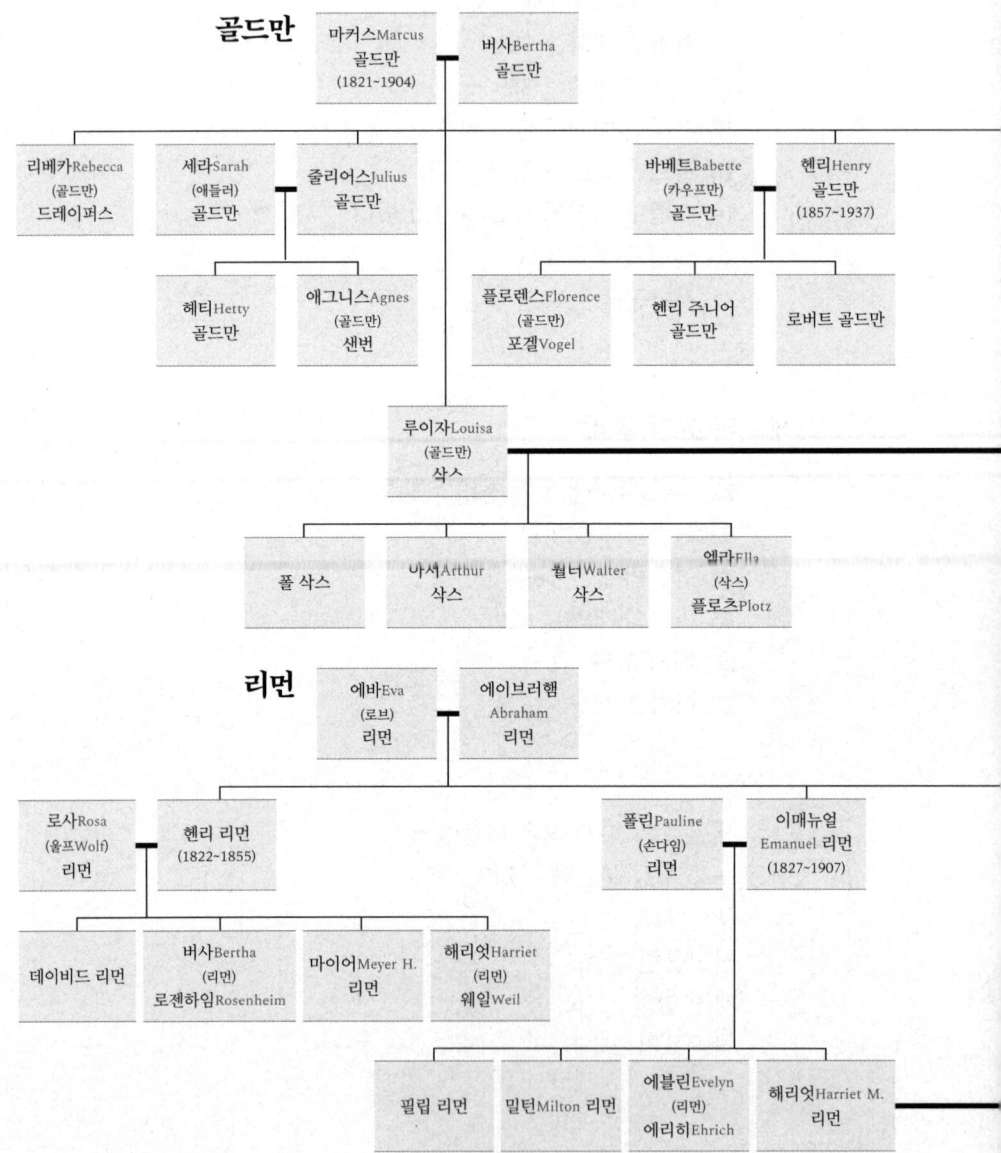

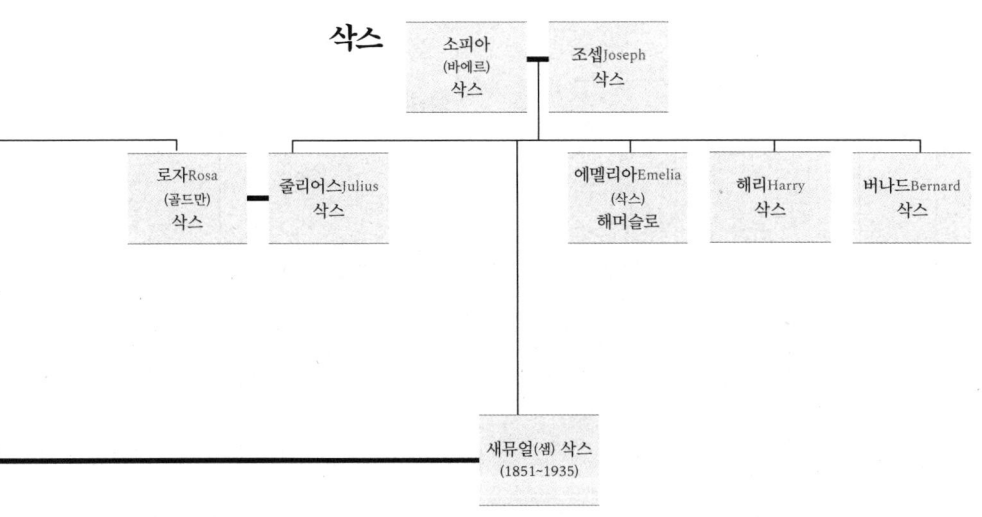

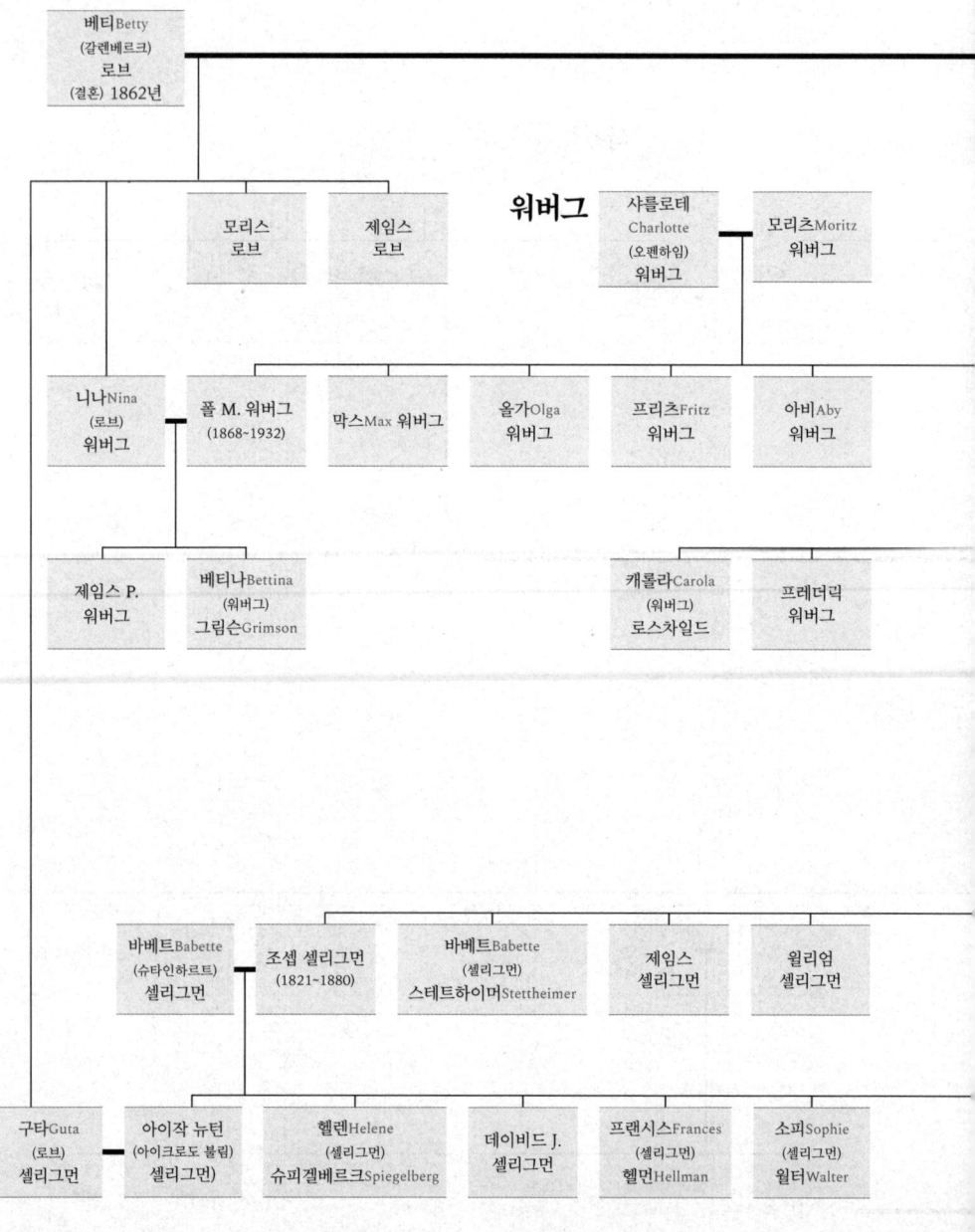

일러두기

1. 이 책은 *THE MONEY KINGS : The Epic Story of the Jewish Immigrants Who Transformed Wall Street and Shaped Modern America*(2023)를 우리말로 옮긴 것이다.
2. 단행본은 겹화살괄호(《 》), 신문, 잡지, 영화, 방송 프로그램 등은 홑화살괄호(〈 〉)로 표기했다. 대괄호([ ])는 저자가, 거북등 괄호(〚 〛)는 편집자가 이해를 돕기 위해 원서에 없는 내용을 덧붙인 것이다. 국내에 소개된 작품이나 매체의 이름은 번역 용례를 따랐고, 소개되지 않은 경우에는 원어 제목을 독음대로 적거나 우리말로 옮겼다.
3. 옮긴이 주는 '_옮긴이'로 밝혔다. 미주는 원서의 주이다.
4. 원서의 이탤릭체는 본문에도 이탤릭체로 표기했다.
5. 외래어는 국립국어원의 표준어 규정 및 외래어 표기법을 따르되 일부는 관례와 원어 발음을 존중하여 그에 가깝게 표기했다.
6. 인명 표기는 최대한 거주한 국가의 발음 관례를 따랐다. 같은 성의 인물이 많은 경우 주로 이름first name으로 표기했다. 다만 제이컵 H. 시프는 시프로, 존 피어폰트 모건은 모건으로 대부분 표기했다.
7. 거리 이름의 경우 Street는 가街로, Avenue는 애비뉴로 표기했다.

1   셀리그먼 여덟 형제 중 장남인 조셉은 행상에서 출발해 미국의 저명한 금융 가문 중 하나를 일구었다. 한 손자에 따르면, 무일푼에서 시작한 그의 성공 스토리는 호레이쇼 앨저 소설의 자수성가형 주인공들의 영감이 되었다.
2   제시 셀리그먼의 샌프란시스코 잡화점은 셀리그먼 가문에서 가장 큰 수익원이 되었다. 이후 그의 셀리그먼앤컴퍼니는 파나마 운하 스캔들에 휘말리게 된다.
3   행상들은 도보나 마차를 이용해 가까운 곳에 상점이 없는 농장, 광산촌, 시골 마을을 찾아다녔다. 행상은 갓 도착한 유대인 이민자들에게 경제적 사다리의 첫 단계가 되는 경우가 많았다.

4   1866년 남북전쟁이 끝나기 몇 달 전의 메이어 리먼. 남부연합군 포로들을 위한 임무를 수행했다.
5   앨라배마주 몽고메리의 사우스코트가에 위치한 메이어와 바베트 리먼 부부의 대저택.
6   리먼 일가의 본사는 몽고메리의 주요 상업 중심지인 코트 스퀘어에 있었다.

7   1888년경 뉴욕 태리타운에서의 사진. 중앙의 메이어와 바베트 리먼 부부가 자녀들 및 손주들과 함께 앉아 있다. 앞줄에는 허버트(왼쪽)와 어빙이 앉아 있고, 뒷줄에는 시그먼드(가운데)와 아서(맨 오른쪽)가 서 있다.

8   리먼 브라더스의 뉴욕 진출 초석을 놓은 이매뉴얼은 모험심 강한 동생보다 훨씬 신중한 인물이었다. 집안에서는 "메이어가 돈을 벌면 이매뉴얼이 그 돈을 잃지 않게 지킨다"는 농담이 회자되었다.

9   제1차 세계대전 당시 군복을 입은 허버트 리먼. 리먼 브라더스의 파트너 자리에서 물러나 정계에 입문했다. 1932년에는 프랭클린 루스벨트에 이어 뉴욕 주지사가 되었고, 이후에는 연방 상원의원으로도 활동했다.

10 프랑크푸르트 유대인 게토에 위치한 '하우스 춤 그뤼넨 실트(Haus zum Grünen Schild)'는 17세기와 18세기에 시프 일가가 거주했던 집이다. 로스차일드 은행 가문의 시조 메이어 암셸 로스차일드는 18세기 후반 이 집을 구입했다.

11 "그녀는 독일 최고 가문에서 자란 것 같았다"고 제이컵은 장차 아내가 될 테레즈 로브에 대해 어머니에게 편지에 썼다. 테레즈는 쿤로브 공동 창업자인 솔로몬 로브의 장녀다.

12 프랑크푸르트의 저명한 유대인 가문 출신인 제이컵 시프는 1875년 쿤로브의 파트너로 합류하여, 미국 최고의 투자은행가 중 한 사람이 되었다.

13 솔로몬 로브는 의류 사업으로 신시내티에서 성공을 거둔 뒤, 1867년 에이브러햄 쿤과 쿤로브를 공동 설립했다.

14 솔로몬 로브의 두 번째 아내 베티는 클래식 교육을 받은 피아니스트였으며, 가족의 자선 활동을 이끄는 중심인물이었다.

15 솔로몬 로브의 처남 에이브러햄 쿤은 쿤로브를 설립한 직후 독일로 돌아갔다. 그는 프랑크푸르트에서 제이컵 시프를 새 파트너로 영입했다.

16 시프 가족과 로브 가족이 메인주 바 하버의 별장 '파뷰(Far View)'에서 찍은 사진. 시프 가족은 매년 8월 이곳에서 휴가를 보냈다. 앞줄 오른쪽부터 왼쪽으로 제임스 로브, 베티 로브, 제이컵 시프, 모티머 시프, 테레즈 시프, 솔로몬 로브가 앉아 있다. 사진에는 또한 아이작 뉴턴과 구타 셀리그먼(둘째 줄 오른쪽), 펠릭스와 프리다 워버그(둘째 줄 중앙), 오토와 애디 칸(발코니 오른쪽)도 함께 등장한다.

17 아이들이 헨리가 복지관의 뒷마당에서 놀고 있다. 《다른 절반은 어떻게 사는가》의 저자이자 고발 보도 사진가였던 제이컵 리스가 촬영한 사진으로, 도시 빈민들의 고단한 삶을 기록한 작품이다.

18 릴리언 왈드는 로어이스트사이드에 방문 간호 서비스를 만들겠다는 구상을 품었고, 이는 제이컵 시프의 지원으로 헨리가 복지관으로 귀결되었다. 시프는 이 사회복지 단체에 헨리가 265번지에 위치한 본부 건물을 기증했다.

19 1845년에 설립된 이매뉴얼 회당은 뉴욕 최초의 개혁 유대교 회당이었다. 로어이스트사이드의 임대한 방에서 출발해 핍스 애비뉴의 웅장한 회당으로 확장된 이매뉴얼은 맨해튼 독일계 유대인 상류층의 정신적 중심지였다.

20 새뮤얼과 루이자 삭스 부부의 세 아들 중 막내 월터는 1908년 골드만 삭스에 합류했으며, 1980년 사망할 때까지 파트너로 재직했다.

21 마커스 골드만은 뉴욕 금융 지구에서 소규모 단기 대출을 기업에 제공하며 금융업을 시작했다. 신용평가사 던스는 처음에는 "사업을 하기엔 지나치게 소심한 사람"이라고 그를 평가했다.

22 마커스와 버사 골드만은 결혼 50주년을 새뮤얼과 루이자 삭스의 뉴저지 해안 별장 엘런코트에서 여러 가족과 함께 기념했다. 세 번째 줄 맨 오른쪽에 헨리 골드만이 서 있다.

23 뉴욕 사라토가의 그랜드유니언 호텔에서 벌어진 반유대인 정책을 풍자한 이 그림은 1877년 〈퍽(Puck)〉지에 실렸다.
24 한때 세계에서 가장 큰 호텔이던 그랜드유니언은 여름철에 상류층과 부유한 휴양객들을 위한 숙소로 운영되었다. 1953년에 철거되었다.
25 조셉 셀리그먼이 그랜드유니언 호텔에서 쫓겨난 사건은 몇 주 동안 언론의 헤드라인을 장식했으며, 미국 역사상 가장 악명 높은 반유대주의 사건 중 하나로 기록되었다.

26 산책 중인 제이컵 시프와 테레즈 시프.

27 1901년, 시프 부부는 결혼한 아들 부부에게 핍스 애비뉴 932번지 자택을 선물로 증여하고, 조금 위쪽 965번지에 새로 저택을 지어 이사했다. 사진의 이 저택은 당대에 "시대를 구획 짓는 대저택"이라 불렸다.

28 핍스 애비뉴 965번지의 응접실. 〈아키텍처럴 레코드〉지는 이 공간을 "벽의 디자인과 가구의 성격 모두 루이 15세 시대 양식"이라고 평했다.

29 모티머와 아델 시프 부부는 결혼 생활에 문제가 있었고, 자녀 도로시와 존이 태어난 이후로는 거의 따로 살았다.

30 뉴저지 해안 엘버론 소재 삭스 가문의 별장 엘런코트는 시프, 필립 리먼 등 독일계 유대인 금융 거물들의 여름 별장 근처에 있었으며, 새뮤얼과 루이자 삭스의 딸 엘라의 이름을 따서 지어졌다. 월터 삭스는 이 별장을 "아주 작은 규모의 베르사유" 같았다고 말했다.

31 1919년 베르사유에서 촬영된 막스 워버그(오른쪽)와 워버그은행 파트너 카를 멜키오르는 독일에 부과된 가혹한 평화조약 때문에 독일에서 반유대주의 증오의 표적이 되었다.

32 1929년 8월, 아비의 '문화과학 도서관' 첫 이사회 회의 이후 촬영된 워버그 형제들. 왼쪽 위부터 시계 방향으로 펠릭스, 프리츠, 아비, 막스, 폴.

33 1918년 7월 10일, 공동분배위원회와 미국유대인구호위원회 대표들이 쿤로브 사무실에 모였다. 테이블 끝자리에 펠릭스 워버그와 제이컵 시프가 앉아 있고, 시프 바로 뒤에는 아서 리먼과 사이러스 애들러가 서 있다.

34 펠릭스와 프리다의 핍스 애비뉴 1109번지의 저택은 1908년에 완공되었다. C. P. H. 길버트가 설계했으며, 현재 유대인 박물관으로 사용되고 있다.
35 1922년 8월, 이탈리아 코르티나에서 활기찬 모습의 펠릭스 워버그.
36 펠릭스, 프리다, 에드워드 워버그가 뉴욕주 법무장관을 잠시 지낸 사이먼 W. 로젠데일과 함께 찍은 사진.

37 1907년경, 중앙의 존 피어폰트 모건. 그가 해리먼과 시프를 상대로 벌인 노던퍼시픽철도 지배권 쟁탈전은 월스트리트를 혼란에 빠뜨렸다.

38 철도 재벌 에드워드 H. 해리먼은 테디 루스벨트 대통령의 트러스트 해체 정책의 핵심 표적이 되었다.

39 1913년경, 그레이트노던철도 사장 제임스 J. 힐은 오랜 친구 제이컵 시프에게 노던퍼시픽철도에 대한 자신의 의도를 숨겼다.

40 모노폴리 게임의 부자 캐릭터에 영감을 준 인물인 오토 칸은 핍스 애비뉴, 팜비치의 사우스 오션 대로, 롱아일랜드 노스쇼어 등지에 궁전 같은 저택들을 소유했다. 그중 롱아일랜드에는 127개 객실을 갖춘 오헤카 캐슬이 있다.

41 예술 후원자이자 기획자인 오토 칸은 메트로폴리탄 오페라를 구하는 데 기여했으며, 초기 할리우드의 금융 후원자이기도 했다.

42 1932년 쿤로브의 파트너들. 중앙에서 시계 방향으로 오토 칸, 제롬 하나우어, 루이스 스트라우스, 존 시프, 펠릭스 워버그, 벤저민 버튼위저, 프레더릭 워버그, 윌리엄 와이즈먼. 맨 뒤 벽에는 전년도에 별세한 모티머 시프의 초상화가 걸려 있다.

43 1920년대에 리먼 브라더스의 수장이 된 바비 리먼은 "은행업보다 예술에 훨씬 더 관심이 많았다"고 그의 한 파트너는 회고했다. 그의 예술 컬렉션은 메트로폴리탄 미술관의 한 전시관을 채우고 있다.

44 자동차를 일찍부터 좋아했던 제프 셀리그먼(제임스와 로자 셀리그먼의 아들)이 1908년 2만 2,000마일에 달하는 '그레이트 레이스' 출발점에 서 있다.

45 모티 시프가 1923년 12월, 캘빈 쿨리지 대통령과의 면담을 마치고 백악관을 떠나는 모습.

46 새뮤얼 삭스. 그와 그의 매형 헨리 골드먼 사이의 긴장이 격화되면서 큰 분열이 생겼고, 결국 헨리는 아버지 마커스가 설립한 회사를 떠났다.

47 이매뉴얼 리먼의 둘째 아들 필립은 골드만 삭스와의 증권 인수 파트너십을 주도하며, 리먼 브라더스는 물론 월스트리트 전체의 미래를 획기적으로 바꿔놓았다.

  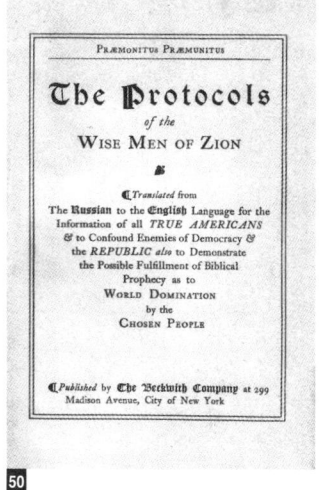

48 헨리 포드는 1919년, 경영난에 처한 〈디어본 인디펜던트〉를 인수했다. 이 신문은 곧 7년에 걸쳐 92개 호에 이르는 반유대인 캠페인을 전개하며 현대 반유대주의의 원천 중 하나가 되었다.

49 〈디어본 인디펜던트〉의 반유대적 글들은 독일 전역에 널리 퍼졌고, 히틀러와 다른 나치 지도자들에게 영향을 주었다. 그들은 헨리 포드를 하나의 영감으로 여겼다.

50 1900년대 초 러시아에서 처음 인쇄된 위서 《시온 장로 의정서》. 로마노프 왕조 지지자인 보리스 브라솔에 의해 1920년에 미국에서 출간되면서 주목을 받기 시작했다.

51 나치 선전물에 등장한 사진 중앙의 막스 워버그. 제목은 "금융 시장의 지배자 유대인들. 독일 은행산업 이사회에 있는 네 명의 유대인"이다.

52 1936년경 제작된 나치 선전 이미지로, 제목은 "유대인은 노동을 피하고, 다른 이들에게 일을 시킨다." 오른쪽 상단에는 펠릭스 워버그와 제이컵 시프의 사진이 있다.

53 연방준비제도 초대 이사회. 왼쪽 위에서 시계 방향으로 폴 워버그, 존 스켈턴 윌리엄스, 윌리엄 하딩, 아돌프 밀러, 찰스 햄린, 윌리엄 매커두 주니어, 프레더릭 델러노 2세.

54 저자의 할머니 레나는 1900년대 초 현재의 우크라이나 서부 지역에 해당하는 작은 마을에서 뉴욕으로 이주했다. 사진의 그녀는 세 아들 레이먼드, 마빈, 가운데에 있는 저자의 아버지 버나드와 함께 있다.

55 1907년 7월 1일, 제이컵 시프의 갤버스턴 이민 운동을 통해 첫 번째 유대인 이민자 집단이 텍사스에 도착했다.

56 1913년 9월 3일, 제이컵 시프가 뉴욕 시장 윌리엄 게이너의 재선 후보 지명식에서 그의 곁에 서 있다.

머리말

—

빚

내 서른 번째 생일에 나는 아버지를 모시고 뉴욕 어퍼이스트사이드의 아버지 집에서 윌리엄스버그Williamsburg까지 6마일을 운전해서 갔다. 그곳은 아버지 가족이 건너편의 벤슨허스트Bensonhurst로 이사 가기 전까지 아버지가 중학교 시절을 보낸 곳이다. 그가 살았던 동네는 20분 정도밖에 떨어져 있지 않았지만, 다시 찾기까지 수십 년이 걸렸다. 그는 "인생의 절반을 브루클린에서 벗어나려고 노력했는데 왜 이제 와서 거길 다시 가겠어?"라며 농담을 했다.

우리는 윌리엄스버그 다리 그늘에 자리한 유명한 스테이크 하우스 피터 루거Peter Luger에서 점심을 먹었다. 1887년에 문을 연 이곳은 한때 지역 유력 인사들의 메카였다. 아버지는 첫 방문이었다. 그는 부모님이 유대 율법에 따라 집에서 유대 식단인 코셔kosher를 지켰고 생활비도 빠듯했기 때문에 이곳에 올 수 없었다. 점심 식사 후 나는 아버지가 어릴 적 살던 맥키빈McKibbin가의 벽돌로 지은 5층짜리 다세대 주택을 찾아가보자고 제안했다. 어린 시절 아버지는 3층에 있는 방 두 개짜리 집에서 살았다. 그와 두 형이 작은 방 하나를, 부모님이 다른 방을 사용했다. 다섯 식구 중 막내였던 아버지는 바로 위의 형인 마빈Marvin과 함께 자야 하는 좁은 침대가 불편해 종종 거실 소파에서 자곤 했다고 회상했다. 어머니가 양파와 닭 껍질을 튀겨 만든 유대인의 별미 *그리베니즈*gribenes의 맛있는 냄새, 배달을 하러 계단을 올라오는 얼음 장수의 쿵쾅거리는 발소리, 무더운 여름밤 옥상에서 느끼던 시원한 산들바람, 동네에서 스틱볼 게임을 하던 중 스팔딘spaldeen(높이 튀어오르는 고무공_옮긴이)을 빗자루 손잡이로 칠 때 느꼈던 짜릿함 등 그의 생생한 기억의 대부분은 맥키빈가 시절의 것이었다.

그 집은 또한 성질 급하고 폭력적이던 그의 아버지에 대한 기억을 불러냈다. 허리띠와 주먹을 휘두르며 명령하고 결국에는 가족을 내팽개치고 내연녀를 찾아 떠난 아버지와 그로 인한 두려움과 분노, 불확실한 앞날에 대한 불안이었다.

아버지는 마치 화성의 풍경을 살피듯 차창을 스치며 지나가는 베드퍼드Bedford 애비뉴의 옷가게와 술집을 가만히 내다보았다. 이제 그곳은 대공황 시기 젊은 시절을 보냈던 그 거칠고 불쾌한 거리가 아니었다. 마침내 우리는 부시윅Bushwick 애비뉴에서 벗어나 추레하고 낙서로 뒤덮인 일방통행 도로변의 그가 살았던 오래된 건물로 향했다. 우리가 찾는 건물은 이미 철거된 상태였다. 이 지역은 완전히 달라졌지만 놀랍게도 단번에 알아볼 수 있었다. 여전히 이민자의 동네이기는 했지만, 예전에는 이디시Yiddish어(아슈케나지, 즉 독일 및 동유럽 유대인이 사용했던 언어_옮긴이)가 사용되던 곳에서 이제는 스페인어가 들렸다.

우리는 주차를 하고 걸어서 동네를 돌아보기로 했다. 아버지는

랜드마크격 건물들을 기억해냈다. 그가 다녔던 147번 공립 초등학교, 길 아래에 쪼그려 앉은 듯한 땅딸막한 벽돌 도서관. 아버지는 "우리는 거의 유럽에 있는 것처럼 살았지"라며, 그가 이곳에 도착했을 때만 해도 주변 거리는 각기 다른 나라 같았다고 설명했다. 그는 손가락으로 한 방향을 가리키며 "이탈리아 사람들은 이 다음 블록에 살았지"라고 말했다. 동유럽의 집시들은 "상점 안에서 살았어." 맥키빈가에는 그의 민족인 유대인이 거주했다.

미국 사회에 동화된 부유한 독일계 유대인들은 맨해튼의 업타운에 살았으며 아버지의 동족을 오스트유덴Ostjuden, 즉 '동유럽 유대인'이라고 불렀다. 그들은 오늘날 헝가리, 폴란드, 러시아, 우크라이나에서 온 박해받던 가난한 이민자들로, 19세기 말에서 20세기 초에 뉴욕에 도착한 증기선에서 수백 명씩 쏟아져 나와 로어이스트사이드와 윌리엄스버그를 비롯해 다른 유대인 거주 지역으로 뿔뿔이 흩어져 맥키빈가의 다세대 주택과 같은 곳에 모여 살았다.

나의 할머니 레나Lena는 1900년대 초에 지금의 우크라이나 서부인 페레미슬리야니Peremyshlyany에서 뉴욕으로 이민을 왔다. 당시 여덟 살이던 그녀는 혼자서 배를 타고 하선할 때 한 번도 만나본 적 없는 삼촌이 자신을 알아볼 수 있도록 목에 팻말을 걸고 미국에 왔다고 한다. 나의 할아버지 일라이어스Elias(모두 그를 앨Al이라고 불렀다)도 어린아이였던 1905년 가을, 차르가 유대인의 거주를 허용한 러시아 제국 서쪽 변방의 페일 정착지Pale of Settlement(1791년부터 1917년까지 사이에 존재했다_옮긴이)에서 반유대주의 폭력이 고조되자 부모, 형제자매와 함께 지금의 라트비아 항구도시 리바우를 떠나 뉴욕에 왔다.

레나는 맨해튼의 한 제과점에서 캔디 디퍼(사탕 만들 때 초콜릿 등을 코팅하는 사람_옮긴이)로 일했다. 동네 터프가이였던 앨은 운전기사, 영업사원, 이삿짐센터 일을 전전하다 민주당 지역 정치조직과 쌓은 인맥을 통해 마침내 국세청 일자리를 얻었다.

앨과 레나는 이 책의 주인공들인 극소수 상류층과는 전혀 다른 세상에서 살았다. 그들은 앨과 레나가 몇 번을 다시 태어나 벌어도 살 수 없을 정도로 비싼 바로크 걸작품을 소장한 맨해튼의 초호화 저택에 살았다. 그러나 이토록 다른 두 세계는 그들이 종교 그리고 자랑스러우면서도 슬픈 투쟁과 이주의 역사를 공유한 덕분에 떼려야 뗄 수 없는, 하지만 불편한 관계로 묶여 있었다.

나의 조부모님은 이 두 세계를 연결하는 투자은행계의 거물 제이컵 시프Jacob Schiff를 잘 알았을 것이다. 아마도 그들은 아궁이에 석탄을 뗄 수 있을 만큼 넉넉하거나 직업을 가지고 있거나 혹은 '운저 얀켈Unser Yankele'(우리의 작은 야곱)이 지원하는 다양한 사회복지 프로그램 중 하나 덕분에 영어를 배운 동료 이민자가 경건하게 언급하는 그의 이름을 들었을 것이다. 아니면 어떤 시오니스트가 유대인의 조국을 세우는 것은 미국인의 애국심을 자극할 위험이 있다는 시프의 주장에 격분하여 그를 비난하는 말을 우연히 들었을지도 모른다. 어쨌든 앨과 레나의 청소년기에도 시프는 늘 그곳에 있었다. 그는 이민자들을 자애롭게—가부장적이긴 했지만—이끌어가는 자칭 미국 유대인의 지도자였다. 월스트리트에서 그의 유일한 대항마는 무시무시한 존 피어폰트 모건John Pierpont Morgan 뿐이었다.

시프는 유대인의 안정된 미래를 위해 자신의 재산을 아낌없이 쏟아부었다. 그 당시 유대인의 장기적인 존립은 매우 불투명했다. 제1차 세계대전의 서막이 오르며 동유럽과 러시아의 상황은 악화일로였고 유대인 학살과 폭력을 알리는 해외로부터의 전보가 쌓여 가는 가운데 시프는 미국이 이민자들의 피난처로 남을 수 있도록 애를 썼다. 결코 간단한 일은 아니었다. 당시의 격렬한 이민 논쟁은 오늘날과 놀라울 정도로 흡사했다. 정치인들은 강력한 이민 제한을 요구했고, 질병을 옮기는 외국 범죄자들이 미국으로 난입하여 국가의 품격을 떨어뜨리고 사회의 성가신 존재가 될 것이라는 공포를 부추겼다. 미국은 이민자들을 위한 문을 금방이라도 닫을 것처럼 보였다. 결국—비극적이게도—미국은 그 문을 닫아버렸다.

시프는 다른 부유한 독일계 유대인 금융가들과 함께 유대인 이민을 억제하려는 시도에 성공적으로 맞섰다. 시프가 가장 활발하게 활동했던 1890년부터 1920년 사이에 미국의 유대인은 40만 명에서 340만 명으로 급증했다. 시프를 필두로 한 유대인 자선가들은 학교와 병원, 고아원, 직업 훈련 센터 등 수많은 다양한 조직과 지원 네트워크를 만들고 운영하면서 새로 도착한 유대인들이 빠르게 적응할 수 있도록 도왔다. 시프와 그의 동료 지도자들은 (항상 화기애애하지는 않았지만) 함께 힘을 모아 최초의 미국 유대인 압력단체를 결성하여 대외적으로는 유대인의 권리를 강력히 옹호하고 국내적으로는 자유로운 이민 정책을 수립하도록 압력을 가했다.

앨과 레나, 그리고 그들의 아들인 내 아버지와 삼촌들은 시프와 그의 동료들에게 자신들이 생각하는 것보다 더 많은 빚을 지고 있었다. 시프와 그 친구들의 후원과 자선 활동이 없었다면 내 조부모님과 부모님 그리고 삼촌들의 미국 이야기—그리고 나의 이야기—는 불가능했을지도 모른다. 세기의 전환기에 기회를 찾아 미국에 온 러시아와 동유럽 이민자의 후손인 수백만 명의 미국 유대인 역시 마찬가지의 빚을 지고 있다.

이 책은 현대 금융 자본의 발전 그리고 골드만 삭스, 쿤로브_{Kuhn Loeb}, 리먼 브라더스 같은 굴지의 기업을 설립하고 오늘날 우리가 살고 있는 세상을 만들어내는 데 큰 영향을 끼친 월스트리트의 선구자들을 다룬다. 또한 앨과 레나와 같은 이민자들이 어떻게 이 나라에 도착했고 어떻게 번창할 수 있었는지에 관한 이야기이기도 하다.

이제 서로 달라 보이는 이야기들이 씨줄과 날줄처럼 교차하면서 만들어내는 하나의 놀라운 서사를 풀어보겠다.

프롤로그

—

세일럼 필즈

1920년 9월 28일은 즐거운 날이어야 했다. 이날은 화요일로 수코트Sukkot 기간이었다. 수코트는 침울한 속죄의 날 욤 키푸르Yom Kippur에 이어 일주일간 열리는 유대인 추수 축제로, 환희와 기쁨 속에 맘껏 먹고 노래하는 때였다. 하지만 이날 뉴욕시에는 슬픔과 우울함이 무겁게 내려앉아 있었다.

일기 예보에 따르면 날씨도 '오락가락'했으며, 습기와 비로 인해 공기마저 내내 축축했다. 판사들은 그날 아침 공판을 휴정했고, 금융가에는 조기弔旗가 내걸렸다. 평소 같으면 미로처럼 얽힌 행상인의 손수레 사이를 뚫고 사람들이 어깨를 부딪치며 떠밀리듯 다녔을 로어이스트사이드 거리는 놀라울 정도로 조용했다. 행상인들은 매대의 물건들을 덮었고 상인들은 가게 문을 닫았다. 상점의 닫힌 창문과 다세대 주택, 사회복지관, 고아원 현관에는 영어와 히브리어로 "이스트사이드는 제이컵 H. 시프의 죽음을 애도합니다"라고 적힌 플래카드가 걸렸다.[1]

은행가이자 자선가이며 월스트리트의 막강한 쿤로브의 수장이던 그는 며칠 전 세상을 떠났다. 그는 아주 키가 작은 사람—후하게 반올림했을지도 모르지만 그는 여권에 5피트 6인치로 적혀 있다고 주장했다—이었지만, 금융계와 유대인 사회에서는 거인이었다. 뉴욕의 한 신문은 그를 "유대인 중 세계에서 가장 중요한 인물"이라고 묘사했다.[2] 그는 살아생전 철도산업 패권을 두고 J. P. 모건과 다투었고, 이민과 대외정책을 놓고 미국 대통령들에 정면으로 맞섰으며, 억압받는 유대교 형제들을 대신해 러시아 제국 전체와 전쟁을 벌였다. 그는 73년 전 프랑크푸르트에서 태어났을 때와는 엄청나게 달라진 세상을 남기고 떠났다.

아마도 애도객들 역시 그렇게 느꼈을 것이다. 그들은 한 인간이 아니라 한 시대와 작별을 고하고 있었다.

43번가와 핍스fifth 애비뉴에 무어 양식을 재해석한 스타일로 지어진 유대교 회당synagogue 이매뉴얼Emanu-El은 2,000명을 수용할 정도로 큰 곳이지만 이날은 사람들이 더 들어갈 수 없을 정도로 꽉 찼다. 반들반들한 호두나무로 만든 신도석은 명사들로 가득했다. 유니언퍼시픽과 펜실베이니아철도 사장, 광산 재벌과 거물 보석상, 전직 대사와 미래의 대사, 남북전쟁에서 제퍼슨 데이비스Jefferson Davis를 포로로 잡은 장군, 시어스Sears 창립자, 〈뉴욕 타임스〉 발행인 등의 유명인사는 23명의 명예 운구인들 중 일부에 불과했다. 이들 중에는 당시 가장 유명한 뉴요커 중 한 명으로 시프의 쿤로브 파트너이자 모노폴리 맨Monopoly Man (부동산을 사고 파는 보드게임_옮긴이)의 탄생에 영감을 준 것으로 알려진, 콧수염을 기른 유쾌한 금융가이자 정치가인 오토 칸Otto Kahn도 있었다.

그러나 가장 놀라운 광경은 이매뉴얼 회당의 동굴 같은 내부가 아니었다. 78번가 모퉁이에 있는 그의 자택에서부터 핍스 애비뉴를 따라 이어진 시프의 장례 행렬이었다. 블록마다 수천 명의 사람들이 서 있었는데 그중 상당수는 조의를 표하러 온 이스트사이드의 가난한 유대인 이민자들이었다. 그들은 꽃으로 뒤덮인 시프의 관이 지나갈 때 머리를 숙여 인사했다.

예배가 끝난 후 군중이 장례 행렬에 합류하자 뉴욕의 최하층과 최상류층 시민이 한데 뒤섞였다. 이들은 퀸즈버러 다리까지 행진해 갔다. 거기서 시프의 관은 세일럼 필즈Salem Fields를 향해 갔다. 그곳은 이매뉴얼 회당 신도들이 브루클린과 퀸즈에 걸친 넓고 완만한 구릉지에 만든 공동묘지다. 몇몇 위풍당당한 묘소들이 언덕 비탈면에서 점점이 반짝였는데, 이 묘소들에는 성서의 장면을 묘사한 루이스 컴퍼트 티파니Louis Comfort Tiffany의 스테인드글라스 창문이 달려 있었다. 세일럼 필즈에는 시프가 잘 알고 지냈던 미국 최고의 금융계 거물 중 몇몇도 묻혀 있었다. 바로 남북전쟁 당시와 그 이후 미국 채권을 대량으로 판매하여 위태위태한 국가를 유지하고 강화하는 데 이바지했던 제시 셀리그먼Jesse Seligman과 조셉 셀리그먼Joseph Seligman, 기업어음CP 시장의 개척자인 마커스 골드만Marcus Goldman, 뉴욕 면화거래소 설립을 도운 상품 거래의 천재 이매뉴얼Emanuel과 메이어 리먼Mayor Lehman이 그들이다.

20톤짜리 화강암 석판을 끼워 맞춰 만든 로마 시대 신전을 연상시키는 시프의 위풍당당한 묘역이 나머지 다른 무덤들을 내려다보는 듯했다. 그는 미국이 금융 강국, 나아가 세계 초강대국으로 발전하는 데 중추적인 역할을 한 독일계 유대인 왕조의 마지막 제왕이자 가장 영향력 있는 인물 중 한 명이었다. 셀리그먼앤컴퍼니J. &W. Seligman & Company, 골드만 삭스, 쿤로브, 리먼 브라더스 같은 이들 독일계 유대인 회사는 철도와 수송 체계, 공공시설과 거대 산업, 그리고 도시와 국가를 자본화했다. 이들은 미국에서 가장 상징적인 기업들, 예를 들면 굿리치B.F.Goodrich, 제너럴 모터스, 코닥, 메이시스Macy's, 파라마운트, 폴라로이드, 시어스, 스터드베이커 Studebaker, 유에스러버U.S.Rubber, 웨스턴유니언Western Union, 웨스팅하우스, 울워스Woolworth 같은 많은 기업을 탄생시키는 데에 기여했다. 그리고 이는 20세기에 그들이 미친 엄청난 영향력의 한 단면에 지나지 않는다.

시프의 장례식 날 그의 지인 중 한 명은 "그는 오늘날 뉴욕의 경제 활동을 한 단계 더 높인 작지만 강력한 영향력을 지닌 그룹의 구성원이었다"라며 "미국의 기업과 산업을 연구하는 미래의 역사가는 비록 결점도 있었지만 그들이 시대를 앞선 혜안과 역량을 갖추고 한 시대를 풍미했다는 점을 인정해야 한다"고 말했다.[3]

리먼 형제의 무덤 근처에 골드만 삭스 창립 파트너들이 있고 시프와 셀리그먼이 수백 피트를 사이에 두고 묻혀 있는 세일럼 필즈의 좁고 정돈된 길을 걷다 보면 우리를 숙연하게 만드는 그리고 때로는 압도되는 듯한 경험을 하게 된다. 과거의 흐름들이 여기 모여 있고 잘 손질된 묘지들은 현대로 가는 길의 이정표처럼 느껴진다. 이 거물들과 그들의 가족이 죽어서도 가까이 묻혀 있다는 것은 살아생전 이들이 얼마나 가까운 사이였는지 말해준다. 그들은 사업상 동지(때로는 경쟁자)였으며, 자선 활동의 협력자이자 친구였고, 때에 따라서는 인척 관계이기도 했다. 그들은 함께 예배를 드리고, 중요한 일이 있으면 서로 축하해주었다. 이들 각 왕조는 그 나름의 뛰어난 유산을 남겼지만, 조리개 구멍을 확대해 그들이 끼친 집단적 영향력까지 들여다보면 그 규모는 가늠하기 어려울 만큼 크다.

골드만, 리먼, 삭스, 시프, 셀리그먼, 워버그Warburg (독일어 표기로는 바르부르크_옮긴이) 같은 가문은 남북전쟁이 끝난 후 도금시대에 긴밀한 관계를 맺으며 뉴욕을 지배했던 독일계 유대인 귀족층 '우리 무리Our Crowd'에 속하는 것으로 알려져 있다. 이 용어는 1967년 스티븐 버밍엄Stephen Birmingham이 쓴 같은 제목의 책이 출간되어 베스트셀러가 된 이후 유대인들의 사회적 환경을 설명하는 일반적인 표현이 됐다. 이 책은 거의 근친에 가깝게 서로 얽히고설킨 그리고 터무니없을 만큼 부유한 맨해튼의 독일계 유대인 상류층을 기록한 흥미진진한 연대기다. 버밍엄에 따르면, 이들의 상류 사회는 캐럴라인 애스터Caroline Astor가 이끈 '포헌드레드Four Hundred'라는 기독교 엘리트들의 뉴욕 사교계 상류 사회와 아주 유사했다. 포헌드레드는 유대인 상류 사회와 어느 정도 거리를 두고 있었다. 버밍엄은 그의 책에서 "그들은 자신들 스스로를 '원헌드레드One Hundred'라고 칭했다"라면서 "그들은 '유대인 대공'이라고 불려왔지만, 그들 스스로는 종종 '우리 무리Our Crowd'라고 칭했다"고 썼다.[4]

그들이 실제 그런 식으로 자신들을 칭했는지는 확실하지 않기에 나는 되도록이면 이 명칭을 피하려 한다. 버밍엄의 여러 편지를 보면 이 표현의 기원에 의문이 든다. 주간지 〈뉴요커〉의 작가이자 조셉 셀리그먼의 증손자인 제프리 헬먼Geoffrey Hellman은 버밍엄의 책을 펴낸 출판사에 "나는 이들이 스스로를 '원헌드레드'라거나 '우리 무리'라고 칭하는 것을 한 번도 들어본 적이 없다"고 항의하기도 했다.[5] 제프리는 메이어 리먼의 손녀인 프랜시스 리먼Frances Lehman과 마찬가지로 버밍엄의 주요 취재원 중 한 명이었다. 프랜시스 역시 《우리 무리》가 출간된 후 저자에게 전화를 걸어 비슷한 당혹감을 표했다.[6] 제프리에게 보낸 편지에서 버밍엄은 이렇게 제목을 붙인 것은 (이 끈끈했을 집단 내에, 즉 '우리 무리' 내의 사람들 간에 상당한 경쟁이 있었기 때문에) '풍자'하기 위해서였다고 해명했다. 또한 골드만 삭스의 후손인 월터 삭스Walter Sachs의 첫 번째 부인 에머니 삭스Emanie Sachs가 1927년에 쓴 뉴욕의 부유한 독일계 유대인 가족에 관한 소설《붉은 다마스크Red Damask》에서 이름을 따왔다고도 했다. 그는 '우리 무리'라는 표현이 책에 간간히 섞여 있을 뿐이라는 점도 언급했다.[7] 이는 유용한 문학적 장치이긴 했지만 '우리 무리'가 그 장치 이상이었음을 뒷받침하는 역사적 근거는 거의 없다.

나는 버밍엄과는 달리 (사회사보다는 금융, 정치, 박애주의 역사에 초점을 맞춘) 소수 왕조 중심의 이야기를 하고 싶다. 특히 서로 친밀한 관계를 맺었던 이 왕조의 구성원들, 그들이 남긴 놀랍도록 심오한 유산 그리고 현대 미국, 나아가 현대 세계의 형성에 중요한 역할을 한 그들의 삶을 살펴보고자 한다. 이들 기업의 역사는 말 많고 탈 많던 월스트리트의 부상에서 20세기 대표적인 기업과 산업의 성장에 이르기까지 미국 금융산업의 발전 과정을 여과 없이 드러내 보여준다. 그들의 자선 활동과 그들이 만든 기관들은 미국 유대인의 삶의 기반이 되었다. 미술, 문학, 영화, 음악과 도서관, 박물관, 대학에 대한 그들의 지원은 미국의 문화 DNA에 새겨졌다.

이 책의 제목은 뉴욕 의회가 생명보험사 조사를 시작하자 시프가 의회에 나와 증언할 때 보도된 기사 "증인석에 선 머니 킹"이나 1903년 한 과장된 기사의 헤드라인 "새로운 머니 킹, 제이컵 시프"처럼 언론이 시프와 그의 금융계 동료 거물들을 묘사할 때 자주 사용했던 말에서 따왔다. 이는 유대인 금융가에게만 붙였던 딱지는 아니었다. 존 피어폰트 모건, 존 D. 록펠러, 에드워드 H. 해리먼 Edward H. Harriman과 같은 기독교계 거물들에게도 사용된 이 표현은 투자은행가, 산업계 거물, 철도업계 부호로 구성된 소규모의 핵심 그룹이 가졌던 막강한 영향력을 정확하게 담아낸다. 특히 아직 규제받지 않던 금융 영역에서 그들의 권력은 한때 미국 정부의 힘에 필적했으며, 어떤 경우에는 능가하기도 했다. '머니 킹'은 경우에 따라서는 경외감의 표현이었고, 거대 기업에 대한 미국의 새로운 집착을 구체화한 것이었다. 다른 맥락에서는 비난, 즉 선출되지 않은 자의 과도한 영향력에 대한 우려의 표현이기도 했다.

부와 권력, 그리고 이 두 가지를 확장함으로써 현대 세계에 족적을 남긴 독일계 유대인 왕조가 활용한 수많은 방식은 이 책에 일관되게 흐르는 주제다. 사실 처음에 나는 이 주제로 쓰기를 주저했다. 많은 유대인과 마찬가지로 나 역시 지난 수세기 동안 유대 민족을 괴롭혀온 반유대적인 유언비어, 즉 유대 민족의 기저를 이루는 특성은 탐욕이며 유대인이 미디어와 금융 시스템을 통제하고 지구를 지배하려는 음모를 꾸미는 당사자라는 주장에 예민하다.

내가 집필을 시작했을 때는 트럼프 시절이었다. 당시 반유대주의가 갑작스레 눈에 띄게 고조되는 것을 보고 두려움이 앞섰다. 한 시대를 만든 시프와 그의 동료 '머니 킹들'이 남긴 유산을 살피는 작업이 의도치 않게 유대인 은행가들에 대한 음모론에 쓰일 재료를 제공하지는 않을까? 그리하여 편견에 사로잡힌 사람들을 더욱 빗나가게 만들게 되지는 않을까? 내가 보기에 왜곡과 거짓이 가득한 온라인에서 집요하게 시프를 비방하는 사람들이 바로 이 악의적인 행위자들임을 알게 되었다. 그러나 시프와 그의 동시대 독일계 유대인들—그들이 끼친 영향을 고려할 때 과소평가된 사람들—은 널리 알려지고 이해되고 경우에 따라서는 기려져야 마땅하다.

이들의 이야기는 과거와 현재에 대해 많은 것을 말해준다. 여기에는 현대 반유대주의의 기원(그리고 그 배후 세력)과 독일계 유대인 은행가들을 주요 인물로 등장시켜 대량 학살을 정당화하는 데 사용되었던 사기에 가까운 신화도 포함되어 있다. 나는 결론 내렸다. 이 거짓말들에 맞서는 가장 좋은 방법은 그들의 이야기를 온전히 전하는 것이라고.

뉴욕에서 가장 유명한 독일계 유대인 은행 가문의 수장들이 처음 불안감을 안고 미국을 향해 출발하던 때를 생각해보면, 그들이 여러 음모론에 등장할 만큼 악명 높아지리라고는 상상하기 어렵다. 대부분 10대나 20대 초반에 미국에 온 그들 역시 고국의 억압적인 환경과 차별적인 법률을 피해 피난처를 찾아 밀물처럼 밀려들었던 독일계 유대인의 일부에 지나지 않았다. 그들은 불결한 3등 선실에서 몇 주에 걸친 긴 항해를 건딘 끝에 자신의 야망 말고는 아무 가진 것 없이 이곳에 도착했다. 미국에 온 많은 유대인 이민자들과 마찬가지로 그들 역시 독일에서 다른 직업이 금지된 유대인들이 흔히 그랬듯 떠돌이 행상이나 상인으로서 일을 시작했다. 겨우 소년티를 벗은 그들은 뉴욕을 떠나 미국 곳곳으로 터덜터덜 걸어 들어갔다. 오래지 않아 그들의 여로는 다시 맨해튼으로 향하게 되는데, 이번에는 허드레꾼이 아닌 이제 막 비상을 준비하는 금융계의 신예였다.

실제로 월스트리트를 장악하고 미국의 산업 혁신을 추동하는 세계 최고의 금융기관과 기업 중 일부는 금방이라도 부서질 듯한 나무 수레와 볼록한 캔버스천 배낭에서 탄생했다.

1부

기원

1.

그리고 형제들

조셉 셀리그먼이 호레이쇼 앨저Horatio Alger의 소설에서 방금 전에 걸어 나온 듯한 인물처럼 보인다면 거기에는 그럴 만한 이유가 있다. 이 저명한 작가는 1860년대 후반부터 약 8년 동안 머레이 힐에 있는 조셉의 집에서 그의 가족과 함께 살았다. 가정교사였던 그는 이 은행가의 다섯 아들을 가르쳤고, 저녁이면 널찍한 서재에서 조셉과 문학, 철학, 종교, 최신의 과학적 발견에 대해 이런 저런 이야기를 나누며 시간을 보냈다. 수년 동안 앨저는 조셉이 들려주는 놀라운 이야기에 흠뻑 젖어들었다.

조셉의 한 손자는 "앨저는 할아버지에게서 각고의 노력과 용기로 부와 명성을 일군 가난한 소년의 원형을 찾아냈다"라고 회상했다. "'누더기가 된 톰Tattered Tom'을 비롯해 앨저의 책에 등장하는 수많은 경이로운 영웅들은 앨저가 자신의 고용주를 다양하게 변주한 모습에 지나지 않는다."[1]

조셉의 미국으로의 여정은 같은 세대의 다른 많은 이민자와 다를 바 없이 시작되었다. 1837년 7월, 조셉과 18명의 다른 이민자들을 태운 두 대의 마차가 바이에른의 농촌 마을 바이에르스도르프Baiersdorf를 출발해 북해 연안의 항구도시 브레머하펜Bremerhaven으로 향했다. 그것이 이 여정의 시작이었다. 조셉은 열일곱 살이었고 혼자 미국행 배에 올랐다. 그의 바지 안쪽에는 아들이 미국에서 새출발할 수 있도록 어머니가 부지런히 모은 100달러 상당의 돈을 담은 주머니가 꿰매어져 있었다.

1819년에 태어난 조셉은 파니 셀리그먼Fanny Seligman의 금쪽같은 큰아들이었다. 그녀는 11명의 자녀를 두었으며 그중 8명이 아들이었다. 총명하고 조숙했던 조셉은 열두 살 때 이미 사업가적 자질을 발휘했다. 그는 인구 2,000명 규모의 자기 마을을 거쳐 지나가는 여행자들에게 환전 서비스—독일의 각 주에서는 다양한 화폐가 유통되고 있었다—를 제공했다.[2]

셀리그먼 부부는 바이에르스노르프의 유대인 구역에서 작은 가게(가족은 가게 위층에서 살았다)를 운영했다. 파니는 레이스, 리넨, 리본과 마을에서 방직공으로 일하는 남편 데이비드가 생산한 모직 제품을 판매했다. 말수가 적고 세파에 지친 데이비드는 장남이 가업을 도왔으면 했지만 파니는 조셉이 초등학교를 마친 후에도 학업을 계속해야 한다고 고집했다. 조셉은 열네 살에 인근 에를랑겐Erlangen의 지역 대학에 입학해 신학과 의학을 공부했다. 그는 영어, 프랑스어, 히브리어 외에도 고대 그리스어를 유창하게 구사하는 등 언어에 재능을 보였다.

조셉은 배움이 많아질수록 주변 환경에 불만이 많아졌고, 유대인을 가난과 2등 시민으로 묶어두는 법률로 가득한 사회 질서를 점점 더 경멸하게 되었다. 수세기 동안 유럽에서 유대인은 군주와 교황에 의해 추방당하고, 재산을 몰수당했으며, 성서가 불태워지는 등 수그러들 줄 모르는 박해를 견뎌냈다. 학살과 화형으로 죽임을 당하고 강제로 세례를 당했다. 가혹한 칙령과 터무니없이 높은 세율을 적용받았으며, 지저분한 빈민가로 내쫓겼다. 사람들의 태도는 점점 개화되어갔지만 그것도 어느 정도까지 뿐이었다. 조셉의 고향인 바이에른에서는 그가 성장한 이후에야 유대인이 대학에 진학하고 재산을 소유할 수 있는 권리를 얻게 되었다(1848년 이후 점진적으로 가능해졌다. 그 이전에도 예외적으로 유대인 학생을 받아들인 경우가 있으며, 조셉의 경우가 이에 해당하는 것으로 보인다_옮긴이).

열여섯 살이던 그는 유대인 해방 문제에 관한 글을 썼다. 독일 사회에 대한 그의 신랄한 비판은 대학 관계자들을 분노하게 만들었지만, 그는 자신의 주장을 고수하며 왜 "내 민족"이 "흑인 노예에게 베푸는 배려보다 훨씬 더 적은 배려를 받는지" 의문을 제기했다.[3]

무한한 가능성의 땅이 근면한 이민자들을 기다리고 있다는 이야기에 마음을 사로잡힌 수천 명의 야심 찬 다른 젊은이들처럼 조셉 역시 미국행에 집착했다. 당시 사촌 루이스 셀리그먼이 이미 펜실베이니아 석탄 지대의 마우치 청크Mauch Chunk (올림픽 금메달리스트의 이름을 따라 [1954년] 짐 소프Jim Thorpe로 바뀌었다)에 정착해서 살고 있었다.[4] 아직 대학을 졸업하지 못했지만 조셉은 부모님에게 미국에 보내달라고 애원했다. 데이비드는 처음에는 반대했지만 사촌으로부터 정식 초청장을 받자 그제서야 겨우 허락했다.

브레머하펜까지는 17일이 걸렸다. 밤이 되면 조셉과 동료 여행자들은 길에서 잠을 잤다. 미어터질 듯한 마차로 울퉁불퉁한 길을 가야 했던 이 여정은 얼마 후 배삯 40달러에 하루 한 끼의 식사와 다섯 명의 다른 승객과 함께 쓰는 허름한 3등칸 선실 하나가 전부였던 텔레그래프Telegraph호에 비하면 호화로운 여행이었다.[5] 폭풍우가 몰아치고 선실은 최악이었으며 항해는 끝날 것 같지 않았다. 42일을 항해한 텔레그래프호는 9월 25일에 마침내 뉴욕에 도착했다.[6] 그러나 조셉은 곧 육지 상황도 바다 못지않게 격랑 속에 있다는 것을 알았다. 그는 미국 건국 이래 최악의 경제 위기였던 1837년 금융 공황 속의 뉴욕에 첫발을 내디뎠다.

조셉이 도착한 날, 〈뉴욕 이브닝 포스트〉는 현대의 금융 붕괴와 섬뜩하리만치 비슷하게 들리는 금융 위기의 시발점에 대해 다음과 같은 기사를 실었다.

신뢰는 과했고 끝이 없었다. 모두가 모두를 신뢰했다. 결국 사람들은 근거 없는 신뢰가 얼마나 어리석은 일인지 깨닫게 되었고 일시에 멈춰섰다. 지나친 신뢰는 스스로 무너져 내렸다. 만약 사람들이 영원히 신뢰를 유지할 수 있었다면 그리고 어음 보유자들이 현금으로 바꿔달라고 요구하지 않았다면, 은행은 결코 멈추지 않았을 것이고 어음은 더 넘쳐났을 것이며 물가는 무한정 치솟았을 것이고 투기는 계속되었을 것이다.[7]

은행이 파산하면서 버몬트에서 아칸소에 이르기까지 전국적으로 피해가 확산되었다. 그에 따른 불황은 1840년대까지 줄곧 이어졌다. 이 충격적인 시기에 8개 주와 플로리다 준주U.S.Territory(연방정부의 관리 아래 있으나 아직 주가 아닌 지역_옮긴이)가 부도를 선언했다.

이런 격랑의 금융 환경에도 불구하고 조셉은 마우치 청크에서 일자리를 얻는 데 성공했다. 당시 큰 부를 쌓아가던 자수성가한 사업가 아사 패커Asa Packer 밑에서 일하게 된 것이었다. 패커(훗날 두 번이나 미 의회 의원을 지냈고, 리하이Lehigh 대학교를 설립한다)는 리하이 운하 제방에 몇 개의 상점과 소형 조선소를 세우고 바지선을 이용해 인근 광산에서 석탄을 운반하는 사업을 했다. 패커는 조셉을 출납원 겸 점원으로 고용했지만, 그의 영민함에 큰 인상을 받아 곧 그를 연봉 400달러에 자신의 개인 비서로 승진시켰다.

패커의 자수성가 스토리에 자극을 받았는지 조셉은 그곳에서 오래 근무하지 않았다. 약 1년쯤 후 그는 독립했다. 젊은 유대인 이민자들이 대체로 그랬던 것처럼 그는 저축한 돈(약 200달러)을 투자하여 도시 외곽 외딴곳의 농부와 석탄 노동자들, 그중에서도 특히 그들의 아내들이 혹할 만한 상품을 사들인 후 짐을 꾸려 짊어지고 시골 지역을 돌아다녔다.[8]

보따리 행상은 몹시 힘겹고 고독한 일이었다. 새내기 사업가를 위한 일종의 훈련소와도 같은 이 일에는 결단력, 카리스마, 용기 등 건전하고 긍정적인 자질이 필요했다. 조셉과 같은 남자들은 100파운드가 넘는, 등이 휠 정도로 무거운 짐을 짊어지고 다녔다. 물건을 팔기 위해서도 필요했지만 식사와 숙박도 고객의 친절에 기댈 수밖에 없는 직업 특성상 상당한 매력과 고객과의 신뢰 구축이 필요했다. 서툰 영어와 오랜 여정에 지친 모습 때문에 떠돌이 행상들은 종종 업신여김을 당하거나 조롱을 받고 돌을 던지는 현지인들에게 시달렸다. 외국인인데다 떠돌이라는 이유로 각종 범죄의 손쉬운 희생양이 되기도 했다. 혼자 여행하고 물건과 돈을 모두 들고 다녔기 때문에 아주 매력적인 범죄 대상이었다. 때로는 강도나 구타를 당하고, 칼에 찔리고 심지어 살해당하는 경우도 있었다.[9]

노상에 도사린 위험과 고난에도 불구하고 조셉의 장사는 날로 번창했다. 사촌 루이스가 고향에 보낸 편지에서 미국 생활을 극찬했던 것처럼 조셉 역시 미국 생활에 매료되었다고 쓰고 그 증거도 동봉했다. 그는 미국으로 떠날 때 어머니가 준 100달러와 함께 둘째와 셋째인 울프와 제이컵이 펜실베이니아에 올 수 있도록 3등 선실 요금도 보냈다. 1839년 봄, 두어 대 마차가 두 명의 셀리그먼 형제를 태우고 바이에르스도르프를 출발했다. 얼마 후, 윌리엄과 제임스도 그 뒤를 따랐다. 당시 연쇄 이민은 종종 이런 식으로 이루어졌다. 즉 사촌, 형제, 삼촌이 다른 가족을 끌어들이는 자석 역할을 하곤 했다. 셀리그먼 일가의 경우 머지않아 거의 전 가족이 미국으로 건너와 조셉과 함께하게 된다.[10]

제임스에게 대서양을 건너는 여정은 상상할 수 있는 최악이라는 점에서 잊을 수 없었다. "3등 선실에는 커다란 간이침대가 다닥다닥 붙어 있었고, 일곱 명이 작은 침대 하나에 누워 잠을 청해야 했다"고 여든 살 훌쩍 넘은 나이에 회상하며 말했다. "폭풍우라도 치는 날에는 칠흑 같은 어둠 속에 이틀이고 사흘이고 선실에서 다른 이들과 부대끼며 있어야 했지. 생각만 해도 속이 메스꺼워져서 그 얘기는 더 안 하는 게 좋겠어." 이런 고된 항해 중 한 승객이 천연두에 걸렸고, 곧 수십 명의 다른 승객에게도 급속도로 퍼졌다. 열다섯 살의 제임스도 그중 하나였다. 제임스는 뉴욕에 도착하자마자 격리되었다. 그는 자신이 서서히 회복하자 의사가 "피마자유를 조금 줬는데, 그 맛이 너무 고약해서 그 이후로 피마자유는 입에도 대지 않는다"고 말했다.[11]

셀리그먼 형제 중 가장 잘생긴 제임스는 타고난 세일즈맨이었다. 조셉은 윌리엄에게 시켰던 것처럼 제임스도 행상으로 첫발을 떼게 했다. 제임스는 자기가 처음 장사를 시작할 때 조셉이 '반지,

핀, 체인 등' 300달러 상당의 금은보석을 사주었다고 기억을 더듬었다. 그는 펜실베이니아를 넘어 돈을 벌 만한 새 땅을 찾아 남쪽으로 더 멀리까지 내려가는 모험을 감행했다. 마침내 앨라배마에 도착한 그는 그곳에 여러 사업 기회가 있다는 것을 간파했다. 흥분에 차 돌아온 그는 행상 사업을 이전하자고 형제들을 설득했다. 자신의 주장을 관철하기 위해 형제들에게 자신이 번 돈을 흔들며 보여주었다. 그는 남쪽으로 가 행상으로 약 1,000달러를 벌었다.[12]

1841년 여름, 당시 열네 살이던 또 다른 셀리그먼 형제 제시(태어날 때 이름은 이사이아스)가 펜실베이니아 랭커스터에서 형제들과 재회했다. 그곳에서 그들은 행상의 보급품 창고 역할을 할 작은 상점을 하나 차렸다. 제시는 "나는 랭커스터에 몇 주 동안 머물면서 영어도 어느 정도 배웠고 페니 시가 피우는 법도 익혔다"라며 그때를 기억했다.[13] 그해 가을, 셀리그먼가의 네 형제는 5,000달러 상당의 상품을 갖고 〔앨라배마 남서부의 항구도시〕 모빌Mobile로 향하는 배에 올랐다.[14] 그들은 거기서 상점을 낼까 고민했지만 도시의 물가가 비싼데다 이미 경쟁자가 너무 많았다. "그래서 우리는 내륙의 마을로 가야겠다고 생각했다"라고 제시는 그때를 회상했다.[15]

셀리그먼 형제는 모빌에서 셀마Selma로 이동했다. 제임스가 전에 행상을 다녀와 사업하기 좋은 조건을 갖추고 있다고 설득했던 곳이었다. 주민이 약 1,200명 정도 되는 이곳은 잘 알려진 상품 집산지였다. 형제는 그곳에 임시 상점을 열었다. 텐트를 치고 상품을 진열하여 장사를 시작했다. 좀 지나서는 제대로 된 상점 하나를 임대할 수 있었다. 형제들은 제시가 '주변 지역 시장조사 투어'라고 표현했던 한 달간의 여행을 떠났고, 그사이 조셉은 셀마에 남아 가

게를 운영했다.[16]

한번은 형제들이 행상을 나간 동안 조셉이 한 현지인과 충돌한 일이 있었다. 외국인 혹은 유대인이라는 이유로 모욕적인 말을 들어서인지 아니면 물건을 놓고 일어난 분쟁 때문이었는지는 모르겠지만 설전은 주먹질로 번졌다. 조셉은 싸움을 유발한 혐의로 감옥에 갇히게 되었다. 현지 판사가 그에게 막 징역형을 선고하려는 바로 그때, 한 목격자—그는 한 저명한 시민의 아들이었다—가 조셉의 상대방을 가해자로 지목했다.

셀리그먼 집안에서 전해지는 이야기에 따르면, 수십 년 후 앨라배마가 남북전쟁의 결과로 짊어진 막대한 부채로 곤경에 처했을 때 조셉은 그 은혜를 갚을 수 있었다고 한다. 과거 그가 무죄라고 증언한 사람은 당시 앨라배마주 판사였는데, 주정부 재정 문제로 자금을 조달하고자 뉴욕으로 출장을 왔었다. 은행가들은 하나둘씩 앨라배마주의 사업 제안을 거절했다. 판사는 마지막으로 조셉을 찾아갔고, 그 은발의 은행가가 예전에 자신이 도와준, 싸움에 휘말렸던 젊은 상인이라는 사실을 미처 깨닫지 못했다. 하지만 조셉은 자신을 찾아온 그 앨라배마 사람을 한눈에 알아봤다. 그는 대출 약속은 하지 않고 판사를 그날 저녁 집으로 초대했다. 마침 그날 그의 딸 중 하나의 약혼을 축하하는 파티가 열리기로 되어 있었다. 저녁 식사 도중 조셉은 손님들을 조용히 시킨 후 억울하게 누명을 쓰고 감옥에 갇힐 뻔했다가 한 청년의 자발적인 증언 덕분에 누명을 벗게 된 유대인 행상 이야기를 들려주었다. 그는 "그 청년은 오늘 밤 우리 식사 자리를 빛내주기 위해 여기 앉아 계시는 앨라배마의 저명한 법학자이며, 친구 하나 없이 변변치 못했던 그 유대인은 바로 저입니다"라고 극적인 결말을 들려주었다. 조셉은 놀란 판사

에게 셀리그먼 형제가 기꺼이 앨라배마에 100만 달러를 대출하겠다고 말했다.**17**

셀리그먼 형제가 남부로 이주한 지 얼마 지나지 않아 바이에른에서 어머니가 돌아가셨다는 소식이 전해졌다. 파니는 당시 겨우 마흔두 살이었다. 그 후 2년에 걸쳐 고향에 남아 있던 여자 형제 바베트, 로잘리, 세라와 남자 형제 헨리(출생 시에는 헤르만), 레오폴드(립만), 에이브러햄, 아이작이 미국으로 건너왔다. 1842년 제임스는 잠시 뉴욕으로 돌아와 세 살(세라)부터 스물한 살(바베트)까지 나이 터울이 지는 형제들을 만났다. 그들은 피트Pitt가와 그랜드Grand가 모퉁이의 한 주택에 자리를 잡았다. 아내와 사별한 후 사업도 기울자 아버지 데이비드도 1843년에 어쩔 수 없이 바이에르스도르프를 떠났다. 그는 뉴욕에 도착한 지 꼭 2년 만에 세상을 떠났다.

한편 형제들은 [앨라배마의 소도시] 유토Eutaw, 클린턴Clinton, 그린즈버러Greensboro에 매장을 열면서 남부 사업을 계속 확장했다. 그들은 보석, 직물, 의류, 주방기구, 안장, 철물, 총기, 악보, 심지어 피아노까지 온갖 종류의 상품을 취급했다.

그린즈버러 매장은 "우리가 취급하는 아름다운 스타일의 바레즈Barege(비단과 무명실로 짠 직물_옮긴이), 벨저린Balzarine(가벼운 여름용 직물_옮긴이), 폴카 모슬린Polk-a Muslin(폴카 도트 무늬의 통기성 좋은 면직물_옮긴이), 아마사로 짠 레이스, 양말류, 아기 모자와 리본, 다양한 장신구를 둘러볼 수 있도록 숙녀분들을 정중하게 초대합니다. 우리가 까다롭게 선별한 제품들이며 시세에 따라 적절한 가격으로 판매합니다"라고 광고했다.**18** 그들은 이 매장을 셀리그먼의 뉴욕 현금 결제 상점—물건을 뉴욕에서 들여온다는 점을 강조했다—이라고 불렀으며 "남부의 어떤 상점도 넘볼 수 없는 품질과 저렴한 가격"을 자랑거리로 내세웠다.[19]

사업은 순조로웠다. 그러나 1840년대 후반이 되자 조셉과 형제들은 새로운 기회를 엿보고 있었다. 남부의 생활은 그들에게 정말 맞지 않았다. 노예를 소유하는 문화가 불편했던 셀리그먼 형제는 자연스럽게 공화당이 될 노예제 폐지주의 정치에 관심을 가졌다. 제시는 켄터키주의 정치가 헨리 클레이 Henry Clay를 존경했다. 그는 1844년 대통령 선거 기간에 휘그당(앤드루 잭슨 대통령의 권위주의에 반대하며 1833년 결성된 정당_옮긴이)의 대통령 후보 자격으로 〔앨라배마주〕 유타 Eutaw를 방문했을 때 노예제도를 새로운 미국의 준주로 확대하려는 시도를 비난한 적이 있었다.[20]

1848년 셀리그먼 형제들은 앨라배마 사업을 정리하고 북부로 돌아가기로 결정했다. 조셉의 손자로 작가이자 희귀 서적 딜러인 조지 S. 헬먼 George S. Hellman (《뉴요커》의 저널리스트 제프리 헬먼의 아버지)에 따르면, 노예제도가 그들이 남부를 떠나게 한 자극제 중 하나이기는 했지만 주된 원인은 아니었다. 헬먼은 조셉과 형제들에 관해 다룬 미출간 도서 《셀리그먼가 이야기》에서 "그들이 인종, 종교, 피부색을 이유로 인간을 억압하는 것에 대한 반감 때문에 북부를 자신들의 미래 고향으로 결정했다는 주장은 과장"이라고 썼다.[21] 그들이 뉴욕으로 이전하기로 한 결정은 주로 경제적 이유에서였다. 제시는 "북부로 가면 우리의 상황이 나아질 수 있으리라 생각했다"라면서 그런 해석을 뒷받침했다.[22]

셀리그먼 형제들은 앨라배마 사업을 정리하면서 그린즈버러의 한 신문에 공고를 냈다. "마지막 요청! 더 이상 기다릴 수 없게 되었으니, 폐업하는 저희 회사 셀리그먼 브로스J. Seligman & Bro's에 채무가 있는 분들은 갚아주시기를 간곡히 부탁드립니다"라는 내용이었다.[23]

남부를 떠나면서 조셉의 인생에는 새로운 장이 펼쳐졌다. 1848년 말, 서른이 가까워지던 그는 미국으로 떠난 이후 처음으로 고향 바이에른을 찾았다. 바이에르스도르프 마을 사람들에게 그는 미국의 약속이 실현된 존재로 보였다. 비좁은 나무 수레 뒷자리에 앉아 고향을 떠났던 10대 소년이 사업가로 성공하여 돌아가신 아버지의 채권자들을 찾아가 이자까지 쳐서 빚을 갚았던 것이다. 하지만 이것이 그가 고향을 방문한 유일한 목적은 아니었다. 제임스와 함께 현지 수출업자들을 만나기 위해서 그리고 고향에서 아내가 될 사람을 찾기 위해서이기도 했다. 뮌헨에서 그는 열아홉 살인 첫째 사촌 바베트 슈타인하르트Babette Steinhardt와 결혼했다.

새 신부와 함께 뉴욕으로 돌아가는 그에게 행상을 하던 시절은 아득하게 오래된 듯이 느껴졌을 것이다. 7년 전 형제가 모빌에서 사업을 시작할 때만 해도 자금이 부족했지만 이제 그들은 머지않아 미국의 금융 중심지가 될 뉴욕에 거점을 마련할 수 있을 만큼 충분한 자본을 모았다. 맨해튼 다운타운의 윌리엄가 5번지에 제임스와 조셉은 셀리그먼 브라더스 상사J. Seligman & Brothers, Merchants를 설립했고, 곧이어 사업을 더 키우자는 형제들의 야망에 발맞춰 셀리그먼 브라더스 무역상사J. Seligman & Brothers, Importers로 사명을 변경했다. 60년 후, 셀리그먼 형제는 같은 위치에 미국 굴지의 투자은행 중 하나라는 명성에 걸맞은 우아한 11층짜리 석회암 건물을 세우게 된다. 수십 년 후 셀리그먼이 회사를 이전하자 앨라배마를 근

1. 그리고 형제들

거지로 또 다른 바이에른 출신의 형제가 설립한 월스트리트의 떠오르는 신생 회사가 이 신르네상스 스타일의 마천루를 본사로 삼게 된다.

2.

행상들의 전진

셀리그먼 형제들이 앨라배마를 떠날 때 리먼은 그곳에 막 자리를 잡았다.

"존경할 만하지는 않다." 1849년 12월, 이매뉴얼과 헨리 리먼의 회사를 평가했던 신용평가회사 던스R.G.Dun&Co.의 대표 한 사람이 이렇게 표현했다. 그는 리먼 형제가 그들의 전 재산을 노예 경매인의 목소리가 들릴 만큼 노예시장에서 가까운 코트 스퀘어 17번지의 2층짜리 목조 가옥에 자리 잡은 몽고메리 잡화점에 몽땅 쏟아부었다고 했다. 당시 신용평가 담당자는 자신의 결론을 뒷받침할 만한 어떠한 추가 정보도 제공하지 않았다. 그다음에 나온 보고서를 보면 그가 리먼가에 대해 어떤 불쾌한 부분을 알게 되었음을 암시한다. 몇 년 후 또 다른 담당자도 "이 집안 누구에게도 좀처럼 신뢰가 느껴지지 않는다"고 지적했다. 그 무렵 리먼 형제의 셋째 메이어가 사업에 합류했고, "그들은 꽤 신용이 있지만, 여기 남아서 훌륭한 시민이 된 유대인은 아주 드물다"라는 언급이 있었으며 또 다른 지적은 훨씬 더 신랄했다. "그들과 거래를 할 경우 예의 주시해야 하는 그런 부류의 사람들로 보인다."[1]

이 초기 보고서들은 당시 유대인에 대한 뿌리 깊은 편견을 보여주는 반면 정작 리먼 형제에 대해 알려주는 정보는 별로 없다. 하지만 다른 측면에서 보면 많은 것을 말해주기도 한다. 즉 겨우 10년 만에 남부의 선도적 사업가로 성장하기까지 그들이 얼마나 많은 장애물을 극복했을지를 짐작할 수 있다.

1822년에 태어난 헨리 리먼은 몽고메리에서, 나중에는 뉴욕에서 형제들이 성공할 수 있는 토대를 닦았다. 리먼가는 독일 바이에른주 뷔르츠부르크Würzburg에서 북쪽으로 6마일 떨어진 림파르Rimpar라는 작은 마을 출신으로, 108가구가 돈독한 관계를 맺고 사는 유대인 공동체의 일원이었다. 원래 이 가문의 성은 리먼이 아니라 뢰브Löw(사자)였다. 그러나 유대인은 새로운 성을 선택하고 국가에 대한 충성을 서약해야 한다는 1813년 칙령에 따라 가장이던 아브라함 뢰브가 리먼Lehmann이라는 성을 선택했다(미국 이주 이후 리먼 형제들은 이름에서 n 하나를 뺐다).

다른 유대인 가족과 비교할 때 리먼가는 비교적 부유한 편이었다. 아브라함은 가축 상인이었는데 부업으로 와인도 팔았으며 14세기의 요새 성벽 근처에 안락한 집도 한 채 소유했다. 그 집에서 에바 리먼은 열 명의 아이를 낳았는데, 장성한 자식은 그중 일곱—아들 넷과 딸 셋—이었다.

헨리는 아브라함과 에바의 둘째 아들이었고 이매뉴얼은 셋째, 메이어는 막내아들이었다. 유대인들은 거주를 위해 보통 가장이 란데스슈츠겔트Landesschutzgeld라는 보호세를 내야 했고, 보호를 받는 유대인은 유대인 인구를 제한하기 위한 일종의 쿼터 제도인

마트리켈리스테*Matrikelliste*라는 명부에 반드시 등록해야 했다. 자식들 중에서는 보통 장남이 여기에 이름을 올렸다(동생들은 성인이 되면 이 지역에 살 수 없게 된다는 의미_옮긴이). 리먼 집안에서는 아버지의 사업에 합류했던 장남 셀리그먼에게 이 특권이 돌아갔다. 리먼 가문의 장남에 대해서 알려진 것은 거의 없지만 뉴욕 주지사와 미국 상원의원을 지낸 메이어의 막내아들 허버트는 그 이유를 넌지시 내비친 적이 있었다. 그는 "내 생각에 그는 벽장에 숨겨놓은 리먼가의 비밀 같은 것이었다. 나는 그가 노동자처럼 술을 아주 잘 마시는 분이라는 이야기를 자주 들었다"라고 말했다.[2]

스물한 살이 된 헨리는 바이에른에서는 미래가 불확실하다는 사실에 직면했다. 그래서 조셉 셀리그먼이나 수천 명의 동년배 청년들처럼 미국행 배에 몸을 실었다. 1844년 9월 11일, 그는 뉴욕에 도착했고, 곧바로 모빌로 가는 배로 갈아탔다. 이러한 헨리의 여정은 남부에 그의 친구나 친척이 있었음을 말해준다. 그는 헤르브스도르프Herbsdorf에 살던 골드슈미트 가족과의 인연을 믿고 모빌로 이동했을 수 있다. 그때 골드슈미트 집안의 두 명도 헨리와 같은 배를 타고 미국으로 왔는데, 루이스 골드슈미트Lewis Goldschmidt(미국에 온 후 골드스미스로 개명)라는 헤르브스도르프 출신의 망명자가 이미 모빌에서 잡화점을 운영하고 있었다.[3] 만약 리먼가가 이전에 골드스미스 가족과 알고 지낸 것이 아니라면 그들은 미국으로 오는 배 안에서 서로 알게 되었을 것이다. 메이어 리먼은 후에 루이스 골드스미스의 아들이 소유한 뉴올리언스 집에서 결혼식을 올렸다.[4]

골드스미스가의 상점은 헨리와 같은 젊은 독일계 유대인 이민자에게 아주 인기 있는 중간 기착지였다. 이곳을 기점으로 그들은 자신들이 가지고 다닐 상품을 모두 구입해서 농장, 광산촌, 외진 마을로 행상을 다녔다. 유대인들은 미국 전역에서 행상으로 물건을 팔았는데, 종종 경쟁은 적으면서 웃돈을 받고 상품을 팔 수 있는 이제 막 성장하는 지역으로 눈을 돌리기도 했다. 바로 그 때문에 셀리그먼과 같은 신진 사업가들은 주로 남부로 이주했다. 새로 생겨난 남부의 마을들은 인구가 빠르게 느는 중이었다.

행상은 말하자면 이동식 백화점이었다. 그들은 주로 사치품, 고급품 그리고 '값비싼' 물품(장식용 패물과 액세서리)을 전문적으로 취급했다. 때로는 한 행상의 보따리나 짐수레에서 찾아낼 수 있는 상품 목록에 끝이 없어 보였다. 연감, 거울, 액자, 도자기, 포크와 나이프, 식탁보, 침구류, 숄, 코트, 신발, 레이스, 비단, 자수 패턴, 시계, 보석, 재봉틀 등 없는 것이 없었다.

행상은 1830년대와 40년대에 미국에 온 독일계 유대인들에게 가장 인기 있는 직종이었다. 본국에서 그들의 부모와 조부모가 가질 수 있었던 몇 안 되는 직업 중 하나였던 탓에 매우 친숙했기 때문이었다. 급속도로 성장하는 미국 남부와 서부에서 행상은 미국에 갓 이주해 온 사람들에게 경제적 성공의 발판이 되었다. 메이어 리먼의 외증손자이자 덴마크 주재 미국 대사를 지낸 존 랑겔로스 로브 주니어John Langeloth Loeb, Jr.는 "나는 행상을 유대인 소년들을 위한 하버드 경영대학원이라고 부른다"고 말했다.[5]

행상으로 얼마간의 경험을 쌓은 후에는 상점을 여는 이들이 많았다. 앨라배마에 도착한 지 1년 만에 헨리 리먼은 충분히 돈을 모았고 마침내 몽고메리에서 상점 간판을 내걸었다.

몽고메리는 약 25년 전에 만들어져 급속도로 성장하던 인구 약 6,000명 정도의 소도시로, 이 도시 인구의 1/3을 차지하는 노예들이 상거래가 원만히 이루어지도록 보조했다. 헨리가 이 도시의 잠재력이 크다고 판단한 데에는 충분한 이유가 있었다. 몽고메리는 그가 도착한 이듬해에 앨라배마의 주도가 되었으며 향후 몇 년 안에 몽고메리와 동부 연안 도시들을 연결할 철도가 건설 중이었다. 또한 앨라배마강을 따라 증기선이 운항할 수 있는 최북단에 자리한 중요한 상업 및 교통 요충지였다. 헨리가 몽고메리의 장래성을 알아본 유일한 상인은 아니었다. 1850년대 초반 무렵, 이 도시에는 이미 30개가 넘는 잡화점이 있었다.[6]

헨리는 커머스가—몇 년 뒤에 코트 스퀘어의 목이 더 좋은 곳으로 옮긴다—의 다 허물어져가는 집에 처음으로 상점을 열었다. 그는 낮에는 친절하게 고객을 응대하고 저녁이면 아무것도 없는 뒷방에 지친 몸을 뉘었다.[7] 목화와 다른 작물을 재배하기에 이상적인, 게다가 황열병 같은 질병을 가져오는 모기가 기승을 부리기에 딱 좋은 무더운 기후를 비롯해서 몽고메리는 헨리에게 무척 생경한 곳이었음이 분명하다. 한 젊은 이민자는 고향의 가족에게 보낸 편지에 "여기서는 큰돈을 벌 수 있어요. 열병에 먼저 걸리지만 않는다면요"라고 썼다.[8]

초기에는 확고하게 자리 잡은 종교 공동체가 부족했던 점도 헨리를 힘들게 했다. 헨리는 몽고메리에 정착한 최초의 유대인 중 한 명이었다. 그가 도착했을 무렵에는 12명 정도의 유대인 남성들이 그곳에 살았고, 유대교 교회 예배에 필요한 최소 정족수인 성인 남성 10인, 즉 미니안minyan을 겨우 채울 수 있었다. 몽고메리에는 유대교 회당이 없어서 그들은 지역 식품 잡화상의 집에서 예배를 드렸다.[9] 1846년, 헨리는 몽고메리 유대인 공동체의 다른 회원들과 함께 자선단체 체브라 메바체 콜림 Chevra Mevacher Cholim을 세워 병자들을 돌보고 유대 율법에 따라 죽은 사람의 장례를 치렀다. 이 자선단체의 최우선 사업은 유대인 공동묘지를 마련하는 것이었다.[10]

1849년, 헨리와 체브라 메바체 콜림(병자구호협회)의 다른 회원들은 몽고메리 최초의 유대교 회중(신도 집단_옮긴이)인 칼 몽고메리 Kahl Montgomery를 조직했다. 스물일곱 살의 한 상인이 약 30명 정도 되는 이 신생 조직의 부회장으로 선출되었고, 스물두 살인 헨리의 남동생 이매뉴얼이 이 모임의 총무로 임명되었다. 이매뉴얼은 1847년 헨리의 꼬드김으로 미국에 건너왔다.[11]

칼 몽고메리는 몇 해 전 지어진 뉴욕의 이매뉴얼 회중을 본떠 만든 것이었다. 이매뉴얼의 신도들은 독일에서 들어온 새롭고 자유로운 형태의 유대교를 실천했으며 음식 규정을 포함한 유대인의 관습에 대해 유연한 관점을 취했다. 이들 개혁파 유대인은 그들의 종교를 시대에 따라 점진적으로 변화하는 것이라고 여겼다. 이러한 움직임을 추동한 요인은 유럽에 살던 유대인의 대규모 미국 이주였다. 그들은 미국의 기독교인들 사이에 정착했으며, 오래된 편견이 여전히 존재하지만 대개는 시민으로서 그들의 권리를 제한하지 않는 사회에 섞여들기 위해 애를 썼다.

이매뉴얼이 도착하고 1년 후, 헨리는 몽고메리의 번화한 상업 지구 중심부에 위치한 코트 스퀘어로 점포를 이전했다. 그리고 이매뉴얼이 새로운 파트너로 참여한다는 것을 알리는 새로운 간판을 내걸었다. 거기에는 "리먼앤브로 H. Lehman & Bro"라고 쓰여 있었다.[12] 이제 20대 후반이 된 헨리는 오로지 사업 성공에만 매진했다. 사업이 꾸준히 성장하자 그는 결혼해도 되겠다는 자신감이 생겼다. 1849년 11월 7일, 그는 스물네 살의 로자 울프 Rosa Wolf와 결혼식을 올렸다. 그녀 역시 바이에른 출신이었다(아마도 어린 시절의 연인이었던 것 같다).**13** 이듬해 여름, 두 명의 리먼이 새롭게 늘었다. 바로 헨리와 로사의 첫아들인 데이비드와 독일에서 건너온 메이어였다.

메이어가 미국 남부로 오게 된 배경에는 경제적 기회에 대한 약속뿐만 아니라 정치적 소요에 따른 불안이 있었다. 칼 마르크스와 프리드리히 엥겔스가 《공산당 선언》을 발표한 1848년부터 일련의 유혈 폭동이 유럽을 휩쓸었다. 불붙은 도화선처럼 저항의 불꽃은 이탈리아에서 프랑스, 독일의 독립국가, 합스부르크 제국까지 옮겨 붙었고, 서유럽 대부분의 지역에서 혁명의 불길이 타올랐다. 지역에 따라서는 광범위하게 확산된 경제적 궁핍이 저항의 큰 원인이 되기도 했지만, 사실 저항 운동 기저의 공통된 흐름은 바로 민주적 개혁과 기본적 시민권에 대한 요구였다.

몇몇 기록에 따르면 메이어는 바이에른에서 시위에 참여했으며 카를 슈르츠Carl Schurz를 비롯한 일단의 자유주의 혁명가들과 연계되어 있었다고 한다. 슈르츠는 유럽을 탈출해 미국으로 건너온 후, 러더퍼드 B. 헤이스Rutherford B. Hayes 행정부에서 상원의원과 내무장관을 지낸 저명한 정치인이 되었다.**14** 많은 유대인이 통일 이전의 독일 군주국을 포위하여 압박하는 시위에 참여했다. 수세기 동안 자신들을 영원한 외부인으로 살아가도록 강제하던 폭압적인 통치에서 해방될 기회로 여겼기 때문이었다.

1849년, 바이에른의 유대인은 획기적인 변화의 문턱을 넘어서는 것처럼 보였다. 그해 12월, 바이에른 *의회*Landtag 하원은 유대인에게 기독교인과 동등한 권리를 부여하는 법안을 승인했다. 유대인은 환호했지만 다른 시민들은 분노하며 이 조치를 거세게 비난했다. 격분한 한 의원은 아무리 유대인이 바이에른에 뿌리내린 지가 천 년 전으로 거슬러 올라간다 해도 그들은 계속 외국인으로 남아야 한다고 주장했다. 하지만 이제 겨우 손에 들어오려던 평등은 이내 날치기 당했다. 1850년 2월, 상원에서 유대인 해방 법안이 거부되었던 것이다.[15]

5월경에 메이어는 미국행 배에 올랐다. 그는 정치적 망명자의 물결로 알려진 수천 명의 '48세대Forty-Eighters'에 합류했다. 48세대는 1848년과 1849년에 있었던 혁명의 여파로 유럽을 떠난 사람들을 말한다. 그들 중 대다수는 혁명 활동에 대한 보복이나 박해를 피해 미국에 왔다. 메이어는 프랑스의 항구도시 르아브르Le Havre—헨리 역시 6년 전 그곳에서 대서양을 건넜다—로 가서 돛이 세 개 달린 어드미럴Admiral이라는 이름의 배에 올라 3등 선실로 갔다. 그곳은 이미 다른 수백 명의 승객으로 미어터질 듯했다. 그는 7월 17일 드디어 뉴욕에 도착했다.[16] 항해가 24시간만 더 걸렸더라면 미국 금융사에서 리먼의 이름은 결코 남아 있지 못했을 것이다. 어드미럴호가 막 항구에 도착했을 때 허리케인이 카리브해에서부터 동부 해안을 강타하며 올라오고 있었다. 메이어가 도착한 다음 날 폭풍우가 건물의 양철 지붕을 벗겨낼 만큼 거센 바람을 동반하며 뉴욕에 상륙했다.[17]

메이어가 형제들의 사업에 합류한 후 기업 로고에 's'가 덧붙여졌다. 새롭게 이름을 바꾼 리먼앤브로스H. Lehman & Bros는 자신들을 '잡화, 의류 도소매상'이라고 홍보하고 '식료품, 철물, 부츠, 모자, 신발, 아기 모자, 수저, 꽃, 빗, 기타 등등'을 갖추어놓았다.[18] 이 시기에 이들 형제가 관여했던 거래에는 수많은 *기타 등등*이 있었다. 그들은 토지와 건물을 사고 파는 부동산업에도 광범위하게 관여했으며 지역의 주요 산업인 면화 사업에도 발을 들여놓았다.

남부에서 면화는 사실상의 화폐였다. 유통되는 지폐가 상당히 많았는데 문제는 그것이 아니었다. 앤드루 잭슨Andrew Jackson 대통령이 1832년에 (1816년에 연방 의회가 20년 시한으로 인가하였던) 제2합중국은행Second Bank of the United States을 해체하기로 결정하자, 그동안 화폐 발행을 규제하던 견제 장치가 사라지면서 수많은 은행들이 각기 독자적인 지폐를 대량으로 찍어냈다. 위조범들은 신이 나서 이 허술한 시스템을 악용했고 시장에는 위조지폐가 넘쳐났다(위조지폐의 대량 유통은 결국 1865년 미 경호국 창설의 계기가 되었다. 그 당시 유통되던 전체 지폐의 약 1/3이 위조지폐였던 것으로 추정된다).

지폐를 늘 신뢰할 수 있는 것이 아니었기에 유형의 상품이 미국 상업의 근간을 형성했다. 그리고 남부에서는 바로 면화가 최고의 현금성 작물이었다. 리먼 형제들은 잡화점에서 면화를 상품 대금으로 받았다. 허버트 리먼은 "주로 물물교환이었다"라며 가족 기업이 어떻게 시작되었는지에 대해 이렇게 회상했다. "농부들은 면화를 가지고 와서 셔츠, 신발, 비료… 그리고 종자, 모든 생필품과 교환하곤 했다. 우리의 면화 사업은 이렇게 시작되었다."[19]

또한 리먼 형제는 농부와 농장주들에게 상품을 먼저 내주고 면화 수확을 담보로 판매 대금을 확보하는 식으로 그들과 신용거래도 확대했다.

노예제도를 반대하고 공화당을 지지했던 셀리그먼가와는 대조적으로 평생 민주당 지지자였던 리먼가는 남부에서의 생활에 적응하며 노예제도에 점점 익숙해졌다. 1850년경 그들은 노예를 사들여 가사와 사업을 돕도록 했다. 리먼 형제는 최소 일곱 명의 노예를 소유했다. 노예 중 한 명은 마사라는 소녀로 사들일 당시 열네 살쯤 되었는데, 매도 증서에는 "신체와 정신이 건강한 평생 노예"

라고 되어 있었다. 그녀의 가격은 900달러였다.[20]

유대 신앙의 기원에 관한 이야기 중 하나가 유대 민족이 속박에서 탈출하고 신이 그들을 노예화했던 이집트인에게 엄벌을 내린다는 내용인데, 리먼 형제들은 어떻게 노예 소유를 합리화할 수 있었을까? 게다가 수많은 다른 48세대들은 그들이 독일에서 지키고자 싸웠던 가치를 미국에 건너와서는 노예제 폐지를 위한 투쟁으로 자연스럽게 전환했었다.

리먼 브라더스가 의뢰하여, 고인이 된 리먼가의 파트너 프랭크 만하임Frank Manheim이 저술한 미출간본 리먼 브라더스 기업사 《씨앗과 나무The Seed and the Tree》에는 리먼가가 "그들이 새로 뿌리내린 공동체의 관점과 편견을 공유하게 되었다"라고 담담하게 쓰여 있다.[21] 그들만 그런 것은 아니었다. 수많은 남부 유대인은 흔쾌히는 아니었어도 점차 노예제도를 받아들였다. 하지만 그 당시에는 노예제도에 대한 이러한 정신분열적 부조화를 그 누구도 깨닫지 못했다. 1850년대 노예제도를 둘러싼 치열한 의회 토론 중에 노예제 폐지를 주장하던 한 의원은 옹호론자인 루이지애나 출신 동료 유대인 민주당 의원 주다 벤저민Judah Benjamin을 겨냥해 '이집트의 원칙을 가진 이스라엘인'이라고 독설을 퍼부었다. 벤저민은 남북전쟁 중 남부연합 대통령 제퍼슨 데이비스 내각에 진출한다.[22] 날로 번창하는 남부 유대인에게 노예 소유는 백인 상류층과 동등한 지위에 선다는 것을 드러내는 일종의 동화同化 의식이었다. 노예 소유는 사실 리먼가에게 스스로를 좀 더 '백인'이자 남부인으로 느끼게 해주었을지도 모른다.

던스는 몽고메리 카운티의 회사들을 평가한 원장에 매년 리먼가의 발전 상황을 기재했다. 1852년 12월, 이 신용평가회사는 리먼이 "재고가 충분하고… 장사도 잘하고 평판도 좋으며 계약 이행 능력이 있다"고 언급했다. 몇 년 뒤에는 리먼 형제가 "냉철하고 근면하며 세심한 사업가들"이라고 묘사했다. 1855년에 던스는 리먼 브로스의 자산 가치를 약 5만 달러 정도로 추산했는데, 그중 60퍼센트가 '부동산과 흑인 노예'였다고 했다. 그리고 비록 리먼가가 유대인이기는 하지만 "거의 '백인'만큼이나 훌륭한 사람들이라고 생각된다. 유대인치고는 매우 정직하고 신뢰할 만한 사람들이며 또 그렇게 여겨진다"라고 했다.[23]

리먼가는 이 무렵 상인에서 은행가로 도약하는 과정에 있었다. 비록 아직 스스로를 그렇게 칭하지는 않았지만, 그들은 중개상 commission merchant—담배, 설탕 또는 리먼가의 경우 면화 같은 상품을 중개하는 사업가—이 되어가는 중이었다. 지역 농장주들은 작물을 리먼가에 위탁했고 리먼가는 작물의 판매는 물론 화재와 해상 사고에 대비한 화물보험을 포함한 물류 운송 업무 전반을 처리했다. 종종 면화 중개인으로 알려진 이들 상인들은 거래당 약 2.5퍼센트의 수수료와 기타 비용을 받았다.[24]

사업이 성장함에 따라 리먼가가 관리해야 할 지역도 늘어났다. 이매뉴얼은 정기적으로 뉴욕에 출장 가서 북부의 면화 구매자들과 수출업자를 만나고, 매장에 들일 상품을 구매하고, 현지 은행의 예탁계좌를 관리했다. 헨리는 종종 번잡한 항구도시 뉴올리언스의 거래처를 방문했다. 뉴올리언스에는 뉴욕과 유럽을 오가며 면화를 실어 나르는 배가 꾸준히 드나들었다. 그의 형들이 자리를 비우는 동안 메이어는 몽고메리의 매장을 관리하면서 면화 사업에 대해 열심히 공부했다. 외향적이고 사교적인 그는 지역의 면화 경작자들과 곧 친분을 쌓았다. 그들은 작물에 영향을 미칠 수 있는 기후 조건에서부터 성장 주기, 수확물의 상품성을 결정하는 요소에 이르기까지 면화 사업에 관련된 것들을 그에게 가르쳐주었다.

1855년 여름, 황열병이 발생해 남부를 휩쓸기 시작했다. 바이러스는 고열, 피로, 근육통, 오한 등 전형적인 독감 증상으로 시작되었다. 하지만 병이 진행되면 눈, 입, 장기 등에 출혈이 생기고 검은 구토물이 나오는 등 황열병의 특징적인 증상이 나타났다. 종종 사망에 이르기도 했다. 2년 전에도 바이러스가 퍼져 뉴올리언스 인구의 10퍼센트를 죽음으로 몰고 갔었다. 9월 말이 되자 몽고메리에도 황열병 발병 사례가 여러 건 보고되었다. 한 지역 신문은 "많은 사람이 이미 안전한 곳을 찾아 떠나고 있다"고 보도했다.[25]

그해 가을 어느 날, 헨리는 몽고메리에서 뉴올리언스로 출장을 떠났다. 여러 리먼가 전기 작가들은 몽고메리에서 전염병이 유행할까 두려움을 느낀 형제들의 권유로 떠났다고 썼지만, 뉴올리언스는 피난처로는 전혀 안전한 곳이 아니었다. 그곳에서는 이미 황열병이 창궐하여 매주 수백 명이 죽어나가고 있었기 때문이다. 감염병이 대유행하는 동안 뉴올리언스에서만 거의 3,000명에 달하는 사람이 죽었다. 이 중에는 리먼가의 헨리도 포함되어 있었다. 그는 11월 17일에 눈을 감았고 뉴올리언스 유일의 유대인 공동묘지에 묻혔다. 그가 남긴 재산은 4만 2,000달러였다.[26]

헨리가 토대를 다진 사업의 미래는 이제 이매뉴얼과 메이어의 손에 남겨졌다. 외모만 보면 이 두 형제를 혼동하기 쉬웠다. 둘 다 키는 약 5피트 6인치며 검은 눈에 이목구비도 비슷했다. 둘 다 셔츠 깃을 덮는 구레나룻과 턱 선을 깔끔하게 면도한 반다이크 수염을 길렀다.

하지만 두 사람의 기질은 정반대였다. 메이어는 활기차고 붙임성 있는 성격으로 회사의 얼굴 역할을 했으며, 남부 엘리트들과 친분을 쌓으면서 놀라울 정도로 자연스럽게 저명인사 모임에 스며들었다. 그는 절친한 벗으로 후에 앨라배마 주지사가 되는 몽고메리의 변호사이자 농장주 토머스 힐 왓츠Thomas Hill Watts와 미래에 해군 장관이 되는 힐러리 허버트Hilary Herbert를 꼽았다. 허버트의 이름을 딴 메이어의 아들 허버트 리먼은 "나의 아버지가 지역 사회에 얼마나 빨리 동화되었는지 보면 정말 놀랍다"고 말한 적이 있었다.[27]

메이어는 사람들과 관계를 맺는 특출난 능력 덕분에 그렇게 할 수 있었다. "그는 다른 사람들의 감정과 정서를 잘 파악하여 충분히 배려했다"라며 한 친구는 메이어와 그의 '남다른 마음 씀씀이'를 기억해냈다.[28] 그는 아드레날린 치솟는 위험을 즐겼으며 리먼가가 면화 거래 사업에 진출하자 면화 사업 확장에 속도를 냈다.

메이어와는 달리 이매뉴얼은 내성적이고 다소 걱정이 많았다. 그는 불필요한 위험을 싫어했고 회사 재정을 안정적으로 관리하는 일에 가장 편안함을 느꼈다. 오랫동안 그의 회사에서 일했던 한 직원은 이매뉴얼은 "청년 시절에 이미 성숙"하고 "공손"했으며 술수를 부리지 않는, 즉 "가짜, 과장, 허세"가 없는 대단히 지적인 사람이었다고 회상했다.[29]

허버트 리먼은 메이어를 가리켜 "아버지는 언제나 매우 진취적이었다"고 말했다. "이매뉴얼 삼촌은 보수적이었다. 사람들은 신중한 그의 회사 운영에 대해 이런 농담을 하곤 했다. 면화 시장에 대한 의견을 물으면 아버지는 '나라면 사겠다'고 했고, 삼촌은 '나라면 팔겠다'라고 말했다"고 했다. 이들 형제는 자연스럽게 서로를 견제했다. 메이어가 사업을 확장하려고 하면 이매뉴얼은 제지하는 목소리를 냈다. 가족들에 따르면 대부분의 경우 메이어가 돈을 벌고 이매뉴얼은 돈을 잃지 않도록 지키는 일을 했다고 한다.[30]

늘 친하게 지냈던 이 형제는 재산을 차곡차곡 모았으며 수십 년 동안 공동 계좌를 사용했다. 그들은 셀리그먼가와 마찬가지로 이 공동 저금통에서 어느 형제가 돈을 더 많이 인출하는지 신경 쓰지 않고 생활비를 썼다.[31] 셀리그먼 형제들 중 가장 막내인 아이작에 따르면 그의 가족은 "개인 수입이나 지출은 전혀 기록하지 않았고" "가족이 편안하게 지낼 수 있도록 필요한 데 지출한 것으로 서로 믿었다"고 했다.[32]

헨리가 세상을 떠나자, 이매뉴얼과 메이어는 마지막으로 사명을 바꾸었다. 그 이후로 그들은 '리먼 브라더스'라는 이름으로 알려지게 되었다.

3.

명백한 운명

19세기 중반, 미국은 사방으로 국경선을 확장하고 있었다. 셀리그먼가도 마찬가지였다. 북부로 돌아온 지 얼마 지나지 않아 셀리그먼 형제들은 수익성 있는 새로운 사업 기회를 찾아 여기저기로 흩어졌다. 사업을 운영하는 내내 그들이 채택했던 분할 정복 전략이었다. 제임스와 조셉은 맨해튼의 수입 사업을 담당했으며 윌리엄은 서쪽의 세인트루이스로 가서 여동생 바베트의 새 남편 맥스 스테트하이머Max Stettheimer와 함께 의류 매장을 열었다. 한편, 제시와 남동생 헨리는 서둘러 북쪽으로 수백 마일 떨어진 영국령 북아메리카(나중에 캐나다가 된다) 국경 인근의 뉴욕주 워터타운으로 가서 퍼블릭 스퀘어에 '뉴욕 잡화점'을 차렸다. 퍼블릭 스퀘어는 상점이 쭉 늘어선 번화한 곳이었다.

그들의 고객 중에 한 젊은 육군 장교가 있었는데, 그는 1812년 전쟁 중 미군이 영국군을 격퇴한 중요한 군사 전초 기지 새키츠 하버Sackets Harbor 인근으로 최근에 부임했다. 율리시스 S. 그랜트

Ulysses S. Grant 라는 이름의 이 중위는 멕시코-미국 전쟁에서 처음 전투에 참여했던 신출내기였다. 신이 미국의 탐욕스럽고 피비린내 나는 서진 확장을 허락했다고 믿는 '명백한 운명 Manifest Destiny' 신조(미국이 북미 대륙 전체로 확장하는 것이 신의 뜻이라는 이데올로기로, 언론인 존 오설리번 John O'Sullivan 이 처음 사용하였다_옮긴이)에 뿌리를 둔 이 2년간의 전쟁으로 미국은 오늘날의 애리조나, 캘리포니아, 네바다, 뉴멕시코, 텍사스, 유타 전 지역 혹은 그 일부를 포함하여 멕시코 영토의 55퍼센트를 삼켜버림으로써 국경을 훨씬 더 멀리까지 확장하게 되었다. 그랜트는 자신과 동료 병사들이 참전했던 전투에 대해 어떠한 환상도 갖고 있지 않았다. 후에 그는 이 분쟁을 '강대국이 약소국을 상대로 벌인 역사상 가장 부당한' 전쟁이었다고 주장했다.[1]

워터타운에서 그랜트는 셀리그먼가의 친구가 되었다. 포커와 체커 게임을 하면서 그들은 평생에 걸친 우정을 쌓기 시작했다. "처음 보자마자 우린 바로 친구가 되었다"라며 제시가 기억을 더듬었다. 그는 "그랜트처럼 가까운 친구는 물론 전 국민의 커다란 사랑과 존경을 받은 사람은 내가 알기로는 없다"고 말했다.[2]

셀리그먼 형제들이 사업을 시작한 지 1년이 채 되지 않은 1849년 5월 어느 일요일 이른 아침, 워터타운 중심 상업지구에서 화재가 발생했다. 불길은 차례로 목재 건물들로 옮겨 붙었다. 은행, 호텔, 우체국, 성공회 교회 등 모든 건물이 화염에 스러졌다. 화재는 제시와 헨리의 매장을 비롯해 100채의 건물을 전소시켰다.[3]

그들은 신속하게 재건에 나섰다. 제시가 점점 불안해하자 결국 서둘러 곧 상점을 다시 열었다. 북부는 그림 같은 풍광에 수익성도 좋았지만 한창 떠오르는 지역에서 너무 멀리 떨어져 있다는 느낌이 들었다. 신문을 보면 우주의 중심은 캘리포니아였다. 멕시코가 이 영토에 대한 자국의 권리를 양도하는 서명을 하기 바로 며칠 전, 제재소 운영자가 콜로마강 바닥에서 사금을 발견했다는 기사가 신문에 실렸다. 일확천금을 노리는 사람들이 전국에서 몰려들었다. 금광 열병은 모험심 가득한 어떤 한 청년을 괴롭혔다. 당시 스물세 살이던 제시가 이 열병에 걸렸다. 하지만 그는 시에라네바다의 광산을 향해 달려가는 대신 다른 종류의 이권을 찾으려 했다.

사람들은 수천 명씩 샌프란시스코로 밀려들었다. 이렇게 새로 도착한 사람들은 전부 잠재적 고객들이었다. 캘리포니아에서는 그곳까지 상품을 운송하기가 쉽지 않고 신흥 부자들이 폭발적으로 늘어나서 뉴욕과 유럽에서 수입한 상품을 원래 가치보다 몇 배나 비싸게 팔 수 있을 것이라 제시는 확신했다.

냉철한 가장 조셉을 설득할 수 있다면 이런 생각이 말이 된다고 볼 수 있었다. 제시는 샌프란시스코에 셀리그먼의 전진 기지를 세워도 된다는 형의 허락을 받았고 게다가 2만 달러 상당의 물건까지 받았다. 이제 샌프란시스코는 형제들의 주요 투자처가 되었다. 헨리는 워터타운에 남았고 레오폴드가 제시와 함께 서부로 갔다. 열아홉 살의 레오폴드는 캘리포니아 사업에서 책임을 맡은 적은 없었지만, 조셉은 예술적 감각이 있는 어린 동생이 사업 감각도 익히기를 바랐다.

캘리포니아로 가는 쉬운 길은 없었다. 오로지 덜 위험한 길이 있을 뿐이었다. 많은 사람들이 서부로 향하는 마차 행렬에 섞여 육로로 여행했지만 여정은 6개월 혹은 그 이상이 걸리기도 했다. 그것도 수많은 위험과 시련을 겪고 살아남았을 때의 이야기다. 배를 타고 갈 수도 있었는데, 이 경우 뉴욕에서부터 약 1만 6,000마일이나 떨어진 대륙 최남단 (칠레의) 케이프 혼 Cape Horn 을 돌아가야 했다.

게다가 이 해로는 변덕스러운 날씨와 집채만 한 높은 파도로 악명 높았다. 제시와 레오폴드는 거리를 최대한 줄이기 위해 남미와 북미를 육로로 잇는 가장 좁은 구간인 파나마 지협地峽을 거쳐 가기로 했다. 대서양과 태평양을 가르는 파나마 지협은 50마일이나 이어지는 바위투성이의 땅이었다. 지협의 대서양변 차그레스Chagres에서 상품과 장비를 노새에 옮겨 싣고 정글을 지나 산길을 넘어 파나마시티까지 이동했고, 그곳에서 캘리포니아로 가는 또 다른 배로 갈아탔다.

파나마 루트는 육로를 이용해 서부로 가는 시간의 반 정도를 단축했지만 그만큼 위험도 컸다. 가장 큰 위험 중 하나는 말라리아, 황열병 혹은 현지의 수많은 열대 풍토병이었다. 셀리그먼 형제는 캘리포니아로 가기 위해 외륜 증기선 노더너Northerner 호로 갈아탔는데, 그때 레오폴드와 많은 승객들이 말라리아에 걸렸다. 불안한 며칠을 보내는 동안 8명의 승객이 목숨을 잃었고 그들의 시신은 바다에 버려졌다. 다행히도 레오폴드는 서서히 기운을 회복했다.[4]

1850년 어느 가을 날, 노더너호가 샌프란시스코만에 미끄러지듯 들어와 두 형제와 화물 상자를 한가득 내려놓았다. 하룻밤 사이에 솟아난 듯한, 도박꾼, 사기꾼, 모사꾼 등 온갖 종류의 인간 군상이 몰려 있는 악덕과 과잉의 도시였다. 진흙탕에 쓰레기가 가득한 거리 양쪽에는 술집과 도박장이 널려 있었다. 노상의 난투극이나 권총 결투는 흔한 광경이었다.

캔버스 천막과 허술한 건물들로 이루어진 도시 풍경을 둘러보며 제시는 샌프란시스코가 워터타운을 휩쓴 것과 같은 재앙적인 화재 위험에 노출되어 있다는 것을 단박에 알아챘다. 그는 테하마 하우스Tehama House라는 호텔 옆, 도시 유일의 벽돌 건물에 사무실을 임대했다. 제시의 직감은 적중했다. 1851년 5월 3일 밤 11시경, 한 페인트 가게에서 불이 나 무서운 속도로 번지기 시작했고, 화재 규모가 너무 커서 100마일 밖에서도 섬뜩한 빛이 보일 정도였다.

제시는 급히 매장으로 달려갔다. 매장 옆의 호텔에서는 소유주인 조지프 폴섬Joseph Folsom 대위가 직원들에게 지붕을 젖은 담요로 덮으라고 지시하고 있었다. "나는 즉시 [폴섬] 대위에게 내 집에 불이 붙으면 목조건물인 호텔도 다 타버릴 거라고 설명하고, 직원 일부를 우리 건물 지붕으로 보내달라고 제안했어요. 우리 건물을 지켜낼 수 있으면 그의 호텔도 지킬 수 있을 테니까요. 그는 내 제안을 받아들였고 그렇게 한 것은 정말 잘한 결정이었죠"라고 제시는 당시를 회상하며 말했다.[5] 제시는 인근에서 화재를 진압하느라 분투하던 자원 소방대 하워드엔진Howard Engine Company 3분대의 소방대원들에게도 비슷한 주장을 하면서 그들이 자신이 세든 건물을 구하는 데 노력을 집중하도록 설득했다.[6]

화염은 샌프란시스코의 3/4을 삼켜버렸다. 연기가 사라지자 그 사이로 제시의 상점과 테하마 하우스만 멀쩡하게 남아 서 있는 것이 보였다. 이 재난은 셀리그먼가에 엄청난 수익을 가져다주었다. 일시적으로나마 화재로 인해 제시의 경쟁자들이 완전히 주저앉았기 때문이었다. 나중에 그는 "모든 상인들 중 업장이 불타지 않은 사람은 내가 유일했다. 그리고 당시 필요한 물건을 대량으로 보유하고 있었기 때문에 가격을 깎지 않고도 물건을 대부분 처분할 수 있었다"고 말했다.[7]

제시는 상품 가격을 인상할 필요도 거의 없었다. 이미 샌프란시스코의 다른 상인들처럼 천문학적 가격을 책정했는데, 이곳까지 상품을 가져오기가 매우 어려웠기 때문이었다. 그는 5달러짜리 담

요를 40달러에 판매했고, 위스키 1쿼터는 30달러였다.⁸

　샌프란시스코 매장은 마침내 셀리그먼가의 다른 매출을 앞질러 가장 큰 수익을 올렸다. 배들은 조리 도구, 의류, 문구류, 주류, 시가 등 제시의 매장에서 판매할 상품을 가득 싣고 샌프란시스코만에 들어와 짐을 부린 후 그곳의 상점에서 흔하게 볼 수 있는 사금과 금괴를 가득 담은 금고를 싣고 다시 파나마시티로 돌아갔다. 지역 신문은 정기적으로 '보물 선적'에 대한 새로운 소식을 전했다. 제시의 회사는 헨리 웰스Henry Wells와 윌리엄 G. 파고William G. Fargo가 (1852년에) 설립한 은행, 바이에른 출신의 이민자 리바이 스트라우스Levi Strauss와 같은 동료 상인들과 함께 종종 금을 가장 많이 선적하는 업자로 신문에 이름을 올렸다. 스트라우스는 그 유명한 리벳이 달린 청바지를 고안하기 전 뉴욕에서 사업하는 형제들이 공급하는 직물을 취급하는 매장을 샌프란시스코에서 운영했다.

　1852년, 제시와 레오폴드는 최소 7만 2,000달러 상당의 금을 뉴욕으로 선적했다. 1854년에는 15만 9,000달러, 다음 해에는 26만 1,000달러어치를 보냈다. 1850년대 말 무렵에는 한 해에 70만 달러어치 이상의 금이 뉴욕의 회사로 흘러 들어갔다(이 금의 일부는 아마도 고객 소유였을 수도 있다).

　1850년대 초, 헨리는 워터타운 매장을 정리하고 샌프란시스코의 제시, 레오폴드와 합쳤다. 곧 끝에서 두 번째 동생인 에이브러햄도 그곳으로 향했다. 서부에 대한 호기심과 제시의 성공에 놀란 조셉은 사업을 둘러보러 샌프란시스코까지 몹시 고된 여정에 올랐다. 이 출장으로 그는 1년 혹은 그 이상 동안 갓 꾸린 뉴욕의 가족과 떨어져 지냈다.⁹

셀리그먼 일가는 재계에서 명성을 쌓기 시작하면서 지역 사회 및 유대인 공동체 활동에도 적극적으로 참여했다. 스물다섯 살이 된 헨리는 개혁파 유대교 회당인 이매뉴얼의 회장을 맡았고, 최초의 예배당(이매뉴얼은 '신은 우리와 함께한다'라는 의미로 가장 대중적인 회당 이름이었다) 건축을 감독했다. '열정적이지만 드러내지 않고, 부드럽지만 단호하다'고 평가받던 헨리는 회당의 재정을 바로잡고 참석하지 않는 회원들에게 벌금을 부과하는 등 사업을 운영하듯 엄격하게 회당을 이끌었다.[10] 에이브러햄도 회당 임원으로 골든게이트 공원Golden Gate Park 건립을 주도한 위원회의 회계를 맡았다.[11]

샌프란시스코의 대부분을 파괴했던 1851년 화재 이후 제시는 하워드엔진 3분대에 가입했고, 자경단 활동에도 나섰다. 이는 지방 정부를 신뢰할 수 없었던 시민들이 그들 손으로 직접 범죄를 단속하고 처벌하기 위해 만든 조직이었다.

금의 유입과 무질서한 성장으로 샌프란시스코는 범죄의 온상이 되었다. 제시는 자기 보호를 위해 총열 6인치짜리 콜트 리볼버를 소지했다. 어느 날 길을 가는데 총알이 머리 옆을 스치고 지나가는 일이 벌어졌다. 제시는 곧바로 몸을 돌려 총 쏜 사람을 노려보았는데, 그는 제시의 얼굴을 확인하고는 "다른 사람으로 착각했습니다"라면서 사과했다.[12]

자경단은 현장에서 "어떠한 도둑, 강도, 방화범, 암살범도 법의 허점이나 허술한 감옥, 부주의하고 부패한 경찰, 느슨한 법 집행으로 처벌을 피하지 못하게 할 것"이라고 다짐했다.[13] 제시와 동료 자경단원들은 새크라멘토가에 임시변통으로 감옥을 운영했다. 거기서 그들은 사방 1.2×1.8미터의 감방에 재판을 기다리는 피고인을 수감했다.[14] 그곳의 최초 수감자는 롱 워프Long Wharf의 사무실에서 금고를 털다 체포된 호주 갱단 시드니 덕스Sydney Ducks의 단원이자 전과자 존 젠킨스John Jenkins였다. 자경단원들은 서둘러 재판을 소집했다. 자경단 위원회가 젠킨스의 처벌 수위를 놓고 결정을 못 내린 채 고심하고 있을 때 한 자경단원이 "신사 여러분, 내가 알기로 우리는 지금 누군가를 교수형에 처하러 여기 모였습니다"라고 목소리를 높였다.[15]

자정에 유죄가 선고되었고 젠킨스는 족쇄를 차고 포츠머스 광장까지 걸어가야 했다.[16] 마침내 군중은 젠킨스를 벽돌 건물 현관에 돌출된 들보에 매달아 처형했다. 사형수는 이미 죽은 것으로 보였지만 군중은 그의 목을 잡아 끌고 광장을 돌아 다녔다. 제시는 훗날 수십 명의 다른 샌프란시스코 시민들과 함께 이 린치 처형에 연대 책임이 있다고 인정하는 문서에 자신의 이름을 서명했다.[17] 그는 여러 차례 교수형, 채찍질, 범죄 용의자 추방 등 논란 많은 인민 재판식의 운동을 통해 도시에 '완전한 실서가 회복될 때까지' 자경단 일원으로 남았다고 회고했다.[18]

제시는 자경단의 법질서 확립이라는 목표를 실제 집행할 수 있는 정치 조직으로 연결했다. 그는 지역 상인들 및 자경단 단원들과 함께 도시의 정치적 부패를 뿌리 뽑고자 '21인 위원회Committee of Twenty-One'를 결성했다. 이 위원회는 기존 정치 조직을 사실상 전복하고 자신들이 설계한 시스템으로 이를 대체했으며, 비밀리에 회의를 열어 다가오는 선거에 인민당People's Party을 대표할 후보자 명단을 결정했다. 이 당은 향후 10년간 지역 정치에서 지배적인 영향력을 행사하게 된다.[19]

오가기가 쉽지 않았지만 제시와 형제들은 놀랄 정도로 자주 왕래했다. 형제가 많았던 덕분에 이들은 장기간 자리를 비울 수 있었다. 다른 형제가 대신해서 일할 수 있었기 때문이었다. 그들은 동부 해안과 서부 해안을 오가며 상품을 구매하고 금을 환전했으며, 브라우트샤우Brautschau라고 성인이 되어 신부를 찾기 위해 유럽에 가기도 했다. 1840년대에 독일을 떠나는 유대인의 이민이 폭증하면서 다음 10년이 시작될 즈음 미국의 유대인 인구는 세 배 넘게 늘어났다. 하지만 1850년까지도 유대인 인구는 아직 약 5만 명에 불과했으며 미국 전역에 흩어져 있었다. 1850년대 초 제시가 그랬듯이 유대인 남성은 딱 맞는 배우자, 즉 언어, 문화, 종교를 공유하고 그들의 전통 유산을 헌신적으로 지킬 사람을 찾기 위해 종종 모국으로 돌아가야 했다. 이 여행 중에 제시는 헨리엣 헬먼Henriette Hellmann과 약혼했다. 한 친척의 말을 빌면 그녀는 "특별히 미모가 뛰어나지는 않았지만, 교양 있고 일생 동안 귀족적인 태도와 대단한 용기를 보여준 사람"이었다.[20]

 1854년 막 결혼해서 제시와 함께 미국으로 온 헨리엣은 이러한 성격 덕분에 낯선 샌프란시스코에서 잘 적응할 수 있었다. 그들은 수년 동안 서부에 머물다가 조셉이 뉴욕으로 부르자 동부로 옮겨갔다. 샌프란시스코 사업은 에이브러햄과 헨리 그리고 레오폴드가 관리했다. 제시와 그의 가족—아들이 둘 있었다—은 1857년 후반 뉴욕에 도착했다. 또 다른 금융 재앙으로 미국 경제가 마비되었던 때였다. 그 해 10월부터 두 달 동안 뉴욕의 은행들은 예금인출 사태를 막기 위해 지폐를 금으로 교환해주는 업무를 중단했다. 위기가 전국으로 퍼져나가자 수천 개의 기업이 문을 닫았다. 뉴욕에서만 900여 개의 유통회사가 파산하면서 총 1억 2,000만 달러의 부채를 남겼다.

 셀리그먼 형제들은 다가오는 경기 침체를 다른 상인들보다 일찍 알아챘다. 샌프란시스코 쪽에서 오는 금 선적량이 전년 대비 급격하게 감소하자 그 징후를 감지했던 것 같다. 조셉은 항상 주의하자고 당부했고 경기에 대한 불안이 점점 더 커지자 투기성 투자를 현금화하고 할 수 있는 한 최대로 은행 예금을 금과 은으로 전환했다.

여러 요인이 합쳐져 1857년 공황이 발생했다. 금의 공급이 줄어들자 겁에 질린 은행은 줄줄이 금리를 인상하고 신용거래를 축소했다. 그다음에는 더 극단적인 조치들이 이어졌다. 그제서야 철도와 땅 투기에 열광했던 투자자들도 현실을 인식하기 시작했다.

1857년 3월 대법원의 드레드 스콧 Dred Scott 판결(드레드 스콧은 미주리주에서 노예로 살던 아프리카계 미국인으로, 자유주로 이동할 때 자유의 몸이 되어야 한다며 소를 제기했으나 패소했다. 대법원은 이 판결에서 미주리 협정이 노예 소유주의 재산을 부당하게 빼앗는 것이므로 헌법에 위배된다고 선언했다. 이 판결은 남북전쟁에 간접적으로 영향을 미쳤다_옮긴이)도 경기 침체에 영향을 미쳤다. 이 판결은 루이지애나 매입으로 획득하게 된 서부 영토(루이지애나주만이 아니라 미시시피강 서쪽에서 로키산맥에 이르는 광대한 영토를 가리킨다_옮긴이)의 대부분에서 노예제도를 불법화하는 미주리 협정(1820년에 미주리주를 제외한 북위 36도 30분을 기준으로 북쪽에서는 노예제를 폐지하고 남쪽에서는 허용하여 노예주와 자유주의 균형을 유지하려 한 협정_옮긴이)을 무효화했다. 남부에서는 크게 환영 받았지만 북부에서는 맹비난을 받은 이 판결은 노예제의 미래와 '명백한 운명' 사상에 의해 추진된 서부 이주에 대한 정치적 불확실성을 취약한 경제에 주입했다. 이 서부 이주는 토지와 철도 주식의 투기 거품을 유발했던 주요 원인이었다.

그러던 중 1857년 8월 말, 부실 투자를 부풀려 장부를 작성한 오하이오생명보험신탁Ohio Life Insurance and Trust Company이 파산하면서 예금 인출 사태를 불러왔다. 이 신시내티 소재 회사의 붕괴는 종종 2008년 미국의 대표적인 투자은행 중 하나였던 리먼 브라더스의 몰락에 자주 비유된다.

다섯 블록 떨어진 사무실에서 조셉 셀리그먼이 금과 은을 금고에 넣으며 임박한 금융 위기에 대비할 때, 이매뉴얼 리먼은 남부의 사업을 보완할 새로운 북부 사업을 개척하려고 노력 중이었다. 헨리가 황열병으로 세상을 떠난 후 그의 미망인과 네 아이들은 뉴욕으로 이사했고 이매뉴얼도 1857년 2번가 120번지로 이사해 그들과 함께 살았다.

리먼 형제들은 회사를 성장시키기 위해서는 북부에 본거지를 두어야 할 필요가 있다는 것을 깨달았다. 이매뉴얼은 그들의 잡화점에서 팔 상품을 뉴욕에서 구매해서 몽고메리로 보낼 수 있었다. 계속 성장하고 있는 면화 사업도 챙길 수 있었다. 면화 자체는 남부에서 생산되지만 산업의 중심지는 뉴욕이었다. 뉴욕은 리버풀과 같은 유럽 항구와 연결되는 중요한 운송 기지였다. 리버풀은 영국이 미국에서 수입한 면화의 대부분이 거쳐 가는 곳이었고, 미국의 금융 수도인 뉴욕은 금융을 통제하고 면화 무역의 위험을 완화하는 은행과 보험회사의 중심지이기도 했다.

이매뉴얼 리먼의 첫 뉴욕 사업장이 들어선 곳은 리버티가 119번지였다. 당시 이곳을 방문한 사람들은 술과 시가를 광고하는 특별할 것 없는 상점을 보았을 것이다. 그랬던 리먼 브라더스는 1980년에 핍스 애비뉴의 번쩍거리는 32층짜리 본사에 입주하게 된다.

1857년 여름, 이매뉴얼은 스물여덟 살의 바이에른 출신 이민자 모지스 퍼스트Moses Ferst 와 동업을 시작했다. 퍼스트는 아버지가 운영하는 그랜드가의 시가 제조사에서 일하고 있었다. 리먼앤퍼스트Lehman & Ferst 는 고급 시가 수입업자이자 제조사로 자신들을 홍보했으며 와인과 주류도 갖추어놓았다. 회사는 리먼의 몽고메리 매장에 공급하는 것 말고도 남부 전역에 고객을 보유하고 있었다.

이매뉴얼의 선택은 시기적으로 이보다 더 나쁠 수 없었다. 이들이 사업을 막 시작하자 호황이던 미국의 경기가 급격히 냉각되었다.

신용평가회사 던스에 따르면 이매뉴얼은 처음에 리먼앤퍼스트에 1만 달러를 투자했는데, 일련의 '불운한 거래'로 손실을 보았다고 한다. 미국의 경제 상황도 안 좋은데 투자도 손실을 보자 늘 파국을 걱정하던 형제들은 걱정에 사로잡혔다. 하지만 이매뉴얼은 이 상황을 버텨냈고 회사의 가치는 초기 손실을 회복하고 약 2만 5,000달러로 두 배나 뛰었다. 던스는 1859년 이매뉴얼이 "새로운 인맥을 구축하고 사업을 확장하기 위해" 남부로 출장을 계획하고 있다면서 회사 상황이 "양호하다"고 평가했다.[21]

이매뉴얼의 사무실에서 한 블록 아래인 리버티가 89번지에 독일계 유대인이 운영하는 상점이 하나 있었다. '장신구'를 취급하는 상점이었다. 이곳에서 이매뉴얼의 시선을 끈 것은 값비싼 장신구가 아니라 파트너 중 하나인 루이스 손다임Louis Sondheim 의 10대 딸이었다. 이매뉴얼은 서른두 번째 생일이 몇 달 지난 후인 1859년 5월, 당시 열여섯 살이었던 폴린 손다임Pauline Sondheim 과 결혼했다. 한편 메이어도 뷔르츠부르크 인근 마을 출신 친구의 딸 바베트 뉴개스Babette Newgass 와 결혼하여 정착했다.[22] 바베트는 7남매 중 장녀였으며, 그녀의 자매 중 두 명도 부유한 사업가와 결혼했다. 한 명은 리먼과 거래하던 리버풀의 면화 상인 에이브러햄 스턴Abraham Stern의 아내가 되었으며, 다른 한 명은 훗날 미국 서부 지역에서 가장 부유한 사람 중 한 명이 되는 캘리포니아의 저명한 은행가 이사이아스 헬먼Isaias Hellman과 결혼했다.

메이어와 바베트의 결혼식은 뉴올리언스 세인트찰스 애비뉴에 있는 그녀의 사촌 퍼디낸드 골드스미스Ferdinand Goldsmith의 멋진 집에서 열렸다. 그는 헨리 리먼이 처음 모빌에 도착했을 때 그곳에서 상점을 운영하던 상인의 아들이었다. 그들의 결합으로 메이어는 아내뿐만 아니라 비록 비공식적이기는 하지만 새로운 파트너를 얻게 되었다. 허버트 리먼은 "아버지가 어머니와 상의하지 않고 사업상의 중요한 결정을 내린 적은 없었던 걸로 알고 있다"고 회상했다. 바베트는 냉철함과 위엄 있는 존재감으로 충성심과 두려움을 동시에 불러일으키는 사람이었다. 그녀는 전형적인 여성 가장으로 엄격하게 가정을 운영했다. 바베트의 일곱 자녀(여덟째는 벤저민이라는 아들이었는데 아기일 때 사망했다)들은 어머니에게 맞서는 행동은 무모하다는 사실을 잘 알고 있었다. 허버트는 "나는 어떤 여성, 어떤 사람도 어머니만큼 확실하게 가장으로서 역할을 한 경우를 보지 못했다"고 말했다.[23]

식구가 계속 늘어나던 메이어 가족은 [몽고메리] 사우스코트가 402번지의 어수선한 집에서 살았다.[24] 집이 회사 매장에서 걸어갈 수 있는 거리에 있어서 직원들이 종종 그의 집에서 식사를 하곤 했다.[25] 그 집은 한 블록 대부분을 차지할 만큼 컸고 집을 둘러싼 베란다와 격자형 목조 셔터를 제외하고는 남부풍이라기보다는 유럽풍에 가까워 보였다.

1860년에 리먼가의 북부와 남부 사업은 모두 번창했다. 뉴욕에서 이매뉴얼이 퍼스트와 함께 주류와 담배를 유통하는 사업도 잘 되었다.[26] 몽고메리의 메이어는 프리메이슨에 가입함으로써 지역사회사업가 지도층의 지위를 얻었다. 그는 당시 몽고메리 카운티에서 일곱 번째 가는 부자였으며, 그 앞에 이름을 올린 사람은 두 명의 은행가와 소수 농장주뿐이었다.[27] 그해 인구조사를 보면 메이어는 2만 8,000달러 상당의 부동산과 7만 5,000달러 동산의 소유자라고 언급되어 있다. 던스는 이제 리먼 브라더스를 최소 10만 달러 가치가 있는 "오래되고 자리를 확실히 잡은 회사"라고 평가했다.[28]

하지만 뉴욕과 몽고메리의 리먼 형제들은 정치적 격변의 조짐을 감지하고 있었다. 드레드 스콧 판결은 노예제도를 둘러싼 전국적인 논쟁을 촉발했고, 곧 1860년 대통령 선거를 지배하는 이슈가 되었다. 그해 봄 사우스캐롤라이나 찰스턴에서 열린 민주당 전당대회에서 앨라배마주 대표단은 친노예제 조항이 당 강령에 포함되는 것을 북부 민주당원들이 저지하자 이에 항의하며 퇴장했다. 플로리다, 조지아, 루이지애나, 미시시피, 사우스캐롤라이나 그리고 텍사스 대표단도 뒤따라 대회장을 떠났다. 이 분열은 결국 봉합되지 못했다. 민주당의 남부와 북부 진영은 각자 후보를 따로 지명해 링컨에 맞서기로 했고, 민주당의 패배는 확실시되었다.

1860년 12월, 링컨이 대통령 취임을 준비하던 때에 앨라배마와 다른 남부 주에서는 분리 독립을 주장하는 목소리가 점점 더 높아지고 있었다. 이때 던스는 리먼 브라더스가 "유대인 회사지만 업황은 다른 곳과 다를 바 없다"고 평가했는데, 이는 남북전쟁이 종결될 때까지의 마지막 업데이트였다.[29]

4.

전쟁이 가져다준 부

모든 것이 끝났어! 이매뉴얼 리먼은 전쟁이 시작된 후 낙담하여 아내의 친척에게 편지를 보냈다.[1] [뉴욕] 리버티가의 상점 진열대는 휑했다. 전쟁이 시작되자 그는 언제 다시 팔 수 있을지 모를 상품을 몽고메리로 보냈다.[2] 그 이후로 북부와 남부 간의 거래는 완전히 중단되었고 리먼가의 뉴욕과 몽고메리 사업장 사이에도 연락이 끊겼다. 이매뉴얼은 이 상황에서 어떻게 사업을 계속할 수 있을지 고민했고, 그러지 못할 수도 있다는 두려움에 사로잡히기도 했다.

메이어에게는 이런 혼란스러운 분위기가 낯설지 않았을 수도 있다. 그는 혁명이 전 유럽을 휩쓸던 1848년에 바이에른에서 비슷한 격변을 경험했다. 10여 년이 지난 지금 유혈이 낭자한 내전이 제2의 조국에 닥쳐왔다. 수많은 48세대들은 유럽에서 쟁취하고자 했던 민주주의 원칙에 따라 노예제도를 강력히 반대하고 [북부]연방the Union을 지지했다. 48년 혁명에 참여했던 사람들은 줄지어 자원입대했고, 독일계 미국인들은 북부연방 군인들 중 가장 규모가 큰 민족 집단을 형성했다. 메이어의 지인으로 알려진 프로이센의 혁명가 카를 슈르츠는 게티스버그 전투에서 한 사단을 지휘했다.

유대인 역시 차별받는 민족의 하나였음에도 불구하고 리먼 형제들은 차별의 체제를 유지하고 확장하려는 남부연합의 대의에 철저히 동조했다(메이어는 훗날 "남부연합의 가치와 노예제에 대한 생각을 끝까지 고수한 반역자"로 묘사된다).[3] 많은 남부 기업과 마찬가지로 리먼가의 사업도 노예를 기반으로 하는 경제에 크게 의존했다. 그렇기에 이 전쟁은 그들에게 생존의 문제일 수 있었고, 적어도 당시에는 그렇게 보였을 수 있다.

1861년 북군과 남군이 버지니아에서 격전을 벌이던 어느 여름날, 이매뉴얼은 뉴욕을 떠나 잠시 앨라배마로 돌아왔다.[4] 전쟁 전 생기 넘치던 도시이자 남부연합의 첫 수도였던 몽고메리는 군사 및 정치의 중심지로 변모해 있었다. 언론인, 군인, 정치가, 사업가 늘이 이 도시로 쏟아져 들어와 술집, 극장, 호텔을 가득 메웠다. 최근 남부연합 대통령으로 취임한 제퍼슨 데이비스는 리먼가의 상점 바로 맞은편의 익스체인지 호텔 스위트룸에 집무실을 차리고 거기에 살았다. 그해 2월 당선 직후 데이비스는 호텔 발코니로 나와 환호하는 수백 명의 군중을 향해 "만약 우리 선조들이 혁명에서 피 흘리며 지키려 했던 원칙을 위해 우리가 다시 피의 세례를 받아야 한다면 우리는 우리가 나약한 후손이 아님을 반드시 증명해내야 한다"고 목이 쉬어라 외쳤다.[5]

리먼 형제들은 직접 전쟁터로 가지는 않았지만 몽고메리 방위를 맡은 지역 민병대 파이어맨 가드Fireman Guards에 합류했다. 'E' 리먼과 'M' 리먼 두 사람은 이등병으로 명부에 올라 있었다.

남부연합의 운명은 아직 알 수 없는 상황이었다. 하지만 이매뉴얼에게는 점점 더 분명해졌을 것이다. 상황이 자신들에게 유리하게 끝나지 않으리라는 것을.

1861년 4월, 남부연합이 [사우스캐롤라이나의] 섬터Sumter 요새를 공격하고(이렇게 전쟁이 시작되었다_옮긴이) 며칠 지나지 않아서 링컨 대통령은 남부연합의 경제를 옭아매기 위해 남부의 항구를 봉쇄하라는 명령을 내렸다. 이에 남부연합은 면화의 유럽 수출을 금지하는 것으로 대응했는데, 이는 남부 면화의 주요 수입국인 영국과 프랑스를 압박하여 남부연합을 지지하도록 만들려는 것이었다. 그러나 이 외교 전략은 실패로 돌아갔다. 처음에는 면화의 유통량 감소가 미미한 정도였지만 세계시장에서 면화가 바닥나자 가격이 치솟았다. 1860년에 파운드당 약 10센트였던 면화 가격은 전쟁 중 한때 1.89달러까지 치솟았다.

하지만 전쟁이 2년째로 접어들자 암시장을 통한 거래가 활발해졌다. 밀수업자들은 북군의 함선을 따돌릴 수 있도록 빠르고 가볍게 설계된 배에 면화 더미와 군수 물자를 가득 싣고 봉쇄선을 뚫고 나아갔다. 매우 위험한 일이었지만 위험의 대가로 얻을 수 있는 수익이 엄청났다. 대부분의 경우, 이렇게 해서 배가 유럽의 항구에 도착하면 면화는 또 다른 선박으로 옮겨져 대서양을 건너 곧장 다시 뉴욕으로 향했다. 불법 화물의 출처를 세탁하기 위해 수천 마일을 우회하는 것이었다.

1950년에 리먼 브라더스의 창립 100주년을 기념하기 위해 발간된 기업사를 보면 이매뉴얼과 메이어가 암시장에서 면화를 거래했는지에 대한 언급은 나오지 않는다. 하지만 상당히 길고 더 상세한 내용을 담고 있는 미출간본 《씨앗과 나무》는 그들이 의문의 여지

없이 밀수업자였다고 주장한다. 리먼가에 정통한 프랭크 만하임은 "커다란 보상이 그들의 대담성과 풍부한 지략을 자극했다"라고 쓰면서 "밀수에는 어떤 도덕적 비난도 따르지 않았다"는 점을 독자들에게 상기시켰다.[6] 형제들과 남부 지지자들에게는 북부의 경제 제재를 무력화시키는 것이 수익을 가져다줄 뿐만 아니라 애국적인 일이었다.

물론 율리시스 그랜트는 상황을 다르게 보았다. 1862년 12월 중순, 최근 소장으로 진급한 그랜트는 북부의 일리노이에서 남부의 미시시피에 이르는 자신의 군 관할 지역에서 '재무부가 수립한 모든 무역 규정을 위반하는 계층인 유대인'을 추방하라는 논란이 된 명령을 내렸다. 일반명령 제11호로 알려진 이 충격적인, 반유대주의 조치—미국 역사상 가장 악명 높은 조치의 하나로 꼽힌다—는 장군이 한 서신에 썼듯이 남부연합의 전쟁 자금 조달에 도움이 되는 면화의 암거래가 "대부분 유대인과 원칙 없는 상내방 업사에 의해" 이루어진다는 그랜트의 믿음에서 나온 것이었다.[7]

군대를 따라다니면서 군인들에게 각종 물품을 판매하던 독특한 억양과 복장의 외국계 유대인 행상과 상인들은 아마도 전장에서 가장 눈에 띄는 상인 '계층'이었을 것이다. 또 유대인이 밀수에 관여했던 것은 의심의 여지가 없다. 하지만 이는 수많은 기독교인 상인들도 마찬가지였다. 실제로 불법 거래에서 유대인이 차지하는 비중은 극히 일부였지만, 이 사실은 별로 중요하지 않았다. 유럽에서 오랜 세월 반복되었던 일—유대인은 다른 시민들이 기피하던 행상, 세금 징수, 고리대금업 등의 직업에 종사하도록 내몰린 뒤, 그런 일을 한다는 이유로 다시금 경멸을 받았다—처럼 이번에도 유대인들은 암시장에서 거래하고 폭리를 취했다는 비난을 과도하게 받았다. 실제로 역사가 조너선 사르나Jonathan Sarna는 《그랜트 장군이 유대인을 추방했을 때When General Grant Expelled the Jews》에서 밀수와 투기 같은 "전시에 흔한 일들"이 마치 유대인들만 그러는 것처럼 악의적인 공격에 사용되었다고 했다.[8] 그 당시에는 유대인이라는 용어 자체가 공격적이고 도덕적으로 의심스러운 상행위에 종사하는 사람을 가리키는 은어로 쓰였다. 사르나는 "많은 미국인(군인들도 포함하여)의 눈에는 모든 상인, 밀수꾼, 군납 상인, 전시에 이득을 취한 모리배들은 그들이 실제 유대인이건 아니건 상관없이 '코끝이 뾰족한' 유대인이었다"고 썼다.[9]

그랜트 장군에게는 숨겨진 이야기가 있는데, 그것은 장군의 몰염치한 아버지 제시 그랜트와 관련된 일이었다. 그는 사적인 이익을 위해서라면 출세가도를 달리던 아들의 지위를 서슴지 않고 이용하려는 사람이었다. 제시는 신시내티 출신의 유대인인 맥Mack 삼형제와 모종의 거래를 했다. 아들의 권력을 이용해서 전선 너머로 남부 면화를 운송할 수 있는 허가를 얻어주는 대가로 수익의 일부를 받기로 했던 것이다. 제시와 맥 형제는 미시시피의 그랜트 장군 본부로 가서 계획을 설명했다. 그랜트 장군은 그 계획과 특히 아버지의 역할을 듣고는 격분했다. 그리고 얼마 지나지 않아 장군은 그 악명 높은 지시(유대인 추방 명령_옮긴이)를 내렸다.

당시 노예해방선언 발표를 준비하던 링컨은 그랜트의 조치를 듣고는 신속하게 이를 철회하라고 명했다. 겨우 몇 주 만에 철회됨으로써 이 조치의 실질적인 효과는 미미했지만, 심리적인 충격은 작지 않았다. 특히 유대인 이민자들에게 유럽을 벗어날 수밖에 없었던 종교 박해가 미국에서도 여전하다는 생각을 다시금 각인시켜 주었다. 이 사건은 훗날 그랜트가 공식적으로 사과했음에도 불구하고 그의 경력 내내 따라다녔다(하지만 셀리그먼 형제와의 오랜 친분에 영향을 준 것 같지는 않다). 이 논란은 그가 대통령 후보로 나섰을 때 다시 표면 위로 떠올랐고, 대통령직을 수행하는 동안에도 계속 영향을 미쳤다. 참회의 의미로 그는 유대인을 고위직에 임명하고 러시아와 루마니아에서 벌어지던 유대인에 대한 폭력을 강력하게 비난했다.

암시장에서의 거래는 활발했지만 견고한 북부의 방어선을 뚫은 면화는 아주 소량에 불과했고 남부에는 면화가 쌓여갔다. 그랜트가 일반명령 제11호를 발표했다가 철회하던 그 무렵, 메이어는 리먼가의 면화 사업을 확장하는 동시에 수익성 좋은 면화 창고업 시장을 개척하기 위해 몽고메리의 상인들과 새로운 동업을 시작했다. 메이어보다 다섯 살 어린 스물일곱 살의 존 웨슬리 듀어 John Wesley Durr 는 식료품점 점원에서 시작해 몽고메리에서 가장 큰 면화 저장 시설인 앨라배마 창고를 소유한 본앤컴퍼니 M.E.Vaughn&Co. 의 파트너 자리까지 올라간 조지아 출신의 청년이었다. 메이어와 듀어는 리먼듀어 Lehman,Durr&Co. 라는 회사를 설립하고, 수개월 간의 협상 끝에 1863년 3월 10만 달러에 앨라배마 창고를 인수했다.

그 해 2월까지 듀어는 앨라배마의 보병 연대의 군수 담당관—사실상 부대에 필요한 모든 물자를 조달하는 책임자 역할—으로 일했고, 테네시주 테이즈웰 전투 Battle of Tazewell 를 목격하기도 했다. 하지만 리먼듀어를 설립하기 불과 몇 주 전에 후임자를 소개하고 별안간 사직했다(후임자는 이틀 뒤 탈영했다).

리먼듀어는 남부연합 고위직들과 긴밀한 관계를 유지했고, 남부연합 정부와 상당한 액수를 거래했다. 남부 정부는 면화의 최대 구매자 중 하나였는데, 전쟁 자금을 조달하기 위해 유럽에서 발행한 채권의 담보로 삼기 위해 엄청난 양의 면화를 매입하여 비축했다 (투자자들은 실제로 채권을 면화로 상환받을 수 있었지만, 그 면화를 남부에서 직접 반출해야 하는 문제가 있었다). 남부연합 정부는 수천 더미의 면화를 앨라배마 창고에 비축했고, 어떤 해에는 리만듀어에 보관료로 거의 2만 6,000달러를 지불했다.

면화는 메이어가 남부연합 정부와 거래하는 여러 사업 중 하나일 뿐이었다. 남부연합 정부는 리먼 브라더스와도 거래했고, 리먼 형제들은 수백 파운드의 쌀과 커피, 수천 개의 겨울용 모직 모자, 군복 제작에 쓸 수만 야드의 원단—플란넬부터 재킷 안감으로 쓰이는 거친 천인 오스나부르크까지—을 납품했다. 리먼 형제들이 남부연합 정부 및 남부 각 주의 군수장교와 개별적으로 맺은 계약을 모두 합하면 20만 달러가 넘었다.[10]

리먼가는 헨리가 시작한 종합 유통업에 늘 한쪽 발을 담그고 있으면서도 서둘러 면화 사업으로 전환하기 위해 리먼듀어를 설립했다. 메이어와 듀어가 힘을 합칠 무렵, 이매뉴얼은 퍼스트와의 파트너십을 끝냈다.[11] 이제 두 아들—1860년에 태어난 밀턴과 연년생 동생 필립—의 아버지가 된 이매뉴얼과 그 가족은 전쟁 기간 대부분을 해외에서 보냈다. 그는 고향 바이에른을 들렀다가 영국을 방문했다. 뉴욕과 몽고메리 간의 통신과 상거래가 거의 단절되면서 자신들과 연고가 있는 런던과 리버풀은 리먼 브라더스에게 점점 더 중요해졌다.

이매뉴얼은 유럽에서 면화 사업에 신경 쓰는 한편 남부연합 채권도 판매했다. 그는 런던의 은행을 돌며 남부 채권을 홍보했고, 같은 시기에 그가 훗날 친분을 쌓게 될 뉴욕의 한 상인도 북부연방의 채권을 판매하고 있었다. 리먼에게나 셀리그먼에게나 전쟁은 놀라울 정도로 높은 수익을 가져다주었다.

1861년 4월 20일, 뉴욕의 유니언 스퀘어는 빨강, 하양, 파랑 물결로 뒤덮였다. [북부연방] 미합중국기가 사람들로 가득 찬 옥상에서 휘날렸고 창가의 구경꾼들 옆 창문턱에도 국기가 걸려 있었다. 남자들은 모자와 옷깃에 미국의 상징색을 달고 여자들은 모자에 리본을 매듭지어 달았다. 그날 오후 10만 명이 넘는 인파가 광장과 그 주변 거리로 몰려들었다.

섬터 요새가 남부에 점령된 지도 거의 일주일이 지났다. 조셉 셀리그먼을 포함한 뉴욕의 저명인사들이 북부연방을 지지하는 대규모 집회를 조직했다. 수적으로 상당히 열세였음에도 요새를 끝까지 방어해 전국적인 영웅이 된 로버트 앤더슨Robert Anderson 소령도 이 행사에 참석했다. 그는 요새에서 휘날리던 총탄에 찢긴 깃발을 가져와 공원 한가운데에 있는 조지 워싱턴 동상에 걸었다. 최근 뉴욕주 민병대 사령관이 된 전직 상원의원 존 딕스John Dix가 행사를 진행했다. 그는 남부의 공격을 "우리가 소중히 여기는 모든 것을 파괴한 폭거"라고 비난했고, "누더기가 된 이 깃발은 우리 병사들이 얼마나 필사적으로 싸웠는지를 보여줍니다"라고 외치며 군중의 시선을 깃발로 모았다.

그는 "행동에 나설 때가 되었습니다"라고 외쳤다.[12]

북부연방을 열렬히 지지하던 조셉 셀리그먼은 닷새 후 아내가 셋째 아들을 출산하자 이 영웅적 군인을 기리기 위해 아이에게 에드윈 로버트 앤더슨Edwin Robert Anderson이라는 이름을 붙여주었다(조셉은 유명인의 이름을 아들들에게 붙여주는 습관이 있었으며, 형제들도 그보다는 덜하지만 비슷했다. 조셉은 에드윈 외에 아홉 명의 아이들에게 조지 워싱턴을 비롯해 아이작 뉴턴, 앨프리드 링컨 등의 이름을 붙여주었다).

전쟁은 셀리그먼가에 새로운 도전과 기회를 동시에 가져다주었다. 전쟁은 사업을 혼란에 빠뜨리고 외환시장과 금시장을 요동치게 했지만, 급하게 군대를 꾸려야 하는 연방정부라는 엄청난 고객을 안겨주었다. 전쟁이 시작되었을 때 미 육군은 1만 6,000명 정도의 직업군인으로 이루어져 있었다(그들 중 일부는 남부의 군대에 입대했다). 링컨의 군인 모집 공고를 본 수십만 명의 병사들이 군대에 쏟아져 들어오자 군납 업체들에게는 골드러시와 같은 기회가 찾아왔다. 군대 규모가 갑자기 불어나며 물품 확보가 시급해진 북부 정부는 군복, 식량, 무기 및 기타 보급품을 조달하기 위한 계약을 서둘러서 때로는 무질서하게 체결했다.

공화당을 포함한 정재계 인사들과는 조셉이 든든한 인맥을 갖고 있었지만, 전쟁 초기에 셀리그먼 일가에 결정적으로 기여한 형제는 막내인 아이작이었다. 독립심이 강하고 때로는 독설가이던 그는 처음에는 가족 사업에 참여하려 하지 않았었다. 대신 열아홉 살이 되자 뉴욕 금융가의 시더Cedar 가에 자신의 자수 가게를 열었다. 그런데 형제들의 요청으로 점차 유럽에 물품 구매 출장을 가거나 런던에서 금 수송을 중개하는 일을 하게 되었고, 1860년에는 정식으로 회사에 합류했다. 파트너들 중 가장 나이가 어렸지만 그의 명민한 사업 감각은 맏형에 뒤지지 않았고,[13] 가족 내에서 그가 받은 신뢰를 보여주듯 아이작은 가족 공동의 장부를 관리했다.[14]

전쟁이 시작되었을 때 아이작에게는 워싱턴에서 일하는 친구가 하나 있었다. 헨리 기터먼Henry Gitterman이라는 이 친구는 정치인도 고위급 당국자도 아니었다. 그는 군대의 종군 상인으로 병사들의 전투복을 조달하는 일을 담당했는데, 따분하던 기터먼의 일이 갑자기 노다지와 같은 이권의 중심으로 떠올랐다. 전쟁부가 수백만 달러어치의 계약에 서명하자 조셉은 아이작이 기터먼의 보조로 일하도록 주선했다. 이는 양측 모두에게 이익이 되는 조치였다. 전쟁 첫해에 셀리그먼 형제들은 144만 달러에 달하는 계약을 따내 군복과 기타 물품을 군대에 공급했다.[15] 아이작은 이런 유리한 조건으로 계약을 체결한 것은 '워싱턴에서 인기가 높은' 조셉 덕분이라고 여겼다. 그는 수도에서 보내는 시간을 최대한 활용했고, 백악관에서 열린 금요일 저녁 만찬에서 에이브러햄 링컨과 만나기도 했다. 이 행사에서 대통령과 악수를 했다는 사실보다 그에게 더 큰 인상을 남긴 일이 있었다. 그는 다른 손님들이 평상복 차림을 하고 있다는 데에 크게 놀랐다. "남자들이 겉옷을 입지 않고 셔츠 바람으로 나타났어요!"라고 그는 경탄했다. "런던의 궁정 만찬회에서 그런 차림으로 나타난다면 사람들이 어떻게 보겠어요?"[16]

형제들은 전시의 계약이 수익성은 높지만 한편으로 골칫거리이기도 하다는 것을 곧 알게 되었다. 윌리엄이 매입한 의류 공장은 군복의 일부를 직접 제작하면서 동시에 다른 회사와 하청계약을 해서 주문량을 채우고 있었다. 그러다 보니 군대 병참 장교가 제품 불량을 이유로 수령을 거부하는 일이 생기기도 했다. 셀리그먼은 비양심적인 다른 납품업자들과 달리 불량품을 자비로 교체해주었다.[17]

게다가 북부 정부와의 거래는 북부가 전쟁에서 이길 것이라는 확신 없이는 감수하기 어려운 위험한 일이었다. 금 보유고가 바닥나자 미합중국 재무부는 전쟁 자금을 조달하기 위해 결국 막대한 부채(1865년까지 25억 달러 이상)를 떠안으면서 고금리 채권을 발행했다. 이는 남부연합의 승전 가능성(따라서 남부연합의 채권)에 베팅했던 유럽 투자자들에게 북부연방의 절박함을 대놓고 광고하는 모양새였다. 정부의 현금이 부족해지자 조셉은 경우에 따라 정부가 재무부 채권으로 대금을 지불하도록 양보했고, 이 채권을 뉴욕 은행에 담보로 제공하여 받은 대출로 하청업체에게 대금을 지불하고 각종 채무를 변제했다.

정부로부터 물품 대금을 채권으로라도 받기는 했지만 이는 머리카락이 주뼛 서는 공포스러운 경험이었을 것이다. 조셉이 1862년 1월 말 재무부 한 고위 당국자에게 보낸 겁에 질린 편지를 보면 이는 명확하다. 그는 "군대의 피복 예산이 고갈되었다는 내용이 담긴 당신의 메모를 방금 전에 받았습니다. 저로서는 정말 충격적이고 두려운 소식입니다. 정부가 우리에게 100만 달러의 빚을 지고 있기 때문입니다"라고 썼다. 이 분노한 상인은 만약 정부가 약속을 지키지 않는다면, 셀리그먼만이 아니라 그들이 고용한 하청업체의 연쇄 도산이라는 비참한 결과가 빚어질 것이라고 호소했다. "우리 회사는 도산 말고는 다른 대안이 없습니다. 그렇게 되면 20개가 넘는 업체가 함께 무너지고 400명의 노동자가 일자리를 잃을 것입니다. 부디 장관님과 논의하셔서 이런 재앙을 피할 수 있는 방안을 마련해주십시오. 저로서는 정말 생사가 걸린 문제입니다."[18]

다음 달 초, 조셉은 재무부 장관 새먼 P. 체이스Salmon P. Chase 앞으로 된 소개장을 들고 워싱턴으로 갔다. 쌀쌀맞고 유머라고는 없는 체이스는 1860년 공화당 대통령 후보 자리를 놓고 링컨과 경쟁했던 인물이었다. 그는 자신이 백악관의 주인이 되었어야 했다는 믿음을 감추려 하지 않았고, 조셉이 그를 방문했을 무렵 자신의 근엄한 얼굴 초상을 1달러짜리 지폐(최초의 연방정부 화폐)에 넣기로 결정할 만큼 자존감이 높았다. 조셉이 가져간 소개장에는 조셉이 이

사로 있는 내셔널슈앤레더은행National Shoe & Leather Bank 총재가 "우리의 가장 지적이고 충직하며 책임감 있는 시민 중 한 사람"이며 "이 불경한 반란을 평정하는 데 항상 충정 어린 지원을 한" 사람이라고 추천하는 문구가 쓰여 있었다.[19]

워싱턴을 방문하는 동안 조셉은 밀린 대금을 신속하게 지불해달라고 재차 간청하면서 셀리그먼의 유럽 쪽 인맥을 지렛대 삼아 북부연방의 채권을 판매하자고 제안했다. 협상은 매각하려는 채권 중 일부는 셀리그먼이 인수하라는 체이스 장관의 요청으로 거의 결렬될 뻔했다. 즉 판매하지 못할 경우 그 채권을 셀리그먼이 떠안아야 한다는 것이었다. 정부와의 거래가 불확실하고 지불이 늦어질 수도 있다는 사실을 이미 경험한 조셉은 팔리지도 않을 채권을 떠안을 수도 있다는 생각에 주저했다. 결국 그는 연방정부를 대신해 방대한 채권 판매를 감독하던 필라델피아 금융인 제이 쿡Jay Cooke이 채권 발행을 주관하고 그 밑에서 채권 판매를 대리하는 방식으로 참여하기로 정리했다. 셀리그먼은 채권을 인수underwriting(제3자에게 취득시킬 목적으로 증권을 취득하거나 발행인을 위하여 판매하는 행위_옮긴이)하는 데 따른 책임을 지지 않고 채권을 판매할 때마다 소액의 수수료만 받는 구조였다. 이 일은 수익이 그리 크지는 않았지만, 애국했다는 만족감과 함께 향후 수십 년 동안 엄청난 수익을 가져다줄 정부의 자금 조달에 참여하는 발판을 마련해주었다.[20]

1862년 봄이 끝나고 여름이 시작될 무렵, 조셉은 아내 바베트와 아이들을 데리고 유럽으로 건너갔다. 이들은 프랑크푸르트에서 그리 멀지 않은 마인츠에 도착해 라인강이 내려다보이는 호텔 당글레테레d'Angleterre에 묵었다. 이 중세 도시는 한때 유럽에서 가장 많은 유대인이 살았고, 유대인에게 가장 섬뜩한 폭력이 가해졌던 곳이기도 했다. 1096년에 십자군은 이 도시에서 개종을 거부한 수백 명의 유대인(1,000명이 넘는 것으로 추산하기도 한다)을 학살했다. 1349년에는 흑사병을 일으켰다고 유대인을 비난하는 군중의 공격이 전 유럽을 휩쓰는 가운데 단 하루 만에 이곳에서만 6,000명의 유대인이 불에 타 죽었다. 조셉이 마인츠를 거점으로 삼은 이유는 유럽에서 가장 활발한 증권거래소 중 하나가 있는 프랑크푸르트와 가깝고, 또한 그가 유럽의 다른 주요 금융 중심지를 방문하기 편리한 곳에 위치했기 때문이었다.

후일 조셉이 유럽에서 국채 판매와 전쟁 자금 조달에 크게 기여했다는 이야기가 등장하는데, 이는 몇몇 가족과 회사가 부추긴 면이 없지 않다. 이 전설은 그가 전쟁의 결과를 바꾸는 데 큰 공을 세웠다는 식으로 부풀려졌다. 1964년 출간된 사사社史에는 조셉이 "까다로운 유럽 시장에서 일부는 친구들에게 강매하듯이" 2억 달러 이상의 채권을 판매하여 북부가 절실히 필요로 하던 자금을 조달했다고 적혀 있다. 또한 조셉과 제시가 링컨에게 오랜 친구인 그랜트를 총사령관에 임명하라고 조언했다는 이야기도 전해지는데, 이 결정으로 전쟁의 흐름이 바뀌었다고도 했다.[21]

하지만 현실은 더 복잡하다. 조셉의 손자 조지 헬먼은 1951년에 "국가적 대의에 어떤 대단한 재정적 기여를 했다는 증거는 전혀 찾을 수 없었다"고 썼다.[22] 남북전쟁 시기 조셉이 동생들에게 보낸 편지들을 보면, 셀리그먼 형제들이 금융업과 국채 거래에 점점 더 깊이 관여하는 모습은 확인되지만 링컨 행정부를 대신해 대규모 국채 발행을 했다는 내용은 보이지 않는다.

유럽에서 조셉은 걱정스럽게—종종 비관적으로—전황을 주시했다. 링컨이 노예 해방을 선언하고 한 달 뒤인 1863년 2월 초, 그는

"미국의 정세가 매우 암울해지고 있네"라며 편지를 썼다.

정부뿐만 아니라 모든 법과 질서, 사회가 무너질까봐 걱정이야. 이건 매우 심각한 문제야. 생각이 깊은 사람이라면 늘 당연하게 여겨온 안락과 안전에서 벗어나 닥쳐올 암울한 날에 대비해야 할 거야. 매일 200만 달러를 지출하고서도 리치먼드(남부연합의 수도로 1862년에 점령하려고 시도했으나 연달아 대패했다_옮긴이)와 빅스버그(미시시피강 인근의 전략적 요충지로 1863년 여름이 지나서야 북군이 점령했다_옮긴이) 전투에서 승리하지 못한 것은 남부와 북부(내부의 전쟁 반대파_옮긴이) 양측의 적을 사기충천하게 만들었어. 반면 노예 해방 선언은 남부가 곧 연방으로 돌아올 것이라고 기대하던 사람들을 낙담하게 만들었지. 내가 줄곧 말했듯이 이 나라의 부는 소멸되고 있고 사람들은 상상 속에서만 부자일 뿐이야.[23]

그달 말, 의회가 미국 최초의 전시 동원령을 법제화한 징병법 Enrollment Act을 통과시키자 조셉은 집으로 편지를 보내 "아이작에게 징집되기 전에 얼른 유럽으로 건너오게 하라"고 썼다. 아이작은 1863년 4월에 런던에 도착해 배에서 내리자마자 조셉이 보낸 또 다른 편지를 받았다. 편지에는 이 다혈질의 동생에게 "정치나 전쟁 이야기를 하지 마라. 우리가 거래하는 런던의 은행가들은 북부를 특별히 좋아하지 않는다"라는 경고가 담겨 있었다.[24]

그 시대의 많은 부유한 사람들처럼 제임스, 제시, 윌리엄 역시 300달러를 내면 군복무를 면제할 수 있도록 한 징병법 조항을 이용해 징집을 피했다.[25] 징병 추첨은 7월에 이루어졌고 이는 뉴욕에서 격렬한 폭동을 불러일으켰다. 주로 아일랜드와 독일에서 온 가난한 이민자들로 이루어진 분노한 군중은 거리의 돌을 깨 던지고 수십 채의 건물에 불을 질렀다. 당시 한 폭동 가담자는 "300달러 법은 우리를 사회에서 버림받은 자, 부랑자, 아무것도 아닌 존재로 만들었다. 우리는 가난한 서민이고, 이 법에 따르면 부유한 무리가 우리의 적이다. 그러니 우리는 적과 바로 여기서 싸울 것이며 결코 목숨을 구걸하지 않을 것이다"라고 썼다.[26]

하지만 시위대는 부자가 아닌 흑인을 주요 표적으로 삼았고, 그들을 전쟁의 원인으로 몰아세우며 끔찍한 공격과 린치를 자행했다. 이로 인해 100명 이상이 목숨을 잃고 수천 명이 다쳤다(이 폭동으로 인해 맨해튼에 거주하던 흑인들의 대탈출이 이어졌다).

조셉은 폭동이 일어났다는 소식을 듣고 뉴욕의 집으로 보내는 편지에 "가슴 아픈" 일이라며 "내가 산 미국 국채를 몽땅 팔고 타락한 미국인과 거리를 두고 싶어… 대다수 미국인들 그리고 특히 그곳의 외국인들(폭동의 주체인 독일과 아일랜드계 이민자들을 시민권 여부보다는 정서적으로 외부자로 인식하여 쓴 표현으로 보인다_옮긴이)은 자유를 향유할 자격이 없는 사람들이야… 폭동이 진압되고 주동자들이 교수형 되었다는 소식을 들으면 좋겠다"라고 썼다.[27]

많은 형제들이 그렇듯이—특히 은행 계좌를 공유하는 경우에는 더욱—셀리그먼 형제들도 자주 언쟁을 벌였다. 조셉은 나이 터울이 가장 적은 윌리엄 그리고 제임스와 가장 많이 다투었다. 그들은 주로 금융업에 진출하는 과정에서 어느 정도로 위험을 감수해야 하는지를 놓고 의견이 갈렸다. 늘 신중해야 한다는 목소리를 낸 조셉은 미국의 금융 상황이 "극도로 위험"하다고 경고하면서 불안정한 경제 상황이 호전될 때까지 자신들이 보유한 금을 유럽 계좌에 넣어두는 쪽을 선호했다.[28]

셀리그먼 형제들이 안전하게 사업하는 동안 뉴욕의 다른 사업가들은 떼돈을 벌고 있다고 윌리엄이 지적하자, 조셉은 버럭 화를 내며 말했다. "윌리엄은 우리가 아는 20명 중 19명이 지난 15개월에서 18개월 동안 재산을 두 배에서 세 배 정도 불렸다는 말을 내가 믿기를 바라는 것 같은데. 글쎄, 그런 경우가 있더라도 그건 대개 반란군(북부 입장에서 남부연합을 이렇게 지칭하기도 했다_옮긴이)에게 상품을 밀수출하거나 해서 번 것일 뿐이야"라고 고함을 질렀다.[29]

제임스는 철도 증권에 투자하자고 제안했지만 조셉은 그 계획도 퇴짜 놓았다. "철도 주식이 오르고 있는 것을 보면 나는 이게 우리 방식에서 완전히 벗어난 투기라고 생각해. 그리고 우리 중 누구도 이리나 센트럴 같은 철도회사가 계속 투자할 만한지 잘 알지 못하잖아. 그러니 우리는 그 주식을 사서는 안 돼. 일단 전쟁이 끝나면, 요행을 바라거나 위험을 무릅쓰지 않고 합법적인 방법으로 돈을 벌 수 있어"라고 했다.[30]

형제들에게 형이라기보다 아버지 같았던 조셉은 항상 위험이 따르는 투자를 조심하라고 주의를 주었고, 특히 제임스가 이런 경고를 자주 받았다. 그는 아름답지만 성격이 불같은 로자 콘텐트Rosa Content와 결혼했는데, 로자는 세파르디Sephardi 유대인(이베리아반도를 기원으로 하는 유대인_옮긴이)으로 독립전쟁 이전에 미국으로 이주하여 귀족과도 같은 지위를 갖게 된 집안 출신이었다. 그녀는 남편 앞에서 자신의 출신을 으스대길 좋아했으며 오만하게 남편 집안을 '행상인'들이라고 조롱했다.[31] 게다가 변덕이 죽 끓듯 했고 씀씀이도 헤퍼 제임스가 감당하기가 벅찰 정도였다.

1863년 초, 조셉은 "주변 지인들처럼 주식이나 외환, 금 거래 사업으로 돈을 벌지 못하게 해서 제임스가 불만이 있다는 것을 아주 잘 알고 있어. 하지만 나는 여전히 그가 자제하기를 바라고 또 그럴 것이라고 믿는다"라고 편지를 썼다. 또 그는 형제들이 지금까지 누구도 희생되지 않고 이 '끔찍한' 전쟁을 잘 '피해왔다'고 지적했다. 더구나 그들은 이미 넉넉한 부를 누리고 있었다.

> 우리는 일생 동안 마음에 품었던 바로 그것들을 이루었다. 미국 화폐나 자산 가치의 등락과 관계없이 가족 모두를 풍족하게 만들 만큼 충분한, 이웃 대부분보다 더 많은 부를 쌓았어. 게다가 상황이 지금처럼 위험하지 않고 안정되기만 하면, 우리 중 누구든 본인만이 아니라 자식들도 부유하게 되기를 원할 경우 그런 야망도 충분히 이룰 수 있다고 본다.[32]

동생들의 위험한 투자를 제지했던 조셉 스스로는 때때로 무모한 거래를 하기도 했다. 한번은 가족 재산 5만 달러를 무담보로 대출하기도 했다. 아이작은 형이 담보도 없이 돈을 빌려주자 "취했거나 미친 게 틀림없다"며 씩씩댔다.[33] 조셉은 그런 엉성한 거래를 하고서는 예민해져 동생들이 매주 보내던 편지가 도착하지 않기라도 하면 그들이 '복수'하는 거라고 여겼다(실제 그랬을지도 모른다).[34]

셀리그먼 형제들 간의 이런 옥신각신은 사업이 잘되지 않거나 조셉이 변덕을 부리거나 할 때 더 심해졌다. 조셉은 어떤 날은 뉴욕의 형제들 건강을 염려하다가 어떤 때는 그들이 게으르고 실력이 부족하다고 질책하곤 했다.[35]

형제들의 의견 차이는 그들이 계속 상인으로 있어야 할지 아니면 은행가로 전환해야 할지 결정해야 하는 상황이 되자 격화되었다. 윌리엄은 처음부터 가족이 수입 사업을 포기하고 완전히 투자은행업에 집중하게 된다면 자신은 빠지겠다고 엄포를 놓았다.[36] 반면 제임스는 은행업으로 거두어들이는 수익도 무시할 수 없다고 주장했다. 조셉은 갈등했다. 1863년 4월 뉴욕으로 보낸 편지에서 조셉은 "나는 내가 평생 겁쟁이로 살아왔다고는 생각하지 않지만 현재 나라의 미래에 대해 생각해보면 영웅을 겁쟁이로 만들고도 남을 만큼 희망이 없어"라고 썼다.[37]

신중하지만 소심하지는 않았던 조셉은 전황이 북부에 유리해지자 안심하면서 결국 과감한 결정을 내렸다. 1863년 7월 초, 북부군이 게티스버그에서 승리하고 그랜트가 이끄는 군대가 미시시피주의 빅스버그를 점령했다. 이듬해 3월에 링컨은 그랜트를 북부연방군 총사령관으로 임명했다. 그리고 5월에 장군은 전쟁을 끝내기 위한 군사작전을 시작했고 이는 이듬해까지 이어졌다. 조셉은 그해 봄 뉴욕으로 돌아와 그들 일가를 탈바꿈시키게 될 사업을 새로 시작했다. 1864년 5월 1일, 그는 뉴욕 증권거래소에서 길 하나 건너에 있는 익스체인지 플레이스Exchange Place 59번지에 J. W. 셀리그먼앤컴퍼니 뱅커스J. W. Seligman & Co., Bankers를 설립했다(W는 윌리엄을 상징한다. 그는 은행업을 하기로 마음을 바꾸었는데, 아마도 조셉이 지금 당장은 유통 사업을 접지 않겠다는 데 동의했기 때문이었을 것이다).

조셉은 은행업에 뛰어들면서 세계에서 가장 저명한 금융가인 로스차일드 가문에 영감을 받았다. 1700년대 말, 이 왕조의 창시자 메이어 암셀 로스차일드Mayer Amschel Rothschild는 헤세Hesse 왕세자의 궁정 금융업자(또는 종종 '궁정 유대인'으로 알려진 직책)로 봉직했다. 기독교인은 대부업과 고리대금업에 종사하는 것이 허용되지 않았기 때문에 유럽의 왕가들은 종종 유대인 은행가들에게 의존했다. 그들은 재정적 편의를 봐주는 대가로 특혜를 누렸으며 다른 유대교인에게 부과되는 제약을 받지 않았다. 하지만 그러한 특전에도 불구하고 왕실 은행가는 취약하고 심지어 위험하기까지 한 자리였다. 총애를 잃거나 후원자를 잃으면 추방, 처형 혹은 재산 몰수가 뒤따랐다. 이와 달리 메이어 로스차일드는 특정한 군주나 귀족의 통제에서 벗어난 금융 네트워크를 구축함으로써 안정적인 부와 명망을 쌓았다. 그의 아들들은 프랑크푸르트에 본사를 두고, 런던, 나폴리, 파리, 빈 등 유럽 전역으로 진출하여 사업을 확장했다.

조셉은 로스차일드가의 명망을 갈망했고 셀리그먼의 이름이 로스차일드와 유사한 정도로 비중 있게 은행업계에서 회자되기를 원했다.[38] 그래서 그는 로스차일드를 본보기로 삼았다. 그는 보험이 필요할 때면 로스차일드 가문의 금 운송에 보험을 제공하는 회사를 이용했다. 유럽으로 돌아간 조셉은 1864년 늦가을에 세계 금융망의 중심인 런던에 최초의 해외 지사를 설립했다.[39] 엔젤 코트 Angel Court 3번지에 위치한 셀리그먼 형제들의 새 사무실은 뉴코트 New Court로 알려진 로스차일드앤선즈 N. M. Rothschild & Sons 본사가 있는 작고 모난 자갈을 깐 좁은 거리에서 걸어갈 수 있을 만큼 가까웠다. 조셉은 안 그래도 새로 맡은 일에 겁을 먹고 있는 이제 막 서른을 넘긴 아이작에게 이곳을 맡겼다.

"뉴욕과 런던 사이의 주식과 외환 차익거래 업무가 중요했다. 그때 나는 혼자였고 어린 나이에 그 큰 짐을 혼자 짊어져야 했다. 일일 거래는 정말 초조한 일이라 당시 신경쇠약에 걸렸던 것이 생각난다. 몇 분마다 전보를 보내고 받는 일은 엄청난 스트레스였고, 저녁이면 템즈강변을 따라 집으로 걸어갈 수 없었다. 갑자기 강으로 뛰어들까봐 무서웠기 때문이다. 결국 일을 그만두었다"라고 아이작은 그때를 회상했다.[40]

조셉은 런던에서 프랑크푸르트를 방문했다. 거기서 그는 헨리에게 독일에 은행 지사를 설립하는 일을 맡겼다. 헨리는 여동생 바베트의 남편 맥스 스테트하이머와 함께 이 지사를 운영했다. 뚱하고 뻣뻣한 스테트하이머는 유통 사업을 더 선호했지만 마지못해 은행업으로 끌려왔다. 가족에 대한 의무감—파밀리엔게퓔 Familiengefühl—만 아니었다면 조셉은 스테트하이머와의 관계를 가차 없이 단절했을 것이다.

1864년 말 조셉이 은행 사업에 가족들을 끌어들이고 있을 무렵, 미국에서는 점점 희망적인 소식이 들려왔다. 그해 11월, 링컨은 큰 격차로 재선에 성공했다. 그리고 윌리엄 T. 셔먼 William T. Sherman 장군과 그의 군대는 조지아를 초토화시킨 그 유명한 무자비한 '바다로의 대행진 March to the Sea'(해안 도시인 서배너까지 행군했다_옮긴이)을 시작했다. 유럽에 있던 조셉은 전쟁이 끝나리라고 기대할 수 있게 되었다. 비록 불길한 쪽에서지만, 메이어 리먼이 사업을 하고 있는 몽고메리에서도 종전이 현실로 다가오기 시작했다.

8월에 모빌의 주요 항구—군수물자 보급과 해외 무역의 생명선—가 북부연방군의 수중에 들어갔다. 그 무렵 수년간의 전쟁과 링컨 행정부의 경제 고사 작전으로 앨라배마주의 금고가 바닥났고 탈영하는 병사들이 속출했다. 미국 역사상 가장 암울하던 이런 상황에서 앨라배마를 이끌어야 하는 불행한 과업을 메이어의 친한 친구인 토머스 힐 왓츠가 맡게 되었다. 그는 전쟁이 일어나기 전 몽고메리의 저명한 농장주이자 변호사였다(리먼가는 그의 고객이었다). 작은 타원형 안경을 끼고 얼굴 전체를 덮는 독특한 수염을 기른 눈에 띄는 외모의 왓츠는 1년 이상 남부연합 법무장관을 지냈으며, 1863년 말에는 앨라배마 주지사 선거에서 승리했다.

남부의 전황이 점점 암울해지면서 포로로 잡힌 앨라배마 병사들의 운명에 대한 우려도 커져갔다. 1864년 12월, 앨라배마주 의회는 왓츠가 앨라배마주의 전쟁 포로에게 식량, 의복, 의약품을 비롯한 기타 지원을 제공하는 데 50만 달러를 지출하도록 승인했다. 주지사에게는 계약을 통해 이러한 물품을 직접 확보하거나 남부의 면화를 북부로 보내 물품을 구매하는 두 가지 선택지가 있었다. 그는 위험이 따르는 후자를 선택했고, 적진을 뚫고 최소 면화 1,500베일bale(원사나 섬유 뭉치를 세는 단위_옮긴이)을 보내기로 결정했다. 그는 "이렇게 하면 주정부가 지출해야 할 비용은 아주 미미할 것"이라고 선택의 근거를 설명했다.[41] 실제로 뉴욕과 리버풀에서는 면화 가격이 높았기 때문에 앨라배마주는 이 거래를 통해 수익을 올릴 수도 있었다.

왓츠는 면화 선적과 판매를 메이어 리먼에게 의뢰했다. 수백 톤의 남부 면화(1베일당 무게는 400파운드가 넘었다)를 전쟁 중에 운송할 사업가가 필요했기 때문이었다.

서른다섯 번째 생일을 몇 주 앞두고 메이어는 왓츠가 그를 돕도록 임명한 몽고메리 제일침례교회의 목사 아이작 티케너Isaac Tichenor와 함께 [버지니아주의] 리치먼드로 출발했다. 티케너는 남부 보병연대의 군목軍牧으로 복무했던 경력이 있었는데, 샤일로Shiloh 전투에 얽힌 이야기를 즐겨 하곤 했다. 그에 따르면, 부상자가 속출하며 병사들이 동요하던 시점에 자신이 최전선을 오가며 설교를 하고 병사들에게 자리를 꿋꿋이 지키라고 격려했다고 한다. 나아가 애국적 열정에 사로잡혀 직접 총으로 북부군 여섯 명을 쏘았다고도 했다.[42] 리치먼드로 가는 길은 위험했는데, 여정을 함께할 메이어의 동료로 이 '전투적인 군종 목사'를 선택한 이유는 아마도 그가 선동적 웅변에 뛰어나서가 아니라 명사수였기 때문일 수 있었다.

1865년 새해가 밝은 직후 리치먼드에 도착한 메이어와 티케너는 거리는 진흙으로 미끄덩거리고 도시의 저지대는 세인트제임스 강이 범람하여 침수된 것을 보았다.⁴³ 리치먼드와 인근 피터스버그를 북부군의 공격으로부터 막아내기 위해 37마일에 걸쳐 참호를 설치했었는데, 수주 동안 거의 매일 내린 비와 눈 때문에 참호 안이 눅눅해져 야영을 하는 남부군에게 큰 고통을 안겨주었다.⁴⁴ 남부의 패배가 코앞에 닥쳤다는 사실은 누가 봐도 분명했다. 날씨는 이러한 암울한 분위기를 더 무겁게 만들었다.

리치먼드에서 메이어와 그 일행은 제퍼슨 데이비스와의 면담 일정을 잡고 왓츠가 남부연합 대통령에게 쓴 편지를 전했다. 편지는 메이어를 "존경받는 사업가이자 남부 최고의 애국자 중 한 사람"으로 소개했다. 그리고 "그는 외국인이지만 이곳에서 15년을 살았으며 우리와 철저하게 행동을 같이 하는 사람"이라고 적혀 있었다.

왓츠는 "그는 반드시 전선을 통과해야 합니다"라고 적었다. 그리고 "저는 각하께서 그에게 적절한 통행증을 내주고 앨라배마주의 대리인으로 보증해주시기를 부탁드립니다"라고 썼다.⁴⁵

메이어의 리치먼드 방문은 존 뷰챔프 존스John Beauchamp Jones 의 일기에 짧게 기록될 정도로 주목을 받았다. 존스는 전쟁 전 다소 명성을 얻었던 소설가로 당시 전쟁부의 선임 서기로 근무했다.

서른다섯 살가량의 건장한 유대인 리먼 씨는 (의심의 여지 없이, 대리인으로서) 수천 베일의 면화 선적을 처리하기 위해 재무부 장관의 추천이 첨부된 통행증을 받았고, 운송의 대가로 스털링 펀드(영국 파운드화로 표기된 자금_옮긴이)를 지급받기로 했다. 면화가 적의 수중에 넘어가지 않도록 하는 것이 중요하다는 점은 더 말할 필요가 없으며, 이 작전은 면화를 잃을지도 모른다는 두려움이 어느 정도인지를 보여주는 것 같다.[46]

메이어는 리치먼드에 머무는 동안 북부연방과의 전쟁 포로 협상 임무를 맡은 남부연합의 로버트 올드Robert Ould 와 자신의 계획을 논의했다. 올드는 메이어가 포로 교환 협상에 방해가 될 수도 있다고 생각했는지 그에게 북부로 가는 길을 확보하기란 거의 불가능하다고 말했다. 하지만 올드도 임무를 완수하려는 메이어를 막지 못했다. 분명 데이비스 대통령의 압력이 있었을 것이다. 훗날 데이비스는 "L(리먼)이 전선을 통과할 수 있도록 노력했다"고 왓츠에게 알렸다.[47]

1월 14일, 메이어는 직접 그랜트 장군에게 모빌만에서 뉴욕까지 '합중국 선박'에 면화를 선적해 운송하자고 제안하는 편지를 썼다. 그는 자신의 임무가 인도주의적인 성격을 가지고 있음을 강조하면서 다소 아첨하듯 그랜트의 기사도 정신에 호소했다. "우리는 모름지기 훌륭한 군인이라면 전쟁이라는 운명으로 인해 포로가 되어 익숙지 않은 혹독한 기후와 그러한 환경에 필연적으로 수반되는 궁핍과 가혹함 속에 내던져진 용기 있는 사람들을 안타깝게 여긴다는 것을 잘 알고 있습니다. 저희는 용맹했지만 운이 따르지 않은 사람들에 대한 동정심을 갖고 계신 장군께서 앨라배마주가 저희에게 맡긴 자애로운 계획을 추진하는 데에 최선을 다해주실 것임을 확신하면서 이런 부탁을 드립니다"라고 썼다.[48]

2주가 지나도록 답은 없었다. 메이어는 그랜트에게 다시 편지를 썼다. 이번에는 직접 만나고 싶다고 요청했다.[49] 역시 아무런 답도 받지 못했다. 그해 늦겨울, 그들은 몽고메리로 돌아갔다. 티케너는 비록 아무 결실은 없었지만 다사다난했던 임무에 대한 이야기로 신도들을 즐겁게 해주었다. 티케너는 데이비스—그의 지성과 애국심에 크게 감명받았다고 했다—를 만났고 그랜트를 만나려고 했지만 못 만난 사연을 들려주었다. 그리고 그는 포위된 리치먼드 주민들이 승리에 대한 희망을 결코 버리지 않았다며 그들을 본받아야 한다고 신도들에게 호소했다. 〈몽고메리 애드버타이저 Montgomery Advertiser〉는 "웅변적인 용어로"라고 시작하는 다음과 같은 기사를 실었다.

> 그는 에이브러햄 링컨과 흑인 집단에 굴복함으로써 이에 수반되는 자유와 재산 그리고 자존감의 상실, 비굴한 굴종과 오욕이 어떤 것일지 설명했다. 그리고 그 결과로 자기 비하를 경험하고, 아내와 아이들이 수모를 겪는 것을 목격하기보다 자신의 삶을 포기하고 가장 소중하게 여기는 애정의 대상을 따라 무덤까지 갈 것이라고 선언했다. 그는 지속적이고 단합된 저항을 해야 한다고 했다.[50]

메이어는 방대한 양의 면화를 운송하기 위해 계속 노력했다. 그가 회사를 위해 일을 하고 있었는지 아니면 앨라배마주의 대리인으로서 일을 하고 있었는지는 불분명했다. 2월 6일, 그랜트에게 두 번째 메시지를 보낸 지 닷새 후 리먼 형제들은 남부연합의 재무장관 조지 트렌홈 George Trenholm에게 파운드당 20센트에 면화 5,000베일을 사겠다는 편지를 보냈다.[51] 이 거래로 리먼은 50만 달러—앨라배마주 의회가 수감된 병사들을 지원하기 위해 책정한 금액이었다—에 가까운 대금을 지불해야 했지만, 이 정도 양의 면화라면 뉴욕 혹은 유럽에서 140만 달러 이상이 될 수 있었다. 이 거래가 성사되었는지 여부에 대해서는 어떤 기록도 없지만 트렌홈은 또 다른 남부연합 정부 당국자에게 "그 거래는 정부에 도움이 될 수 있을 겁니다"라고 편지를 써 보냈다.[52]

리먼 형제들은 면화를 세 차례로 나누어 인도하되 90일 이내 또는 5월 초까지 완료해야 한다고 요청했다. 하지만 바로 그 마지막 인도 완료 시점이 되었을 무렵, 남부연합 정부는 더 이상 존재하지 않았다.

하늘로 치솟은 검은 연기 기둥이 흐릿한 덮개처럼 모여들어 몽고메리 상공의 늦은 오후의 태양을 완전히 가려버렸다. 1865년 4월 11일 오후 5시, 횃불을 치켜든 대니얼 애덤스Daniel Adams 준장 휘하의 남부군은 리먼듀어의 창고와 다른 면화 상인의 창고에 불을 질렀다.[53] 며칠 전 애덤스는 '도시의 완전한 방어'를 약속했지만 북부군이 공격하자 철군을 선택했고, 물자가 적의 수중에 넘어가지 못하도록 몽고메리의 면화를 불태우고 주류는 몰수하라는 명령을 내렸다.[54]

앨라배마 창고에서 불길이 치솟자 도시는 아수라장이 되었다. 시민들은 집에서 가구와 물품을 빼내느라 정신이 없었고, 일부는 혼란을 틈타 상점을 약탈했다. 술에 취한 한 병사가 배수로에 버려진 위스키를 꿀꺽꿀꺽 마시는 모습이 목격되기도 했다.[55]

다음 날 아침, 북부군은 몽고메리로 진격해 앨라배마주 의사당에 미합중국 깃발을 내걸었고, 리먼듀어의 창고는 다 타버린 잿더미 위로 피어오르는 연기 속에서 형체만 겨우 남아 있었다. 후퇴하는 남부군은 모두 합해서 약 8만 8,000베일의 면화 더미를 불태웠다. 훗날 리먼가는 이날 손실액이 40만 달러에 달한다고 추산했다.[56] 리먼가는 전쟁 동안 그들의 재정 상황이 상당히 개선된데다 앨라배마 창고는 물론 그 안의 물품을 함께 보험에 들어놓은 덕에 큰 피해에서 벗어날 수 있었다. 사실 형제들은 전쟁이 종식될 무렵에는 전쟁 통에 수백만 달러의 부채를 진 앨라배마주 정부에 10만 달러를 대출할 수 있을 만큼 충분한 여유 자금을 보유했다.

프랭크 만하임은 《씨앗과 나무》에 "상황 판단이 빠른 그 명민한 형제들은 짐작건대 영국과 뉴욕의 은행에 상당한 규모의 자산을 예치해놓았을 것이다. 이는 그들의 전후 활동을 보면 분명하다"고 썼다.[57] 존 웨슬리 듀어의 손녀에 따르면 이 형제들은 그들의 자산을 일반적이지 않은 장소에도 은닉했다고 한다. 북부 점령군이 도시를 약탈할지도 모른다는 두려움에 듀어의 아내 리베카는 처음에 리먼듀어 파트너들의 금을 치마받이 틀(19세기에 여자들이 치마 뒤쪽을 부풀리기 위해 속에 입던 틀_옮긴이)의 접는 부분에 몰래 숨겨두었다.[58] 하지만 이런 예방책은 불필요했다. 〈몽고메리 데일리 메일〉은 "사소한 예외를 제외하고 군대는 매우 모범적으로 행동했으며 그들의 행진은 최고의 규율과 질서를 보여주었다"고 보도했다.[59]

남북전쟁이 끝난 후 메이어와 이매뉴얼은 링컨의 암살 이후 대통령이 된 앤드루 존슨 Andrew Johnson 에게 용서와 사면을 청원했다. 이매뉴얼은 자신을 대신해 다른 사람을 전장에 보냈다는 사실은 인정했지만, 두 사람 모두 군대에는 복무하지 않았으며 남부연합 정부에서 어떠한 공식적인 역할도 맡지 않았다고 주장했다. 메이어는 청원서에 "소위 분리령(남부의 주들이 미합중국 탈퇴를 선언한 결의_옮긴이)이 통과되었을 당시 저는 반대했습니다"라고 쓰면서 자신은 줄곧 전쟁에 반대했다고 했다. 또한 "조용하게 사업이나 하며 살았으며, 관직을 얻으려 하거나 정치에 관여한 적은 없습니다"라고 했다. 그는 전쟁 기간 동안 "병사들과 그들의 가족, 그리고 전쟁의 참화로 인해 궁핍해진 다른 가족들을 지원하는 데" 도움을 주었다고도 썼다. 메이어는 자신의 자산이 "2만 달러가 넘을지도 모른다"고 인정하기는 했지만 전쟁이 끝났을 때보다 전쟁이 시작되었을 때 "재산이 더 많았다"고 진술했다. 이 진술은 중요한 의미를 갖는데, 왜냐하면 특별한 사정이 있는 경우를 제외하고는 2만 달러를 넘는 재산을 보유한 사람들은 존슨의 초기 사면 대상에서 제외되었기 때문이었다. 유럽에서 뉴욕으로 돌아온 이매뉴얼은 그가 보유한 재산의 규모를 대단치 않게 생각해서 "각하가 사면 선언을 하는 바로 그 날짜를 기준으로 2만 달러의 자산을 보유하고 있다"라고 썼다. 실제로는 아마 그 열 배가 넘는 자산을 보유하고 있었을 것이다. 형제들은 각자 미합중국에 충성할 것을 서약했고 앨라배마 주지사의 지원에 힘입어 사면이 승인되었다.[60]

전쟁의 여파에도 리먼듀어는 몽고메리에서 빠르게 재기했고 곧바로 인근 프랫빌Prattville의 직물 공장을 매입했다. 1865년 가을, 리먼가는 뉴올리언스에서 메이어의 허랑방탕한 매제 벤저민 뉴개스Benjamin Newgass와 사업을 시작했다.[61] 새로운 회사 리먼앤뉴개스Lehman & Newgass는 프렌치 쿼터French Quarter(뉴올리언스의 오래된 중심지로 프랑스 식민 시기의 건축 양식과 문화가 고스란히 남아 있다_옮긴이) 남단에 사무실을 마련했다.[62] 뉴욕 다음가는 면화 수출의 중심지였던 뉴올리언스에 거점을 마련한 것은 급성장하는 리먼 가문 사업의 자연스러운 수순으로 보였다. 1865년이 저물어갈 무렵 뉴올리언스, 몽고메리, 뉴욕의 3대 리먼 사업체의 자산 가치는 50만 달러로

추산되었으며 그 대부분은 이매뉴얼과 메이어의 소유였다.[63]

리먼앤뉴개스가 설립될 무렵, 세 블록 떨어진 카론델릿Carondelet가 33번지에 셀리그먼앤헬먼Seligman&Hellman이라는 회사가 새로 문을 열었다. 면화 수출이 재개되면서 환어음 시장이 다시 활기를 띠었다. 환어음은 약속어음과 같이 면화나 다른 상품의 구매자가 판매자에게 정해진 금액을 지급하겠다고 약속하는 금융 수단인데, 동시에 증권처럼 유통시장에서도 거래되었다. 길고 각진 턱을 가진 제시의 처남 맥스 헬먼이 신사업을 담당했다. 조셉에 따르면 이 회사는 곧 '최우량 남부 채권을 거래한다'는 명성을 얻게 되었다.[64]

재건의 새벽이 밝아오고 있었다. 셀리그먼가는 작지만 성장하는 국제적인 은행이었다. 그들은 전쟁을 거치며 200만 달러가 넘는 자본금을 보유한 은행 제국으로 탈바꿈했다.[65] '행상인들' 치고는 나쁘지 않았다.

남북전쟁은 다가올 도금시대에 더욱 불어날 거대한 부의 씨앗을 뿌렸다. 이는 농업경제에서 산업경제로의 국가적 전환을 재촉했다. 만하임은 《씨앗과 나무》에 "전례 없는 귀족 계층이 등장했다. 석유왕, 철도 남작, 상인 왕자, 금융 영주가 바로 그들이다"라고 썼다. 그들은 미국 금융의 미래라는 아직 굳지 않은 진흙 위에 대대로 이어질 자신들의 영지를 일구었다. 조지 워싱턴이 '제국의 중심'이라 부른 뉴욕에서 내일의 거부들이 그들만의 제국을 세우기 시작했다.

2부
성장

5.

제국의 도시

    1865년 8월 6일, 열여덟 살의 제이컵 하인리히 시프는 뉴욕에 도착했다. 그는 앞서 미국에 온 이전 세대의 독일계 유대인 이민자들과 달리 3등 선실을 타지 않았다.

    그는 수세기 전에 프랑크푸르트에 뿌리를 내린 유명한 유대인 가문 출신이었다.[1] 시프의 집안에는 종교 지도자, 학자, 성공한 상인들이 있었다. 조상 중 한 사람은 영국의 유대교 최고 랍비였다. 또 탈무드 해석에 뛰어난 재능을 보인 신동과도 같은 랍비도 있었는데, 그의 탈무드 해석은 지금도 읽히고 있다. 18세기에 시프 가문 사람들은 프랑크푸르트의 유대인 구역의 가장 좋은 집에서 살았다. 적어도 낡고 초라한 유덴가세*Judengasse* (유대인 거리)를 기준으로 보면 그랬다. 도시의 다른 지역에서 쫓겨나 복작거리는 거리에 사는 사람들은 오로지 낮 동안에만 유대인 구역을 나설 수 있었으며 일요일과 기독교 휴일에는 그곳에 갇혀 지내야 했다.

    4층짜리 좁은 집에는 간격 없이 다닥다닥 붙어 있는 창문, 막대기처럼 폭이 좁은 계단, 그 집의 부와 지위를 말해주는 우물과 펌프가 있는 안뜰이 있었다. 유덴가세 148호는 두 가족이 살 수 있는 집이었다. 입구 두 개 중 한 현관 위의 사암으로 된 아치형 통로에는 배(독일어로 시프Shiff) 모양이 하나 새겨져 있었다. 나머지 현관 입구에는 붉은 방패roten Schild가 그려져 있었는데, 이 입구는 금융 왕조의 수장 메이어 로스차일드의 집으로 이어졌다. 그는 1780년대에 두 가족이 살 수 있는 집의 반을 구입했으며 얼마 후 다른 반쪽을 제이컵의 조상 중 한 사람에게서 사들였다.[2] (시프가와 로스차일드가가 한 지붕 아래 살았다 해도 그 기간은 그리 길지 않았다).[3]

제이컵의 친가와 외가는 모두 금융 관련 일에 종사했다. 친할아버지는 한델만Handelmann, 즉 상인이었고 외할아버지는 벡젤마클러Wechselmakler, 즉 환전상이었다.[4] 이는 제이컵의 아버지 모제스의 직업이기도 했다. 어떤 자료에 의하면 그가 로스차일드가 밑에서 일했나고도 한다.[5] 모세스에 대해서는 그가 비교적 부유했고 다소 엄격하며 종교적으로 지나치게 독실했다는 사실 외에는 알려진 것이 거의 없다. 유대인 학자이자 역사가인 고트하르트 도이치스Gotthard Deutschs는 모제스는 "대제사장 아론에서부터 내려오는 가문의 특권을 매우 중시했다고 한다. 그는 틈날 때마다 장자의 속죄를 돕는 의식을 하며 이 특권을 자랑스럽게 행사했다"라고 썼다.[6] 보통 아이의 아버지는 이 유대 정통 의식을 통해 아론(히브리의 선지자 모세의 형)에서부터 내려온 사제 집안의 사람에게 은화 다섯 개를 바치고 그의 아이가 죄 사함을 받게 한다. 시프의 집안이 이 사제 가문이었던 것이다.

모제스와 클라라 시프의 다섯 자녀 중 셋째인 제이컵은 1847년 1월 10일 새벽 5시에 태어났다. 그가 태어난 프랑크푸르트와 유럽 전역에서 사회정치적 긴장이 고조되던 시기였다.⁷ 그는 너무 어려 1848년의 분위기를 알지 못했지만 여섯 살 위의 큰형 필립은 당시의 혁명적 분위기를 생생하게 기억했다. 필립은 메이어 로스차일드가 세운 프랑크푸르트의 유대인 초등학교 필란트로핀Philanthropin에서 반 친구들이 혁명을 상징하는 색(검정, 빨강, 황금색)이 들어간 모자를 썼다는 이유로 '부모님에게 두들겨 맞았던' 일을 떠올렸다. 1848년 9월 18일 혁명 세력이 두 명의 보수주의 의원을 살해한 사건과 필립과 친구들이 선망하는 자유주의 정치가이자 혁명가인 로베르트 블룸Robert Blum을 처형했던 사실도 알고 있었다.⁸

자유주의와 보수주의 정치 세력 간의 충돌은 유럽의 거리에서뿐만 아니라 회당 안에서도 일어났다. 활기찬 유대인 공동체가 있던 프랑크푸르트는 수세기 동안 그들의 신앙을 이끈 의식과 관습을 바꾸지 않으려는 전통주의자들과 종교적 관습은 시대에 따라 변화하고 현대화되어야 한다고 믿는 개혁주의자 간에 벌어진 싸움의 중심에 있었다. 개혁 운동이 프랑크푸르트에서 퍼져나가자 모제스와 정통 분리주의자의 핵심 그룹은 1853년 유대인 종교협회Jewish Religious Association라는 단체를 설립했다. 이 단체는 자신들의 회당과 학교를 세웠고, 제이컵은 열네 살 때까지 이 학교에 다녔다. 그는 학교를 졸업한 후 한 상업회사의 견습생으로 들어갔으며 그 후 매형 알프레트 가이거Alfred Geiger가 하는 은행에 발을 들여놓았다.⁹

소년 시절 제이컵은 아버지가 강요하는 종교적 의무 때문에 괴로워했다. 그중에는 매일 세 번씩 회당에 가야 하는 것도 포함되어 있었다.¹⁰ 한번은 히브리어 수업이 너무 싫어서 창문을 통해 배수관을 타고 내려와 도망치기도 했다.¹¹

5. 제국의 도시

모제스와 셋째 제이컵의 관계는 늘 긴장의 연속이었다. 아버지는 제이컵의 열정이 과하다고 걱정했다. 제이컵은 남북전쟁이 끝나기도 전에 미국에 보내달라고 아버지를 졸랐다. 프랑크푸르트를 떠나면 아들이 정통 신앙의 울타리에서 벗어날까 우려하던 아버지로서는 기함할 일이었다(어느 정도 일리 있는 우려였다). 모제스는 세인트루이스의 친지 R. L. 스트라우스Strauss에게 편지를 보내 "이제 열일곱인 셋째 제이컵이 꽤 골치입니다. 벌써 프랑크푸르트가 자신의 야망을 펼치기에는 좁다고 느끼고 있어요"라고 말하며 아들을 그곳에 보내도 될지 미리 그 가능성을 짚어보았다. "만약 아들을 미국에 보낸다면 당신 처남이 내 아들을 맡아서 정통 유대인의 생활을 유지하도록 도울 수 있을지 여쭤보고 싶습니다. 저에게는 매우 중요한 문제입니다"라고 썼다.[12]

1865년 3월 3일, 마침내 제이컵은 프랑크푸르트 자유주를 벗어나 여행할 수 있는 여권을 받았다.[13] 그리고 6월 12일에 직접 스트라우스에게 "얼마 전 제 아버지께서 말씀하셨듯이 저는 미국에 가고 싶은 마음이 간절합니다. 저는 가기 전에 대도시에서 일자리를 구하려고 합니다"라고 편지를 썼다. 이어서 그는 "가장 큰 고민은 안식일(금요일 일몰부터 토요일 일몰까지이다_옮긴이)입니다. 저는 원칙에 따라 종교적 규율을 신실하게 지켜야 하기 때문입니다. 다만 스트라우스 씨께서 안식일에 휴가를 낼 수 있는 직장을 구해주실 수 있지 않을까 기대합니다"라고 덧붙였다.[14]

제이컵은 답장이 올 때까지 기다리지 않았다. 몇 주도 되기 전에 그는 오랜 항해를 버틸 수 있도록 형 필립이 준 500달러와 유대교 율법에 따라 도축한 고기 한 보따리를 들고 뉴욕으로 출발했다.[15] 제이컵 시프의 절친한 친구이자 1928년에 두 권짜리 시프의 전기를 출간한 사이러스 애들러Cylus Adler에 따르면 그의 미국행에는 전혀 다른 두 가지 설이 있다고 한다. 첫 번째는 이렇다. 엄격한 제이컵의 아버지는 아들의 미국행에 흔쾌히 찬성하지 않았다. 심지어 "마차가 문 앞에 당도해 기다리고 있을 때에도" 모제스는 결단을 내리지 못했으나 "온 가족이 나서서 간청"한 덕분에 결국 무사 항해를 축원해주었다고 했다. 하지만 애들러는 제이컵이 아버지의 허락을 기다리지 않고 출발했다고 주장했다. 그는 제이컵이 "겉으로는 영국에 간다"고 하면서 사실은 미국으로 출발했다고 썼다. 영국에 잠시 기항하는 동안 그는 고향집으로 보낼 여러 통의 편지를 친구에게 주면서 "어머니가 그의 여행을 걱정하지 않도록 간격을 두고 자기 집으로 편지를 부쳐달라"고 부탁했다.[16]

제이컵이 탄 배가 뉴욕에 도착하자 같은 프랑크푸르트 이민자 윌리엄 본William Bonn이 그를 맞았다.[17] 눅눅한 뉴욕의 여름에 배에서 내린 제이컵은 밝은 파란색 눈에 짙은 색 곱슬머리였으며 체구는 작고 호리호리했다. 그의 자태는 꼿꼿하고 귀족적이었고, 언뜻 보아도 강렬한 목표 의식과 야망을 품은 사람 같았다. 제이컵의 한 친구는 "그는 자기 인생의 지도를 만들었고 자신이 만든 그 길에서 머리카락 한 올만큼도 벗어난 적이 없었다"고 기억했다.[18]

알고 지내던 한 친구가 본에게 제이컵이 도착한다고 알려주었다. 비록 만난 적은 없었지만 본은 뉴욕에 홀로 외롭게 도착했던 예전의 자신을 떠올리며 자진해서 이 젊은 이민자가 묵을 숙소를 잡아주었다. 그는 안내 데스크까지만 데려다줄 요량으로 시프와 함께 한 작은 호텔로 갔다. 하지만 시프는 자기 방에 가서 '새로운 기회의 땅과 오래된 고향 땅'에 대해 이야기하자고 졸랐다. 본이 돌아가려고 일어날 때마다 시프는 조금만 더 있다

가라고 붙잡았다. 그들이 미처 깨닫지 못하는 사이 이미 아침이 밝았다.[19]

제이컵은 금, 주식, 정부 채권을 취급하는 새로 생긴 파트너십 은행 프랭크앤갠즈Frank&Gans에 사무원으로 취직했다. 제이컵의 활기, 투지, 능력을 알아본 회사의 파트너 아돌프 갠즈는 이 젊은 은행가가 '천부적으로 백만장자'가 될 자질을 갖추고 있었다고 언급했다.[20]

프랑크푸르트에서도 그랬듯이 주변 환경은 시프의 열망을 담기에 충분하지 않았다. 1866년, 그는 같은 고향 출신인 레오 리먼 Leo Lehmann(림파르 출신의 리먼과는 무관) 그리고 헨리 버지Henry Budge 와 함께 자신의 중개회사brokerage(이 당시의 중개회사는 금융 중개만이 아니라 상품 중개도 취급했다_옮긴이)를 세우려고 계획하고 있었다. 이들 모두와 친구 사이였던 본이 셋을 연결하는 데 중요한 역할을 했다. 1867년 1월 1일, 그들은 뉴욕 증권거래소 긴니편 익스체인지 플레이스 55번지 지하실에 버지시프앤컴퍼니Budge, Schiff & Co.를 설립하여 사업을 시작했다. 그때 시프는 채 스무 살이 되기 전이었다.

시프는 중대한 사회적, 정치적, 기술적 변혁이 일어나던 시기에 미국에 도착했다. 남북전쟁은 미국 사회를 근본적으로 변화시켰고 그와 더불어 미숙한 단계에 있던 금융 시스템도 급격히 바뀌었다. 전쟁 동안 남과 북 모두 대중에게 채권을 판매해야 했고 이로 인해 좋든 나쁘든 미국 사회 전반의 금융화가 빠르게 진행되었다.

전쟁의 향방이 불확실했던 탓에 전장의 상황에 따라 증권과 [농산물, 원자재 등의] 상품 가격이 요동쳤고 이는 다시 투기 열풍을 불러왔다. 이 시기 처음으로 평범한 미국인들이 자신의 자본을 시장에 투자하기 시작했다. 예컨대 뉴욕 증권거래소가 설립된 지 18년째인 1835년에는 14만 주가 거래되고 총 거래액은 700만 달러 수준이었는데, 1867년에는 연간 거래량이 2,100만 주를 넘었으며 그 가치는 30억 달러에 달했다.[21]

시장의 급속한 발전은 일련의 기술 진보 덕분에 가속화되었다. 1866년, 금융가 사이러스 필드Cyrus Field 와 그의 애틀랜틱 전신회사Atlantic Telegraph Company 가 대서양 횡단 전신케이블을 성공적으로 가설하면서 뉴욕과 런던 간에 19세기판 고속 거래가 가능해졌다. 미국과 유럽 간 거의 실시간 전신 통신시대가 열리면서 대서양 양안의 중개인들은 증권, 상품, 외환의 가격 차이를 이용해 한 시장에서 매수하여 거의 시차 없이 다른 시장에 바로 매도함으로써 수익을 거두는 차익거래가 용이해졌다.

1866년 7월 27일 전신이 개통되었을 때, 조셉 셀리그먼은 최초로 이 전신 서비스를 이용한 사람 중 한 명이었다. 하지만 런던의 동생 아이작에게 보낸 지시가 여러 시간 지연되는 것 같자 곧 경계심이 커졌다. 그는 통신이 의도적으로 지연된다고 의심하여 필드에게 '페어플레이'를 요구하는 편지를 썼다. 당시 은행가들이 경쟁자보다 우위를 점하기 위해 전신 사업자들에게 뇌물을 주곤 했기 때문에 이는 합리적인 의심이었다(조셉은 자신만의 정보 우위를 점하기 위해 맥스 헬먼에게 뉴올리언스에서 '전신원'을 양성하도록 지시했다).[22]

대서양 횡단 전신선이 가동되기 시작한 다음 해, 월스트리트를 휩쓸었던 또 다른 기술 혁신은 에드워드 캘러핸Edward Calahan 의 주식시세 표시기stock ticker 였다. 이전에는 러너runner 라고 불리는 젊은 증권사 직원들이 증권거래소와 인근 사무실 사이를 전력으로 달려 최신 주식시세를 전달해야 했다. 이제 중개인들은 자기 사무실에 앉아서도 시장 상황을 실시간으로 확인할 수 있게 된 것이다.

당시 금융시장은 거의 규제되지 않았고, 그 결과 영리한 투기꾼들에게는 광활한 회색지대가 열려 있었다. 내부자 거래가 일상이었고 자본가들은 온갖 부도덕한 방법을 동원하여 주식과 채권 가격을 조작했다. 자신의 부를 위해서라면 경제의 근간을 해치는 행위도 서슴지 않았다. 1870년대 한 월스트리트 편람은 "월스트리트의 갑부들은 끊임없이 새로운 기업을 만들어낸다"고 썼다. 이어서 "그들은 돈을 조이고, 금을 쟁여놓고, 주가를 마음대로 올리고 내린다. 그들의 영향력은 사실상 모든 금융시장에 미친다"라고 지적했다.[23]

이 무자비하고 요란한 시대에 앞으로 100년 넘게 투자은행업에 영향을 미칠 시프를 포함한 월스트리트의 아이콘들이 미국 금융의 중심지인 뉴욕에 자리를 잡았다.

버지시프가 사무실을 연 지 한 달 후에는 그 인근에 솔로몬 로브 Solomon Loeb와 파트너 에이브러햄 쿤 Abraham Kuhn이 은행 업무와 위탁 거래를 취급하는 쿤로브앤컴퍼니 Kuhn, Loeb & Co.라는 회사를 설립했다. 에이브러햄과 솔로몬은 먼 친척으로 독일 남서부 라인란트팔츠 Rhineland-Palatinate의 인근 마을에서 함께 자랐다. 그들은 겹사돈 간이었다. 에이브러햄은 로브의 누나 레지나 Regina와 결혼했고, 몇 년 후 솔로몬은 쿤의 여동생 패니 Fanny와 결혼했다.

짙고 험상궂은 눈썹에 각진 턱을 가진 에이브러햄은 1839년 헤어크스하임 암 베르크 Herxheim am Berg에서 미국으로 이주했고, 독일계 유대인 이민자의 전형적인 궤적을 따랐다. 즉 처음에는 행상으로 시작해서 마침내 형제 마르크스, 새뮤얼과 함께 인디애나주 라파예트Lafayette에서 잡화점을 열었다. 1849년에 에이브러햄이 레지나와 결혼한 후 스물한 살의 솔로몬은 새 매형이자 처남의 사업에 합류했다.

1849년 여름으로 접어들면서 라인란트에서 점점 수그러들던 혁명의 기운이 마지막 숨을 몰아쉬던 무렵 솔로몬은 미국으로 떠났다. 그는 긴 여정에 대비해 부츠 밑창을 보호하려고 끈으로 신발을 묶어서 등에 매고 다녔다. 그는 부자가 된 후에도 옷을 경건하리만치 귀하게 다루었다. 한번은 손자가 코트를 아무렇게 벗어놓는 것을 보고 "자기 옷을 조심해서 다룬다면 다른 사람들도 너를 존중할 것"이라며 손자를 타이른 적도 있었다.[24]

1850년, 쿤 가족과 로브 가족은 미국의 돼지고기 포장 중심 도시로 '포코폴리스Porkopolis'라는 별칭이 붙은 신시내티로 이주했다. 신시내티는 대규모 독일계 유대인 공동체의 터전이자 급속히 성장하는 직물산업의 중심지이도 했다. 1852년, 솔로몬은 패니와의 결혼으로 가족회사에서 자신의 입지를 강화했으며, 곧이어 신시내티의 중심 상업 구역에서 대규모 의류 매장을 운영하던 쿤네터앤컴퍼니Kuhn, Netter & Co.의 파트너 지위를 얻었다(네터는 [에이브러햄 쿤과는 성만 같고 가족이 아닌] 새뮤얼 쿤Samuel Kuhn의 처남 제이컵 네터를 말한다). 하지만 곧 비극이 닥쳤다. 패니가 첫 아이 테레즈를 출산한 직후 사망했다. 솔로몬은 거의 8년이 지나 재혼했다. 1862년 남북전쟁이 격화되자 그는 독일로 돌아가 거기서 만하임의 바이올린 연주자의 딸인 통통하고 쾌활한 베티 갈렌베르크Betty Gallenberg와 결혼식을 올렸다. 그녀는 스물여덟 살이었다.

바덴바덴에서 신혼여행을 끝낸 솔로몬은 신부와 함께 곧 신시내티로 돌아왔다. 그곳에서 베티는 질식할 것 같은 주변 환경과 사람들과의 새로운 관계에서 심각한 문화 충격을 경험했다. 베티에게 신시내티 생활은 칙칙하고 지루했다. 베티의 손녀에 따르면, "할머니는 모든 사람들이 사업이나 빨리 부자가 되는 방법 말고는 어떤 이야기도 하지 않는다는 데에 놀랐다"고 말했다고 한다.[25]

성격과 관심사 측면에서 베티—당당하게 프랑스 작가 에밀 졸라Emile Zola의 논쟁적인 작품을 읽는 진보적인 부류의 사람—는 진지하고 타산적인 남편과는 매우 대조적이었다. 베티는 가고 싶어 하지 않는 남편을 억지로 끌고 극장에 가기도 했다. "외모, 태도 그리고 습관이라는 면에서 할머니는 비현실적이고 낭만적이며 감상적이었다. 그녀는 돈의 필요성을 전혀 느끼지 못했고 돈이 자신의 인생에서 중요한 자리를 차지하지 못하도록 했다"라고 손녀는 할머니를 기억했다. 베티는 또한 식욕이 왕성해서 24시간 동안 금식하는 욤 키푸르 같은 유대교 휴일을 정통적인 방식으로 지키지 않았다고 알려진다. "욤 키푸르 날이 되면 그녀는 식탁 근처에도 가지 않았다. 대신 음식을 가져다드렸다… 오전 11시에 차 한 잔, 오후 1시에 샌드위치 등등 그런 식으로 다른 날보다 더 많이 드셨던 걸로 알고 있다. 하지만 식탁에서 함께 먹지 않았으니 자신은 금식했다고 여겼다"고 한다.[26]

리먼이나 셀리그먼 가문과 마찬가지로 쿤네터의 파트너들은 남북전쟁 기간에 정부에 군복과 담요를 납품하며 재산을 불렸다. 한 신용평가기관 조사원의 말을 빌리면 이들은 신시내티에서 '가장 탄탄한 회사' 중 하나로 여겨졌다.[27] 전쟁이 끝날 무렵, 솔로몬은 백만장자로 가는 길을 순조롭게 밟아가고 있었다. 보유한 순자산이 60만 달러에 달했다.²⁸ 솔로몬과 에이브러햄은 이제 더 세계적인 환경을 갖춘 뉴욕으로 가기로 결정했다.

베티와의 사이에서 낳은 첫 아이 모리스의 건강이 좋지 않아서이기도 했지만, 베티가 신시내티를 싫어했던 것도 다시 이사를 해야겠다는 솔로몬의 결심에 영향을 미쳤다. 그들은 뉴욕에서 삼남매 구타, 제임스, 니나를 얻었다. 의류 사업을 하면서 이스트 38번가 37번지에 갈색 사암으로 지은 소박한 집에서 가족들과 편안한 삶을 살 수도 있었지만, 솔로몬은 의류 사업에서 빠져나와야겠다고 결심했다.²⁹ 그는 신시내티에서 점차 익숙해졌던 직업인 은행가가 되려 했다. "남북전쟁 동안 심지어 그가 뉴욕으로 이사하기 전부터 아버지의 특별한 임무는 뉴욕 은행과 함께 회사의 재무적 요건을 갖추는 것이었다"라고 제임스 로브는 아버지가 은행업으로 전환하게 된 당시의 기억을 떠올렸다.

그는 정부와의 의류 납품 계약으로 엄청난 수익을 안겨준 이 사업을 아직은 소수의 사람들이 장악하고 있지만 머지않아 많은 업자들이 새로 진입하게 될 것임을 알고 있었다. '단물이 빠지고 있다'고 판단한 그는 기존 사업을 정리하기로 결정하고 은행을 설립했다. 로브의 파트너들이 그의 견해에 동의하기까지는 시간이 걸렸다. 그리고 그의 새로운 사업에 합류하는 것은 더 더뎠다.³⁰

어쨌든 파트너들도 너무 늦지는 않게 결국 합류했다. 에이브러햄과 솔로몬은 신시내티에 남은 새무얼 쿤 및 제이컵 네터 Jacob Netter와 동업하여 낫소가Nassau 31번지에 사무실을 열었다. 이 신생 기업은 빠르게 리먼과 셀리그먼을 비롯한 뉴욕의 유력 금융회사들과 관계를 맺기 시작했다.[31] 은행업은 의류업보다 솔로몬의 적성에 더 잘 맞았다. 북실북실한 콧수염과 대머리를 둘러싼 넓게 기른 구레나룻을 한 이 푸른 눈의 상인은 색맹이었다.

쿤로브가 개업하자 솔로몬과 거래하던 뉴욕의 한 동료 은행가가 사무실에 들러 축하인사를 전하면서 성공할 거라고 덕담을 했다.

"왜 제가 성공하리라고 생각하십니까?"라고 솔로몬이 미심쩍은 듯 물었다.

"왜냐하면 나는 당신처럼 그렇게 빨리 '아니요'라고 말할 수 있는 청년은 본 적이 없었거든요"라고 그가 대답했다.

이 말이 솔로몬의 마음에 크게 와 닿았다. 수십 년 후 아들 제임스가 파트너로 합류했을 때, 솔로몬은 그에게 "'아니요'라고 말하는 법을 배워라. 그러면 마음이 변했을 때 약속을 깨지 않고도 '하겠다'고 말할 수 있다. 하지만 일단 '예'라고 말하고 나면 최선을 다해야 한다"라고 조언했다.[32]

남북전쟁 후 뉴욕에 자리 잡은 또 다른 한 이민자는 매우 신중한 사람이었다. 1869년, 그는 쿤로브의 사무실 건너편 모퉁이에 사무실을 열었다. 파인가 42번지의 석탄 때는 냄새가 진동하는 지하실에서 마흔여덟 살의 마커스 골드만은 이제 이름 말고는 다른 설명이 필요 없어진 거대한 투자은행의 초석을 놓았다. 이 금융 골리앗 골드만 삭스는 처음에는 퍼첼앤골드만Putzel & Goldman이라는 다소 평범한 이름으로 알려질 뻔했다.

솔로몬 로브, 메이어 리먼과 마찬가지로 마커스는 1848년과

1849년 혁명으로 촉발된 거대한 독일인 이민의 흐름 속에 미국으로 떠밀려 왔다. 그는 바이에른주의 한 작은 마을 트랍슈타트Trappstadt 출신으로, 리먼 형제들의 경우와 마찬가지로 그의 아버지는 가축 상인이었다. 1848년 스물일곱 살에 미국에 도착한 마커스는 저축한 돈을 말과 마차에 투자하고 주로 뉴저지를 중심으로 행상을 시작했다. 그는 종종 필라델피아까지 가기도 했다. 그곳에서 열여덟 살의 독일계 유대인 이민자인 젊은 여성을 만났는데, 그녀 역시 성이 골드만이었다. 독일계 유대인 사이에서는 사촌이나 그보다 먼 친척과 종종 결혼을 했던 당시에 마커스와 버사 골드만Bertha Goldman이 서로의 공통 조상을 알 수 없었다는 것은 흔치 않은 일이었다. 그녀의 환심을 얻기 위한 꽃다발조차 살 수 없었던 그는 버사에게 무 한 다발을 선물로 주었다.[33]

다름슈타트 출신의 버사는 열쇠공이자 보석상의 딸이었다. 1851년 마커스와 결혼하기 전 그녀는 모자를 만들고 바느질과 자수를 해서 생계를 유지했다. 그녀는 독립심이 강하고 여장부 같았다. 손자 월터 삭스는 "가족들은 가족 문제 대부분을 할머니와 상의했고 그녀의 이야기를 경청했다. 할머니는 자식들에 대해 상당히 야망이 컸으며 좋은 가정과 철저한 교육의 중요성을 일생 동안 강조했다. 또한 자주 가족 간의 다툼을 정리해주었다"라고 미출간 회고록에 적었다. 월터는 할아버지에 대해서는 "비록 골드만 가문에 전형적인 뚱뚱하고 짧은 다리를 가졌지만 늘 품위를 잃지 않고 귀족 같은 태도를 지닌 분이었다"고 회상했다.[34]

갓 결혼한 두 사람은 필라델피아에 정착했고, 마커스는 작은 양복점을 열었다. 나중에 그는 마켓가의 의류 도매회사로 사업을 확장했으며, 다른 상인들과 동업하여 골드만매코머스Goldman,

McComas&Co.를 설립했다(이 회사는 파트너 중 다수가 유대인이 아니었다는 점이 이색적이었다). 쿤, 로브, 리먼, 셀리그먼 가문에 그랬듯이 수년에 걸친 남북전쟁은 마커스에게도 큰 수익을 가져다주었다. 월터는 회고록에 할아버지가 "군대를 면제받았다"는 점을 언급하면서 마커스는 "북군에게 의복을 판매하여 돈을 벌었다"라고 기록했다.[35]

1860년대 말 무렵 마커스는 부자가 되어 있었다. 전쟁이 끝난 후 그는 두 번이나 가족을 데리고 고향의 가족들을 만나러 유럽으로 갔다. 그리고 두 번째 방문에서 전부터 마음에 들었던 뉴욕 핍스 애비뉴 인근 33번가의 갈색 사암 집을 소유한 친구를 우연히 만났다. 마커스는 바로 그 자리에서 그 집을 임대했다. 사실 그간 그의 아내는 가족이나 사업의 지평을 확장하기 위해서도 맨해튼으로 이사해야 한다고 여러 차례 말한 바 있었다. 월터 삭스에 따르면 뉴욕에 정착한 후 그의 조부모는 다른 부유한 독일계 유대인 가문과 더불어 로브가와도 친분을 쌓았다고 한다. "로브가 사람들과 우리의 교류는 뉴욕으로 이사했던 첫해로 거슬러 올라간다. 가족 간 친분은 아주 오래되었다"라고 회상했다.[36]

필라델피아를 떠날 때 마커스는 의류업에 투자한 자본 4만 달러를 남겨두어 여전히 특별 파트너의 지위를 유지했다. 그는 오랫동안 소규모 회사에 단기 대출을 해온 어음 중개인 메이어 퍼첼 Mayer Putzel과 회사를 차리고 5만 달러를 투자했다.[37] 퍼첼앤골드만은 후에 기업어음 commercial paper, CP (무담보 단기 어음_옮긴이)으로 알려지는 상품을 취급했다. 예를 들어 한 의류 상인이 1,000달러어치의 상품을 팔았지만 아직 대금을 못 받았다고 치자. 판매자는 다시 물건을 살 돈을 마련하기 위해 그 판매 대금을 담보로 돈을 빌리려 할 수 있다. 이 판매자는 중개인에게 1,000달러짜리 약속어음promissory note(CP, 즉 기업어음과 유사하나 개인들이나 소규모 거래에 사용된다는 점에서 다르다_옮긴이)을 양도한다. 이때 연이율 10퍼센트에 어음을 90일 후에 상환하는 조건이라면 중개인은 약속어음을 받고 975달러를 판매자에게 건네준다. 중개인은 이렇게 이자를 할인할 뿐 아니라 일정 비율의 수수료까지 떼기 때문에 '어음 깎는 사람note shavers'이라는 조롱 섞인 별명으로 불렸다.

은행가의 유니폼이라 할 수 있는 검은색 오버코트와 운두 높은 실크 모자 차림의 마커스는 매일 아침 메이든 레인Maiden Lane 거리의 보석상과 비크만Beekman 가의 무두장이(가죽을 다루는 사람_옮긴이)를 찾아가 소액의 돈과 약속어음을 교환한 후 자기 모자 안쪽 밴드에 끼워 넣었다. 상인들 사이를 한 바퀴 돌고 나서 여러 은행—체임버스가의 케미컬 은행, 워런가의 임포터스앤트레이더스Importers and Traders, 그리고 어쩌면 존John 가의 내셔널파크은행National Park Bank—을 들러 그가 모은 약속어음을 매도했다.[38] 은행에서 약속어음을 매도할 때도 앞에서의 과정이 그대로 반복되었다. 마커스는 은행에 어음을 양도하고 은행은 액면가보다 싸지만 마커스가 지불한 것보다는 높은 가격으로 매입했다. 이를 통해 마커스는 약간의 수익(그가 지불한 금액과 은행에서 받은 금액의 차이)을 얻었다. 이는 거래량이 많아야 돈을 벌 수 있는 사업이었다. 월스트리트에서의 첫해에 마커스는 500만 달러 상당의 약속어음을 인수하여 판매했다고 하는데, 1퍼센트 혹은 그보다 조금 못한 수수료가 그의 순수익이었다.

마커스는 경험이 더 많은 퍼첼과 동업하면서 새로운 인맥을 얻었다. 하지만 그들의 동업은 오래가지 않았다. 함께 시작한 지 1년도 채 안 된 1870년 말에 파트너십은 끝이 났다. 마커스는 파인가 30번지의 몇 집 건너에 새 사무실을 열었다. 월스트리트의 동료 은행가들 중 이 보수적인 중개인이 상당한 돈을 벌고 있다는 사실을 간파한 사람은 아무도 없었고, 그가 현대사에서 가장 영향력 있는 금융회사의 창시자가 될 것이라고는 누구도 상상할 수 없었다. 그는 거래할 때 지나치게 신중한 것으로 알려졌고, 주변의 투기적인 열풍도 멀리 했다. 던스는 "큰 위험을 무릅쓰지 않으려는 경향이 있다"라고 골드만을 평가했다. 그리고 "사업을 크게 벌이기엔 너무 소심하다"라고도 덧붙였다.[39]

한동안 떨어져 있던 이매뉴얼과 메이어 리먼은 몇 블록 떨어진 뉴욕시 상품 거래의 중심지 하노버 광장 Hanover Square 근처에 새 사무실을 열고 다시 함께 일하기로 했다. 1868년, 메이어는 몽고메리의 자기 집을 매각하고 리먼듀어를 파트너들에게 맡긴 채 가족과 북부로 이사했다.[40] 허버트 리먼에 따르면 가족들이 소유하던 노예들 중 몇몇도 함께 뉴욕으로 왔다. "그들이 북부로 이주해 올 때 적어도 두 명의 흑인 노예를 데리고 뉴욕으로 온 것으로 알고 있다… 노예들은 오랫동안 우리와 함께 지냈으며 그중 한 사람이 우리 남매 여럿을 키운 걸로 기억한다"라고 회고했다.[41]

메이어는 이스트 62번가 5번지에 가족이 살 적갈색 사암의 대저택을 지었다. 그 지역은 당시 아직 개발이 되지 않은 탓에 시야가 탁 트여 있어 0.5마일 정도 거리에서 공사 중인 성패트릭 대성당이 한눈에 들어왔다.[42] 지상 5층, 입구에서 집 안쪽까지 30미터가 넘는 이 저택은 1층의 긴 응접실—아이들의 출입이 제한된 공간—이 특징적이었는데, 빅토리아 시대 후기 스타일의 금빛 새틴 가구가 갖추어져 있었다. 리먼가의 아이들이 모여 놀던 2층 서재에는 활 모양으로 앞면이 튀어나온 창문이 있었고, 초록색과 검은색 양단을 씌운 호두나무로 만든 육중한 가구가 있었다.[43]

뉴욕은 리먼의 금융 중심지—면화 어음을 중개하고 선물 계약을 맺던 곳—였지만 한편으로 그들은 여전히 남부의 사업을 유지하고 있었다. 더불어, 그들은 리먼스턴앤컴퍼니Lehman,Stern&Co.로 사명을 변경한 리먼듀어와 뉴올리언스 회사의 지분 약 60퍼센트도 보유하고 있었다. 그들은 또한 빚더미에 앉은 앨라배마주가 발행한 채권을 북부에 판매하는 쉽지 않은 과업과 동시에 앨라배마주의 금융 대리인 역할도 했다.

형제들은 점차 석유, 커피, 설탕을 비롯해 다른 원자재로 사업 영역을 확장했다. 그들은 쿤로브와 평생의 동업 관계를 시작하면서(그리고 20만 달러 상당의 사업을 수행하면서) 회사 창립 첫해에 엄청난 양의 금을 거래했다.[44] 하지만 면화는 여전히 그들 사업의 핵심이었다.

남부연합의 패배는 면화 거래를 획기적으로 변화시켰다. 남부의 대규모 농장은 더 이상 노예를 이용할 수 없었지만, 노예 노동을 대체한 노동 체계 역시 상당히 착취적이었다. 대농장은 소작농 체제로 대체되었다. 지주들은 해방된 흑인들과 가난한 농촌 백인들에게 농지를 임대했다. 그리고 그들에게 음식, 숙소, 종자, 장비 등 경작에 필요한 물품을 제공하고 그 대가로 소작농이 수확한 작물에서 미리 대준 (종종 부풀린) 물품 비용과 지대를 자기 몫으로 가져갔다. 수확이 마무리되면 소작농은 기껏해야 인건비에도 못 미치는 정도를 챙길 뿐이었다. 사실상 대부분의 경우 소작농은 자신이 수확한 면화, 담배 혹은 밀을 판매한 대금으로 그해 지주에게 빌린 물품 비용을 충당하지 못하고 오히려 토지 주인에게 빚을 져야 했다. 이러한 시스템은 노예제의 또 다른 이름이었다.

만하임은 《씨앗과 나무》에서 "참담한 패배 이후 대농장의 전반적인 붕괴와 더불어 전쟁 전의 생산과 판매 시스템은 와해되었다"고 썼다. 그러나 새로운 시스템은 리먼 형제들의 성공 전망을 약화시키기는커녕 "거대한 기회의 문을 열어주었다."[45] 형제들은 계속해서 면화를 중개하는 한편, 전쟁 후에도 수년 동안 리먼듀어를 통해 16개의 남부 대농장을 관리하며 훨씬 더 직접적인 역할을 했다.

한번은 프레더릭 울프Frederick Wolffe라는 리먼듀어의 직원이 경미한 정치 스캔들을 조사하는 의회 위원회에서 "우리는 농장의 일부는 임대를 주고 일부는 직접 운영했습니다"라고 증언한 일이 있었다. 그는 일반적으로 "토지 소유주 혹은 토지를 경작하는 사람은 흑인에게 식량을 품삯으로 지불합니다. 그리고 연말이 되면, 거의 모든 경우에 그들은 불리한 입장에 놓이게 됩니다. 그들이 돈을 받아가는 일은 거의 없습니다"라고 설명했다.[46]

남북전쟁은 면화산업의 동학도 변화시켰다. 전쟁 중에 선물시장이 생겨났는데, 당시 직물 제조업자들은 군복과 다른 의류를 생산하는 데 필요한 원자재의 선물 계약을 체결하여 불확실한 면화 공급의 위험을 완화하려고 했었다. 1868년, 리먼과 다른 면화 상인들은 뉴욕의 임시 시장을 공식화하려고 했다. 그 첫 시도로 뉴욕 면화중개인이사회New York Board of Cotton Brokers라는 조직을 결성했지만 발도 떼지 못했다. 그러다 2년 후인 1870년 9월 초 어느 월요일, 리먼 브라더스 사무실 건너편 펄Pearl가 142번지의 길고 좁은 방의 희미한 불빛 아래에서 의사봉을 두드리는 것으로 새로 설립된 뉴욕 면화거래소의 첫 거래가 시작되었다.

이제 마흔이 된 메이어 리먼이 거래소의 초대 이사회 이사로 선출되었다. 그는 거래소에서 가장 중요한 인물이었다. 때로는 그의 존재 자체가 그리고 그가 보유한 막대한 자금력이 시장을 안정시키는 것처럼 보였다. 〈뉴욕 헤럴드〉는 어느 날 폭락장이 마감된 후 "시장은 폭락할 것처럼 보였지만 메이어 리먼이 그곳에 버티고 서 있었다. 그가 시장을 지켜냈다"라고 보도했다.[47]

메이어는 동료 업자들 사이에서 메모 하나 하지 않고 매입과 매도 체결을 하는 것으로 유명했다. 그런데도 하루의 장을 마감하면서 당일 체결된 계약을 결산할 때 그는 그날의 모든 거래를 기억해 낼 수 있었다. 그는 관대한 사람으로도 알려져 있었다. 특히 동료 업자가 자기 능력 이상으로 무리하게 거래하려 할 때 더욱 그랬다. "거래소에서 누군가 파산(채무 변제 실패_옮긴이)하는 경우가 발생할 때, 당사자가 정직하기만 하다면 그에게 동정심을 표하는 관대한 채권자였다"라고 거래소의 한 직원이 기억을 떠올렸다.[48] 또 다른 사람은 "운이 나빠 그들에게 빚을 지게 된 사람은 그냥 그를 찾아가 솔직하게 사정을 말하기만 하면 그 사람은 공정할 뿐만 아니라 매우 관대한 처분을 받았다. 이렇게 남을 이용하지 않고 정직하게 대하는 태도는 이 두 형제가 가진 놀라운 성품이었다고 생각한다"라고 말했다.[49]

멀리서 보면 구별하기 힘들 정도로 서로 닮은 리먼가의 두 형제는 같이 있는 모습이 하도 자주 눈에 띄어서 친구들은 이들을 '샴쌍둥이'라고 불렀다. 이들이 후원하는 히브리고아원 Hebrew Orphan Asylum 의 원장 허먼 바르 Herman Baar 는 찰스 디킨스의 소설 《니콜라스 니클비 Nicholas Nickleby》에 등장하는 마음씨 고운 찰스와 네드 치어리블이라는 쌍둥이 형제에 빗대어 이매뉴얼과 메이어에게 '쾌활하고 자비로운 형제들'이라는 별명을 붙여주었다.[50]

인근의 금 거래소나 증권거래소와 마찬가지로 면화거래소는 합법적 거래와 고삐 풀린 도박이 공존하는 아수라장이었다. 그리고 면화 선물거래는 신뢰할 수 없는 증권처럼 투기와 조작에 취약했다. 리먼 형제는 기업 평가를 위해 온 던스 조사관에게 자신들은 전적으로 고객들을 대신해 거래할 뿐 '위험'을 무릅쓰고 자신들의 계좌를 불리기 위해 투기한 적이 결코 없다고 주장했다. 그러나 그들의 사업을 면밀히 살펴본 사람들은 리먼 형제가 특히 인위적으로 면화 공급을 축소하여 면화 가격을 급격하게 끌어올린 일단의 투자자들을 대리하자 의심을 거두지 않았다. 던스는 리먼이 "투자자 그룹의 대리인 역할을 하며 상당한 양의 면화를 선점하여 시장에 내놓지 않은 채 쌓아두었다"라고 보고했다. "이 거래에 그들도 관여하고 있다는 인식이 일반적이다." 차후에 나온 신용평가 보고서에는 "어떤 사람들은 그들이… 너무 투기적이라고 여긴다"라고 쓰여 있었다.

그럼에도 불구하고 리먼의 도박은 성과를 거둔 것으로 보였다. 쿤 로브에 있는 그들의 친구들은 신용평가사에 리먼의 자산은 100만 달러를 훌쩍 넘을 것이며 그들의 신용은 "의심할 여지 없이 확실하다"고 말했다.[51] 만약 이 말이 사실이라면 전쟁이 끝난 이후 그들의 순자산이 두 배 이상 불어난 셈이었다.

버지시프는 아직 신생 회사였지만 월스트리트에서 주목을 끌기 시작했다. 다만 항상 호의적인 평가만 있지는 않았다.

신중하고 보수적인 은행가라는 시프의 훗날 이미지와는 대조적으로 그의 첫 회사는 월스트리트를 휩쓴 투기 열풍에 깊이 빠져들었다. 그는 금 가격의 등락에 거액을 베팅하고 위험한 철도 증권도 중개했다.

파트너들이 젊었음에도 불구하고 시프의 회사는 탄탄한 유럽 은행업계 인맥 덕분에 빠르게 월스트리트의 주요 기업으로 성장했다. 헨리 버지의 아버지 모리츠는 〔제이컵 시프의 아버지〕 모제스처럼 프랑크푸르트의 중개인이었다. 버지시프는 아버지 회사의 미국 금융 대리인 역할을 하면서 유럽, 특히 독일 투자자들의 미국 철도 증권과 국채 매입을 도와주면서 사업의 기반을 다졌다.[52] 헨리 버지에 따르면, 이 신생 회사는 서른 살 된 존 피어폰트 모건이 재능 있는 금융가로 명성을 쌓아가던 데브니모건Dabney, Morgan & Co.과도 여러 거래를 하고 있었다.[53]

버지시프는 40만 달러 상당의 자산을 가진 회사로 성장했지만 창업 초기 수년 동안은 경험 부족에 따른 여러 실수로 인해 손해를 봤다. 이러한 실수와 관련된 황당한 일화도 있었다. 시프의 회사는 자신들도 모르는 사이에 위조된 재무부 채권을 고객에게 팔았다가 후일 이전 고용주인 프랭크앤갠즈가 이 사기성 증권의 출처라는 것이 밝혀지면서 긴 소송에 휘말렸다. 그리고 1869년 5월, 시프와 파트너들은 투기성 금 투자를 했다가 당시 창립 34년 된 상업은행 셰펠러앤컴퍼니Schepeler & Co.—이 은행은 감당할 수 없을 만큼 엄청난 쇼트 포지션short position (가격 하락을 예상하고 주식을 빌려 판매한 후 나중에 더 낮은 가격으로 되사서 갚음으로써 이익을 보는 투자 전략_옮긴이)을 쌓아두고 있었다—가 갑자기 도산하는 바람에 큰 손실을 보고 어려움을 겪기도 했다.

하지만 이런 실수들은 앞으로 시프와 그의 국내외 파트너들에게 암울한 그림자를 드리우게 될 논란에 비하면 상대적으로 사소한 것이었다.

공황!

 한 철도회사와 관련된 스캔들이 터졌다. 당시에는 그런 일이 흔히 일어났다.
 산업혁명은 유럽에서와 마찬가지로 미국에서도 철도 붐을 일으켰다. 특히 서부로의 확장은 철도산업의 폭발적인 성장을 견인했다. 센트럴퍼시픽철도의 릴랜드 스탠퍼드Leland Stanford가 1869년에 대륙 횡단 철도를 연결하는 마지막 연결부에 '황금 못golden spike'을 끼우자 미국 전역의 수만 마일의 철로가 하나로 연결되었다. 특히 북부와 중서부에 가장 많은 철로가 집중되었다. 혼돈의 자본주의 체제에서 구상된 철도 시스템은 수십 명의 산업 자본가들이 각자의 영역과 수송량을 놓고 경쟁하는 프랑켄슈타인 같은 비전이었다. 가치가 큰 지역을 차지하기 위해 거물급 경쟁자들은 바로 옆에 나란히, 때로는 경쟁사의 노선과 겨우 몇 야드 정도 떨어진 곳에 선로를 놓기도 했다. 철도 거물들 간의 다툼은 때로는 법정 밖에서 무력 충돌로 번지기도 했다.

월스트리트와 유럽 자본이 지속적으로 유입된 19세기의 철도산업은 1990년대 말과 2000년대 초반의 닷컴 버블과 비슷했다. 투자자들은 사업성이나 실현 가능성과는 상관없이 새로운 사업에 돈을 쏟아부었다. 철도를 아예 가설하지도 않은 회사들의 주식이 투자자들에게 판매되기도 했다. 건설 비용을 조달하기 위해 혹은 파렴치한 철도 경영자들의 주머니를 채우기 위해 철도회사들은 다양한 증권을 시장에 쏟아냈다. 이 신생 철도회사들은 빚 위에 또 빚을 쌓다가 결국 감당할 수 없는 채무에 짓눌려 무너졌다. 법정관리에 들어간 회사들은 새로운 주인에게 매각되었고, 새 주인은 기존 채무를 상환하기 위해 새로운 빚을 냈다. 투기의 풍선이 다시 부풀어 올랐다가 몇 년 후 터지곤 했다. 철도회사들은 파산과 구조조정을 거듭했고, 같은 노선에서 같은 과정이 반복적으로 일어나는 경우도 비일비재했다. 이런 과정에서 이익을 보는 사람들은 은행가, 중개인, 회사 내부자들뿐인 경우가 많았다.

1869년 3월 18일, 버지시프의 파트너인 헨리 버지의 아버지 모리츠 버지는 최근 설립된 록퍼드록아일랜드앤세인트루이스철도 Rockford, Rock Island & St. Louis Railroad 의 헨리 부디 Henry Boody 와 미국 및 유럽에서 750만 달러 상당의 채권을 판매하기로 계약을 체결했다. 시프와 파트너들(헨리 버지와 레오 리먼)은 미국 측 일을 담당했고 회사 이사회와 재무 위원회에 들어갔다. 이 채권에 대한 대중의 관심을 끌기 위해 부디는 철도 사업 홍보에 일반적이었던 부정한 방법을 사용했다. 그는 기자 세 명을 매수해서 각자의 신문에 록퍼드의 채권을 과장하여 홍보하고 회사 채권의 안전성을 보증하는 기사를 쓰게 했다.[1]

모리츠 버지와 버지시프는 록퍼드로부터 수수료와 비용 명목으로 100만 달러 이상을 챙겼는데, 이는 몇 년 후 견실해 보였던 록퍼드가 이자를 체납하고 흔들리게 되면서 드러난 사실이었다. 철도회사가 파산으로 치닫는 동안 부디는 수십만 달러를 횡령한 혐의로 체포되었다.

부디는 버지시프에 책임을 전가했다. 그는 버지시프를 사기 혐의로 고발하면서 시프와 파트너들이 1만 8,000톤의 선로를 공급하기로 한 계약에서 록퍼드를 속였으며, 있지도 않았던 금 거래에 대해서도 회사에 비용을 청구했다고 주장했다. 그는 "나는 금을 팔거나 샀다는 말은 절대로 믿지 않았다"고 진술했다.[2]

록퍼드의 주가가 급락하자 던스는 버지시프가 "사업의 성격에 대해 그 관계자들에게 기만당했다"고 너그럽게 평가했다.[3] 그러나 이러한 설명은 휴지 조각이 된 록퍼드 주식을 보유한 투자자들에게는 충분한 해명이 되지 못했다. 반면 시프와 파트너들은 상당한 수익을 챙겼다.

1873년, 부디의 범죄 증거가 드러나고 록퍼드가 흔들리자 버지시프는 해체되었다. 헨리 버지는 회사의 해체를 병환 중이던 아버지가 돌아가신 탓으로 돌렸으며, 결국 프랑크푸르트로 돌아갔다. 헨리는 또 시프의 완고하고 일방적인 성격도 지적했다. 20대 초반임에도 자기 확신이 강한 이 젊은 은행가는 자신의 의견을 고집하고 이견을 용납하지 않았다고 한다.[4]

록퍼드 사태는 업계에서 이 신생 회사뿐 아니라 제이컵 시프 개인의 이미지에도 큰 타격을 입혔다. 던스는 시프에 대해 다음과 같이 평가했다.

그는 대체로 평판이 좋은 편이지만 일부 외국계 은행가들 사이에서는 그의 기존 회사가 프랑크푸르트와 다른 거래소에서 판매할 철도 증권을 선택할 때 최선의 주의를 기울이지 않았다는 인식이 있다. 그로 인해 시프에 호의적이지 않은 평가도 있다. 반면 다른 사람들은 시프를 호의적으로 평가하면서 투자자들이 불량 채권을 사게 만든 책임은 헨리 버지에게 있다고 주장한다. 그 손실은 전적으로 버지의 탓이라는 것이다.[5]

이 논란을 거치며 시프는 중요한 교훈을 얻었던 것 같다. 경솔하게 행동해서 평판을 잃는 일은 두 번 다시 하지 않아야겠다고 결심했다. 그는 자신의 이름이 널리 알려지는 것을 피하려 했고, 그래서 큰 액수를 기부한 때에도 신문에 이름이 오르내리지 않기를 원했다. 다만 필요할 경우에는 기자들과 비공식적으로 접촉하여 자신에게 유리한 방향으로 기사가 나도록 유도하기도 했다. 그는 스캔들을 피하고자 했지만, 막대한 부와 거대한 권력이 얽힌 상류사회에 발을 디딘 후에는 스캔들을 피할 수 없었다.

시프는 미국에 뿌리를 내릴 계획이었다. 미국에 도착하고 얼마 되지 않아 프랑크푸르트에 자신의 프로이센 시민권을 포기할 수 있게 해달라고 청원을 냈고,[6] 1870년에는 공식적으로 미국 시민이 되었다. 그러나 버지시프가 해체되고 나서는 그 역시 일단 독일로 돌아가지 않을 수 없었다.

록퍼드 사건은 통제되지 않는 약탈적인 자본주의 시대를 상징하는 일화였다. 투기 광풍이 불었던 남북전쟁 이후 금융 환경은 부실한 철도회사들과 부디나 그보다도 더 거대한 사기극을 꾸미는 의심스러운 인물들로 가득 차 있었다. 가장 충격적인 사기 중 하나는 바로 미국 대통령을 속여서 금시장을 장악하려 했던 시도였다.

한 신문사는 부디를 '서부의 짐 피스크Jim Fisk'에 비유했지만, 이는 완전히 부당한 평가였다. 악명 높은 제이 굴드Jay Gould와 작당하여 온갖 음모를 꾸몄던 피스크는 월스트리트에서도 차원이 전혀 다른 사기꾼이었다. 그는 소몰이꾼에서 월스트리트의 모사꾼으로 변신한 대니얼 드루Daniel Drew와 함께 이리철도Erie Railroad를 지배하며 이 회사의 주가를 노골적으로 조작하면서 마치 자기 금고처럼 이용했다.

셀리그먼 형제들은 드루, 피스크, 굴드와 긴밀하게 교류했고 뉴욕과 런던에서 그들의 중개인 중 하나로 활동했다. 조셉 셀리그먼은 남북전쟁 중에는 철도 사업에 관여하는 것에 반대하면서 동생 제임스에게 경고하기도 했지만—자신들이 전혀 알지 못하는 산업이라는 이유에서였다—그 이후로 그는 철도 사업에 점차 호의적으로 바뀌었다. 여전히 철도 사업의 내막을 자세히 이해하지 못했지만 적어도 일부 사람들은 상당한 수익을 거두고 있다는 것을 알고 있었다. 드루 일당과 함께 일하면서 조셉은 자신들이 거래하는 사람이 어떤 사람인지 알고 있다고 생각했기 때문인지 형제들의 명예를 훼손할 우려가 있는 사업에는 이름을 빌려주지 말자고 늘 이야기했던 원칙을 잠시 접은 듯했다. 셀리그먼 형제들은 한때 굴드가 금융사기로 감옥에 수감되자 그의 보석금 2만 달러를 내주기도 했다. 굴드와 피스크는 철도 거물 코넬리우스 밴더빌트Cornelius Vanderbilt에게 사기를 친 후 체포를 피하려고 마치 만화에 나오는 2인조 악당처럼 구명정을 타고 뉴욕에서 도망친 일도 있었다.

"드루, 굴드 그리고 피스크와 계약을 체결했던 대부분의 사람들이 손해를 본 것과는 달리 셀리그먼은 돈을 벌었다." 저널리스트이자 예전에 셀리그먼 직원이었던 린턴 웰스Linton Wells는 회사가 의

뢰했으나 출간되지 않은 700쪽짜리 《셀리그먼 가문 House of Seligman》
에서 이렇게 회고했다. "셀리그먼 형제들은 드루 일당에 대해 어떠
한 환상도 갖고 있지 않았다. 셀리그먼의 역할은 이리철도나 다른
회사의 증권을 매매하는 중개인으로서 그저 통상적인 수수료를 받
고 그들의 주문을 즉각 수행하는 것이었다. 하지만 그와 동시에 그
들은 약삭빠르게 일부 거래에도 관여해 이익을 챙기기도 했다."[7]
좀 더 직설적으로 표현하면 셀리그먼은 고객의 금융사기를 통해
수익을 챙겼던 것이다.

1869년, 부디가 기자들을 매수하고 록퍼드로부터 25만 달러를
조금씩 빼돌리던 무렵, 피스크와 굴드는 그들 경력에서 가장 대담
한 음모를 꾸미기 시작했다. 그들은 비밀리에 금 공급량을 매점하
여 금 가격을 급등시킨 다음 투자자들이 자신들의 포지션을 감당
할 수 없게 되었을 때, 공매자들이 자신들이 제시하는 조건으로 계
약하도록 만드는 계획이었다. 다른 말로 하면 그들을 '궁지'로 몰아
넣는 것이었다.

한가운데에 커다란 분수가 있는 휑뎅그렁한 동굴 같은 홀 안에
위치한 금 거래소는 바로 옆의 뉴욕 증권거래소가 상대적으로 잘 관
리되는 것처럼 보이게 만들 정도로 무모한 투기판이었다. 1866년에
금 거래소를 방문했던 〈시카고 트리뷴〉의 편집장 호레이스 화이트
Horace White 는 "각기 팔에 개 한 마리씩 안은 20~30명의 남자들이
비극을 목전에 둔 쥐를 둘러싸고 한꺼번에 짖어대고 울부짖으며
아우성치고 있는 쥐 구덩이를 한번 상상해보라. 그 광경이 이 금
거래소에 처음 들어갔을 때 내가 목격한 장면과 비교할 수 있는,
외부 세계에서 우리가 찾아볼 수 있는 모습이다"라고 그날 자신이
목격한 장면을 인상적으로 기록했다.[8]

변덕스러운 금시장—하루 가격 변동 폭이 20퍼센트 혹은 그 이상이 될 수도 있었다—은 전쟁의 잔재였다. 1862년, 북부연방 정부는 산더미같이 쌓여가는 부채를 갚기 위해 미국 역사상 처음으로 속칭 그린백greenback(금이나 은으로 뒷받침되지 않는 불환지폐로, 뒷면이 녹색으로 인쇄되어 붙여진 이름이다. 1879년에 금으로 교환할 수 있게 함으로써 사실상 금본위제로 복귀했다_옮긴이)이라는 자체 화폐를 찍어내기 시작했다. 미국은 당초 1700년대 후반에 의회 주도로 금이나 은의 특정 양에 따라 가치를 고정하는 달러화 체제를 국가의 화폐단위로 확립했다. 이전에는 화폐발행을 은행에 맡겼으며 은행이 발행한 지폐는 금화와 은화(정화正貨라고 알려져 있다)로 교환할 수 있었다. 그러나 전쟁 비용이 치솟고 금 보유량이 줄어들자 미 재무부는 귀금속의 가치가 아니라 연방정부의 신용—정부가 채무를 이행할 것이라는 믿음—에 기대어 현금을 찍어냈다.

달러가 금 가치와 분리되면서 전황이 새롭게 전해질 때마다 금과 달러 가치가 등락을 거듭했고 달러 가치와 금의 가치는 걷잡을 수 없이 벌어졌다. 북군이 불리해지면 미 정부의 미래에 대한 우려가 고조되며 달러 대비 금 가격이 상승했다(투기꾼들이 이런 심리를 더욱 자극했고 이로 인해 금 가격이 더욱 올랐을 것이다_옮긴이). 예전에는 100달러어치이던 금이 전쟁 중에는 [그린백] 200달러가 되었다. 유럽에 있던 조셉 셀리그먼이 전쟁 중 형제들에게 보낸 편지에서 경고했던 그런 종류의 도박—북군에 반하는 일이었기 때문에 부적절하고 비애국적이라고 여겨졌다—이었다. 금 투기꾼들은 예전에 "나로서는 그들 모두가 포탄에 맞아 그 사악한 머리가 떨어져 나갔으면 좋겠다"고 언급한 바 있던 링컨을 극도로 화나게 만들었다.[9]

금 매점은 믿기 어려울 만큼 대담한 계획이었지만 기술적으로는 가능했다. 금괴는 뉴욕 시장에서 언제나 1,500만 달러와 2,000만 달러 사이에서 제한적으로 공급되었다. 하지만 피스크와 굴드가 자신들의 계획을 실행할 만큼의 금을 통제하는 데 방해가 되는 것이 한 가지 있었다. 재무부, 구체적으로 말하면 정기적으로 금을 매각하여 국가 부채를 탕감하려는 재무부의 정책이었다. 그들이 이 금 공급 물량을 통제할 수는 없었다. 하지만 정부가 일시적으로 금 매각을 보류하는 것이 국가적으로 이익이 된다고 새 대통령 그랜트를 설득할 수 있다면 어떨까?

굴드는 그랜트의 매제 에이블 코빈Abel Corbin을 매수했다. 코빈은 굴드가 여러 차례 대통령을 접견할 수 있도록 주선했다. 그 자리에서 굴드는 포퓰리즘적인 미사여구로 열을 올리며 대통령을 설득했다. 그는 정부가 금 매각을 중단하고 공급을 제한하여 금 가격이 올라가면 미국의 농부들과 수출업자들에게 혜택이 돌아갈 것이라고 주장했다. 근거가 뭘까? 미국의 상인들은 〔그린백 가치가 하락하면〕 해외에서 외국 경쟁자들에 비해 가격 경쟁력을 가질 수 있고(이는 사실과 다르다. 금본위제 국가의 소비자 입장에서는 그린백 달러 숫자만 달라질 뿐이다_옮긴이), 상인들이 국내에서 금을 그린백으로 상환할 때 막대한 이익을 거둬들일 수 있기 때문이었다(이렇게 생각해보자. 만약 금 프리미엄이 130이라면 리버풀에서 금 1만 달러에 해당하는 담배 화물은 그린백으로 환산하면 1만 3,000달러가 된다. 만약 금 가격이 150으로 상승하면 동일한 화물의 가치는 1만 5,000달러가 된다). 굴드는 정부의 계획에 대한 정보를 제공받는 대가로 미 재무부 뉴욕 지부에 새로 임명된 재무부 차관보 대니얼 버터필드Daniel Butterfield 장군에게 뇌물을 주었다.

1869년 여름, 굴드는 금을 대량으로 사들이면서 다른 중개업자들 중에서 특히 조셉 셀리그먼에게 의지했다.[10] 버터필드 역시 조셉의 고객 중 한 사람이었다. 조셉은 버터필드의 개인 중개인이자 재무부 차관보가 연방정부를 대신해 금을 매각할 때 의지하는 은행가들 중 한 사람이었다.

조셉은 재무부 뉴욕 지부를 정기적으로 방문했는데,[11] 버터필드는 이 은행가에게 재무부의 생각—귀중한 기밀—을 계속 알려주었다. 하지만 셀리그먼은 이미 그랜트 행정부의 금융정책을 그 누구보다도 더 잘 알고 있었다. 그랜트의 요청으로 재무부 장관 조지 부트웰George Boutwell과 함께 금융정책을 설계하고 있었기 때문이었다. 그랜트는 심지어 조셉에게 재무부 장관 직책을 제안했지만 그는 회사 일을 핑계로 거절했다고 한다. "은행에서는 아버지가 필요했고, 삼촌들은 그에게 정치나 공직과는 거리를 두라고 사정했다" 고 조셉의 아들 아이작 뉴턴은 회고했다.[12]

1869년 9월 초, 그랜트는 재무부 장관 부트웰에게 그달에 금을 매각하면 (금 가격을 떨어뜨림으로써) 한창 수확기의 농부들에게 피해가 될 수도 있음을 시사하는 편지를 썼다고 코빈에게 말했다. 장관은 예정된 금 매각을 연기하겠다고 답장을 보냈다.[13] 코빈은 서둘러 이 정보를 굴드에게 전달했다. 바로 지금이 그들에게 결정적 순간이었다. 굴드와 그의 일당들은 미친 듯이 금을 사들였다.

혼란스러운 금시장에서 굴드와 그의 공모자들이 금을 사들이자 금 가격이 이례적으로 폭등했다. 가까운 가족에게 또다시 이용당한 그랜트는 마침내 그 책략을 간파했지만 이미 정부는 곤경에 빠지고 난 후였다. 대통령이 피스크나 굴드와 함께 있는 모습을 보여준 것만으로도 그들에게 일종의 정당성과 신뢰를 부여하는 결과를 낳았다. 또한 그는 이 2인조로부터 이리철도의 전용 객실 무료 탑

승권을 포함한 특혜도 받았었다.

린턴 웰스에 따르면, 조셉 셀리그먼과 굴드의 긴밀한 관계를 인지한 그랜트는 9월 중순경 조셉을 만났다. 셀리그먼과 형제들은 그랜트의 대선 유세에서 최고의 지지자였으며 그 보답으로 조셉은 대통령 취임식에 참석하는 영광을 얻었다. 그는 그랜트가 대통령 취임선서를 할 때 그 뒤에 서 있었으며 선서가 끝나고 난 뒤 취임 축하연에도 참석했다.[14]

대통령은 조셉에게 굴드를 대신해 금을 구입할 때 그의 역할이 무엇이었는지 콕 집어서 물었다. 조셉은 자신의 회사가 굴드를 대신해 막대한 양의 금을 사들이고 있으며 자신들을 위해서 금을 매입하고 있다는 것도 인정했다. 웰스는 아마도 조셉과의 오랜 우정 때문에 입 무거운 대통령이 조셉에게 "적어도 한동안만이라도 굴드와 관계를 끊고 금을 사들이는 대신 매각하는 것이 현명할 것"이라고 완곡하게 경고한 것 같다고 말했다.[15] 결국 금이 160으로 최고가에 이르자 그랜트는 부트웰이 재무부에서 400만 달러의 금을 매각하도록 승인했다.

그랜트 행정부가 굴드의 사실상의 금 독점 공급에 반격을 가하기 직전인 1869년 9월 24일 금요일 아침에 금 가격은 최고점인 164를 찍었다. 그 이후 웬만한 난리법석에는 익숙한 월스트리트의 기자들조차도 충격받을 만한 장면이 빚어졌다. 〈뉴욕 타임스〉는 "수백 명 오퍼레이터들의 울부짖음이 마치 미치광이들의 발작처럼 보였다. 그들은 잠시 얼굴이 창백해졌다가 인내할 수 있는 수준을 넘어선 듯이 몸을 떨었다"라고 보도했다.[16]

동시에 재무부의 조치가 임박했다는 소식이 거래소에 퍼졌다.[17] 금 거래소에서 대각선 방향으로 길 건너편의 사무실에서 조셉은 금 가격이 곤두박질치는 것을 주시하고 있었다. 훗날 그는 "금 가격이 10분, 15분, 20분이 지나면서 160에서 135까지 떨어졌다"고 회고했다.[18] 5시가 되자 금 가격은 133까지 떨어졌다. 그걸로 끝이 아니었다. 금 가격의 갑작스러운 폭락으로 수많은 중개회사가 파산했고, 그 여파는 주식시장으로 번져 주가가 20퍼센트 하락했다. 이 '검은 금요일' 사태는 이후 수개월 동안 경제 전반에 타격을 주었다. 그중에서도 가장 큰 피해를 입은 이들은 농민들이었는데, 그들은 상품 가격의 폭락을 그저 지켜볼 수밖에 없었다.

주가 폭락 후 몇 달이 지나 의회는 원인 조사에 착수하여 조셉 셀리그먼을 증인으로 소환했다. 공황이 발생하기 며칠 전, 그는 버터필드 장군을 대신해 70만 달러 상당의 금을 처분했다. 버터필드 장군은 검은 금요일 사태 며칠 후 조용히 사임했다. 조셉 역시 그의 회사 계좌에 예치했던 수십만 달러에 달하는 금을 팔아 치웠다.

1870년 1월 말, 잘 빗어 넘긴 은발에 수염을 단정하게 다듬은 이 마흔아홉 살의 은행가는 오하이오 공화당 의원(그리고 미래의 대통령) 제임스 가필드James Garfield가 위원장을 맡은 하원 금융통화위원회Banking and Currency Committee 증인석에 앉았다. 몇 가지 사전 질문을 한 후 가필드는 곧바로 본론으로 들어갔다. "시장이 붕괴되던 그 주에 당신은 누구를 위해 거래를 했습니까?"

"주로 우리 회사를 위해 거래했습니다. 또한 그 주에 한 신사분을 위해 약간의 금을 매각했습니다"라고 조셉은 대답했다. 어떠한 망설임도 없었다. 다음 날에는 버터필드가 증인으로 출석하기로 되어 있는 상황이었다. 조셉은 "위원님들이 염두에 두고 계신 바를 지금 바로 말씀드리는 것이 더 나을 것 같습니다"라면서 말을 이어갔다. "저는 그 주에 버터필드 장군을 위해 금을 매각했습니다."[19]

조셉은 검은 금요일로 이어졌던 그 주에 재무부 뉴욕 지부의 버터필드를 서너 차례 정도 방문했다고도 증언했다. 하지만 금을 매각하기로 한 재무부의 계획을 미리 인지했다는 의혹은 부인했다.[20]

위기의 원인에 대한 질문에 조셉은 '도박사들의 결탁'이라고 비난했다. 놀랍게도 그는 주모자들과의 연관성에 대해서는 어떤 질문도 받지 않았으며 그 역시 관련하여 어떤 언급도 하지 않았다.[21]

금 파동이 그랜트 행정부의 중대한 정치적 스캔들로 확산되었지만, 조셉 셀리그먼은 그의 수상쩍은 역할과 의회의 조사에도 불구하고 자신의 명성에 흠집 하나 내지 않고 교묘히 빠져나갔다. 이 사태는 대통령 주변의 사기꾼들을 드러냈을 뿐만 아니라 국가 금융 시스템의 취약성과 투기가 실물 경제 전반에 미치는 파급 효과를 분명하게 보여주었다. 이는 향후 닥칠 더욱 가혹한 심판에 대한 경고였다.

검은 금요일의 기억이 아직 생생한 상황에서 또다른 공황이 월스트리트를 엄습했다.

1873년 9월 18일 목요일 정오가 지나자마자 뉴욕 증권거래소 의장은 의사봉을 내려놓고 충격적인 발표를 했다. "제이쿡앤컴퍼니 Jay Cooke & Co.의 거래가 정지되었습니다." 중개인들은 생각지도 못했던 뉴스를 듣고 서로 마구 밀치면서 거래소를 뛰쳐나가 자신들의 사무실로 돌아갔다.[22] 넋이 나간 한 투자자는 "검은 금요일은 아무것도 아니었다"고 탄식했다.[23]

제이쿡은 남북전쟁을 거치며 설립 12년 만에 가장 신망받는 투자은행으로 성장했다. 전쟁 중 이 회사의 창립자는 링컨 행정부를 대신해 수억 달러 규모의 국채를 판매하여 전쟁에 필요한 자금을 조달했다. 전쟁이 끝난 후 회사는 철도 금융에 본격적으로 뛰어들었고 노던퍼시픽철도Northern Pacific Railway의 단독 금융 대리인이 되었다.

1864년에 인가된 노던퍼시픽철도는 주목받는 신생 기업이었다. 의회는 이 회사가 미네소타에서 오리건까지의 철도를 부설하는 조건으로 연방 소유지 4,000만 에이커를 제공했다. 하지만 이 프로젝트는 제대로 추진되지 못한 채 지지부진했다. 그러다 〔미네소타의〕 덜루스를 제2의 시카고로 만들겠다는 꿈을 갖고 있던 제이 쿡이 주도적으로 자금을 조달하면서 비로소 사업이 본격화되었다. 다른 신생 철도기업과 더불어 노던퍼시픽의 성공 여부는 노선이 들어서는 주변의 토지 가격에 달려 있었다. 토지는 건설비용을 충당할 채권을 확보하기 위한 담보물로 이용되었다. 이 땅은 대개 투기꾼들과 정착민들에게 판매되었다. 이들은 미국 전원 생활에 대한 과장된 환상에 시세보다 비싼 가격을 지불했다. 많은 철도회사들은 사실상 부동산회사이기도 했다. 심지어 그들은 주택 융자금도 교부했다.[24] 철도가 지나는 길에 사람들이 거주하게 되면 자금을 조달한다는 면에서 뿐만 아니라 미래의 성공 가능성, 즉 어느 정도의 교통량을 확보한다는 측면에서도 유리했다.

기존 철도 노선과 앞으로 가설될 철도 노선을 따라 부동산 가격이 급등했다. 그리고 철도 사업가들은 수요를 끌어올리기 위해 종종 오해의 소지가 있는 과장된 주장을 했다. 주요 철도회사들은 유럽에 사무소까지 내고 이민 희망자들을 유혹했고, 그들에게 광활한 대지와 변방의 개척지가 조만간 위대한 미국의 대도시로 성장할 것이라는 환상을 팔았다.

전쟁 국채를 팔 때와 같은 열정으로 제이 쿡과 그의 회사는 노던퍼시픽의 채권을 공격적으로 판매했다. 그들은 '버지니아와 비슷한 기온, 상쾌하고 온화한 기후'와 더불어 경작에 이상적인 땅이라고 홍보했다. 철도 채권은 초기에는 잘 팔렸지만 수요가 곧 줄었고, 특히 해외에서는 더욱 부진했다. 제이쿡의 런던 지사인 제이쿡 매컬러앤컴퍼니Jay Cooke, McCulloch & Co.는 채권 물량을 거의 소화하지 못했다.

여기서 생긴 지 얼마 안 된 그러나 곧 없어지게 될 제이컵 시프의 회사가 등장한다. 1870년, 모리츠 버지와 버지시프는 노던퍼시픽 채권을 유럽 투자자들에 판매하는 계약을 제이쿡과 체결했다. 하지만 그해 말에 프랑스와 독일 사이에 전쟁이 일어났고, 유럽의 금융시장은 요동쳤다. 버지 부자는 점점 신경이 예민해졌다. 제이쿡의 한 측근은 "전쟁이 시작되자 헨리 버지는 어른이 아니라 아이처럼 굴고 있습니다. 그들은 극구 부인하지만, 자금 사정이 빠듯한 게 분명해 보입니다"라고 제이 쿡에게 귀띔했다. 또 다른 사람은 유럽에서 노던퍼시픽 채권 판매가 부진한 책임이 버지 부자에게 있다며, "제이쿡이 경찰에 걸리지 않을 딱 그만큼만 정직한 그런 사람들에게 이런 큰 자금 조달 업무를 맡긴 것은 은행가들 사이에서는 경악할 만한 일이었다"고 했다. 그렇게 1년 정도 삐걱거린 후 제이 쿡은 버지시프와의 불안한 제휴를 단절했지만, 그 과정에서 천금 같은 시간을 낭비한 셈이었다.[25]

과장 광고된 미국 철도에 여러 차례 덴 외국 투자자들은 점점 회의적으로 바뀌었고 새로운 채권 발행 시장은 바싹 말라가기 시작했다. 게다가 대통령 선거 바로 직전인 1872년 9월에 〈뉴욕 선Sun〉지를 통해 폭로된 크레디모빌리에Crédit Mobilier 스캔들로 철도산업에 대한 대중의 신뢰는 더욱 흔들렸다. 내막은 이랬다. 유니언퍼시픽 이사진—그들은 미주리강에서 샌프란시스코를 연결하는 철도를 건설하는 과정에서 막대한 토지와 금융 인센티브를 받았다—은 정교한 사기극을 기획했다. 그들은 이미 존재하던 한 회사의 이름을 평판이 좋은 프랑스 은행(크레디모빌리에)의 이름을 따서 크레디모빌리에 아메리카Crédit Mobilier of America로 변경하고, 이 회사를 유니언퍼시픽의 철도 건설회사로 선정했다. 이 회사는 건설비를 부풀려 청구하여 주주들에게 막대한 이익을 안겨주었다.

회사 이사진은 워싱턴에서 호의적인 대접을 받기 위해 정치인들에게 현금뿐 아니라 할인된 가격의 크레디모빌리에 아메리카의 주식으로 수백만 달러 상당의 뇌물을 뿌렸다. 이 스캔들에 연루된 정치인 중에는 그랜트 행정부의 부통령 스카일러 콜팩스Schuyler Colfax와 하원의원 제임스 가필드가 포함되어 있었다. 이들은 불과 몇 년 전 검은 금요일 진상 조사를 이끌던 사람들이었다.

의회는 특별 조사에 착수했고, 청문회는 '사기의 왕'이라 불린 이 스캔들과 유사한 대륙 횡단 철도를 추진 중이던 쿡의 시도에 어두운 전망을 드리웠다. 한편 유럽의 금융시장은 점점 불안정해지고 있었다. 미국과 마찬가지로 유럽도 철도와 부동산을 중심으로 경제가 급속하게 팽창하면서 은행은 신용을 남발했고 투기는 극에 달했다. 그리고 1873년 5월, 결국 거품이 꺼졌다. 치솟던 빈의 주식시장이 붕괴하면서 유럽의 금융 중심지들 전체를 뒤흔들었다. 신용은 경색되었고 대출 회수 조치가 이어졌다. 초기에는 유럽에서 발생한 위기가 미국 경제에 큰 영향을 미치지 않는 것으로 보였다. 하지만 제이쿡 내부 사정은 점점 절박해지고 있었다. 건설비는 계속 불어났고 노던퍼시픽이 발행한 채권의 이자 지급일은 다가오고 있었다. 마침내 9월 18일이 되자 제이쿡은 지급 불능 상태가 되었고 더 이상 버틸 수 없었다. 필라델피아 본사에는 경찰이 경비를 섰고, 문이 닫힌 출입구에는 공지문이 게시되었다. "예상치 못한 자금 수요로 인해 회사는 부득이 지급을 중단하게 되었음을 알려 드립니다."[26] 신용거래는 얼어붙고 은행은 현금을 움켜쥐고 방어에 나서면서 하루 만에 20개가 넘는 투자은행이 파산했다.[27] 그 여파가 확산되는 것을 막기 위해 뉴욕 증권거래소는 열흘 동안 문을 닫았다.

9월 18일의 금융시장 붕괴 직후, 그랜트 대통령과 신임 재무부 장관 윌리엄 리처드슨William Richardson은 서둘러 뉴욕으로 가 월스트리트 유력 인사들이 빈번하게 만났던 핍스 애비뉴 호텔에 방을 잡았다. 9월 21일 일요일, 절망에 빠진 중개인과 은행가들이 몰려들어 호텔을 꽉 메웠다. 이들은 격앙된 목소리로 정부가 시장을 안정화시킬 조치를 취해야 한다고 외치며 대통령과의 면담을 요구했다. 제이 굴드도 나타났지만 검은 금요일 직후에 대통령이 그를 만나줄 가능성은 조금도 없었다.

그날 하루 종일 그랜트와 리처드슨은 밴더빌트를 비롯해 뉴욕의 주요 금융가들과 함께 머리를 맞대고 작전회의를 했다. 이들 가운데는 파산 위기에 몰려 있던 헨리 클루스Henry Clews도 있었고 조셉과 제시 셀리그먼도 포함되어 있었다.

셀리그먼가는 격동의 첫 번째 임기 내내 그랜트의 충성스러운 벗으로 남아 있었다. 그랜트 행정부 전반에 만연한 부패에 분노한 일단의 공화당원들이 탈당해 신문 발행인 호레이스 그릴리Horace Greeley를 대통령 후보로 내세웠을 때에도 전폭적으로 그랜트를 지지했다. 1872년 대선을 앞두고 조셉은 뉴욕의 독일계 유권자 지지를 결집하기 위해 쿠퍼 유니언에서 그랜트를 지지하는 연설을 했다. 그는 대통령에게 쏟아지는 '인신공격과 독설'을 비난하면서도 그랜트 행정부의 문제점도 솔직하게 인정했다. "그랜트가 잘못했다는 사실을 굳이 부정하지 않습니다… 하지만 그가 이 나라에 대한 의무를 다하기 위해 정말로 성실히 애쓴다는 점은 그를 잘 아는 사람들이라면 누구나 인정할 수밖에 없습니다. 저 역시 수년간 그를 지켜봐온 사람으로서 그렇습니다."[28]

셀리그먼 일가는 다른 방법으로도 그랜트를 도왔다. 1871년 셀리그먼은 세인트루이스 외곽의 커크우드Kirkwood에서 미시시피 강가의 캐론델릿까지 이어지는 미주리퍼시픽철도Missouri Pacific Railroad의 지선 건설에 자금을 댔다. 이때 조셉은 철도 노선이 대통령 소유의 미주리 농장을 통과하도록 계약에 명시했고, 그랜트의 땅값은 크게 올랐다.[29]

핍스 애비뉴 호텔 2층 응접실에서 셀리그먼 형제와 부유한 월가의 동료들은 유혈사태를 막을 과감한 조치를 취해달라고 그랜트에게 탄원했다. 그들은 재무부가 뉴욕의 은행에 연방자금을 예치하여 얼어붙은 신용거래를 풀어주는 방식을 선호했다. 하지만 그랜트는 엉망이 된 월스트리트에 정부가 개입하는 일에 신중했고, 정부가 월스트리트와 유착되어 있는 인상을 주지 않도록 신경을 곤두세웠다. 조셉은 '거의 일요일 하루 내내 대통령과' 시간을 보낸 후, 런던의 동생 아이작에게 보낸 편지에 "우리는 더 많은 것을 원했지만 대통령은 내셔널뱅크National Bank (1863년에 통과된 국립은행법에 따라 연방정부의 감독을 받지만 민간 소유인 은행들. 1914년 연방준비제도가 생기기 전까지 중앙은행 역할을 부분적으로 수행했다고 볼 수 있다_옮긴이)에 자금을 예치해달라는 요청에는 불법이라며 동의하지 않았어"라고 썼다.[30]

한때 잘나가던 은행들이 하나둘 무너지면서 셀리그먼가는 또 다른 위기에 직면했다. 윌리엄이 회사를 떠나겠으니 660만 달러 정도 되는 형제들의 자산 중 자기 몫을 내놓으라고 위협했던 것이다.[31] 갈등은 이미 오래전부터 시작됐다. 1868년, 형제들은 파리에 셀리그먼프레르에시에 Seligman Frères & Cie 라는 지사를 설립하고 윌리엄을 지사장으로 파견했다. 동시에 조셉은 윌리엄이 게으르고 낭비벽이 있다고 생각하여 제시의 처남인 시어도어 헬먼 Theodore Hellman 을 함께 보냈다. 그는 그때까지 일가의 뉴올리언스 지사를 능숙하게 운영한 인물이었다. 윌리엄은 이런 공동 경영 방식을 싫어했지만 파리에서의 생활은 맘껏 즐겼다. 그는 미식가적 취향에 탐닉하고 사교계의 주요 인사가 되었고, 그의 아내는 도금시대의 기준에서 보더라도 과할 정도로 사치스러운 파티를 즐겨 열었다. 윌리엄과 조셉은 투자 결정을 놓고 자주 갈등을 빚었고, 윌리엄은 일가의 자산 중 1/3을 철도에 투자한 것에 대해 우려했다(어쩌면 그 우려는 정당했을지도 모른다).[32] 1873년 여름 내내 유럽의 불안정한 금융 상황을 직접 목격한 것도 아직은 셀리그먼가의 재산이 남아 있을 때 자기 몫을 챙겨야겠다고 윌리엄이 결심하게 된 계기 중 하나였다.

하지만 윌리엄의 이런 요구는 형제가 위기를 견디기 위해 자원을 총동원해야 하는 시점에 나왔다. "윌리엄, 지금 우리를 괴롭히는 것은 범죄나 다름없어"라며 조셉은 분노를 터뜨렸다. "지금은 우리 모두의 지혜와 힘을 모아야 할 유례없는 위기 상황이야. 새로운 투자처를 찾고 기존 투자금을 회수하려고 모두가 안간힘을 쓰고 있잖아. 신의 가호로 우리는 반드시 이 난관을 극복할 수 있어"라고 말했다.[33]

런던의 아이작은 평소에도 사업상의 압박감만으로도 자살을 생각할 정도로 예민했는데, 금융 공황으로 힘든데다 윌리엄이 이탈하겠다고 나서자 평소보다 독설이 더 신랄해졌고 더욱 예민해졌다. 게다가 대폭락 사태 와중에 부탁을 잘 거절하지 못하는 성격의 제임스가 20만 달러에 가까운 큰돈을 한 철도 사업가에게 대출해주었다는 사실을 알고는 격분했다. 그는 "대체 어떤 미친 생각이 형을 홀렸던 건지 알 수가 없다"고 제임스에게 편지를 썼다. 그러면서 "형의 이해할 수 없고 용납할 수 없는 무모함을 보면 윌리엄 형이 독립하겠다고 하는 것도 일리가 있네"라고 덧붙였다.

그는 계속해서 "이 찬란한 재산이 흩어지는 것을 보고 있자니 가슴이 찢어지네"라며 그 대출로 인해 "우리는 파산하게 될 것"이라고 예상했다. 아이작의 기분은 뉴욕에서 오는 전보와 편지에 따라 매번 이랬다저랬다 변덕이 죽 끓듯 했다. 좀 긍정적인 소식을 받은 다음날에는 아주 기분이 좋아져서 셀리그먼은 "로스차일드만큼 상환 능력이 있다"며, 자신은 회사의 재무 상황에 대해 한 번도 초조했던 적이 없었다고 말하기도 했다.[34]

원래도 자주 다투던 셀리그먼 형제들은 공황을 헤쳐 나가는 와중에도 싸움을 그치지 않았다. 대서양을 사이에 두고 전보와 편지로 불꽃 튀는 메시지들이 오갔다. "회사가 어렵거나 말거나 떠나겠다는 윌리엄에게는 1월 1일자로 회사를 떠나라고 말할 생각이다. 아이작 너도 계속해서 우리를 괴롭히고 실수 하나 가지고 성가시게 만든다면 똑같이 처리할 수밖에 없어"라고 조셉은 10월 말에 아이작에게 통보했다. 그리고 다음과 같이 덧붙였다.

윌리엄으로부터는 어떤 배려도 기대하지 않는다. 하지만 아이작 너에게는 조금은 덜 이기적이고 덜 비열한 행동을 기대했다. 나는 이제 윌리엄에게 편지 쓰고 할 시간이 없다. 우리가 그의 지분을 사들이고 그의 몫을 챙겨줄 것이라 생각한다면 착각이라고 윌리엄에게 전해다오. 우리는 그렇게 하지 않을 거야. 윌리엄이 1월에 여기 와서 철도 채권과 주식, 광산 주식, 부동산, 우량 채권과 악성 채권을 포함해 그 1/8 지분을 직접 관리하고 수금해야 한다고 말해줘. 장담건대 그렇게 땀 흘리며 일하면 저녁에 과식하고 와인 퍼마시고 우리에게 편지나 잔뜩 쓰면서 아무 일도 안 하며 빈둥대는 것보다 건강에도 훨씬 좋을 거야.[35]

셀리그먼 형제들 사이의 이런 갈등에도 불구하고 회사는 놀라울 정도로 견실했다. 뉴욕의 다른 금융회사들과 달리 그들은 과도하게 사업을 확장하지 않았고, 철도에 상당한 자본이 묶여 있었지만 현금 자산도 넉넉하게 보유했다. 조셉은 공황이 발행한 직후 "지금 뉴욕에서 현금이 넘치는 유일한 회사가 바로 우리"라고 말하기도 했다.[36] 그다음 달 그는 아이작에게 편지를 보내 "우리는 한 푼도 손실을 보지 않았다… 뉴욕 시내 어떤 은행에서도 단 1달러도 빌리지 않았고… 우리는 공황 기간 내내 은행 잔고도 충분했고, 신용거래를 취소해서 고객을 불쾌하게 한 적도 없다. 우리는 신의 가호와 함께 이번 위기를 벗어날 것이고 더 강해질 거야"라고 썼다.[37]

다른 회사들이 생존을 위해 분투하는 동안 셀리그먼은 재무적으로 여유가 있던 덕분에 새로운 기회를 잡을 수 있었다. 조셉은 헨리 클루스와 제이 쿡이 관리하던 정부 사업에 눈독을 들였다. 그들의 런던 지사는 각각 미 국무부와 미 해군의 공식적인 금융 대리인 역할을 했다. 이 사업은 상당히 매력적이었는데, 왜냐하면 두 기관 모두 막대한 잔고를 보유했고 매년 수백만 달러의 자금을 집행하고 수수료를 지급했기 때문이었다. 또 다른 이유도 있었는데, 다른 고객들에게 미국 정부가 신임하는 회사라고 홍보할 수 있다는 면에서 아주 유용했다.

제이쿡의 거래가 중단되고 이어서 그다음 주 초에 헨리 클루스마저 파산하자, 기회를 포착한 조셉은 이들이 수행하던 정부 사업을 가져오기 위해 전면적으로 나섰다. 그는 9월 25일에 그랜트 대통령에게 서한을 보내 제안했다. "최근의 사태로 인해 런던에서 미국 정부 부처들의 환어음drafts이 제때 처리되지 않을 가능성이 있어 보입니다. 필요하시다면 저희가 그 업무를 대신할 수 있습니다." 다른 편지에서는 자신들의 런던 지사가 "미국 정부의 신용을 지키기 위한 역할"을 할 것이며, 국무부나 해군의 거래를 처리할 준비가 되어 있다고 말했다.[38]

경쟁자들은 셀리그먼이 곤경에 처한 제이쿡에게 갑자기 지불을 요구하는 바람에 파산을 재촉했다며 악의적인 소문을 퍼뜨렸다. 이를 미끼로 셀리그먼을 배제하려는 속셈이었다.[39] 하지만 1874년 조셉은 해군의 금융 업무 주관회사가 되었다.

그해 셀리그먼은 로스차일드의 런던 지사와 미국 국채 발행을 협업하게 되면서 금융계 서열이 훨씬 더 높아졌다. 다만 이 거래는 조셉이 처음 계획한 대로 진행되지 않았다.

셀리그먼은 원래 자신들이 주도하는 미국과 유럽 은행들의 채권 인수단을 만들어 이 사업에 뛰어들려고 했다. 하지만 재무부는 셀리그먼이 로스차일드와 협력하기를 바란다는 뜻을 전달했다. 셀리그먼은 최근 여러 성공을 거두었고 조셉의 정치적 영향력도 상당했지만 아직 로스차일드의 수준에는 한참 미치지 못했다. 로스차일드는 이 점을 계약 조건에 명시했다. 즉 셀리그먼은 발행 물량

중 28퍼센트만 배정받고 운영 방식에 대해서 의견을 개진할 수 없고 판매 홍보에 셀리그먼의 회사명은 쓸 수 없다는 조건이었다. 로스차일드와 함께 일한다는 명예는 모욕을 감수할 만한 가치가 있었다. 하지만 셀리그먼이 자신들의 이름을 전혀 내세울 수 없다면 무슨 이득이 있는 걸까? 조셉은 이를 강하게 항의했고, 결국 로스차일드는 자신들의 사명 아래에 훨씬 작은 글씨로 셀리그먼의 이름을 쓰는 데 동의했다.

"이제 물꼬를 텄으니 네가 이 인연을 잘 키워봐라." 조셉은 아이작에게 이렇게 지시했다. 이후 아이작은 런던 뉴코트의 로스차일드 본사를 자주 방문했다.[40] 아이작은 창립자의 아들인 라이오넬 네이선 드 로스차일드Lionel Nathan de Rothschild 남작의 집을 안식일에 방문했던 일을 떠올렸다. 서류가 가득한 테이블에 앉아 있던 연로한 은행가는 아이작에게 재정적으로뿐만 아니라 영적으로도 자신이 우월한 사람임을 과시하려고 했다. "내가 자네보다 더 나은 유대인이네. 자넨 안식일에도 일을 하지만 난 일하지 않네. 내 사무실은 토요일엔 닫지."

받아치는 데 능숙했던 아이작은 곧바로 응수했다. "제가 일주일 내내 하는 일보다 남작님이 안식일마다 여기서 처리하는 일이 더 많을 겁니다!"[41] (기본적으로 아이작은 로스차일드와의 관계를 잘 살려 나갈 만큼 외교적이지 못했다. 1870년대 말에 셀리그먼은 다시 한 번 로스차일드와 함께 미국 국채 발행 사업을 하게 되었는데, 아이작은 라이오넬 네이선의 후계자인 장남 네이선 메이어와 말다툼을 벌이다 회의장을 박차고 나가버렸다. 아이작의 아들 찰스에 따르면, 그날 이후로 아이작은 로스차일드와 전혀 접촉하지 않았다고 한다).[42]

셀리그먼에게는 공황 이후 몇 달이 지나며 상황이 점차 나아지는 것처럼 보였지만 사실 공황의 여파는 향후 수년에 걸쳐 경제에 타격을 입혔다. 미국과 일부 유럽 국가는 장기 불황 국면에 들어섰다. 실업률은 높아지고 공장은 문을 닫았으며 수천 개의 기업이 도산했다. 그러자 거대 금융회사들이 철도 주식과 부실기업을 푼돈에 전부 사들였다. 도금시대의 전형적 특징인 거대 독점 기업들이 탄생한 것이다.

1873년 공황은 최초의 글로벌 금융 위기의 하나로 여겨진다. 그리고 철도 호황의 기반이 된 모기지 기반 증권의 불안정성에서부터 상황을 악화시킨 신용 경색에 이르기까지 어떤 면에서는 리먼 브라더스를 파산으로 몰아넣고 골드만 삭스 등 역사가 오랜 다른 기업들도 위태롭게 했던 2007~8년의 금융 위기와 닮은 점이 많았다. 1873년 위기는 월스트리트에서 밀알과 쭉정이를 골라내는 계기가 되었고, 그 결과 리먼과 마커스 골드만은 공황에서 살아남아 이후에도 번창했다. 골드만은 시내 상인들에게 자금을 융통하며 경쟁사들이 그를 과소평가하는 사이 착실히 금융 제국의 벽돌을 쌓아 올렸다. 공황이 터지고 한 달이 지난 1873년 10월에 리먼은 던스에 "자금 상황이 요즘처럼 여유 있던 적이 없었다. 부채도 전혀 없다"고 자랑했다. 물론 부실한 기업도 신용등급을 유지하기 위해 이런 허세를 부릴 수도 있었다. 던스는 리먼의 경쟁자들로부터 "그들의 주장이 사실이라는 것을 확인했다"고 밝혔다.[43]

쿤로브에서는 거절할 줄 아는 솔로몬 로브의 성격이 빛을 발했다. 리먼과 마찬가지로 이 회사의 파트너들도 자금이 풍부하다고 주장했다. 1874년 초에 그들은 자신들의 회사 가치가 100만 달러에 미치지 못한다는 던스의 평가가 터무니없다며, 로브 혼자서 보유한 현금만 해도 100만 달러가 넘는다고 주장했다.[44] (당시는 주식

회사가 아니라 파트너십 형태의 회사였으므로 회사 파트너의 개인 자산이 회사의 가치에 영향을 미칠 수 있었다_옮긴이). 그때 쿤로브는 사업을 확장하려고 새로운 파트너를 찾고 있었는데, 마침 프랑크푸르트에서 건너온 한 올된 젊은 은행가가 특히 유망해 보였다.

7.

작은 거인

버지시프가 해체된 후, 제이컵 시프는 신중하게 계획했던 삶의 경로가 예상치 못하게 틀어지자 독일로 돌아가는 길을 택했다. 그가 떠난 사이에 독일은 큰 변화를 겪었다. 1862년 프로이센의 수상 오토 폰 비스마르크Otto von Bismarck는 '철과 피'로 '당대의 중요한 문제들'을 풀어내겠다고 선언했다. 이후 그는 주변국과의 계속되는 전쟁을 통해 독일 민족주의를 고취시켰고, 특히 1870년 프랑스와의 전쟁에서 승리하여 정점을 찍었다. 1871년 초에는 독일의 여러 자치 왕국, 공국, 제후국 등을 하나의 국가로 통합했고, 그 결과 프로이센의 국왕이던 빌헬름 1세가 황제로 즉위했다.

시프는 처음에 독일 북부의 분주한 항구도시 함부르크로 이주했다. 그곳에서 유서 깊은 워버그은행M.M.Warburg의 모리츠 워버그Moritz Warburg가 그에게 일자리를 제안했다(모리츠는 후에 시프의 인척이 된다). 하지만 시프는 여기서 오래 일하지는 않았다. 1873년 8월 말, 아버지가 세상을 떠나자 어머니를 돌보기 위해 급히 고향 프랑크푸르트로 돌아왔다.

에이브러햄 쿤은 수년 전에 아내가 죽자 뉴욕에서 독일로 돌아와 프랑크푸르트에 정착했다. 그는 여전히 쿤로브의 파트너였지만 경영 일선에서는 물러난 상태였다. 그들의 은행 사업은 이제 대부분 솔로몬 로브가 관리했다. 쿤은 예전부터 월스트리트 은행업계에서 시프와 잘 아는 사이였던 것 같다. 프랑크푸르트에서 그는 시프에게 쿤로브의 뉴욕 일자리를 제안했다.[1] 여러 가지로 불안했던 이 젊은 금융인은 다시 고향을 떠나는 것을 주저했지만 미망인이 된 어머니는 그에게 미국으로 가야 한다고 고집했다. 어머니는 "미국이 네가 있어야 할 곳이야"라고 시프에게 말했다.[2]

쿤은 쿤로브가 유럽에 지사를 세우고 시프가 그 지사를 맡는 방안을 구상한 바 있었다. 하지만 시프가 뉴욕으로 돌아오면서 그런 기대는 금새 사라졌다. "이곳에는 기회가 엄청나게 많아요"라고 그는 어머니에게 편지를 썼다. "철도를 비롯한 여러 분야에서 미국이 급속도로 성장하고 있어서 한동안은 외국에 지사를 낼 일이 없을 것 같아요. 여기에서 해야 할 일이 너무 많거든요."[3]

1874년 11월 29일에 서명한 계약에 따라 시프는 다음 해 첫날부터 쿤로브의 파트너로 일을 시작했다(같은 시기에 쿤의 친척 마이클 게른스하임Michael Gernsheim 과 로브의 사촌 에이브러햄 울프Abraham Wolff도 합류했다). 시프는 회사에 5만 달러를 출자하고 20퍼센트 지분을 받았는데, 이는 33퍼센트를 조금 넘는 로브 다음가는 지분이었다. 에이브러햄 쿤은 18퍼센트의 지분을 가졌다.[4]

시프는 단순히 업무를 수행하는 데 그치지 않고, 회사 운영 전반에서 없어서는 안 되는 인물이 되었다. 로브 가족은 종종 일요일에 37번가 자택으로 손님들을 초대해 식사를 대접했고, 시프는 그 만찬의 단골손님이었다. 식탁은 진수성찬으로 상다리가 휠 지경이었다. 솔로몬 로브의 두 아들 중 동생인 제임스는 자기 가족이 "1860년 이후 뉴욕 거리의 흉물이 된, 전형적이고 매력 없는 25피트 너비의 갈색 사암으로 지은 높다란 집"에 살았다고 회고했다. 그에 따르면 집 내부 역시 볼품없었다. "우리 집 가구는 아주 단순했고 대부분은 아주 흉측했다… 하지만 우리 집에는 최고의 정신이 깃들어 있었다"며, "오랜 전통 문화와 음악과 시, 열정이 가득했고, 우리는 일상적으로 그런 것들을 누리며 살았다"고 덧붙였다.[5]

솔로몬은 일에 몰두한 나머지 한번은 무심결에 아들에게 보내는 편지에 '당신을 사랑하는 쿤로브컴퍼니'라고 서명한 적이 있을 정도였다. 반면 파리 음악원에서 피아노를 공부한 베티는 자녀들의 예술적, 지적 감성을 세심하게 길러주었다. 그녀는 사중주단—비올라에 모리스, 피아노에 구타, 첼로는 제임스 그리고 니나는 바이올린—을 조직하여 아버지와 다른 손님들 앞에서 정기적으로 연주회를 열도록 했다.[6]

시프가 일요일마다 솔로몬의 집에 간 이유는 단지 활기찬 분위기 때문만은 아니었다. 바로 로브의 20살짜리 딸 테레즈 때문이었다. 시프는 어머니에게 보낸 편지에 그녀를 "상냥함 그 자체"라고 묘사했다. 그녀의 딸이 한 말로 표현하자면, 자신의 엄마는 외할아버지의 맑은 파란 눈을 닮고 순진무구한 작고 여린 사람이었다. 테레즈는 솔로몬의 다섯 자녀 중 장녀이자, 고인이 된 첫 번째 아내 패니와의 사이에서 얻은 유일한 자식이었다.[7] 베티는 테레즈를 친딸처럼 키웠다. 테레즈는 미국에서 태어났지만 독일식 가정교육을 받았고 그로 인한 고풍스러운 성향이 시프에게 매력으로 다가왔다. 그는 어머니에게 둘의 약혼을 알리는 편지를 보내 "어머니는 미국 소녀가 어떤지 상상하기 어려우실 겁니다. 다소 교양 없고 교육을 받지 못했으며 심지어 페미니스트라고 생각하실지도 모르겠습니다. 하지만 제가 선택한 이 소녀는 그런 이미지와는 전혀 다릅니다. 가장 훌륭한 독일 가정에서 자란 것처럼 단정한 사람입니다"라며 안심시켰다.[8]

두 사람은 1875년 5월 6일에 결혼식을 올렸고, 마커스 골드만의 막내딸 루이자가 신부 들러리로 섰다.[9] 결혼식 후 로브 가족은 성대한 피로연을 열었다. 델모니코스Delmonico's가 케이터링을 맡은 프랑스풍 7코스—입가심용 셔벗은 제외—만찬에는 굴, 거북 찜, 집비둘기 구이, 살찐 수탉, 양고기와 푸아그라가 나왔다. 하객들은 이미 너무 먹어서 정신이 혼미해질 정도였는데도 파인애플 젤리, 럼 케이크, 봉봉 캔디, 나폴리탄 케이크 등 열 종류의 디저트가 계속 나왔다.

신시내티와 프랑크푸르트에서 축하전보가 쇄도했다. (메뉴가 코셔가 아니라는 이유로 피로연을 달가워하지 않았을지도 모르는) 클라라 시프도 '진심 어린 축하'를 보냈다. 시프의 형 헤르만Hermann은 "신혼 커플에게 만세를"이라고 썼고, 옛 파트너인 헨리 버지와 레오 리먼도 "만세, 만세, 만세"라고 보냈다. 신시내티에 있던 로브가의 한 사람은 "행복하시고 채권으로 많은 돈을 벌기를"이라고 쓴 전보를 보내왔다.[10]

솔로몬은 이 신혼부부에게 이스트 53번가 57번지의 집을 선물했다. 1876년 2월 3일, 그 집에서 첫째인 프리다가 사흘간의 진통 끝에 태어났다. 출산이 지체되는 가운데 지친 의사가 "산모도 아기도 장담할 수 없습니다"라고 긴장한 시프에게 말하기도 했다.[11] 프리다가 태어난 시점—결혼 후 9개월이 채 안 된 시점—을 두고 언제 아이가 생긴 것인지 수군거리는 사람들이 있었다. 시프는 언짢아했다. 훗날 프리다는 "내가 태어난 직후 아버지가 외가에 들렀는데 그때 로브가의 한 친구가 농담 삼아 '아기 이름을 참 재미있게 지으셨네요. 프뤼-다 Früh-Da 라니요.'"라고 했어요. 아버지는 그 뒤로 그 사람과는 두 번 다시 말을 섞지 않으셨어요"라고 회상했다.[12] 프뤼-다는 독일어로 '이른 도착'을 의미한다.

시프는 친절하고 이해심 많으며 관대한 사람—실제로 그의 적극적인 자선 활동이 그가 남긴 유산의 핵심이 되었다—이었지만 성미가 급하고 고집이 세기도 했다. 그는 병적일 정도로 매사를 자기가 주도하고자 했다. "모두가 그를 두려워했어요. 엄격하고 까다로운 분이었죠"라고 시프의 증손자 데이비드 시프가 말했다.[13]

시프와 솔로몬 로브는 둘 다 추진력이 대단했지만 누가 더 강한 성격이었는지는 명백했다. 솔로몬은 존경을 받았고 시프는 경외감을 불러일으켰다. 시프는 주변 사람들보다 더 강력한 힘으로 그들을 자기 쪽으로 끌어당기는 인물이었다. 사람들은 좋건 싫건 간에 그의 주변을 맴돌았다. 키는 작은데 존재감이 엄청나서 그의 며느리는 후일 그에게 '작은 거인'이라는 별명을 붙여주었다.[14]

갓 결혼한 스물여덟 살의 신랑은 로브 가족의 생활도 주도했다. 그는 그들에게 자신의 보수적인 종교적 신념을 강요했다. 솔로몬은 불가지론자였으며 베티는 매우 자유롭게 유대교를 실천했다. 하지만 로브가는 사위, 더 나아가 딸을 기쁘게 하기 위해 썩 내키지는 않았지만 시프를 따랐다. 회당 예배에 참석하고 금요일 저녁

마다 안식일 초를 켰다. 비록 시프의 종교적 요구를 마지못해 따르기는 했지만, 가족들은 조카 제임스 P. 워버그James P. Warburg가 "강압적인 신앙 요구"라고 묘사한 시프의 완고함에 반감을 품었다.[15]

손자 에드워드 워버그Edward Warburg에 따르면 시프는 가족들에게 종교적 의무를 가르치면서 그는 "자신만의 어떤 원칙을 따로 가지고 있었다"고 했다. 그는 매일 아침 독일어와 히브리어를 섞어 기도했으며, 지갑에 넣어둔 낡은 봉투 속 부모님의 빛바랜 사진 두 장에 경건히 입을 맞추며 기도를 마무리했다(모친 클라라 시프는 1877년 사망했다). 뉴욕의 독일계 유대인 사회에 속한 장인, 장모나 그 지인들과 달리 시프는 안식일을 엄격하게 지켰다.[16] 저명한 변호사인 친구 루이스 마셜Louis Marshall은 "안식일 동안 그는 세속적인 일은 일절 피했습니다. 펜조차 들지 않았죠. 단 한 번의 예외가 있었는데, 포그롬pogrom (러시아에서의 유대인 학살 옮긴이) 희생자들을 돕기 위한 긴급 전보를 작성할 때였습니다"라고 회상했다.[17]

코셔를 지키는 정통파 가정에서 자랐음에도 불구하고 시프는 음식에 대한 종교적 규율은 따르는 척만 했다. 그는 "규율을 준수했지만 바닷가재와 베이컨 같은 것들이 식단에 슬쩍 포함되곤 했다"고 에드워드 워버그는 기억을 떠올렸다. 다시 말해 엄밀히 따지면 시프는 코셔 식단을 지키지 않았다.[18]

금요일 저녁마다 최근 세상을 떠난 친척들의 사진을 올려놓은 안식일 테이블 앞에 가족 모두가 손을 맞잡고 앉았고, 시프는 자기가 만든 감사기도를 올렸다. *우리의 주 하느님 아버지, 모든 생명 있는 것들에게 양식을 주셨나이다. 우리에게 생명을 주셨으며 또한 매일 생명을 이어갈 양식도 주셨나이다. 우리에게 계속해서 주님의 은총을 베푸사, 우리보다 못한 사람들에게 우리가 가진 것을*

나눌 수 있도록 하소서. 주님의 이름이 영원토록 찬양받기를 비옵니다. 아멘.[19]

에드워드는 "내가 기억하기로, 할아버지가 주도했던 이러한 의례들은 일반적인 유대교 관습과는 많이 달랐다"고 했다. 그리고 "우리는 유대인의 율법을 훈련받은 것이 아니라, 독특한 시프-워버그 식의 가족 유대감Familiengefühl과 조상 숭배를 배웠다"고 말했다.[20]

시프는 종교와 가족 문제뿐만 아니라 쿤로브에서도 자신이 매사를 주도하고자 했다. 그런 그의 역할 때문에 제임스 로브는 "새롭고 더 공격적으로 경영하게 되었다"고 말했다.[21] 수년 전 중단했던 일을 다시 시작하면서, 시프는 쿤로브를 위험하지만 수익성이 좋은 철도 금융 분야로 진출시켰다. 에이브러햄 쿤은 물론 장인(솔로몬 로브)도 대놓고 불편한 심기를 드러냈다. 사무엘 쿤의 손자에 따르면 회사의 새로운 방향성에 "쿤 일가는 거의 패닉에 빠졌다."[22] 결국 새뮤얼 쿤과 제이컵 네터(1875년 사망)는 회사를 떠났고, 1880년대 중반에는 에이브러햄 쿤도 자본을 거둬들이고 파트너십에서 공식적으로 물러났다.

솔로몬 로브의 보수적인 성향은 시프의 대담한 비전과 충돌했다. 그리고 솔로몬은 점차 자신의 회사에서 소외감을 느끼기 시작했다. 시프는 이런 분위기를 은근히 부추기는 듯했다. 시프는 매일같이 장인에게 새로운 사업 아이디어와 전문적인 세부 사항이 가득한 메모를 들이밀었고, 이는 금융 교육을 받지 못한 이 연로한 파트너가 거의 이해할 수 없는 내용이었다.

시프는 금융 전문성 면에서뿐만 아니라 암스테르담, 프랑크푸르트, 런던, 파리 등 세계 주요 금융 중심지에 걸쳐 있는 인맥에서도 로브를 능가했다. 쿤로브와 인연을 맺은 초기부터 특히 철도 금융가로서의 시프의 명성은 대서양 양안에서 자자했다. 첫 번째 회사의 실패에서 비롯된 투자자들의 불신이 여전히 남아 있기는 했지만, 쿤로브에서의 그의 승승장구를 막지는 못했다. 스코틀랜드의 로버트 플레밍Robert Fleming & Co.(1873년 런던에서 설립되어 초기에는 미국 철도산업에 집중 투자했다. 2000년에 JP모건 체이스에 인수되었다_옮긴이)이나 파리및네덜란드은행Banque de Paris et des Pays Bas (19세기에 프랑스와 네덜란드의 자본이 연합해서 만든 대형 은행으로, 후일 합병을 거쳐 BNP 파리바로 성장한다_옮긴이)의 에두아르 노에츨린Edouard Noetzlin과 같은 유럽의 금융가들이 미국 시장에 대한 조언을 구하러 시프를 찾았고, 결국 시프 및 쿤로브와 긴밀한 사업적 관계를 맺게 되었다.

1879년, 시프는 어니스트 카셀Ernest Cassel을 소개받으면서 그의 가장 중요한 인맥이자 가장 가까운 친구를 만들었다. 런던에서 활동하는 이 금융가는 미국에서의 시프와 마찬가지로 향후 투자은행계를 이끌 유력한 인물로 떠오르고 있었다. 쾰른의 유대인 집안에서 태어난 카셀은 10대에 리버풀로 이주했고 그다음에는 런던으로 갔다. 그는 런던의 비쇼프스하임앤골드슈미트Bischoffsheim & Goldschmidt라는 회사에서 승진 가도를 달리다 독립해서 자기 사업을 시작했다. 이 두 사람의 친분은 다소 예상 밖이었다. 시프와 카셀은 많은 부분에서 달랐기 때문이다. 시프는 공공연하게 과시하는 것을 싫어했지만, 카셀은 런던 중심부에 부엌이 여섯 개에 100명을 넉넉히 수용할 수 있는 식당이 딸린 대저택을 소유했다. 시프는 신앙을 삶의 나침반으로 삼았지만, 카셀은 영국에서 태어난 아내 아네트Annette의 죽기 전 소원을 들어주기 위해 가톨릭으로 개종했다. 이는 수년 후 그가 왕의 자문기구인 영국 추밀원 임명식에서 기독교

성경을 요청하며 비로소 세상에 알려진 비밀이었다. 하지만 사업에 관한 한 시프와 카셀은 대개는 마음이 잘 맞았고, 이 덕분에 쿤 로브는 영국과의 관계를 긴밀히 할 수 있었다.

"당신을 통해 런던과 좀 더 긴밀한 관계를 맺을 수 있다면 우리는 굉장히 기쁠 것입니다"라고 시프는 1882년 카셀에게 편지를 썼다. 다음 해, 그는 카셀에게 런던 증권거래소에서 쿤로브를 대표할 새로운 중개 회사를 연결해달라고 요청했다. "우리가 특히 강조하고 싶은 것은, 우리의 중개인들이 항상 민첩하게 상황을 파악하고, 미국 시장을 잘 이해해야 하며(약간의 실습만으로도 충분히 배울 수 있을 겁니다), 런던에서 가능한 거래가 있을 때 우리에게 신속하게 알려야 한다는 점입니다. 또한 그들의 책임감과 신용에는 의문의 여지가 없어야 합니다. 그래야 우리가 그들을 믿고 막대한 액수의 돈을 맡길 수 있을 겁니다." 그는 덧붙여서 "너무 경직되지 않고 아직 뉴욕과 거래 관계가 없는, 그리고 영국 내에서 아주 좋은 네트워크를 가지고 있는 회사라면 더 좋겠습니다"라고 말했다.[23]

시프는 그 답례로 "우리는 언제든지, 심지어 자금 사정이 긴축될 때에도 당신에게 자금을 제공할 것입니다. 당신이 우리 자금을 당신 뜻대로 써주신다면 저희도 기쁘겠습니다"라면서 이 '충실한 친구'에게 쿤로브의 서비스를 제공하겠다는 편지를 써 보냈다. 그는 카셀에게 자주 북미 투자에 대해 조언했다. "지난 며칠 동안 이리철도의 상황을 면밀히 조사해볼 기회가 있었는데, 이 회사가 생각보다 건전하다는 사실에 놀랐습니다"라고 썼다. 이리철도는 한때 제이 굴드와 그의 측근들이 장악했던, 문제가 끊이지 않던 철도 회사였고, 당시 시프는 이 회사의 이사로 있었다. 하지만 그는 "보통주는 그냥 쓰레기입니다"라고 덧붙였다.[24] 수년에 걸쳐 그들의 친분은 더욱 깊어졌고 수백만 달러의 유럽 투자자본이 북미로 흘러 들어오는 중요한 통로가 되었다.

시프가 함께한 지 얼마 지나지 않아 쿤로브의 이름이 J. P. 모건과 셀리그먼을 비롯해 뉴욕에서 가장 평판 좋은 금융회사들과 나란히 신문에 언급되기 시작했다. 점점 더 규모가 크고 중요한 거래에도 쿤로브가 등장하기 시작했다.

1878년 재무부 장관 존 셔먼John Sherman이 1억 달러 상당의 채권 발행을 위해 소집한 자문회의에 초청받은 것은 쿤로브의 위상—그리고 시프의 위상—을 보여주는 사건이었다. 이 회의에는 시프 외에도 뉴욕 금융가의 거물들—조셉 셀리그먼, 로스차일드의 미국 사장이자 시프처럼 프랑크푸르트 출신인 어거스트 벨몬트August Belmont—이 참석했다.²⁵ (벨몬트는 당대 가장 영향력이 큰 은행가 중 한 사람이자 10년 넘게 민주당 전국위원회를 이끌던 저명한 정치인이었다. 그는 유대인 출신임을 숨기기 위해 기독교로 개종하고 원래 성인 쇤베르크Schönberg를 벨몬트로 바꿨다). 회의 결과 셀리그먼은 국채 2,000만 달러어치를, 시프와 벨몬트는 각각 1,000만 달러씩을 인수하기로 했다.²⁶

1880년, 신규 대출 부양과 관련하여 펜실베이니아철도Pennsylvania Railroad와 은행가들—피어폰트 모건과 그의 파트너 앤서니 드렉셀Anthony Drexel—의 협상이 결렬되었다는 소식을 들은 시프는 회사 경영진에게 접근했다. 시프는 쿤로브가 그 거래를 '아주 흔쾌히' 처리해줄 수 있다고 말했다.²⁷ 시프는 대출을 준비했고 점차 펜실베이니아철도는 그들의 은행 업무를 쿤로브로 이전했다. 약 3만 명의 직원과 4억 달러의 자금을 보유한 펜시Pennsy(이 회사의 애칭_옮긴이)는 당시 세계 최대의 기업이었다. 이런 고객을 확보한 것은 쿤로브에게 그야말로 획기적인 사건이었다. 향후 40년에 걸쳐 쿤로브는 10억 달러가 넘는 이 회사의 주식과 채권 발행을 담당하게 된다.[28] 쿤로브의 사무실에는 이러한 관계의 중요성을 의미하는 두 장의 펜실베이니아 수표가 액자에 끼워져 벽에 걸려 있었다. 하나는 49,098,000달러짜리이고 다른 하나는 62,075,000짜리 수표였다.[29]

1885년, 시프는 금융계 거물급 인사들이 많이 사는 어퍼이스트사이드의 4층짜리 보자르Beaux Arts 스타일 타운하우스로 이사했다.[30] 주소는 핍스 애비뉴 932번지로, 이매뉴얼 회당 말고 시프가 다니던 또 다른 회당인 벳엘Temple Beth-El에서 몇 블록밖에 떨어져 있지 않아 안식일(정통 유대교도는 이날 차량을 타거나 노동으로 여겨질 수 있는 모든 행위를 금한다)에 쉽게 도보로 갈 수 있었다. 집은 길고 좁았고, 2층에는 앞쪽이 활 모양으로 튀어나온 창문이 달려 있었다. 가족의 집사는 토머스라는 나이든 아일랜드 사람이었는데, 집 뒷문에서 현관까지 150피트를 오가기가 너무 힘들다면서 결국 열쇠를 반납하고 일을 그만두었다.[31]

평일 아침마다 거의 같은 시간에 시프는 갓 꺾은 꽃(주로 장미)을 코트 옷깃에 꽂고 집을 나섰다. 네빌이라는 운전기사가 있었지만 주로 시내까지 걸어서 이동하는 것을 더 좋아했다. 종종 14번가에 도착한 뒤에야 운전기사가 그를 태우러 오거나, 아니면 트롤리 전차를 타고 남은 거리를 이동했다.[32] 운동을 좋아해서이기도 했지만 무엇보다 산책을 하며 가장 친한 동료이자 친구 중 한 사람인 루이스 마셜을 비롯해 여러 친구와 파트너들을 만나 사업, 정치, 자선 활동에 대한 대화를 나누기 위해서였다. 시프는 독일어로 대화하기를 즐겼고, 그의 영어는 독일어 억양이 강했다. 그는 나이가 들면서 계속해서 청력이 나빠져 고생했으나 그런 장애를 잘 보완하는 것처럼 보였다. 그는 매우 꼼꼼했고 낭비를 싫어했다. 메모장 대신 종이 조각을 활용해 썼으며, 신문과 잡지를 모아두었다가 끈으로 묶어 병원 환자들에게 기증했다.³³ 시간 역시 아껴 썼으며, 매일 아침 산책 시간조차 최대한 유익하게 쓰려고 노력했다.

제이컵과 그의 가족이 이사하던 해에 솔로몬 로브는 쿤로브의 특별 파트너가 되었으며, 회사의 거의 모든 것을 장악하고 있던 사위에게 공식적으로 전권을 넘겨주었다. 시프의 거침없는 스타일 때문에 솔로몬은 계속 불편했다. 시프는 회사를 미지의 분야로 몰고 들어갔고, 심지어 어떤 경우에는 솔로몬과 상의도 하지 않고 일을 처리했다. 솔로몬의 아들 제임스 로브에 따르면, 이 노쇠한 은행가의 인내심이 한계에 다다른 전환점은 "1880년대 중반 아버지가 가족과 함께 외국에 나가 있는 동안 매형이 문제의 소지가 있는 한 철도 기업에 과도하게 투자함으로써 회사를 다소 위태로운 지경에 빠뜨렸을 때였다. 아버지는 그때 자신과 다른 젊은 파트너들이 생각이 다르다는 것을 깨닫기 시작했고, 이후 더 이상 경영에 참여하지 않기로 결심했다"고 한다. 퇴임 후에도 솔로몬은 매일 사무실에 나왔지만, "유감스럽게도 그는 자신이 기대했던 만큼 자신의 조언이나 경험이 도움이 되지 않는다는 것을 깨달았다"고 제임스는 말했다.³⁴

솔로몬은 아들 둘 다 금융에는 큰 관심을 보이지 않았음에도 그래도 한 명은 회사에 들어가기를 바랐다. 솔로몬의 장남 모리스는 내성적이고 예민한 사람으로 근엄하면서 음식 위생에 집착하는 등 다소 특이한 습관을 가진 사람이었다. 그는 화학에 열정을 보였다. 모리스가 하버드 대학교를 마치고 베를린 대학에서 박사학위를 받자 솔로몬은 합성염료 공장에 투자하여 아들 모리스를 경영자로 세울 준비를 마쳤다. 계약서까지 작성된 상황에서 모리스는 "남이 주는 자리"는 갈 수 없다고 아버지에게 말했다. 솔로몬이 "왜 안 하려는 거냐?"라고 묻자 그는 "제 성정상, 제가 받아들일 수 있는 것보다 더 많이 요구하거나, 제가 줄 수 있는 것보다 더 적게 제안할 수는 없기 때문입니다"라고 대답했다.[35] 대신 그는 뉴욕 대학교 교수로 부임하여 화학자로서 성공적인 이력을 쌓아나가다가, 오염된 굴을 먹고 탈이 나 급작스럽게 삶을 마감했다.

그의 형처럼 제임스 로브의 관심 역시 학문에 있었다. 조카 프리다 시프의 말을 빌리면 "마치 그리스 신처럼" 매력적이고 잘생긴 그는 하버드에서 이집트학을 전공했다. 한 교수의 눈에 띄어 런던, 파리, 이집트에서 학업을 계속할 수 있는 기회가 생겼는데, 잘되면 나중에 하버드 교수가 되고 보스턴 미술관의 큐레이터로 이어질 수도 있었다.[36] 하지만 모리스와 달리 제임스는 가족의 기대를 저버리지 못하고 1888년 쿤로브에 합류했다. 그는 그곳에서 고통스러운 13년을 보냈는데, 그 내내 신경쇠약으로 고생했다. 한편 시프는 1877년 6월에 태어난 아들 모티머Mortimer(애칭은 '모티')를 쿤로브의 후계자로 키우고 있었다.

자신의 회사에서 밀려난 솔로몬 로브는 여전히 활발하게 사업을 벌였다. 그는 맨해튼 부동산에 투자했으며, 임대료 수금을 제외하고는 거의 모든 일을 직접 처리하는 등 부동산을 꼼꼼하게 관리했다.[37] 그는 취미 삼아 사진을 연필로 정밀하게 묘사하는 그림을 그렸고, 점점 실력이 늘자 자연 풍경을 스케치하기도 했다.[38]

솔로몬 로브는 엄격한 사람—꼿꼿한 자세 때문에 군인 출신으로 오해받기도 했다—이었으며 자녀들은 그를 다가가기 어려운 사람으로 생각했다.[39] 그를 웃게 만드는 일은 거의 없었지만 딱 한 가지 확실하게 그를 미소 짓게 만드는 것이 있었다. 막내딸 니나가 고압적인 형부 시프를 완벽하게 흉내낼 때였다.

도금된 게토

시프는 그의 세대에서 가장 위대한 금융인들 중 한 사람으로 성장하고 있었지만, 그 위에는 또 다른 거물이 군림하고 있었다. 조셉 셀리그먼은 미국의 로스차일드가 되겠다는 자신의 꿈을 실현했다. 셀리그먼은 정부나 기업의 큰 거래가 있을 때면 언제나 등장했고, 조셉 본인도 유대인은 좀처럼 찾아보기 힘들었던 금융계와 정계 인사들의 모임의 단골손님이었다. 뉴욕에서 조셉과 동생 제시는 남북전쟁 중 북군을 지지하기 위해 사업가, 정치인, 지식인들이 결성한 폐쇄적인 유니언리그클럽Union League Club 의 거의 유일한 유대인 회원이었다. 조셉은 뉴욕시 교육위원회를 비롯해 다양한 시 이사회와 명예 위원회에서 소위 '유대인 자리'를 차지하며 활동했다. 그러나 런던 로스차일드앤선즈의 사장이자 유대인으로는 최초로 영국 의회에 진출한 라이오넬 드 로스차일드 남작과 달리 조셉은 선출직 공직에는 나서지 않았다. 뉴욕 공화당이 두 차례나 그를 시장 후보로 추대하려 했음에도 불구하고 그는 끝내 출마하지 않

았다.¹ (제시 역시 시장 후보로 거론된 적이 있었다).²

조셉은 고국에서 자신이 열등하고 불필요한 존재—시민이 아니라 침입자—라는 생각을 끊임없이 주입받았기 때문인지 자신을 받아준 미국 사회에 철저히 융화되기 위해 의식적으로 노력했고, 아이들도 철저하게 미국인으로 키우려 했다. 다른 사람을 짜증나게 하는 데 일가견이 있는 윌리엄은 조셉에게 벨몬트 사례를 들며 자신들을 얽매는 종교적 낙인에서 벗어나기 위해 유대인 성을 바꾸면 어떻겠느냐고 제안한 적이 있었다. 조셉은 "훌륭한 생각"이라면서, "그래도 성의 첫 글자는 그대로 유지하자고. 윌리엄 너에게는 '얼간이Shlemiel'라는 이름이 어떨까 하는데"라고 비꼬아 말했다.³ 비록 윌리엄의 제안에 빈정거리긴 했지만 조셉은 그들의 종교가 장애물이 되고 있음을 냉정하게 인식하고 있었다. 그는 에이브러햄 링컨에 대한 존경의 마음을 담아 다섯째 아들에게 대통령의 이름을 주고 싶었고, 결국 그 이름과 발음이 비슷하고 히브리어 색채가 덜한 앨프리드 링컨이라는 이름을 붙여주었다.

조셉은 미국 사회에 동화되려는 의지가 강력했지만, 거기에도 넘지 않으려는 선이 있었다. 그는 자신의 유대인 정체성을 포기하거나 숨기려는 데에는 분명하게 선을 그었다. 그리고 결코 독실한 신자는 아니었어도 미국의 가장 저명한 유대인 중 한 사람(어떤 사람들은 그를 '유대인의 왕'이라고 불렀다)으로서의 역할을 받아들였다.⁴ 종교에 대한 그의 관심은 대체로 지적인 차원이었다. 잠자리에 들기 전 그리스 고전을 몇 쪽이라도 정독해야 했던 박식한 조셉—그의 아이들의 가정교사였던 호레이쇼 앨저는 조셉이 "문학과 과학 분야 명사들과 교류하고 동시에 사업 걱정에 몰두하면서" 하루를 보냈다고 회고했다—은 종교와 철학 토론을 즐겼다.⁵ 일요일 저녁 식사 때마다 그와 바베트는 웨스트 34번가의 집으로 다양한 손님들을 초대해서 재미있는 대화를 나누기를 즐겼다. 그는 저명한 회중파Congregationalism (개별 교회의 자치와 자율성을 강조하는 분파로 개신교와 유대교 모두에 있었다_옮긴이) 성직자 헨리 워드 비처Henry Ward Beecher (《톰 아저씨의 오두막》의 저자) 해리엇 비처 스토Harriet Beecher Stowe의 남동생)와 불가지론적 견해로 잘 알려진 대중적 웅변가이자 변호사 로버트 잉거솔Robert Ingersoll 대령을 자신의 토론 친구로 두었다. 그는 종종 두 사람을 함께 초대해, 논쟁적인 주제를 던져놓고는 두 손님 사이에서 치열한 논쟁이 벌어지기를 기대하면서 테이블 상석에 등을 젖히고 앉아 지켜보았다.[6]

조셉의 유대교는 종교적이라기보다 문화적인 성격이 강했기에 그는 비처보다는 잉거솔에 더 가까웠다. 하지만 자기 민족에 대한 애정은 굉장했다. 그는 자신의 정치적, 사회적 영향력을 이용하여 유대인 관련 운동과 자선 활동을 지원했다. 그는 오랫동안 마운트 시나이 병원Mount Sinai Hospital 의 이사로 봉사했는데, 이 병원은 기독교가 운영하는 뉴욕의 다른 병원에서 차별받던 유대인들을 치료하기 위해 1852년에 유대인 병원Jews' Hospital 이라는 이름으로 세워졌다. 그는 (1848년에 설립된) 독일계유대인상호부조회German Hebrew Benevolent Society의 수장 역할도 맡았다. 이 조직은 자선단체이기도 했지만 동시에 친목 단체로, 다양한 유대인 단체들을 위한 기금을 마련하기 위해 연회를 열고 자선 활동을 벌였다. 구체적으로는 가난한 이민자 가정에 석탄을 지원하고 때로는 뉴욕의 과밀한 환경을 벗어나 인구가 적은 서부로 이주할 수 있도록 재정 지원을 하기도 했다. 이는 이미 뉴욕에 정착해 미국 사회에 동화된 유대인들이, 새로 온 가난하고 학력도 낮은 동포들이 허물어져 가는 로어이

스트사이드 빈민가에 몰려 살면서 반유대주의 정서가 자극되지 않을까 우려했던 현실과도 관련이 있었다.[7]

조셉 셀리그먼이 이끄는 그룹은 기존의 유대인상호부조회 Hebrew Benevolent Society(1822년에 설립되었으며, 초기에는 세파르디와 아슈케나지 유대인들이 공동으로 참여했으나 점차 세파르디 유대인들이 주도권을 잡게 되었다. 독일계유대인상호부조회와 1860년에 합병한다_옮긴이)에서 갈라져 나왔다. 이 분열은 뉴욕 유대인 공동체 내 독일계와 이 단체의 지도부를 장악하고 있던 (이베리아반도 출신 계통인) 세파르디 유대인 사이의 갈등을 반영한 것이었다. 갈등은 부분적으로는 종교 차이, 부분적으로는 계급 차이에 뿌리를 두고 있었다. 독일계들은 베를린과 프랑크푸르트의 회당에서 시작된 논쟁적인 종교 운동인 개혁 유대교를 미국으로 가져왔다. 당시 유럽의 유대인은 여러 세대 동안 갇혀 살던 게토를 벗어나 점차 기독교인들과 섞여 살게 되었고, 일부는 신앙심을 잃어 기독교로 개종하기도 했다. 개혁 유대교 운동은 유대주의가 생존하려면 전통적 규율을 현대 사회에 맞게 바꿔야 한다고 주장했다. 한 저명한 개혁파 랍비는 "지금 세상에서 우리를 우습게 보이게 만드는 것은 무엇이 되었건 과감히 없애야 하며, 그렇게 될 것이다"라고 말했다.[8] 개혁파 유대인은 머리에 [남자들이 기도할 때 쓰는] 야물커 yarmulke를 쓰지 않았고 식사 율법을 지키지 않았다. 예배도 히브리어가 아닌 독일어로 진행했고, 일부는 아들들에게 할례조차 행하지 않았다. 이러한 관행은 개혁파들이 유대교를 본래 모습과는 전혀 다르게 희석시키고 있다고 믿는 정통파 유대교도—제이컵 시프의 아버지 같은 이들—에게는 신성모독처럼 여겨졌다. 맨해튼이 아직 네덜란드 식민지였던 시절에 뿌리를 내린 뉴욕의 세파르디 유대인들은 독일계의 자유로운 종교

관행을 못마땅해했다. 또한 독일계 신흥 부자들의 과시적인 생활 방식에도 거부감을 가졌다. 그들은 조셉 셀리그먼을 기껏해야 행상인 정도로 취급했다.[9]

독일계 유대인들은 자신들만의 독일계유대인상호부조회를 만들 것이라고 발표하고, 기존 조직에서 분리되는 과정에서 세파르디 유대인들이 자신들을 낮춰 본다는 사실을 더 분명하게 확인하게 되었다. 이들 간의 경쟁은 극단적인 양상을 띠기에 이르렀다. 1850년대에 두 단체 성원들이 모두 참석한 어느 만찬 자리에서 정통파 유대인들은 독일계 유대인들에게 예배 마지막 축복기도 때 야물커를 쓰라고 요구했다. 독일계 유대인들이 이를 거부하자 세파르디 유대인들은 손수건과 냅킨을 던져 그들의 머리를 억지로 덮으려 했다. 만찬은 엉망진창으로 끝이 났다. 개혁파인 이매뉴얼 회당의 랍비 새뮤얼 애들러Samuel Adler가 이제까지의 종교적 논쟁에 대해 발언하려고 일어나자, 한 정통파 유대인이 일어나 휘파람을 불며 항의했다. 그러자 독일계 유대인들이 떼를 지어 몰려가 그를 둘러싸고 마구 구타하는 사태가 벌어졌다.[10]

그런데 일련의 외부적 요인들이 서로 반목하던 두 세력을 하나로 뭉치게 했다. 우선 1857년의 금융 위기와 그에 따른 경기 침체였다. 기부금이 들어오지 않는 상황에서 목표가 비슷한 두 단체가 안 그래도 부족한 자원을 놓고 경쟁하는 것은 어리석은 짓이었다. 그리고 서로 싸우던 두 단체는 물론 전 세계의 유대인들을 분노 속에 단결하게 만든 사건이 있었다. 1858년 교황청은 에드가르도 모르타라Edgardo Mortara라는 여섯 살 유대인 소년을 볼로냐의 그의 집에서 강제로 데려갔다. 모르타라가 아기였을 때 생명이 위태로운 상황이 있었는데, 아이가 거의 죽었다고 여긴 한 하녀가 몰래 세례를 주었다. 수년 후 이 하녀의 증언을 근거로 볼로냐의 종교재판관은 모르타라를 집에서 데려와 교회의 보호 아래에 두고 가톨릭 신자로 키우도록 명했다. 국제 사회의 항의와 비난, 아들을 돌려달라는 가족의 간절한 애원에도 불구하고 교황은 끝내 명을 거둬들이지 않았다.[11]

유대인들에게 개종 문제는 과거의 고통과 불확실한 미래를 모두 떠올리게 하는 매우 민감한 사안이었다. 과거 수세기 동안처럼 칼로 위협받거나 왕의 칙령 때문에 강제로 개종당하는 일은 더 이상 없었지만, 19세기에 미국과 유럽에서는 유대인들을 개종시키려는 시도가 광범위하고 심지어 공격적으로 전개되었다. 유대인 지도자들은 언젠가는 자신들의 오랜 전통이 신도가 줄며 점진적으로 사라질 수도 있다는 생각에 불안해했다.

상황이 이렇게 전개되자 단체들은 유대인 고아들을 위한 고아원 설립에 힘을 모았다. 만약 이 아이들이 기독교 단체가 운영하는 시설에 맡겨질 경우 유대교 신앙과는 상관없이 키워질 것이 거의 분명했기 때문이었다. 뉴욕의 유대인들은 가장 어려운 사람들을 위한 자선 네트워크를 구축하는 데에 탁월한 능력—1848년에서 1860년 사이에 최소한 90개 정도의 유대인 자선단체를 설립했다—을 발휘해왔지만, 이들 유대인 공동체에 부족한 것이 딱 하나 있었는데 바로 통합된 하나의 기관이었다.[12]

1860년 많은 단체들이 힘을 합쳐 유대인상호부조및고아원협회 Hebrew Benevolent and Orphan Asylum Society를 설립하고, 라마틴 플레이스 Lamartine Place 1번지(현재의 웨스트 29번가)에 유대인 최초의 고아원을 열었다. 조셉 셀리그먼이 이 조직의 초대 회장을 맡았고, 동생 제시가 회장을 이어받아 이후 거의 20년간 이 단체를 이끌었다. 독일 혁명가에서 미국 정치인으로 변신한 제시의 친구 카를 슈르츠는 "제시는 은행에 있을 때보다 이 고아원에 있을 때 자신이 더 훌륭하고 행복하다고 느꼈다"고 말한 바 있다.[13] 이 단체의 가장 성공적인 봉사와 모금 활동 중 하나였던 어린이 잡지 〈영 이슬라엘Young Israel〉의 발간을 제안한 사람도 바로 제시였다. 제시가 기증한 장비로 고아원 지하실에서 인쇄한 이 월간지는 1871년 창간 당시부터 큰 인기를 끌었다. 무엇보다도 제시가 호레이쇼 앨저를 정기 기고자로 영입한 것이 성공 요인 중 하나였다.[14]

셀리그먼 집안과 사적으로 가까운 인사들도 고아원 운영에 적극 참여했다. 마커스 골드만의 큰 아들 줄리어스는 컬럼비아 대학에서 법학을 공부한 변호사로, 고아원의 이사trustee를 맡았다. 이매뉴얼 리먼은 7년 동안 회장을 맡으면서 자격을 갖춘 고아들에게 대학 장학금을 주기 위해 기금을 조성했다. 솔로몬 로브는 든든한 후원자였다. 1870년대에 173명의 원아들의 종교 교육이 너무 열악해서 "히브리어는 고사하고 영어로도 십계명을 옳게 암송할 수 있는 아이가 하나도 없다"는 비판이 제기되었을 때 로브는 그 실태를 조사하는 위원회의 일원이었다. (로브를 포함한 위원들은 이 비판이 근거 없다고 결론 내렸다).[15]

뉴욕의 유대인 인구는 이미 상당했지만 점점 늘어날 가능성이 컸다. 신문들은 유대인들이 미국으로 피난을 오게 만든 유럽의 탄압과 박해 실태를 지속적으로 보도했다. 1860년대 말과 1870년대 초, 이러한 참혹한 이야기의 대부분—파괴된 회당, 약탈당한 마을, 유대인을 죽이려는 폭도 등—은 유대인에게 시민권을 부여해야 하는지를 놓고 격렬한 정치적 논쟁이 벌어졌던 루마니아 공국에서 유래한 것이었다. 예컨대 〈뉴욕 헤럴드〉의 전형적인 기사 제목은 "루마니아 유대인 박해: 수백 명 부상. 노인과 아이들 폭행당해. 상점과 주택이 부서지고 약탈당해. 무차별적으로 파괴된 재산. 경찰은 폭도들을 방조"였다.[16] 또 다른 기사는 한 루마니아 의원이 유대인의 부동산 소유를 금지해야 한다고 주장했고, 다른 의원은 아예 "그냥 다뉴브강에 쓸어 넣어야 한다"고 말했다고 전했다.[17]

1870년에 끔찍한 유대인 학살 소식이 미국에 전해진 후, 셀리그먼 형제들과 다른 저명한 유대인들은 그랜트 대통령에게 샌프란시스코의 유대인 변호사 벤저민 프랭클린 페익소토Benjamin Franklin Peixotto를 [루마니아] 부쿠레슈티 주재 미국 영사로 파견해달라고 요청했다. 이 자리는 무보수직이었기에 조셉과 제시는 미국루마니아 협회American Roumanian Society를 설립하고 조셉이 회장을 맡아 페익소토를 지원할 기금을 모았다. 이 기금으로 새로 임명된 외교관이 "무지하고 문명화가 덜 된 루마니아의 유대 동포들 사이에서 2년 쯤 지낼 수 있도록 하기 위한 취지입니다"라고 제시는 설명했다.[18] 페익소토의 임명은 그 자체로 강력한 메시지를 전달했다. 그랜트 대통령은 미국 정부가 유대인 영사를 루마니아로 보낸 의도가 충분히 전달되지 않을 경우를 대비하여 소위 '유대인 문제'에 대한 자신의 행정부의 입장을 명확히 밝힌 서신도 함께 보냈다. 그 서신에는 "미국은 종교나 출신을 이유로 자국의 시민을 차별하는 것을 인정하지 않기 때문에, 세계 어디에서나 동일한 보편적 권리를 보장하는 것을 지향한다"라고 쓰여 있었다.[19]

조셉은 독실한 신자는 아니었지만 뉴욕의 독일계 유대인 엘리트들의 정신적 중심지인 이매뉴얼 회당의 운영에 적극적으로 참여했다. 동생 제임스와 제시 역시 이사회 의장을 여러 차례 지냈다. 1845년에 33명의 독일계 이민자들이 세운 이매뉴얼 회당은 뉴욕 최초의 개혁 유대교 회당이었다. 클린턴가와 그랜드가의 임대한 회의실에서 처음 출발한 이매뉴얼 회당은 이제 43번가와 핍스 애비뉴에 위치한 웅장한 건물을 갖게 되었다. 고딕, 노르만, 아라베스크 양식이 혼합된 이 건물은 높이와 너비가 각각 거의 100피트에 달하는 붉고 노란 사암으로 지어졌으며, 꼭대기에 다윗의 별이 얹힌 이국적인 미너렛과 첨탑이 특징이었다. 건축비만 자그마치 65만 달러 이상이 들었고, 1868년에 회당이 헌정되었을 당시에는 뉴욕에서 가장 비싼 종교 건축물 중 하나였다. "핍스 애비뉴를 따라 늘어선 수많은 장엄한 예배당 가운데, 이매뉴얼 회당처럼 정교한 구조와 독특한 아름다움으로 눈길을 사로잡는 건축물은 없다"라며 〈뉴욕 헤럴드〉는 경탄했다. 이 회당은 단순한 건축물을 넘어 독일계 유대인들의 경제적 부상을 뚜렷이 상징하는 기념물이기도 했다.[20] (이매뉴얼 회당은 1927년에 주거지에 더 가까운 핍스 애비뉴 65번가의 새 부지로 이전했다. 건설 당시 세계 최대 규모의 회당이었으며, 회당의 상징적인 둥근 스테인드글라스 창문은 허버트 리먼과 형제들이 부모인 메이어와 바베트를 기리기 위해 기증한 것이었다. 기존의 회당 부지는 부동산 재벌 조셉 더스트Joseph Durst—살인으로 유죄선고를 받은 로버트 더스트Robert Durst 의 할아버지—에게 팔렸고, 철거 후 사무용 고층 빌딩이 들어섰다).

이매뉴얼 회당의 개혁적 정책과 예배 방식은 신도들을 동화시킨다는 목표를 반영했다. 전통적으로 남성과 여성은 따로 예배를 드렸지만 이매뉴얼 회당은 가족석을 마련해 남녀가 함께 앉을 수 있도록 했다. 예배는 점차 영어로 진행되었고, 기독교 예배에서처럼 합창단과 오르간 연주가 포함되었다. 또한 전통적인 바르 미츠바 bar mitzvah (남자아이는 13세, 여자아이는 12세에 치르는 성인식_옮긴이)는 입교식confirmation 이라는 형식으로 바뀌었다. 한때 이매뉴얼 회당은 안식일에 일하는 사람들을 위해 일요일 예배를 도입할지 여부를 놓고 논의하기도 했는데,[21] 조셉 셀리그먼과 이매뉴얼 리먼을 포함한 3인 위원회에서 심의한 결과 기각되었다.[22]

이매뉴얼 회당에서 이루어진 가장 중요한 개혁들 대부분은 1857년 독일에서 이주해 이매뉴얼 회당을 이끈 유럽 개혁 유대교의 저명한 인물인 랍비 새뮤얼 애들러의 재임기간에 이루어졌다. 하지만 조셉을 포함한 일부 신도들은 오히려 애들러의 아들 펠릭스의 종교철학에 더 강하게 매료되었다.

펠릭스는 랍비가 되기 위해 정식으로 훈련받았고, 언젠가 아버지의 뒤를 이어 그가 회당을 이끌 것이라는 기대가 널리 퍼져 있었다. 하지만 그의 첫 번째 설교는 마지막 설교가 되고 말았다. 1873년, 당시 스물세 살이던 펠릭스는 독일에서 박사과정을 마치고 돌아오자마자 설교단에 올랐다. 뉴욕 유대계 상류층 인사들이 기대에 찬 눈빛으로 지켜보는 가운데, '미래의 유대교The Judaism of the Future'라는 제목의 급진적인 설교를 시작했다. 독일 철학자 이마누엘 칸트의 사상에 깊이 영향을 받은 이 젊은 랍비는 단순한 현대적 유대교가 아니라 종교 그 자체를 전면적으로 재구성해야 한다고 주장하고 있음이 금새 분명해졌다.

펠릭스는 유대인을 '선택된 민족'으로 보는 개념을 정면으로 비판하며, "배타적이고 편협한 정신에서 벗어나 유대교가 유대인만의 것이 아니라 인류 전체를 아우르는 도덕적 공동체로 포용하기 위한 것임을 선언해야 한다"고 주장했다. 그가 보기에 조직화된 종교의 목적은 도덕적이고 자비로운 행동을 확산하는 것이며, 그런 점에서 유대교는 이러한 가르침을 담기에 훌륭한 그릇이었다. 그렇다면 유대인 이외의 사람들이 이런 가르침을 함께하지 못할 이

유가 없지 않은가라고 반문했다. 펠릭스는 이매뉴얼 회중들에게 "믿음이 아니라 행동을 더 중시해야 한다"고 말했다. 그가 설파한 종교—만약 그렇게 부를 수 있다면—는 신에 대한 믿음조차 선택 사항일 수 있는 종교였다.[23]

이처럼 이단적으로 여겨질 수 있는 설교로 인해 펠릭스는 이매뉴얼의 랍비가 되지 못했다. 하지만 그의 설교는 동시에 훨씬 더 큰 무언가를 위한 초석을 놓았다. 바로 전 세계로 퍼져 나간 사회 운동이었다. 펠릭스는 이매뉴얼 회당의 많은 사람들을 충격에 빠뜨렸지만, 조셉 셀리그먼과 마커스 골드만을 감화시켰다(마커스의 아들 줄리어스와 펠릭스의 여동생 세라는 결혼한 사이였다). 또한 '교리보다는 실천을 중시하며, 도덕은 종교와 독립적으로 존재할 수 있다'는 신념을 강조하는 윤리문화협회 Society for Ethical Culture 가 1877년 2월에 창립되었으며, 조셉과 마커스가 이사로 참여했다.

조셉은 어린 시절 믿었던 유대교로부터 점점 멀어지면서도 사회적 의무감과 신실한 동생들을 의식해 이매뉴얼 회당의 신도 자격은 그대로 유지했다. 하지만 그는 곧 자신이 어떤 신념을 갖고 있든, 무엇을 성취했든, 그것은 별로 중요하지 않다는 현실을 곧 깨닫게 된다. 어떤 이들 눈에는 그는 여전히 '유대인' 그 이상도 이하도 아니었다.

무더운 여름이 되면 뉴욕의 머레이힐 Murray Hill 이나 어퍼이스트 사이드의 타운하우스들은 텅 비게 마련이었는데, 상류층 사람들이 더위를 피해 휴가를 떠나기 때문이었다. 일부는 스태튼 아일랜드나 뉴저지 해안의 시브라이트 Sea Bright 와 롱브랜치 Long Branch 로 갔고, 다른 일부는 뉴욕주 북부의 호숫가로 향했다. 거부들은 그곳에

'자연의 바람Wild Air'과 같은 서정적인 이름의 대규모 별장 단지를 세우고 여름을 났다(19세기 후반 미국 상류층은 여름마다 도시를 떠나 대형 별장 단지를 짓고 자연을 찬미하는 목가적인 이미지의 이름을 붙이곤 했다고 한다_옮긴이).

1877년 6월, 조셉은 대가족을 이끌고 [뉴욕주 동북부] 에디론댁산맥 남쪽 끝자락의 휴양지 사라토가 스프링즈Saratoga Springs로 향했다. 셀리그먼 가문이 지난 10년 동안 매년 여름 휴가를 보낸 곳이었다.[24] 사라토가는 당시 경마장과 도박장, 우아한 호텔과 치유 효과가 있다는 온천으로 유명했으며, 도금시대의 화려함이 절정에 이르렀던 곳이었다. 여름이면 호화로운 전용 열차를 타고 악덕 자본가들robber barons이 한 무리의 하인들과 산더미 같은 짐을 가지고 이곳으로 몰려들었다. 사라토가 중심가의 번화한 거리인 브로드웨이에는 여러 고급 호텔들이 즐비했지만, 그중에서도 최고는 단연 그랜드유니언Grand Union 호텔이었다. 이 호텔은 프랑스 제2제정 시대의 양식으로 화려하게 지어졌으며, 맨사드mansard(이중 경사 지붕_옮긴이)를 얹은 궁궐 같은 건물이 U자형 구조를 이루며 중정을 둘러싸고 있었다. 이 중정에서는 보스턴 심포니 오케스트라가 정기적으로 공연을 했다. 그랜드유니언은 당시 세계 최대 규모의 호텔로, 무려 1만 2,000명 이상을 동시에 수용할 수 있는 대식당과 객실 824개를 갖추고 있었다. 객실들은 길이만 3.2킬로미터에 달하는 미로 같은 복도로 연결되어 있었고, 호텔 바닥과 테이블에는 무려 1에이커(4,000제곱미터) 분량의 대리석이 깔려 있었다.[25]

호텔은 오랜 세월을 거치면서 주인이 여러 차례 바뀌었다. 가장 최근의 소유주는 알렉산더 터니 스튜어트Alexander Turney Stewart, 정확하게는 그의 유산 관리인이었다. 스튜어트는 아일랜드 출신 이민자로, 스튜어트 백화점 체인으로 유통 제국을 일군 사업가였다. 그는 1876년에 사망하면서 아내 코넬리아Cornelia에게 5,000만 달러 상당의 유산을 남겼다. 스튜어트의 오랜 법률 고문이자 인척인 헨리 힐튼Henry Hilton 판사가 그의 유언 집행인으로 지명되었다. 태머니홀Tammany Hall(1789년부터 20세기 중반까지 뉴욕을 중심으로 활동했던 민주당 정치 조직_옮긴이) 소속으로 뉴욕시 공원관리위원회 위원을 지낸 적도 있던 힐튼은 스튜어트의 유산을 관리하면서 놀라울 정도로 많은 권한을 행사했고, 이로 인해 고인의 친구들과 지인들 사이에서 의심과 논란이 일었다. 결국 스튜어트의 유족들이 힐튼을 고소하는 사태가 벌어졌고, 스튜어트가 유언으로 힐튼에게 남긴 100만 달러를 돌려받는 대신 코넬리아는 남편의 알짜배기 사업체를 힐튼에게 양도하는 것으로 마무리되었다. 이렇게 힐튼은 유언 집행인이었다가 그랜드유니언의 실제 주인이 되었다.

셀리그먼 가족은 1877년 6월 14일 목요일에 호텔에 도착했다. 그들은 투숙객들이 고리버들 흔들의자에 앉아 쉬고 있는 넓찍한 로비를 가로질러 갔다. 조셉의 아내와 아이들이 대형 크리스털 샹들리에가 매달린 응접실에서 기다리는 동안 조셉은 객실을 배정받기 위해 프런트로 갔다. 그를 알아본 윌킨슨이라는 매니저는 그를 직원들만 출입하는 사무실로 안내했다. 그의 얼굴에는 괴로운 표정이 역력했다.

"셀리그먼 씨, 유감스럽지만 힐튼 씨의 지시에 따라 앞으로는 이 호텔에 유대인을 받지 않기로 했습니다."[26]

조셉은 자신의 귀를 의심했다. 유대인은 안 된다고? 그의 가족은 물론이고 다른 유대인 가족들은 오래전부터 이곳에 묵었었다. 게다가 그는 단순한 유대인이 아니었다. 이 나라에서 가장 부유하고 가장 영향력 있는 사람 중 한 명이며 여러 대통령과 재무부 장관의 자문 역이었고 월스트리트의 기둥 같은 존재였다. 충격으로 멍해진 조셉이 뭐라고 대답해야 할지 머릿속을 정리하는 동안 불편한 침묵이 방 안에 가득했다.

"그러니까 당신 말은 유대인을 아예 받지 않겠다는 거지요?" 조셉이 물었다.

"그게 저희 지침입니다, 셀리그먼 씨."

"그들이 지저분한가요? 무례하게 굽니까? 아니면 돈을 안 냅니까?" 조셉은 점점 격앙된 목소리로 몰아붙였다.

"아, 전혀 그렇지 않습니다." 매니저가 답했다. "그런 문제는 전혀 없습니다. 이유는 단순합니다. 작년 시즌에 저희 호텔 실적이 좋지 않았는데, 당시에 유대인 투숙객이 많습니다. 힐튼 씨는 기독교인 손님들이 유대인과 함께 있는 걸 꺼려서 우리 호텔을 피했다는 결론을 내렸습니다. 그래서 이번 시즌에는 전혀 다른 방식으로 운영하기로 했고, 유대인을 받지 말라는 지시를 내렸습니다."[27]

수치심과 분노에 휩싸인 조셉은 그랜드유니언에서 조금 떨어진 클라렌든Clarendon 호텔에서 힐튼 판사에게 보내는 항의 서한에 그의 분노를 전했다. 그 서한은 당시 풍조에 맞게 겉보기에는 점잖고 정중한 어투로 쓰였다. 조셉은 "친애하는 판사님"으로 시작하며 "우호적이고 사심 없는 충고"를 건넸다고 표현했다. 실제로는 편지 어디에서도 우호적인 느낌을 가질 수 없었다.

친애하는 힐튼 판사님. 부디 당신을 위해 그리고 당신이 차지한 것으로 보이는 스튜어트 씨의 소중한 유산을 위해 감히 말씀드리건대, 당신은 그 유산을 물려받은 후 저지른 수많은 중대한 실수에 또 하나를 더하고 있습니다. 유대인이라는 이유 하나만으로, 그들의 품위, 부, 단정한 태도를 전혀 고려하지 않고 그랜드유니언 호텔 출입을 금지한 것은, 저속한 편견에 영합하여 그렇게 하면 다른 국적이나 출신의 손님들이 몰려올 것이라는 착각 아래 이루어진 처사입니다. 그러나 당신은 착각했다는 것을 곧 알게 될 겁니다. 당신은 미국인의 특성을 잘 모르는 것 같습니다. 문명 세계는 이제 신앙, 교리, 출신에 대해 당신이 생각하는 것보다 훨씬 관용적이며, 당신이 기대하는 것보다 훨씬 더 열린 사고를 가지고 있습니다. 세상은 편협함, 저열한 술수, 상스러움을 혐오하며, 대중의 편견에 영합하여 돈을 벌려는 사람을 결코 후원하지 않을 것입니다. 당신의 호텔이 적자로 운영되고 있다니 유감입니다. 뉴욕과 시카고의 도매 사업도 전혀 진척이 없다는 점, 그리고 작고하신 스튜어트 씨가 운영할 때는 그렇게 인기 있고 번창하던 9번가의 소매점마저도 이제는 단골 고객을 잃고 있다는 점 또한 유감입니다. 조금만 생각해보면 당신 사업의 심각한 매출 감소는 어떤 특정 민족의 후원이 있어서가 아니라 모든 계층과 민족의 후원을 잃었기 때문이라는 것을 알게 될 것입니다. 결론적으로, 친애하는 판사님, 당신은 호텔을 운영할 역량은 고사하고, 잡화점 하나 운영하기에도 시야가 너무 좁습니다.[28]

조셉의 변호사 에드워드 라우터바흐Edward Lauterbach를 중심으로 한 뉴욕 친구들은 〈뉴욕 타임스〉 기자에게 사건 경위를 설명하면서 조셉이 힐튼 판사에게 보낸 편지를 읽어주었다.[29] 그리고 그다음 주, 조셉 리그먼이 그랜드유니언 호텔에서 숙박을 거부당한 사건은 전국적인 스캔들로 비화했다. 〈뉴욕 타임스〉는 1면 머리기사로 '사라토가에서 일어난 충격적인 사건'이라는 제목을 달고 대서특필했다.

기사에는 힐튼 판사의 인터뷰도 있었다. 힐튼은 조셉이 "거만한 태도로 호텔에 들어와 호텔의 최고급 객실을 요구했다. 그리고 그랜드유니언 호텔이 유대인 전체를 차별한 것은 아니며 단지 특정한 부류의 유대인만을 제한했을 뿐"이라고 말했다. 그는 유대인을 '히브리인'과 '유대인'으로 구분했다. 히브리인은 오래전부터 미국에 정착한 세파르디계 유대인, 예컨대 헨드릭스Hendricks 나 네이선Nathan과 같은 부유하고 존경받는 집안 출신을 말하며, 이들은 품위 있고 존경할 만하다고 주장했다. 반면 유대인은 최근에 갑자기 돈을 벌어 화려하게 치장하고 자기 과시가 심한 신흥 부자 계층으로, 자신은 이들만을 문제 삼았다는 것이었다. 〈뉴욕 타임스〉는 힐튼의 말을 인용해 다음과 같이 보도했다.

힐튼 판사의 말에 따르면 셀리그먼 씨는 히브리인도 아니고, 다른 손님들, 특히 여성 손님들은 이 부류의 투숙객들과는 절대로 어울리고 싶어 하지 않으며 호텔 식당이나 응접실에서 마주치는 것조차 원치 않는 그런 '부류'에 속하는 사람이다.… 이어 그는 "그들이 차별받는 것은 전적으로 그들 자신의 탓이다. 그들은 천박한 과시, 교만, 우쭐대는 행동, 건전한 미국 사회가 중시하는 예의와 배려의 부족, 무례하고 눈에 띄는 행동들로 인해 대중의 비판을 자초한 것이다. 이런 행동은 때로는 혐오감을, 항상 불쾌감을 자아낸다"고 말했다.[30]

다음 날 〈뉴욕 타임스〉에 실린 힐튼 판사의 추가 인터뷰 기사에서 힐튼은 조셉 셀리그먼을 향해 거침없는 비난을 퍼부었다. 그는 "셀리그먼이 지금 누리는 화려한 직책들—고급 클럽 회원 자격, 은행 이사직, 명망 있는 공공기관 위원 자리 등—은 사실상 샤일록

(《베니스의 상인》에 등장하는 유대인 고리대금업자_옮긴이)과 같은 치졸한 행위 덕분에 얻은 것"이라고 주장했다. 이어서 그는 "셀리그먼 가문은 정당하지 않은 정치적 영향력을 행사하여" 로스차일드와 드렉셀모건Drexel Morgan (J. P. 모건의 전신)이 포함된 미국 정부 채권 인수단loan syndicate에 참여했다는 의혹을 제기했다. "그랜드유니언 호텔에서 셀리그먼이 거부감을 불러일으킨 것과 마찬가지로 이 채권 인수단의 다른 구성원들에게도 불쾌감을 준다"고 주장했다. 그러면서 명망 높은 로스차일드조차 셀리그먼 형제들을 직접 만나지 않고 "직원을 통해서 혹은 간접적으로"만 접촉한다고 덧붙였다.

힐튼은 대담한 반유대주의적 비난을 계속했다.

조셉 셀리그먼 같은 유대인은 일류 호텔에서 배제되어야 하는가? 단언컨대, 그렇다. 그가 히브리인이기 때문이 아니라 아무도 그를 환영하지 않기 때문이다… 그는 너무 둔감하거나 너무 비열해서 자신의 천박함을 알지 못하거나 그런 천박함을 감추거나 조용히 넘길 줄도 모른다. 그는 조잡하고, 거짓되며, 탐욕스럽고 비겁하다. 다만 경제적으로 성공한 사람이라는 점이 그가 상류층 사회에 끼어들 수 있는 유일한 근거다. 그는 천박한 만큼 안하무인이고, 쓸모없는 만큼 시끄럽고, 무능한 만큼 자만심에 차 있다. 실제로는 아무런 실속도 없는 주제에 자신의 중요성을 잔뜩 부풀린다…

미국인들이 셀리그먼과 같은 '유대인'을 무시하는 건 당연하다. 이 신생 국가의 부富는 이런 부류를 번성하게 만들었고, 이 부류는 사회적으로 히브리 민족 전체에 저주나 다름없는 존재가 되었다. 사람들은 유대인 셀리그먼이 출입하는 호텔에는 가지 않으려 한다. 호텔이 번창하려면 그런 사람들을 받아들이지 말아야 한다. 그들이야말로 호텔의 존립

을 위협하는 자들이기 때문이다.³¹

셀리그먼도 참여한 채권 인수단의 다른 기업들은 〈뉴욕 타임스〉에 공동으로 서한을 보내 다음과 같이 밝혔다. "힐튼 판사는 셀리그먼 사람들이 다른 기업이나 동료들과 맺어온 관계에 대해 잘못 알고 있습니다. 그들은 언제나 나무랄 데 없는 품성을 갖추고 행동했으며 지금도 여전히 그렇습니다."³² 한편, 〈뉴욕 타임스〉는 맨해튼 다운타운의 사무실에서 제시 셀리그먼을 인터뷰했다. 그는 형 조셉을 대신해 공개적으로 입장을 밝혔다. "저는 힐튼 판사를 도무지 어떻게 생각해야 할지 모르겠습니다. 그의 황당한 발언을 들어보면… 요즘 더운 날씨가 그의 머리에 영향을 미쳤다고 여기는 편이 차라리 속 편할 것 같습니다"라고 말했다.³³

논란은 날이 갈수록 눈덩이처럼 불어났고 멀리 호놀룰루의 신문에까지 기사가 실릴 정도로 전국적으로 확산되었다. 정기적으로 사라토가에서 여름을 보냈던 다른 부유한 유대인들도 그해 여름 그랜드유니언 호텔에서 돌아서야 했다는 기사도 실렸다. 그중에는 마커스 골드만도 있었다. 그는 호텔에 방을 잡아달라고 편지를 썼지만 아무런 설명도 없이 거절 통보만 받았다고 말했다.³⁴ 유대인 사회에서는 힐튼의 조치를 규탄하는 '항의' 집회를 준비하자는 논의가 있었고, 법적 대응도 거론되었다. 여러 유대인 회사들은 스튜어트 백화점과의 거래를 끊었고, 한 상인은 "중세시대로 돌아가고 있는" 그 회사와는 더 이상 거래를 하지 않겠다고 통보했다.³⁵

〈뉴욕 타임스〉는 뉴욕, 필라델피아, 뉴포트, 롱브랜치로 기자들을 보내 호텔 운영자들을 상대로 유대인 고객에 대한 입장을 취재했다. 많은 호텔업자들은 힐튼의 정책에 아연실색했다. 일부는 조

셉 셀리그먼을 개인적으로 알고 있다며 그의 품성을 보증하기도 했다.[36]

하지만 신문은 맨해튼의 호텔 두 곳도 '실질적으로 그랜드유니언과 똑같은 규정'을 갖고 있으며, 유대인 가족에게는 다른 고객보다 더 높은 요금을 부과하는 암묵적 차별 관행이 있다는 사실도 보도했다.[37] 롱브랜치—조셉, 제임스, 제시가 여름 별장을 소유한 휴양지—의 호텔 업주들은 셀리그먼 같은 성공한 대부호가 그랜드유니언 호텔에서 거부당했다는 사실에 놀라워하면서도, 유대인들의 유입이 휴양지의 품격을 해친다며 불평했다. 한 호텔업자는 "유대인들의 발길이 아직 여기까지는 닿지 못했어요. 앞으로도 그러지 못하길 바랍니다"라고 기자에게 말했다.[38]

그로부터 며칠 뒤, 조셉이 호텔 출입을 거부당한 이 사건을 계기로 그의 친구인 [개신교 목사] 헨리 워드 비처가 브루클린 교회에서 설교를 통해 자신의 입장을 밝히며 논쟁에 가세했다. 그 설교는 '유대인과 비유대인'이라는 제목으로 널리 회자되며 유명해졌다.

"전 세계적으로 700만 명의 유대인이 있습니다"라고 비처는 설교를 시작했다. "그들은 해가 비추는 곳이면 어디든지 살고 있습니다. 그리고 세상 그 어떤 민족보다도 더 멸시받는 존재들입니다. 동시에 그들처럼 인류 전체에 이토록 많은 공헌을 해온 민족은 없습니다. 그런데도 그들은 과거에도 지금도 가장 비열한 악당 취급을 받는 민족이기도 합니다."

비처는 유대인을 향한 악의적인 고정관념들을 신랄하게 비판했다. "유대인은 교활하고 간교하며 때로는 정직하지 못하다고 합니다. [거짓이 횡행하는] 뉴욕에서 정직하지 않다는 걸로 트집을 잡다니 대단하네요!" 그는 신도들에게 지난 2,000년 동안 유대인이 겪은 고난의 역사를 되짚고 중세시대에 당한 박해의 사례들을 열거했다. "흑사병이 헝가리에서 발생했죠? 사람들은 유대인이 독을 퍼뜨렸다며 유대인들에게 복수를 했습니다. 독일에서 흑사병이 퍼졌었죠? 온 나라가 폭동을 일으켜 자신들이 받은 고통의 분풀이를 유대인들에게 했습니다. 그런데도 이 놀라운 민족은, 벌금을 물고 약탈당하고 온갖 불의와 학대를 겪고 수없이 쫓겨나고도 결코 사라지지 않았습니다."[39]

힐튼과 셀리그먼 논란은 몇 달 동안 신문의 헤드라인을 장식할 정도로 큰 이슈가 되었다. 힐튼 판사의 반감에는 몇 가지 개인사가 작용했다는 점도 알려졌다. 조셉은 반부패위원회에 참여하여 민주당 유력 정치 집단인 태머니홀의 수장 윌리엄 '보스' 트위드William 'Boss' Tweed를 횡령 혐의로 감옥에 보내는 데 일조한 바 있었다.[40] 그 트위드가 바로 힐튼의 정치적 후견인이자 친구였다. 또한 조셉이 부회장으로 있던 유니언리그클럽이 힐튼의 입회 신청을 거절했던 과거사도 그의 앙심에 영향을 미쳤다.[41]

이 스캔들은 당사자와 그 지지자들이 전국의 신문 지상에서 공방을 벌이는 상황으로 번지며 두 사람이 예상하지 못한 규모로 커졌다. 일부 역사가들은 이 사건을 미국 사회에서 노골적인 반유대주의가 시작된 하나의 계기로 평가하기도 했다. 하지만 유대인들에 대한 차별은 미국이 건국되기도 전부터 존재했다. 포르투갈계 유대인 23명이 북미 대륙에 처음 정착하려 했던 1654년의 일이다. 이들은 당시 뉴암스테르담(지금의 뉴욕)에 도착했는데, [네덜란드의] 총독 피터 스투이베산트Peter Stuyvesant 는 이들을 자신이 통치하는 식민지에서 추방하려 했다. 그러나 네덜란드 동인도회사가 이를 제지하고 유대인들의 정착을 허가했다. 그렇지만 그들에게는 유럽에서처럼 다양한 제약이 부과되었다. 그들에게는 투표권이 없었으며 공직에 진출할 수 없었고 토지도 소유할 수 없었다. 역사가 레너드 디너스타인Leonard Dinnerstein은 "그들은 다른 주민들과 함께 경비를 설 수 있는 권리도 거부당했지만, 오히려 그 의무를 다하지 않는다는 이유로 특별 세금을 부과받았다"라고 썼다.[42]

미국 건국의 아버지들이 "모든 인간은 평등하게 태어났다"고 선언한 지 수십 년이 지났는데도 여전히 대부분의 주에서 유대인에게 참정권을 부여하지 않았고, 법조계 진출도 금지했다. 조셉이 그랜드유니언 호텔에서 모욕을 당한 1877년이 되어서야 뉴햄프셔주는 유대인의 공직 진출을 막는 식민지 시대의 법률을 개정했다.[43] 유대인 행상들은 오랫동안 조롱과 폭력에 시달렸다. 볼티모어와 디트로이트 같은 도시에서 유대인 행상에 대한 공격이 너무 빈번하게 일어나자 이들은 함께 뭉쳐 스스로 자위 조직을 결성하기도 했다.[44] 19세기의 신용평가 보고서—리먼가의 초기 사업을 평가했던 보고서와 같은—를 보면 유대인 상인들이 종종 고대의 유언비어와 고정관념에 기초한 의심의 눈초리를 받았음을 알 수 있다.[45] 남북전쟁이 끝난 다음 해, 에트나Aetna를 비롯한 7개의 보험회사는 유대인과의 거래를 중단하기로 합의했다. 그들은 유대인들이 고의로 화재를 내고 보험금을 챙긴다는 터무니없는 혐의를 근거로 들었다.[46]

수세기 전부터 유대인은 경제 위기 시기마다 걸핏하면 위기의 원인으로 지목되었고, 이는 최근의 금융 위기에서도 다르지 않았다. 1873년 공황 시기, 유럽의 투자자들은 물론 파산한 미국 중서부의 농부들도 유대인을 탓했다.[47] 당시 미국 사회에서 유대인이 어떻게 인식되었는지를 보여주는 단적인 사례가 있다. 악명 높은 투기꾼인 제이 굴드는 태어나면서부터 장로교도였음에도 불구하고, 언론과 대중은 종종 그를 유대인으로 간주하거나 유대인의 특성을 가진 사람으로 묘사했다. 존 퀸시 애덤스John Quincy Adams 의 손자 헨리는 굴드를 가리켜 '복합적인complex 유대인'이라고 불렀다. 굴드의 전기 작가인 트럼불 화이트Trumbull White 도 "굴드를 잘 아는 많은 사람들이 그가 원래 유대계였음에 틀림없다고 주장하곤 했다. 그들은 굴드의 사고방식과 비범한 지능 모두가 유대인의 특성이라고 말했다"고 언급했다.⁴⁸

반유대주의는 오랫동안 미국 사회 수면 아래에서 뭉근히 끓어오르고 있었다. 경우에 따라서는 그랜트 장군이 악명 높은 일반명령 11호를 반포했을 때처럼 공공연히 터져 나오기도 했다. 하지만 반유대주의가 미국 유대인들의 삶에 심각한 장애가 되지는 않았다. 그 이유 중 하나는 미국에 유내인 자제가 많지 않있기 때문이었다. 하지만 상황이 달라지기 시작했다. 조셉이 도착했던 1840년에 미국의 유대인은 약 1만 5,000명에 불과했지만 1880년경에는 23만 명으로 급증했다. 여기에 [1881년부터] 러시아 제국 서부의 페일 유대인 정착지에서 탈출하는 유대인이 늘어나면서 이주가 가속화됐다. 1900년 무렵이 되면 한때 소수에 불과했던 미국 내 유대인의 수가 150만 명까지 늘어났다.

그랜드유니언 호텔 사건은 일종의 변곡점과 같았다. 이 사건은 조셉 셀리그먼을 통해 미국의 무한한 가능성을 보았던 유대인들을 깊은 충격에 빠뜨렸다. 그리고 자신들이 알고 있다고 믿었던 미국의 모든 것을 의심하게 만드는 계기가 되었다.

한 유대인 사업가 어거스터스 엘펠트Augustus Elfelt 는 기자에게 이렇게 말했다. "당신은 이 일이 얼마나 충격적인지 진심으로 이해할 수 있겠습니까?"

조셉 셀리그먼이었습니다. 젊은 시절 무일푼으로 시작해 차곡차곡 모든 단계를 밟아 올라 결국 사회적으로나 경제적으로나 최정상의 위치에 오른 인물 말입니다… 그는 어떤 사람 앞에서도 당당하게 자부심을 가질 자격을 갖추었고, 모든 미국인들에게 존경받을 만한 사람이었습니다. 그런데 상상해보십시오. 투숙자 명부에 서명하려던 그가 호텔의 한낱 직원에게 단지 유대인이라는 이유로 숙박을 거부당한 장면을요. 미국 정부가 여러 차례 유용하게 사용했던 그 서명이었는데 말이죠.[49]

셀리그먼-힐튼 논란의 여파로 두 가지 변화가 일어나며 그전까지 미국 사회에서 거의 언급되지 않던 어떤 진실을 드러내는 계기가 되었다. 첫째, 유대인에 대한 차별이 더 만연해졌고 사회적으로 용인되는 분위기가 형성되었다. 둘째, 미국 사회는 더욱 뚜렷하게 계층화되었다. 차별은 호텔에만 국한되지 않았다. 컨트리클럽, 대학 사교클럽, 사립학교 역시 유대인을 배제하기 시작했다.

사실 힐튼 사건 이전에도 미국의 유대인들은 프로그레스 클럽 Progress Club이나 하모니 클럽 Harmonie Club 같은 자신들만의 사교 기관을 만들었었다. 하모니 클럽의 경우, 사라토가 사건이 벌어진 그해에 창립 25주년을 맞았다. 하지만 이 사건 이후, 유대인들이 수많은 사교 및 운동 클럽, 골프장 그리고 리조트를 잇따라 만들면서 이러한 추세는 가속화되었다. 이때가 바로 작가 스티븐 버밍엄이 '우리 무리'라고 불렀던 뉴욕의 독일계 유대인 사교계의 전성기였다. 이들은 애스터 Astor 가문, 모건 가문, 밴더빌트 가문 등 최고의 맨해튼 왕조들이 포진하고 있는 뉴욕 사교계의 상대편이었다.

뉴욕의 독일계 유대인 귀족 사회는 부유하고 특권적인 만큼 배타적이고 폐쇄적이었다. 그래서 사람들은 때때로 이 상류 유대인 사회를 '도금된 게토the gilded ghetto'라고 불렀다. 특히 미국에서 태어나 과거 독일 시절의 사회 분위기와 반유대적 법률을 기억하지 못하는 젊은 유대인 세대에게는 숨 막히는 공간이었다. 그들은 계속해서 그 세계로부터 벗어나려고 점점 더 몸부림치게 되었다.

힐튼과의 충돌이 발생했던 1877년에 조셉은 자신의 경력에서 정점을 찍고 있었다. 그랜트 대통령은 그해 겨울에 두 번째 임기를 마쳤고 조셉과 제시는 델모니코스 레스토랑에서 그랜트의 환송 만찬을 열어주었다. 이후 그랜트는 가족과 함께 유럽으로 장기 여행을 떠났다. 여행 도중 그랜트는 프랑크푸르트에 들러 헨리 셀리그민을 만났고, 린딘에서는 아이작 셀리그민 가족과 함께 시간을 보냈다.[50] 그랜트가 퇴임했지만 조셉은 워싱턴 정계에 가까운 친구들을 두고 있었다. 그들 중 한 사람은 공화당 상원의원 존 셔먼(오하이오)으로, 러더퍼드 B. 헤이스 행정부에서 재무부 장관으로 임명되었다. 그는 조셉을 워싱턴으로 초대해 정부가 직면한 시급한 문제에 대해 자문을 구했다.[51]

몇 년 전, 공화당이 주도하는 연방 의회는 재무부가 지폐를 금으로 교환해주도록 하는 법률을 통과시켰고, 이는 1879년 1월에 발효될 예정이었다. 이는 남북전쟁 이전의 금본위제 체제를 복원하는 조치였다(논란이 되었던 그전의 1873년 주화법 Coinage Act of 1873은 사실상 은화를 법정통화에서 제외했다). 하지만 의회는 종종 그랬듯이 세부적인 실행 방안을 행정부에 미뤘고 법안 발효 시점은 점점 다가오

고 있었다. 그사이 노동계와 농민들은 소위 그린백당Greenback Party
이라는 포퓰리즘 정치 세력으로 결집했다. 이들은 '연성화폐soft
money', 즉 금에 고정되지 않은 지폐 발행을 주장하며 금본위제는
통화량을 줄이고(즉 디플레이션을 유발하고) 채무자 계층에 피해를 줄
것이라며 반대했다.

이 시점에서 셔먼은 조셉 셀리그먼을 포함한 금융계 유력 인사
몇 명을 불러 남북전쟁으로 발생한 채무를 어떻게 상환할지 그리
고 금본위제로 어떻게 복귀할지를 논의했다. 조셉은 유럽을 중심
으로 국채를 판매해 당시 시중에 유통되던 그린백의 약 40퍼센트
에 해당하는 1억 4,000만 달러의 금을 확보해야 한다고 제안했다.
동시에 기존의 전쟁 채무를 털어내기 위해서는 새로운 채권을 발
행해야 한다고 권고했다. 셔먼은 최종적으로 조셉의 제안을 선택
했다.

이후 2년에 걸쳐 재무부는 조셉의 제안을 실행에 옮겼다. 셀리
그먼앤컴퍼니는 시프의 쿤로브 등 여러 금융회사들과 함께 수억
달러에 달하는 미국 국채를 판매했다. 1878년 12월 18일, 남북전
쟁 발발 이후 처음으로 금과 그린백이 등가로 거래되었는데, 이는
미국의 국가 신용도가 회복되었음을 알리는 신호였다. 몇 주 후,
미국 정부는 지폐와 금의 교환을 재개했다. 이처럼 조셉 셀리그먼
은 국가의 경제적 균형을 회복하는 데 기여했고, 이 과정에서 그의
회사는 막대한 이익을 챙겼다.[52]

하지만 조셉은 직업적으로 최고의 명성을 누리던 순간에도 그랜
드유니언 사건을 잊을 수 없었다. 1879년 7월, 다시금 논란이 일었
다. 뉴햄프셔 출신의 철도 재벌로 롱아일랜드철도Long Island Rail Road
와 맨해튼비치컴퍼니Manhattan Beach Co.를 소유한 오스틴 코빈Austin

Corbin이 힐튼 판사와 마찬가지로 자신의 브루클린 리조트에 유대인 출입을 금지하겠다고 발표한 것이다. 그는 "우리는 유대인이라는 집단 자체를 좋아하지 않습니다. 그들은 우리 철도와 호텔을 주로 이용하는 고객들에게 불쾌감을 주는 존재입니다"라고 말했다. 2년 전 힐튼의 차별 행위를 강하게 비난했던 뉴욕의 유력 유대인 인사들은 이번에는 이 모욕적인 발언에 대해 침묵하는 것이 최선이라고 판단했다. 아마도 그랜드유니언의 '유대인 금지' 사건이 공론화되면서 오히려 반유대주의 정서를 키운 것 아니냐는 우려 때문이었다. 한 기자가 제시에게 코빈의 발언을 어떻게 생각하는지 묻자 그는 짧게 대답했다. "우리는 이 주제에 대해 할 말을 이미 다 했습니다."[53] 또 다른 기자가 조셉에게 묻자 그는 싱긋 웃으며 "우리 가족은 맨해튼비치에 갈 계획이 없습니다"라고 대답했다.[54]

1879년 11월, 조셉은 예순이 되었다. 이 은행가는 자신의 나이를 절감했다. 그는 이미 신장질환으로 고생 중이었고, 최근에는 심장에도 문제가 생겼다.[55] 가족들은 그에게 이제 사업 스트레스에서 벗어나 쉬라고 애원했다. 장남 데이비드와 차남 아이작 뉴턴이 회사에 합류했고 뉴욕 사무실은 제시가 잘 이끌고 있었기에 조셉이 자리를 비워도 걱정할 필요는 없었다. 한편, 대출을 무분별하게 남발하곤 해서 문제가 되었던 동생 제임스는 셀리그먼가의 대표로 뉴욕 증권거래소에서 일했기 때문에 걱정을 덜 수 있었다.[56]

조셉은 1880년 아내 및 아들 조지 워싱턴과 함께 플로리다 잭슨빌에서 겨울을 보냈다. 조지는 변호사이자 아버지처럼 〔펠릭스 애들러가 주도하던〕 윤리문화 운동의 신봉자였다. 그는 악어 사냥을 즐겼고, 가족들은 쿠바로 향하던 그랜트 전 대통령 일행과 함께 일주일 간 여행을 하기도 했다. 아들 데이비드는 형제에게 보낸 편지에 "잭슨빌의 부모님으로부터 좋은 소식을 들었다. 아버지는 완전히 다른 사람인 것 같다고 하시네. 간단해. 아버지에게는 휴식이 필요했던 거야"라고 썼다.[57]

그해 봄, 건강을 되찾은 조셉은 가족과 함께 북쪽으로 올라가면서 뉴올리언스에 잠시 들렀다. 네 딸 중 조셉이 가장 아끼는 장녀 프랜시스가 남편 시어도어 헬먼과 함께 그곳에 살고 있었기 때문이다. 시어도어는 지금은 조셉의 동생 윌리엄과 함께 파리에 파견된 그의 형 맥스에게서 셀리그먼헬먼컴퍼니를 인계받아 운영하고 있었다.[58] 하지만 단순한 가족 방문은 아니었다. 늘 그랬듯이 조셉의 머릿속에는 처리해야 할 일이 있었다. 최근 뉴올리언스 지사는 위조된 은행 어음을 판매했다는 혐의로 피소된 상태였다. 소송을 제기한 상대는 사업적으로나 개인적으로 인연이 깊은 쿤로브였다. 조셉은 이 문제를 직접 챙길 생각이었다.[59]

조셉은 1880년 4월 24일 토요일에 뉴올리언스를 떠나 뉴욕으로 갈 계획이었는데, 몸이 불편했던지 출발을 연기했다. 다음 날, 그는 점심 식사를 든든히 한 뒤 2층으로 올라가 낮잠을 청했다. 그날 오후 그는 뇌졸중으로 쓰러졌고 저녁 늦게 숨을 거두었다.[60]

며칠 동안 전국의 신문은 부고를 전하면서 바이에른에서 태어나 펜실베이니아의 마우치 청크와 앨라배마 셀마를 거쳐 뉴욕에서 금융 명문가를 이룬 그의 드라마 같은 인생 역정을 상세히 다루었다. 또한 남북전쟁 중의 그의 국가적 공헌과 금융업계에서 이룬 최근의 업적에 대해서도 언급했다. 조셉의 성공적인 인생에서 단순한 일회성 사건에 불과했던 힐튼 논란도 빠지지 않았다. 〈뉴욕 타임스〉에 따르면, 그 사건은 "대중의 기억 속에서는 여전히 어제처럼

생생한" 일화였다.[61]

에드윈 셀리그먼은 하이델베르크에서 이 비보를 들었다. 그는 그곳 대학에서 유학 중이었다. 에드윈은 아버지처럼 명석하고 언어에 재능이 있었다(그는 네덜란드어, 프랑스어, 독일어, 이탈리아어, 스페인어, 러시아어에 능통했다).[62] 또한 아버지처럼 열네 살에 대학에 입학했으며, 1879년에 컬럼비아 대학교를 차석으로 졸업했다. 조셉은 에드윈이 대학을 졸업한 후 형들과 사촌들처럼 회사에 합류하기를 바랐지만, 지적 탐구에 더 큰 뜻을 둔 아들은 아버지를 설득해서 학문을 계속할 수 있도록 허락을 받아냈다. 그는 하이델베르크 대학교에서 경제학, 철학, 법률(고대 로마법)을 공부했고, 컬럼비아 대학교에서 법학 박사학위를 취득한 뒤 같은 대학에서 정치경제학 교수로 재직하며 평생 학문의 길을 걸었다.

아버지가 세상을 떠난 다음 날, 에드윈의 동생 앨프리드는 "형에게도 충격적인 소식일 거야. 아버지가 오래 살지 못하리란 것을 알고는 있었지만, 이렇게 갑작스럽게 떠나실 거라고는 생각도 못했어"라고 편지를 보냈다.[63] 그다음 날 또 다른 동생 아이작 뉴턴('아이크'라고 불렸다)은 에드윈에게 '꿋꿋하게 이겨내자'고 하면서 다음과 같은 말을 전했다. "유대인이든 기독교도든 모든 공동체가 함께 슬퍼하고 있는 것이야말로 사람들이 아버지를 얼마나 존경했는지 보여주는 증거야. 형, 아버지는 우리에게 고귀한 이름과 흠잡을 데 없는 명예를 남겨주셨어."[64]

아이크의 편지에서는 장례를 둘러싸고 가족들 사이에 갈등이 있었다는 암시도 엿볼 수 있었다. 평소 조셉은 펠릭스 애들러가 주재하는 소박하고 간소한 세속적인 장례식을 원한다는 뜻을 분명히 했었다. 하지만 조셉을 단순히 형이 아닌 아버지 같은 존재로 여겼던 형제들은 성대하고 종교적인 장례식을 원했다. 아이크는 "이 문제 때문에 머리가 복잡해. 삼촌들은 회당에서 장례 예배를 치르고 싶어 하네"라고 썼다.⁶⁵ 결국 타협이 이루어졌다. 펠릭스 애들러는 조셉의 자택에서 설교를 하고, 이매뉴얼 회당의 구스타프 고트헤일Gustav Gottheil (새뮤얼 애들러의 후임)과 신시내티의 저명한 랍비 맥스 릴리엔설Max Lilienthal은 묘지에서 장례식을 집전하기로 했다. 맥스 릴리엔설의 아들은 조셉의 딸 이사벨라와 결혼했다.

1880년 5월 3일 일요일 아침, 조셉의 시신은 철제 관에 안치되었고 여섯 개의 촛불이 주변을 밝혔다. 그 옆에는 가족들과 함께 '보스' 트위드의 재판을 담당했던 뉴욕 대법원 판사 노아 데이비스Noah Davis, J. P. 모건의 파트너 앤서니 드렉셀, 남북전쟁 중에 큰 도움을 주었던 조셉의 오랜 친구 헨리 기터먼 등이 있었다.⁶⁶

조셉의 갈색 사암 저택 응접실에는 전국의 저명인사들이 가득했다. 그중에는 금융가 사이러스 필드, 전직 독일 총영사 프레더릭 쿠네Frederick Kuhne, 뉴욕시 소방청장과 경찰청장 등이 있었고, 맨해튼의 모든 은행장이란 은행장은 다 온 것 같았다.

오전 10시, 펠릭스 애들러가 관의 머리맡에 서서 친구이자 후원자였던 조셉을 추모했다. "그는 적어도 지금 현재로서는 다수의 무지한 사람들은 아직 아니겠으나 몇 안되는 지성인들 사이에서는, 인종 차별은 완전히 없어지고 종교적 차이에 기반한 반목은 사라질 날이 곧 다가올 것이라고 믿었던 사람 중 한 명이었습니다. 그리고 곧 인류에게 환희에 찬 아침이 밝아올 것이라고 믿었습니다." 그는 이어 엄숙하게 말했다. "그는 자신이 유대인이라는 것을 부끄러워하지 않았습니다. 그의 혈통이 때때로 조롱과 모욕이 대상이 될 때에도 그는 더욱 그것을 자랑스럽게 여겼습니다. 그는 많은 시련을 겪고 오랫동안 혹독한 박해를 받아온 자신의 민족적 뿌리를 자랑스러워했습니다." 그리고 다음과 같은 말을 덧붙였다. "조셉은 유대인을 되살려냈습니다. 왜냐하면 그의 연대 의식은 유대인을 넘어선 곳까지 미쳤기 때문입니다. 그의 애국심은 단순히 민족적인 차원을 넘어선 더 높은 차원의 것이었기 때문입니다."[67]

조셉의 관은 130대가 넘는 마차 행렬과 함께 운구되었다. 장지는 세일럼 필즈로, 그는 이곳에 궁궐 같은 묘소를 만들어놓았었다. 숲이 우거진 언덕 끝에 위치한 그의 묘소는 꼭대기에 돔이 얹혀진 회색 화강암의 육각형 건물이었다. 한 쌍의 청동문을 지나면 이탈리아산 대리석으로 꾸며진 묘실이 나오고, 문 맞은편 벽에는 런던에서 제작한 스테인드글라스 창문이 있었다. 그 창에는 죽음의 족쇄를 벗어던지는 천사의 모습이 묘사되어 있었다.[68]

"조셉 셀리그먼은 의심의 여지 없이 이 도시에서 가장 유명한 유대인이었습니다"라고 '한 유명한 유대인 인사'가 〈뉴욕 트리뷴〉과의 인터뷰에서 말했다. "그는 유대인을 향한 온갖 편견의 공격에 정면으로 맞선 사람이었지요. 이 도시에서 그는 어떤 누구보다도 유대인을 위해 많은 일을 했습니다. 그의 죽음으로 생긴 빈자리는 무엇으로도 채워지지 못할 것입니다. 그와 같은 리더십을 발휘할 수 있는 사람을 저는 아직 알지 못합니다."[69]

하지만 조셉이 남긴 빈자리는 그리 오래가지 않았다.

미국의 몬테피오레

조셉 셀리그먼은 다양한 영역에서 큰 영향력을 가진 인물이었다. 그의 사업적 명성은 그의 정치적, 시민적 영향력을 강화했고, 종교적 배경은 자연스럽게 그를 작지만 커져가는 미국 내 유대인 공동체의 대변자로 만들었다. 금융계와 유대인 사회에서 존경받는 사람이라 할지라도 그에 비견될 만한 무게감을 가진 사람은 당대에는 아무도 없었다.

리먼가는 금융 사업을 성공적으로 일구었고 유대인 공동체를 위해 시간과 돈을 아낌없이 사용했지만, 조셉처럼 정치적, 사회적 영향력을 갖추지는 못했다. 또한 남부연합을 지지한 과거 때문에 1860년대 후반부터 1880년대 중반까지 네 번 연속 집권한 공화당 정부와 손잡기는 쉽지 않았다. 마커스 골드만은 성공한 어음 중개업자였지만 특별히 두각을 나타낸 인물은 아니었다. 그의 주요 고객인 다운타운 상인들과의 거래만으로는 조셉이 가졌던 고위층 인맥으로 이어질 수 없었다. 솔로몬 로브는 자신의 이름을 붙인 투자은행에서조차 자신이 가장 주목받는 인물이 아님을 빠르게 깨닫고 있는 중이었다.

사교적이고 인맥도 넓었던 조셉의 동생 제시는 뉴욕의 기업가들 사이에서 조셉의 지위에 견줄 만한 위상을 가지고 있었다. 하지만 그 역시 쉰세 살로 경력의 막바지에 접어들고 있었다. 월스트리트의 권력자이자 유대인 지도자로서 조셉의 역할은 다음 세대의 인물에게로 넘어갔다. 그 역할을 맡고자 누구보다도 열망했던 사람, 바로 제이컵 시프였다. 조셉이 세상을 떠났을 때 서른세 살이던 시프는 조셉의 커다란 발자취를 자연스럽게 이어받아 나가기 시작했다. 그가 유대인 사회의 지도자로서 걸어간 궤적도 조셉과 유사했다. 1881년, 뉴욕 시장 윌리엄 러셀 그레이스William Russell Grace는 시프를 뉴욕시 교육위원회에 임명했다. 이 자리는 조셉이 세상을 떠나기 수년 전까지 맡았던 자리였디(시프는 특유의 대담함으로 이 직책에 임했다. 임명된 다음 해에 그는 뉴욕을 들썩이게 만든 논란 많은 결의안을 통과시키는 데 성공했다. 그 결의안은 '유색인종 학교'를 폐지하여 공립학교 시스템을 실질적으로 통합시키는 내용이었다).[1]

시프는 태머니홀에 맞선 투쟁에서도 조셉의 역할을 이어받았다. '보스' 트위드는 1878년에 러들로Ludlow 가의 감옥에서 생을 마감했지만, 그가 만든 연줄과 인사 특혜의 폐해는 여전했다. 1882년 선거를 앞두고 시프는 뉴욕의 유력 인사들의 초당적 모임인 50인 위원회Committee of Fifty에 합류했다. 〈뉴욕 타임스〉의 말을 빌리면, 이들은 "오랫동안 정치적 기생충들이 망쳐놓은 '지방정부를 완전히 정화하고 구원'하려는 시민운동"을 이끄는 사람들이었다(태머니홀 세력은 이때도 여전히 강고했고, 쉽게 무너지지 않았다).[2]

오늘날의 뉴욕 지하철 체계가 만들어지는 데에도 시프는 조셉

못지않은 중요한 역할을 했다. 조셉은 뉴욕시 고속교통위원회Rapid Transit Committee 위원장을 맡아 당초 민간기업이 건설하기로 되어 있던 고가철로 노선을 계획하고 설계하는 일을 이끌었다. 조셉의 사망 후, 시프는 위원회에 출석하여 뉴욕의 대중교통 인프라가 '투기장이 되지 않게 하려면' 시가 주도하여 교통 체계를 직접 구축해야 한다고 주장했다.³ 또한 그는 고가철로를 추가적으로 건설해서는 안 된다며 지하에 만들어야 할 필요성을 제기했다. 한번은 시 당국이 로어이스트사이드 중심부를 관통하는 고가철도를 검토하자 시프가 강력하게 반대한 일이 있었다. 그는 델런시Delancey가의 빈민가 주민들은 이미 공기와 햇빛이 부족한 환경에서 살고 있는데 핍스 애비뉴 같은 부자 동네는 놔두고 이들 머리 위로 또다시 구조물을 만드는 것은 부당하다고 주장했다.⁴

시프는 조셉과 유사한 금융계 인맥을 갖추고 활동했다. 그는 쿤로브가 셀리그먼이 주도하는 채권 인수단에 참여할 수 있도록 여러 사람을 만났다. 두 사람은 일부 철도 사업에 함께 투자하기도 했다. 1881년에 시프는 뉴욕이리호웨스턴철도New York, Lake Erie, and Western Railway의 이사로 선임되었는데, 이 회사는 과거 (제이 굴드와 그 일당이 이 회사를 이용하여 크게 한탕 치던 시절에) '월가의 주홍 여인Scarlet Woman of Wall Street'으로 불렸던 이리철도를 재건한 것이었다.

자선 활동에 있어서도 시프는 조셉이 후원하던 히브리고아원과 윤리문화 운동의 일부 프로그램에 기부했다. 하지만 그는 동시에 조직적인 종교를 거부하는 윤리문화 운동의 입장에 크게 실망한 이매뉴얼 회당의 신도들 중 하나였다. 그는 이 운동으로 더 많은 유대인이 신앙에서 멀어지게 된다며 강한 우려를 표했다.

부유한 유대인 자선가들의 모임은 소규모였지만, 당시 유대인이면서 부자라는 점에서 그들은 점점 커져가는 유대인 공동체를 도와야 한다는 사회적 압박감을 갖고 있었다. 주요 유대인 자선단체의 이사회에는 골드만, 구겐하임(솔로몬 구겐하임은 은광업으로 막대한 부를 축적한 뒤 1920년대부터 현대 미술에 심취하였고, 그가 만든 재단이 1959년 뉴욕 구겐하임 미술관을 개관하였다_옮긴이), 리먼, 로브, 셀리그먼, 스트라우스 같은 익숙한 이름들이 자주 등장했다. 그리고 점차 이들 단체의 공식 서식지letterhead에 제이컵 시프의 이름도 등장하기 시작했다.

조셉이 세상을 떠나기 1년 전, 시프는 마운트 시나이 병원 이사회에 합류했다. 이는 뉴욕 유대인 공동체에서의 그의 지위를 보여주는 일이었다. 수년 동안 이 병원의 이사직은 뉴욕 유대인 상류층 가문 인사들이 주로 맡아왔다. 대표적으로 네이선과 핸드릭스 가문—힐튼 판사가 '유대인'이 아닌 '히브리인'으로 인정한 세파르디계—그리고 셀리그먼 집안사람들이었다. 1852년 병원이 설립된 직후부터 조셉은 7년간 병원 이사회에서 활동했고, 동생 윌리엄이 뒤이어 5년간 이사직을 맡았다.[5]

시프가 병원 이사로 활동하던 시기에 함께 이사회에 있던 인물 중에는 제임스 셀리그먼의 장남 드윗도 있었다. 전 뉴욕 주지사 드윗 클린턴DeWitt Clinton의 이름을 딴 드윗은 컬럼비아 대학교에서 법학 학위를 받았으며, 가문의 금융 사업에 합류하기 전에는 문학적 야망을 추구하기도 했다. 그는 주로 극적인 반전으로 끝나는 연극 대본을 여러 편 썼지만, 한 번도 무대에 올려진 적은 없었다. 또한 수년간 〈에포크The Epoch〉라는 주간지를 발행하기도 했다.[6] 시프는 또 다른 이사였던 메이어 리먼과도 함께 일했다. 메이어는 이사로 있던 20년 동안 일요일 아침의 이사회에 거의 빠지지 않고 참석했다. 종종 그는 어린 아들들―어빙, 아서, 막내 허버트― 중 하나를 데리고 병동을 돌면서 환자들을 살펴보곤 했다.[7]

사업에서든 자선 활동에서든 시프는 매우 단호하고 위압적인 사람이었다. 다른 이사들이 이사회 직책을 명예직이나 자리보전용으로 여긴 데 비해, 시프는 철도 사업이건 복지기관 문제이건 언제나 특유의 진지함을 가지고 임했다. 후일 뉴욕주 대법원 판사가 된 어빙 리먼은 다양한 자선 활동을 함께 했던 시프를 이렇게 회고했다. "세부 사항과 정책 이슈들은 때로 타협했지만, 원칙 문제에 있어서만은 타협을 부정직한 것으로 간주하고 용납하지 않았다."[8] 시프의 행동은 자신만의 철저한 윤리 규정에서 비롯되었고, 그의 모든 판단은 '흑백'으로 나뉘었다.

어느 날, 마운트 시나이 병원 이사회 회의 중 시프는 뜻밖의 사실을 알게 되었다. 동료 이사인 45세의 커피 상인 모지스 하나우어 Moses Hanauer 가 투기로 인해 파산을 선언했다는 것이었다. 자신의 투자도 제대로 관리하지 못하는 사람이 어떻게 자선기관의 책임을 맡겠다고 하는지 시프는 이해할 수 없었다. 그는 그런 사람과는 같은 이사회에서 일할 수 없다고 고집했다. 결국 파산한 하나우어와 시프가 함께 이사회에서 사임했다.[9]

파산으로 모든 것을 잃고 실의에 빠진 하나우어는 허드슨강 한참 북쪽의 포트워싱턴포인트 Fort Washington Point 로 향했다. 훗날 조지 워싱턴 브리지가 세워질 곳이었다. 그는 자신의 오른쪽 관자놀이에 총구를 겨누고 방아쇠를 당겼다.[10] 시프는 이 소식에 큰 충격을 받았다. 혹시 자신이 심약한 그를 극단적 선택으로 몰았을지도 모른다는 죄책감에 사로잡혔다. 시프는 하나우어의 16세 아들 제롬 Jerome 을 찾아갔다. 이제 제롬 혼자서 가족의 생계를 짊어져야 하는 상황이었다. 시프는 이 10대 소년을 쿤로브에 사무보조원으로 취직시키고 투자은행가가 되도록 훈련시켰다. 수십 년이 흐른 1912년, 제롬은 회사 내 거의 모든 직책을 두루 거친 끝에 파트너로 승진했다. 회사의 창립자 가문(쿤 혹은 로브)과 혈연이나 결혼으로 연결되지 않은 인물로는 처음 있는 일이었다.

제롬이 시프와 함께 일하던 수십 년 동안, 자신의 멘토와 아버지의 관계를 알았는지는 확실하지 않다. 시프의 손녀 도로시Dorothy는 이 어두운 이야기를 약 50년이 지나서야 알게 되었다. 어느 날 마운트 시나이 병원 이사직을 제안받은 도로시는 병원에서 오래 일한 한 의사에게 "왜 우리 집안사람들은 이사회에 하나도 없었던 거죠?"라고 물었다. 그때 그 의사가 하나우어의 자살 이야기를 들려주었다.[11]

1884년, 뉴욕의 유대인 공동체는 모지스 몬테피오레Moses Montefiore 경 탄생 100주년 기념 축하행사를 준비하고 있었다. 그는 영국의 금융가이자 세계적인 유대인 지도자로, 당시 유대인 사회에서는 가장 명망 높은 인물이었다. 전 세계 유대인들은 그의 100세 생일을 하나의 기념일처럼 여기며 각국의 유대인 공동체가 경축 행사를 가졌다. 2월 4일, 시프는 이 자칭 '유대인 대사'에게 걸맞은 헌사를 준비하기 위해 뉴욕 유대인 공동체 및 자선단체 지도자들과 만났다. 장소는 1654년에 세워진 뉴욕 최초의 세파르디 회당 세에리트 이스라엘Shearith Israel의 제의실祭衣室이었다.[12]

몬테피오레는 사업에서 은퇴한 뒤 자신의 영향력과 재산을 전 세계 유대인의 권리를 보호하는 데에 헌신했다. 어떠한 박해나 위기 상황에도 관심을 기울이며, 그는 유대인의 고통을 덜기 위한 수

많은 과감한 사명을 수행했다. 그 대표적인 사례가 1840년의 '다마스쿠스 사건Damascus Affair' 혹은 '다마스쿠스 피의 비방 사건Damascus Blood Libel'이다. 이는 유대인이 피를 종교의식에 사용하기 위해 기독교인, 특히 어린아이를 희생시켰다는 거짓 주장으로부터 시작된 국제적 반유대 선동 사건이었다. 이러한 혐의는 오랫동안 유대인을 박해하고 처형하는 근거로 사용되었다. 당시에도 오스만 제국 당국은 한 유대인 이발사를 고문해 허위 자백을 받아낸 뒤, 프란체스코회 수도사를 인신 공양하기 위해 살해했다는 혐의로 시리아 유대인 단체를 기소했다. 이에 몬테피오레는 직접 중동으로 사절단을 이끌고 가 혹독한 고문과 수감 생활에서 살아남은 9명의 유대인을 석방시키는 데 성공했다.

그 후 수년간 몬테피오레는 모로코, 루마니아, 러시아 등지에서 박해받는 유대인을 대신해 중재에 나섰다. 1858년에는 교황청이 강제로 데려간 유대인 소년 모르타라를 가족에게 되돌려달라고 바티칸에 로비를 했지만 성공하지 못했다. 그는 가장 명망 있는 유대인 외교가였을 뿐만 아니라, 국제적인 구호 활동을 조직하며 전 세계 유대인 공동체를 하나의 공동 목적 아래 결집시킨 최초의 인물이었다.

어떻게 몬테피오레 경의 평생의 공적을 기릴 수 있을까? 셰에리트 이스라엘 회의에서 시프가 발언에 나섰다. "우리 도시에는 사회적으로 매우 열악한 처지의 유대인들이 존재합니다. 그들의 상황은 동유럽, 아프리카, 아시아의 유대인들과 별반 다르지 않습니다." 이어서 그는 '몬테피오레 공동주택'이라는 이름의 새로운 개량 다세대 주택 구역을 조성하자고 제안했다.[13] 참석자들은 다양한 다른 제안들도 논의했는데, 시프와 그의 동료들은 결국 시급하게 필요한 한 기관을 만들자는 데에 의견을 모았다. 바로 결핵, 암, 매독, 소아마비, 우울증 등 만성적이고 불치성 질환을 앓는 환자들을 장기적으로 돌보아줄 병원을 세우는 것이었다. 시프는 이 아이디어를 제안하고 추진한 공로를 메이어 리먼에게 돌렸다. "메이어 리먼은 불치병 환자를 위한 요양소나 병원의 필요성을 가장 먼저 주장했으며, 이 숭고한 이상이 이루어질 때까지 결코 멈추지 않았습니다"라고 추켜세웠다.[14]

이렇게 해서 몬테피오레 만성질환자요양원 The Montefiore Home for Chronic Invalids (후에 몬테피오레 병원)이 몬테피오레의 100번째 생일인 1884년 10월 24일에 맞추어 개원했다. 이스트 84번가와 애비뉴 에이 Avenue A (현재의 요크 애비뉴)의 월세 35달러짜리 목조가옥에 들어선 이 시설은 의사 한 명을 두고 26개의 병상을 갖추었다.[15] 처음 개원하던 날에는 다섯 명의 환자를 받았다.[16] 메이어 리먼의 큰아들 시그먼드가 창립 이사 중 한 명으로 참여했지만, 이 기관과 가장 깊이 연관된 사람은 세상을 떠나기 전해까지 약 35년 동안 병원의 이사장을 맡았던 시프였다.

병원은 초기에는 유대인 환자만 받았지만, 몇 년 후부터는 종교에 관계없이 모든 사람들에게 개방했다. 시프는 이 병원이 '유대인의 자선 정신을 기리는 살아 있는 기념비'라고 표현했다.[17]

시프가 일구어낸 수많은 기관들 중에서도 몬테피오레 병원은 최초이자 가장 소중한 존재였다. 시프가 "그곳을 내 자식처럼 키웠다"고 말한 적이 있을 정도였다.[18] 그의 후원과 리더십 아래 병원은 꾸준히 성장하여 1920년대 초에는 800명의 환자를 수용할 수 있을 정도로 규모가 커졌다.

시프는 회사나 가정에서와 마찬가지로 몬테피오레 병원을 운영할 때에도 강한 권위주의적 기질을 드러냈다. 한번은 이사회 회의 중 한 이사가 시프의 일방적인 태도를 지적하자, 그는 사과하는 대신 이렇게 대답했다. "제가 몬테피오레 병원을 일방적으로 운영한다는 말씀은 처음 듣는 이야기입니다만, 이 기관의 품위와 명예만큼은 어떤 타협도 없이 철저히 지켜야 한다고 생각합니다."[19]

공적 인물로 자주 언급되던 사람 치고는 시프는 다소 예민한 성격이었고, 자신이 직접 농담을 한다면 모를까 다른 사람의 농담에 웃는 일은 거의 없었다. 한 번은 이사회의 한 이사가 기금 모금을 위한 새로운 방법을 제안하자 시프는 일방적인 자신의 성격을 능청스레 풍자하는 이야기를 들려주었다. 어느 날 한 거지가 로스차일드 일가의 사람에게 2마르크만 달라고 하자 이 부유한 은행가는 "세상에, 로스차일드에게 고작 2마르크를 달라는 거예요?"라고 말했다. 그러자 화가 난 거지는 "당신이 내 사업(구걸)을 가르치려 드는 건가요?"라고 쏘아붙였다는 이야기였다.[20]

특히 초창기에는 시프가 병원 운영에 깊숙이 관여했다. 식사에 대한 불만을 조사하고 난방용 석탄이 제대로 공급되었는지도 꼼꼼히 챙겼다. 그는 정기적으로 병원(1889년 병원은 웨스트할렘의 더 넓은 곳으로 옮겼으며, 1913년에 브롱크스의 현재 위치로 이전했다)을 시찰했는데, 긴장한 직원들이 그를 수행하겠다고 할 때마다 늘 거절했다. 또한 그는 병원에 입원하려는 모든 사람들의 신청서를 직접 검토하고, 자신의 판단 근거를 상세한 메모로 남겼다. "만약 그가 정당하다고 느꼈다면 어떤 것도 그의 결정을 바꿀 수 없었다"고 병원의 한 이사가 회상했다. 특정 지원자를 위해 누군가가 청탁을 하는 경우에도 흔들리지 않았다. 그는 "우리는 자신을 대변해줄 사람이 아무도 없는 가난한 환자를 외면해서는 안 됩니다"라고 말했다고 한다. 실

제로 그는 연줄 없는 환자들에게 더 우호적인 경향이 있었다.[21]

마운트 시나이 병원 이사회처럼 몬테피오레의 이사회는 6월과 7월을 제외하고는 일요일 아침에 열렸다. 다만 6월과 7월에는 쿤 로브의 시내 사무실에서 목요일마다 회의를 열었다. 이 일정은 시프를 고려한 것이었는데, 그 기간에는 시프가 시브라이트 럼슨 로드Rumson Road에 솔로몬 로브와 공동 소유한 20만 제곱미터 규모의 농장 테라스The Terrace에서 지내기 때문이었다. 이 뉴저지 해안 지역과 엘버론Elberon, 롱브랜치, 럼슨 등 주변 마을은 골드만, 리먼, 셀리그먼을 비롯한 맨해튼의 부유한 독일계 유대인 가족들의 여름 휴양지로 인기를 끌었다. 길게 뻗어 있는 이 바람 많은 해변 지역은 [당시에 유명한 해변 휴양지였던 로드아일랜드의 뉴포트를 빗대] '유대인의 뉴포트'라는 명성을 얻었다. 하지만 이런 변화는 셀리그먼-힐튼 논란 이후 일부 사람들의 반유대 감정을 자극하기도 했다. 예킨대 1887년 〈뉴욕 타임스〉에 실린 '다이아몬드와 저속함'이라는 기사에서는 롱브랜치에 오래 살았다는 주민이 이렇게 한탄했다. "새로운 예루살렘New Jerusalem이 롱브랜치에 본거지를 마련했다."[22]

럼슨 로드—시프의 자녀들은 그냥 더로드the Road라고 불렀다—에 머무는 여름 동안 시프는 평일마다 페리를 타고 월스트리트로 통근했다. 한 시간가량 걸리는 이 배의 전용 선실에서 그는 서신을 확인하거나 사람들을 불러 모아 대화를 나누곤 했다.[23] 그가 일과를 마치고 돌아올 때면, 아이들—나중에는 손자, 손녀들—이 하얀 장갑에 모자까지 완벽하게 갖추어 입은 선원 복장을 하고 하선하는 가장을 맞이하는 것이 집안의 전통이었다.[24]

일요일 아침마다 시프는 종종 걸어서 몬테피오레 병원을 방문했다. 그는 병원 이사로 영입한 절친한 친구 새뮤얼 삭스와 항상 함께 갔다.²⁵ 시프와 마찬가지로 삭스 역시 급성장 중인 투자은행 왕조와 결혼했으며 후에 마커스 골드만의 회사 파트너가 되었다. 그의 아내는 루이자 골드만으로 마커스와 버사 골드만 부부의 세 딸 중 막내였다. 이 부부는 시프의 집에서 네 블록 떨어진 이스트 70번가 44번지에서 살았다.²⁶

삭스와 골드만 가문의 관계는 고국에 살던 시절로 거슬러 올라간다. 그곳에서 마커스 골드만과 새뮤얼의 아버지 조셉 삭스는 뷔르츠부르크의 회당에서 종교 교육을 받았다.²⁷ 안장 제조자의 아들이었던 조셉은 랍비이자 가정교사였는데, 부유한 금세공사의 딸인 그의 학생 소피아 바에르Sophia Baer 와 사랑에 빠졌다. 눈이 맞은 두 사람은 탐탁잖아 하는 소피아의 아버지를 피해 1847년 로테르담으로 도망갔고 그 후 미국으로 건너왔다. 볼티모어에 정착한 그들은 1851년 아들 샘을 얻었다. 마커스 골드만과 조셉 삭스의 증손녀 앤 삭스Ann Sachs에 따르면 골드만과 삭스 가족은 샘이 마커스의 파트너가 되기 약 30년 전 동업을 할 뻔했다고 한다. 1850년대 말 삭스 가족이 필라델피아의 골드만 가족을 방문했을 때, 마커스가 양복 사업을 같이 하자고 제안했지만 자신의 꿈인 교육사업을 하려던 조셉이 거절했다고 한다.²⁸

〈볼티모어 선The Baltimore Sun〉에 실린 광고를 보면 조셉은 볼티모어에 '영어, 히브리어, 독일어, 수학 교육기관'을 설립하려 했다는 것을 알 수 있다.²⁹ 하지만 그의 계획은 첫발도 떼지 못했다. 1850년대 중반, 조셉은 가족과 함께 보스턴으로 이사해 오하베이 샬롬Ohabei Shalom 교회당의 성가대 선창자 자리를 맡았다. 1861년

남북전쟁이 일어나자 삭스 가족은 다시 이사했는데, 이번에는 뉴욕이었다.[30]

1864년 조셉은 34번가에 커다란 갈색 사암으로 지은 집을 매입했다. 이곳은 훗날 스트라우스 형제(네이선Nathan 과 이시도르 스트라우스Isidor Straus)가 메이시스 백화점 체인의 플래그십 지점을 열게 되는 곳 건너편이었다. 조셉은 여기에서 소년들을 위한 기숙사와 주간 학교를 운영했고, 가족들도 여기서 함께 살았다. 그는 마침내 자신이 세운 학교의 교장이 되었다. 하지만 건강이 악화되자 1867년 삭스 가족은 독일로 되돌아갔다. 그들은 뉴욕으로 다시 돌아올 때까지 2년간 독일에 머물 작정이었다.[31] 건강이 계속 나빠지던 조셉은 유명한 온천 마을 바트 키싱겐Bad Kissingen 을 방문하던 중에 급작스레 사망했다.[32] 소피아 삭스도 몇 년 후 사망했다.

조셉이 죽기 전에 샘은 이미 뉴욕으로 돌아와 있었다. 샘의 동생 버나드는 "형은 사업이 자기 운명이라고 느꼈고 자신의 생계는 자신이 책임지고 자립하고 싶어 했다"라고 회고록에 썼다.[33] 샘은 회계사로 일했으며 나중에는 작은 잡화점을 시작했다. 교육과 지적인 성취를 높이 평가하는 집안에서 사업을 위해 학업을 포기하겠다는 샘의 결정은 가족에게 반항하는 것과 다를 바 없었다. 하지만 그가 자수성가한 덕분에 양친이 모두 돌아가시고 난 후 가족이 빚지지 않고 살 수 있었다. 비록 둘째였지만 자신감이 충만하고 강한 성격의 샘은 가족 문제를 해결하고 고아가 된 형제자매들이 학업을 이어갈 수 있도록 가장 역할을 자처했다.

바니Barney 라고 불렸던 버나드는 아버지가 세상을 떠났을 때 열한 살이었다. 그는 하버드 의과대학에 진학하여 신경학의 선구자가 되었으며 아슈케나지 유대인에게 유독 자주 발생하는 유전 질환인 테이-삭스병Tay-Sachs을 공동 발견하게 된다. 한때 미국 신경학회 회장을 역임했던 바니는 몬테피오레 병원에 자문을 했으며 한동안 몬테피오레 의료위원회 위원장을 지냈다(그는 탁월한 의사였을 뿐 아니라 프리다 시프의 어린 시절 주치의였다).[34]

샘이 실용적인 것만큼이나 이론적이었던 큰형 줄리어스는 컬럼비아에서 대학원을 마친 후 독일 북부의 로스토크 대학교University of Rostock에서 박사학위를 받았다. 선친처럼 교육자였던 줄리어스는 웨스트 59번가 38번지에 닥터삭스칼리지인스티튜트Dr. Sachs' Collegiate Institute를 세워 선친의 미완의 유업을 완성했다. 이 학교는 독일계 유대인 엘리트가 선택하는 명문 사립 고등학교가 되었고, 뉴욕의 골드만, 리먼, 삭스, 시프 가족의 자손들이 이 학교를 다녔다. 형들과 함께 삭스칼리지를 다녔던 줄리어스의 조카 월터는 "삼촌은 세상에서 가장 친절한 사람이었지만, 대부분의 삭스가 사람들이 그랬듯이 그 역시 가끔 성질을 내고 호되게 야단치기도 했다"고 회고했다. 월터의 형인 폴의 반 친구였던 허버트 리먼은 줄리어스가 "성마르고 예리했으며" "모두가 무서워한" 무시무시한 교장 선생님이었다고 기억했다.[35]

1874년에 줄리어스는 마커스와 버사의 생기발랄한 큰 딸 로사와 결혼함으로써 골드만 집안과 인척 관계를 맺은 최초의 삭스 가문 사람이 되었다. 로사는 대가족을 위한 역할을 즐겼던 재능 있는 여배우였다.[36] 1877년 줄리어스의 동생 샘과 로사의 동생 루이자의 결혼으로 골드만-삭스 가문의 유대는 더욱 두터워졌다.

샘과 시프의 우정은 샘이 결혼하기 이전으로 거슬러 올라간다. 두 사람은 버지시프가 해체되기 전인 1870년대 초 뉴욕에서 각자의 입지를 다지기 위해 애쓰던 시절에 처음 만났다. 그 당시부터 이미 샘은 시프의 자선 본능에 깊은 인상을 받았다. "동족의 처지를 개선하려는 시프의 적극적인 마음과 강렬한 에너지는 그때 이미 분명했다"고 샘은 회상했다. 그리고 "시프를 알고 지내는 내내, 특히 매주 일요일 아침 병원까지 함께 걸어갈 때마다 나는 그로부터 자선을 베푸는 너그러운 시민이라는 인상을 받지 않은 적이 없었다. 그는 단지 병자를 돌보는 데 그치지 않고, 동포들의 고등교육과 전 세계의 가난한 사람들의 처지를 개선하는 일에도 관심을 쏟았다."[37]

시프에게서 몬테피오레 병원 이사장직을 이어받은 로젠바움 S.G. Rosenbaum 은 이렇게 말했다. "내가 만난 사람들 중에서 '노블리스 오블리제'의 원칙을 이토록 철저히 실천한 사람은 없었다.[38]

시프는 특권층의 지위에는 덜 가진 사람들을 돌볼 책임이 따른다고 굳게 믿었다. 그는 "우리가 가진 넘치는 부는 어느 정도는 동료 인간들의 것이며, 우리는 그 재산의 임시 보호자일 뿐이다"라고 말한 적도 있었다. 그는 평생 부를 모으기만 하다가 죽은 뒤에야 기부하는 부자들을 경멸했고, 단지 기부에 그치지 않고 직접 참여하고 감독하는 능동적인 자선 활동을 강조했다. "자선과 박애가 효과적이기 위해서는 사람들이 나서서 감독해야 한다… 머리보다 마음이 더 쉽게 움직이기에 세상에 자선은 넘치지만, 그것을 집행해야 하는 자선 활동은 부족하다."[39] 그는 단지 기부만이 아니라 직접 자선단체의 방향을 잡고 조직을 이끌어가야 한다고 느꼈다. 시프와 긴밀하게 일했던 사회사업가 모리스 월드먼 Morris Waldman 은 "시프는 결코 자신이 리더라고 주장한 적이 없습니다. 그저 자연스럽게 리더십을 발휘하는 사람이었죠"라고 회고했다.[40]

프랑크푸르트에서 성장한 시프는 유대 공동체 내에 깊이 뿌리내린 자선의 전통에 익숙했고, 시프의 가문 역시 오랜 세월 지역에서 자선의 중심 역할을 해왔다. 이런 배경이 그의 자선에 대한 신념 형성에 영향을 미친 것이 분명했다. 하지만 그의 자선 활동의 강도는 도덕적 의무감만으로는 설명되지 않는다. 시프는 자신의 자선 활동을 유대인의 *체데카*tzedekah 개념으로 해석했다. 체데카는 보통 '자선charity'—시프는 이 말을 싫어했다—으로 번역되지만, '정의' 혹은 '공정'에 가까운 개념이었다. 즉 보통의 자선처럼 자발적인 선택이 아니라, 가난하고 어려운 이들을 돕는 것은 종교적 의무라는 인식이었다.

시프는 수입에서 십일조를 내는 전통적인 유대 관습을 철저히 따랐고, 자녀들에게도 프레시에어 기금Fresh Air Fund과 같은 자선단체에 용돈의 일부를 기부하게 했다. 매년 1월 1일, 쿤로브의 결산이 마무리되면 자신의 수입 중 10분의 1을 별도 계좌에 넣어두고 연중 계속 채워나갔다.[41] 이 자선용 계좌는 시프가 이끈 쿤로브가 철도금융 분야의 노련한 투자자로 명성을 얻으며 거둔 이익이 늘어감에 따라 덩달아 커져갔다.

시프는 금융가로서의 위상이 높아지는 와중에도 자선 활동에 많은 시간을 썼고, 심지어 그 일을 더 우선시하는 듯 보였다. 몬테피오레 병원 이사회의 한 인사는 다음과 같은 일화를 회상했다. 하루는 이사회가 쿤로브 사무실에서 입원 신청자들의 사례를 검토 중이었는데, 한 직원이 들어와 '어떤 고객이 면담을 원한다'는 메모를 시프에게 전하자 그가 이렇게 말했다고 한다. "그분께 지금은 아주 중요한 회의 중이라 20분 뒤에나 만날 수 있다고 전해주세요." 그러고는 모든 신청서를 검토한 뒤에야 회의실을 나와 그 고객을 맞았다. 그 사람은 평범한 고객이 아니었다. 당시 쿤로브의 가장 중

요한 고객 중 하나인 펜실베이니아철도의 사장이었다.⁴²

　시프의 금융가로서의 뛰어난 실력 때문에 오스틴 코빈이 수장으로 있는 레딩철도Reading Railroad도 계속해서 쿤로브를 자기 사업에 끌어들이려고 했다. 코빈은 과거 자신의 브루클린 리조트에 유대인을 받지 않겠다고 공공연히 밝힌 인물이었다. 시프는 그와 손잡으면 큰 수익을 거둘 수 있다는 것을 알았지만 거절했다. "우리가 자존심이 있지, 그 사람이 아무리 유능하다 해도 그런 사람과는 거래할 수 없네"라고 동료 사업가에게 말했다. "만약 내가 말과 다른 행동을 한다면 나 자신과 아이들 앞에서 얼굴을 들 수 없게 된다"고도 했다. 코빈은 자신의 반유대적 발언이 초래한 비판 여론을 의식했는지 1886년, 뉴욕 유대인 사회와 시프의 환심을 사기 위해 몬테피오레 병원에 1만 달러 수표를 기부했다. 시프는 이번에도 단호히 거절했다. 다만 병원이 그 돈을 놓치게 하지는 않았는데, 코빈의 수표 대신 동일한 금액을 자신이 기부했다.⁴³

　모지스 몬테피오레는 1885년 101번째 생일을 얼마 앞두고 세상을 떠났다. 여러 면에서 시프가 이어받은 유산은 조셉 셀리그먼보다 몬테피오레의 것에 가까웠다. [런던에서 발행되는 주간지] 〈유대인 세계The Jewish World〉는 시프를 '미국의 몬테피오레'라고 불렀는데, 이는 그가 도움을 요청받을 때마다 품위 있고 넉넉하게 아낌없이 대응했기 때문에 붙여진 별명이었다.⁴⁴ 1883년에 시프를 만나 오래 함께 자선 활동을 했던 조지프 버튼위저Joseph Buttenwieser 역시 시프를 이 영국 자선가와 비교하며 "몬테피오레 이래로 대서양 양쪽 어디에서도 그처럼 용감하고 성공적으로 우리 민족을 위해 헌신한 사람은 없었다"라고 말했다.⁴⁵

　시프는 현대 유대 민족사에서 유례를 찾아볼 수 없는 자선의 시대를 이끌면서 전설적인 존재가 되었다. 모리스 월드먼은 30년이 넘는 기간 동안 "지역이든 전국 규모이든 시프와 먼저 상의하지 않고 중요한 유대인의 자선 혹은 교육 사업이 추진된 경우는 거의 없었다"고 회상했다.[46]

한번은 〔친구이자 변호사인〕 루이스 마셜과 뉴욕 신문사 기자단을 상대로 인터뷰를 하며 시프는 자신의 지도자적 위치를 시사하는 발언을 했다. 한 기자가 "당신은 모든 미국 유대인을 대표해 말하는 것이군요"라고 하자 마셜은 "유대인 지도자는 선출되지 않는다"라며 격하게 반박했다.

시프가 귀를 쫑긋 세우며 끼어들었다. "그 문제라면 저한테 물어보셔야죠. 유대인들은 지도자를 선출하지 않습니다. 그들 안에서 자연스럽게 지도자가 나오는 거죠."

한 기자가 물었다. "어떻게 그런 위치에 오르게 되는 겁니까?"

시프는 "마음속에 하나님을 모셔야 합니다. 사람들이 경외심을 갖고 설령 그가 하는 말에 다 동의하지는 않을지라도 경청할 수 있는 그런 윤리적인 인물, 그런 사람이 자연스럽게 지도자가 됩니다"라고 답했다.[47]

시프의 생애에서 가장 중요한 자선사업 파트너는 장모 베티 로브Betty Loeb였다. 동시대의 많은 여성들처럼 베티 역시 그 공로에 비해 충분한 인정을 받지 못했지만, 손자인 제임스 P. 워버그는 로브와 시프 가족의 자선 활동의 초기 방향을 실질적으로 이끈 사람은 베티였다고 평가했다. "할머니는 진정한 인도주의적 자세를 가졌던 분이며 그 관심은 다양한 형태로 나타났죠"라고 말했다.[48]

베티는 다양한 자선단체와 위원회의 이사로 활동했다. 그중에는 히브리무상학교협회 Hebrew Free School Association—유대인 아동에게 종교와 히브리어 교육을 제공하고 기독교 선교사들의 개종 시도를 견제하기 위한 목적—와 마운트 시나이 간호학교 Mount Sinai Training School for Nurses도 있었다. 또한 1890년대 초, 베티는 로어이스트사이드의 여성들을 위한 가정 간호와 위생 교육 강좌를 후원했고, 뉴욕 간호병원의 최근 졸업생들이 와서 그 강좌들의 수업을 진행했다.

릴리언 왈드 Lillian Wald는 로체스터를 거쳐 뉴욕에 도착했다. 그녀의 가족은 비교적 부유한 독일계 유대인 가문이었는데, 정통 유대교를 따르지 않았고 종교적 실천을 한다 해도 매우 자유주의적인 형태였다. 또한 기독교 중심의 백인 사회에 통합되는 방식의 결혼도 환영하는 집안이었다. 독립적이고 이상주의적인 그녀는 어린 시절부터 집 앞에서 가난한 사람들에게 음식을 나누어주며 자랐고, 성인이 된 후에는 결혼 및 출산과 같은 규정된 경로를 거부했다. 그녀는 간호학교 지원서에 "이런 삶은 지금의 나를 만족시키지 못합니다"라며 "진지하고 구체적인 일을 해야 한다고 생각합니다"라고 썼다.[49] 그녀는 이러한 야망을 품고 뉴욕에 왔고, 이민자 밀집 지역인 로어이스트사이드에서 도시 빈민의 실상을 처음으로 목격하게 된다.

1893년 3월의 어느 비 내리는 날 아침, 수업이 끝나자 한 어린 소녀가 왈드에게 다가와 병든 어머니를 도와달라고 간청했다. "아이가 여기저기 움푹 팬 길을 따라… 더러운 매트리스와 쓰레기 더미를 넘어, 온갖 종류의 가재도구로 가득해 원래 목적으로는 아무 쓸모도 없는 비상 탈출구가 있는 악취 나는 집들 사이로 나를 이끌었다"고 왈드는 기억했다. "이 짧은 여정과 그 끝에서 마주한 광경에 모든 사회적, 경제적 불균형이 응축되어 있는 듯했다."

한 다세대 주택의 안마당을 지나 진흙으로 미끄러운 계단을 올라가자 소녀의 엄마가 왈드의 눈에 들어왔다. 막 출산을 한 그녀는 의사를 부를 돈이 없어 피로 얼룩진 매트리스 위에 누워 있었는데, 방 두 개짜리에 아홉 식구가 함께 사는 비좁고 열악한 공간이었다. "그날 아침의 경험은 마치 불에 덴 듯 강렬한 나의 첫 실전 경험이었다"라고 왈드는 말했다. 그녀는 이 일을 계기로 로어이스트사이드의 빈민들과 삶을 함께하겠다는 결심을 하게 된다.[50]

왈드는 정착settlement 운동의 최전선에 있었다. 사회개혁가들은 이 운동을 통해 빈민가에 직접 거주하면서 빈부 격차를 좁히려고 노력했다. 이 운동은 이민자들이 많이 들어오던 보스턴, 시카고, 뉴욕과 같은 도시에서 시작되었고, 빈곤 탈출을 목표로 교육, 의료, 커뮤니티 서비스를 제공했다.

후원자가 필요해지자 왈드는 베티 로브를 만나서 로어이스트사이드에 방문 간호사 기관을 세우는 계획을 열심히 설명했다. 훗날 베티는 "그녀가 정말 똑똑한 건지 아니면 미친 건지 알 수가 없었어"라고 딸 니나에게 털어놓았다. 베티는 결국 왈드가 똑똑한 사람이라고 판단했고, 사위 제이컵 시프도 불러 한 차례 더 만났다.[51] 왈드는 만남 직후 "이 바쁜 은행가는 즉각 움직였다"며, "어떤 조건도 붙이지 않고 지원해주었다"고 말했다.[52]

처음에 왈드는 간호학교 동창 메리 브루스터Mary Brewster 와 단 두 사람으로 활동을 시작했다. 그들은 이스트리버East River 에서 몇 블록 떨어진 제퍼슨가의 아파트에 함께 살면서 이웃 가정들을 직접 찾아다녔다. 1895년, 시프는 왈드를 위해 헨리가 265번지의 연방 스타일(1780~1830년 사이 유럽 신고전주의의 영향을 받아 탄생한 건축 스타일_옮긴이) 연립주택을 구입했다. 이 건물은 100년이 넘은 지금도 헨리가 복지관Henry Street Settlement 본부로 사용되고 있으며, 자매기관인 뉴욕 방문간호서비스Visiting Nurse Service of New York 의 출발점이 되기도 했다.

헨리가에서의 경험은 시프에게도 큰 변화를 가져왔다. 그는 이민자와 저임금 육체노동자들sweatshop workers 의 삶을 직접 접하면서 노동 문제에 대한 새로운 인식을 갖게 되었다. "어느 날 시프가 우리 동네를 방문했던 일이 생각난다. 그때 경기가 어떤지 묻고 답을 들으면서 의류업계의 파업이 임박했다는 것을 그가 알게 되었다"라고 왈드는 기억했다.

노동자들이 문제를 해결하기 위해 파업을 하는 데에는 반대했지만, 시프는 사용자들을 협상에 참석시키고 복지관은 노동자들과 하청업자들을 불렀다. 그는 협상을 거치며 노동자들이 놓인 억압적인 상황을 깊이 이해하게 되었다. 이후의 긴 생의 기간 동안 파업 노동자들 가족들이 생계를 이어갈 수 있도록 자금을 지원했고, 덕분에 노동자들은 더 좋은 조건으로 사용자들과 합의에 이를 수 있었다.

또 다른 일화로 시프는 피켓 시위를 하다 체포된 노동자들의 보석금을 마련하기도 했다.[53]

헨리가에서 이민자와 저임금 노동자들을 돕는 일 외에도 시프는 뉴욕의 흑인 커뮤니티와 점차 협력하면서 현대 민권운동의 초기 조직화 노력에도 관여했다. 그는 부커 T. 워싱턴Booker T. Washington 을 재정적으로 후원했으며, 헨리가 복지관에서 창립식을 가진 전미유색인지위향상협회National Association for the Advancement of Colored People, NAACP 총회에서도 활동했다. 시프는 "인종 문제는 흑인에게 완전한 정의가 실현될 때에만 해결될 수 있다. 이 정의가 철저히 보장되지 않는 한 이 중대한 문제는 다시 우리를 괴롭힐 것이며 우리 스스로를 부끄럽게 만들 것이다"라고 견해를 밝혔다.[54]

"그의 정의감이 자극될 때마다 그는 억압받는 이들을 위해 용감히 싸우는 사람이 되었다. 또한 타인의 존엄을 존중하는 마음도 분명했다"라고 왈드는 이야기했다. 또한 "그 자신은 독실한 유대교 신자였음에도 불구하고 가톨릭 성지를 복원해달라고 간청하는 쿠바 여성 방문단에도 아낌없이 기부할 수 있었다."[55]

시프의 자선 활동은 매우 광범위했다. 유대인을 위한 기부가 핵심이었지만 다양한 세속 기관도 지원했다. 어떤 경우에는 기부를 통해 비유대인 세계와 연결하는 다리를 놓아 유대인의 이익을 위해 협상 테이블에 앉을 수 있는 기회를 얻고자 하는 목표를 가진 경우도 있었다.

그는 뉴욕의 대표적인 문화와 학문 기관들—메트로폴리탄 미술관, 미국 자연사박물관, 컬럼비아 대학교—에 많은 기부를 했지만, 당시 이들 기관의 이사회는 비공식적으로 유대인의 참여를 제한하고 있었다. 이들 기관에서의 유대인 발언권 확보는 상징적으로나 실질적으로나 시프에게 중요한 일이었다. 그는 컬럼비아 대학교 총장에게 보낸 편지에서 이를 다음과 같이 설명했다.

> 컬럼비아 대학교, 메트로폴리탄 미술관, 자연사박물관, 그 밖의 주요 공공기관에서 유대교 신앙을 가진 시민들이 암묵적인 합의에 의해 배제되는 한, 유대인에 대한 편견은 계속 유지될 것입니다. 여론을 이끄는 지도층이야말로 이러한 편견을 없애기 위해 온 힘을 다해야 합니다. 발원

지가 오염되어 있는데 물이 맑을 것이라 기대할 수는 없습니다.[56]

그는 편견은 아래에서 위로가 아니라 위에서 아래로 흐른다고 믿었다. 즉 사람들은 엘리트들의 태도를 따라가기 때문에, 미국인들의 편견을 없애려면 먼저 지도자들이 편견에서 벗어나야 한다고 생각했다.

시프는 기부를 통해 그런 기관에 들어갈 자격을 얻었고 그로써 유대인 지도층이 압력을 행사할 발판을 마련했다. 금전적인 공세가 실패하면 그는 더 강경한 방법을 사용했다. 민주당 소속 뉴욕 시장인 조지 B. 매클레런 주니어 George B. McClellan, Jr.(그의 아버지는 남북전쟁 당시 장군이었고 1864년 선거에서 링컨의 상대 후보였다)는 시프와 마셜이 자신을 찾아왔던 일을 회상했다. 그들은 메트로폴리탄 미술관에 유대인 이사가 없는 것에 불만을 제기하며, 자신들이 준비한 법안을 제안했다. 납세자들의 세금으로 지원받는 순공공기관─메트로폴리탄 미술관, 자연사박물관, 뉴욕 공공도서관 등─의 이사를 시장이 임명하고 그중 두 명은 유대인으로 한다는 내용을 담고 있었다. 그들은 이 법안이 주 의회에서 통과되기를 희망한다며 매클레런의 지지를 원했지만, 그는 애매한 태도를 취했다.

매클레런은 회고록에 "그들은 나가면서"라고 운을 떼면서 다음과 같이 기록했다.

> 마셜이 내게 말했다. "시장님, 만약 이 법안이 통과되면 한 자리에는 시프씨를 임명할 것으로 알고 있겠습니다"라고 말했다. 나는 어떤 약속도 해줄 수 없다고 답했는데, 시프가 다시 돌아와서는 이렇게 말하는 것이었다. "그런데 시장님, 한 자리에는 당연히 마셜 씨를 임명하실 걸로 알

고 있겠습니다." 나는 마셜에게 했던 말을 똑같이 반복했다.

그들이 떠나자 매클레런은 메트(메트로폴리탄 미술관_옮긴이) 이사회 의장 존 피어폰트 모건에게 전화를 걸어 "유대인 한 사람을 이 사회에 빨리 넣어주면 좋겠다"고 말했다. 다음 날 모건은 이사회를 소집하여 이사 한 사람을 사임시키고 투자은행 라자르 프레르Lazard Frères의 시니어 파트너인 프랑크푸르트 출신 유대인 조지 블루멘설George Blumenthal을 그 자리에 앉혔다.[57] 이후에도 시프 생전에 뉴욕 공공도서관과 자연사박물관 역시 유대인 이사를 선임했다. 자연사박물관의 경우, 시프는 단순히 재정적 기여만 한 것이 아니라 전시실을 채울 고고학 발굴에도 자금을 지원했다. 이 박물관 최초의 유대인 이사는 그의 사위 펠릭스 워버그였다.

시프는 컬럼비아 대학교 이사 자리를 강하게 요구했고, 자신이 아니더라도 유대인이 선임되기를 바랐다. 10년이 넘게 시도했는데도 성과가 없자 그는 대학에 분명한 메시지를 보냈다. 코넬 대학교에 독일어 및 독일문학과 개설 명목으로 10만 달러를 기부한 것이다. 컬럼비아 대학교가 유대인을 이사회에서 계속 배제한 데 대한 실망과 반발의 표시라는 점을 명확히 한 것이었다.

비록 컬럼비아 대학교 이사직은 얻지 못했지만, 시프는 그 자매학교인 바너드 칼리지Barnard College 설립에 핵심적인 역할을 했다. 1888년, 스물한 살의 애니 네이선 마이어Annie Nathan Meyer—저명한 세파르디 유대인 가문 출신—는 시프에게 컬럼비아 대학교 내 여대 설립을 위한 기금 위원회에 참여해달라고 부탁했다. "그를 만나러 가는데 무척이나 긴장됐어요"라고 마이어는 당시를 기억했다. "그가 매우 독선적이라고 들었거든요. 누군가 '그와 함께 이사회에서 일하려면 모든 면에서 그에게 맞출 준비가 되어 있어야 한다'고 말했어요." 하지만 '엄격해 보이는 외모'와 달리 시프는 따뜻하고 친절한 사람이었으며, 나아가 그녀의 계획에 깊은 관심을 보였다. 그는 바너드 최초의 재무 담당 이사가 되었고, 학교가 재정적으로 어려웠던 초기 몇 년 동안 학교 재정을 꾸리고 기부를 이끌어내는 역할을 맡았다.[58] 훗날 마이어는 "그는 자기 민족에게 놀라울 만큼 충실했어요. 특히 유대인 학생들이 대학을 졸업할 수 있도록 돕는 데 큰 관심을 가졌죠"라고 썼다. 때로는 학생들이 졸업한 후에도 지원을 계속했다. 한번은 바너드의 한 유대인 졸업생의 남편이 파산할 위기에 놓이자 대출을 해주며 도운 적도 있었다.[59]

그는 친구인 출판인 조지 아서 플림턴George Arthur Plimpton([참여 저널리즘의 선구자이자 〈파리 리뷰The Paris Review〉 창립자인] 언론인 조지 플림턴의 할아버지)에게 역할을 넘기기까지 몇 년을 바너드 이사회에 있었다. 그의 시간과 돈은 점점 뉴욕의 유대인 공동체가 무시할 수 없었던 전례 없는 인도적 위기를 해결하는 데 쓰였다. 그리고 그 위기는 뉴욕의 유대인 공동체가 결코 외면할 수 없는 것이었다.

10.

대탈출

1881년 11월 27일 아침, 200명의 저명한 유대인이 히브리고아원에 빽빽이 들어섰다. 동유럽 유대인의 미래를 논의하기 위해서였다. 물론 그들은 그게 그렇게 거대한 일의 시작이 될 줄은 아직 몰랐다.

그해 초가을, 러시아 제국에서 탈출한 유대인 난민들이 캐슬 가든Castle Garden (엘리스 아일랜드Ellis Island 입국 심사장의 전신)에 속속 도착하기 시작했다. 뉴욕의 유대인 사회는 긴급 구호기금을 모금하기로 하고 드윗 셀리그먼이 그 관리를 맡았다. 시프는 이 러시아 이민자구호 미국기금American Fund in Aid of Russian Emigrants 에 첫 기부금 500달러를 내놓았다.[1]

몇몇 지도급 유대인 인사들이 볼 때 이런 단발성 구호는 상황을 해결하기에 충분하지 않았다. 그들은 500명의 난민을 감당할 정도의 자금을 보유하고 있는데, 이미 그 배가 넘는 사람들이 도착했고 매주 수백 명이 더 들어오고 있었다. 이날 회의에 참석한 사람 일부는 러시아 이민자를 지원할 상설기구 설치를 주장했다.

이제 유대계 구호단체를 주도하던 독일계 유대인들은 러시아의 동포가 처한 어려움에 공감했지만 동시에 경계하기도 했다. 폐쇄적인 유대인 공동체 출신의 이 가난한 이민자들이 미국 생활에 빨리 적응할 수 있을까? 이들이 미국의 방식과 가치를 받아들이지 않는다면, 어렵사리 동화된 독일계 유대인들의 사회적 입지에 어떤 영향이 있을까? 이러한 불안감은 이후 수십 년간 독일계 유대인과 러시아계 이민자들 사이의 지속적인 반목과 긴장으로 이어졌다.

훗날 이민자들의 가장 헌신적인 후원자로 평가받게 될 시프조차 처음에는 구호단체 설립에 반대하는 입장이었다. 한 신문은 시프가 그런 단체들은 "종파주의의 냄새가 난다"고 맹비난했다고 전했다.² 또 다른 보도에 따르면, 그가 "이런 방식의 이민자 유입은 바람직하지 않다. 다른 민족이나 국가가 자기네 민족을 돕기 위해 이민자 지원 단체를 만든 사례가 있느냐?"고 반문했고, 그의 발언에 불만을 가진 청중이 "있다!"라며 야유하기도 했다.³

마침내 새로운 단체 설립을 지지하는 줄리어스 비엔Julius Bien이라는 석판화가가 단호하게 말했다. "내일 아침 누가 캐슬 아일랜드에 가서 도착한 러시아계 유대인 500명을 돌볼 건가요?"⁴

1492년 스페인에서 유대인이 추방된 이래, 가장 대규모의 유대인 탈출은 1881년 3월 13일의 한 사건으로 시작되었다. 이 대규모 이주는 유대인의 삶을 근본적으로 재편했고, 이후 30년 동안 거의 200만 명의 유대인이 미국으로 건너가게 되었다. 그날 러시아 황제 알렉산드르 2세는 평소 일요일처럼 상트페테르부르크 중심부의 미하일로프스키 마네지Mikhailovsky Manège (황실 기병대 훈련장)에서의 근위병 교대식을 참관하고 돌아오는 중이었다. 황제의 방탄 마차가 카테리나 운하를 따라 눈 쌓인 거리를 지나던 중, 검은 코트를 입은 키 작은 청년이 하얀 손수건으로 싼 꾸러미를 들고 접근했다. 그는 잠시 머뭇거리더니 마차 아래로 꾸러미를 던졌다.

거대한 폭발이 일어났고 매캐한 하얀 연기가 피어올랐다.

폭탄이 터진 길바닥에는 코사크 근위병의 시체가 널브러져 있었다. 하지만 알렉산드르 2세는 최악의 상황은 면했다. 62세의 차르는 이미 수차례 자신의 생명을 해하려는 시도를 마주쳤다. 선친 니콜라이 1세의 승하 후 황제가 된 이래 25년 동안 그는 다섯 차례의 암살 기도에서 살아남았다. 가장 최근의 암살 시도는 지난겨울이었다. '나로드나야 볼야Narodnaya Volya'(인민의 의지)라는 급진 단체의 한 혁명가가 100파운드가 넘는 다이너마이트를 황제의 궁전 식당에 설치했다. 우연히 늦게 도착한 덕분에 황제는 화를 면했지만, 그 폭발로 11명이 사망했었다.[5]

이번 폭발 역시 사회주의 혁명을 선동하는 지하 단체 나로드나야 볼야의 소행이었다. 황제의 호위병은 폭탄을 던지고 도망치는 범인을 곧바로 제압했다. 당황했지만 다치지는 않은 황제는 호위병들이 마차로 돌아가시라며 만류하는 가운데 연기 자욱한 현장을 둘러봤다. 그때 두 번째 나로드나야 볼야 대원이 또 다른 폭탄을 던졌다. 연기가 걷히자 피로 물든 눈밭에 치명상을 입고 쓰러진 황제가 보였다. 그는 그날 오후 늦게 사망했다.[6]

몇 주 지나지 않아 포그롬(유대인 대학살)이 시작되었다.

부활절 며칠 후인 1881년 4월 15일, 오늘날 우크라이나에 속하는 인구 4만 3,000명의 도시 예리자베트그라드(현 크로피우니츠키Kropyvnytskyi)에서 반유대인 폭동이 발생했다. 폭도들이 지나간 곳에는 깨진 유리와 부서진 가구, 찢긴 침구가 곳곳에 흩어져 있었다. 기독교 명절 즈음에 술에 취한 무리들이 소위 '예수를 죽인 자들'을 향해 분노를 터뜨리며 폭력을 행사하는 일은 드물지 않았다. 하지만 이번 폭동은 차원이 달랐다.

차르를 살해했다는 혐의로 체포되어 처형된 공모자들 중에 유대인 혈통의 젊은 여성 한 명이 있었다. 그녀는 사건의 주요 인물은 아니었지만 유대인이 차르를 죽였다는 소문이 일부 지역 신문에 의해 부채질되며 퍼져나갔다. 사실 예리자베트그라드 폭동 전에도 황제의 죽음을 유대인의 피로 되갚아야 한다는 정서가 고조되고 있었다.

예리자베트그라드에서 시작된 폭력은 곧 다른 지역으로 번졌다. 2주도 채 되지 않아 키이우의 유대인 구역에서 폭동이 일어나 사흘간 지속되다가 진압되었다. 그 후 몇 달간, 페일 유대인 정착지의 수백 개 마을에서 크고 작은 폭동이 잇따라 발생했다. 조직적인 파괴와 강간, 살인이 유대인을 공포에 떨게 만들었고 동시에 그들의 경제적 어려움을 심화시켰다.[7]

유대인들은 러시아 거주가 허용된 이래 줄곧 최하층 계급으로 살아왔다. 18세기 말, 러시아 제국은 폴란드-리투아니아 연방의 영토를 분할하면서 뜻하지 않게 대규모 유대인을 떠안게 되었다. 이전의 러시아 통치자들은 유대인들을 제국의 국경 안으로 받아들이지 않았으나, 1791년에 예카테리나 대제는 제국의 남서쪽에 특정 구역을 지정해 (정식 시민권은 부여하지 않은 채) 이 번거로운 주민들이 살 수 있도록 허용했다. 이렇게 만들어진 페일 유대인 정착지는 점차 확장되어 거의 50만 제곱마일에 이르렀고, 오늘날의 벨라루스, 라트비아, 리투아니아, 몰도바, 우크라이나, 서부 러시아 일부 지역에 걸쳐 있었다. 가장 많을 때는 전 세계 유대인 인구의 거의 절반에 해당하는 약 500만 명이 이 지역에 거주했다. 이곳에서도 유대인의 거주에는 엄격한 규제가 따랐다. 처음에는 키이우나 세바스토폴과 같은 대도시에는 살 수 없었고, 정착 허가 구역의 서쪽 경계에서 30마일 이내에는 새로운 정착지를 만들 수 없었다.

〔예카테리나 대제와 파벨 1세를 이은〕 니콜라이 1세는 유대인을 국가 통합을 위협하는 '해로운 요소'로 간주하고 이들을 강제로 러시아화하려는 조치를 취했다.[8] 유대인의 전통 복장 착용을 금지시켰고, 일부 히브리어 서적을 검열했으며, 이전에는 병역에서 제외되었던 유대인들에게도 병역 의무를 부과했다. 12세밖에 되지 않은 소년들조차 가족에게서 떼어내어 군대에 투입했으며, 복무 기간은 최대 25년에 이르렀다. 유대인 공동체는 이를 단순한 병역이 아니라 미래의 희망인 젊은이들을 표적 삼아 유대교를 말살하려는 탄압이라고 여겼으며, 실제로도 그랬다.

이어 황제가 된 알렉산드르 2세는 농노를 해방하는 등 근대화를 추진했고, 그 치하에서 제국 내 유대인의 삶은 약간 개선되었다. 유대인에게 부과된 교육, 토지 소유, 여행 제한이 완화되었으며, 일부 유대인들은 페일 정착지를 벗어난 곳에서도 거주 허가를 받았다.

선친의 암살 이후 황위에 오른 알렉산드르 3세는 유대인을 경멸했다. 그는 바르샤바 총독에게 "유대인이 맞을 때 마음 깊은 곳에서 기쁨을 느낀다. 그렇다고 그걸 허용할 수는 없지만"이라고 말했다.[9] 그는 반유대 폭동의 원인을 조사하겠다며 위원회를 구성했지만, 유대인들이 민중을 '착취'한 탓에 폭력이 유발되었다는 보고서를 만들어 사실상 유대인에게 책임을 돌렸다. 이 보고서는 아버지 알렉산드르 2세의 진일보한 자유주의 정책이 문제였다고도 꼬집었다. 결국 알렉산드르 3세의 해결책은 더 강경한 탄압이었다. 1882년 그는 소위 5월법May Laws을 제정했는데, 이 법은 그의 아버지의 개혁 중 일부를 후퇴시키는 규제였다. 5월법은 유대인이 정착지 내 기존의 마을과 도시를 벗어나 거주하는 것, 재산을 등록하거나 담보 대출을 받는 것, 일요일과 기독교 휴일의 영업을 금지했다.[10]

공포와 불확실성에 사로잡힌 유대인들 사이에 미국에서는 마법 같은 자유를 누릴 수 있다는 이야기가 퍼졌다. 그리고 동유럽 유대인의 탈출을 다룬《우리 조상의 세계World of Our Fathers》에 어빙 하우Irving Howe가 쓴 것처럼 거대한 이주의 물꼬를 튼 것은 "날로 심해지는 고통과 커져가는 희망이 뒤섞인 폭발적인 감정"이었다. 공포에 휩싸인 정착지 내 유대인 지도자들은 이민을 공식적으로 장려해야 할지를 놓고 격론을 벌였다.[11]

한편 뉴욕에서는 유대인 이민자를 돕기 위한 기구를 설립하자는 주장에 힘이 실렸다. 그 결과로 유대인이민자구호협회Hebrew Emigrant Aid Society, HEAS라는 단체가 설립되어 "유대인 이민자들이 거처와 일자리를 구할 수 있도록 돕고 공동체의 자선에만 의존하지 않도록 지원한다"는 사명을 내걸었다. 협회는 즉시 활동을 시작했다. 난민 위기에 대응하기 위해 우후죽순처럼 생겨난 유럽의 구호단체들과 협력망을 구축했고, 러시아 출신 난민들을 맞이할 준비를 했다. 처음에는 회의적이던 시프도 결국 협회의 지도부에 참여했다. 뉴욕 이민위원회Emigration Commission는 맨해튼 북쪽 워즈 아일랜드Wards Island에 부지와 간이 건물을 제공하여 급격히 늘어나는 러시아 출신 유대인 이민자들을 수용할 수 있도록 협회를 지원했다. 시프는 후에 시프 보호소로 알려지는 이 시설을 개조하는 데 1

만 달러를 기부했고, 그의 회사와 제시 셀리그먼도 각각 5,000달러를 추가로 기부했다.¹²

처음부터 협회는 밀려드는 이민자로 애를 먹었다. 1882년 6월, 협회의 한 직원은 "너무 많은 이민자들이 한꺼번에 들어오고 있다"고 고충을 토로했다. "이민자가 많지 않았을 때는 그럭저럭 괜찮았는데 이제는 사정이 다릅니다. 지난주에만 1,300명 넘게 도착했고, 토요일과 일요일 사이에 3,000명이 더 왔습니다."¹³

보호소의 이민자들과 협회 직원들 사이에 점차 긴장이 고조되었다. 이민자들은 자신이 도망쳐 나온 상황과 별반 다르지 않은 이런 환경에서 살자고 바다를 건너온 건가 하는 회의를 품기 시작했다. 이들은 나무 막사 네 개 동에 집단 거주했는데, 상한 음식이 나왔고 보호소장과 부소장에게 구타당했다며 항의했다.¹⁴ 결국 1882년 10월, 그들은 폭동을 일으켰다. 보호소장의 집을 에워싸고 돌을 던지며 공격했고, 겁먹은 소장과 부관은 안에 갇혀 있어야 했다.¹⁵

폭동은 진정되었지만 러시아 이민자와 미국인 후원자 간의 앙금은 여전했다. 환멸을 느낀 일부 이민자들은 본국으로 돌려보내달라고 요청했고 좌절한 협회 직원들은 줄줄이 사표를 냈다. 1년 사이에 협회 회장이 세 번, 사무총장이 네 번 바뀌었다.¹⁶ 사무총장 한 명은 협회를 떠나면서 "이런 비열한 자들과 계속 함께 살아간다면, 미국의 이스라엘인들은 불명예와 평판 추락을 감수해야 할 것"이라며 불만을 터뜨렸다.¹⁷

한편 협회 임원들은 자금 문제와 떠맡겨진 이민자들의 자질을 놓고 유럽 쪽 구호단체와 갈등을 빚었다. 유럽 쪽 단체들은 난민들 중에서 건강하고 취업 가능성이 높은 사람들만 선별하여 미국으로 보내고 있다고 주장했지만, 협회는 유럽에 보낸 전보에서 "대부분의 신규 이민자들은 자립할 능력이 없으며, 결국 우리 사회에 영구적인 짐이 될 것"이라며 불만을 표했다.[18]

협회는 이스트브로드웨이 35번지에 취업 지원소를 열고, 새 직장을 얻은 이민자들에게 12달러 상당의 옷 한 벌을 지급했다.[19] 하지만 처음부터 러시아 출신 유대인들을 뉴욕에 몰려 있지 않도록 유도하는 것이 목표였다. 그들이 반유대주의를 자극하거나, 독일계 유대인들의 사회적 지위에 피해를 주지 않도록 하기 위해서였다. 지도부 역시 그들이 유대인이 거의 없는 지역으로 가게 되면 훨씬 빨리 미국 문화에 동화될 것이라고 믿었다. 이러한 정책의 일환으로 협회의 재정 지원을 받아 콜로라도의 코토팍시Cotopaxi, 캔자스의 비어시바Beersheba, 루이지애나의 시실리 아일랜드Sicily Island, 뉴저지의 바인랜드Vineland를 비롯한 여러 지역에 농업 공동체가 만들어졌다. 이와 별도로 시프와 제시 셀리그먼은 몬테피오래 농업원조협회Montefiore Agricultural Aid Society를 통해 오리선의 뉴오데사New Odessa라는 농업 공동체 설립에 자금을 지원했다.[20]

협회는 유대인 정착지를 물색하기 위해 줄리어스 골드만을 서부로 보냈다. 시프의 개인 변호사이자 부친 회사의 법무를 담당하던 이 영민한 젊은 변호사는 농업에 대한 경험은 전혀 없었다. 그는 성실하게 미네소타와 다코타 준주를 직접 둘러보았고, 복귀하여 회의적인 보고서를 제출했다. 그는 "난민들을 대규모로 서부에 정착시키는 것은… 전혀 현실성이 없다"고 썼다.[21]

실제로 대부분의 농업 공동체는 실패로 끝났다. 간신히 유지된 곳은 바인랜드인데, 최종적으로 72가구가 정착해서 닭을 키우고 옥수수·고구마·딸기를 재배하여 생계를 유지했다.[22]

1883년, 협회는 남아 있던 이민자들을 시프 보호소에서 내보낸 후 결국 활동을 중단했다. 사면초가에 몰린 협회의 해체는 어떤 면에서는 불가피했다. 뉴욕의 기존 유대인 공동체는 처음 1년에만 25만 달러를 지출할 정도로 아낌없이 지원했지만, 갑자기 밀려든 이민자들에 대해 노골적인 적대감까지는 아니더라도 상당히 복잡한 감정을 가지고 있었다.[23]

협회가 해체될 무렵 초기 난민 홍수를 야기했던 폭력 사태는 대부분 진정되었고, 1883년에는 미국으로 이주하려는 유대인 이민자의 수가 3분의 1로 줄었다.[24] 뉴욕의 유대인 지도자들에게 최악의 상황은 지나간 것처럼 보였다. 하지만 사실 디아스포라는 이제 막 시작되었을 뿐이었다.

1884년에는 유대인 이민자의 수가 1만 1,000명을 넘어섰다. 이 듬해에는 거의 1만 7,000명, 그다음 해에는 2만 1,000명이 미국으로 들어왔다.[25] 유대인이민자구호협회가 문을 닫으면서 남아 있던 1만 달러의 기금을 히브리자선연합United Hebrew Charities, UHC에 이관했다.[26] UHC는 협회의 공백을 메우기 위해 노력했지만 급증하는 이민자들의 수요는 어느 한 단체가 감당할 수 있는 수준을 이미 넘어섰다. 매주 수천 명의 가난한 이민자들이 배를 타고 도착했고, 그들은 주거지, 음식, 일자리, 의료, 교육 등 생존을 위한 모든 것에 도움을 필요로 했다.

협회 해산 이후 몇 년간 시프는 자선 활동과 사회기관 설립에 몰두했다. 그는 이민자를 위한 시민권 강좌와 교육 프로그램을 제공하는 청년히브리협회Young Men's Hebrew Association, YMHA의 이사회에 합류했고, 히브리노약자요양원Home for Aged and Infirm Hebrews 회장직도 수락했다. 시프는 자신이 정성을 들이던 여러 자선 활동에 기부하도록 부드럽지만 단호하게 지인과 동료들을 압박했다. 1886년에는 몬테피오레 병원의 새 본부 건립을 위한 모금을 시작했다. 2년 후, 기부액이 16만 달러가 되자 그는 138번가와 브로드웨이의 건물 주춧돌 위에 경건히 모르타르를 바르며 "여기 우리가 놓은 돌이 진정한 하나님의 성령, 자선의 정신이 거하는 집의 초석이 되기를 기원합니다"라고 말했다.27

몬테피오레의 새 건물 공사가 한창이던 무렵, 시프는 처남 모리스 로브, 조셉 셀리그먼의 아들 에드윈 등과 함께 교육연맹 Educational Alliance 본부 건립을 위한 12만 5,000달러의 기금을 조성했다. 교육연맹은 YMHA와 히브리무상학교협회를 비롯해 기존 3개 단체를 통합하는 방식으로 설립되었으며, 그 과정에서 시프가 중재자 역할을 했다. 시프는 교육연맹의 초대 회장이 되었다. 〈뉴욕 타임스〉는 이스트브로드웨이의 신축 건물 헌정식 기사에서 이 단체의 목적은 "외국에서 태어나 이 도시에 사는 유대인들을 가능한 한 미국화하는 것"이라고 전했다.28 그 후 20년 동안 얼마나 많은 이민자들이 이 건물을 드나들었는지 대리석 계단이 닳아 교체해야 할 정도였다.29

시프의 자선 활동은 항상 동포 유대인의 삶을 개선하는 데에 목적을 두었지만, 때로는 간접적인 방식을 취하기도 했다. 그 대표적인 사례가 1889년 하버드 대학교에 유대인 Semitic 역사박물관을 설립하도록 1만 달러를 기부한 일이었다. 그가 고대 히브리어 문헌, 예술품, 유물 등을 보존하려 한 목적은 당시의 사회 문제와 깊이 연결되어 있었다. 그는 개관식에서 다음과 같이 말했다.

유럽의 반유대주의, 자유로운 미국 사회에서조차 사회적 편견과 배척이 당분간 기승을 부릴지도 모릅니다. 하지만 후세는 이를 부끄럽고 혐오스러운 행태로 부정할 것입니다. 이러한 잘못된 흐름에 효과적으로 맞서기 위해 유대 역사와 문명을 보다 철저히 연구하고 이해할 수 있는 기회를 만들어야 합니다. 그래야만 세상이 유대 민족에게 진 빚을 더 잘 깨닫고 인정하게 될 것입니다.[30]

1890년 여름, 러시아에서 위기가 다시 불거졌다. 러시아 정부가 그때까지 엄격하게 시행하지 않던 5월법을 본격적으로 집행할 계획이라는 소문이 퍼졌다. 뉴욕의 자선단체 후원자들은 다시 대규모 이민자가 몰려올까봐 긴장하면서도, 이번에는 시프 덕분에 조금 더 나은 대응 능력을 갖추고 있었다. 몇 년 전 시프는 절친한 친구인 영국인 금융가 어니스트 카셀을 통해 유럽에서 철도 사업으로 막대한 부를 쌓은 뮌헨 출신의 거물 모리스 드 허쉬Maurice de Hirsch 남작과 접촉했다. 얼마 전에 외아들 루시엔을 잃은 허쉬는 "나는 아들을 잃었지만 내 상속자를 잃지는 않았다. 내 상속자는 바로 인류"라고 선언했다.[31] 막대한 부를 일군 허쉬는 모지스 몬테피오레처럼 재산을 유대인 구호 활동에 쏟아붓기 시작했다.

허쉬는 농업과 교육 프로그램을 통해 페일 정착지에 살고 있는 유대인의 경제적 여건을 개선하는 데 집중했다. 1887년, 그는 페일 정착지 전역에 초등학교와 농업학교를 설립하기 위해 러시아 정부에 5,000만 프랑(오늘날 가치로 수천억 원)을 지원하겠다고 제안했다. 그러나 러시아 정부는 유대인의 삶을 개선할 의지가 전혀 없었고, 심지어 유대인들이 영원히 가난과 속박 속에 살아가기를 바라는 것처럼 보였다. 협상은 결렬되었다.[32]

1888년 12월, 시프는 "〔허쉬는〕 러시아와 〔현재의 우크라이나와 폴란드 일부 지역인] 갈리시아Galicia에 거액을 기부하려 했지만 그 역시 할 수 없었네"라고 카셀에게 썼다. 그러면서 남작의 돈은 "이 나라로 밀려드는 유대인"의 정착을 돕는 데 유용하게 쓰일 수 있다고 덧붙였다. 카셀은 허쉬와 가까운 사이였기에, 시프는 그에게 남작이 미국에 "큰 액수를 기부하도록 권유해달라"고 부탁했다.[33]

한편 허쉬 역시 러시아 유대인 문제가 러시아에서 해결될 수 없다는 사실을 깨닫게 되었다. 그는 과거에는 대규모 이민이 비현실적이라고 보았지만 이제는 그것이 유일한 해결책이라는 결론에 도달했다. 러시아 정부가 유대인 탄압을 강화할 것이라는 소식이 퍼지던 1890년 7월, 시프는 런던에서 허쉬를 만났다. 시프는 콧수염을 기른 이 귀족에게서 '우리의 불행한 동포들'을 돕겠다는 강한 의지를 가진 인물이라는 인상을 받았다. 몇 주 후, 허쉬는 시프에게 편지를 보내 러시아 정부의 반유대인법을 언급하며, "지금이야말로 우리, 즉 재산을 가진 사람들이 이에 맞서야 할 때입니다"라고 말했다. 그는 미국으로 이주하는 유대인을 지원하는 기금 마련을 위해 240만 달러를 출연하겠다는 내용을 담은 공식 서한을 동봉했다. 이듬해 초, 허쉬남작기금Baron de Hirsch Fund이 공식적으로 출범했다. 시프, 제시 셀리그먼, 줄리어스 골드만, 최근까지 오스만 제국 주재 미국 특사였던 오스카 스트라우스Oscar Straus 등이 운영진에 들어갔고, 나중에 이매뉴얼 리먼이 재무 책임자로 합류했다.[34]

초기 실패에도 불구하고 유대인 이민자들을 농업에 종사하도록 유도하는 시도는 계속되었다. 이는 뉴욕 시내의 과밀한 게토에서 그들을 분산시키고, 동시에 그들이 자립할 수 있는 직업을 제공한다는 두 가지 목적에서였다. 허쉬기금의 첫 번째 사업은 뉴저지의 우드바인Woodbine에 세운 농업 공동체와 농업학교였다. 또한 이 기금은 코네티컷에서 유대인들의 농지 구입을 지원하고 과거 유대인 이민자구호협회의 후원으로 만들어진 기존 농업 공동체들도 지원했다. 하지만 이러한 노력으로는 뉴욕으로 몰려드는 엄청난 이민자들 중 일부만 도시 밖으로 분산시킬 수 있을 뿐이었다. 결국 방대한 자금력과 저명한 인사들로 구성된 허쉬기금은 뉴욕 유대인 공동체에서 핵심적인 역할을 하는 단체로 빠르게 자리 잡았다.

허쉬기금의 자금은 유대인 이민자들을 지원하는 히브리자선연합과 같은 기존 단체들로 흘러갔다. 가령 히브리자선연합은 의류업계에서 일하려는 이민자에게 훈련 과정을 제공했으며, 교육연맹은 허쉬기금의 핵심적인 임무인 '미국화'를 위한 프로그램의 일환으로 무료 영어 수업을 제공했다. 때로는 이러한 계획은 새로 온 이민자들의 현실적인 필요에 맞춰 적절하게 조정되어야 했다. 예를 들면, 허쉬기금의 지원을 받는 히브리 기술학교에서 금속 가공이나 목공을 배우는 한 이민자는 공구 이름을 익히기 위해서 영어 수업도 병행해야 했다. 그는 또한 수업에 오기 위해 전차 요금이 필요했고, 수업에 갔을 때 너무 배가 고프니 수업 전에 빵, 치즈, 커피 같은 간단한 스낵을 제공해달라고 요청했다.

허쉬기금은 목욕 시설이 부족한 로어이스트사이드의 다세대 주택 주민들을 위해 헨리가에 무료 공중목욕탕을 세웠다. 또한 주로 의류업을 하는 사업주들에게 이민 노동자를 훈련시키고 채용하는 조건으로 대출을 제공했다. 줄리어스 골드만의 제안에 따라 유럽에서 일정 수준의 교육을 받은 이민자 지식인 계층이 미국에서 학업을 계속할 수 있도록 돕는 별도의 대출 프로그램도 마련했다. 이 프로그램의 운영에는 줄리어스, 뉴욕 대학교 화학과 교수로 막 임명된 솔로몬 로브의 똑똑하지만 괴짜인 아들 모리스, 컬럼비아 대

학교의 경제학자 에드윈 셀리그먼이 참여했다.³⁵

에드윈은 허쉬기금 내 새로운 프로그램을 제안하는 위원회에도 이름을 올리고 이민자들이 경제적 발판을 마련할 수 있는 방안을 연구했다. 그는 한 메모에서 새로 도착한 많은 유대인들이 잘 모르는 일, 예를 들면 시가 말기 혹은 의복 마감 같은 비숙련 일자리에 몰리고 있다며 이렇게 탄식했다. 그들은 "형편없는 임금을 받고 더럽고 숨 막히는 환경에서 삶의 즐거움과는 단절된 채 장시간 노동을 하고 있다. 만약 그 자녀들까지 같은 환경에 놓인다면 인간의 천박한 본성만을 물려줄 수밖에 없는 후손을 낳게 될 것이다."

그는 "이 불행한 비숙련 이민자들에게 필요한 것은 기회"라고 생각했다. 그리고 "이 기회는 영혼을 황폐화시키는 직업에서 빠져나올 수 있게 해줄 교육을 통해서만 얻을 수 있다. 성인을 위한 대규모 직업 훈련이 필요하다"고 덧붙였다.

동시에 그는 숙련된 이주 노동자 계층에게 생계수단을 빼앗기지는 않을까 걱정하는 미국인들 사이에 반유대 정서를 불러일으킬지 모른다고 우려했다. 그는 "인종적 편견이 노동자들 사이에 확대되지 않도록 모든 신경을 집중해야 한다. 그렇지 않으면 유대인을 배격하는 본격적인 조직적 행동이 시작될 수 있다. 현재 상류층에서 드러난 유대인의 사회적 배제는 그에 비하면 가벼운 전조일 뿐"이라고 썼다.³⁶

시프 역시 이러한 편견이 확산될까봐 걱정했다. 그는 처음에는 유대인 농업 프로젝트와 유대인 난민 정착을 위해 자금을 지원하는 농업신용은행의 설립 등 좀 더 제한적인 범주의 계획을 가지고 허쉬 남작에게 접근했었다.³⁷ 그는 허쉬의 후한 투자를 환영하기는 했지만—시프가 그의 투자를 간청했다—한편으로는 파리와 런던에 거주하는 독일인이 만든 이 기금의 광범위한 활동이 이민을 조장하고 이민자 문제를 미국에 떠넘기려는 유럽인들의 미국 대리인 역할을 한다는 인상을 줄 수 있다는 점도 알고 있었다. 줄리어스 골드만은 "시프는 미국에서의 자선 활동을 위해 유럽에서 거액을 받는 것이 현명한 일인지 심각하게 고민이 된다고 이야기했다"고 기억했다. "무엇보다 그는 미국의 여론과, 특히 정부 당국이 이런 기금이나 단체들이 미국 이민을 조장하거나 후원하는 기능을 한다고 간주할까봐 우려했다." 줄리어스에 따르면, 실제로 이민 당국이 한때 허쉬기금이 이민을 적극적으로 장려하는 것은 아닌지 조사한 적이 있다고 한다.[38]

예상대로 러시아발 새로운 대탈출은 대중의 불안을 불렀고, 워싱턴에서는 이민을 제한하려는 움직임이 활발해졌다. 1882년에 페일 유대인 정착지로부터 첫 대규모 이주가 이루어지던 시기, 의회는 미국 최초의 이민 법안을 통과시켰다. 그중 하나는 중국 노동자의 유입을 겨냥하여 향후 10년 동안 중국인의 이민을 전면 금지하는 것이었다. 이 중국인배제법The Chinese Exclusion Act은 몇 달 뒤 '1882년 이민법'으로 이어졌고, 이에 따라 기결수, '정신이상자', 정부의 구호 대상자가 될 가능성이 있는 사람들의 이민이 차단되었다. 허쉬기금의 활동이 시작되는 시점에 제정된 1891년 이민법은 10여 년 전 도입된 조치들을 강화했고, 특히 "조력assisted"이민을 불법화했다. 이 법은 매우 중요한 전환점이 되었는데, 이민 정책을 처음으로 연방정부 관할 아래 두었으며, 모든 주요 항구에 이민심사관실을 두어 입국 심사를 전담하도록 했다.

엘리스 아일랜드를 새로운 이민 창구로 꾸미는 것을 포함한 이민 업무 관리감독은 앨브레드 베이어드 네틀턴Alvred Bayard Nettleton

이라는 재무부 차관보가 담당했다. 퇴역 준장이자 전 노던퍼시픽 철도 임원이었던 그는 엄격한 법 집행을 밀어붙였다. 미국의 앵글로색슨 유산이 위태롭다고 믿었던 그는 한 연설에서 "앵글로색슨이 세운 정부에 라틴계가 너무 많이 섞여서 손해를 보고 있다"며 "이민을 막기 위해 지금 뭔가를 해야만 한다"고 단언했다.[39]

네틀턴은 조력이민자들을 적극적으로 단속했다. 이민법이 통과되고 4개월이 지난 1891년 7월, 그는 뉴욕의 이민국 직원들에게 외국 정부가 러시아 유대인들을 "원래 목적지와는 다른 곳으로 우회시키는 것"은 아닌지 "면밀히 조사하라"고 지시했다. 그 결과 일부 유대인 이민자들은 미국으로 오느라 경험한 참혹한 여정을 되돌아가야 했다. 시프의 표현대로라면 "지옥으로 돌려보내졌다."[40]

1891년 7월 말, 전직 외교관 사이먼 울프 Simon Wolf가 회장인 미국유대교신도연합 Union of American Hebrew Congregations 주도로 미국 유대인 지도자들은 재무부 장관 칠스 포스터 Charles Foster에게 시헌을 보내 이민법의 관대한 적용을 촉구했다. 이들은 미국 유대인 공동체가 러시아 이민자들이 공공재정에 부담이 되지 않도록 하겠다고 보장하는 한 그들을 빈민이나 조력이민자로 분류해서는 안 된다고 주장했다.[41] 이어 시프와 저명한 유대인들 몇 명은 포스터를 직접 만나 뉴욕 이민국 직원들에게 엄격한 단속을 완화하도록 지시하겠다는 확약을 받았다. 그러나 시프는 이것만으로는 충분하지 않다고 느꼈다. 뉴욕 변호사이자 허쉬기금의 재무담당자 맥스 콜러 Max Kohler에 따르면, 시프는 이 정책이 최고위층에서 내려온 만큼, 문제를 해결하는 유일한 방법은 네틀턴의 해임이라는 것을 "아주 분명하게 지적"했다.[42] 얼마 지나지 않아 네틀턴의 역할은 다른 재무부 인사에게 넘어갔고 그는 사임을 발표했다.[43] 이후 미국 노동연맹AFL의 대표로 정부의 이민위원회에서 활동하던 한 사람은 미국의 이민 정책에 미치는 허쉬기금의 '최면과도 같은 영향력'에 대해 경고하기도 했다.⁴⁴

시프와 그의 동료들은 이민 제한을 완화하기 위해 노력하는 한편, 공화당의 벤저민 해리슨Benjamin Harrison 대통령 행정부에 러시아에 외교적 압력을 가하라고 촉구했다. 특히 해군의 금융 업무를 대행하는 셀리그먼의 제시 셀리그먼, 전직 외교관 오스카 스트라우스와 시프 세 사람은 각자의 인맥과 재력을 기반으로 물밑에서 작업했다.

상트페테르부르크 주재 미국 공사의 질의에 대해 러시아는 유대인에 대한 어떤 차별 조치도 없다고 부인했다. 하지만 실제로는 한밤중에 유대인들이 강제로 쫓겨나고, 상점은 약탈당하거나 압류되고, 지역 당국의 묵인 아래 폭행이 자행되고, 유대인을 경제적으로 고사시키기 위해 설계된 법률이 집행되고 있었다. 시프, 셀리그먼, 스트라우스는 유대인 박해의 증거를 수집하여 국무부와 언론에 전달하는 데 집중했다. 시프는 자신의 이름이 언론에 드러나기를 원치 않았지만, 〈시카고 트리뷴〉의 편집자이자 훗날 〈뉴욕 이브닝 포스트〉의 편집자가 된 호레이스 화이트를 비롯한 언론인들과 친분이 있었다. 그는 "일간지… 그리고 깨어 있는 대중에게 큰 영향을 미치는 다른 정기 간행물을 우리 편으로 끌어들이기 위해 노력했다"고 말했다. 카셀에게 보낸 편지에서 그는 자신과 동료들이 "언론과 국무부를 통해 건전한 영향력을 행사하기 위해 매우 효과적으로 일하고 있다"고 썼다.⁴⁵

러시아의 유대인 탄압을 널리 알리기 위해 시프는 스트라우스, 이매뉴얼 리먼과 함께 〈자유 러시아Free Russia〉라는 잡지에 소액을 지원했다.[46] 이 잡지는 1890년에 차르 체제에 반대하는 영국인들이 설립한 협회 '러시아자유의친구들The Society of Friends of Russian Freedom'이 발행했으며, 전제 군주 정권의 폭정을 다루고, 러시아 국민의 자유에 대한 열망을 억압하려는 당국의 행태를 폭로하는 데 집중했다. 1891년에는 이 협회의 미국 지부가 생겼고, 새뮤얼 클레멘스Samuel Clemens(일명 마크 트웨인Mark Twain)와 제임스 러셀 로웰James Russell Lowell 같은 저명한 문인들이 참여했다. 러시아에서의 혁명적 대의를 지지하는 이러한 초창기 움직임은 탐험가이자 기자인 조지 케넌George Kennan에게서 일정 부분 영감을 받은 것이었다. 그는 1864년부터 시베리아와 베링 해협을 경유하는 러시아와 미국 간 육상 전신선 가설이 가능한 지역을 조사하기 위해 이 지역을 두루 여행한 적이 있었다(그는 한때 소련 주재 미 대사였고 냉전 시기 '봉쇄 정책containment'을 설계한 외교관 조지 프로스트 케넌George Frost Kennan의 조부와 사촌이었다). 러시아를 여행하면서 그는 점차 차르 정권의 강력한 반대자가 되었고, 1880년대 중반에는 정치범들이 수용된 시베리아의 수용소를 폭로하여 미국 전역을 크게 놀라게 했다. 〈자유 러시아〉 지원을 계기로 시프는 케넌과 인연을 맺었고, 두 사람은 러시아 제국에 대한 공동의 혐오를 바탕으로 오랜 우정을 쌓았다.

시프, 셀리그먼, 스트라우스 세 사람은 함께 또는 따로 제임스 블레인James Blaine 국무장관과 여러 차례 만나 현지의 새로운 상황을 알리고, 상트페테르부르크에 파견된 미국 특사 찰스 에머리 스미스Charles Emory Smith가 러시아 측에 러시아 정부의 유대인 박해를 더는 용인하지 않겠다는 해리슨 정부의 뜻을 제대로 전달하지 않고 있다고 불만을 터뜨렸다. 실제로 그들은 스미스가 유대인의 처우에 관한 러시아의 거짓말에 속고 있다고 생각했다.

미국 정부는 전통적으로 우방국의 내정에 개입하는 것을 꺼려했지만, 시프 등은 러시아의 잔혹한 유대인 탄압이 대량 이민이라는 형태로 미국에 직접적이고 심각한 영향을 미치고 있다고 설득력 있게 주장했다. 해리슨 정부는 이 논리에 설득되었다. 한 회의에서 국무장관 블레인은 시프와 스트라우스에게 자신이 스미스 특사에게 "러시아의 유대인 편에서 러시아 정부에 우호적인 영향력을 행사하라"고 지시했다고 밝혔다.[47] 하지만 그 지시는 거의 효과가 없었다. 블레인과의 면담 몇 달 후인 1891년 3월 말, 모스크바 경찰은 조직적으로 유대인을 추방하기 시작했다. 그들 대부분은 모스크바에 살도록 특별 허가를 받은 장인과 숙련된 노동자들이었다. 러시아 당국은 유대인 거주민에게 1년 내에 도시를 떠나는 데 동의한다는 내용의 문서에 서명을 강요했다. 서명을 거부할 경우 그들은 48시간 이내에 모스크바에서 추방되었다. 유대인들은 부동산과 재산을 헐값에 처분해야 했고, 오랜 세월 일궈온 사업과 공장을 졸지에 빼앗겼다. 쫓겨난 이들에게는 두 가지 선택지만 남았다. 암울한 삶이 기다리는 페일 정착지로 돌아가거나, 유대인을 받아주는 몇 안 되는 나라 중 하나로 이주하는 것뿐이었다.

1891년 7월 1일, 시프, 셀리그먼, 스트라우스는 해리슨 대통령을 접견했다. 대통령은 단호한 외교적 질책이 있어야 한다는 그들의 주장에 공감했다. 스트라우스에 따르면, 대통령은 확실한 조치가 필요하다는 데에는 동의하면서도 "정부가 나서기 위해서는 먼저 공식적인 보고서나 사실관계 확인이 필요하다"고 덧붙였다.[48] 해리슨은 유럽발 이민의 원인을 조사하기 위한 위원회를 만들고 위원 다섯 명을 임명했다. 위원들은 며칠 후 유럽으로 가 3개월간 실태 조사를 벌일 예정이었다. 위원회의 대표는 뉴욕항의 엘리스 아일랜드를 총괄하던 이민국장 존 B. 웨버 John B. Weber 대령이었다. 웨버는 사회적 약자들에게 우호적인 인물이었으며, 남북전쟁 당시 흑인 보병부대를 자청해 지휘한 경험이 있었다. 스트라우스는 웨버가 선출된 데에 만족감을 표하며, 대령이 "완전히 우리와 같은 생각"이라며 극찬했다.[49]

웨버와 위원회의 또 다른 위원인 월터 켐스터 Walter Kempster —유명한 정신질환 전문의—는 1891년 8월 중순 러시아 제국에 들어가, 바르샤바에서 모스크바에 이르기까지 여러 지역을 돌며 수십 차례 유대인들을 인터뷰했다. 그들은 사업장이 폐쇄되고 재산을 몰수당했으며 이유 없이 감옥에 갇히고 임산부들이 추운 겨울에 집에서 쫓겨났다는 참혹한 이야기를 들었다. 또한 눈이 움푹 들어간 수척한 유대인 재봉사를 만났는데, 그녀는 "하루에 두 끼, 눈물 젖은 검은 빵"으로 연명한 이야기를 들려주었다. 어떤 농부는 "결국 스스로 물에 빠져 죽어야 할지도 모른다"고 절망했다. 한때 성공했던 비누 제조업자는 곧 모스크바에서 쫓겨날 예정이라며, "나는 망했어요. 이제 불행할 일만 남았네요"라고 말했다.

웨버가 이끄는 조사단은 "이제까지 한 번도 본 적 없는 결핍과 고통"을 목도했다. 1891년 10월 미국으로 돌아온 이들은 러시아 정부를 신랄하게 비판하는 300쪽에 이르는 보고서를 제출했다.

우리는 다른 그 어떤 것보다 유대인 이민 조사에 더 많은 시간과 지면을 할애했다. 방문국 중 러시아를 제외하고 다른 모든 나라에서 이민은 거의 대부분 일반적인 이유 때문이었다. 하지만 러시아에서 이민은 당국의 통제 때문에 촉발된 것이었다. 이는 달리 말하면 박해를 중단하라는 황제 칙령이나 암시만으로도 이민을 멈추게 할 수 있는 여지가 있다는 점을 시사한다.

보고서는 계속해서 이렇게 적고 있다.

외국의 내정에 개입하지 않는다는 원칙은 미국을 포함한 모든 나라가 일반적으로 인정하는 바이지만, 러시아 정부에 관한 한 이 원칙이 우호적 행위로 간주될 수 없다. 유대인들이 가진 것을 빼앗긴 채 삶의 수단을 잃고 황폐해진 영혼으로 우리나라로 떠밀려 오게 만드는 것은 명백히 부당한 일이다… 이들을 그러한 비참한 상태로 우리에게 떠넘기는 행위는, 우리가 스스로를 지키기 위해 어떤 조치를 취하더라도 그것이 미국의 기본 정신이나 인간으로서의 양심에 어긋나는 일이 되게 만든다. 그래서 우리는 러시아 정부에 분명하고 강력하게 항의해야 하며, 그 목소리가 반드시 전달되고 심각하게 받아들여지도록 해야 한다.[50]

이 보고서는 러시아의 유대인 박해를 기록한 최초의 공식문서라는 점에서 역사적으로 중요한 의미를 갖는다. 시프는 보고서의 내용에 크게 고무되었고, 이것이 "박해받는 우리 동포들의 편에서 미국 정부가 러시아 정부에 영향력을 행사하는 데 크게 기여할 것"이라 믿었다.[51]

그해 말, 해리슨 대통령은 국정연설을 통해 (스트라우스의 도움으로 잘 정제된 언어로) 러시아의 상황을 공론화했다.[52]

미국 정부는 우호적인 태도로, 하지만 매우 진지하게 현재 러시아 내 유대인들에게 가해지는 가혹한 조치에 심히 우려하고 있음을 차르 정부에 표명할 기회를 갖게 되었습니다. 오랫동안 사실상 폐지되었던 반유대인 법률들의 부활로 많은 불운한 유대인들이 거주가 허락된 페일 정착지에서 호구지책을 찾는 것이 불가능해져 부득이하게 삶의 터전을 버리고 제국을 떠나야 하는 상황이 되었습니다. 많은 나라들이 그들에게 문을 닫은 지금, 이들의 미국 이주가 빠르게 늘고 있으며 머지않아 이곳에서 집과 일자리를 구하기 어려워질 것으로 보입니다. 노동시장에도 심각한 영향을 미칠 수 있습니다. 향후 수년 내에 러시아에서 100만 명이 넘는 유대인이 쫓겨날 것으로 추정됩니다. 유대인은 거지가 아닙니다. 그들은 언제나 노동을 통해 살아왔으며, 때로는 가혹하고 억압적인 시민적 제약 속에서도 그 원칙을 지켜왔습니다. 또한 어느 인종, 종파, 계층보다도 스스로의 공동체를 돌본 이들이기도 합니다. 하지만 그들이 성취한 그 작은 것들까지도 박탈하고 그들의 의지와 용기를 짓밟아 갑자기 그렇게 많은 사람들이 이주하게 되는 것은 그들에게나 우리에게나 결코 바람직하지 않습니다.[53]

한 달 조금 지나 340피트 길이의 증기선 *마실리아*Massilia 호가 268명의 러시아 유대인과 470명의 이탈리아 이민자들을 싣고 뉴욕 항에 들어왔다. 마침 승객들이 하선하는 모습을 본 웨버 대령은 '수척하고 지친' 유대인 난민들을 보고 충격을 받았다. 그들 중 일부는 '적절한 치료와 요양을 위해 즉시 병원으로 보내야' 할 것처럼 보였다.[54] 곧이어 발진티푸스 감염이 로어이스트사이드에서 발생했는데, 감염 경로를 신속하게 추적한 결과 *마실리아*호에서 비롯된 것으로 밝혀졌다. 공포에 사로잡힌 뉴욕 당국은 그 배의 승객들을 격리하기 위해 그들을 찾아 나섰고, 무시무시한 헤드라인—질병을 싣고 왔다—이 신문 1면을 장식했다.[55]

공화당 상원의원(뉴햄프셔)이자 전 해군장관인 윌리엄 이턴 챈들러William Eaton Chandler는 감염병의 발발을 계기로 새로운 이민제한법을 추진했다. 상원 이민위원회 의장이자 완고한 이민 배격론자 챈들러는 1891년 이민법 통과에 중요한 역할을 했었다. 그는 이 법이 '바람직하지 않은 계층'—그는 남부 이탈리아, 러시아, 폴란드, 헝가리의 유대인이 여기에 속한다고 규정했다—이 미국에 들어오지 못하도록 하는 데는 여전히 부족하다고 느꼈다.[56] 그는 하원 이민위원회와 함께 장티푸스 감염에 대한 합동 조사에 착수하고 뉴욕에서 청문회를 열었다. 청문회는 웨버를 첫 증인으로 소환했다. 그가 증언하는 동안 챈들러는 이민국 국장이 '극빈한 러시아 유대인들'에 대한 '연민' 때문에 눈이 멀었다고 힐책했다.[57]

챈들러는 자신의 의도를 공중보건 문제로 포장하고, 문해력 시험과 재산 요건(가구당 100달러 이상)을 비롯해 새로운 이민 승인 조건을 밀어붙였다.

뉴욕에서 청문회가 열린 며칠 후, 시프는 해리슨 대통령에게 편지를 보내 "기존 법이 극단적인 방식으로 해석될 경우" 향후 "불공정하고 엄청난 어려움"이 발생할 것이라고 강도 높게 경고했다. 지나친 이민 제한은 "편협하고 미국적이지 않다"고도 했다.

그는 이렇게 물었다. "불과 몇 년 전만 해도 우리나라의 환대를 찾아 스스로 미국으로 온 [이민자들이었던] 소수 선동가들의 요구 때문에, 혹은 단 한 척의 배에서 발생한 불운하고도 과장된 감염병 때문에 지금 이 불행한 사람들의 앞길에 그렇게 장애물을 던져놓는 것이 과연 정의롭고 공정한 걸까요?"[58]

그해 말 또 콜레라가 유행하자 챈들러는 더 대담하게 1년간 이민을 중단하자는 법안을 제출했다. 이 법안은 통과되지 않았지만,

해리슨 대통령은 프랑스, 독일, 러시아에서 도착한 3등 선실 승객들을 의무적으로 20일간 격리하는 명령을 발효했다. 이 명령은 이들 '감염된 지역'에서 온 이민자들을 '공중보건에 직접적인 위협'으로 규정했다.[59]

러시아 위기는 유대인 지도급 인사들이 정치에 관여하게 되는 새로운 국면을 불러왔다. 유대인 인사들은 이전에는 국가의 이민 정책이나 동맹국에 대한 외교적 입장에 영향을 미치기 위해 이처럼 일치된 방식으로 움직였던 적이 없었다. 이는 향후 미국의 국가 정체성의 핵심이 될 이민과 대외 정책을 두고 벌어질 외교 정책 논쟁의 전조였다. 미국은 억압받는 자들에게 피난처인가? 그리고 자국의 영향력을 인도주의적 목적으로 국외에서도 행사하게 될까? 아니면 이 나라는 콜레라건 무정부주의건 국제 문제와 영향에 등을 돌리고 문을 닫아야 하는가?

이후 30년 동안 시프는 이러한 투쟁의 중심에 서 있었다. 억압받는 동포들을 돕는 미국 유대인의 역할에 대해 이제 더 이상 양가감정에 시달리지 않았다. 이는 생존의 문제였다. 그는 이집트의 속박에서 벗어난 이스라엘인의 곤경에 비교하며 성경에 나오는 표현을 빌려 이들의 이민을 러시아로부터의 유대인 대탈출이라고 생각했다. 그리고 스스로를 자신의 자본과 영향력을 사용하여 불의의 거대한 바다를 가르고 자기 민족을 자유로 이끄는 현대의 모세라고 여겼을지도 모른다.

미국의 유대인 로비가 탄생한 이 격동의 시대를 가리키는 말이 있다. 어떤 사람들은 이 시대를 '시프의 시대'라고 불렀다.[60]

11.

한 시대의 종말

연로한 은행가 제시 셀리그먼이 젊은 은행가 제이컵 시프에 의지하여 함께 델모니코스 식당으로 들어서자 열렬한 박수갈채가 그를 맞았다. 1891년 10월 1일 목요일 저녁 8시였다. 약 200명의 하객들이 장미와 청가시덩굴로 장식된 긴 테이블 옆에 기립하여 박수를 치고, 제시의 세 딸 앨리스, 에마, 매들린이 위층 발코니에서 이 광경을 지켜보았다. 그 자리에는 낯익은 인물들로 가득했다. 전 시장 에이브럼 휴잇Abram Hewitt, 컬럼비아 대학교 총장(그리고 훗날 뉴욕 시장이 될) 세스 로우Seth Low, 마커스 골드만과 아들 줄리어스 및 헨리, 사위 샘 삭스, 솔로몬 로브, 그리고 시프와 함께 연회를 주최한 이매뉴얼 리먼 등이 자리했다. 이 연회는 제시의 평생에 걸친 자선 활동과 애국적 봉사를 기리기 위한 자리였다.[1]

다음 날 제시는 1년 여행의 첫 방문지인 유럽으로 갈 예정이었다. 그는 겨울을 보낼 이집트로 가기 전에 유럽에서 외교 임무 하나를 수행해야 했다. 해리슨 대통령은 금본위와 은본위의 두 화폐

기준에 대한 절충 가능성을 타진하기 위해 각국의 금융 당국자들을 만나보라는 특명을 그에게 맡겼다.[2]

미국은 남북전쟁 이전까지는 금과 은의 복본위제를 운용했지만, 전쟁 중 자금난에 시달리자 링컨 행정부가 그린백(법정 불환지폐)을 찍어내기 시작했다. 이후 그랜트 대통령이 1873년 주화법에 서명하면서 은화 주조를 대폭 제한하게 되었고, 이로써 미국이 금본위제로 나아가는 길이 열렸다. 많은 유럽 국가가 이미 금본위제를 채택했거나 곧 채택할 예정이었다.

이 법은 '73년의 범죄 Crime of '73'라 불리며 맹렬히 비난받았고, 이후 수십 년에 걸친 격렬한 정치적 논쟁을 촉발시켰다. 금을 기본으로 하는 '건전한 화폐 sound money'를 주장하는 동부 금융권과 은 기반 화폐의 대대적인 확대를 요구하는 중서부 농민 및 서부 광산 지역 주민들 간의 대립이었다. 〔복본위제를 채택할 경우의〕 화폐 공급량 확대는 빚을 갚기 힘든 채무자들에게 매력적이었고, 농민들은 농작물 가격 상승을 기대할 수 있었다. 1859년에 〔미국 최초의 은광인〕 콤스탁 Comstock 광산이 발견된 몬태나와 네바다의 광부들에게는 말 그대로 그들이 직접 돈을 찍어낼 수 있게 되는 것이었다.

셀리그먼과 같은 은행가들은 미국이 단독으로 복본위제로 복귀하면 심각한 경제적 결과가 초래될 수 있다고 경고했다. 그렇게 되면 국제무역이 마비되고, 유럽이 미국 재무부에 자국의 은을 떠넘기는 사이에 귀한 금은 대서양을 건너 빠져나갈 수 있다는 것이었다. 제시는 〈북미 리뷰 The North American Review〉에 기고한 글에서 "세계의 상업과 다른 통화 기준을 채택하면 수출입에 막대한 영향을 미칠 것"이며 또한 "어느 시점에는 이와 관련된 다른 모든 산업에도 직간접적으로 영향을 미칠 것"이라고 경고했다.[3] 미국 화폐 문제의 교착상태를 해결할 한 가지 가능한 방책은 미국의 주요 유럽 무역 상대국—영국, 프랑스, 독일—이 국제적 복본위제를 채택하고 함께 수용할 수 있는 금과 은의 교환 비율을 정하도록 설득하는 것이었다. 제시의 임무는 유럽의 입장을 파악하고 은 문제를 최종적으로 해결할 수 있는 국제회의 개최 가능성을 타진하는 것이었다.

만찬이 끝난 후 시가를 돌리는 사이, 시프가 자리에서 일어나 "미국 같은 나라만이 배출할 수 있는, 진실하고 가장 훌륭한 인물이자 대표적인 유대계 미국인"이라며 제시를 칭송했다. 그는 그 어느 때보다 바로 지금 그런 사람이 필요하다고 말했다.

수만 명의 불행한 우리 동포들이 편협한 모국에서 내쫓겨 이 해안가로 몰려들고 있습니다. 심지어 모국은 그들의 생존권마저 인정해주지 않고 있습니다. 중세시대의 장면이 다시 반복되고, 페르디난드Ferdinand 와 이사벨라Isabella (스페인을 공동 통치하며 1492년에 그라나다를 정복하고 그곳의 유대인에게 개종 혹은 추방을 명령했다. 콜럼버스의 신항로 개척을 후원하기도 했다_옮긴이)의 시대가 되살아나고 있습니다. 바로 이 시점에 우리는 모든 국가의 억압받는 자들에게 유일하게 안전한 보호소가 되어준, 그들 부부가 발견한 신대륙의 400주년을 기념할 준비를 하고 있습니다. 하지만 여러분, 역사 또한 반복됩니다. 15세기에 망명자들은 피난처가 되어주었던 나라의 번영에 적지 않게 기여했습니다. 반면 유럽의 지배자였던 스페인은 점점 약화되어 마침내 그 힘과 영향력을 모두 상실했습니다. 당장은 과거와 마찬가지로 다시금 편협함이 승리하는 것처럼 보일지도 모릅니다. 하지만 우리는 감히 상상할 수 있습니다. 머지않은 미래에 러시아라는 거인은 산산이 부서지고, 우리의 사랑하는 미국은 얼마나 위대하고 강력한 나라가 되어 있을지.

시프는 많은 부호들이 한자리에 모인 흔치 않은 모금 기회를 허투루 보내지 않았다. 그날 밤이 가기 전에 그는 곳곳에 약정서 양식을 돌렸고, 허쉬기금을 위한 기부금 3만 달러를 확보했다.

건배와 축사가 늦게까지 이어졌다. 마지막 연설자로 나선 뉴욕 〈메일앤익스프레스Mail and Express〉 신문 발행인 엘리엇 셰퍼드Elliott Shepard 대령은 "제시 셀리그먼과 그의 유명한 회사에 대해 그가 기억하는 것 이상으로 더 많은 것을 알고 있습니다"라면서 아마 제시는 잊고 싶어 했을 한 일화를 꺼냈다. "그는 파나마 운하 건설을 맡았습니다. 비록 이 계획은 완전히 실패로 끝나고 결국 폐기되었습니다만, 그가 그렇게 많은 일을 하는 동안 단 1센트라도 손해를 본 미국의 투자자는 없었으며 오히려 이 계획을 통해 엄청난 이익을 거두었다는 것은 그의 공적으로 인정되어야 합니다"라고 말했다.[4]

제시는 국제적 논란에 휩싸였던 과거 프로젝트가 언급되자 움찔했을 것이다. 또한 은행가들은 주주들이 수익을 올렸다는 셰퍼드의 주장에 인상을 썼을지도 모른다. 사실 파나마운하회사Panama Canal Co.의 파산은 수천 명의 투자자, 특히 프랑스의 투자자들을 한순간에 파산으로 내몰았다.

조셉의 사망 이후 셀리그먼 왕국을 물려받은 사람은 제시였다. 제임스가 가장 나이 많은 뉴욕의 파트너였지만 형제들은 오래전부터 그의 판단력을 신뢰하지 않았다. 조셉 생전에 제시는 형 못지않은 명성을 얻었고, 사교계에서는 형을 능가하는 인기를 누리기도 했다. 또한 그는 대통령과 장관들의 막역한 친구였고 자주 워싱턴에 불려가 조언을 했다. 뉴욕의 많은 고급 사교 클럽의 회원이었으며, 그의 이스트 46번가 자택에서 열리는 금요일 밤 만찬은 시프나 솔로몬 로브 같은 친구들 외에도 유명한 장군, 정치인, 신예 예술가, 음악가, 작가들이 즐겨 찾았다. 오페라 가수 애들리나 패티 Adelina Patti는 자주 초대되어 노래를 부르곤 했다.[5]

5피트 6인치의 통통한 체구인 제시는 짧은 은발에 구레나룻을 길게 길렀다. 그는 대개 일찍 일어나 마구간에서 말을 골라 타고 센트럴파크를 달린 뒤 시내의 사무실로 출근했다. 그는 외향적이고 카리스마가 있었으며 친구들에게는 매우 충직했고 조용한 성품을 지녔다. 한 친구는 "그는 '아니요'라는 말을 어찌나 친절하게 하는지 '예'라고 말하는 것처럼 들렸다"고 회상했다.[6]

1880년 제시가 형 조셉의 뒤를 이어 회사를 이끈 지 얼마 지나지 않아 회사는 경영난에 빠지게 된다. 과거 그는 골드러시 때 대담하게 캘리포니아로 진출했으며 이 덕분에 셀리그먼 제국이 성장할 수 있었다. 이 성공 경험 탓이었는지 제시는 다시 한 번 모험적인 사업에 뛰어들었고 회사를 실패의 수렁으로 이끌었다. 아이러니하게도 그를 성공과 실패로 이끈 두 길은 다 같은 곳으로 통했다. 바로 파나마였다.

프랑스 외교관이자 사업가인 페르디낭 드 레셉스Ferdinand de Lesseps는 이집트를 통과해 지중해와 홍해를 연결하는 120마일 길이의 수에즈 운하 프로젝트를 10년에 걸쳐 이끌었다. 운하가 만들어지자 유럽과 아시아 간 항로가 수천 마일 단축되었다. 이 위업으로 그는 국제적 명사가 되었다. 1870년대 말, 레셉스는 파나마 지협을 거쳐 대서양과 태평양을 연결하는 또 하나의 대역사로 관심을 돌렸다. 파리지리학회Geographical Society of Paris가 결성한 조직이 이 프로젝트를 이끌었고, 이제 70대가 된 레셉스가 그 수장이 되었다. 이 조직은 콜롬비아 정부로부터 파나마를 관통하는 운하 건설의 독점권을 확보했다.

당시 파리에 주재하던 윌리엄 셀리그먼은 레셉스의 계획에 자금을 지원하자고 동생 제시에게 제안했다. 프랑스에서는 〔셀리그먼의 프랑스 지사격인〕 셀리그먼프레르앤시에가 방크드파리 Banque de Paris 와 함께 공동 인수단을 구성해 최근 설립된 파나마운하회사의 주식을 판매했다. 미국에서는 셀리그먼이 투자은행 드렉셀모건, 윈슬로라니에 Winslow Lanier 등과 손을 잡았다. 다만 애초부터 미국 쪽 회사들은 대체로 홍보 역할 정도에 그친 것으로 보였다.

프랑스가 주도한 이 프로젝트는 미국에서는 그다지 인기를 끌지 못했다. 헤이스 대통령과 의원들은 이 사업이 먼로 독트린 Monroe Doctrine (유럽과 아메리카 대륙 간 상호 불간섭을 주요 내용으로 하는 외교 방침_옮긴이)에 위배된다고 여겼으며, 확실하게 미국의 통제 아래 있지 않은 어떤 운하 건설도 반대했다. 유럽 투자자들 입장에서도 미국 정부가 이 사업을 방해할 수 있다고 믿는다면 투자에 나서기 어려웠다. 실제로 1879년에 레셉스의 파나마운하회사의 주식 판매는 바로 그런 이유로 큰 관심을 끌지 못했다. 레셉스는 미국의 태도를 바꾸거나 아니면 적어도 미국이 지지한다는 모양새를 만들 필요가 있었다. 그는 미국 정부를 대신해 사업을 진행한 전력이 있는 유명한 미국 은행 셀리그먼이 지원한다면 그러한 인식을 만들어낼 수 있다고 생각했다. "이 합작의 목적은 명약관화했다"라고 훗날 의회 특별위원회는 결론을 내렸다. "미국 자본, 즉 가장 존경받는 대리기관 중 일부가 이 사업을 지원하며 미국인들이 운하의 주주가 되려 한다는 인상을 널리 퍼뜨리는 것이었다."[7]

미국 측 인수단—레셉스는 이를 자신의 '미국 위원회 Comité Américain'라고 불렀다—의 역할은 주로 미국에서 이 사업을 홍보하고 일부 미국 정치인들에게 인기 있던 다른 방안, 즉 니카라과를 통과하는 운하 건설에 반대하는 데에 있었다. 니카라과 운하를 지지하는 대표적인 인물은 율리시스 그랜트였다. 제시는 경쟁 안에 대한 전임 대통령의 지지를 무효화하고 동시에 오랜 친구의 정치적 인맥을 활용하기 위해 '미국 위원회'의 의장직을 제안했다. 종신직에 연봉 2만 5,000달러의 조건이었지만 그랜트는 현명하게도 이를 거절했다. 그랜트는 솔직하게 털어놓았다. "나는 내 이름이 두 대양 간 선박용 운하가 성공적으로 완성되었다는 사실과 함께 기억되길 바라지만," "실패할 게 분명하고 투자자들이 투자한 돈을 모두 잃을 것이라 믿는 사업에 내 이름을 얹고 싶진 않네."8 결국 제시는 친분이 두터운 해군장관 리처드 위긴턴 톰슨Richard Wigginton Thompson을 영입했고, 톰슨은 곧바로 헤이스 내각에서 사퇴하고 그가 봉직했던 행정부의 정책과 상충하는 사업을 홍보하러 나섰다.

1880년 10월, 제시는 한 신문 인터뷰에서 반대하는 사람들을 향해 "이 프로젝트는 전적으로 민간사업이며, 우리는 성공을 확신합니다"라고 응수했다. "수에즈 운하만 보더라도 이와 같은 사업이 수익성이 있다는 것을 충분히 알 수 있습니다. 이 운하가 건설되면 당연히 미국이 가장 큰 혜택을 보게 될 것입니다. 공사에 사용할 모든 기계장비를 미국에서 구매할 테니까요. 이 계획이 충분히 알려지고 제대로 평가받으면 투자하려는 사람도 많아질 겁니다."9

1880년 12월에 파나마운하회사의 주식이 다시 일반에 공개되자 레셉스와 은행가들이 예상했던 것 이상으로 반응이 뜨거웠다. 10만 명 넘는 사람들이 주식을 사겠다고 몰려들었고, 그 결과 사업에 필요한 4억 프랑을 쉽사리 끌어모았다. 대부분의 주식은 프랑스에서 팔렸고, 셀리그먼프레르는 막대한 수수료를 챙겼다. 반면 미국에서는 거의 관심을 끌지 못해 미국 투자자들이 구매한 주식은 고작 800만 달러 정도에 불과했다. 그럼에도 불구하고 셀리그먼-드렉셀-라니에 인수단은 큰 수익을 올렸다. 레셉스의 회사는 이들 은행에 사실상 단지 이름을 빌려준 대가로 40만 달러씩 지급했다.[10]

처음부터 이 운하 사업은 기술적 난관, 열대병 창궐, 끊임없는 사기와 부패로 문제가 많았다. 캘리포니아의 전 공화당 하원의원 던컨 맥킨레이 Duncan McKinlay 는 1912년 그의 책에서 이 사업에 대해 "파나마 지협에서 오래 산 사람들에게 물어보면 조달한 자금 중 1/3은 그냥 허비되었고, 1/3은 뇌물로 쓰였으며, 나머지 1/3만 실제 운하 건설에 쓰였다고 대답할 것"이라고 썼다.[11] 1880년대 말이 되자 레셉스는 운하의 1/3밖에 건설하지 못했지만 조달한 자금을 전부 소진했다.

1889년, 자금이 고갈되자 작업은 중단되었고 파나마운하회사는 파산했다. 이 사건을 계기로 켈 파나마quel Panama—'엉망진창'이라는 뜻—라는 표현은 프랑스어 사전에도 등재되었다.[12] 회사의 파산이 가져온 충격은 곧 분노로 바뀌었다. 파나마운하회사가 프랑스 국회의원들에게 뇌물을 제공했고, 그 대가로 의회는 이 회사가 1888년 6억 프랑 규모의 채권을 발행하도록 승인해준 사실이 드러났기 때문이었다.[13] 프랑스 정부는 조사에 착수했고, 페르디낭 드 레셉스와 아들 샤를 드 레셉스는 부패 혐의로 재판에 회부되어 둘 모두 징역 5년을 선고받았다(연로한 아버지는 건강 문제로 복역을 피했고, 아들은 1년간 복역했다).

이 스캔들의 파장은 수백만 프랑을 탕진하며 투자자들을 빈털터리로 만들고 경영자와 공직자들을 감옥으로 보내는 데 그치지 않았다. 프랑스 정치인들에게 뇌물을 준 것으로 지목된 사람들 중 셋이 유대인이었는데, 이를 빌미로 반유대주의 정서가 고조되었다. 에두아르 드뤼몽Edouard Drumont 과 같은 선동가들은 유대인들이 은밀하게 프랑스의 제도와 부를 지배한다는 악의적인 담론을 퍼뜨렸다.[14] 이런 분위기에서 1894년에 또 다른 논란이 빚어졌다. 프랑스 육군의 젊은 유대인 포병 장교 알프레드 드레퓌스Alfred Dreyfus 가 파리 주재 독일 대사관에 군사기밀을 넘긴 혐의로 반역죄 판결을 받은 것이다. 드레퓌스는 결국 무죄로 밝혀졌지만, 그를 석방하기 위한 12년에 걸친 투쟁은 프랑스 사회를 깊이 분열시켰으며, 그의 결백에도 불구하고 반유대주의 정서는 급속하게 확산되었다.

제시는 미국의 유럽 동맹들과 국제 복본위제에 대한 구체적인 합의점을 찾지 못한 채 1892년 가을 뉴욕으로 돌아왔다. 유럽의 동맹국들은 [미국이 복본위제를 채택할 경우] 남아도는 은을 아주 흔쾌히 미국 재무부에 떠안기려는 태도를 보였다. 그가 유럽에 머무는 동안 운하 스캔들이 프랑스를 뒤흔들었고, 돌아와서 보니 미국에서도 여전히 신문들이 실패한 운하 기사를 보도하고 있었다. 또한 오랜 친구 제이 굴드의 건강이 나빠졌다는 소식도 들렸다.

굴드와 제시는 한 블록 떨어진 곳에 살았고, 제시는 이 거물의 핍스 애비뉴 저택에 초대받는 단골손님이었다. 굴드는 월스트리트에서 가장 악명 높은 투기꾼이자 도금시대의 대표적인 악덕 자본가로 비난받았지만, 그의 사생활은 대중적 평판과 극명하게 달랐다. 그는 희귀식물과 꽃으로 가득한 온실을 세심하게 돌보며 가족에 헌신하는 사람이었다. 그를 잘 아는 사람은 거의 없었으나, 제시는 이 거물의 수수께끼 같은 모습을 꿰뚫어 본 몇 안 되는 이들 중 한 명이었다.[15]

수년 전 굴드와 셀리그먼은 웬만해서는 회복되기 힘든 수준의 사업상 분쟁을 치렀다. 셀리그먼이 상당량의 지분을 보유한 세인트루이스-샌프란시스코철도(약칭 프리스코 Frisco)는 아칸소주 월드론 Waldron 과 아칸소강 남쪽의 리틀록 Little Rock 을 잇는 철도를 건설하고자 했다. 반면 강 북쪽의 철도를 소유한 굴드는 이 사업에 강력하게 반대했다. 이들의 갈등은 실제 폭력 사태로 비화했다. 굴드는 무장한 인부들을 동원해 프리스코의 선로를 파괴하고 작업 중이던 노동자들을 공격했다. 《셀리그먼 가문》의 저자 린턴 웰스에 따르면, "셀리그먼 측도 당연히 반격에 나서 눈에는 눈, 이에는 이로 맞섰다. 한동안 하루라도 사람 한두 명이 죽지 않는 날이 드물었다"고 한다. 유혈 충돌은 몇 주 동안 계속되다가 겨우 중단되었다.[16]

굴드와 제시의 친분은 그 격렬한 충돌 이후에도 이어졌다. 폐결핵으로 고생하던 굴드가 1892년 12월 세상을 떠났을 때 장례식에서 제시가 흐느끼는 광경이 목격되었다. 몇 주 후, 제시는 한 기자에게 굴드는 "이번 세기 가장 오해받았고, 가장 중요하며, 가장 복잡한 기업가"라고 말했다. 굴드가 저지른 악명 높은 범죄 행위에도 불구하고 제시는 그가 부당한 비난을 받았다고 생각했다. "내가 보기에 굴드는 도덕적으로 동시대의 다른 사업가들보다 더 낫거나 더 나쁘거나 더 다르지 않았다"고 말하면서, "나는 그들 모두를 알고, 제이 굴드는 그 누구보다도 잘 알지. 내가 말할 수 있는 건, 그와 같은 편이었건 맞서 싸운 상대건 그 누구보다 굴드가 더 욕먹을 이유는 없다는 거야"라고 덧붙였다. 제시는 스스로에게 되물었다. 밴더빌트나 록펠러와 같은 거침없는 거대 자본가들과 굴드는 무엇이 달랐을까? 제시 자신과는 또 무엇이 다른가?[17]

제시는 머지않아 굴드가 사업을 하던 내내 휘말렸던 논란을 약간이나마 직접 경험하게 되었다. 1892년 12월 말, 조지프 퓰리처 Joseph Pulitzer 의 〈뉴욕 월드 New York World〉는 "파나마 스캔들은 미국과도 연결되어 있다"며 셀리그먼 주도의 인수단이 감독하던 '미국 위원회'를 통해 출처가 불분명한 200만 달러 이상의 자금이 흘러갔고, 이 중 일부가 운하 사업에 반대하는 의회를 무마하기 위한 뇌물로 사용되었다고 보도했다.[18] 이듬해 1월, 하원은 특별위원회를 열어 파나마 스캔들 조사에 들어갔다. 그리고 1893년 2월, 제시는 첫 증인으로 소환되었다.

하원 특위에서는 '미국 위원회'의 불투명한 역할에 대해 질문이 잇따랐다. 제시는 '미국 위원회'의 목적은 "회사의 이익과 중립성 보호"였으며 "논란을 조정하고 사업 반대 여론을 잠재우고자 했다"고 애매하게 대답했다.[19] 제시는 그랜트 전 대통령에게 위원회 의장을 제안했던 것과 관련해서도 질의를 받았다. 한 의원은 "그랜트는 훌륭한 금융가도, 위대한 정치인도 아니지 않느냐?"고 물었다.

이에 제시는 "그는 내 절친한 친구입니다. 나는 항상 내 친구들을 돌봅니다"라고 거리낌 없이 대답했다.[20] 실제로 1885년 암으로 사망한 이 전직 대통령은 제시 셀리그먼이 없었더라면 가난하게 말년을 보냈을지도 몰랐다. 퇴임 후 그랜트는 퍼디낸드 워드 Ferdinand Ward 라는 친화력과 언변이 좋은 금융업자와 사업을 시작했지만, 그는 사기꾼으로 밝혀졌다. 워드의 폰지 사기는 1884년에 극적으로 무너지며 그랜트의 소박한 재산을 송두리째 날려버렸다. 제시는 다시 한 번 가까운 사람에게 배신당한 그랜트를 위해 금전적 지원을 아끼지 않았고, 그가 회고록을 집필해 출간하는 데 도움을 주었다. 그가 죽은 직후 출간된 회고록이 호평을 받은 덕에 그

의 유족은 어느 정도 경제적 안정을 되찾을 수 있었다.[21]

하원 특별위원회 조사는 제시가 청문회장에서 몇 시간 불편했을 뿐 별다른 성과 없이 끝났다. 계속되는 의혹에도 불구하고 '미국 위원회'가 뇌물을 주었거나 셀리그먼이 위법 행위를 했다는 의혹을 입증하는 증거는 드러나지 않았다.

경제가 또 다른 공황에 휩싸이지 않았다면 제시는 이 스캔들로 인해 계속 불편한 관심을 받았을 수도 있었다. 공황의 원인은 부분적으로 은화 문제가 해결되지 않았기 때문이었다.

1890년 '은화 자유주조free silver' 운동—은의 무제한 주조를 지지하는 세력—의 지지자들을 달래기 위해 의회는 정부가 매달 450만 온스의 은을 구입하고, 그 대가를 금 또는 은으로 교환할 수 있는 새 재무부 지폐로 지급하도록 하는 법안을 통과시켰다. 그러자 미국의 불확실한 통화 상황을 우려한 유럽의 투자자들은 미국의 각종 유가증권을 대량 매도했고, 금의 해외 유출이 증가했다. 미국인들 역시 은을 보다 안정적인 자산인 금으로 바꾸기 시작했다. 미국의 금 보유고는 점차 줄어들었고, 1893년 4월에는 정부의 지급 능력을 보장하기 위해 의회가 정한 최소 기준선인 1억 달러 아래로 떨어졌다. 몇 주 후 주식시장은 곤두박질쳤다. 이어지는 경기 침체로 수백 개의 은행과 수천 개의 기업이 도산했다. 그중에는 한때 막강했던 유니언퍼시픽을 비롯한 수많은 철도회사도 포함되었다.

위기는 제시가 개인적으로도 큰 시련을 겪고 있을 때 닥쳤다. 1893년 4월 13일, 제시는 핍스 애비뉴와 39번가 북동쪽 모퉁이에 자리한 앤 여왕 시대 양식의 유니언리그클럽 건물에 도착했다. 제시로서는 뜻깊은 날이었다. 클럽은 제시의 큰아들 시어도어를 비롯한 신입회원을 투표로 결정할 예정이었다. 시어도어는 인기 있는 젊은 변호사로, 제시의 한 친구는 그가 "아버지를 빼박았다"고 표현했다. 집안 배경을 고려할 때 시어도어는 '클럽 회원으로 적합한' 사람으로 여겨졌다. 클럽은 남북전쟁이 한창이던 1863년에 부유한 공화당원들이 링컨 대통령과 연방정부를 지지하기 위해 만든 단체였다. 회원이 되기 위해서는 공화당 당원이어야 했고 '미국 정부에 대한 절대적이고 무조건적인 충성'이 필요했다. 제시와 고인이 된 형 조셉은 일찍부터 클럽의 회원이었으며, 제시는 14년간 부회장으로 봉사했다. 그의 저택에서 불과 몇 블록 떨어진 이 고급 클럽하우스는 폼페이 스타일 도서관과 떡갈나무로 벽을 두른 식당을 갖추었다. 제시에게는 마치 제2의 집과 같은 곳이었다.

그는 당연히 아들도 이 클럽의 회원이 되기를 원했다. 엘리트 사회에서는 단지 재산만이 아니라 사회적 지위까지도 자녀에게 물려주는 것이 관례였다. 제시는 클럽의 임원 모두를 상대로 로비를 했다. 시어도어의 이름에 투표할 차례가 되자 후일 국무부 장관이 될 엘리후 루트Elihu Root, 다음 해 뉴욕 시장으로 선출되는 윌리엄 스트롱William Strong, 은행가 코넬리어스 블리스Cornelius Bliss 등 저명한 회원들이 줄지어 그의 입회를 지지하는 발언을 했다.

그러나 투표 결과 뜻밖에도 시어도어의 입회 신청이 부결되었다. 몸을 부르르 떨며 자리에서 일어난 제시는 눈물을 머금은 채 떨리는 목소리로 동료 회원들에게 사직하겠다고 밝혔다. "아버지인 내가 회원이 되었다면 내 아들도 마땅히 받아들여져야 했습니다."²² 그의 목소리에는 분노보다 상실감이 가득했다.

제시와 가까운 사람들은 "말도 안 돼!"라며 수군거렸다. 곧 시어도어가 거부당한 이유가 밝혀졌다. 반대한 사람들에게 특별한 근거는 없었다. 그가 유대인이었을 뿐이었다. 제시 외에 전 뉴욕 하원의원 에드윈 아인슈타인Edwin Einstein이라는 유대인 회원이 한 명 더 있었지만, 클럽 회원들은 더 이상 유대인 회원을 받기를 꺼렸다(시어도어의 입회가 거부되자 아인슈타인도 탈퇴했다).

한 클럽 회원은 "클럽을 자주 찾는 회원 다수가 유대인 입회에 반대했다"고 〈뉴욕 타임스〉에 밝혔다. "시어도어 개인에 대한 반감이 아니라, 유대인은 종교가 다른 사람들과는 선뜻 사회적으로 어울리려 하지 않는다는 일반적인 믿음 때문인 것 같다"고도 했다.[23]

10여 년 전 조셉이 그랜드유니언 호텔에서 쫓겨났을 때처럼, 시어도어가 클럽에서 퇴짜 맞은 일도 언론의 1면을 장식했다. 한 기자가 다음 날 사무실로 찾아갔지만, 제시는 전날 일에 대해 말을 아꼈다. "사적인 문제일 뿐입니다." 그래도 기자가 계속 질문하자 그는 아들이 '불쾌한 종교적 편견'의 희생자라고 인정했다.

옆에 앉아 있던 제임스가 "이건 공화낭에 선혀 좋을 것이 없다고 이야기해도 돼"라며 한마디 거들었다. 제시는 형이 멈추기를 바라며 고개를 저었지만 제임스는 계속했다. "도대체 종교가 그 클럽과 무슨 상관이 있나요? 사실 나는 이런 편견이 널리 퍼져 있고 제시 셀리그먼처럼 당에 봉사한 사람의 아들을 거부하는 이 나라는 자유로운 나라라는 생각이 들지 않습니다. 이번 일은 공화당에 해가 될 겁니다."[24] 실제로 공화당 지역 조직은 이 일이 유대인의 지지에 악영향을 미칠 것을 우려해 유니언리그클럽을 공식 비난하고 차별을 행하는 모든 단체를 규탄하기로 결의했다.[25]

그렇지만 가장 큰 상처를 입은 사람은 제시였다. 이 일의 여파로 그는 급속도로 쇠약해졌다. 클럽 투표 당시 제시 옆에서 친구의 '아버지로서의 고통'을 목격했던 노아 데이비스는 "그 고통의 무게

는 전혀 줄어들지 않는 것 같았다"고 회상했다.[26]

1894년 4월, 유니언리그클럽 투표가 끝나고 거의 1년이 지나 제시는 아내 헨리엣 및 딸 에마와 함께 전용 열차를 타고 미국 횡단 여행을 떠났다. 그가 형제들과 함께 투자했던 철도 구간을 따라 서부로 향한 것이었다. 한때 몇 달이 걸리던 캘리포니아에 이제 며칠이면 닿을 수 있었다. 가족들은 따뜻한 곳에서 지내면 제시의 신장 질환에 도움이 될 것이라 생각했다. 하지만 여행 도중 그의 상태가 나빠졌다. 가는 도중에 폐렴에 걸렸고 샌디에이고만이 내려다보이는 해변 리조트인 델코로나도에 도착했을 때는 위중한 상태였다. 4월 23일 일요일 오전 9시경, 그는 숨을 거두었다. 다음 날 셀리그먼앤컴퍼니는 또 한 명의 리더를 애도하기 위해 문을 닫았다.[27]

철도 재벌 콜리스 헌팅턴Collis Huntington은 셀리그먼 가족이 제시의 시신을 뉴욕으로 옮길 수 있도록 세 량짜리 전용 열차를 제공했다. 제임스 셀리그먼은 올버니에서 기다리다 가족과 함께 그랜드 센트럴 역으로 갔다. 그곳에는 히브리고아원의 이사들이 기다리고 있었다.

며칠 후 제시의 장례식 당일 아침, 유니언리그클럽의 60인 대표단은 조의를 표하며 클럽하우스에서 이매뉴얼 회당까지 핍스 애비뉴를 따라 행진했다.[28] 회당 안에는 히브리고아원의 어린이 합창단 150명이 애도의 찬송가를 불렀다. 제시의 자택이 위치한 이스트 46번가의 이웃인 오랜 친구 이매뉴얼 리먼이 운구를 맡았다. 리먼과 셀리그먼은 긴밀히 협력하며 자선 사업을 함께 했었고, 특히 히브리고아원에 각별히 애정을 기울였다. 고아원 원장 허먼 바는 "그 둘은 마치 자비와 인간애를 응원하는 신혼부부처럼" 이사회 회의를 했다고 기억을 떠올렸다.

이매뉴얼 리먼은 친구의 죽음에 대해 "그를 오랫동안 알고 지낸 제게는 돌이킬 수 없는 상실"이라고 말했다. 그는 제시의 고아원 이사장 자리를 이어받았다. 제시의 또 다른 자선가 친구 시프는 제시의 장례식에 참석하지 못했다. 그는 제시가 죽었다는 소식을 프랑크푸르트에서 듣고는, 제시는 "우리 세대에서 가장 중요한 유대계 미국인"이라며 안타까운 마음을 토로했다.[29]

예배가 끝나고 장례 행렬은 23번가의 페리 선착장으로 향했다. 선착장에서는 세 척의 배가 이스트강을 건너 셀리그먼 일가의 묘지가 있는 세일럼 필즈까지 조문객들을 실어 날랐다. 그의 형제들—에이브러햄은 1885년 프랑크푸르트에서 사망했다—은 80대와 90대까지 생존했다. 막내인 아이작은 93세까지 살다가 1929년 대공황 직전에 세상을 떠났다. 제시의 죽음은 셀리그먼 일가 역사의 한 장을 마감하는 사건이었다. 그가 사라지면서 셀리그먼의 영향력은 점차 약해졌고, 그 자리를 시프의 쿤로브가 차지하면서 국제 금융계의 새로운 강자로 떠오른다.

조셉의 손자 조지 헬먼에 따르면, 회사 경영은 "부모 세대가 물려준 기회를 최대한 활용하지 못한" 아들 세대로 넘어갔다. 제임스, 조셉, 제시의 아들들은 부유하게 자랐지만 추진력은 부친들만 못했다. 그들은 이미 '아메리칸 드림'을 실현한 삶을 살고 있었기에 굳이 새로운 성공 신화를 쓰려 하지 않았다.

조지 헬먼은 셀리그먼 사촌들이 기꺼이 회사의 핵심적인 업무를 앨버트Albert 와 프레더릭 스트라우스Frederick Strauss 형제에게 넘겼다고 말했다. 셀리그먼 일가가 아닌 사람들로서는 최초로 회사의 파트너가 된 사람들이었다. "셀리그먼 일가는 여행과 스포츠, 문화적 취향을 즐기는 데 많은 시간을 썼다."[30]

제시가 사망한 후 일단은 조셉의 아들 아이작 뉴턴(아이크)이 가족 기업의 경영권을 물려받았다. (사업상 파트너였던 아이크의 큰형 데이비드는 1897년 맹장수술 후 47세의 나이로 갑작스레 사망했다. 조셉의 막내아들 앨프리드 링컨 역시 충돌한 차에서 튕겨 나가 연석에 머리가 먼저 부딪혀서 요절했다).[31] 1883년, 아이크는 아름답지만 감정적으로 여린 솔로몬 로브의 딸 구타와 결혼해서 제이컵 시프와 동서지간이 되었고, 이로써 셀리그먼과 쿤로브의 유대관계는 더욱 탄탄해졌다. 늘씬하고 잘생긴 외모에 턱 중앙을 가르듯 기른 풍성한 턱수염이 특징인 아이크는 운동을 좋아하고 시민의식까지 두루 갖추었으며, 세상을 떠난 아버지처럼 '좋은 거버넌스' 운동가이자 윤리문화협회 회원이었다. 그는 컬럼비아 대학교 조정 선수였고 아동 노동 규제에서 매춘의 비범죄화에 이르기까지 다양한 사안을 다루는 수많은 위원회와 자선단체에서 활동했다. 사교적이고 인기도 많았던 그는 골프를 칠 때 능청스레 공을 러프에서 차내거나 타수를 조금씩 줄이는 식으로 살짝 속임수를 쓰는 걸로도 유명했다. 그의 골프 친구들은 그런 행동을 불쾌하게 여기지 않았는데, 그가 꼭 이기려고 그 반칙을 한 게 아니기 때문이었다. 조지 헬먼은 "만약 그의 상대편—특히 여성—의 공이 나쁜 위치에 떨어지면 그는 '이게 제 공인가요, 당신 공인가요?'라고 묻고는 자기 것이 아니라고 말하면서 상대편이 치기 좋은 자리에 공을 옮겨주었다"고 회상했다.[32]

경마광인 제시의 아들 헨리와 제임스의 아들 제프 역시 셀리그먼의 선임 파트너였다. 제프는 아버지의 뉴욕 증권거래소 회원권 (뉴욕 증권거래소는 과거에는 회원권이 있어야 중개인 역할을 할 수 있었다. 2006년 상장회사로 전환되면서 회원권 제도는 폐지되고 연간 수수료를 내고

라이선스를 구매해야 거래소에서 거래를 할 수 있게 바뀌었다_옮긴이)도 물려받았다. 그는 괴짜로 유명했는데, 과일과 생강이 두뇌를 맑게 해준다고 믿고 회사의 파트너와 직원들에게 자주 나눠주었다. 또한 입맞춤이 악수보다 위생적이라는 이론을 믿었고, 그가 사는 어퍼이스트사이드의 호텔 스위트룸 옷장에는 여러 정부情婦에게 나눠주기 위한 여성복이 가득했다.[33]

기행은 제임스 가족 대부분의 특징이었다. 제임스의 외손녀 페기 구겐하임Peggy Guggenheim은 셀리그먼가의 이모와 외삼촌들이 미발표 희곡 작가 드윗을 제외하고는 모두 "괴상하거나, 심지어 미쳤다"고 썼다. 외삼촌 워싱턴은 "(속을 달래기 위해서) 늘 숯을 먹었고, 그래서 치아가 시커멓게 됐다. 아연으로 안감 처리된 주머니에는 얼음을 넣고 다니면서 빨아먹었고, 아침 식사 전에 위스키를 마셨고 음식은 거의 먹지 않았다. 외삼촌과 이모들 대부분이 그랬듯 그도 노박을 아주 좋아했다. 돈이 나 떨어지면 외할아버지에게서 돈을 더 받아내려고 죽어버리겠다고 협박하곤 했다"고 썼다.[34]

이것은 단지 위협이 아니었다. 1887년, 가족들이 워싱턴에게 매춘부로 보이는 젊은 여성과의 관계를 끊으라고 강요한 적이 있었다. 한 신문은 그녀가 시골 출신이라며 "도시에 온 이후 다소 방탕한 삶을 살긴 했지만 이 시골 아가씨의 순박함은 아직 남아 있었다"라고 에둘러 표현했다.[35] 워싱턴은 플로리다 세인트어거스틴 호텔 방에서 스미스앤웨슨 리볼버 권총으로 자살을 시도했다. 죽지 않고 살았지만, 수년 후 두 번째 자살을 시도했다. 그는 목에 깊은 상처를 입은 채 호텔에서 발견되었고 다시 한 번 목숨을 건졌다. 그는 경찰에 이렇게 진술했다. "20년째 신경질환을 앓았는데, 며칠 전부터 증상이 훨씬 심해졌습니다. 두려웠어요. 게다가 최근 월스트리트에서도 온갖 곤란을 겪었고요. 그래서 모든 걸 끝내기로 결심했습니다."[36] 1912년, 워싱턴은 세 번째로 자살을 시도했고 이번에는 성공했다. 그는 뉴욕의 호텔 제러드의 자기 방에서 봉투에 한 줄의 유언만 남긴 채 머리에 총구를 겨누고 방아쇠를 당겼다. "평생의 고통에 지쳤다."[37]

셀리그먼 가문의 다른 후손들도 정신질환에 시달렸다. 워싱턴이 자살하고 몇 년 후, 미디어는 또 다른 셀리그먼의 극적인 죽음을 보도했다. 제시의 손자이자 그의 이름을 딴 제시 L. 셀리그먼이 세 살배기 딸을 옆방에 두고 아내를 총으로 쏜 후 자신도 쏘았다. 그는 "다른 방법이 없었다"는 짧은 유서를 남겼다.[38] 수십 년이 흐른 후, 역시 할아버지의 이름을 딴 아이크의 아들 조셉 L. 셀리그먼 역시 스스로 목숨을 끊었다.[39]

조셉 그리고 그 뒤를 이은 제시는 수년간 갈등 속에서도 가문의 파트너십을 유지했다. 하지만 삼촌 제시가 세상을 떠나자 아이크는 이를 해체하려 했다. 아이크 역시 아버지 조셉처럼 유럽 지사를 맡은 가족들과 자주 충돌했다. 그는 윌리엄은 '너무 탐욕스럽고' 헨리는 '너무 신중하다'고 여겼고, 삼촌 아이작은 아예 '런던의 샤일록'이라고 불렀다.[40]

프랑크푸르트와 파리에서 투자를 잘못하여 뉴욕 본사의 자본이 위험에 처하자 아이크는 삼촌들이 시대에 뒤처졌다고 생각했다. 아버지 세대는 철도 건설 자금을 조달하고 사회 인프라와 대규모 산업 기업들을 금융 지원하는 데 주력했던 반면, 그의 세대는 부채가 많은 기업을 구조조정하고, 대규모 합병을 통해 산업을 거대한 결합체로 통합하는 데 특화되어 있었다. 이러한 거대 독점 형성 방식은 특히 모건화Morganization라고 불렸는데, 존 피어폰트 모건은 이를 예술의 경지로 끌어올렸다는 평가를 받았다. 그사이 금융 권력의 중심은 점차 유럽에서 미국으로 옮겨 오고 있었다.

아이크와 뉴욕의 사촌들은 회사를 재편할 계획을 세웠다. 그는 1897년 봄에 유럽으로 건너가 '가족 파트너십'을 끝내는 문제를 놓고 삼촌들과 논쟁적인 회의를 거듭했다. 1897년 7월 1일, 셀리그먼 형제들과 그들의 유산 집행인들은 오랜 파트너십 체제를 청산하는 데 합의했다. 분할해야 할 자본금은 자그마치 7,831,175.64달러로, 절반 이상이 미로처럼 얽히고설킨 투자에 묶여 있었다. 이 복잡한 정산 작업은 제임스 셀리그먼의 '거의 정상적인' 아들 드윗에게 맡겨졌고, 무려 5년이 걸렸다. 다만 셀리그먼 형제들이 그들 사이의 비즈니스 관계를 완전히 단절한 것은 아니었다. 반세기 넘게 함께 한 사업을 단번에 끊는 것은 불가능했기 때문이다. 유럽의 지사들은 여전히 뉴욕의 셀리그먼에 투자했고, 뉴욕의 본사 역시 유럽 지사들의 지분을 보유했다. 그러나 이제 '미국의 로스차일드'의 시대는 대단원의 막을 내렸다.[41]

1897년 6월 21일, 아이크와 그의 삼촌들이 각자의 회사를 분리하기 위해 마지막 세부 사항을 조율하던 무렵, 림파르 출신 두 형제가 일군 또 하나의 파트너십은 예상치 못한 방식으로 끝났다. 메이어 리먼이 괴저 수술 직후 갑작스레 세상을 떠난 것이다. 며칠 뒤 그의 장례일 아침, 그가 오랜 세월 활동했던 면화거래소는 그를 기려 장을 열지 않았다. 메이어가 오랫동안 이사로 재직했던 이매뉴얼 회당은 다시 한 번 애도객으로 가득 찼다. 장례 예배 후 시프와 가족 및 친구들이 그의 관을 들고 세일럼 필즈로 향했다.[42]

메이어가 사망했을 당시 리먼 브라더스의 장부에 기재된 회사

가치는 약 800만 달러—1879년에는 200만 달러—였다. 리먼의 파트너였던 프랭크 만하임은 이 회사의 꾸준한 성장은 감탄할 만하지만 당시의 기준으로 보면 특별한 수준은 아니었다고 언급했다. "당시는 믿기 어려운 정도의 부의 축적이 이어진 시기였고, 리먼 형제의 월스트리트 이웃 중 수백 명이 더 많은 돈을 더 빠르고 화려하게 벌었다."[43] 반대로 그만큼 극적으로 파산한 사람들도 많았다. 그런 가운데 리먼 브라더스는 연달아 닥친 금융 위기에서도 회사를 지켜냈는데, 이는 그들이 대체로 보수적이고 투자 대상을 매우 신중하게 골랐기 때문이었다. 메이어와 이매뉴얼 리먼의 수석 비서 앨리스 브레너는 "우리는 '당신의 할아버지가 누군지 알아야 당신과 거래할 수 있다'고 말할 정도였다"고 회상했다.[44]

리먼 형제는 동시대 월스트리트 은행가들을 벼락부자로 만들거나 파멸시키거나 했던 철도 광풍에는 대체로 무관심했다. 그들이 보유한 얼마 안 되는 철도 이권도 대부분 남부에 집중되어 있었다. 하지만 19세기 말의 합병 열풍에는 적극 참여했다. 리먼 브라더스는 상당한 지분을 갖고 있던 한 곳을 포함해 다수의 회사들을 아메리칸코튼오일컴퍼니American Cotton Oil Co.로 합병하는 과정에서, 코튼시드오일트러스트Cottonseed Oil Trust 조직에 협력했다. 또한 코튼덕트러스트Cotton Duck Trust에도 참여해 자신들이 앨라배마에 소유한, 7만 6,000개의 스핀들을 갖춘 방직 공장을 미국 코튼덕(두껍게 짠 면직물) 시장의 85퍼센트를 장악한 대형 섬유 기업에 합병시켰다.[45]

핵심 사업은 여전히 상품commodities 거래였지만, 리먼 브라더스는 광업, 제조업, 부동산, 보험 등 다양한 산업에도 손을 뻗었다. 형제들은 뉴욕에 여러 은행을 설립하거나 운영에 참여했고, 이매뉴얼은 이스트리버가스회사East River Gas Company의 이사, 뉴저지종합

가스Consolidated Gas of New Jersey의 부사장을 지냈다. 또한 페리 운송 사업에도 상당한 지분을 보유했다.

1892년, 리먼 브라더스는 윌리엄가 16번지의 좀 더 넓은 건물로 이전하고, 이 건물의 한 층 전체를 사용했다. 파트너들은 각자의 사무실을 썼고, 이 사무실들은 약 14명의 직원이 분주하게 일하는 넓은 공간과 연결되어 있었다. 전화는 단 한 대뿐이었지만, 이 전화는 시카고, 뉴올리언스 등 주요 상품 거래 중심지와 전용선으로 연결되어 있었다. 앨리스 브레너는 직원들이 종종 가족 행사에 초대될 정도로 분위기가 친밀했고, "우리는 스스로를 마치 리먼 가문의 일원인 듯 느꼈다"고 말했다.[46]

시어스 로벅Sears Roebuck의 공동 소유자 줄리어스 로젠월드Julius Rosenwald를 포함해 다양한 금융계 인사들이 리먼 형제와 상담하기 위해 이 사무실을 방문했다. 남부 출신인 리먼 형제는 월스트리트의 다른 기업가들과 달리 여전히 열성적인 민주당원이었기에, 남부 출신 정치인들도 종종 방문했다.[47]

메이어 리먼의 자녀들은 아버지가 미국 역사상 가장 논란 많은 선거였던 1876년 대선에 대해 분노를 토로하는 모습을 자주 목격했다. 그 선거에서 뉴욕 주지사이자 민주당 후보였던 새뮤얼 틸든Samuel Tilden은 헤이스에게 패했다. 미국 건국 이래 총득표수는 앞섰지만 선거인단 투표에서 뒤진 두 번째 사례였다. 메이어는 공화당이 대통령직을 훔쳤다고 주장했다. 1884년 선거에서 리먼 형제들은 다시 민주당의 또 다른 뉴욕 주지사 그로버 클리블랜드Grover Cleveland를 지지했다. 그는 대통령에 당선된 뒤 메이어의 오랜 남부 연합 친구인 힐러리 허버트 대령을 해군장관으로 임명했다.[48]

메이어는 생전의 마지막 대통령 선거에서 어려운 선택에 직면했다. 1893년 공황 이후 경제가 여전히 불황에 빠져 있던 상황에서 당시 선거는 사실상 은본위제를 둘러싼 국민투표나 다름없었다. 다른 은행가들과 마찬가지로 메이어도 '건전한 화폐'(금본위제) 지지자였다. 그러나 그가 지지하던 민주당은 '은화 자유주조'를 강력하게 주장하던 포퓰리스트 정치인 윌리엄 제닝스 브라이언William Jennings Bryan을 당의 대통령 후보로 선택했다. 네브래스카 출신의 2선 하원의원인 브라이언은 월스트리트 엘리트들을 공격하며 정치 경력을 쌓았고, 민주당 당내 경선에서 다크호스 후보로 시작해 전당대회 중의 명연설을 통해 대통령 후보로 지명되었다.

"저들은 우리에게 말합니다. 대도시들이 금본위제를 지지한다고. 하지만 우리는 대답합니다. 그 대도시들은 우리의 넓고 비옥한 대초원이 있기에 존재하는 것이라고! 당신들의 도시가 잿더미가 된다 해도 우리의 농장이 남아 있다면 도시들은 마법처럼 다시 생겨날 것입니다. 하지만 농장을 파괴한다면, 이 나라 모든 도시의 거리마다 풀만 우거지게 될 것입니다." 브라이언은 청중을 완전히 열광시켰다. 어떤 대의원은 의자에 올라섰고, 다른 대의원들은 발을 구르며 환호했다. 그는 연설을 이렇게 마무리했다. "노동자의 이마에 이 가시 면류관을 씌워서는 안 됩니다. 인류를 황금 십자가에 못 박아서는 안 됩니다."⁴⁹

브라이언이 대통령이 될지도 모른다는 전망은 월스트리트를 두려움에 떨게 했다. 메이어와 금융계 인사들은 브라이언이 주장하는 인플레이션 유발적 통화정책은 미국 경제에 재앙이 될 것이라고 확신했다. 메이어는 마지못해 공화당 후보 윌리엄 매킨리William McKinley에게 투표했고 매킨리가 대통령이 되고 몇 달 후인 1897년에 사망하여 은 문제가 영원히 묻히는 순간을 끝내 보지 못했다.

1900년 매킨리는 미국의 금본위제를 공식화하는 법안에 서명했다.

메이어가 세상을 떠난 그해, 칠순이 된 이매뉴얼은 이를 기념하고자 10만 달러로 히브리고아원 출신자를 돕기 위한 신탁 기금을 설립했다. 그 후 몇 년에 걸쳐 그는 회사 업무를 점차 새로운 세대의 리먼 파트너들에게 맡기고 자선 활동에 힘을 쏟았다.

메이어와 이매뉴얼의 고인이 된 형 헨리의 막내아들 마이어 H. 리먼Meyer H. Lehman은 1870년부터 사업에 참여했고, 1880년에는 주니어 파트너 직함을 달았다. 그는 삼촌 메이어처럼 면화거래소에 자주 드나들던 면화 전문가였다. 몇 년 후, 1882년 메이어의 큰아들 시그먼드가 파트너가 되었고, 1887년에 회사는 시그먼드 명의로 뉴욕 증권거래소의 회원권을 구입했다.[50] 1894년 하버드를 졸업한 메이어의 또 다른 아들 아서도 리먼 브라더스에 합류했다.

메이어는 위로 두 아들만 회사에서 일하게 하고 그 아래의 어빙과 허버트에게는 다른 계획이 있었다. 어빙은 어린 시절부터 총명하여 부모와 선생님의 눈을 사로잡았다. 공부도 잘하고 내성적이었으며 유대 역사와 학문에 관심이 많았다.[51] 법조계에서 경력을 쌓은 그는 그 분야 최고 자리까지 올라갔다. 그는 뉴욕 대법원 역대 최연소 판사로 선출되었고, 뉴욕주 항소법원 대법관이 되었다.

허버트의 진로는 뚜렷하지 않았다. 그가 후에 뉴욕 주지사와 연방 상원의원이 되리라고는 누구도 예상하지 못했다. 어린 시절 굉장히 소심했던 탓에 부모가 1년간 학교를 쉬게 한 적도 있었다.[52] 허버트의 친구이자 고등학교(삭스칼리지) 동창인 폴 삭스는 그를 "항상 손가락에 잉크가 묻어 있던 진지한 소년"으로 기억했다.[53]

허버트는 끝내 이해할 수 없었지만, 메이어는 늘 평범한 학생이던 막내아들을 엔지니어로 키우고 싶어 했다. 다행히 허버트가 가장 좋아하던 고등학교 선생님 프랭크 어윈Frank Erwin이 메이어를 말렸다. 허버트는 이렇게 회상했다. "선생님은 아버지에게 내가 훌륭한 사업가가 될 수도 있는 자질을 망치고 아주 형편없는 엔지니어가 될 것이라고 말했어요."⁵⁴ 어윈은 자신이 다녔던 매사추세츠 북서부의 리버럴아츠 대학인 윌리엄스 칼리지를 추천했고 메이어는 그의 조언을 따랐다.⁵⁵

허버트가 윌리엄스 칼리지에 입학한 직후, 메이어는 아들에게 아버지로서의 조언을 담은 짧은 편지를 보냈다. "단 한 가지만 당부하고 싶다. 시간을 잘 써라. 대학 시절 몇 년은 금방 지나가고 다시 돌아오지 않는다. 부끄러워할 어떤 일도 하지 말거라. 하지만 네 잘못이든 아니든 무슨 곤란한 일이 생기면, 나를 가장 가까운 친구라 생각하고 찾아와 숨김없이 말하거라."⁵⁶ 허버트는 주로 B와 C 학점을 받고 대학을 졸업한 후, 리먼 브라더스와 거래하는 중개회사commission house 스펜서터너J. Spencer Turner & Co.에서 10년간 근무했다. 그 후 1908년 리먼 브라더스에 합류했다.⁵⁷

이매뉴얼은 28세에 일찍 세상을 떠난 아내 폴린과의 사이에 아들 둘이 있었다. 큰아들 밀턴Milton에 대해서는 알려진 것이 거의 없다. 그는 컬럼비아 대학교를 다녔고 하이델베르크 대학교에서 박사학위를 받았다. 컬럼비아 동문회 명부에는 그의 주소로 리먼 브라더스 사무실이 기재되어 있지만, 그가 회사의 파트너였다는 기록은 어디에도 없다. 다만 밀턴이 심각한 신체적 또는 정신적 질환에 시달린 것으로 보이는 정황은 있다. 이매뉴얼은 메이어가 세상을 떠난 지 6개월 후에 자녀들에게 보낸 편지에서 아들을 지원하기 위해 10만 달러를 따로 모았다고 언급하며, "안타깝게도 내 아

들 밀턴은 건강을 회복하지 못할 것"이라고 썼다.⁵⁸

이매뉴얼의 차남 필립은 1885년에 리먼의 파트너가 되었으며, 초기에는 주로 뉴욕 커피거래소에서 회사 업무를 대리했다.⁵⁹ 필립은 총명하고 당당했으며 경쟁심이 굉장히 강했고, 귀족적인 기품이 물씬 풍기는 사람이었다. 한 동료는 그가 사무실에서 젠장ʰᵉˡˡ 이라는 단어조차 입 밖에 내지 못하게 했고, 한 파트너가 [남성 잡지인] <에스콰이어>를 들고 온 것에 크게 충격을 받았다고 기억했다.⁶⁰

삼촌 메이어가 세상을 떠난 후, 36세의 필립은 회사의 비공식 대표가 되었다. 어린 시절부터 월스트리트에 익숙했던 그는 아버지와 삼촌보다 더 '은행가다운 마인드'를 가졌고, [아버지] 이매뉴얼이 투자은행 컨소시엄에 참여하도록 유도했다고 프랭크 만하임은 기록했다. 필립은 새로운 기술, 특히 미국 도로에 등장하기 시작한 '말 없는 마차'에 매료되었다. 그의 아버지는 이 초기 자동차 하나를 소유한 최초의 뉴요커 중 한 명이었다. 이매뉴얼은 항상 이 차를 타고 퇴근했는데, 다만 이 현란한 기계장치가 행인들의 눈길을 끈 탓에 약간 민망해하곤 했다. 1897년, 필립과 시그먼드는 미국 최초의 자동차회사 중 하나인 일렉트릭비히클Electric Vehicle Company 설립을 도왔다. 이 두 사촌은 오하이오에 소재한 러버타이어휠Rubber Tire Wheel Company에도 투자했는데, 이 회사는 당시 도로를 달리는 차량의 90퍼센트가 사용하는 타이어를 제조했다.⁶¹

일렉트릭비히클은 미국의 주요 도시에서 전기 택시 독점 사업을 추진한다는 원대한 계획을 세웠고, 휘발유 차량까지 포괄하는 광범위한 특허를 보유하여 신생 자동차 업체로부터 상당한 로열티 수입을 올릴 수 있었다. 하지만 택시 사업은 실현되지 못했고,

자신들의 특허를 공격적으로 방어하다가 젊은 신흥 자동차 사업가 헨리 포드Henry Ford와 오랜 법적 분쟁에 휘말렸다. 결국 디트로이트의 사업가가 승소했고, 일렉트릭비히클은 1907년 파산을 선언하며 미국 자동차 역사의 뒤안길로 사라졌다.

대중은 최초의 자동차에 매혹되면서도 동시에 경계했다. 초기에는 교통 규정이나 운전면허 제도가 없었기 때문에, 일부 사람들은 자동차가 공공 안전을 위협하는 존재라고 여겼다. 시민들과 시 당국 모두 많은 뉴욕 시민들이 이용하는 마차나 수레를 끄는 실제 말들이 '말 없는 마차'에 놀라 뛸 수 있다는 우려를 제기했다.

자동차를 소유할 만큼 부유한 소수 사람들, 즉 은행가들은 자동차와 관련된 논란에 종종 휘말렸다. 말을 처분하고 전기자동차 세대를 구입한 제프 셀리그먼은 센트럴파크에서 브루엄Brougham(마부가 앞에 앉고 승객은 닫힌 구조에 타는 마차 스타일로, 초기 자동차에도 사용되었다_옮긴이)을 운전하지 못하게 한 뉴욕시 공원관리국장을 '진보의 행진'을 가로막으려는 자라고 공개적으로 비난했다. 1902년에는 그의 운전기사가 얼마 전 제정된 시속 12마일(약 19킬로미터)의 제한속도를 위반한 혐의로 체포되기도 했다.[62]

필립 리먼은 후에 더 심각한 자동차 관련 사건에 연루된다. 1906년 새해 첫날, 그는 핍스 애비뉴에서 운전 중이었는데, 한 남자가 모자를 주우려고 도로로 뛰어들었다. 필립은 급히 핸들을 틀었으나 올랜도 펙Orlando Peck이라는 55세의 안경 상인을 피하지 못했다. 펙은 6미터를 튕겨 나갔고, 필립의 차는 그 위에 멈춰 섰다. 경찰은 펙을 차 아래에서 빼내 근처 호텔로 옮겼고, 당황한 필립은 의식을 잃은 펙에게 말을 해보라고 다그쳤다. 〈뉴욕 선〉의 보도에 따르면, 현장에는 군중이 모여들어 "필립 리먼을 비난하고 위협"

했으며, 그는 자기 잘못이 아니라고 해명하려 애썼다. 경찰은 현장에서 필립을 체포했고, 과실치사 혐의로 그를 기소했다. 일주일 후 펙은 사망했고, 이후의 조사에서 그의 사망이 우발적인 사고였다고 결론남으로써 필립은 혐의를 벗을 수 있었다.[63]

리먼 브라더스의 수장이 되어, 한때 메이어가 그랬듯이 회사의 세련된 얼굴 역할을 맡게 된 필립은 웨스트 54번가 7번지에 가족이 살 새 집을 지었다. 그는 1885년에 신시내티에 기반을 둔 저명한 상업은행가의 딸과 결혼했고, 두 사람 사이에는 폴린(필립의 어머니 이름을 땄다)과 로버트라는 두 자녀가 태어났다. 필립은 그랜트 전 대통령의 무덤을 설계한 건축가를 고용하여 5층짜리 석회암 타운하우스를 지었다. 이 저택은 맨사드 지붕에서 밖을 내다볼 수 있도록 구리로 테두리를 마무리한 세 개의 둥근 창이 특징이었다. 화려한 보자르 스타일의 이 저택은 그저 한 녕의 백만장사―이웃에 백만장자가 넘처났다―가 아니라 한 거물의 야망에 걸맞은 건축물이었다. 위치 역시 특별했다. 거대한 스탠더드오일 Standard Oil 을 이끈 미국 최고의 부호 존 D. 록펠러의 집 바로 건너편이었다.

다른 가문 후계자들은 선대의 부를 물려받는 데 만족한 반면, 필립은 자신의 이름을 남기겠다는 각오가 확실했다. 사촌들과 함께 그는 회사를 새로운 단계로 이끌었다. 이제 리먼 브라더스는 투자은행 업무도 병행하던 중개회사에서 상품 거래도 병행하는 본격적인 투자은행으로 탈바꿈했다. 이미 전성기가 지난 셀리그먼과는 달리 리먼 브라더스의 황금기는 이제 막 시작되고 있었다.

3부
황금시대

12.

합병과 인수

1895년 3월, 쿤로브 역사상 가장 중요한 거래 중 하나가 성사되었다. 그 합병은 이사회실이 아니라 결혼식장에서 이루어졌다. 19세의 프리다 시프가 함부르크 은행 가문의 넷째 아들, 24세의 펠릭스 모리츠 워버그Felix Moritz Warburg 와 결혼한 것이다.

펠릭스의 아버지 모리츠 워버그는 제이컵 시프의 오랜 지인이었다. 1873년에 버지시프가 해체되자 모리츠는 젊은 시프를 고용하여 런던앤한자은행London & Hanseatic Bank 의 함부르크 지점을 맡겼다. 이 은행은 모리츠의 워버그은행(1798년 함부르크에서 설립된 유대계 상업은행. 나치 정권 시절 몰수되었다가 전후 복원되어 현재는 투자은행으로 운영 중이다. 투자은행 UBS워버그는 같은 워버그 가문의 지그문트 워버그Siegmund George Warburg 가 1946년 런던에 세운 S. G. Warburg & Co.의 후신으로, 워버그은행과는 무관하다_옮긴이)이 최근 다른 기업들과 공동으로 설립한 회사였다. 잠시 함부르크에 머무는 동안, 시프는 모리츠와 아내 샤를로테, 아이들이 북적이던 그들의 미텔베크Mittelweg 17번지 집을 자주 찾았다. 그들의 집에는 언제나 음악과 시가 흘렀다. 1871년 1월에 태어나 당시 두 살을 조금 넘긴 펠릭스가 형제들 틈에서 아장아장 걸어다닐 때였다. 시프는 모리츠의 아이들에게 장난감 요새를 선물하기도 했다.[1]

함부르크에서는 모리츠와 샤를로테를 장난스럽게 "자리에 앉을 줄 모르는 부부"로 불렀다. 모리츠는 기대앉기를 좋아했고 샤를로테는 늘 의자 끝에 꼿꼿하게 앉았기 때문이다. 남편이 느긋한 사람이라면 그녀는 단호한 사람이었다. 그녀는 취미로 시와 산문을 썼고 가끔 독일 신문에 짧은 글을 기고하기도 했다. 유머러스하고 조금은 허영이 있던 모리츠는 대머리를 감추기 위해 길이가 다른 세 개의 부분 가발을 하나씩 돌려가며 사용했다. 한번은 손자 하나가 모리츠의 방에 불쑥 들어왔는데, 그는 평소 쓰던 가발을 쓰지 않고 있던 상태였다. 모리츠는 자기 가발의 비밀을 알려주었다. "이건 내가 머리를 잘라야 할 때쯤에 쓰는 거야. 이건 머리를 자르고 난 다음에 쓰는 거고, 저 나머지 하나는 그사이에 쓰는 거란다."[2]

펠릭스와 프리다가 결혼할 무렵, 워버그은행은 업력이 거의 100년에 이르렀다. 거래처인 쿤로브나 로스차일드의 국제적인 명성에는 크게 못 미쳤지만, 분주한 항구도시 함부르크에 자리 잡은 아주 신망 있는 은행이었다. 워버그은행은 로스차일드와의 관계가 매우 중요하다고 생각해서 그 가문이나 회사 사람들에게만 사용하는 전용 편지지를 따로 마련할 정도였다.[3] 크진 않지만 안정적인 수익을 내던 워버그은행은 환어음 중개를 주로 했고, 국채 발행과 대출과 철도 및 상업은행의 주식 공모에도 소규모로 참여하면서 좀 더 모험적인 형태의 금융업으로 신중하게 확장해나갔다.

워버그은행은 원래 아버지의 어음 중개업을 물려받은 모제스

Moses와 게르존Gerson 형제가 1798년에 설립했다. 하지만 이 가문이 금융업을 시작한 시점은 훨씬 오래전으로 올라간다. 16세기에 가문의 시조라 할 수 있는 지몬 폰 카셀Simon von Cassel이 베스트팔렌주의 바르부르크(워버그를 독일식으로 읽으면 바르부르크이다_옮긴이)에 정착했다. 당시 유대인들은 성을 갖는 것이 금지되었기 때문에 거주가 허용된 도시 이름으로 불리는 경우가 많았고, 이에 카셀 출신의 지몬은 바르부르크의 지몬이 되었다. 시 당국 기록에 따르면 그는 '환전상, 전당포 주인, 곡물 담보 대부업자'였다. 1773년 지몬 바르부르크의 후손들은 유대인에 대해 좀 더 관대한 함부르크로 이주했다. 그곳에서 유대인들은 게토에 갇혀 살지 않아도 되었으며 독일 다른 주의 유대인들은 누릴 수 없는 자유를 누렸다.[4]

워버그은행을 세운 형제들은 다툼이 잦은 셀리그먼 형제들이 우애 있게 보일 정도로 사이가 나빴다. 냉정하고 엄격한 형 모제스와 태평하고 자유분방한 게르존은 끊임없이 싸웠다. 가족들에 따르면, 이 형제들은 함부르크 증권거래소에서 등을 맞대고 앉아 일했지만, 거의 1년 가까이 서로 말 한마디 하지 않았다고 한다. 또 1812년 나폴레옹의 군대가 함부르크를 점령하고 게르존을 포함해 함부르크 최고의 부자들을 인질로 잡았는데 모제스는 처음에 동생의 석방을 위한 몸값 지불을 망설였다고 한다. 마침내 게르손이 풀려났을 때 모제스는 약간 실망했는지 "영원히 붙잡아뒀어야지!"라고 중얼거렸다는 말도 있었다.[5]

한 세대가 지난 뒤에도 은행은 또 다른 형제 간의 불화 속에 운영되었다. 바로 모제스의 손자인 지그문트와 모리츠였다. 1831년에 사망한 모제스는 남자 상속자가 없어서 외동딸 자라를 사촌인 아브라함(아비) S. 워버그Abraham(Aby) S.Warburg와 결혼시켰다. 아비는 매력적이지 않았을뿐더러 특히 야망이 없었고, 그의 자산은 워버그 집안의 일원이라는 사실 말고는 없었다. 명목상으로는 남편이 은행을 운영했지만 권위적이고 독선적인 자라가 막후 실세였다. 매일 저녁 아비는 조심스럽게 은행 장부를 건넸고, 자라는 이를 검토했다. 이런 관행은 1856년 아버지가 죽고 뒤를 이은 아들들이 은행을 운영할 때에도 계속되었다. 지그문트와 모리츠는 매일 증권거래소가 폐장한 뒤 어머니에게 보고하러 갔다. 모제스와 게르존처럼 지그문트와 모리츠도 성격이 사뭇 달랐다. 형인 지그문트는 다혈질에 직선적이고 언제나 피곤한 듯한 표정이었다면, 모리츠는 다른 형제들과 달리 외모가 준수했지만 추진력은 형편없었다. 모리츠가 종종 낮잠을 자던 커다란 초록색 소파를 갖춘 은행 사무실은 형제의 고함 소리로 가득할 때가 잦았다.[6]

그러다 어느 날 갑자기 다툼이 멎었다.

1889년 5월, 지그문트가 심장마비로 숨졌다. 어머니 자라는 그 5년 전에 세상을 떠났다. 이제 모리츠 혼자 창립 100주년을 앞둔 워버그은행을 이끌어야 했다. 유능한 은행가였지만 기업가적 기질은 부족한 모리츠에게는 다행히도 할아버지가 처했던 것과 같은 문제는 없었다. 그는 슬하에 아들들이 있었다.

시어머니의 판박이마냥 강인한 여성인 샤를로테는 모리츠와 일곱 자녀를 키웠다. 워버그 형제자매들—아비, 막스, 폴, 펠릭스, 올가, 이란성 쌍둥이 루이제와 프리츠—은 서로 간에 아주 긴밀하고 끈끈한 유대감을 갖고 있었다. 이들은 떨어져 있을 때면 워버그 가문이 특별한 의미를 부여한 큰곰자리의 북두칠성을 바라보며 우주적으로 교감할 수 있다고 믿었다.[7]

전통적으로 은행 가문의 장남은 회사의 파트너가 되어 언젠가 회사를 이끌 준비를 하곤 했다. 하지만 워버그가의 장남인 아비는 은행업에 아무런 흥미도 느끼지 못했다. 그는 특출한 지적 능력과 불같은 기질을 가졌으며, 광기에 가까운 격정적인 재능이 있었다. 10대 때 아비는 둘째 동생 막스와 거래를 했다. 막스는 충동적이고 모험을 즐기는 성향이 있었다. "내가 열두 살이 되었을 때 형은 나에게 자기의 장자로서의 권리를 사라고 제안했다. 내가 평생 형의 책 구입 비용을 대주겠다는 조건으로 말이다"라고 막스는 회상했다. "아직 어렸지만 그 거래는 아주 그럴듯해 보였다."[8]

장자의 의무로부터 자유로워진 아비는 선구적 예술가이자 문화사가가 되었다. 하지만 이따금씩 발작을 일으켜 정신병동에 입원해야 했고 그로 인해 커리어가 중단되곤 했다. 처음에는 형보다 자신에게 유래한 거래라고 생각했던 막스는 형이 현재 런던의 워버그 연구소에 소장된 약 6만 권의 장서를 엄청난 속도로 모으는 동안에도 약속을 끝까지 지켰다.

모리츠의 다섯 아들 중 셋째인 폴 역시 회사의 파트너가 되었다. 형제들처럼 덥수룩하고 긴 콧수염을 길렀고 미소 지을 때조차—아마도 미소 지을 때 특히—우울한 분위기를 풍기는 금융 영재였다. 폴은 자기 성찰적이고 내성적이면서도 형제들처럼 장난기가 많았다. 그의 명함 중 하나에는 "빌어먹을"이라는 독일어 문구를 히브리어로 새겨놓았다.[9]

은행에 정식으로 들어가기 전, 막스와 폴은 유럽의 주요 금융 중심지에서 견습 과정을 거쳤다. 모리츠는 막스를 프랑크푸르트, 암스테르담, 파리, 런던으로 보냈고, 막스는 1890년 런던의 로스차일드은행에서 그 과정을 마쳤다. 그동안 막스는 바이에른 제3경기병대에 복무하면서 잠시 군 장교가 되는 것도 생각해보았다.[10] (막스가 이 생각을 내비치자 모리츠는 "정신이 나갔군"이라고 반응했고, 그는 군인이 되는 꿈을 그 자리에서 접은 것으로 보인다).¹¹ 폴은 런던의 새뮤얼 몬태규Samuel Montagu & Co.와 러시아 대외무역은행Banque Russe pour le Commerce Étranger 파리 지점에서 견습했다. 이 은행은 러시아 제국의 로마노프 왕가가 유대인으로서는 드물게 귀족 대우를 한 부유한 가문이 운영했다.

두 형제는 함부르크를 떠나 있는 동안 자유롭게 연애를 즐겼다. 막스는 나중에 파리를 방문했을 때 샹젤리제 거리에서 옛 연인을 알아보며 농담을 하곤 했다. "아, 저기 필리피나가 있네. 내가 저 여자를 아주 잘 알지!"¹² 폴은 연인들과 밀회를 즐기다 한번은 임질에 걸렸다. 낙담한 그는 5개월 후에는 성병에서 벗어나기를 기도하며, "잠자리를 원하는 여자들은 지옥에나 가야 한다"며 형 아비에게 편지를 썼다.¹³

폴은 은행업 훈련을 마무리하고 세계를 일주했다. 이집트에서 시작하여 인도, 일본, 중국까지 갔다. 당시 포르투갈의 식민지였던 마카오에서 그는 장래 은행가로서의 재능의 일면을 드러냈다. 그는 일기에 포르투갈 정부가 마카오를 계속 통치하는 데 필요한 경찰관, 군인, 관료, 기타 비용을 계산하고, 포르투갈이 식민지를 포기할 경우 매년 얼마의 비용을 절감할 수 있을지 따져보았다.¹⁴

이전 세대의 워버그 형제들과는 달리 막스와 폴은 함께 잘해나갔다. "그들은 놀라울 정도로 서로를 보완했다"며 폴의 아들 제임스가 말했다. "막스가 새로운 계획을 내놓으면 폴은 신중하게 새 프로젝트를 분석했지요."¹⁵

모리츠 부부는 넷째 아들 펠릭스에게는 다른 길을 선택해주었다. 그는 *피지Fizzie* 라고도 불렸는데, 탄산수를 즐겨 마시고 성격이 활달하여 얻은 애칭이었다. 잘생기고 스타일 좋고 노래도 잘했으며 온갖 종류의 여흥을 좋아했던 펠릭스는 여러 가지 뛰어난 자질을 갖추었지만, 모리츠는 그가 금융에 적합한 머리를 가졌다고는 생각하지 않았다. 펠릭스의 아들 에드워드는 "아버지는 은행 일을 하기에는 너무 멍청하다고 여겨졌어요"라고 말했다.¹⁶ 하지만 이것은 아이러니였다. 펠릭스는 세계적인 금융가 시프의 파트너가 되며 쿤로브와의 관계를 구축하는 계기가 되었기 때문이다. 이 관계는 워버그 가문이 초기에 로스차일드 가문과 맺은 관계보다도 더 중요한 역할을 하게 된다. 시프의 아들 모티머는 "워버그은행은 결국 사실상 쿤로브의 공식적인 유럽 대표가 되었다. 그들은 이 역할을 훌륭하게 수행했고 동시에 막대한 수익을 거두었으며 그에 걸맞은 명성도 얻었다"고 회상했다.¹⁷

형들이 은행업계에서 경력을 쌓아가는 동안—아비는 산드로 보티첼리의 신화적 내용을 담은 걸작인 '비너스의 탄생'과 '봄'을 주제로 박사학위 논문을 썼다—열여섯 살의 펠릭스는 프랑크푸르트로 갔다. 그는 외가에 머물며 다이아몬드와 귀금속을 거래하던 외할아버지 나단 오펜하임Nathan Oppenheim에게서 일을 배웠다. 예술을 사랑하고 언어에 재능이 있었던 오펜하임—무려 7개 국어를 구사했다—은 펠릭스에게 영어, 프랑스어, 이탈리아어를 배우라고 권유했다. 훗날 펠릭스는 "멋진 외할아버지가 내게 준 영향을 매일같이 느낀다"며, 오펜하임의 회화, 목각 조각, 기타 예술에 대한 지식과 안목이 자신이 후일 습득한 것들의 기반이 되었다고 말했다.¹⁸ 외조부의 영향은 다른 방식, 예를 들면 팔짱을 끼고 앉는 펠릭스의 평생에 걸친 습관에서도 드러났다. 펠릭스는 고객을 만나기 위해 여행을 자주 다녔는데, 상의에 안감을 대어 만든 주머니에 보석을 넣고 다닌 탓에 밤기차에서 졸다가 행여나 소매치기를 당하지 않기 위한 방어 자세였다.[19]

펠릭스가 프랑크푸르트에서 산 지 6년이 된 1894년 5월, 시프 가족이 유럽 여행 중 이 도시에 들렀다. 시프는 아내 및 딸과 함께 아테네, 부다페스트, 콘스탄티노플, 프라하, 빈을 거쳐 온 터였다. 이 여행에는 두 가지 목적이 있었다. 하나는 그 해 2월 열여덟 살이 된 프리다의 생일을 기념하는 것이고, 다른 하나는 그녀의 뉴욕 사교계 정식 데뷔—결혼할 나이가 되었음을 의미하는—를 늦추려는 시프의 은근한 술책이기도 했다.[20]

프랑크푸르트에 머무는 동안, 〔제이컵 시프의 형인〕 필립 시프의 처남 아이작 드레이퍼스Isaac Dreyfus가 그들을 위한 환영 파티를 열었다. 그는 우연히 프랑크푸르트를 방문 중이던 모리츠와 샤를로테 워버그 부부도 초대했다. 함께 가야 했던 펠릭스는 "프랑크푸르트에서 제일 재미없는 파티"에 간다며 불평했다. 저녁 식사 자리에서 프리다는 펠릭스와 '안절부절 못하는 지루한' 또 다른 젊은 남성 사이에 앉았고, 덕분에 펠릭스와 대화를 시작했다. "내가 추파를 던졌다고는 생각하지 않아요."라고 훗날 프리다가 말했다. 그녀는 온실 같은 환경에서 자랐기 때문에 연애에 대한 개념이 전혀 없었다. 식사가 마무리될 무렵 파티에 대한 펠릭스의 생각은 완전히 바뀌었다. 자정이 훌쩍 지나 그는 부모님의 침실 문을 두드리며 흥분해서 외쳤다. "결혼할 여자를 만났어요."[21]

시프 가족이 프랑크푸르트에서 경마장에 갔을 때 펠릭스가 나타나 프리다의 곁에 머물렀다. 프리다의 아버지는 속이 부글부글 끓었다. 프랑크푸르트를 떠난 시프 가족은 파리, 런던을 거쳐 오스트리아의 온천마을 바트 가슈타인Bad Gastein으로 갔다. 프리다가 보고 싶어 안달이 난 펠릭스는 그곳에 나타날 구실을 찾느라 머리를 쥐어짰다. 그는 병에 걸린 형이 요양을 해야 해서 가슈타인에 오게 되었다는 아주 그럴듯한 계획을 세웠다. 펠릭스는 마침 그때―정말 우연히도―아픈 형을 돌보러 아비에게 가던 중이었다. 하지만 아비는 펠릭스가 "경건한 사기"라고 부른 그 계획에 흥미를 느끼지 못했다. 그는 동생의 미국인 연인이 맘에 들지 않았는지 프랑크푸르트의 보석상 딸과 결혼하는 게 어떠냐고 말했다.[22]

펠릭스는 다른 방법을 찾아냈다. 모티 시프와 그의 사촌으로부터 알프스를 하이킹하여 가슈타인까지 가는 여정에 함께하자는 초대를 받아냈다. (그때 애머스트Amherst 칼리지 2학년이던 모티는 런던에서 가족과 합류했다). 펠릭스는 등산을 싫어했지만 끝나면 단 몇 분이라도 프리다와 단둘이 있을 수 있다는 생각에 참았다. 어느 날 프리다와 함께 산책을 하다가 펠릭스는 그녀에게 가족과 떨어져 독일에서 살 수 있을지 물었다. 그날 늦게 어머니를 만났을 때 프리다는 하얗게 질린 얼굴로 "그 남자가 청혼한 것 같아요!"라고 더듬거리며 말했다. 어머니와 딸은 새벽 3시까지 그날 일을 되짚으며, 프리다의 아버지에게 이 소식을 어떻게 전할지 고민했다.[23]

예상대로 시프는 탐탁지 않아 했다. 겉으로 보면 프리다와 펠릭스는 완벽하게 어울렸다. 둘 다 성공한 은행가 집안의 자녀였고 워버그은행과의 인연은 쿤로브의 탄탄한 유럽 계열사 네트워크를 더욱 강화할 수 있을 것이었다. 펠릭스는 강한 박애주의 전통을 가진 정통파 가정에서 성장했고 그의 아버지는 함부르크 유대인들에게 공동체의 지도자로 받아들여졌다. 하지만 시프는 처음에 이 결혼에 강하게 반대했다. 우선은 그가 직접 혼담에 개입하지 않았기 때문이고, 다른 한편으로는 그의 계획에서 벗어난 일이기 때문이었다. 그는 딸의 결혼 적령기는 스무 살이라고 생각했다.

시프는 매사에 정확하고 엄격한 사람이었다. 이런 성향 덕분에 그는 업계에서 무시무시한 인물로 여겨졌다. 사소한 부분도 그냥 넘어가는 법이 없었다. 때로는 투자한 기업을 직접 방문하여 조사하고, 철도회사라면 철로의 침목 하나까지 직접 조사할 정도였다. 하지만 이런 성향이 가정에서는 그를 고압적이고 융통성 없는 가장으로 만들었다. 그러다 보니 프리다는 엄격한 통제 아래 세상과 격리된 어린 시절을 보내야 했다. 시프는 여성은 순결을 지켜야 한다는 종교적인 수준의 신념을 가지고 있었다. 훗날 〈뉴욕 포스트〉의 소유주이자 발행인이 된 그의 손녀 도로시('돌리'로 불렸다)는 어린 시절 할아버지를 방문해서 화장한 모습을 자랑했던 때를 회상했다. 시프는 화장품을 보여달라고 하더니 건네받은 즉시 그것을 창문 밖으로 던져버렸다고 한다.[24]

시프에게 자신의 딸과 모리츠 워버그의 멋쟁이 아들—가족 은행에서도 자질이 부족해 파트너가 되기 어렵다고 여겨졌다—의 핑크빛 관계는 위기로 느껴졌다. 함께 여행하던 시프의 가장 가까운 친구인 영국인 금융가 어니스트 카셀은 시프와 함께 긴 산책을 나섰다. 시프는 "나는 프리다를 유혹에서 벗어나게 하려고 유럽에 데리고 왔는데 이런 일이 생기다니!"라고 분통을 터뜨렸다.

"자꾸 그러지 말게!" 카셀이 대답했다. "자네가 생각했던 것보다 2년 빨라진 것뿐이잖아. 그건 그렇고, 사위가 어떤 사람이었으면 좋겠나?"[25]

시프도 점차 마음을 열기 시작했다. 펠릭스가 가슈타인을 떠날 즈음 그와 프리다는 거의 약혼한 것이나 마찬가지였다. 그래도 시프는 펠릭스가 딸에게 직접 편지를 쓰는 것도 허락하지 않았다.[26] 아직 공식화되지는 않았기 때문에 모리츠와 샤를로테는 시프에게 정식 축하 인사 대신 자신들이 휴가를 보내고 있던 벨기에 해안도시 오스텐드Ostend에서 만나자고 제안했다. 이 서신에서 그들은 아들이 뉴욕으로 이사해도 막지 않겠다는 점을 분명히 했다. 딸을 옆에 두고 싶어 하는 시프를 감안하여 결혼에 걸림돌이 될 수 있는 여지를 미리 제거한 것이었다.[27]

1894년 9월, 시프 부부는 오스텐드에서 워버그 부부에게 오찬을 대접했다. 처음에는 긴장감이 가득했다. 워버그 가족은 코셔를 지켰기 때문에 시프는 요리사에게 바닷가재 대신에 뼈를 발라낸 가자미 살을 내오라고 지시했다. "그런데 우리가 자리에 앉고 보니 모든 곳에 코셔가 아닌 에크러비스écrevisse (가재)가 놓여 있었다"고 프리다는 기억을 더듬었다. "아버지는 꽤 화가 났지만 시아버지가 될 분은 유쾌하게 받아넘기셨어요."[28]

샤를로테는 시프가 엄격하고 완고하다고 생각하면서도, 시프 가족이 월스트리트의 저명한 금융 가문이라면 으레 그럴 것이라고 생각했던 '과시적인' 모습이 아니어서 마음에 들었다. 나중에 그녀는 아들 아비에게 보낸 편지에 그들이 "매우 점잖게 행동했다"고 썼다.[29]

이 자리에서 시프 부부와 워버그 부부는 자식들의 교제에 대해 이야기를 나누었다. 펠릭스와 프리다의 약혼은 당분간은 공개하지 않고 펠릭스가 11월에 미국으로 건너오면 그때 공식화하기로 했다. 그사이에도 시프는 마치 딸의 구혼자에게서 온 편지가 그녀의 순수성을 타락시키기라도 하는 듯 펠릭스가 프리다에게 직접 편지 보내는 것을 허락하지 않았다. 프리다는 "아버지는 매주 그에게 내 소식을 담은 편지를 보냈고 나는 펠릭스의 어머니에게 편지를 보

내곤 했다"고 기억했다.³⁰

그해 가을, 펠릭스는 예정대로 뉴욕행 증기선에 올랐다. 출발하기 전 아버지는 그를 불러 진지하게 말했다. "너에게 딱 하나 부탁하고 싶구나." 펠릭스는 '혹시 코셔를 지키라는 잔소리를 하시려는 건가'하고 생각했다. 그는 이미 코셔 식단을 따를 뜻이 없었지만 굳이 말할 필요는 없었다. 모리츠는 뜻밖의 걱정을 내뱉었다. "소화기관을 망치는 차가운 음료는 마시지 마라. 그것 때문에 미국인들은 다들 매년 카를스바트Karlsbad로 요양하러 간단다."³¹

오랫동안 계획한 프리다의 사교계 데뷔 축하연은 약혼 파티가 되었다. 수백 명의 하객들이 이 젊은 신혼부부를 위해 축배를 들었다. 약혼을 기념해 시프는 몬테피오레 요양원에 2만 5,000달러를 기부했다.³² 미래의 사위에게는 딸 다음으로 가장 값비싼 선물을 주었다. 바로 쿤로브의 파드니 자리였다. 프리다가 이제까지 누려온 삶의 수준을 유지하며 살 수 있도록 하려는 배려였다. 시프는 또한 자기 집에서 두 블록 떨어진 이스트 72번가 18번지에 석회암으로 지은 5층짜리 타운하우스를 사주었다.

프리다는 약혼 기간 동안 점점 불안해졌다. 펠릭스와 함께 참석하는 수많은 사교 행사 때문이기도 했지만 성에 대한 무지 때문이기도 했다. 그런 문제에 대해서 아버지가 의도적으로 차단했기 때문이었다. "누가 쳐다보기만 해도 눈물이 터지는 지경에 이르렀다"고 편지를 썼다. 한편 펠릭스는 새로운 환경에 적응하기 위해 노력했다. 아직 영어가 완벽하지 못해 문법 실수를 감추려고 콧수염 안에서 웅얼거리는 습관도 생겼다.³³ 그는 가족들이 그리웠을 것이다. 아마도 처음 뉴욕에 오고 얼마 동안은 자주 북두칠성을 올려다보았을지도 모른다.

세찬 폭풍이 불던 3월의 어느 저녁, 펠릭스와 프리다는 시프의 핍스 애비뉴 집에서 결혼식을 올렸다. 결혼식은 시프 가족이 다니는 이매뉴얼 회당과 베델 회당의 랍비 두 명이 주재했다. 제단 앞에 선 작은 인형 같은 프리다는 새틴 드레스의 무게로 주저앉을 것처럼 보였다.[34]

모리츠와 샤를로테는 뉴욕에 오지 못했다. "바다는 단단하지 않아"라며 모리츠가 장거리 항해를 두려워했기 때문이었다.[35] 올가와 폴이 워버그 가족을 대표해 참석했다. 올가는 프리다의 신부 들러리, 폴은 펠릭스의 신랑 들러리 역할을 했다. 피로연 음식은 뉴욕 상류층이 즐겨 찾는 미드타운의 유명한 식당 셰리스Sherry's에 맡겼다. 125명의 하객들은 15개의 테이블에 음식이 차려져 있는 아래층에 모였다. 하객 중에는 시프의 금융계 및 자선계 지인들이 많았는데, 골드만가나 삭스가, 제시와 아이크를 포함한 셀리그먼가 사람들이 포함되어 있었다. 제시와 아이크, 그의 아내 구타는 갓 결혼한 부부와 함께 신부측 테이블에 앉았다.[36]

신랑 신부의 옆 테이블에는 들러리를 포함한 혈기 왕성한 젊은 이들이 자리했다. 폴과 올가는 프리다의 오빠 모티, 런던의 성공한 금속 무역업자이자 워버그 형제의 오랜 벗인 폴 콘 스파이어Paul Kohn-Speyer, 대표 들러리 니나 로브, 프리다의 가장 친한 친구이자 쿤로브 파트너 에이브러햄 울프의 막내딸인 애디Addie와 한 자리에 앉았다. 그 자리에는 아주 잘 차려입은 젊은 은행가도 있었다. 왁스를 먹인 콧수염에 독일어 억양의 영국식 영어를 구사하는 만하임 출신의 오토 허먼 칸Otto Hermann Kahn은 최근에 런던에서 뉴욕으로 이사하여 투자은행 스파이어Speyer&Co.에서 일하고 있었다. 그는 화려하고 사교적이며 모험적인 삶을 즐긴다는 면에서 펠릭스에게 뒤지지 않지만, 훗날 가장 친한 친구 중 한 사람이 되는 신랑과는 대조적으로 뛰어난 은행가이기도 했다.

펠릭스와 프리다는 유럽으로 신혼여행을 떠나기 전 플라자 호텔에 묵었다. 출발 전날, 테레즈 시프가 딸과 사위를 보러 호텔로 왔다. 시프는 오지 않았는데 프리다는 "아마 아버지가 나를 새 이름으로 부르고 싶지 않아서일 것"이라고 생각했다. 그날 저녁 집에서 부모님과 식사하는 중에 딸이 몇 가지 사소한 질문을 하자 시프는 벌컥 화를 냈다. "왜 그런 걸 나한테 묻는 거냐? 이제 네 남편한테 의지해야지!"[37]

시프는 아내의 하녀 허마인 슈타인메츠를 이탈리아로 출발하려는 딸 부부에게 딸려 보냈다. 신혼부부는 하녀의 경계 어린 눈초리 때문에 항해 내내 불편했다. 펠릭스는 여자 가정교사의 보살핌을 받던 어린 시절로 다시 돌아간 듯한 느낌을 받았다.

신혼여행 중에 순진했던 프리다는 점차 성의 비밀을 알아가기 시작했다. 함부르크에 도착한 후 그녀는 처음으로 임신 징후를 느꼈고, 그 아이가 딸 캐롤라(Carola)였다. 프리다는 함부르크를 방문 중이던 외할머니 오마 로브(Oma Loeb)에게 "저, 아기를 가진 것 같아요"라고 털어놓았고, 할머니는 별일 아니라는 듯 "전에도 허니문 중에 그런 일이 생기곤 했지"라고 대답했다.[38]

펠릭스와 프리다의 결혼식에 참석했다가 돌아온 직후인 1895년 봄 어느 날, 폴 워버그는 그의 함부르크 사무실 계단을 뛰어내려가다 올라오던 어머니와 부딪힐 뻔했다. 그는 "저 니나 로브와 약혼해요!"라고 소리쳤다. "그 소식을 계단에서 발표하는 거니?"라며

샤를로테는 퉁명스럽게 대꾸했다.³⁹

폴과 니나는 1892년에 처음 만났다. 폴이 전 세계를 도는 반더야르Wanderjahr(젊은이들이 새로운 경험을 쌓기 위해 떠나는 여행_옮긴이) 중에 뉴욕에 들렀을 때였다.⁴⁰ 그로부터 3년 후 그들은 펠릭스와 프리다의 결혼식에서 신랑과 신부 들러리로 다시 만났고, 서로에게 끌리고 있음을 부정할 수 없었다.

친척들이 '야옹이' 또는 '애교쟁이'라고 부르던 니나는 솔로몬과 베티의 자녀들 중 막내였다. 니나는 엄밀히 말하면 프리다에게 이모였지만 프리다보다 다섯 살밖에 많지 않아 그들은 오히려 친한 사촌 사이 같았다. 날씬하고 예쁜 니나는 다리를 절었다. 어릴 때 염소가 끄는 수레에서 떨어져 고관절이 부러지는 사고를 당했기 때문이었다. "그때는 엑스레이가 없어서 적절한 치료를 받지 못했고 결국 뼈가 온전히 붙지 않았다"고 그녀의 아들 제임스가 말했다. "그로 인해 어머니는 1년 동안 침대에 누워서 지냈고 어린 시절 대부분을 장애를 가지고 보내야 했다."⁴¹ 그 사고로 발레리나가 되겠다는 어린 시절의 꿈은 포기해야 했지만, 장애가 그녀의 쾌활한 성격을 앗아가지는 못했다. 니나는 다른 형제자매들처럼 신경질환이나 우울증에 시달리지도 않았다. 언니 구타는 성인이 된 후에도 신경쇠약으로 요양원을 들락날락했다.

결혼식이 끝난 후 폴과 올가가 독일로 돌아갈 때 니나도 함께 갔다. 사랑에 빠진 폴은 항해 도중 니나에게 청혼했다. 그녀는 답하기 전에 부모님과 먼저 상의해야 한다고 했다. 그때 니나의 부모는 카를스바트에서 휴가를 보내는 중이었다. 함부르크에서 초조하게 전화를 기다리던 폴은 마침내 전화가 오자 흥분을 감출 수 없었다. 그의 발표에 어머니가 보인 날카로운 반응은 로브, 시프, 워버그 가족들 사이에서 우스갯소리가 되었다. 이들은 예상치 못한 소식을 받을 때마다 이 대사—그 소식을 계단에서 발표하는 거니?—를 즐겨 사용했다.[42]

뉴욕을 방문하는 동안 올가는 니나의 오빠 제임스에게 반했다. 프리다 시프는 제임스가 로브 집안의 모든 이모와 삼촌 중에서 성격이 '가장 활기차고 명랑'하다며, "그는 사람들을 사로잡는 매력이 있고 뛰어난 학자이자 훌륭한 음악가이며 진정한 의미에서 예술 애호가였다"고 말했다.[43] 제임스는 아버지를 기쁘게 해주기 위해 내키지 않는데도 은행가가 되었고, 15년을 후회하며 비참하게 보냈다.

론 처노Ron Chernow는 워버그 가문 전기에 "로브와 워버그 양쪽 집안 모두 제임스와 올가의 결혼을 단호하게 반대했다"고 썼다. 그는 그들이 끝내 결혼에 이르지 못한 이유 중 하나가 니나였을 가능성이 크다고 보았다. 니나가 자기 오빠를 근친애라 할 정도로 떠받들고 좋아했기 때문이다. 제임스와 올가의 이후 삶은 암울했다. 제임스는 쿤로브에서 일하는 동안 반복적인 신경쇠약에 시달렸고, 쇠약해진 정신으로 더 이상 일할 수 없게 되자 1901년 은행을 떠났다. 곧바로 그는 독일로 건너갔고 그곳에서 우울증과 간질 치료를 받았다. 그는 뮌헨 외곽에서 가죽으로 장정한 그리스 고전과 골동품에 둘러싸여 조용한 삶을 살았으며 두 번 다시 뉴욕 땅을 밟지 않았다. 그는 자신의 막대한 재산을 자선 활동에 쏟아부었다. 뉴욕의 줄리어드 음악원 설립을 지원했고, 하버드 대학교의 로브고전도서관(제임스는 그리스 로마의 위대한 문학 작품을 대중에게 널리 알리고자 했다)을 후원했다. 또 뮌헨의 세계적인 정신의학 연구기관 설립도 지원했다. (안타깝게도 이 연구소는 아돌프 히틀러 통치 기간에 우생학 연구소로 변질되었다).

올가의 운명은 더욱 비극적이었다. 그녀는 제임스를 향한 마음을 간직한 채 오빠의 친구 폴 콘 스파이어와 결혼했다. 폴은 그녀가 사랑했던 제임스와는 정반대의 인물이었다. 그는 엄숙하고 감정을 잘 드러내지 않는, 철저히 사업가 마인드로 무장한 사람이었다. 1904년, 넷째 아이를 출산하고 얼마 후 그녀는 스위스에 있는 한 호텔의 3층 창문에서 몸을 던졌다.[44]

1895년 10월 1일, 폴과 니나는 솔로몬과 베티 로브가 소유한 꽃으로 장식된 전원의 선셋힐에서 결혼식을 올렸다. 이 집은 뉴저지 해변에 있는 시프와 로브 가족의 소유지에 자리하고 있었다. 이 결혼으로 안 그래도 복잡하게 얽힌 그들의 가계도에 새로운 가지가 하나 더 추가되었다. 프리다의 이모는 이제 프리다와 동서지간이 되었고 폴은 동생 펠릭스의 장인 시프와 동서지간이 되었다.

이번에는 워버그 형제 중 장남인 작고 까무잡잡한 아비가 가족을 대표해 참석했다. 반골에 독불장군 성향이던 그는 자신이 유대인이라는 이유로 독일, 그것도 반유대주의가 극심한 학계에서 교수직을 얻을 가능성이 희박했는데도 학자의 길을 선택했다. 머리가 좋아 늘 주변 세상의 숨겨진 의미를 포착하는 능력을 가진 아비는 유쾌하고 풍자가 넘치는 사람이 될 수도 있었다. 하지만 그의 기분은 예측할 수 없게 변덕스러웠다. 가문의 문제아였던 그는 특히 자신이 아끼는 도서관이 새 장서를 구입할 때 형제들에게 부탁하는 태도가 아니라 당연한 권리라는 듯이 요구했다.[45]

아비는 결혼식 참석 차 온 김에 미국 원주민 예술과 문화 연구도 병행했다. 어린 시절부터 미국 서부에 매료되었던 그는 동부 해안지역을 돌아다니며 박물관을 방문하고 중요한 인류학자와 고고학자들과 만났다. 아비는 관심사가 비슷했던 제임스 로브와 친분을 쌓았다. 제임스는 아비를 북아메리카 선사시대 유물을 소장한 하버드 대학교의 피바디Peabody 박물관으로 초대하여 둘러보게 했다.[46] 그 후 아비는 납작한 카우보이모자를 쓰고 반다나를 목에 두른 채 현장 탐사를 떠났다. 그는 기차로 갈 수 있는 한 멀리까지 간 다음 말 두 마리가 끄는 마차를 타고 남서부 애리조나 오지의 호피Hopi 마을을 찾아갔다. 살아 있는 뱀이 등장하는 뱀 춤을 비롯한 고대 의례와 의식을 목격한 그는 사진을 찍고, 꼼꼼하게 메모하고, 지도와 전통 의상을 스케치하는 등 기록을 꼼꼼히 남겼다.

아비가 서부를 여행하는 동안 받은 편지를 보면 그가 현장 연구 중에 문제가 될 만한 행동을 했음을 암시하는 내용이 나온다. 1896년 3월, 니나와의 결혼으로 새롭게 생긴 폴의 손위 동서 아이크 셀리그먼은 "방금 산타페Sante Fe 우체국장으로부터 연락을 받았어. 라바Ra-ba('붉은 눈'이라는 뜻)라는 이름의 원주민 가족이 피해를 입었다며 자네를 고소할 예정이며, 미네모사Minnemōsā라는 젊은 원주민 여성이⋯ 심각한 혐의―그 내용을 적을 용기가 나지 않네!―를 제기한다는 소식을 받았네"라고 알려왔다. 아이크는 내용을 구체적으로 밝히지 않았지만 "자네 생일(아비는 30번째 생일을 몇 주 앞두고 있었다) 선물로 퍼푸스papoose―아메리카 원주민 아기―를 보낼 필요는 없겠지"라고 농담하면서 성적으로 부적절한 문제임을 강력하게 암시했다. 아이크는 "말 두 필, 머리카락 한 올, 150달러를 지불하는 조건으로 타협"할 수 있을 것이라고 하면서 조용히 문제를 해결하겠다고 약속했다. "어떻게든 알려지지 않게 해야겠지."[47]

아비가 여행(어쩌면 또 다른 말썽)을 계속하는 동안 폴과 니나는 애틀랜타로 짧은 신혼여행을 갔다. 그들은 그곳에서 세계 박람회와 유사한, 전후 남부의 경제 발전을 선보이는 면화주 국제박람회 Cotton States and International Exposition 에 참석한 후 독일로 돌아갔다.[48] 폴과 니나—워버그 가문에서는 둘의 이름을 합쳐서 파니나Panina 라고 부르게 된다. 펠릭스와 프리다는 프리다플릭스Friedaflix, 막스와 앨리스는 말리스Malice 라고 불렀다—는 폴이 형제들과 어린 시절 작은 배를 타고 노를 저으며 놀았던 아우터알스터Outer Alster 호수에서 한 블록 떨어진 폰테네Fontenay 애비뉴에 집을 장만했다.[49] 결혼 10개월 후인 1897년 8월, 파니나는 아들을 얻었다. 그들은 니나가 사랑했던 오빠의 이름을 따서 아들의 이름을 제임스로 정했다. (이 아이는 후에 "어린 시절 나는 어머니가 제임스 삼촌에게 지나치게 집착해서 정신적으로 큰 혼란을 겪었다. 어머니는 자신이 사랑한 남자는 삼촌과 아버지 두 사람이었다고 여러 차례 이야기했다"고 기억했다. "누가 먼저였는지 전혀 알 수 없었다. 물론 아버지가 먼저였겠지만 어린 나로서는 혼란스러웠다.")[50]

함부르크에 정착해서 어린 아들을 키우며 가족을 그리워하던 니나는 그해 가을 뉴욕에서 온 한 방문객 덕분에 향수병을 조금은 달랠 수 있었다. 10월 25일, 19세가 된 조카 모티 시프가 워버그은행에서 9개월간의 견습 생활을 하기 위해 함부르크로 왔다. 도착하자마자 그는 부모에게 "니나는 아주 좋아 보이고 꽤 통통해졌어요", 새 사촌동생에 대해서는 "니나의 아들은 아주 작은 사람 모양을 하고 있는데, 사랑스러워요. 잘생기지는 않았지만 아주 건강해 보여요"라고 보고했다.[51]

제이컵 시프의 두 자녀 중 동생인 모티는 할아버지처럼 색맹이었고 조금 통통한 편이지만 잘생기고 투명한 눈을 한 젊은이였다.

그는 항상 아버지를 기쁘게 하려고 애를 썼지만 늘 기대에 미치지 못했다. 모티가 어렸을 적, 시프가 아들의 부족한 점을 지적할 때마다 아버지와 아들은 종종 충돌했다. "어린 시절 동생은 늘 별것 아닌 다양한 잘못을 저질러 벌을 받았다"고 프리다는 기억했다. "모티는 식탁에서 쫓겨나거나 일주일간 후식을 먹지 못하거나 아니면 다른 벌을 받아야 했다."[52] 아버지는 특히 삭스칼리지(고등학교)의 평가 항목 중 하나인 생활태도 점수에 집착했다. 모티가 이 항목에서 벌점을 받자 시프는 프리다가 완곡하게 '심령 교감'이라고 부른 방식으로 모티의 태도를 뜯어고치려 했다. 체벌이 끝난 후 프리다는 동생이 "앉을 수가 없어!"라고 소리치던 장면을 기억했다.[53]

영재였던 모티는 고등학교(삭스칼리지)를 15세에 졸업했다. 이 학교는 하버드로 가는 직행로였다. 모티의 동급생 친구들 상당수가 그해 가을 하버드에 진학했다. 모티 역시 하버드에 가고 싶었는데, 이 역시 또 다른 부자 간 갈등의 원인이었다. 시프는 '젊은이가 주변의 많은 학생들과 어울리면서 받게 되는 수많은 유혹'에 대해 염려했다.[54] 프리다에 따르면 "아버지는 하버드는 너무 큰데다 부유한 집 아이들이 많아서 안 그래도 낭비벽이 있는 모티가 그곳에서 더 사치하게 될 것이라고 말했다"고 한다.[55]

시프는 모티를 매사추세츠 서부의 작은 리버럴아트 칼리지인 애머스트로 보냈다. 그곳에 진학한 그의 동급생으로는 미래의 대통령 캘빈 쿨리지 Calvin Coolidge, 훗날 J. P. 모건의 영향력 있는 파트너이자 멕시코 대사를 지낸 드와이트 모로 Dwight Morrow 가 있다. 모티는 그곳에서 화려한 새 자전거를 샀다가 아버지에게서 욕을 한 바가지나 먹었다. 정기적으로 부모에게 보내는 편지에서 주말에 근처 여자대학 마운트 홀리요크 Mount Holyoke 를 찾아갔다고 말했다가

호되게 야단을 맞기도 했다.⁵⁶

모티는 농구부에 들어갔고 베타세타파이Beta Theta Pi 남학생 사교 클럽에도 들어갔다.⁵⁷ 가난한 집안 출신의 모로는 사교클럽 동기 중 한 명이었다. 모티는 종종 자기가 입던 옷을 친구들에게 주었는데, 그의 잘 맞춘 셔츠에는 이름 첫 글자를 딴 MLS가 새겨져 있었다. 모로는 이를 두고 '모로의 작은 셔츠Morrow's Little Shirts'의 약자라고 농담하곤 했다.⁵⁸

모티는 높은 학점을 받았고 아버지와 마찬가지로 러시아 이민자들의 곤경에 관심을 가졌다. 그는 '이민자를 위한 탄원'이라는 글에 "이민 제한에 찬성하기는 하지만, 입국을 원하는 사람들의 입국을 거부할 수 있는 어떤 도덕적인 권리가 있는지 모르겠다… 이것은 공정한 나라의 행동이라고 볼 수 없지 않은가. 폭군의 박해로 고향에서 떠밀려난 난민들의 터전이 되면 안 되는 건가?"라고 썼다.⁵⁹

모티는 학구열 때문에 친구들로부터 놀림과 괴롭힘을 당하기도 했다. 그의 동급생 친구 하나는 프랑스어 수업 때 "딱 좋은 오락거리가 모티를 강의실에서 쫓아내는 것이었다. 모티는 우리 중 거의 유일하게 진지한 학생이었다. 그의 낭독은 훌륭한 수준이었다. 하지만 그가 낭독을 다 끝낸 적은 거의 없었다. 그가 큰 소리로 낭독을 시작하면 몇몇 학생들이 자리에서 일어나 교수가 자리에 앉으라고 책상을 두드리는데도 아랑곳하지 않고 모티를 교실 밖으로 들고 나갔다. 그런 다음 그들은 '조용히 자기 자리로' 돌아왔다. 모티는 잠시 숨을 고른 후 슬그머니 자기 자리로 돌아오곤 했다"고 회상했다.⁶⁰

1학년을 마친 후 모티는 하버드에 편입하고 싶다고 말했지만 아버지는 그의 제안을 묵살했다. 프리다에 따르면 시프는 "너는 내 생각을 증명했어"라고 아들에게 말했다고 한다. "너는 애머스트에서 시간을 낭비했고 하버드에 갈 준비가 아직 되지 않았어."⁶¹ 모티는 애머스트에서 또 1년을 보냈고 다시 한 번 하버드에 가겠다고 요청했다. 이번에는 시프도 모티가 다음 교육 단계를 시작할 준비가 되었다는 데에 동의했다. 하지만 그는 아들을 (하버드가 있는) 케임브리지 대신에 미네소타의 세인트폴로 보내 자신이 이사로 있는 그레이트노던철도Great Northern Railway의 회장이자 친구 제임스 J. 힐 James J. Hill에게서 철도 사업을 배우도록 했다.

모티는 회계부터 운영, 수리 창고에 이르기까지 회사의 여러 부서를 돌면서 견습 생활에 최선을 다했다. 이 경험 자체도 소중했지만, 힐의 운영 방식에 대해 모티가 수집한 정보도 못지않게 소중했다. 그는 아버지에게 보낸 한 편지에 "저는 눈과 귀를 활짝 열고 많은 것을 익히고 있습니다"라고 썼다.⁶² 다른 편지에서는 회사에 대한 부정적인 여론을 상세히 전했다. "이곳에서 그레이트노던이 인기가 없다는 사실은 참으로 놀랍습니다. 좋은 말을 하는 사람이 아무도 없어요… 가장 불만이 많은 사람들은 저임금으로 과로에 시달리는 직원들입니다. 이렇게 오랜 시간 일하는 철도회사는 여기 말고는 없어요. 게다가 대륙 횡단 철도 노선 운영 회사 중 장비가 가장 형편없다는 평이 자자합니다. 저는 회사에 대한 반감에서가 아니라, 제가 이 사실을 알아냈고 아버지께서 이를 아셔야 한다고 생각하기 때문에 적어 보냅니다."⁶³

쉬는 시간이면 모티는 자전거를 타고 세인트폴 시내를 돌아다니거나 힐의 아들 루이스와 함께 오리 사냥을 했다. 지역 사교계에 들어가려고도 노력했다. 그는 세인트폴의 고급 클럽인 타운앤컨트리클럽Town & Country Club에 가입 신청을 했다가 거부되었는데, 아마

도 유대인이기 때문이었을 것이다.⁶⁴

1896년 5월 즈음 모티는 회사의 주요 부서를 다 돌았고, 힐은 더 이상 가르칠 것이 없다고 느꼈다. 힐은 시프에게 "이제 모티가 훌륭하게 자기 실력을 갖추었다는 데 동의할 거라 생각하네"라고 편지를 보냈다. "그는 내가 생각했던 것 이상으로 잘해냈어."⁶⁵

모티는 다음 단계인 은행업 훈련을 위해 함부르크로 향했다. 그는 아이헨알레Eichenallee 33번지에 거처를 구했는데, 거리가 내려다보이는 발코니를 갖춘 집이었다. 그는 1896년 10월 말 수요일 아침에 워버그은행 사무실로 첫 출근을 했다. 막스와 폴은 모티를 은행의 환전부서에 배치했다. 그는 처음 출근한 날 집에 돌아와 "이곳의 일은 우리와는 다르게 이루어집니다. 특히 근무 시간은 꽤 흥미롭습니다"라고 편지를 써서 보냈다. "저는 9시에 출근해서 1시까지 자리에서 일을 해요. 그다음 3시까지는 할 일이 아무것도 없어요. 그리고 다시 6시나 7시까지 일을 해요."⁶⁶ 어느 날 모티는 워버그 형제들과 함께 함부르크 증권거래소에 갔다. 그는 그곳의 편안한 분위기에 놀랐다. "그들은 그냥 잡담하려고 모여 있는 것 같아요. 그렇게 모두 둘러앉아 수다나 떨면서 느긋하게 있는 것이 다소 기이해 보였어요"라고 아버지에게 보고했다.⁶⁷

함부르크에서 모티는 워버그 가문의 사업뿐만 아니라 그들의 드라마 같은 사건도 맨 앞줄에서 지켜보았다. 당시 미국 여행에서 막 돌아온 아비는 함부르크의 해운업자의 딸 마리 헤르츠Mary Hertz 와 결혼하겠다고 발표하여 가족을 아연실색하게 했다. 재능 있는 예술가인 그녀는 다정하고 예쁘고 무엇보다 아비의 종잡을 수 없는 기분을 맞춰주었다. 하지만 그녀는 유대인이 아니었다. 미래의 손주들이 자신들의 신앙에서 벗어나게 될지도 모른다고 낙담한 모리츠는 아들에게 마음을 바꾸라고 애원했다. 심지어 아비에게 정신을 차린다면 용돈을 두 배로 올려주겠다고 제안했다.[68] 하지만 아비는 흔들리지 않았다.

"지금은 상황이 아주 나쁩니다. 하지만 곧 모든 일이 잘 정리되리라 기대합니다"라고 모티는 고향집에 편지를 썼다. "헤르츠 양은 매우 매력적이며 아비를 남자로 만들어줄 꼭 맞는 아내감입니다. 종교 문제가 걸림돌이 되다니 안타까워요. 저는 워버그 씨의 심정을 충분히 이해할 수 있습니다… 아비는 문제를 해결하는 데에 아무런 쓸모가 없기 때문에 막스가 상황을 풀어내려고 최선을 다하고 있습니다. 저도 그가 잘 해내기를 바라지만 현재는 전망이 어둡습니다."[69]

모리츠는 아비의 약혼이 공식적으로 발표될 때 그 자리에 있지 않았다. 그와 샤를로테는 결혼식에도 참석하지 않았다. 심지어 함부르크에서 결혼식을 올리지 말라고 요청하기까지 했다. 하지만 결국에는 그 결혼을 받아들였다.[70]

주말마다 모티는 블랑케네제Blankenese에 있는 워버그 가족의 여름 별장 쾨스터베르크Kösterberg까지 자전거를 타고 갔다. 엘베강이 내려다보이는 언덕 꼭대기에 자리 잡은 곳이었다.[71] 그는 종종 니나와 폴 부부와 함께 식사를 하곤 했다. 그는 이모의 아늑한 집에 마련된 흡연실에서 뉴욕에 있는 '사랑하는 사람들'에 대한 추억을 이야기하며 오랜 시간을 보냈다.[72] 함부르크에서 머무는 마지막 주에 뉴욕에서 친구 아서 리먼이 모티를 깜짝 방문했다. 함께 도시를 관광하고 시가를 피우면서 모티는 아서에게 곧 돌아갈 집의 가족과 친구들 소식을 꼬치꼬치 캐물었다.[73] 해외여행 중이던 아서는

한 달도 채 되지 않아 그의 아버지 메이어가 세상을 떠났다는 소식을 들었다.[74]

1897년 7월 말, 모티는 워버그은행에서의 견습 과정을 모두 마쳤다. 회사 사람들은 그와 함께했던 시간을 기념하는 흑진주 스카프 핀을 선물로 주었다.[75] 그는 함부르크에서 런던으로 건너가 아버지가 정한 일들을 시작했다. 그는 파크레인 12번지의 고급 아파트를 빌렸고 다시 한 번 낭비한다는 꾸중을 들었다.[76]

이전에 폴이 그랬듯이 모티 역시 새뮤얼몬태규에서 일하게 되었다. 그는 그곳에서도 쿤로브와 워버그은행에 대한 정보를 자신에게 계속 캐묻는다고 불평했다.[77] 결국 모티는 아버지의 오랜 벗 카셀에게서 훈련을 받았다. 그는 모티의 멘토와 같은 사람이 되었다. 당시 기사 작위를 수여받기 직전이었던 카셀은 영국 사회 최상류층에 진입했으며, 1901년 왕위를 물려받은 에드워드 7세가 가장 믿는 친구 중 한 명이었다. 건장하고 대머리에 턱수염을 기른 카셀은 에드워드와 마치 형제처럼 보였다. 이 은행가는 왕의 턱수염과 똑같은 스타일로 자신의 턱수염을 다듬어서 닮은 모습이 더욱 강조되었다. 카셀은 아주 특별한 방식으로 에드워드의 재산을 관리했다. 다름 아니라 왕의 모든 투자 손실을 자기가 떠안는 방식이었다. 대신 그는 권력에 대한 접근을 보장받았다.

카셀은 대륙 은행의 점잖은 방식으로 모티를 가르치는 한편 헤픈 씀씀이를 부추겼다. 카셀이 훗날 프리다에게 "네 아버지는 동생에게 했던 내 교육 방식을 마뜩지 않아 했을 거야. 나는 오히려 돈을 쓰도록 격려했거든. 왜냐하면 신사는 과시가 아니라 우아하게 돈 쓰는 법을 배워야 하거든. 너도 알다시피 네 아버지는 대체로 내 생각에는 찬성하지 않았지"라고 말했다.[78]

모티는 영국 신사의 삶을 받아들여 테니스와 골프를 치고 귀족층 인사들과 무도회에도 참석했다.[79] 그의 사촌 오토 시프는 그를 시내 곳곳으로 데리고 다녔다. 그리고 모티는 런던에 기반을 둔 셀리그먼 사람들, 특히 비슷한 또래인 아이작의 아들 찰스와도 함께 시간을 보냈다. 당시까지 30년 동안 런던에서 성공적으로 자리를 잡은 아이작과 그의 가족은 영국 사회의 최상류층이 거의 다 되었다. 찰스와 그의 형제 리처드 모두 결국 기사 작위를 받았다.

모티는 카셀의 시골 땅 두 군데 중 하나인 레스터셔의 돌비 홀Dalby Hall을 종종 찾았다. 그는 시골에서 한가로운 주말을 보내거나 찰스 셀리그먼과 골프를 치고 때로는 사냥 여행을 했다는 편지를 집에 자주 보냈다. 그의 부모는 그가 일은 대체 언제 하는지 궁금해지기 시작했다. "제가 그렇게 자주 시골에 가는 것을 좋아하지 않으신다 하시니 죄송합니다"라며 화가 잔뜩 나 보이는 아버지의 편지에 "할 일이 정말 많지 않다"고 해명하는 답장을 보냈다.[80]

그가 런던에 머무는 동안 당시 스페인 지배 아래에 있던 쿠바를 둘러싸고 미국과 스페인 사이에 갈등이 고조되었다. 거기에 스페인의 식민 총독에 저항하는 민중의 소요가 지속되면서 상황이 심각해졌다. 1898년 2월, 쿠바에서의 미국 국익을 수호하기 위해 매킨리 대통령이 아바나항으로 파견했던 해군 순양함 USS 메인Maine이 알 수 없는 이유로 침몰하자 미-스페인 간 전쟁의 서막이 열렸다. 아버지의 눈에 들고 싶었던 모티는 입대를 자원했다. "만약 언제라도 미국 시민으로서 자원하는 것이 저의 의무라고 생각하시면, 즉시 집으로 돌아가겠습니다."[81] 시프는 아들이 집으로 돌아올 때가 되었다는 데에 동의했다. 하지만 그는 다른 계획이 있었다.

이제 파트너로 합류할 때가 되었다.

13.

동업자와 경쟁자

골드만과 삭스. 이 둘이 만들어낸 세상에서 가장 강력한 투자은행은 현대 금융 역사상 가장 강력한 동맹이었다. 하지만 1877년 샘 삭스와 루이자 골드만의 결혼으로 맺어진 파트너십은 결과적으로 골드만과 삭스 가문을 갈라놓는 깊은 원한의 씨앗이 되었다. 은행이 번성할수록 두 가문 간 관계는 더욱 악화되었다.

    1881년, 마커스 골드만은 환갑이 되었다. 사업은 점점 더 성장해서 연간 3,000만 달러 상당의 기업어음을 취급할 정도가 되었다. 딸 로자와 사위 줄리어스 삭스가 생일 파티를 열어주었고, 파티 중에 마커스는 자리에서 일어나 몇 마디 말을 했다. 그는 행상에서 은행가가 되기까지의 자기 인생 여정을 이야기한 후, 그 자리에 모인 양가 사람들이 놀랄 만한 제안을 꺼냈다. 샘에게 파트너 자리를 제안했던 것이다. 이후 이 회사는 골드만앤선M.Goldman&Son이 아니라 골드만 삭스M.Goldman&Sachs로 알려지게 된다.[1]

    마커스는 새로 출범한 회사의 자본금을 충당할 수 있도록 샘에게 1만 5,000달러를 빌려주었다. 이 대출은 세 차례에 걸쳐 상환하기로 되어 있었지만, 마커스는 샘과 루이자의 세 아들 중 막내인 손자 월터가 태어난 것을 기념하여 마지막 상환금은 면제해주었다. 월터는 이 일을 두고 "내가 세상에 처음 나온 날, 나는 골드만 삭스와 나의 첫 거래를 성사시킨 셈이죠"라고 농담하곤 했다.²

마커스는 분명 성실하고 부지런한 샘 삭스에게서 자신의 모습을 보았을 것이다. 하지만 그날 생일 파티에서 마커스가 첫 파트너를 선택했을 때, 아버지의 사업에 합류하기를 간절히 기다리던 헨리를 건너뛰었다는 사실을 그 자리의 어느 누구도 눈치채지 못했다. (마커스의 장남 줄리어스는 이미 성공적인 법률가로 경력을 시작했고 유대인 공동체의 자선 활동으로 바빴다).

근시 탓에 두꺼운 안경을 쓰고 젊은 나이에 이미 머리가 벗어진 헨리에게 자신을 무시하는 듯한 아버지의 행동은 고통스러웠던 어린 시절의 기억을 떠오르게 했을지도 모른다. 두 살 많은 누나 루이자와의 관계는 언제나 불편했다. 그는 누나가 아버지의 애정을 독차지한다고 느꼈다(아마 그 생각이 맞았을 것이다). 어린 시절 둘이 다툴 때 부모님이 누나의 편을 들면 우울해지고 질투심에 사로잡히곤 했다.³ 그리고 이제 아버지가 루이자의 남편에게 *자신이 가진 장자의 권리를 넘겨주고* 있었다. 헨리에게는 자신이 이 가족에서 2등 시민임을 확인해주는 순간이었다.

읽기가 어려울 정도로 시력이 나빴지만 헨리는 학교에서 성적이 뛰어났고, 16세에 형 줄리어스를 따라 하버드에 진학했다. 하지만 헨리는 1학년 도중에 시력 때문에 학업을 따라갈 수 없다면서 자퇴했다. 헨리의 미래를 기대하던 마커스는 실망감을 감추지 않았다. 아들을 제쳐놓고 사위에게 파트너 지위를 부여한 결정은 헨리가 사업을 감당할 수 없겠다는 그의 판단에 기인했을 것이다. 헨리의 손녀 준 브레튼 피셔June Breton Fisher는 할아버지의 전기에 "증조할아버지는 감정보다는 상식에 따라 결정했다고 생각했겠지만, 헨리 할아버지에게 그것은 깊은 상처"였다고 썼다.[4]

그 후 헨리는 누나 리베카의 남편 루드윅 드레이퍼스 가족이 공동 소유한 직물회사 드레이퍼스윌러Dreyfus, Willer & Co.의 영업사원으로 취직했다. 루드윅은 세련되고 옷을 잘 차려입는 사람이었다. 헨리는 3년 동안 섬유 견본을 들고 기차로 전국을 돌아다녔고, 영업에 나름의 열정과 능력을 보여주었다. 1885년, 마커스는 헨리와 루드윅을 자신의 회사에 받아들였고 회사 이름을 골드만삭스앤컴퍼니Goldmanm Sachs & Co.로 바꾸었다. 하지만 서열은 분명했다. 헨리는 늘 샘 삭스보다 지위가 낮았다. 헨리는 1904년에 마커스가 죽고 아버지 유언에 따라 시니어 파트너로 승진하고 나서야 비로소 샘 삭스와 동등한 지위에 올랐다.

헨리가 회사에 들어갈 무렵 회사는 지하 사무실을 벗어나 파인가Pine Street 9번지 2층의 방 두 개짜리 사무실로 이전했다. 창문에는 금박으로 회사 이름을 새겨넣었다. 10대 시절 토요일 아침에 종종 아버지를 따라갔던 월터 삭스는 이렇게 회고했다. 파트너들은 앞쪽 방을 사용하고 뒤쪽 방에는 이름과 아주 딱 맞는 속기사 슈라이버(독일어로 '서기'라는 뜻) 양, 메시지 심부름꾼 몇 명 그리고 "소매를 걷어 고무밴드로 고정하고, 눈에는 초록색 빛 가리개를 쓰고 서 높은 책상 앞에 서서 두꺼운 장부에 열심히 뭔가를 적는" 8명에서 10명 정도의 서기들이 일하고 있었다.[5]

1894년, 샘은 동생 해리를 회사에 영입했다. 이후 10년에 걸쳐

13. 동업자와 경쟁자

그의 아들 3형제가 각각 하버드를 졸업하고 골드만 삭스에 들어왔다. 매형에 대한 헨리의 불만은 한층 더 커졌다. 그는 샘이 자신의 아버지가 세운 회사를 삭스의 가족으로 채우고 있다고 느꼈다. 또한 샘이 먼저 파트너가 되고 직책이 높았던 것은 물론 샘의 재산이 자신보다 훨씬 많다는 사실도 헨리로서는 자존심이 상하는 일이었다. 재산 격차는 샘이 뉴저지 해변의 롱브랜치에 엘런코트Ellencourt(딸 엘라Ella의 이름을 땄다)라고 이름 붙인 으리으리한 저택을 지었을 때 더욱 뚜렷해졌다. 그곳은 시프 가족과 같은 월스트리트 인사들이 여름을 보내는 지역이었다. 월터는 그 저택을 "베르사유의 축소판"이라고 묘사했다.[6]

헨리의 손녀에 따르면, 헨리는 "두 집 간의 권력과 재산 차이가 완전히 부당하다고 여겼다"고 한다.[7]

혈통과 돈은 항상 불안정한 혼합물이었다. 항상 편견에 시달렸던 유대인 사업가들로서는 가족 관계를 통해 사업 네트워크를 구축할 필요가 있었다. 특히 태생적으로 위험한 대서양 횡단 거래를 할 때는 더더욱 그랬다. 누구보다 믿을 수 있는 사람이 가족 아니겠는가. 쿤로브와 워버그은행의 경우에는 결혼으로 관계를 강화시켰다. 하지만 가족과 돈이 얽히면 갈등을 키우고, 경쟁을 부추기며, 원래도 복잡한 업무—편지와 짧은(때로는 암호화된) 전보를 통한 장거리 비즈니스—에 다른 종류의 복잡성이 더해졌다. 새로운 파트너의 영입이나 사업 승계를 둘러싸고 분쟁이 일어났고, 배제되어야 할 감정과 감상주의가 의사결정에 끼어들 여지가 생겼다.

가족이 얽히면, 사업은 그저 단순한 사업이 아니게 되는 법이었다.

혼인을 통해 셀리그먼가는 정력적인 뮌헨 출신의 헬먼 형제들과 제휴했다. 뉴올리언스 지사, 후에는 파리 지사를 운영한 맥스 헬먼은 제시의 처남이었다. 맥스의 동생 시어도어는 뉴올리언스 사업을 물려받고 조셉 셀리그먼의 딸 프랜시스와 결혼했다. 이 결혼으로 셀리그먼 형제들은 여동생 바베트의 남편 맥스 스테트하이머와 그의 동생 제이컵을 영입할 수밖에 없었다. 셀리그먼 형제들은 이들이 사업에 짐이 된다고 생각했다. 셀리그먼이 은행업으로 전환했을 때 스테트하이머 형제는 수입업에 집착했고, 조셉은 그 때문에 늘 짜증이 났다. 조셉은 스테트하이머와의 파트너십을 정리하고 싶었지만 여동생과의 관계가 틀어질까봐 망설였다(맥스 스테트하이머가 1873년 쉰다섯에 갑자기 사망하여 가족 간 갈등 없이 문제가 해결되었다). 조셉은 맥스의 동생 "제이컵 스테트하이머와 파트너십을 오랫동안 유지하는 우를 범한 결과 수천 달러를 손해 봤다"고 불평한 적이 있었다.[8]

리먼가에는 뉴욕의 독일계 유대인 은행가들과는 다소 다른 독특한 점이 있었다. 뉴욕의 리먼 브라더스는 뉴올리언스 지점과 달리 인척들을 파트너로 영입하지 않았다. 수십 년 동안 리먼 브라더스의 모든 파트너는 리먼 성을 가진 가족뿐이었다. 이 전통은 1924년에 깨졌는데, 그해 파트너가 된 해군 장교 출신의 존 핸콕 John Hancock 은 리먼도 아니고 유대인도 아니었다. 메이어와 이매뉴얼은 다음 세대에도 가족과 사업이 긴밀히 연결되기를 바라며, 〔친사촌 간인〕 각자의 장남(시그먼드)과 장녀(해리엇)를 결혼시켰다. (결혼 선물로 메이어는 아들에게 3만 달러, 이매뉴얼은 딸에게 5만 달러를 주었다. 그들이 아들과 딸에게 각각 넘겨준 재산은 오늘날 가치로 환산하면 약 200만 달러에 해당한다).[9]

하지만 이런 조치에도 불구하고 사업을 둘러싼 가족 간의 갈등을 피하지는 못했다. 메이어의 동서인 이사이아스 헬먼Isaias Hellman은 잡화점에서 출발해 은행업으로 전환한 후 캘리포니아의 가장 부유한 금융가 중 한 명으로 성장했다. 이사이아스는 개척 도시였던 로스앤젤레스를 미국의 대도시로 변모시키는 데 중요한 역할을 한 인물이기도 하다. 헬먼가와 리먼가는 뉴욕과 로스앤젤레스 사이에서 종종 협력했다.

이사이아스와 메이어는 개인적으로도 가까웠다. 이사이아스가 메이어의 아내 바베트의 동생 에스더와 뉴욕에서 결혼했을 때 메이어 부부는 자기들 집에서 결혼 파티를 열었고, 이사이아스는 캘리포니아에서 사업하는 동안 종종 메이어에게 조언을 요청했다. 하지만 단 한 번의 거래가 그들 사이에 깊은 균열을 가져왔다.[10]

이사이아스 헬먼이 대주주인 네바다 내셔널뱅크Nevada National Bank—1905년에 웰스 파고Wells Fargo와 합병—와 같은 상업은행은 미국 전역 및 해외에서 고객이 어음을 결제하고 출금할 수 있도록 은행 간 거래network of correspondent banks를 통해 운영되었다. 헬먼은 고객들의 거래를 처리하기 위해 뉴욕의 리먼 브라더스에 거액을 예치했고, 리먼은 이 돈에 3퍼센트 정도의 낮은 이자를 지급했다. 다른 은행에서 더 좋은 금리를 받을 수도 있었지만 헬먼은 가족이라는 이유로 이 거래를 유지했다.

그런데 1891년, 캘리포니아의 자금시장이 경색되면서 네바다은행의 현금 잔고가 급격하게 줄었다. 불안해진 이사이아스는 리먼 브라더스에 전보를 보내 예치금을 인출하겠다고 통보했다. 마찬가지로 유동성 위기를 겪고 있던 리먼 형제들로서는 최악의 시점에 날아든 요청이었다. 전보는 메이어와 이사이아스 사이의 격한 메시지 교환으로 이어졌고 종내에는 두 사람이 더 이상 말을 섞지 않는 지경까지 갔다. 화가 난 리먼 형제들은 보유하던 헬먼가 소유 은행의 지분을 처분해버렸고, 이사이아스는 아내에게 언니 부부와 거리를 두라고 요구했다.

이사이아스는 (아내) 에스더와 (처형) 바베트의 오빠 벤저민 뉴개스에게 보낸 편지에 자신이 "사실 오랫동안 리먼 형제들에게 호의를 베풀었습니다"라고 썼다.

> 수십만 달러를 담보나 약속어음, 인수증도 없이 리먼에게 맡겼지만, 그들은 낮은 이자만 지급했습니다… 저는 그들에게서 결코 어떤 호의도 받은 적이 없어요. 저는 그들이 뭔가 요청하면 도와주었지만, 그들은 제가 뭔가 원할지도 모른다는 사실을 암시만 해도 늘 변명거리를 찾았습니다.

냉랭한 그들 관계는 2년이나 지속되었고 메이어와 바베트가 딸 클라라의 약혼 소식을 전하면서 겨우 풀렸다. 이사이아스는 "이런 기쁜 행사를 계기로 서로 화해하고 좋은 감정을 회복하자"고 화해를 청하는 답신을 보냈다.[11]

사무실에서 헨리 골드만과 샘 삭스의 사이에는 늘 긴장이 감돌았다. 두 파트너는 성향과 기질이 달라 자주 충돌했고, 감정은 계속 쌓여갔다. 헨리는 창의적이고 활기차며 거침없이 (종종 짜증날 정도로) 자기 의견을 내세웠고, 위험을 기꺼이 감수하려는 성향의 사람이었다. 그는 철도 증권 거래 전문가였고, 아버지의 보수적인 사업을 주식과 채권 전문 회사로 전환하려는 야망을 갖고 있었다.

헨리는 여름이면 셔츠 소매를 걷어붙이고 일했고, 항상 입에 물고 있는 쿠바산 시가에서 피어오르는 연기가 그의 머리 위를 감쌌다. 반면 샘은 점잖고 품위 있는 사람이었고, 사무실에서는 늘 정장을 고집했다. 아무리 더워도 (통기성이 좋은) 얇은 알파카 외투라도 걸치곤 했다. 그는 헨리처럼 독창적이지는 못했지만 그 역시 골드만삭스라도 걸치곤 원대한 비전을 갖고 있었다.

월터 삭스는 "아버지는 항상 신뢰감이 들게 하는 훌륭하고 보수적인 상업은행가였다"라고 기억을 떠올렸다.

> 사람들은 아버지를 보기만 해도 얼마나 훌륭한 사람인지 알 수 있었다. 한편 헨리 골드만은 매우 역동적이고 상상력이 풍부한 사람이었다. 이 두 사람 사이에는 일종의 견제와 균형이 있었다. 어쩌면 어떤 의미에서는 그들 사이에 일정한 경쟁심도 있었을 것이다. 그들은 파트너이자 처남매형 사이였지만 서로 마찰이 잦았다. 왜냐하면 그들은 중요하건 그렇지 않건 많은 이슈에 대해 정반대 견해를 가지고 있었기 때문이다.[12]

이 둘은 사업상 중요한 결정은 물론이고 근처 식당에서 점심을 배달하는 소년에게 누가 돈을 지불할지와 같은 사소한 일로도 다투었다. 고집 세고 독선적인 헨리는 샘의 화를 돋우는 데 특별한 재주—삭스가 사람들은 불같은 성격으로 유명했다—가 있었고, 샘 역시 처남의 심기를 거스르는 방법을 잘 알았다. 샘은 헨리가 자기 아들들의 영업 경험이 일천하다고 불평할 때면 자기 아들들은 '하버드 졸업생'이라고 되받아치는 데서 큰 즐거움을 느꼈다.[13]

내부 갈등이 회사의 실적에는 영향을 미치지 않았다. 기업어음 매출은 계속 최고치를 경신해 1894년에는 6,700만 달러에 달했다.[14] 그해에 골드만 삭스의 운전 자금은 샘 삭스가 합류했을 때의 10만 달러에서 58만 5,000달러로 늘어났고, 파트너들은 비용을 제하고 20만 달러의 이익을 남겼다. 월터는 "[1914년까지는 연방] 소득세가 없었던 까닭에 그들은 이후 20년 동안 자본을 빠르게 축적할 수 있었다"고 말했다.[15]

헨리와 샘이 사업을 키우기 위해 힘쓰던 적어도 한동안은 그들의 역할이 상호 보완적이었다. 영업직으로 일하면서 장기 출장에 익숙하던 헨리는 중서부 지역—시카고, 세인트폴, 캔자스시티—을 돌며 기업어음 사업을 확장했다. 기업어음 계좌가 늘어날수록 단기 대출 상품을 판매할 더 많은 거래처가 필요했기에, 그는 파트너들과 함께 동부 해안을 따라 보스턴, 하트퍼드, 필라델피아와 같은 도시에서 은행들과 새로운 협력 네트워크를 구축했다. 한편 헨리는 골드만 삭스를 월스트리트 최고 거부들의 전유물인 철도금융 분야에 진출시키겠다는 목표를 결코 놓지 않았다. 1893년 공황 이후 수년 동안 그는 불황으로 가격이 폭락한 철도 증권을 대량으로 매집했다.[16]

샘 삭스는 나름대로 골드만 삭스를 국제화하려는 구상을 추진했다. 그러기 위해서는 세계 금융의 중심지인 런던에서 시작해야 한다고 그는 생각했다. 그는 점점 늘어가는 골드만의 고객들에게 그들의 해외 거래를 용이하게 해줄 신용장과 외환 서비스를 제공할 계획을 세우고, 대체로 낮은 런던의 금리를 이용한 차익거래 기회도 살폈다. 즉, 골드만이 런던에서 자금을 싸게 조달해 뉴욕에서 대출해 소폭의 이익을 남기는 방식이었다. 하지만 그러려면 먼저 믿을 만한 파트너가 필요했다.

1890년대 말, 샘은 런던의 최고 상업은행 중 하나인 클라인워트 선즈Kleinwort, Sons & Co.의 형제 허먼과 알렉산더에게 대서양을 가로지르는 협력 구상을 제안했다. 클라인워트는 마침 미국 시장에서 수익성 있는 사업 기회를 계속 놓친 뉴욕의 파트너를 교체하려던 참이었다. 그들은 골드만 삭스에 대해 들어본 적은 없었지만 회사 신용 상태를 조사한 결과 문제가 없다는 결론이 나오자 이 무명의 회사와 거래하는 모험을 감행하기로 했다.[17]

클라인워트와 골드만은 공식적으로 파트너십을 맺고 공동 계좌를 개설하면서, 단 한 장의 서면 계약서도 없이 이를 진행했다. 이는 그 시절 은행가들 사이에 존재하던 신뢰, 더 나아가 세계 신용 시스템 전체를 지탱하던 신뢰가 어떤 것이었는지 잘 보여준다.[18]

마커스 골드만은 이제 70대에 들어섰고 은퇴를 진지하게 고민했다. 그는 최근에 1민 5,000달러를 주고 뉴욕 증권거래소의 회원권을 구입했는데, 이는 그의 회사가 명실상부 금융업계의 주요 기업으로 자리 잡았음을 의미했다. 한때 이 은행가가 너무 신중해서 크게 성공할 수 없다고 평가절하했던 신용평가사들은 그를 제대로 보지 못한 것이었는지도 모른다. 아마도 그는 그들 생각만큼 소심한 사람은 아니었을 수도 있다.

50대가 된 제이컵 시프는 점차 일선에서 물러날 시기를 고민하기 시작했다. 그의 아버지도 62세에 세상을 떠났다. 쿤로브에서의 업무, 상당한 시간과 돈이 들어가는 여러 자선 활동, 계속 이어지는 러시아 난민 사태 등 자신이 너무 많은 일에 매달리고 있다는 느낌이 들었다. 이민자들이 탄 배가 도착할 때마다 시프와 동료 자선가들이 감당해야 할 책임의 무게는 더욱 커져갔다. 그는 후계 구상을 시작했다.

1894년부터 쿤로브는 새로운 파트너를 받아들이기 시작했다. 제임스 로브, 20여 년 전 회사 사무직으로 시작한 사촌 루이스 하인샤이머Louis Heinsheimer, 파트너 제안을 거절할 수 없는 위치에 있었던 [사위] 펠릭스 워버그가 그들이었다. 은행과 철도 분야에서 3년간의 훈련을 마친 모티 시프도 곧 회사에 합류할 예정이었다. 시프는 언젠가 아들에게 회사를 물려줄 생각이었다.

그리고 시프의 걱정거리인 다섯 번째 파트너가 합류했다. 1896년 1월에 [쿤로브 파트너이자 시프의 친구인] 에이브러햄 울프의 작고 흰 피부를 가진 딸 애디와 결혼한 오토 칸이었다. 칸은 독일 만하임의 부유한 집안 출신으로, 그의 가문은 이미 그가 어렸을 때 만하임의 부르주아 계급 내 상당히 높은 지위까지 올라섰다. 그의 친할아버지는 인근 슈테바흐의 시골 마을에서 깃털 침대를 만드는 사업으로 시작해서 이후 만하임에 공장을 세우고 그다음에는 소규모 은행까지 열었다.

칸의 아버지 베른하르트Bernhard는 정치에 관심이 많았고, 당대의 다른 청년들처럼 독일과 유럽 전역의 1848년 혁명을 촉발시킨 평등과 자치라는 자유주의 신념을 열렬히 지지했다. 독일 남서부 지역에서 봉기가 시작되었을 당시 스물한 살이던 청년 베른하르트는 혁명 세력에 가담했고, 프로이센 군대가 반란을 무자비하게 진압하자 필사적으로 도망쳤다. 그 후 10년 동안 그는 뉴욕 올버니에서 은행원으로 일하며 미국 시민이 되었고, 1860년 마침내 독일로 돌아갔다. 여전히 1848년 혁명가들이 피 흘리며 지키려던 자유주의 원칙을 신봉하던 베른하르트는 만하임 시의회에 선출되어 25년 넘게 시의원으로 봉직했다. 당시 30대 초반이던 그는 매력적이고 쾌활한 에마 에베르슈타트Emma Eberstadt와 결혼해서 여덟 자녀를 낳았다. 칸의 전기 작가 중 한 사람이 인용한 '익살스러운 한 친척'의 말을 빌리면 "그중 베른하르트의 아이는 한 명 건너 하나밖에 되지 않았다"고 한다.[19]

　칸 집안은 유대계였지만, 종교적 측면에서 보자면 그들이 영적 충만함을 추구한 곳은 만하임에서 가장 살기 좋은 동네에 있는 그들의 집에서 가까운 국립극장과 브람스의 작품을 분석하고 연주하는 지역 브람스 클럽이었다. 오토와 그의 형제자매들은 주로 집에서 개인 교습을 받으며 예술과 음악을 가까이 하는 사람으로 성장했다. 오토는 10대 시절부터 피아노, 첼로, 바이올린을 연주했고 시와 희곡도 썼다. 하지만 그의 어머니는 자기 마음에 들지 않는 아이(오토는 그중 하나였다)에 대해서는 혹독했고, 오토의 작품이 마음에 들지 않았는지 모두 태워버리라고 했다.

　부모님은 형 로베르트가 작곡가이자 지휘자로서 경력을 쌓을 수 있도록 아낌없이 돈을 쓰고 모든 인맥을 동원했다. 그는 비록 대중적 명성을 얻지는 못했지만, 음악계에서 그런대로 이름을 알리게 되었다. 반면 어린 오토는 좀 더 현실적인 직업을 갖게 될 운명이었다. 오토가 열여섯 살이 되자 아버지 베른하르트는 언젠가 가족의 은행 사업에 합류할 때를 대비해 은행 일을 훈련받도록 카를스루에Karlsruhe로 보냈다. 그곳에서 오토는 파트너들에게 소시지와 맥주를 나르고 잉크통을 씻는 등 잔심부름으로 하루를 보냈다. 힘들고 단조로운 생활이었지만 그는 잘해냈다. 어느 날 산더미처럼 쌓인 회사 우편물에 놀랍도록 빠르게 침을 발라 우표를 붙이는 모습이 상사의 눈에 띄어 그는 처음으로 승진을 하게 되었다. 오토는

훗날 "명령을 내리는 사람이 되려면 복종하는 법을 먼저 배워야 한다"며 이 시절을 회고했다.[20]

(1881년) 열아홉 살이 된 오토는 은행을 잠시 휴직하고 (독일 제국 육군의) 마인츠 경기병 부대에 입대했다. 징집될 경우 3년을 복무하는데, 그는 자원하여 1년을 복무하는 쪽을 택했다.[21] 그는 이 부대 병사들의 풍성한 콧수염 스타일은 좋아했지만 프로이센 군국주의에 혐오감을 갖게 되었다. 그는 제대 후 베를린에 본사를 둔 은행에서 1년을 일하고 런던으로 갔다. 1888년, 그는 도이치방크 Deutsche Bank 런던 사무소에 취직했고 마침내 하급 관리자가 되었다. 그가 런던에서 보낸 처음 몇 년은 폴 워버그가 새뮤얼몬태규에서 견습 생활을 하던 시기와 겹친다. 쿤로브에 들어가 미래의 파트너가 될 두 사람은 한동안 한 아파트에서 룸메이트로 지내기도 했다.[22] 그들의 관계는 분명 이상한 우연 그 이상이었는데, 아마도 폴의 외사촌 중 하나가 오토와 친구였던 인연을 통해 이뤄졌을 수도 있다.

런던에서 오토 칸은 평생 이어갈 생활 루틴을 만들었다. 낮에는 격식을 갖춘 국제 금융의 세계에서 일하고, 밤에는 예술가, 음악가, 작가들과 문학 살롱에서 어울리고 연극과 오페라에 빠져들었다. 그는 저명한 변호사인 조지 루이스 George Lewis 경과 결혼한 이모 엘리자베스 덕분에 런던의 최상층 예술 커뮤니티에 들어갈 수 있었다. 루이스 부부의 포틀랜드 플레이스 저택은 당시 유명세가 절정에 달했던 오스카 와일드 Oscar Wilde 를 비롯해 예술가와 지식인이 드나드는 곳이었다. 런던 생활에 매료된 오토는 영국 국적을 취득하기에 이른다. 그는 영국에 정착할 마음이 확고해 보였지만, 결국 그렇게 하지 않았다.

1893년, 그는 뉴욕에 있는 스파이어의 차익거래 담당으로 자리를 옮겼다. 시프의 오랜 친구 윌리엄 본이 운영하는 회사로, 본은 프랑크푸르트 출신이며 시프가 미국에 처음 발을 디딜 때 그를 맞아준 사람이었다. 스파이어는 쿤로브와 J. P. 모건을 비롯해 월스트리트의 최고 기업들과 경쟁하고 협력하던 막강한 투자은행이었기에, 오토는 엄밀히 따지면 원래보다 다소 낮아 보이는 직책을 받아들였던 것으로 보인다. 궁극적으로 오토는 이직이 아니라 애디 울프와의 결혼을 통해 진정으로 원하던 승진 기회를 얻게 된다.

에이브러햄 울프는 홀아비였고 아들이 없었다. 그는 시프에게 [사위인] 오토를 파트너로 받아들이라고 압박했다. 최근 자기 사위에게 파트너 지위를 약속한 시프로서는 거절하기 어려웠다. 하지만 시프는 여전히 내키지 않았는데, 오토에게 뭔가 신뜻 마음이 가지 않는 구석이 있다고 느꼈기 때문이었다.

예술가나 시인들과 어울리고 즉흥적으로 아리아를 불러대는 이 멋쟁이 청년에게는 무언가 진지하지 않은 느낌이 있었다. 유대교에 대한 그의 태도도 걸렸다. 오토는 자신의 유대인 정체성을 자부심이 아니라 자신의 사회적 야망을 성취하는 데에 방해가 되는 족쇄로 여기는 것 같았다. 여기에 더해 오토가 스파이어와 연관이 있을지도 모른다는 점도 마음에 걸렸다. 시프는 스파이어의 창립자 아들인 제임스 스파이어를 싫어했다. 제임스는 성격도 까다로울 뿐 아니라, 당시 스파이어의 뉴욕 지사 경영권을 주장하며 시프의 친구 본을 몰아낸 장본이었다.[23] 하지만 가장 큰 이유는 따로 있었을지도 모른다. 이 세련된 젊은 은행가에게서 (자신이 아니라 경험이 부족한 아들 모티의) 경쟁자가 될 가능성을 예감한 것이다.

1896년 4월, 오토 칸 부부가 1년간의 신혼여행을 떠나자 시프는 "현재로서는 울프의 뜻에 따라 그의 사위 오토를 우리 회사에 받아들여야 할 것 같네. 그리 유쾌하지는 않지만 말이야"라고 친구 카셀에게 털어놓았다. "나는 울프가 이 일로 기분 상하는 걸 원치 않아. 그는 언제나 내게 좋은 친구였으니까. 그는 맏사위가 자신의 후계자가 되지 못한다면 매우 불행할 거라고 했거든. 여튼 모티가 몇 살 더 나이 들면 나는 일선에서 물러나고 모티가 사업 전체를 물려받았으면 좋겠네."[24] 이듬해에 카셀에게 보낸 또 다른 편지에서는 "모티를 위해서라도 회사의 명성을 높게 유지한 채 물려줘야 해"라고 말했다.[25] 1897년, 시프는 칸에 대한 반대 의견을 마지못해 접었고 칸은 펠릭스 워버그와 함께 주니어 파트너로 쿤로브에 합류했다.

시프가 자신을 달가워하지 않는다는 것을 의식해서인지 칸은 쿤로브의 원로인 시프에게 극도로 정중하게 대했다. 1918년, 쿤로브에 합류한 벤저민 버튼위저Benjamin Buttenwieser는 "시프가 뭔가 말하러 칸의 자리로 올 때마다 칸이 발딱 자리에서 일어섰던 모습이 기억난다"며 "그는 절대 자리에 앉아 시프를 맞은 적이 없었다"고 회고했다.[26]

칸은 쿤로브의 가장 굵직한 거래들을 성사시키며 금융계의 거물이 되었고, 처음엔 탐탁지 않아 하던 시프의 신망도 얻었다. 칸은 예술 후원자이자 주목받는 것을 즐기는 사람이었고, 이미지 관리를 위해 홍보 전문가 아이비 리Ivy Lee를 고용하기까지 했다. 그는 자기 이름이 실린 신문 기사를 모아 각각 100쪽이 넘는 12권의 책을 만들기도 했다. 그는 철도 거래나 주식 발행과 관련해 뉴스에 자주 오르내렸고, 재정난에 빠진 메트로폴리탄 오페라를 구해낸 인물로도 유명했다. 그는 오페라단의 이사회 의장이자 실질적 운영자로 활약하며 무대 뒤에서 중요한 역할을 했다. 오페라 제작 책임자impresario 역할을 즐겼고, 그 지위를 이용해 연예계 진출을 꿈꾸는 신인 여배우들과 교제했다. 그의 뉴욕 집에는 서재에서 침실로 이어지는 비밀 계단이 있고, 그가 여성들을 침실로 몰래 데리고 들어가는 데 이용한다는 소문이 돌았다.

 칸은 설득의 귀재였다. 버튼위저는 어느 토요일 아침 회사에서 네 개의 회의를 동시에 처리하는 그를 목격했다고 말했다. 칸은 시내의 쿤로브 본사 내 대형 임원 회의실을 둘러싼 작은 사무실에 방문객을 따로따로 앉혀두었다. 그중 두 개의 방에는 사업 영역을 둘러싸고 경쟁하는 철도회사의 사장들이 각각 있었고, 둘 다 쿤로브의 고객이었다. 또 다른 방에는 칸이 밀라노의 라스칼라La Scala에서 빼내 온 메트로폴리탄의 총지배인 줄리오 가티-카사차Giulio Gatti-Casazza가 있었다. 엘리베이터로 곧장 이어지는 뒷문이 있는 펠릭스 워버그의 사무실에는 메트로폴리탄의 프리마돈나 중 한 사람이 앉아 있었다. 버튼위저는 "가티-카사차는 그녀가 그곳에 있는 줄 몰랐다"고 기억했다. 2시간 넘게 칸은 여러 방을 오갔다. "그런데도 그는 네 사람 모두를 만족시킨 것 같아요. 그 여가수도 꽤 행복한 표정으로 떠났거든요"라고 버튼위저가 말했다. "그녀는 들어왔을 때처럼 워버그 사무실의 뒷문으로 나갔죠. 그 모든 일을 어떻게 해냈는지 그저 놀라웠습니다."[27]

 에이브러햄 울프가 오토 칸을 후계자로 삼은 시점이 절묘했다.

1900년 10월 1일, 그는 뉴저지의 모리스 타운십에서 심장마비로 쓰러져 사망했다. 울프와 시프는 25년 전 쿤로브에 함께 들어갔고, 1885년에 솔로몬 로브가 경영에서 손을 뗀 뒤로는 사실상 두 사람이 회사를 운영했다. 울프가 사망한 직후 시프는 "내가 얼마나 많은 것을 잃었는지 아무도 이해하지 못할 것"이라고 내셔널시티 은행National City Bank의 은행장 제임스 스틸먼James Stillman에게 말했다.[28] 카셀에게도 비슷한 심경을 토로했다. 그는 "울프가 내게 어떤 존재였는지 아무도 몰라. 그의 상실이 회사와 내게 어떤 의미인지 상상조차 못할 걸세. 울프는 우리 사업에서 매우 중요한 역할을 한 사람이었기에 이제 많은 것을 바꿀 수밖에 없네. 지금으로서는 젊은 파트너들이 더 많은 책임을 져야 하며, 특히 나 없이도 잘 해내는 데 익숙해져야 할 거야"라고 말했다.[29] 칸은 자신의 장인을 대신할 강력한 대체자임이 분명했다.

울프가 남긴 엄청난 유산을 알게 된 월스트리트 사람들은 깜짝 놀랐다. 외부에 잘 드러나지 않았던 이 은행가가 남긴 재산은 무려 2,000만 달러로 추정되었다. 그의 막대한 재산은 쿤로브가 작은 상업은행에서 월스트리트의 거대 금융회사로 성장했음을 보여주는 증거였다. "울프 씨가 또 다른 '월스트리트의 조용한 사나이'였다는 사실이 드러났다. 그의 방대한 재산의 실체는 금융계에서도 큰 관심을 받고 있다"라고 한 신문은 논평했다. "그는 미국의 모든 대형 철도회사 주식을 보유했고, 엄청난 수익을 창출한 많은 광산의 지분도 가지고 있었다. 시, 주, 연방 정부가 발행하는 채권도 상당액 가지고 있었다."[30]

그의 막대한 재산의 일부는 최근 쿤로브의 대담한 철도산업 투자 결정, 특히 파산한 유니언퍼시픽 철도회사를 시프가 구제하면서 번 돈에 크게 힘입었다. 시프는 이 사건을 계기로 금융계를 호령하는 신과 같은 존재로 '주피터'라 불린 인물, 바로 존 피어폰트 모건과 같은 반열에 오르게 되었다.

14.

주피터의 그림자

윈슬로 피어스Winslow Pierce는 배가 뉴저지 해안으로 향하는 동안 시프의 전용 객실에 고개를 들이밀었다.[1] 1895년 가을이었다. 시프는 〔메인주〕 바 하버Bar Harbor에서 가족들과 중간에 한 달간 휴가를 보낸 것을 제외하고는 여름과 초가을 내내 시브라이트 별장에서 월스트리트로 통근하고 있었다.

피어스는 한때 제이 굴드 밑에서 일했던 젊은 철도 전문 변호사로, 지금은 제국을 물려받은 장남 조지 굴드의 법률 자문이었다. 그는 시프에게 한 가지 제안을 내놓았다. 쿤로브가 유니언퍼시픽의 구조조정을 맡아줄 수 있겠느냐는 것이었다. 굴드 일가는 이 전설적인 철도회사에 상당한 지분이 있었고, 제이 굴드는 이 회사를 여러 차례 직접 운영한 바 있었다. 그는 죽기 직전까지도 유니언퍼시픽의 파산을 막기 위해 노력했지만 결국 실패했다.

1862년, 링컨 행정부는 유니언퍼시픽 철도에 설립 인가를 내주었는데, 이는 해체 위기에 있던 공화국의 먼 지역들을 하나로 연결하기 위한 시도였다. 이를 통해 미국은 대륙 횡단 철도라는 오랜 꿈을 이룰 수 있었지만, 이후 이 철도회사는 재정난과 각종 스캔들에 시달렸다.

다른 많은 경쟁사들처럼 유니언퍼시픽 역시 지나치게 확장했다. 더 많은 영역을 차지하고 지배력을 키우기 위해 경쟁적으로 노선을 늘렸는데, 철로를 1마일씩 늘릴 때마다 부채는 계속 쌓여갔다. 이 회사의 노선은 결국 8,000마일이 넘어섰다.[2] 그러다 1893년 공황이 닥치며 과도한 부채를 가진 많은 철도회사들이 파산했고, 유니언퍼시픽도 결국 법정관리에 들어갔다.

열여덟 살의 이민자로 배에서 내린 순간부터 철도금융에 발을 들인 시프는 기업회생의 장인으로 명성을 날렸다. 그는 뛰어난 금융 연금술로 수많은 파산 기업을 회생시켰다. 구조조정은 재무 감각 그 이상이 필요한 복잡한 과정이었다. 협상력과 정치적 수완을 갖추고 불안한 투자자들의 신뢰를 회복할 수 있는 중량감 있는 인물이 필요했다. 구조조정이란 단순히 수익성을 회복하는 방안을 세우는 것뿐 아니라, 대주주들—각자 나름의 방안을 가진—에게 그 계획을 설득시키는 과정이기도 했다. 유니언퍼시픽의 경우에는 추가적인 복잡한 문제가 있었다. 바로 회사에 대규모로 투입된 연방 보조금이었다. 이는 회사를 회생시키려면 정부의 수많은 규제와 장벽을 헤쳐나가야 한다는 것을 의미했다.

구조조정의 목적은 고정비용을 수익으로 무리 없이 감당할 수 있는 수준으로 줄이는 것이었다. 이를 위해서는 수익성이 낮은 지선과 보조 노선을 정리하고 비대해진 본사 운영 조직을 줄여야 했다. 이 과정에서는 철도의 재무 구조뿐 아니라 기술적인 측면—예를 들면 각 역에 더 큰 치수의 수도관을 설치하면 기관차 엔진의

냉각 시간을 단축하여 매번 정차하는 역에서 지체하는 시간을 줄일 수 있다—을 이해하는 것이 중요했다.³

시프는 이런 것들을 잘 알고 있었다. 그가 아들 모티를 세인트폴로 보내 제임스 힐James Hill 밑에서 배우게 했던 것도 이런 이유에서였다. 힐은 회사를 현미경 들여다보듯이 치밀하게 살피고, 철로 옆에 버려진 못 하나까지도 발견해내는 사람이었다. 그런 낭비는 힐에게 절대 사소한 문제가 아니었다.⁴ 시프 역시 종종 철도회사의 재정과 실질적 운영을 직접 점검하곤 했고, 이것이야말로 그를 다른 철도 금융가들과 구분 짓는 특징이었다. 대다수의 금융가들은 자신들이 투자한 철도의 현장 운영에 관해 아는 바가 거의 없었다.

시프는 피어스의 말을 끝까지 들었지만 반신반의했다. 이미 유니언퍼시픽을 회생시키기 위한 위원회가 구성되어 있었고, 피어폰트 모건이 참여하고 있었다. 위원회는 거의 2년 동안 회사의 채권자들, 특히 유니언퍼시픽과 그 자매노선인 센트럴퍼시픽, 노던퍼시픽 건설에 막대한 채권을 발행해준 미국 정부를 만족시킬 구조조정안을 만들기 위해 노력하고 있었다. 피어스의 제안을 다 듣고 시프는 "그것은 모건 씨의 일입니다. 그가 하는 일에 끼어들고 싶진 않소"라고 말했다.⁵

그럼에도 구미가 당기기는 했다. 그리고 피어스와 만난 지 얼마 지나지 않아 시프는 월스트리트 23번지, 대리석과 마호가니로 장식된 모건의 사무실을 방문했다.

모건과 시프는 월스트리트의 양대 파벌을 대표하는, 논란의 여지가 없는 수장들이었다. 모건은 뉴잉글랜드 출신의 귀족적인 '양키' 은행가들의 리더였고, 시프는 소박한 상인에서 시작하여 막강한 금융회사들을 키워낸 독일계 유대인들의 수장이었다.

모건은 키가 크고 어깨가 넓었으며 뚱뚱했는데, 그의 외모 중 가장 눈에 띄는 건 단연코 코였다. 우툴두툴하고 흉터도 있는 그의 코는, 덥수룩한 팔자형 콧수염 위에 마치 봐달라는 듯 붉은 횃불처럼 튀어나와 있었다. 무뚝뚝하고 급한 성격은 그의 위압적인 외모와 잘 어울렸다. 어떤 이들은 그를 '주피터' 혹은 '월가의 거인'이라고 불렀고, 그런 모건에게 약간 위축된 탓인지 시프는 공손했다. 대개 시프가 모건을 방문했고, 반대인 경우는 거의 없었다.

직접 대면한 모건과 시프는 서로에게 지나칠 정도로 공손했지만, 이면에는 은근한 불신을 품고 있었다. 모건은 시프가 없는 자리에서 이 독일계 이민자를 '그 외국인'이라고 불렀다. 그는 독일계 유대인들이 세운 금융회사들의 영향력이 커지는 것을 불쾌하게 여겼고, 유대인 전반에 대해서도 반감을 갖고 있었다. 한번은 또 다른 개신교계 은행의 대표에게 "뉴욕에서 백인들로 구성된 은행은 우리 둘뿐"이라고 불평하기도 했다.[6]

모건이 유대인 은행가들을 어떻게 생각하든, 그의 회사와 쿤로브는 밀접하고 다소 공생하는 관계를 유지했다. 두 회사는 서로의 힘과 영향력을 충분히 인정했고 상호 존중했다. 어느 한쪽이 철도, 제조업체, 혹은 정부를 위한 금융 컨소시엄을 조직하면, 종종 상대방에게도 참여할 기회를 주곤 했다. 모건과 시프는 경쟁은 비생산적이고 바람직하지 않다고 여겼으며, 적이 되는 것보다 동맹을 맺는 편이 훨씬 수익성이 있다고 판단했다. 특히 철도산업이 막 태동하던 거칠고 무질서한 시기엔, 회사들이 요금 인하 경쟁을 벌이며 서로를 파산 직전까지 몰아넣은 경우도 많았다. 경쟁사보다 더 낮은 화물 및 여객 요금을 내세우며 출혈 경쟁을 벌인 끝에 결국 누구도 수익을 내지 못하게 되었던 것이다.

모건과 시프는 이익 공동체community of interest를 선호했다. 이는 겉으로는 부드러운 표현이지만 실제로는 독점적이거나 때로 불법적인 동맹을 의미했으며, 서로 경쟁하지 않기로 합의함으로써 불필요한 출혈을 피하고자 한 것이었다. 보통 이러한 합의는 상호 주식 보유로 나타났는데, 경쟁사끼리 서로의 주식을 일부 소유하여 협력을 유도하는 방식이었다. 시프는 언젠가 이 개념을 설명한 적이 있었다. "내가 A 회사의 주식을 가지고 있고 당신이 B 회사의 주식을 가지고 있는데, 두 회사가 경쟁하면서 서로 가격을 낮추는 바람에 주식 가치가 하락한다면 모두에게 손해입니다. 그보다는 당신이 내 주식을 일부 가지고 나 역시 당신 주식을 일부 갖고 있는 편이 우리 모두에게 분명 더 이익일 겁니다. 다시 말해, 우리가 공동의 이해관계를 갖는다면 말이죠."[7] 시프와 모건 같은 금융가들은 이러한 이익 공동체를 운영하고 조정했다. 그들은 파트너들과 더불어 미로처럼 이리저리 얽힌 철도, 은행, 신탁회사의 이사직을 맡아 복잡한 지분 구조를 바탕으로 그 모든 것을 관장했다.

세기 전환기에 은행가들은 대개 현대의 기준에서 보면 고풍스럽게 보일 수 있는 불문율의 신사협정을 따랐다. 다른 은행가의 거래에 끼어들거나 고객을 가로채는 것은 보통 금기로 여겨졌고, 지나치게 공격적으로 사업을 추진하는 태도도 품위 없고 속된 걸로 간주되었다. 쿤로브는 회사를 광고할 때 "우리는 사업을 쫓아다니지 않습니다… 우리는 우리를 찾아오는 사람들과 거래합니다"라고 아주 고상하게 말했다.[8] 수십 년 전 시프가 펜실베이니아철도의 수익성 높은 사업을 따냈을 때, 그는 드렉셀모건(J. P. 모건의 전신)에게 불만을 가진 고객에게 접근하여 이런 규범을 위반한 적이 있었다.

하지만 이제 연륜도 쌓이고 입지도 확고해진 시프는 피어스의 제안을 듣고 모건을 찾아가는 편이 낫다고 판단했다.

알고 보니 모건은 유니언퍼시픽 구조조정을 포기한 상태였다. 당시 워싱턴 정가의 혼란은 그조차 감당하기 어려운 수준이었다. 어떤 의원들은 퍼시픽 계열 철도들(태평양 연안까지 노선을 가진 회사들로, 서부 개척과 국가 통합을 명분으로 정부의 지원을 받았다_옮긴이)의 참담한 부채 부담을 덜어주기 위한 법안을 추진했고, 다른 의원들은 그것은 납세자의 돈을 빼앗아 기업에 특혜를 주는 것이라고 비난하고 있었다. 모건은 결국 손을 들었다. 그가 이제 "평원을 가로지르는 두 가닥의 녹슨 철"이라고 비하한 유니언퍼시픽의 회생을, 시프가 원한다면 그에게 맡기겠다는 것이었다.[9] 모건은 노던퍼시픽의 회생 작업만으로도 너무 바빴다.

시프가 이 프로젝트를 맡기로 한 결정은 그의 자신감이 어느 정도인지를 보여주는 것이었다. 그 대단한 존 피어폰트 모건조차 정치적으로 복잡하다며 손을 뗐는데, 대체 시프는 무슨 근거로 자신이 성공할 수 있다고 생각했을까?

1895년 11월, 시프는 예정되어 있던 멕시코 여행을 취소하고 앞에 놓인 엄청난 과업에 전념하기로 했다.[10] 대부분의 투자자들이 모건처럼 유니언퍼시픽은 구제할 가치조차 없다고 믿는 것을 알고 있었기에, 시프는 재건위원회를 신중하게 구성했다. 그는 시카고 앤노스웨스턴철도의 사장 마빈 휴잇 Marvin Hughitt 과 뉴욕센트럴철도의 챈시 디퓨 Chauncey Depew 를 비롯한 인물들을 위원으로 영입했다. 이 둘은 밴더빌트 가문의 측근으로 알려진 사람들로, 이들이 재건위원회에 들어가자 언론은 밴더빌트 일가가 자신들의 철도 제국을 서부까지 확장하기 위해 이 구조조정 프로젝트를 배후에서 주도하고 있는 것 아니냐는 보도를 쏟아냈다. 시프는 그런 인상을 기꺼이 방치했는데, 그것이 금융계의 관심을 끌었기 때문이다.[11]

정치 상황은 시작부터 시프의 계획을 복잡하게 만들었다. 그가 이 재건 프로젝트에 착수했을 때는 마침 대통령 선거가 있던 해였다. 윌리엄 제닝스 브라이언은 동부 해안의 엘리트 자본이 중서부 농민들의 경제적 운명을 좌지우지한다며 대중적 분노를 자극했다. 그럼에도 시프의 위원회는 점차 성과를 내기 시작했다.

위원회는 유니언퍼시픽의 자본 구조를 재편하기 위한 계획을 내놓았다. 이에 따르면, 기존 부채를 상환하고, 노선 보수 및 개선과 운영에 필요한 자금을 조달하기 위해 2억 달러 이상의 신규 유가증권을 발행할 예정이었다. 또 기존 채권자들은 자신의 채권을 신규 채권과 우선주 조합으로 교환해서 받고, 기존 주주들은 자신의 주식을 신주로 바꾸되 보유 주식 한 주당 15달러를 납입해 재건 자금을 지원해야 했으며 이에 상응하는 금액만큼의 우선주를 받게 되었다. 서서히 투자자들이 예치금을 납입하기 시작했다.[12]

여전히 남은 과제가 있었다. 바로 정부가 유니언퍼시픽에 투입한 막대한 금액의 부채였다. 퍼시픽 계열 철도 전체가 미 재무부에 진 빚은 1억 달러가 넘었다. 수입이 급감하면서 철도회사가 이자 지불에 어려움을 겪자 의회는 수년 동안 부채 부담을 감당 가능한 수준으로 줄이려는 법안을 발의했지만 번번이 무산되었다. 1896년 4월, 하원의 퍼시픽철도위원회 위원장이던 버몬트주 공화당 의원 H. 헨리 파워스H.Henry Powers는 다시 한 번 입법을 시도했다. 그는 연방정부가 지원한 유니언퍼시픽과 다른 철도들에 대해 대출 상환 기한을 수십 년 연장하는 법안을 발의했고, 이 법안은 점차 동력을

얻는 듯 보였다. 조심스러운 낙관론이 고개를 들기 시작했다.[13]

하지만 시프의 노력이 막 탄력을 받고 있던 그때, 일부 의원과 유니언퍼시픽 투자자들 사이에 미묘한 반대 움직임이 감지되었다. 시프는 모건이 입장을 바꾸어 몰래 방해 공작을 벌이고 있다는 루머를 전해 들었다. 결국 시프는 다시 모건을 찾아갔다. 모건은 자신은 여전히 유니언퍼시픽에 아무런 관심도 없다고 말하며, 이 재건위원회의 활동을 방해하는 수상한 세력이 누구인지 알아봐주겠다고 했다. 몇 주 뒤 모건은 익숙하지만 놀라운 이름을 건넸다. "그 작은 친구 해리먼이라는 사람입니다"라며 "그 사람을 조심해야 합니다"라고 말했다.[14]

많지 않은 친구들 사이에서 네드로 불린 에드워드 H. 해리먼 E.H Harriman 은 일리노이센트럴철도의 이사였다. 이 철도는 시카고에서 서쪽으로 아이오와의 수시티 Sioux City 까지, 남쪽으로는 뉴올리언스까지 뻗어 있었다. 시프는 그를 알고는 있었지만 가깝지는 않았다. 최근에는 해리먼과 몇 차례 만나 수시티에서 100마일 떨어진 오마하를 종착역으로 하는 유니언퍼시픽과 일리노이센트럴을 연결하는 방안을 논의하기도 했다.[15] 회의를 하는 동안 해리먼은 재건 계획에 관심이 있다는 말을 전혀 하지 않았다.

해리먼은 후일 미국 철도업계에서 주요한 인물이 되지만, 당시는 아직 그 정도는 아니었다. 왜소하고 허약해 보이는 외모에 깊은 생각에 잠기면 헝클어진 콧수염을 초조한 듯 씹곤 했던 해리먼은 잘 알려지지 않은 투자자였다. 초기에 그를 알던 사람들은 그를 '2달러짜리 브로커'로 부르기도 했다. 그런 그가 쿤로브와 겨룰 만한 배짱을 가졌다고 보기는 어려웠다.[16] 해리먼은 자주 병치레를 했고,

그래서인지 전화로 업무를 처리하는 데 능숙했다. 뉴욕 허드슨강 계곡에 자리한 해리먼의 저택 아든Arden에는 전화기가 100대나 있었다. 세기 전환기의 한 기자는 그에 대해 "화가에게 붓이, 조각가에게 끌이 있듯이, 해리먼에게는 전화기가 있었다"고 평했다.[17]

해리먼의 강점은 외교적 수완도 사교적인 언변도 아니었다. 그는 아첨하거나 구슬리거나 비위를 맞추는 재주는 없어 보였다. 대신, 그는 단호한 결단력과 요지부동의 완고함을 커다란 망치처럼 휘둘렀다. 상황에 따라 더 섬세한 접근이 필요할 때조차도 그랬다.

시프는 해리먼을 불러 단도직입적으로 물었다. "오랫동안 우리는 순조롭게 일을 진척시켜왔는데, 최근에는 여기저기서 반대에 부딪히고 있습니다. 그리고 반대를 주도하는 사람이 당신이라고 들었습니다. 어떻게 생각하시는지요?"라고 물었다.

"맞습니다." 해리먼이 인정했다.

"왜 그러시는 건가요?"

"제가 유니언퍼시픽을 직접 재건하고 싶기 때문입니다."

그의 오만은 시프에게 흥미롭기도 했지만 동시에 불안도 불러왔다. 시프는 미소를 지으며 물었다. "그렇다면 어떻게 하실 생각입니까, 해리먼 씨? 그 회사의 유가증권 대부분은 우리가 소유하고 있습니다. 무슨 수로 유니언퍼시픽을 재건하시겠다는 건가요?"

"일리노이센트럴이야말로 그 노선을 가져야 합니다. 그리고 제가 재건을 맡을 겁니다. 우리 회사의 신용도는 미국 최고 수준입니다. 저는 3퍼센트 이자율로 일리노이센트럴의 채권을 1억 달러 정도 발행해서 액면가에 가까운 가격으로 팔 수 있습니다. 당신은 아무리 잘해봐야 4.5퍼센트 아래로는 자금을 끌어올 수 없지 않습니까. 그 점에서 제가 당신보다 훨씬 유리합니다."

"좋은 성과를 거두기 바랍니다. 해리먼 씨." 시프는 응수했다. "그전에, 묻겠습니다. 협상할 생각은 없나요?"

"없습니다. 저는 그 노선을 반드시 손에 넣을 작정입니다."

그래도 혹시 함께할 수 있는 조건이 아예 없는지 시프가 다시 물었다.

"재건위원회 위원장직을 제게 주신다면, 협력하는 방안을 고려해보겠습니다."

"그건 불가능합니다." 시프는 단호히 잘랐다. 그 역할은 이미 윈슬로 피어스에게 주기로 약속한 상태였다.

"좋습니다. 시프 씨. 당신이 얼마나 해낼 수 있는지 지켜보겠습니다."[18]

1897년 1월 초, 의회는 파워스의 법안을 다시 상정했지만 통과될 가능성이 없어 보였다. 논의가 시작되자 의원들은 퍼시픽 계열 철도들의 운명을 놓고 치열한 논쟁을 벌였다. 일부는 정부가 이 노선들에 대한 통제권을 가져야 한다고 주장했다. 과거 퍼시픽 계열 철도의 경영관리를 "사기와 불법의 미로"라고 비난한 바 있던 민주당 상원의원 존 타일러 모건John Tyler Morgan (앨라배마)은 정부 위원회가 철도를 운영하는 새로운 법안을 발의했다.[19] 한편 해리먼의 일리노이센트럴은 (자신들이 직접 재편하겠다는) 제3의 대안을 밀며 로비를 했고, 이는 분란을 더욱 부추겼다. 1월 11일, 파워스의 법안은 초당적 반대에 부딪혀 압도적으로 부결되었다.[20]

법안의 처리 과정을 예의 주시하던 시프는 부결될 경우를 대비해두었다. 그의 위원회는 법안이 통과되지 않을 경우 곧바로 유니언퍼시픽이 (채권자에게 제공한) 담보 물건을 매각할 수 있도록 승인하라고 클리블랜드 행정부를 압박했다. 어떤 면에서는 이 선택지가 더 나았다. 유니언퍼시픽과 정부의 관계를 깔끔하게 끊을 수 있는 방법이기 때문이었다. 물론 침체된 경제 상황에서 막대한 현금을 조달해야 하는 부담은 여전했다. 법안 표결 하루 전, 시프는 워싱턴에서 법안을 둘러싼 상황을 주시하고 있던 피어스에게 편지를 보내 유니언퍼시픽이 담보물 매각에 들어갈 경우를 대비해 쿤로브가 사흘만에 거의 4,000만 달러(담보물을 낙찰받기 위한 용도_옮긴이)를 모았다고 말하면서 "이는 아마 금융 역사상 유례가 없는 일일 것"이라고 자랑했다.[21]

파워스의 법안이 부결된 지 2주도 채 되지 않아, 퇴임하는 클리블랜드 행정부는 시프가 바라던 대로 담보권 실행 절차에 착수했다. 1897년 4월 말, 매각이 임박했음을 확신한 듯 시프의 위원회는 담보물 매각이 마무리되는 즉시 새로운 유가증권 인쇄에 들어갈 수 있도록 새 채권 인쇄판을 발주했다.[22]

그러자 또 다른 차질이 빚어졌다. 5월에는 새로운 채권자들이 나타나 담보 매각 절차에 개입하겠다고 탄원했다.[23] 7월에는 상원의원 모건이 담보물 매각은 의회의 동의 없이는 진행될 수 없다고 주장하며, 시프의 위원회가 정부와 협상했던 최소 입찰가(4,580만 달러)는 강도질이나 다름없다고 비난했다.[24] 지친 시프는 스코틀랜드 은행가인 로버트 플레밍Robert Fleming에게 "상원 내 포퓰리즘 성향 의원들 사이에서 이 자산 매각을 방해하려는 움직임이 좀 있습니다"라고 말했다. 또 "우리는 이러한 시도의 배후에 이 사업에 끼어들려다 실패한 소수의 인물들이 있다고 강하게 의심합니다. 그들은 협박이 통하지 않게 되자, 이제는 상원의 포퓰리즘 세력을 이용해 목적을 이루려는 겁니다"라고 했다.[25] 한편 언론도 시프의 구조조정 계획에 점점 더 비판적인 논조를 보이기 시작했다.

시프는 몹시 궁금했다. 자신의 계획을 방해하고 있는 네드 해리먼은 정말로 무엇을 원하는 걸까? 고군분투하던 그는 다시 해리먼과 만나 한 가지 제안을 내놓았다. "만약 당신이 우리와 협력한다면 나는 당신을 재편된 회사의 임원으로 영입하고 집행위원회 위원직을 드리겠습니다. 그다음 당신이 그 위원회에서 가장 강력한 사람이라는 것을 증명한다면 당신이 결국에는 의장이 될 겁니다."

이는 정확히 해리먼이 좋아하는 그런 유형의 도전이었다. 그가 대답했다. "좋습니다. 함께하죠."[26]

서른 살의 오토 칸은 쿠로브의 파트너로 합류하자마자, 자신은 물론이고 회사로서도 가장 규모가 큰 거래 하나에 바로 투입되었다. 그는 해리먼에게 매료되었는데, 아마도 자신이 그토록 공들여 연마한 은행가의 자질—재치, 품격, 매력—과는 거리가 먼 인물이었기 때문일 것이다.

해리먼은 타고난 기질의 힘만으로 움직이는 패기 넘치는 사람이었다. 그는 "내가 원하는 기회는 한 테이블에 둘러앉은 15명의 사람들 중 한 사람이 되는 것, 그것뿐입니다"라고 칸에게 말한 적이 있었다. 칸은 훗날 회고하기를, 해리먼이 실제 그 자리에 앉고 나면 "오로지 그의 놀라운 지력과 의지력을 발휘하여 자신의 뜻대로 사람들과 일을 끌고 가는 모습을 수없이 목격했다"고 말했다.

해리먼은 싸움을 두려워하지 않았다. 오히려 지나칠 정도로 전투적이었다. "어떤 일을 이루기 위한 쉬운 방법과 어려운 방법이 동시에 있다고 하면 해리먼은 후자를 택하는 쪽이었다"라고 칸은 기억했다. 그리고 "예전에는 그가 즐기기 위해 일부러 어려움과 장

애물을 만들어내는 게 아닌가 의심했던 적도 있다"고 말했다.²⁷

해리먼과 동맹을 맺음으로써 시프는 구조조정 계획의 걸림돌 하나를 제거했지만, 여전히 다른 문제들이 남아 있었다. 1897년 9월, 윌리엄 매킨리 대통령의 법무장관 조셉 매케나Joseph McKenna가 정부의 이익을 더 잘 보호하기 위해 담보 처분 조건을 수정하고자 항소를 고려 중이라는 보도가 나왔다.²⁸ 그달 말, 시프는 런던에서 이제 막 견습 과정을 끝낸 아들에게 절망감을 토로했다.

우리는 유니언퍼시픽 문제에 대해 법무장관과 아직 어떤 합의에도 이르지 못했단다. 오늘 그에게 우리가 자산 매각을 진행하도록 허용할 것인지 아니면 항소를 할 것인지 최종적으로 결정해달라고 통보했다. 후자를 택할 경우, 우리가 최근 정부에게 양보했던 일부 조건들을 철회할 거라고도 알렸다. 이제 이 문제를 결말 지을 때가 왔다.

그는 "만약 우리가 12월 의회가 열리기 전에 이 문제를 해결하지 못하면" 자신의 계획이 '포퓰리즘의 공격'을 받아 산산조각 날지도 모른다고 걱정했다.²⁹

일을 서두르기 위해 시프의 위원회는 유니언퍼시픽의 최소 입찰가를 5,000만 달러로 상향 조정했고, 이에 매킨리 행정부는 항소하겠다는 위협을 거둬들였다. 매각은 11월 1일로 예정되었고, 그전 몇 주 동안 계획이 무산되지 않도록 막는 것이 시프가 할 수 있는 전부였다. 조지프 퓰리처의 〈뉴욕 월드〉는 그 거래를 "강탈"이라고 부르며, 유니언퍼시픽이 "강도 같은 투기꾼 무리"의 손에 넘어가고 있다고 보도했다.³⁰ 한편 시프의 그룹에 맞서 매각되는 유니언퍼시픽 자산을 인수하려는 경쟁 금융단이 조직되었다는 소문도 돌기 시작했다. 그러던 중, 매각을 일주일도 남기지 않은 시점에 법무장관 매케나가 매각을 12월 중순으로 연기하겠다고 통보했다. 경쟁 입찰자들에게 시간을 벌어주기 위한 조치로 보였다.

거래를 어떻게든 성사시키기 위해 시프의 위원회는 입찰가를 800만 달러나 더 올렸고, 매케나는 일정대로 매각을 진행하는 데 동의했다. 하지만 시프는 경매가 열릴 오마하로 가는 전용 기차에 오르는 그 순간에도 또 다른 문제는 없을지 전혀 알 수 없었다.

경매 하루 전인 10월 31일 저녁, 시프는 초조하게 호텔 방을 서성였다. 모든 일이 계획대로 진행될지 뿐만 아니라, 자신의 위원회가 실제로 유니언퍼시픽의 지배권을 갖게 되었을 때 무슨 일이 벌어질지도 걱정하고 있었다.[31] 자신의 경력에서 가장 큰 도박 중 하나인 이 사업의 무게감이 이제야 실감나기 시작했다.

다음 날 오전 11시, 〈네브라스카 스테이트 저널〉이 "세계 역사상 최대 규모의 경매"라고 부른 광경을 보기 위해 유니언퍼시픽의 오마하 물류 창고 바깥에 수백 명의 사람들이 모였다.[32] 사람들은 경쟁 금융단이 유니언퍼시픽 지배권을 놓고 경합을 벌일지 수군거렸다. 하지만 시간이 되자 별다른 소동 없이 경매가 진행되었다. 유일한 입찰자는 시프의 금융단뿐이었고, 그들은 결국 5,800백만 달러 조금 넘는 가격으로 낙찰받았다.

2년에 걸친 지난한 정치적, 재정적 줄다리기가 끝나고 이제 더 어려운 고난이 시작되었다. 바로 유니언퍼시픽의 회생이었다.

약속대로 시프는 해리먼을 유니언퍼시픽의 이사로 올리고 회사의 의사결정과 자금 집행 권한을 가진 이사회 집행위원회에 포함시켰다. 구조조정을 주도하던 은행가와 철도 임원들로 구성된 엘리트 집단에 해리먼이 들어오자 당혹감과 놀라움이 동시에 일었다. 마치 입이 생각의 속도를 따라잡으려고 분투하는 듯이 자기 생각을 속사포처럼 쏟아내는 이 강렬하고 거슬리는 작은 남자는 누구지? 시프와 함께 유니언퍼시픽 이사회에 참여했던 칸은 "사람들은 그가 침입자라도 되는 듯 의심스러운 눈으로 바라보았다"고 기억했다. "일부는 그의 행동이나 말투를 거슬려했고, 어떤 이들은 해리먼이 사업상 지위나 성과, 재산 면에서 자신들과 동급이 아니라고 여겼다. 그는 철도 산업가도 은행가도 상인도 아닌, 그런 사람으로 보였다." 다른 말로 하면, 일부 동료 이사들의 눈에 해리먼은 여전히 '일개 말단 중개인'에 불과했다.

그러한 이미지는 오래가지 않았다. 명확한 비전, 무한한 자신감, 예리한 지성을 바탕으로 해리먼은 결국 이사진의 신임을 얻었다. 그의 추진력은 단지 잠재적 적을 무력화하려는 뜻으로 해리먼을 끌어들였던 시프조차도 놀라게 했다.[33]

피어스는 애초에는 이사회와 집행위원회 의장으로서 시작했으나, 법무 관련 일이 늘어나자 이사회는 1898년 5월에 해리먼을 그가 탐냈던 자리, 즉 집행위원장으로 승진시켰다. 이 자리는 곧 회사의 실질적 경영권을 의미했다. 곧바로 해리먼은 회사의 '녹슨 철로들'을 직접 점검하기 위해 23일간의 출장에 나섰다. "그와 현장을 둘러보는 건 고역이었다"고 한 동료가 회고했다. "그는 모든 걸 눈여겨보고, 모든 것에 대해 질문했어요."[34]

이 시찰을 통해 해리먼은 유니언퍼시픽철도가 평판과 달리 양호한 상태임을 간파했다. 물론 노후화도 되었고 수리와 개량도 필요했다. 하지만 철도는 튼튼한 기반 위에 세워져 있었고, 이를 바탕으로 얼마든지 발전시킬 수 있었다. 더구나 전용 기차를 타고 서쪽으로 향하는 동안, 그는 모든 곳에서 산업과 상업 활동이 활기를 띠는 모습을 직접 목격했다. 현대화된 철도라면 앞으로 엄청난 화물 운송 수익을 거둘 수 있겠다는 판단이 섰다. 그는 집행위원회에 신규 장비와 시설 개선을 위해 2,500만 달러 지출을 승인해달라고 전보를 보냈다. 뉴욕에서는 이 전보를 받고 모두들 충격을 받았다. 1898년 7월, 해리먼은 뉴욕으로 돌아오자 곧바로 위원회 회의를 열었다. 그는 이 지출안의 필요성을 강하게 주장했고, 결국 승인받았다.[35] 그는 이 돈을 더 강력한 기관차 도입과 선로 개량 작업—곡선 선로를 직선화하고 급경사를 완화하는 등—에 투입했다. 이를 통해 더 많은 화물을 더 빠르고 부드럽게 운송할 수 있는 철도 체계로 개선하려 했던 것이다.

철도를 복구하는 일은 퍼즐의 한 조각에 불과했다. 해리먼, 시프, 이사회 동료들은 철도망을 재구성하는 과제도 맞닥뜨렸다. 법정관리 중일 때 채권자들이 소송을 제기하여 유니언퍼시픽은 수많은 지선 및 연결 노선을 잃었고, 각 자산은 별도의 관재인이 관리했다. 시프의 위원회가 인수한 '유니언퍼시픽'은 아이오와주 카운실 블러프스 Council Bluffs 에서 유타주 오그던 Ogden 까지 뻗어 있는 1,038마일의 구간만을 포함했다. 가장 "중요한 지선, 연결 노선, 출구 노선"이 분리된 상태였기에, "기존 유니언퍼시픽 철도망에서 남은 것은 기본 줄기만 남은 앙상한 몸체였다"고 칸은 회고했다.[36]

말하자면 유니언퍼시픽은 더 이상 대륙 횡단 철도가 아니었다. 다시 수익성을 높이고, 해리먼이 예견한 서쪽의 교통량 증가에 대응하기 위해서는 이전의 지선을 다시 인수하거나 새로운 노선을 사들여야 했다. 법정관리에서 벗어난 지 몇 달 만에 유니언퍼시픽은 캔자스퍼시픽(캔자스시티와 덴버 구간)과 덴버퍼시픽(덴버와 와이오밍의 샤이엔 구간)을 흡수했다. 시프와 해리먼은 또한 한때 유니언퍼시픽의 자회사였던 오리건쇼트라인과 그들이 (지배권은 아니지만) 상당한 지분을 보유한 오리건철도항로회사Oregon Railway and Navigation Company에도 눈독을 들였다. 이 두 노선은 과거 유니언퍼시픽 노선망의 핵심 축이었는데, 와이오밍의 본선에서 갈라져 나와 북서쪽으로 아이다호를 거쳐 오리건으로 들어가 포틀랜드까지 이어져 서부 해안까지 다다를 수 있었다.

해리먼과 쿤로브는 오리건쇼트라인의 주식을 은밀히 사들이기 시작했다. 1898년 2월 중순까지 충분한 주식을 확보했고, 칸은 유니언퍼시픽의 신임 사장 호러스 버트Horace Burt (다소 거만한 성격의 기술자 출신이었다)에게 자신들이 '이 노선의 실질적 지배권'을 확보했다고 알렸다.[37] 시프는 닷새 후 버트에게 열정에 가득 찬 서신을 보내 "오리건쇼트라인의 실질적 지배권이 우리 손에 들어왔으니, 우리는 이제 과거 유니언퍼시픽철도에서 실제로 수익을 낼 수 있었던 모든 노선을 확보하게 되었다고 생각합니다. 따라서 새로 출발한 회사에서 수익성 없는 노선 문제는 해결된 것으로 보입니다"라고 선언했다.[38] 곧이어 유니언퍼시픽은 실제로 오리건쇼트라인의 지배권을 완전히 확보했고, 오리건철도항로회사에 대한 지배권도 주장하게 된다.

유니언퍼시픽의 새 경영진은 더 많은 수익을 만들기 위해 노력했다. 재건위원회는 경매를 통해 철도 외에 과거 연방정부가 불하했던 수백 만 에이커에 달하는 토지도 인수했었다. 시프는 버트에게 "유니언퍼시픽 토지"는 "지금까지보다 더 세심하게 관리되어야 하며, 적극적으로 매각을 추진해야 합니다. 토지를 판매함으로써 더 많은 자금을 확보하고, 그 땅을 경작지로 전환해 새로운 사업을

유치하는 것이 단지 보유만 하면서 세금을 내는 것보다 훨씬 나은 전략입니다"라고 상기시켰다.[39]

회사 재편 몇 달 후, 미국-스페인전쟁이 시작되었다. 시프는 플레밍에게 "결국은 일어날 전쟁이었어. 간단하게 말하면 이 전쟁은 야만에 맞서는 문명의 전쟁이고, 16세기의 유산과 19세기 말의 방식이 맞붙는 전쟁이기도 하지"라고 말했다.[40] 미국 전쟁부는 신속하게 병력과 군수물자를 동원했고, 주요 철도회사들이 그 운송에 결정적 역할을 했다. 유니언퍼시픽에게는 이 전쟁이 자신들의 재건을 알리고, 애국심을 입증하며, 고수익의 정부 계약을 따낼 기회였다.

시프와 칸은 유니언퍼시픽이 전쟁에서 중요한 역할을 하기를 바랐다. 그런데 그들은 뉴욕 대부호의 자제 존 제이컵 애스터John Jacob Astor 4세 대령이 자비로 조직하고 장비를 갖춘 '애스터 포병연대'의 수송 계약을 유니언퍼시픽이 따내지 못했다는 소식을 듣고 격분했다. 애스터 포병부대는 스페인의 식민지였던 필리핀으로 가기 위해 서부 해안으로 이동하고 있었는데(스페인의 식민지였던 필리핀도 전장 중 하나였고, 미국은 전쟁을 통해 필리핀과 괌, 푸에르토리코 등을 넘겨받았다_옮긴이), 이 수송을 유니언퍼시픽이 아니라 경쟁 철도회사들이 맡았던 것이다.[41]

칸은 버트에게 자신들의 실망감을 이렇게 써서 보냈다.

시프 씨와 저는 유니언퍼시픽이 늘어난 서부 교통량에서 적절한 점유율을 확보하지 못했다는 사실에 크게 충격을 받았습니다… 한 가지 예를 들자면, 며칠 전 애스터 포병대는 샌프란시스코로 이동하면서, 미주리퍼시픽, 덴버앤리오그란데, 리오그란데웨스턴 철도를 이용했습니다.

물론 신문 보도가 불완전했을지도 모르고 유니언퍼시픽이 기대한 만큼의 물량은 확보했을 수도 있습니다. 하지만 분명 우리 회사가 그렇게 하지 못했다는 평이 널리 퍼져 있고, 사람들은 '왜 이런 일이 일어났는지', '누군가 유니언퍼시픽을 경쟁사들보다 뒤처지게 만든 것이 아닌가' 하는 의문을 품고 있습니다.⁴²

은행가들의 분노는 오해였다는 것이 곧 밝혀졌다. 사실 유니언퍼시픽은 1898년 6월 말을 기준으로 만 명이 넘는 병력을 실어 날랐다. 버트는 칸에게 보낸 답장에서 유니언퍼시픽이 애스터 포병대 사업을 따내지 못한 것은 연방정부가 경쟁 입찰을 하지 않았기 때문이라고 차분하게 설명했다. 버트는 "유니언퍼시픽은 항상 모든 상황에 대처할 준비가 되어 있고, 특히 아주 치열한 경쟁이었다는 관점에서 보면 상당한 그리고 만족할 만한 점유율을 확보했습니다"라고 썼다.⁴³

시장은 유니언퍼시픽에서 뭔가 변화가 일어나고 있음을 감지했다. 1898년 말까지 우선주 주가가 60퍼센트 상승했고, 보통주는 거의 세 배로 뛰었다.⁴⁴ 이는 단지 월스트리트의 과도한 기대가 아니라, 실제로 회생 조치가 효과를 내고 있다는 증거였다. 수년 내에 유니언퍼시픽의 연 수익은 철도 1마일당 8,167달러에 달하게 되는데, 이는 법정관리에 들어가기 전해인 1892년의 5,621달러에서 크게 늘어난 수치였다.

회사의 성장 가능성—그리고 자신이 그렇게 만들 수 있다는 자신감—에 대해 확고한 믿음을 가졌던 해리먼은 아무런 '내재가치'가 없다는 평가를 받던 유니언퍼시픽 주식을 헐값에 대거 사들였다.⁴⁵ 그의 유니언퍼시픽 주식은 소박하던 그의 재산을 어마어마하게 불렸고, '일개 말단 중개인'을 거부로 탈바꿈시켰다.

1898년, 해리먼은 50세가 되며 생애 마지막 10년에 접어들었다. 그는 여전히 젊은 사람 못지않은 원대한 야망을 추구했다. 그는 시프, 칸, 그리고 쿤로브의 자원을 등에 업고 철도 구조조정과 인수합병을 연쇄적으로 진행하며 수만 마일의 철도 노선을 자신의 완전한 혹은 실질적인 지배 아래 두었다.

시프는 훗날 "해리먼과 함께하는 사람은 누구나 돈을 벌었다"고 말했다.[46] 물론 시프도 그중 한 사람이었다. 하지만 해리먼이 이끌었던 여러 프로젝트, 특히 재건된 유니언퍼시픽은 시프가 먼저 재무적 기반을 닦아놓았기에 가능한 일이었다. 시프의 유니언퍼시픽 도박은 엄청난 수익을 안겨주었다. 그의 회사는 유니언퍼시픽이 신규 유가증권을 발행할 때 증권 인수단을 구성한 역할만으로도 600만 달러 상당의 우선주를 받았다.[47] 시프는 금전적인 보상만을 얻은 게 아니었다. 유니언퍼시픽의 구조조정을 성공시킴으로써 그는 이제 존 피어폰트 모건과 어깨를 나란히 할 수 있게 되었다.

하지만 모건의 그림자에서 벗어나면서, 시프는 모건과 직접 맞서야 하는 길로 들어서게 되었다.

15.

완전한 평화

기술자이던 호러스 버트가 유니언퍼시픽의 경영을 맡자, 시프는 그에게 "제가 권고드리는 단 하나는 업계의 이웃들과 화합을 유지하도록 애쓰시라는 것입니다. 저는 철도회사들이 요금 문제 등에 있어서 서로 최악의 적이었다고 믿기 때문입니다"라고 말했다.[1]

화합. 철도회사의 거물들 모두—시프, 모건, 해리먼, 힐—가 이를 말했지만, 그 이면에서는 서로를 감시하며 공격의 조짐이 있는지 살폈다. 분명 그들은 평화를 원했지만 어디까지나 자신들의 조건에 부합하는 평화여야 했다. 미로처럼 얽힌 동맹이 표면적으로는 질서를 유지해주었지만, 철도산업이 과거의 폭력적인 무질서 상태로 되돌아가지 않도록 막고 있던 휴전 협정인 의결권 신탁 voting trusts 과 수송 협정 traffic agreements 은 언제든 무용지물이 될 위험이 있었다. 이익 공동체는 서로의 이해가 일치할 때는 잘 작동했다. 그러나 어느 한쪽의 이해가 달라지는 순간, 이 체제도 흔들렸다.

문제는 북서부에서 시작되었다. 1899년, 해리먼의 유니언퍼시픽이 포틀랜드와 태평양 연안에 이르는 노선을 가진 오리건철도항로 회사의 지배권을 확보하면서부터였다. 이전에는 세 개 경쟁사—유니언퍼시픽, 노던퍼시픽, 힐의 그레이트노던—가 공동으로 이 회사를 지배했으며, 불필요하고 비용이 많이 드는 신규 노선 건설을 피하기 위해 이 노선을 중립적으로 유지하기로 합의한 상태였다. 힐은 이 중립성을 계속 유지하기 위해 협상을 했고, 해리먼에게 합의가 결렬될 경우 행동에 나설 수밖에 없다고 경고했다. "제 생각에 500만 달러면 우리 철도에서 포틀랜드까지 훨씬 더 좋은 노선을 건설할 수 있고, 200만 달러를 추가하면 오리건철도항로의 가장 수익성 높은 구간까지도 연결할 수 있을 겁니다."[2] 즉 힐은 유니언퍼시픽의 영역을 침범하겠다고 위협한 것이다. 이후 협상은 형식적으로 이어졌지만, 화합이 깨진 것은 분명했다.

"해리먼이 대체 누구야?" 몇 년 전, 유니언퍼시픽의 세 이사진 명단에서 해리먼의 이름을 본 힐은 이렇게 물었었다.[3] 답은 곧 분명해졌다. 해리먼은 위험한 경쟁자였다.

시프의 입장은 점점 난처해졌다. 철도업계의 두 거물 사이에 끼게 된 것이다. 한쪽은 자신의 오랜 친구이자 아들 모티에게 철도 사업을 가르쳐준 멘토인 힐, 다른 한쪽은 최근 일련의 철도 사업을 함께한 그의 새로운 동맹인 해리먼이었다. 해리먼과 힐은 정면으로 충돌할 기세였고, 이들과 연계된 금융가들인 시프와 모건 역시 충돌을 피할 수 없는 길에 들어섰다.

이 거대한 충돌에는 잃을 것도, 얻을 것도 많았다. 누가 대륙 횡단철도의 대동맥을 지배할 것인가를 둘러싼 싸움은 이 거물들이 축적한 무제한적인 금융 권력을 여실히 보여주었다. 이들의 충돌이 어찌나 격렬하게 월스트리트를 흔들어놓았는지 해리먼, 힐, 모건, 시프는 결국 그들이 과거 자유롭게 휘둘렀던 막대한 권력을 제한하고 규제해야 한다는 주장의 근거가 되었다. 그리고 이는 미국 정부와 대기업의 관계를 영구적으로 바꾸어놓았다.

해리먼이 허약해 보이는 데 반해 힐은 강인했다. 힐은 세인트폴 사무실에 불이 났을 때 136킬로그램이나 되는 접이식 책상을 창문 밖으로 던져 책상 안의 내용물을 지켜낸 적도 있었다. 어린 시절 화살을 갖고 놀다 오른쪽 눈을 실명한 힐은 성미는 불같고 투박하지만 정직하고 겸손했다. 또한 셰익스피어를 인용할 정도로 교양이 있었고, 세인트폴 서밋 애비뉴의 저택에는 19세기 프랑스 화가들의 풍경화로 가득한 2층짜리 전시실이 있을 만큼 미술 애호가였다. (22개의 벽난로, 16개의 침실, 3층짜리 파이프 오르간이 있는 이 대저택을 방문한 모티는 "엄청나게 비싸고 화려한 샹들리에"로 가득했으며 샹들리에로 인해 "모든 방의 모습이 변형되어 보였다"라고 아버지에게 전했다).[4]

온타리오 출신의 힐은 열여덟 살에 세인트폴로 이주하여 증기선 회사의 사무직으로 일하다가 부두의 관리인이 되었다. 운송업에 몸담은 그는 열심히 돈을 모아 세인트폴의 미시시피강 제방에 창고를 세웠다. 그리고 곧 레드강에 소형 증기선 노선을 만들어 미네소타 서쪽 주 경계의 무어헤드와 위니펙 간에 화물을 실어 날랐다. 1870년대 후반, 그는 미네소타 오지를 관통하는 700킬로미터의 철도를 운영한 세인트폴퍼시픽철도에 전 재산을 투자했다. 다들 이 노선을 별 가망이 없다고 보았을 때, 힐은 북서부의 경제적 잠재력을 확신하여 이 회사가 향후 대륙 횡단 교통 제국으로 발전할 여지가 있다고 보았다. 그 후 15년간 힐은 미국 북부 국경을 따라 계속해서 철로를 부설했다. 강을 넘고, 평원을 가로지르며, 산을 뚫어 전진한 끝에 그의 그레이트노던철도(세인트폴퍼시픽을 인수하고 확장하는 과정에서 사명을 바꾸었다_옮긴이)는 마침내 시애틀에 도달했다(스포캔Spokane의 지선은 오리건 철도를 통해 포틀랜드까지 연결되었다). 그의 업적은 연방정부로부터 단 한 푼도 받지 않고 완성한 것이기에 더더욱 뜻깊었다.

운송 분야의 선구자였던 힐은 미국 북서부의 호황뿐 아니라, 자신의 철도를 통해 미국 상품을 아시아로 수출할 가능성까지 내다보았다. 그의 철도를 따라 목재를 가득 실은 화물차가 동쪽으로 달렸고, 다시 중국과 일본으로 갈 곡물을 싣고 서부로 돌아갔다.

힐은 1893년에 대륙 횡단 철도를 완성했는데, 바로 그 무렵 미국 경제는 공황을 맞았다. 힐의 철도는 (모티가 아버지에게 회사 직원들의 사기가 바닥이라고 보고했지만) 아마도 당시 미국에서 가장 견실하고 잘 구축된 노선이었다. 다른 철도 거물들이 단기 수익을 위해 회사를 착취한 것과 달리, 힐은 위기에도 버틸 수 있는 체계를 만들었다. 힐은 경쟁자들이 하나둘 파산하고 법정관리에 들어가는 것을 지켜보았다. 그리고 대부분의 금융 위기와 마찬가지로, 이번 위기 역시 기회를 가져다주었다.

힐은 오래전부터 노던퍼시픽철도의 인수를 노려왔다. 이 노선은 그레이트노던과 거의 나란히 5대호와 퓨젓사운드Puget Sound 구간을 운행했다. 유니언퍼시픽처럼 노던퍼시픽도 남북전쟁 중에 의회의 인가를 받아 건설되었고, 부실 경영과 과도한 부채로 최근 두 번째 파산을 맞은 상태였다. 첫 파산은 20년 전인 1873년이었는데, 당시 노던퍼시픽의 금융 주관회사인 제이 쿡의 재앙적인 운영으로 국가적인 경제 위기를 초래하기도 했었다. 1895년 초, 힐은 시프에게 노던퍼시픽을 인수할 가능성에 대해 흥분해서 편지를 썼다. "운영 비용과 수익 낭비를 줄이고, 불필요한 열차 운행 거리를 줄이면 막대한 비용을 절감할 수 있네. 그게 어느 정도인지 알면 놀랄 걸세."[5] 또 다른 편지에서는 "노던퍼시픽을 손에 넣으면 운임은 물론이고 불필요한 열차 운행과 두 회사의 물류 비용을 통제할 수 있어 큰 이익이 되리라는 것이 날이 갈수록 분명해지고 있네"라고 말했다.[6]

유니언퍼시픽 재건을 놓고 해리먼이 시프의 궤도 안으로 들어갔듯이, 노던퍼시픽을 차지하려는 힐은 모건과 손을 잡았다. 당시 모건은 노던퍼시픽의 구조조정을 주도하고 있었다. 1895년 5월, 힐은 모건의 런던 자택에서 노던퍼시픽의 최대 투자자인 도이치방크와 그레이트노던이 노던퍼시픽을 인수하는 계약에 서명했다. 하지만 북서부 지역의 철도 독점 우려가 제기되며, 이 계약을 둘러싼 소송이 대법원까지 올라갔고 결국 인수는 무산되었다. 모건과 힐은 불리한 판결을 예상했다. 판결 직후 이 미네소타 철도 거물은 개인 자격으로 노던퍼시픽의 지분을 과반이 조금 못 되게 매입했고, 이를 통해 경영에 영향력을 행사하면서도 주 및 연방정부의 반독점법을 피해갔다. 1896년 봄, 힐은 영국으로 건너가 모건을 만났다. 모건은 런던의 켄싱턴 저택과 시골에 있는 도버 하우스를 오가며 매년 일정 기간을 영국에서 보냈다. 두 사람은 "경쟁을 피하고 두 회사의 공동 이익을 추구한다"는 새로운 협정을 맺었다.[7] 방어적이지만 경우에 따라 공격적인 성격의 동맹이었다. 향후 4년 동안 모건은 자신이 관리하는 신탁을 통해 노던퍼시픽을 운영했고, 1900년 가을 마침내 힐에게 경영권을 넘겨주었다.

힐이 초조하게 그리고 때로는 짜증을 내면서 노던퍼시픽을 장악할 기회를 기다리는 동안, 해리먼은 자신의 제국을 강화하고 확장하기 위해 전국을 샅샅이 뒤졌다. 소규모 독립 철도 시스템의 시대는 끝났다. 새로 제정된 반독점법을 피하기 위해 철도업계는 합병과 창의적인 동맹으로 신속하게 대응했다. 이제 미국의 철도망은 소수의 거물들이 지역별로 지배하는 방식으로 재편되었다. 이러한 흐름은 철도뿐 아니라 미국 경제 전반에서 나타났다. 개별적인 산업기업들이 더 거대한 경쟁자들에 맞서기 위해 결합했고, 이러한 통합의 물결은 금융가들이 막대한 자본을 동원해야 하는 상황을 만들었다. 이는 시프나 모건 같은 은행가들을 터무니없을 정도의 부자로 만들었다. 이는 동시에 전국적으로 노동쟁의를 촉발했고, 일부 유럽 이민자들에 의해 유입된 폭력적인 무정부주의 지하조직을 부채질했다.

북서부에서 유니언퍼시픽의 철도 입지가 탄탄해지자 해리먼은 동부로 관심을 돌렸다. 그는 시카고에서 서쪽의 콜로라도 덴버와 몬태나 빌링스를 연결하며 중서부 심장부를 지나는 중견 철도회사 시카고벌링턴앤퀸시Chicago, Burlington & Quincy에 주목했다. 이 회사는 한때 록퍼드록아일랜드앤세인트루이스철도로 알려졌던 노선도 가지고 있었는데, 논란이 많았던 이 회사의 몰락은 시프의 첫 번째 회사였던 버지시프가 갑작스럽게 해체된 데에 일조한 것으로 보인다.

'Q'라는 별칭으로도 불리던 벌링턴을 인수하면, 유니언퍼시픽은 대륙 횡단 철도 경쟁에서 앞서갈 수 있었다. 벌링턴은 서부 종착지에서 언제든지 태평양 연안까지 확장할 수 있는 상태였기 때문이다. 훗날 시프가 설명했듯이, 벌링턴은 "비교적 적은 비용으로 유니언퍼시픽 철도 노선을 따라 물류 수요가 많은 주요 지역을 연결하는 여러 지선을 건설할 수 있었다. 결국 벌링턴은 오그던과 솔트레이크시티, 어쩌면 샌프란시스코까지 노선을 확장할 것이라고 생각했다"고 했다.[8] 실제로 벌링턴이 노선을 확장할 것이라는 루머가 돌았다.[9] 한 신문은 "일부 확인"되었다며 벌링턴 경영진이 포틀랜드까지 노선을 신설하는 방안을 고려 중이라고 보도했다.[10] 포틀랜드는 유니언퍼시픽이 최근 확보한 핵심 지역이었다. 이 루머는 결국 사실이 아닌 것으로 드러났지만 그것은 그리 중요하지 않았다. 벌링턴이 직접 해안까지 연장하지 않더라도, 대형 철도회사 중 하나에 인수될 가능성이 충분했기 때문이었다.

1900년 1월, 해리먼은 거의 20년 동안 벌링턴의 회장직을 맡아온 찰스 엘리엇 퍼킨스Charles Elliott Perkins에게 접근해 인수가 가능할지 그의 의중을 떠보았다. 퍼킨스는 철도산업이 큰 전환기에 접어들었으며, 훗날 그가 표현한 대로 '작은 것들의 시대'는 끝났다는 사실을 누구보다 잘 알고 있었다.[11] 그는 자기 회사가 생존하기 위해서는 더 큰 회사와 합병해야 한다는 점을 모르지 않았다. 하지만 잠재적 인수자로서 해리먼은 탐탁지 않았다. 그에게 해리먼이 강압적이고 오만하며 매력 없는 사람으로 비쳤기 때문이었다.

퍼킨스는 해리먼에게 벌링턴을 시장에 내놓지 않았다고 쌀쌀맞게 말했다. 다만 매각하게 된다면 주당 최소 200달러는 받아야 할 것이라고 언급하여 약간의 여지를 두었다(벌링턴의 보통주는 당시 약 122달러에 거래되고 있었다).[12] 해리먼은 그해 봄과 여름 내내 여러 차례 더 퍼킨스를 설득하려 했지만, 그는 요지부동이었다.[13] 그러자 시프와 해리먼은 몇 달에 걸쳐 조용히 벌링턴의 주식을 사들이며 몰래 지배권을 확보하려 했다. 하지만 지배 지분을 확보할 수 없다는 것이 분명해지자 이 계획은 포기했다.[14]

해리먼과 시프 말고도 벌링턴을 노리는 곳이 있었다. 힐과 모건 역시 자신들의 철도망을 시카고까지 확장할 노선이 필요했다. 1901년 초, 힐은 조용히 퍼킨스와 협상을 개시했다. 퍼킨스는 여전히 주당 200달러를 고수했지만, 이제는 좀 더 열린 태도를 보였다. 이는 부분적으로 퍼킨스가 힐의 그레이트노던이 벌링턴에 가장 적합한 파트너라고 믿었기 때문이며, 힐이 모건과 노던퍼시픽도 함께 끌어들였다는 사실도 거래의 매력을 더욱 높여주었다.

이 무렵, 해리먼과 시프는 또 다른 철도 인수를 시도하고 있었다. 8월에 서던퍼시픽철도와 센트럴퍼시픽철도를 소유한 78세의 철도 거물 콜리스 P. 헌팅턴이 사망하면서, 그의 막대한 자산이 시장에 매물로 나왔다. 만약 유니언퍼시픽이 헌팅턴의 철도를 손에 넣을 수 있다면 미국 남부 지역의 철도 교통을 지배할 수 있을 뿐만 아니라 샌프란시스코로 직접 연결되는 노선을 확보하게 되는 상황이었다. 해리먼은 이 기회를 놓치지 않기 위해 곧바로 헌팅턴의 은행가들과 협상에 들어갔다.

처음에 시프는 힐을 경쟁자로 인식하지 않았다. 하지만 철도업계를 잘 아는 사람이라면 누구나 그들이 곧 불화하게 되리라는 것을 예상할 수 있었다. 시프도 점차 거리감을 느끼기 시작했고, 둘 간의 편지에서 힐은 점점 말을 아끼고 모호한 표현을 쓰기 시작했다. 1900년 12월 말, 뉴욕을 방문하는 동안 힐은 시프의 핍스 애비뉴 자택을 방문했다. 힐은 동부에 온 목적을 드러내지 않고 시프와 대화를 나누었다. 시프는 그가 모건을 만나러 온 것이라 추정했지만, 친구에게 꼬치꼬치 캐묻지 못했다(이 무렵 힐은 벌링턴 이사회와 처음으로 접촉을 시도했다).[15]

1901년 2월 4일, 쿤로브가 유니언퍼시픽을 대신해 헌팅턴의 회사 지분 37.5퍼센트를 인수한 직후, 시프는 힐에게 기쁨의 편지를 보내며 "우리가 마침내 서던퍼시픽이라는 새를 잡았네. 자네도 분명 반길 거라 믿어"라고 썼다.[16] 하지만 힐로서는 축하할 일이 아니었다. 이 거래로 유니언퍼시픽은 샌프란시스코를 오가는 철도 교통을 장악하고 면화 지대를 통과하는 귀중한 철도망까지 확보하게 되었다. 이는 유니언퍼시픽이 자신의 제국을 코앞에서 위협하게 되리라는 힐의 믿음을 확인시켜주었을 뿐이었다. 훗날 힐은 만약 해리먼이 벌링턴까지 손에 넣는다면 "노던퍼시픽과 그레이트노던은 다른 노선을 사용하지 않고는 네브라스카, 캔자스, 미주리, 사우스다코타, 아이오와, 일리노이, 위스콘신에서 거의 차단될 것이었다. 그중 일부는 시장에 매물로 나와 있어서 언제라도 유니언퍼시픽의 지배 아래 들어가거나 합병될 수 있었다"고 설명했다.[17]

〈뉴욕 타임스〉가 1면에 "미국 철도와 금융 역사상 가장 큰 거래 중 하나"로 보도한 서던퍼시픽 인수 계약이 마무리된 며칠 후, 해리먼은 다시 벌링턴에 눈을 돌렸다.[18] 2월 10일, 그는 다시 퍼킨스를 만나 벌링턴 주식의 절반을 인수하겠다고 제안했다. 퍼킨스는 이를 일축했다. 다음 날, 해리먼은 전혀 모르게 퍼킨스는 또 다른 제안을 들고 온 한 방문객을 마주했다. 바로 힐이었다.

인수가 임박했다는 출처가 불분명한 기사들이 언론의 경제면에 실리면서 벌링턴의 주가가 급등했다.[19] 140, 150, 160, 170달러를 넘겼다. 4월 초에는 180달러를 돌파했다. 시프는 후에 "가격과 상관없이 지속적으로 대규모 매수가 이뤄지고 있는 상황"을 우려하면서, 그 배후에 힐과 모건이 있을지도 모른다고 의심했다. 마침내 시프는 힐과 직접 대면하기로 결심했다. 3월 중순경, 그는 해리먼과 함께 힐을 만나 대놓고 벌링턴의 지배권을 노리고 있냐고 물었다. 힐은 기자들이 같은 질문을 했을 때와 마찬가지로, 벌링턴철도에는 관심이 없다고 부인했다.[20] "나는 힐의 말을 믿었다. 그와는 15년이나 가깝게 지냈고 한 번도 그에게 잘못한 적이 없고 아낌없이 우정을 나누었는데, 친구라고 믿었던 바로 그가 거리낌 없이 나를 속이거나 기만할 거라고는 생각할 수 없었다"고 시프는 훗날 회고했다.[21] 힐은 정확히 그렇게 한 것으로 보인다. 사실 그와 모건의 벌링턴 인수는 성사 직전의 단계였다. 3월 말이 되자 언론은 거래가 임박했다는 기사를 내보냈다.[22]

벌링턴이 그레이트노던 및 노던퍼시픽과 합병한다는 소문이 널리 퍼진 상황이었으므로, 시프는 처음부터 힐의 거짓말을 간파했을 수도 있다. 하지만 그가 친구의 기만에 깊은 배신감을 느꼈음은 의심의 여지가 없었다. 성미가 급한 해리먼은 즉각 맞대응할 준비를 갖추었다.

해리먼과 힐의 파국적인 충돌을 막기 위해 시프는 1901년 4월 초에 모건을 찾아갔다. 그는 유니언퍼시픽이 그레이트노던 및 노던퍼시픽과 공동으로 벌링턴을 인수하기를 바란다고 말했고, 그렇게 되면 벌링턴이 유니언퍼시픽의 영업을 방해하는 데 이용될지도 모른다는 우려를 덜 수 있다고 생각했다. 곧 유럽으로 떠나려던 모건은 이 대화에 관심이 없었다. 그는 시프에게 어떤 계획인지 런던으로 보내라고만 말했다. 그러자 시프는 모건의 파트너 중 하나인 로버트 베이컨Robert Bacon을 만나 벌링턴 인수 자금의 1/3을 바로 낼 의향이 있다고 제안했다. 그러나 베이컨은 너무 늦었다고 대답했다. 시프는 유니언퍼시픽이 "우리 스스로를 지켜야 하는 어쩔 수 없는" 입장임을 경고했다.[23]

4월 7일, 부활절 일요일에 시프와 해리먼은 힐과 다시 마주쳤다. 힐은 퍼스트내셔널뱅크 은행장 조지 베이커George F.Baker의 머레이힐 저택에서 만찬 중이었다. 힐과 베이커는 그날 밤 야간열차를 타고 보스턴으로 가서 퍼킨스와 벌링턴 임원들을 만나 인수를 마무리할 계획이었다. 힐의 기만에 아직 마음이 상해 있던 시프는 왜 거짓말을 했냐고 대놓고 따졌다. 힐은 시프가 유니언퍼시픽과 연결되어 있기 때문에 어쩔 수 없었다며 사과했다.

시프와 해리먼은 벌링턴 거래를 미뤄달라고 강하게 요청했다. 이는 "유니언퍼시픽이 정당한 영업권을 침해당하지 않게 보호받도록 하기 위한" 합의를 먼저 도출하자는 요구였다.[24] 두 사람은 벌링턴 인수금액의 1/3을 지원하겠다는 제안도 다시 꺼냈다. 하지만 힐은 이를 거절했다. 나중에 힐은 이 제안을 받아들였더라면 자신들이 "벌링턴을 인수하려던 본래의 목적이 무산됐을 것이기 때문"이라고 말했다.[25]

일설에 따르면 그들의 격한 대화는 베이커의 마차에서 그리고 그랜드센트럴역에서 기차를 탈 때까지 이어졌다고 한다.[26] 양측 입장이 좁혀지지 않자 해리먼은 "알겠습니다. 이건 적대 행위입니다. 그에 따른 결과를 감수하셔야 할 겁니다"라고 선언했다.[27]

결과? 해리먼은 무슨 뜻으로 한 말일까? 시프는 그 의미를 너무나 잘 알고 있었고, 그 가능성만으로도 불안했다. 시프는 평화를 중재하려고 노력하는 동시에 해리먼과 함께 전쟁을 준비했었다. 해리먼은 30년 전 제이 굴드가 금시장을 조작하려 했던 일을 생각나게 할 정도로 대담한 계획을 세웠다. 힐과 모건에게서 노던퍼시픽을 가로채 벌링턴의 지분 50퍼센트를 확보하려는 전략이었다. 본질적으로 해리먼은 힘으로 이익 공동체를 만들려고 한 셈이었다.

당시 철도업계에서 은밀하게 주식을 매집하여 지배권을 장악하려는 다툼은 드물지 않았다. 예컨대 밴더빌트는 이리철도 주식을 몰래 사들였지만, 대니얼 드루와 그 일당이 대량의 신주를 발행해 시장에 푸는 바람에 지분이 희석되어버렸던 일이 대표적이다. 하지만 해리먼의 계획은 그가 노리는 기업의 규모 그리고 상대가 모건이라는 점에서 특히나 대담했다.

벌링턴을 손에 넣으려는 시도는 실패했지만, 시프와 해리먼이 노던퍼시픽의 과반 지분을 사들이는 일은 기술적으로는 가능해 보였다. 모건과 힐이 가진 노던퍼시픽의 우선주와 보통주는 절반에 미치지 못했고, 많은 물량이 시장에서 거래되고 있었기 때문이다. 문제는 그렇게 할 수 있는가가 아니라 꼭 그래야만 하는가였다.

시프는 처음에 그 아이디어를 듣고 대경실색했다. 그것은 힐의 기만 못지않게 비열한 수단으로 보였다. 그는 힐과의 우정이 회복 불가능하게 망가지지 않을까 걱정했고, 무엇보다 전설처럼 들어왔던 모건의 격한 분노를 불러일으킬까봐 두려웠다. 시프는 "해리먼은 아주 비범한 사람이야"라고 칸에게 말했다. "하지만 솔직히 해리먼과의 관계를 지키자고 힐과 결별하고 모건과 다져온 신뢰와 존중을 위험에 빠뜨려야 한다고는 생각하지 않네."[28]

하지만 해리먼과 가까웠던 칸은 그의 계획을 지지했다. 시프도 마지못해 생각을 바꾸었다. 훗날 칸이 회고한 바에 따르면, 시프는 "해리먼의 목적은 노던퍼시픽 및 그레이트노던에 해를 끼치거나 적대시하는 것이 아니라, 그들과 유니언퍼시픽 사이에 공정하고 우호적이며 상호 이익이 되는 관계를 확립하는 데 있다"고 합리화했다.[29] 시프의 후배 파트너에 따르면, 시프는 유니언퍼시픽 이사로서 자기 회사를 보호하는 것이 자신의 의무라고 생각했다. 하지만 그렇다면, 시프는 마찬가지로 자신이 이사로 있던 그레이트노던에는 똑같은 충성심을 발휘하지 않았던 셈이다. 그는 그 회사의 사장을 밀어내려는 계획에 동참한 것이기 때문이다.[30]

베이커의 저택에서 논쟁을 벌인 다음 날, 시프는 힐에게 진심 어린 편지를 썼다. 자신이 무엇을 해야 하는지 알면서도, 그로 인한 파장이 두려웠다. 편지는 힐뿐 아니라 스스로에게도 두 사람의 우정이 굳건하다는 것을 확인시키려는 듯한 내용이었다. "사업상 이해관계가 우리를 어디로 몰아가든, 우리가 갈라서기에는 너무 늦었다고 생각하네. 우정이란 게 이해관계에 따라 결정되고 이해가 충돌하는 순간 깨져버릴 것이라면, 아무 가치도 없는 것이겠지." 그리고 "유니언퍼시픽은 스스로를 책임져야 하고 또 그렇게 할 수 있을 것이네. 하지만 어떤 경우에도 나는 우리 사이에는 아무 문제도 없다고 믿고 싶네"라고도 적었다.

힐은 "나로 인해 자네나 자네 주변 사람들과의 관계를 훼손시키는 그 어떤 생각이나 행동도 하지 않겠네"라고 답장을 보냈다.[31]

이처럼 우정을 확인한 뒤, 두 거물은 곧 닥칠 싸움에 대비했다. 그 전투는 곧 힐의 문 앞까지 닥쳐오게 된다.

시프와 쿤로브의 파트너들은 해리먼의 계획을 노련하게 실행에 옮겼다. 그들은 세계 곳곳에 널리 포진한 중개인 네트워크를 활용하여 노던퍼시픽 주식을 조용히 대량 매입했다. 동시에 쿤로브는 교묘하게도 노던퍼시픽 주식을 소량 매도하면서 계획을 은폐하기 위한 연막을 쳤다. 4월 초부터 5월 초까지 대규모 매수 덕분에 노던퍼시픽의 주가는 꾸준히 상승했다. 유럽에서 미술품을 사들이며 휴가 중이던 모건은 아무런 눈치를 채지 못했다. 힐 역시 별다른 이상을 느끼지 못했다. 당시 시장에서는 다양한 인수합병 루머와 함께 철도주를 비롯한 각종 주식이 유례없는 거래량을 기록하고 있었고, 유독 노던퍼시픽만 크게 오르는 상황도 아니었다.

4월 30일, 뉴욕 증권거래소는 320만 주 이상의 거래량으로 전날 세운 최대 기록을 갈아치웠다.[32] 마침 그날 모티 시프는 일가친척 친구의 딸 아델 노이슈타트Adele Neustadt 와 결혼했다.[33] 시프 부부는 신혼부부에게 핍스 애비뉴 932번지의 집을 결혼 선물로 증여했고, 자신들은 한 블록 위 965번지의 훨씬 더 웅장한 타운하우스로 이사했다. 모티는 선물을 받고는 "그렇게 매를 많이 맞았던 집의 주인이 되다니 멋지네요"라고 농담을 했다.[34]

해리먼과 그의 아내도 모티와 아델의 성대한 결혼식에 참석했다. 하지만 힐은 보이지 않았다. 한 설에 따르면 힐은 그날 시애틀에 있었는데, '얼굴빛이 어두운 천사'가 꿈에 나타나자 자신의 철도 제국에 위험이 닥친다는 징조로 해석하여 즉시 전용 기차를 타고 대륙 횡단 최고 속도 기록을 세우면서 뉴욕으로 달려왔다고 한다. 힐은 실제로는 4월 30일에 유럽으로 향하는 딸들을 배웅하기 위해 이미 뉴욕에 있었다. 해리먼이 말했던 '결과'의 의미에 충격을 받기까지는 며칠이 더 지나야 했다.

5월 3일 금요일 오전, 힐은 (자신도 다른 층에 사무실을 갖고 있는) 파인가 27번지의 쿤로브 사무실을 방문했다.[35] 누가 이 만남을 요청했는지 그리고 힐이 노던퍼시픽 주식의 최근 상황에 대해 뭔가를 알고 있었는지는 명확하지 않다. 하지만 이미 노던퍼시픽의 지배권을 확보한 것으로 확신한 시프는 오랜 친구에게 지난 한 달간 그와 해리먼이 무슨 일을 해왔는지 털어놓았다.

힐은 처음에는 그 말을 믿지 않았다. "하지만 자네는 지배권을 가질 수 없을 텐데." 그와 모건 그리고 그의 우호 세력은 노던퍼시픽 주식을 3,500만에서 4,000만 달러어치 보유하고 있었다. 하지만 힐은 몇몇 우호 세력이 주가가 최고치를 기록하자 일부 지분을 매도한 사실을 모르고 있었다. 심지어 J. P. 모건도 주가가 상승하자 수익을 실현하기 위해 100만 달러어치를 처분했다.[36]

시프는 6,000만 달러를 들여 노던퍼시픽의 우선주 75만 주 중에서 42만 주와 보통주 80만 주 중에서 37만 주를 확보했다. 이를 합치면 노던퍼시픽 지분의 과반이 넘었다.

"대체 왜 그렇게 한 건가?" 힐이 더듬거리며 물었다.

시프는 "북서 지역의 평화를 유지하기 위해서"라며, 힐이 전에 거부했던 '이익 공동체'를 지키려는 것이라고 설명했다. 시프는 유니언퍼시픽이 노던퍼시픽에 일정한 영향력을 갖고, 가능하다면 벌링턴 이사회에도 참여할 수 있다면 좋겠다고 말했다.

이날 시프와 해리먼—회의에 일부 참석했다고 한다—은 유니언퍼시픽을 노던퍼시픽, 그레이트노던, 벌링턴과 통합하는 원대한 계획과 함께 자신에게 그 회사의 운영을 맡기겠다고 제안했다고 훗날 힐이 말했다. 그 계획은 당연히 모건은 경영에서 물러나야 한다는 것을 전제했다. 힐은 또 노던퍼시픽 드라마가 전개되는 동안 해리먼과 그 측근들이 한때 "J. P. 모건만이 미국의 유일한 금융회사가 아니라는 것을 세상에 보여주겠다"며 호언장담했다고 주장했다.[37] 하지만 시프와 해리먼이 정말로 그렇게 정면으로 모건에게 도전하려고 했는지는 의문이다. 모건은 그들 못지않은, 아니 어쩌면 그 이상의 강력한 반격을 가할 수 있는 힘을 가지고 있었기 때문이다. 수년 동안 힐은 이 사태에 대해 다양한, 때로는 모순되는 이야기를 많이 했으며, 자신의 목적을 합리화하기 위해서는 거짓

15. 완전한 평화

말도 주저하지 않았다.

대화 중에 어떤 말이 오갔건 간에 힐은 자신의 계획이 위태로워 졌다는 사실을 완전히 인지하고 자리에서 일어났다. 동시에 그는 협상할 여지도 있다는 암시도 내비친 것으로 보인다. 심지어 힐은 시프의 그날 저녁 안식일 만찬 초대를 받아들였고, 만찬 후에는 어떻게 하면 경쟁하고 있는 두 세력이 다시 화합할 수 있을 것인지에 대해 자정을 넘겨가며 논의했다. 시프에 따르면 힐은 그들이 합의에 이를 수 있다고 거듭 장담했다고 한다.[38]

오전에 힐과 만나고 나서, 시프는 힐에게 모든 사실을 털어놓아서 마음이 편해졌다고 칸에게 말했다. 칸과 해리먼은 그렇게 느긋하지 않았다. 이제 계획이 모두 드러난 이상 힐과 모건이 어떻게 반응할지 매우 불안했다. 무엇보다 그들은 힐을 믿지 않았다. 그리고 그들이 옳았다.

힐은 오전에 시프와 만난 후 그의 집에서 저녁식사를 하기 전 그 막간에 급히 월스트리트 23번지 모건의 사무실로 갔다. 그는 모건의 파트너 및 직원들과 함께 양측이 주식을 얼마나 보유하고 있는지 면밀히 장부를 들여다보았다. 그리고 아직 게임이 끝나지 않았음을 깨달았다. 노던퍼시픽의 정관에는 1902년 1월 1일부터 우선주를 소각할 수 있다는 조항이 있었다. 그럴 경우 보통주 과반 이상을 보유한 쪽이 회사의 지배권을 갖게 된다. 시프와 해리먼이 보유한 보통주 물량은 과반에 3만 주 이상이 부족했다. 만약 힐과 모건이 지배하는 이사회가 보통주를 끌어모아 과반을 간신히라도 확보하고 해리먼과 시프가 그들의 측근을 이사회에 앉히려 할 가을의 정기 주주총회를 연기할 수만 있다면, 지배권을 지킬 수 있는 기회가 있는 것이었다. 힐이 시프에게 한 다짐은 모두 연막이었다.

이제 힐이 자신의 비밀 계획 실행에 착수했다.

    5월 4일 토요일 아침, 해리먼은 감기 때문에 누워 있었다. 그와 시프도 우선주 조항에 대해 알고 있었는데, 그들의 변호사는 그 조항이 회사의 지배권 장악에 문제가 되지 않을 것이라고 조언했다. 그들은 새해 전에 투표권을 행사하여 이사회를 새로 구성할 수 있을 것으로 예상했다. 하지만 해리먼은 여전히 불안을 떨칠 수 없었다. 그는 이 문제로 내내 마음이 쓰였다. 그는 침대 옆 전화기를 들어 시프의 파트너 중 한 명인 루이스 하인샤이머에게 전화를 걸었다. 그는 자기 계좌에서 노던퍼시픽 보통주 4만 주를 매수하라고 쉰 목소리로 지시했다. "알겠습니다." 하인샤이머가 대답했다.[39]

    그날 오전 시장에서 해리먼의 주문을 실행하려면 먼저 시프의 승인을 받아야 했다. 하인샤이머는 평소처럼 토요일 아침이면 회당에 있는 시프를 찾아가 해리먼의 지시를 전달했다. 시프는 돈만 낭비할 뿐이라면서 해리먼의 명령을 철회했다. 시프는 자신들이 이미 지배권을 장악했다고 판단했다.

    시프가 하인샤이머를 돌려보낸 그때, 모건의 파트너 로버트 베이컨은 매년 찾는 프랑스의 온천 마을 엑스레뱅에서 휴양 중이던 모건에게 암호화된 전문을 보내 해리먼과 시프의 노림수를 설명하고 노던퍼시픽 주식 15만 주를 매수할 수 있도록 해달라고 요청했다. 분노한 모건은 눈을 부릅뜨고 즉각 회신하며, 가격이 얼마여도 상관없으니 매입하라는 전권을 베이컨에게 부여했다.[40]

    자신의 매입 지시에 대해 결과를 보고받지 못해 안절부절하던 해리먼은 월요일 아침에 하인샤이머에게 전화를 걸었다. 이미 J. P. 모건을 대리하는 트레이더들이 런던과 뉴욕 시장에서 미친듯이 노던퍼시픽 주식을 사들인 후였다. 해리먼은 자신들이 치명적인 실수를 범했다고 생각했다. "나는 그때 우리의 모든 계획이 물거품이 될 수 있다고 생각했다"고 그는 회상했다. 그는 급히 시내로 달려가 시프와 대책을 논의했다. 아마 질책도 했을 것이다.⁴¹ 둘은 함께 노던퍼시픽—종목 약자가 NPPR이어서 '니퍼Nipper'로 불리기도 했다—의 주가가 전일 종가 110에서 133으로 치솟는 것을 지켜봤다.

시프는 왜 주식을 더 사들여 자신들의 입지를 강화할 수 있는 기회를 마다했을까? 부분적으로는 힐과의 친분 때문이었다. 힐은 이미 예전에 그를 속인 전력이 있었지만, 시프는 또 속았다고 믿으려 하지 않았다. "힐과 만난 후에 추가로 보통주를 매수하는 것은 그의 발언을 신뢰하지 못한다는 뜻이 되기 때문에, 시프는 그렇게 하지 않고 싶어 했다"고 칸은 회상했다. 더구나 시프는 자신들의 목적, 즉 벌링턴의 경영에 영향력을 행사하기에 충분한 주식을 보유하고 있다는 계산을 여전히 신뢰했다. 칸에 따르면, 광란의 매수세가 시작된 후에도 시프는 입장을 굽히지 않았다고 한다.

시프는 상대가 정말로 노던퍼시픽 보통주를 가능한 한 모조리 사들이기로 작정한다면, 우려스러운 상황이 닥칠 것이라고 예견했다. 만일 그런 상황이 닥친다면, 그는 자신과 함께하는 사람들이 그런 상황을 초래하는 데 전혀 관여하지 않았으며 힐과 대화한 날 이후 단 한 주의 보통주도 사지 않았다고 말할 수 있기를 원했다.⁴²

실제로 곧 재앙이 닥쳤다. 5월 7일 화요일까지 힐과 모건은 자신들이 보통주의 과반을 확보했다고 믿고 매수를 마무리했다. 이제 힐-모건 진영과 해리먼-시프 진영이 회사 주식의 대부분을 보유하게 되었다. 하지만 이 엄청난 주식 매수 행위는 의도치 않은 결과를 가져왔다. 노던퍼시픽 주식이 너무 희소해져 공매도 투자자들이 점차 절망적인 상황에 몰리게 된 것이다.

사실 공매도는 조건이 아무리 좋더라도 위험한 전략이다. 공매도는 주가 하락을 예상하여 아직 소유하지 않은 주식을 먼저 매도하고 주가가 하락했을 때 공매도한 주가보다 더 낮은 가격에 해당 주식을 매수하여 [매도] 포지션을 청산하고 차익을 남기는 방식이다. 예를 들면, 노던퍼시픽 주식을 125달러에 공매도한 뒤 나중에 그 주식을 110달러에 매수할 수 있으면 15달러의 이익이 발생한다. 반대로 가격이 140달러로 오르면 포지션을 청산하기 위해서는 15달러의 손실이 발생한다. 노던퍼시픽 주식의 품귀 현상으로 가격이 급등하자 이 후자의 상황이 벌어진 것이다. 이런 상황을 쇼트 스퀴즈short squeeze라고 하는데, 100년 후에 유명한 사건으로 다시 나타난다. 개인 투자자들이 게임스톱GameStop 주가를 1,400퍼센트 넘게 끌어올리자, 유통 주식 수보다 많은 공매도 포지션을 쌓아두었던 헤지펀드 등의 투자자들이 파산을 피하기 위해 터무니없이 비싼 가격에 매수하여 포지션을 청산할 수밖에 없었다.

트레이더들은 노던퍼시픽의 주가를 계속 끌어올렸다. 화요일에는 장중 150달러에 근접했다가 143.5달러로 마감했다.[43] 노던퍼시픽의 주가가 급등하는 동안 다른 종목들은 곤두박질쳤다. 트레이더들이 니퍼의 공매도 포지션을 청산할 자금을 마련하기 위해 다른 주식을 팔아치웠기 때문이었다.

그날 밤 기자들은 호텔 네덜란드에 묵고 있는 힐을 찾아내 이제는 널리 퍼진 소문, 즉 그와 모건이 노던퍼시픽을 둘러싸고 해리먼과 거대한 싸움을 하고 있다는 소문에 대해 물었다. 그는 짐짓 모른 체했다. "저는 지난 6개월 동안 노던퍼시픽의 주식을 하나도 사지 않았습니다. 저는 그레이트노던의 사장이고 노던퍼시픽에는 관심이 없습니다. 모건 씨가 그 철도와 어떤 관계인지는 모르겠네요. 우리는 상관없는 사람들입니다"라고 말했다.[44]

월스트리트의 투기 열풍은 통제 불능의 지경에 이르렀다. 노던퍼시픽의 지배권 향방도 오리무중이었다. 아마도 이때가 시프의 경력에서 가장 긴박하고 중요한 시기였을 것이다. 그럼에도 놀랍게도 그는 여전히, 심지어 전쟁이 한창이던 와중에도 자선 활동에 헌신했다. 그는 허쉬기금의 지원으로 필라델피아 외곽에 설립한 농업 공동체인 우드바인을 줄리어스 골드만과 함께 방문할 계획이었다. 출발 직전 시프는 뉴욕에서 급하게 처리해야 할 일이 생겨서 다음 기차로 가겠다고 줄리어스에게 말했다. 필라델피아에 도착한 줄리어스는 한 지인으로부터 월스트리트에서 벌어지고 있는 일에 대해 전해 들었다. "오늘 밤에도 내일 아침에도 시프 씨를 만나지 못할 겁니다. 그는 지금 노던퍼시픽 쟁탈전에 깊이 관여하고 있거든요." 그러나 다음 날 아침 줄리어스는 로비에서 기다리고 있는 시프를 발견했다. 하루 종일 시프는 사무실에 계속 전화를 하면서 정신이 딴 데 가 있는 것처럼 보였다. 그날 저녁 같이 돌아오는 기차에서 줄리어스는 "우리가 방문 날짜를 잘못 잡은 거 같네요"라고 말하며 슬쩍 노던퍼시픽 이야기를 거냈다. 시프는 미소 지으며, 때가 좀 그렇긴 하지만 약속을 깨지 않고 싶었다고 말했다.[45]

5월 8일 수요일, 노던퍼시픽 주가는 180까지 치솟았다가 140달러대로 주저앉는 등 널뛰었다. 매수 주문을 넣는 순간에도 니퍼 주가가 20달러 오르거나 내릴 정도였다. 이 폭풍과도 같은 시장을 진정시키기 위해 해리먼과 힐은 공매도인들에게 자신들의 주식 일부를 빌려주기 시작했다. 쿤로브를 위해 노던퍼시픽 주식 매수를 주도했던 젊은 중개인 앨 스턴Al Stern은 이 과정에서 거의 깔려 죽을 뻔했다. 거래소 장내를 헤치고 나간 그는 "노던퍼시픽 주식 빌릴 분? 제게 내줄 물량 있습니다"라고 큰 소리로 외쳤다.

그러자 '귀청이 터질 듯한 고함'이 터져나왔고, 곧 스턴을 에워싸고 사람들이 밀치기 시작했다. 당시 현장을 목격한 금융인 버나드 바루크Bernard Baruch는 이렇게 회고했다. "그들은 물을 얻기 위해 사투를 벌이는 목마른 미친 사람들 같았다. 크고, 힘세고, 목소리 큰 사람이 유리했다." 한 중개인은 스턴의 모자를 낚아채더니 그의 관심을 끌기 위해 그 모자로 자기 머리를 마구 때렸다. 스턴은 내줄 수 있는 양을 모두 빌려준 뒤, 얼굴은 하얗게 질리고 옷차림도 흐트러진 채 간신히 그 자리를 빠져나왔다.[46]

요동치던 시장을 진정시키려는 노력은 거의 효과가 없었다. 목요일 거래소 개장 직후 노던퍼시픽은 170에 거래되었다. 곧이어 대혼란이 발생했다. 갑자기 주가가 100, 200, 300달러씩 뛰어올랐다. 오전 11시경, 노던퍼시픽의 주식 300주가 무려 주당 1,000달러에 매도되었다. 철도 거물들의 싸움에 휘말린 공매도 투자자들은 이제 포지션을 청산할 주식을 살 수도 빌릴 수도 없게 되었다. 그들은 자신들을 파산으로 내모는 숫자가 찍힌 시세표를 넋 놓고 바라볼 수밖에 없었다.

한 중개인은 기자에게 "너무 갑작스러운 일이라 신중하던 사람들도 정신이 혼미해졌고, 점잖던 신사들이 평소라면 허름한 술집에서도 나오지 않을 욕설을 마구 내뱉었다"고 말했다. 그날 거래소의 참관석이 폐쇄되어 일반 대중은 이를 목격할 수 없었다.[47]

주식시장이 완전히 통제 불능에 빠지자 오토 칸은 시프에게 이 상황을 이용해 폭락한 가격에 주식을 사들이자고 제안했다. 시프는 그를 날카롭게 쏘아보았다. "개인적으로 주식을 사고 싶다면 그건 자네 자유네"라고 대답했다. "하지만 쿤로브가 이 참사를 틈타 단 1달러의 이익이라도 취할 일은 없을 것이네."[48]

시장을 혼란에 빠뜨린 바로 그 거물들만이 이 혼돈을 끝낼 수 있었다. 공매도인들이 자신들이 빌린 주식의 인도 요구를 금지하는 소송을 내자 결국 해리먼, 힐 그리고 그들의 금융 파트너들은 협상 테이블에 앉을 수밖에 없었다.[49] 양측―그들 각자는 노던퍼시픽의 지배권을 장악했다고 확신했다―은 J. P. 모건 사무실에서 오후 늦게까지 협상을 이어갔다. 노던퍼시픽의 지배권이 누구에게 있는지는 나중 문제였다. 지금은 닥친 위기를 함께 해결해야 했다. 마침내 시프가 모선의 사무실 문을 열고 나와 두 회사는 공매도인들과 미결 계약(공매도자가 되사서 갚아야 하는 주식_옮긴이)을 주당 150달러에 정산하기로 합의했다고 발표했다. 직전까지만 해도 노던퍼시픽 주식이 그 몇 배의 가격으로 거래되고 있던 상황을 감안하면 합리적인 거래였다. 물론 이 가격은 해리먼과 힐 양쪽에게 상당한 수익을 가져다주는 것이기도 했다. 거의 한 달 만에 노던퍼시픽의 주가는 거의 60퍼센트나 오른 셈이었다.

월스트리트가 얼마나 혼란에 빠졌던가를 생각하면, 그날 저녁 시프가 예정된 일정을 취소했더라도 누구 하나 탓하지 않았을 것이다. 1면 머리기사로 실린 노던퍼시픽 사태를 읽고 있던 릴리언 왈드는 예정대로 자신과의 저녁식사를 위해 헨리가 복지관에 나타난 시프 부부를 보고 깜짝 놀랐다.[50]

코너 전략the corner (주식 물량을 매점하여 가격을 인위적으로 끌어올리는 기법_옮긴이)이 실패로 끝나자 반발이 뒤따랐다. 5월 10일 금요일자 〈뉴욕 타임스〉는 사설을 통해 해리먼, 힐과 그들 각자의 후원자들을 "공적 책임감이라고는 전혀 없이, 순전히 사익을 위해 막강한 힘을 휘둘렀다. 거인의 힘을 가진 이들은 럼주에 잔뜩 취한 카우보이처럼 광란에 빠져 주변 사람들의 안전은 전혀 아랑곳하지 않은 채 서로에게 마구 총질을 해댔다"고 신랄하게 비난했다. 한 추산에 따르면 그렇게 무방비로 노출된 '구경꾼들'은 약 1,000만 달러의 손실을 입었다.[51] 충격에 휩싸인 한 투자자는 〔살균 과정 중의〕 뜨거운 맥주통에 몸을 던져 목숨을 끊었다는 보도도 있었다.[52] 이 분노에 찬 사설은 셰익스피어의 희곡 《자에는 자로 Measure for Measure》의 구절을 인용하며 끝을 맺었다. "거인의 힘을 갖는 것은 좋다. 하지만 거인처럼 그 힘을 휘두르는 것은 폭정이다."[53]

이 드라마의 핵심 인물들은 공적으로든 사적으로든 유감을 표했는데, 그 정도는 가벼운 반성에서부터 아무 잘못 없다는 태도에 이르기까지 다양했다. 주식시장 패닉 후 며칠 뒤, 기자 하나가 파리의 한 호텔 밖에서 모건을 발견했다. 그는 그 주 초반 노던퍼시픽 사태를 프랑스 지사인 모건아르제Morgan, Harjes & Co.의 사무실에서 살펴보기 위해 서둘러 파리로 건너온 참이었다. 그날 아침 호텔 근처에서 혼잣말을 하고 있던 모건을 찾아낸 기자가 그에게 물었다. "수천 명이 파산하고 온 나라가 뒤흔들린 사태에 책임이 있는 사람으로서, 대중에게 무언가 입장 표명이라도 해야 하는 거 아닐까요?" 이에 모건은 탐욕스러운 자본주의 시대를 상징하는 유명한 답을 내놓았다. "저는 대중에게 아무것도 빚지지 않았습니다."[54]

힐은 언론 인터뷰에서 경쟁자들이 "사악한 일"을 저질렀다고 비난했다. 해리먼과 시프를 겨냥한 것으로 보이는 말도 했다. "지금 이 나라에는 돈이면 뭐든지 할 수 있다고 믿는 사람들이 있습니다. 그렇다면 이제 돈이 해악을 끼치지 못하도록 그 힘을 제어해야 합니다… 나는 그런 권력을 갖고 싶지 않습니다. 이번 목요일 사태를 계기로 앞으로 다시는 그런 일이 일어나지 못하도록 막는 법률이 만들어질 것이라 생각합니다."[55]

오토 칸은 이번 사태에 대해 회사 차원의 장문의 입장문을 처음으로 내놓았다. "우리는 주식을 매점했다는 비난을 받고 있습니다. 모건 씨 역시 같은 비난을 받고 있습니다. 하지만 우리는 주식 매점과는 아무런 관련이 없습니다. 이 혼란 상황을 유발시킨 책임을 우리에게 돌려서는 안 됩니다." 그는 힐에게 비난의 화살을 돌렸다. "이런 상황이 발생할 것이라고 우리 중 누구도 예상하지 못했습니다. 사실 우리 모두가 조금은 스스로를 부끄러워하고 있다고 생각합니다."[56]

겉으로는 차분하고 단호한 태도를 유지하던 시프도 힐 및 모건과 충돌하고 그로 인해 금융 참사가 발생하자 크게 동요했다. "시프의 건강은 걱정, 부담, 후회로 심각하게 나빠졌고, 회복하기까지 꽤 시간이 걸렸다"고 칸은 회고했다.[57] 사건 직후 시프가 가장 신경을 쓴 것은 대중의 반응이 아니라 모건에게 어떻게 자신의 입장을 설명할지였다. 그는 모건에게 쓴 편지에서 "유니언퍼시픽은 결코 귀하나 귀사를 적대시할 의도가 없었습니다"라며 고개를 숙였다. 또 자신과 자신의 파트너들은 "지금까지 늘 그래왔듯이, 너무나 당연하게도, 귀하의 명성을 유지하는 데 도움이 될 수 있기를 바랍니다"라고도 적었다.[58]

시프는 이번 사태가 어쩌면 긍정적인 역할을 했을지도 모른다고 조심스럽게 언급했다. 몇 달째 부풀어오르던 투기 거품을 터뜨렸기 때문이라는 것이었다.

대중이 겪게 되는 고통은 언제나 안타까운 일이지만, 만약 이번 사태가 없었더라면, 그리고 그 광기 어린 투기가 한두 달 더 계속되었다면 훨씬 더 심각한 재앙이 일어났을 것입니다. 그것은 어쩌면 나라 전체에 영구적인 피해를 입혔을지도 모릅니다.[59]

시프가 화해의 의사를 전달했음에도 불구하고 모건에 맞선 일은 그가 우려하던 결과를 낳고 말았다. 그들 회사 간의 오랜 협력 관계가 흔들리게 되었고, 아마도 모건이 이미 가지고 있었을 유대인 은행가들에 대한 편견을 확고하게 했을 가능성이 컸다.

시프는 일정 부분 대중의 시선도 감당해야 했다. 노던퍼시픽 사태 2주 후, 철도산업 통합과 가격 책정을 조사하는 미국 산업위원회 Industrial Commission (급격한 산업화와 독점화에 따른 문제를 조사하고 해결책을 마련하기 위해 매킨리 행정부와 의회가 1898년 6월에 공동으로 발족시켰다_옮긴이)는 핍스 애비뉴의 호텔에서 열린 청문회에 그를 소환했다. 당시 사태의 심각성을 감안하면 시프에 대한 질문은 비교적 우호적이었다. 그는 금융 스캔들의 핵심 인물이라기보다는 철도산업 전문가로 대우받았다. 훗날 한 위원은 시프를 지나치게 몰아붙이지 말라는 지시가 워싱턴에서 내려왔다고 폭로했다. "위원회는 워싱턴으로부터 페달을 부드럽게 밟으라는 명령을 받았고, 그는 공개 청문회장이 아니라 뒷방에서 질의를 받았다."[60]

5월 22일 아침, 청문회가 시작되자 뉴잉글랜드의 신문 발행인이자 철도 경영자인 앨버트 클라크Albert Clarke 위원장이 물었다. "선서하시겠습니까?"

"그래야 합니까?"라며 시프가 머뭇거렸다. "제 말로도 충분하다고 생각하니 선서는 하고 싶지 않습니다."

"그럼 있는 그대로 진술하신다는 뜻이군요?"[61]

클라크는 먼저 주요 철도회사들 사이에서 벌어지고 있는 '거대한 움직임'에 대해 질문했다. 이는 소수 거부들이 철도산업의 지배력을 집중시키던 당시의 인수합병 물결을 가리키는 말이었다.

시프는 "위원장님께서 말씀하신 그 '움직임'은 일반적으로 '이익공동체'라는 표현으로 이해되는 현상을 가리킨다고 생각합니다"라고 답하며 다음과 같이 설명했다.

철도업계의 파괴적 경쟁은 철도 자본들 간의 점진적인 결합을 불러왔고, 서로의 자산에 투자하도록 만들었습니다… 이것이 최근 철도업계 전반에서 대규모로 진행되고 있는 움직임입니다. 제 생각에 이 과정은 아직 끝나지 않았지만, 결국 일정한 보호 장치를 만들어낼 것입니다. 완전한 평화에 이르는 길은 언제나 전쟁을 거치는 법이니까요.[62]

마침내 주제가 노던퍼시픽 '쟁탈전'으로 넘어가자 시프는 신중해졌다. 그는 '쟁탈전'이 있었다는 사실 자체를 부인했다. "월가에서 어떤 투기적 움직임이 있었을지는 모르지만, 저는 아는 바가 없습니다"라고 대답했다.[63] (별도로 열린 청문회에서 해리먼도 비슷한 주장을 했다. "우리는 노던퍼시픽을 두고 쟁탈전을 벌인 일이 없습니다. 우리는 단지 지분 과반을 매수했을 뿐입니다. 그 매수는 소위 쟁탈전이 있기 전에 이루어졌고, 5월 사태 동안에는 주식을 단 한 주도 매입하지 않았습니다").[64]

이에 존 파쿠아John Farquhar (버펄로 출신 전 공화당 하원의원) 위원이 집요하게 물었다. "그렇다면 금융인으로서 한 주당 가격이 1,000달러까지 치솟은 사실을 어떻게 설명하시겠습니까?"

"자기가 갖고 있지도 않은 주식을 팔고, 애초에 소유하지 않았던 주식을 돌려받으려 한 투기꾼들이 그것들의 실체가 없다는 사실을 깨달았을 뿐입니다"라고 시프는 대답했다.[65]

언론이 '거인들의 전쟁'이라고 불렀던 노던퍼시픽 사태에서 양측은 사실상 무승부 상태로 싸움을 끝맺었다. 법정에까지 가서 계속 충돌한다면 대중의 비난만 더 키울 뿐이었다. 이제 휴전 협상을 해야 했다. 산업위원회 청문회가 끝나고 일주일이 조금 지나 힐과 해리먼은 노던퍼시픽의 미래에 대한 불확실성을 잠재우기 위한 합의서에 서명했다. 그 문서에는 양측은 "완전하고 영구적인 화합"을 위한 방안을 마련하기 위해 서로 협력한다고 적시되어 있었다.[66]

모건과 시프는 고집 센 철도 거물들을 차근차근 설득하면서 점차 합의점을 찾아나갔다. 1901년 11월 12일, 힐과 모건은 뉴저지의 자유방임적인 기업법에 따라 노던증권회사Northern Securities Company를 설립했다. 자본금 2억 달러 규모의 이 거대 지주회사에는 그레이트노던과 노던퍼시픽 주식이 편입되었고, 기존 투자자들은 자신의 주식을 신설 회사의 주식으로 교환받았다. 이렇게 힐과 해리먼 진영뿐만 아니라 굴드, 록펠러, 밴더빌트 기업의 대표들까지 한자리에 모였다. 이는 유례가 없는 규모의 이익 공동체였다.

겉보기에 이 거래는 힐과 모건의 완벽한 승리처럼 보였다. 새 회사의 회장으로 선출된 힐은 여전히 철도 지배권을 유지했고, 모건은 이사 임명권을 확보했다. 해리먼의 지분이 새 회사에 안전하게 묶이면서 그가 다시 인수전을 벌일 가능성도 사라졌다. 이 회사는 너무 거대해 외부에서 [지분] 공격을 시도할 수 없는 수준이었다. 힐은 이 회사를 이렇게 자랑스럽게 묘사했다. "이곳은 평화 시나 전쟁 시나 자신이 일군 결과물을 위협에서 지키고자 하는 이들이 영원히 안착할 수 있는 튼튼한 성채입니다."[67]

겉보기에는 모건과 힐이 승자로 보였지만, 시프와 해리먼 역시 원하던 목표를 달성했다. 모건은 시프와 해리먼 및 그들의 진영 중 몇 사람을 노던증권의 15인 이사회에 포함시켜 발언권을 보장했다. 또한 시프와 해리먼은 애초의 목표였던 벌링턴철도 문제도 해결했다. 유니언퍼시픽과 노던퍼시픽은 각각 50퍼센트의 지분을 받고 별도의 지주회사를 설립하여 벌링턴철도의 임차권을 999년간 확보했다. 전체 거래를 매끄럽게 마무리하기 위해 힐과 모건은 해리먼 측이 보유한 노던퍼시픽 주식을 노던증권 주식으로 교환하는 대가로 900만 달러에 달하는 프리미엄까지 지불했다.[68]

시프는 "비록 유니언퍼시픽이 지주회사의 과반 지분은 갖지 못했지만"으로 시작하는 편지를 카셀에게 보냈다.

여전히 노던퍼시픽에 상당한 지분을 갖고 있으므로 두 개의 노던 철도 경영에 강한 영향력을 행사할 수 있네. 게다가 유니언퍼시픽은 어떠한 외부 공격이라도 이에 맞서 우리를 보호하고 북태평양 연안의 중요한 노선을 폭넓게 활용할 수 있도록 두 회사와 영역 협정을 맺었다네. 전체적으로 이러한 합의가 가장 중요하며 유니언퍼시픽에도 유리하다고 믿네. 또한 이는 모든 면에서 지난 봄 유니언퍼시픽이 손해 보지 않도록 했던 시도를 정당화해주는 것이야.[69]

기업 간 화합이 마침내 실현된 듯했다. 모두가 그렇게 생각했다.

✡

　1901년 9월 6일 늦은 오후, 두 번째 임기 6개월째인 매킨리 대통령은 뉴욕 버팔로에서 열린 범미국 박람회Pan-American Exhibition 에서 지지자들과 반갑게 악수를 나누고 있었다. 그때 한 남자가 하얀 손수건으로 오른손을 감싼 채 다가와 대통령의 복부에 두 발의 총을 발사했다. 범인은 리언 촐고츠Leon Czolgosz 라는 무정부주의자였다. 처음에는 대통령이 살 수 있을 것 같았다. 9월 10일, 시프는 대통령의 상태가 호전되고 있다는 보도를 보고 시어도어(흔히 테디로 부른다_옮긴이) 루스벨트 부통령에게 '매우 기쁘다'는 전보를 보냈다.[70] 하지만 대통령의 상처에 괴저가 생겼고 상태가 악화되었다. 그는 9월 14일 새벽에 사망했다. 그날 오후에 루스벨트는 대통령 취임 선서를 했다.

　월스트리트는 매킨리 정부에서 번성했다. 매킨리는 대기업에 확실히 우호적이었으며, 금본위제 법안에 서명함으로써 논쟁이 격렬했던 은 문제를 종결지었다. 또한 산업 전반에 확산되고 있던 담합과 독점적 합병에 개입하지 않는 태도를 취했다. 그러나 매킨리의 후계자는 취임 두 달 만에 전임 행정부의 자유방임 정책과 완전히 결별할 것임을 분명히 했다.

　12월 3일, 첫 국정 연설에서 테디 루스벨트는 자신의 임기를 규정할 새로운 기업 정책의 방향을 천명했다. "사회 개혁을 바라는 이들은 폭력 범죄를 소탕하는 것만큼이나 기업들의 교활한 범죄를 뿌리 뽑겠다는 목표도 가져야 합니다." "대기업은 오직 우리의 제도를 기반으로 만들어지고 보호받기 때문에 존재합니다. 따라서 그들이 이러한 제도에 부합하게 활동하는지 살펴보는 것은 우리의 권리이자 의무입니다." 그는 또한 대기업이 "많은 주에서 사업을 하고 있는데, 종종 법인을 등록한 주에서는 거의 사업을 하고 있지 않기 때문에" 연방정부가 "주州 간 사업을 하는 모든 기업을 감독하고 규제하는 권한을 가져야 합니다"라고 주장했다.[71]

기업의 과도한 행위를 규제하겠다는 테디 루스벨트의 불길한 발언에도 불구하고, 해리먼과 힐은 정부의 다음 행보에 아무런 대비도 하지 못했다. 1902년 2월 19일, 법무장관 필랜더 녹스Philander Knox는 법무부가 셔먼 반독점법Sherman Antitrust Act에 따라 노던증권을 해체하기 위한 소송을 제기한다고 발표했다. 그는 악덕 자본가들과 그들의 기업 트러스트(대규모 기업 집단의 한 형태로, 개별 회사들이 자발적 혹은 강제로 의결권 있는 주식을 특정 트러스트에 넘기고, 트러스트가 기업들을 직접 지배하는 방식. 록펠러의 스탠더드오일 트러스트가 대표적이며, 이에 대한 반발로 셔먼 반독점법이 등장했다_옮긴이)를 대변하며 부를 쌓은 왜소한 체격의 변호사였다. 1890년에 제정된 셔먼법은 그때까지 대기업 집단에 적용된 사례가 거의 없었다. 그러나 기업 집단의 권력 집중을 크게 우려한 루스벨트는 다가오는 1904년 대선을 염두에 두고, 연방정부의 규제 권한을 강화하기 위한 시범 사례로 노던증권사를 활용하기로 결정했다.

모건은 서둘러 워싱턴으로 향했다. 2월 22일 토요일, 그는 루스벨트와 녹스를 접견했다. 모건은 루스벨트가 왜 아무 경고도 없이 노던증권을 겨냥했는지 정말로 당혹해하는 듯했다. 그는 정부가 문제 삼은 부분이 있다면 왜 자신과 사전에 상의하지 않았냐고 따졌다. 아직 법적 소동 없이 사태를 수습할 시간은 남아 있었다.

"우리가 잘못한 게 있다면, 사람을 보내 알려주시고 해결하게 하면 되지 않습니까." 모건이 말했다.

"그건 안 됩니다." 루스벨트가 대답했다.

"우리는 수습하려는 게 아닙니다." 녹스가 덧붙였다. "우리는 그걸 멈추고 싶은 겁니다."[72]

이제는 모든 것이 분명해졌다. 기업의 새로운 시대가 밝아오고 있었다. 노던퍼시픽을 놓고 벌인, 시장을 뒤흔든 모건과 시프의 대결이 이런 변화를 가져오는 데 결정적인 역할을 한 셈이었다.

시프 역시 루스벨트에게 호소했다. 2월 25일, 뉴욕 인근 섬에서 열린 독일 황제 빌헬름 2세의 신형 경주용 요트 명명식에 참석했을 때, 시프는 한쪽에서 대통령과 따로 만나 노던증권사 소송에 대해 우려를 표했다. 심지어 그는 루스벨트의 친구이자 그의 하버드 시절 룸메이트였던 뉴욕 출신 공화당 하원의원 루셔스 리타워Lucius Littauer를 통해 대통령을 설득해보려고도 했다. 3월 24일, 시프는 리타워에게 "지금 벌어지고 있는 상황을 생각하면 할수록 점점 더 불안하고 불길한 조짐이 느껴집니다"라고 썼다. 그는 루스벨트가 '가장 고상하고 가장 순수한' 동기에서 국정을 운영하고 있다고 믿지만, 법원이 노던증권에 불리한 판결을 내린다면 그 여파는 매우 클 수 있다고 경고했다.

> 노던증권을 상대로 정부가 원하는 판결이 내려진다면, 이 나라 거의 모든 철도회사에 커다란 타격이 될 것입니다… 이는 우리 역사상 전대미문의 분열과 혼란을 불러올 것이며, 오늘날의 번영을 가능하게 했던 구조를 근본부터 뒤흔들 것입니다.[73]

며칠 뒤, 리타워가 편지를 보여주자 루스벨트는 녹스와 함께 셋이서 "상황을 검토하자"며 시프를 워싱턴으로 초대했다.[74] 루스벨트를 만난 자리에서 시프는 "대통령께서는 결국 급진주의가 창궐하게 될 가시밭길로 들어서고 계십니다"라고 경고했다.[75]

시프는 이 기회를 이용해 루마니아에서 박해받고 있는 유대인에 대해서도 호소했다. 이들은 교육과 경제 활동에서 가혹한 제약을 받았고, 1902년에는 대부분의 직업에 종사하지 못하도록 한 법까지 제정되었다. 러시아 유대인과 마찬가지로 루마니아의 유대인들도 집단으로 탈출하고 있었다. 그들의 처지에 공감한 루스벨트는 시프와 오스카 스트라우스 등 여러 인사의 요청에 응답하여 그해 늦여름 국무장관 존 헤이 John Hay 가 루마니아 정부를 상대로 항의 성명을 발표하게 했다.[76] 그러나 노던증권에 대해서는 입장을 바꾸지 않았다. 다음 2년 동안 사건은 대법원까지 올라갔고, 1904년 3월 14일에 대법원은 5 대 4의 판결로 정부의 손을 들어주었다.

지주회사를 해체하는 과정에서 해리먼과 힐은 다시금 충돌했다. 해리먼은 원래 자신이 보유했던 노던퍼시픽 주식을 그대로 회수하기를 원했다. 반면 힐은 어떤 주식으로 교환했는지와 상관없이 노던퍼시픽과 그레이트노던 주식을 조합해서 보상하길 원했다. 어떤 방식이냐에 따라 해리먼이 노던퍼시픽에 상당한, 어쩌면 지배 지분을 확보할 수도 있고 두 회사의 소수 지분만 가진 투자자로 남을 수도 있었다. 이사회는 대부분 힐과 모건에게 충성하는 인사들이었기 때문에 힐의 방안을 지지했다. 이사회에서 패한 해리먼은 주식 배분을 중단하라며 소송을 제기했지만 결국 패소했다. 다시 한 번 해리먼과 힐 사이에 한판 승부가 벌어졌다.

노던퍼시픽을 둘러싼 싸움 이후, 시프는 신화적인 존재로 떠올랐다. "이 나라에서 제이컵 H. 시프보다 거대 기업, 특히 철도의 이해관계와 더 밀접하게 관련된 은행가는 없다"고 〈월스트리트 저널〉은 보도했다.[77] 한 매체는 그를 "대서양 양안 금융계의 비공식적인 왕"이라 불렀고, 또 다른 매체는 아예 공식적으로 왕관을 씌워주었다.[78] 〈필라델피아 프레스〉는 그를 "새로운 돈의 제왕the New Money King"이라 부르며, 시프가 주피터조차 넘어섰다고 대담하게 선언했다.

모건과 시프는 둘 다 거대한 금융 사업들을 이끌어왔지만, 월가의 유력 인사들 사이에서는 미국 철도산업에 대해 모건이 가졌던 영향력을 시프가 점차, 아주 조금씩 따라잡고 있거나 이미 이를 넘어섰다는 평가가 나오고 있다. 이제는 시프가 성취한 영향력의 범위나 강도에 견줄 사람은 아무도 없다는 사실을 모두가 인정하고 있다.[79]

1904년 11월, 시프는 친구 로버트 플레밍과 어니스트 카셀을 초대해 자신의 철도 왕국을 횡단하는 여행을 함께 했다. 두 사람은 유니언퍼시픽과 쿤로브가 자금을 댄 여러 사업의 주요 투자자였다. 세 명의 금융가는 펜실베이니아철도와 유니언퍼시픽 노선을 따라 뉴욕에서 캘리포니아까지 3량짜리 전용 열차를 타고 이동했다. 한 신문은 "이 일행의 자산을 모두 합하면 루이지애나주 전체를 살 수 있을 정도"라며 경탄했다.[80]

언론은 이들의 여정을 밀착 취재하며 새로운 철도 합병이 추진되고 있는 것 아니냐고 추측했다. 이들이 로스엔젤레스 반누이스 호텔의 방 열 개짜리 스위트룸에 체크인하자, 한 기자가 시프에게 물었다. "철도 합병을 목적으로 이번 여행을 계획했다는 말이 사실입니까?" 시프는 한 손에는 커다란 편지와 전보 뭉치를 움켜쥐고 다른 손으로는 턱수염을 쓰다듬으며 "전혀 그렇지 않습니다. 우리는 그저 쉬려고 여기에 왔을 뿐입니다. 더 말씀 드릴 내용이 없네요. 양해 부탁드립니다"라고 대답했다.[81]

이 금융가들은 서던퍼시픽 노선을 따라 동부로 돌아왔다. 돌아오는 길에 선거(1904년 11월 8일_옮긴이)에서 당선된 테디 루스벨트를 접견하기 위해 워싱턴에 들렀다. 루스벨트는 이번 대선 당내 경선에 공화당 상원의원 마크 해나 Mark Hanna (오하이오)가 출마할 가능성(그는 1904년 2월에 장티푸스로 사망했다_옮긴이)을 우려했었고, 해리먼과 어쩌면 시프까지 자신을 반대한다는 소문을 들었었다. 당시 컬럼비아 대학교 총장이던 니컬러스 머레이 버틀러 Nicholas Murray Butler 는 루스벨트에게 "당신에 반대하는 음모가들이 어느 때보다 활발하게 움직이고 있다"고 경고했다. 그는 다가오는 〔1904년 6월 21일의〕 공화당 전당대회 대의원으로 지명된 해리먼에 관한 '특히 흥미로운 건'에 대해서도 보고했다.

> 해리먼은 서부 여행을 마치고 돌아왔고, 현재 서부가 반기를 들었기 때문에 당신이 반드시 패배할 것이라고 전망했다고 합니다. 그는 자신이 아이오와, 네브라스카, 캘리포니아에서 당신에게 적대적이거나 무관심한 대의원단이 나오도록 기반을 마련했다고 생각하는 것 같습니다. 시프는 한 사적인 모임에서 이를 듣고, 달관한 듯한 태도로 아마 그럴 수도 있겠지만 9월이 오면 그들이 모두 당신 앞에서 고개를 숙이고 게다가 돈까지 보탤까 우려된다고 말했다고 합니다.[82]

그런데 시프는 표면적으로는 루스벨트를 지지했었다. 그는 1904년 1월 31일에 루스벨트에게 보낸 편지에서 "선거에서 승리하실 수 있도록 어떤 일이든 하겠다"고 다짐했다.⁸³ 실은 그때쯤 해나가 루스벨트에 도전할 가능성은 점점 희박해지고 있었다. 시프의 이 편지 하루 전, 안색이 좋지 않은 해나는 그리드아이언 클럽 저녁식사 자리에서 건강 상태에 대한 질문을 받고 "좋지 않습니다"라고 대답했다. 2주 후 그는 사망했다.⁸⁴

시프는 루스벨트의 대선 캠프에 후하게 자금을 후원했을 뿐 아니라, 신문 인터뷰에서도 그를 공개적으로 지지하고 칭찬했다. "유대인 시민은 루스벨트 대통령의 재선을 위해 그에게 투표하는 것이 민족의 의무라고 여겨야 하며 또 그렇게 할 것이다. 대통령은 강한 애국심과 억압받고 박해받는 사람들을 도우려는 두려움 없는 용기를 보여주었기 때문이다."⁸⁵ 시프는 심지어 대통령의 노던증권 해체 시도가 어떤 결과를 가져올지 자신이 잘못 예측했다고 공개적으로 시인했다. "루스벨트 대통령의 의지에 따라 노던증권에 대한 소송이 제기되었을 때, 나는 그것이 판단 착오라고 생각했다." 이어서 "하지만 이 중대한 사안이 진행되는 과정에서 대통령의 결정이 현명했다는 사실이 입증되었고, 그의 조치도 정당성을 부여받았다"고 말했다.⁸⁶

테디 루스벨트의 트러스트 해체 정책에도 불구하고 시프는 다른 영역에서는 그를 동맹으로 여겼다. 대통령은 동유럽과 러시아에서 박해받는 동포에 대한 유대인 공동체의 호소에 귀를 기울였다. 그곳의 유대인들은 1880년대 러시아의 집단 박해가 온건하게 보일 정도의 폭력 사태에 직면했다. 시프에게 이들을 위한 싸움은 자존심 강한 두 철도 거물의 권력 다툼보다 훨씬 더 중요한 문제였다.

이 새로운 폭력 사태는 늘 그랬듯 부활절 무렵에 일어났고,

1903년에 시작되었다. 이틀 동안 피에 굶주린 폭도들은 키시네프 Kishinev(오늘날 몰도바의 수도로 키시너우로도 불린다)의 유대인들을 공포에 떨게 했다. 그들은 곤봉, 쇠지렛대, 도끼 등 손에 잡히는 모든 것을 무기로 삼아 수백 채의 유대인 가옥과 상점을 약탈했고, 수많은 여성을 때로는 그들의 남편과 아이들 앞에서 집단 성폭행했으며, 남녀노소 49명을 잔혹하게 살해했다. 일부는 참수되었고, 일부는 시신이 알아볼 수 없을 정도로 훼손되었다. 폭동이 벌어지는 동안 '유대인을 죽여라'는 외침과 함께 파벨 크루셰반 Pavel Krushevan 의 이름도 함께 연호했다. 그는 대중적이고 광신도적인 반유대주의 일간지 〈베사라베츠 Bessarabets〉의 창간인이었다. 이 신문은 유대인들이 인근 마을에서 기독교인 아이 둘을 살해해 그 피로 유월절 마초 matzo(발효되지 않은 빵 혹은 크래커_옮긴이)를 만들었다는 주장을 반복적으로 퍼뜨리면서 대학살을 선동했다.[87] (키시네프 대학살 몇 달 뒤, 크루셰반은 《시온 장로 의정서》의 일부를 연재 형식으로 출간하여 유대인들에게 또 하나의—장기적으로 훨씬 더 치명적인—상처를 입혔다. 이 책은 세계 지배를 꾀하는 유대인의 비밀 계획으로 알려진 위조문서다).

이 학살 사건은 전 세계에 생생하게 보도되었고 국제적인 분노를 불러일으켰다. 미국 유대인들은 과거에도 그랬듯이 피해자를 위한 기금을 모금하고 만행의 실상을 알리는 활동에 신속하게 나섰다. 그들은 카네기홀을 가득 메운 항의 집회도 조직했다. 이 집회에는 뉴욕 시장 세스 로우와 클리블랜드 전 대통령 등 저명한 연사들이 나섰다. 유대인들은 외교적 대응 역시 요구했다.

유대인 지도자들의 촉구에 따라 루스벨트는 국무부에 유대인 단체 브나이 브리트 B'nai B'rith가 작성한 탄원서를 러시아 황제에게 전달하라고 지시했다. 이 문서는 학살을 강력하게 비난하고 '종교의 자유와 관용'을 호소하는 내용이었다.⁸⁸ 그러나 러시아 황제는 외무장관을 통해 이 문서 수령을 거부했다. 그렇다 해도 탄원서를 보내고 그 사실이 널리 보도된 것은 러시아 내 반유대주의 폭력을 미국이 결코 묵인하지 않겠다는 메시지를 만방에 알린 셈이었다. 고립주의가 미국 외교의 기본적인 입장이었던 당시 상황을 감안하면 꽤나 대담한 행동이었다. 이렇게 함으로써 러시아나 다른 국가들이 미국의 내부 문제, 특히 소수자에 대한 폭력 문제를 비판할 빌미를 제공했기 때문이다. 실제로 상트페테르부르크의 한 유력 신문은 '미국 내의 집단 박해'라는 제목의 기사에서 남부 흑인들에 대한 집단 폭행 사건을 언급하며 바로 그 점을 꼬집었다.⁸⁹

시프는 외교적 항의는 효과적인 대응이 아니라고 여겼다. 키시네프 대학살은 실질적으로 미국의 이해관계와는 무관한데다, 러시아 정권은 폭도들의 탓으로 돌리며 얼마든지 책임을 회피할 수 있었기 때문이다. 그는 보다 공격적인 전략을 선호했다. 그는 루스벨트가 미국 유대인을 괴롭히던 또 다른 문제—소위 '여권 문제 passport question'—로 러시아를 압박하기를 원했다. 러시아 제국은 유대계 미국인 여권 소지자들이 특별 허가 없이는 자국 영토에 들어오지 못하게 막고 있었다. 이는 1832년에 체결된 미국과 러시아 사이의 조약—양국 시민 간 '상호 무역과 항해의 자유'를 보장—을 위반하는 것이었다. 실질적으로는 미국 유대인 중 러시아에 들어가려는 이들이 거의 없었기 때문에 문제되는 경우가 많지 않았지만, 시프는 이 문제가 상징적인 이유로 매우 중요하다고 생각했다. 그는 1903년 6월 루스벨트에게 편지를 썼다. "이제 미국 시민이라면 누구든 여권의 효력을 동등하게 보장받아야 한다고 강력히 요구할 때가 되었습니다. 이것을 받아들이지 않는 나라와는 우호

관계를 중단해야 합니다." 과격한 제안이기는 했지만 시프는 "극단적인 조치만이 러시아로 하여금 문명국으로 간주되려면 문명국답게 행동해야 한다는 사실을 깨닫게 할 수 있기 때문"이라고 여겼다.[90]

루스벨트는 (러시아가 미국 유대인의 여권을 인정하지 않을 경우 러시아와의 외교 관계를 단절해야 한다는) 시프의 강경한 주장을 받아들이지 않았다. 하지만 그는 시프를 자기와 가깝게 두어야 유리하다는 점은 잘 알고 있었다. 시프는 1904년 7월, 루스벨트가 공화당 후보 지명을 공식 통보받는 행사에 초청한 세 명의 저명한 유대인 인사 중 한 명이었다. 이 행사는 대통령의 롱아일랜드 여름 별장 오이스터 베이에서 열렸다.[91] (루스벨트는 행사 전에 공화당의 재정 책임자 코넬리어스 블리스에게 "가까운 유대인 친구 중 한두 명이 지명 통보 행사를 함께하는 것이 괜찮아 보이는데… 세 명이면 너무 많아 보일까?"라고 물었다.)[92] 그리고 루스벨트는 후보 지명 수락 연설에서 여권 문제를 언급했다. "외국 태생이거나 특정 신앙을 가진 미국 시민들이 해외여행을 원할 때 발생하는 주요한 어려움이 있습니다. 예를 들어 러시아는 유대인의 입국이나 보호를 거부합니다… 미국 정부는 해외에서도 모든 미국 시민에게 동등한 보호가 보장되어야 한다는 점을 지속적으로 요구해왔습니다"

러시아 유대인을 보호해달라는 시프의 집요한 편지와 전보 공세는 때로는 대통령과 내각 인사들을 짜증나게 했다. '신경질적인' 전보를 몇 차례 받고 난 후, 화가 난 루스벨트는 "이 사람은 지금 나더러 러시아와 전쟁이라도 하라는 건가?"라며 분통을 터뜨렸다.[93] 그 시점에서 시프는 정확히 그것을 바라고 있었다.

16.

전쟁의 힘줄

시프가 테이블을 노크하듯 톡톡 두드리자 대화 중이던 손님들이 조용해졌다.

1904년 2월 6일 저녁, 스스로를 '방랑자들'이라 부르는 뉴욕의 유대인 엘리트 소모임이 시프의 핍스 애비뉴 저택에서 열렸다. 소수의 금융가, 변호사, 언론인, 학자들로 구성된 이 모임은 매달 만나 시가를 피우며 그때마다의 현안에 대해 토론했다.[1] 그 토요일 밤 모임에는 시프의 처남 모리스 로브와 손아래 동서 아이크 셀리그먼, 루스벨트 정부의 헤이그 주재 공사 오스카 스트라우스, 변호사 루이스 마셜, 유대인 공동체 지도자이자 학자인 사이러스 애들러, 〈뉴욕 타임스〉 사주이자 발행인 아돌프 옥스Adolph Ochs (테네시의 지역 신문사 경영자이던 옥스가 부도 위기에 빠진 〈뉴욕 타임스〉를 1896년에 인수했다_옮긴이)가 참석했다.

애들러, 옥스, 스트라우스는 긴장이 고조되고 있는 일본과 러시아 관계에 대해 이야기를 나누었다. 두 나라의 팽창주의적 야욕으로 이들은 전쟁 직전까지 치달은 상황이었다. 그 갈등의 뿌리는 10여 년 전 러시아가 시베리아 횡단철도 건설에 착수하면서 일본의 신경을 건드렸던 때로 거슬러 올라간다. 이 철도는 모스크바에서 만주 및 한반도와의 국경에서 가깝고 동해에 면한 항구도시 블라디보스토크를 연결하는 장장 9,600킬로미터에 이르는 노선이었다.

근대국가로서 막 자리를 잡아가던 일본은 1894~1895년의 청일전쟁을 승리로 이끈 후 러시아가 중국을 잠식해 들어가는 상황을 예의 주시하고 있었다. 청일전쟁 중에 일본은 만주의 랴오둥반도와 그 끝의 전략적 요충지이자 요새화된 해군 기지가 있는 뤼 순(포트 아서Port Arthur)을 점령했다. 그러나 러시아와 유럽 열강의 외교적 압력에 직면한 일본은 랴오둥반도를 중국에 반환했다. 일본이 삼국간섭으로 랴오둥반도를 포기하기가 무섭게 러시아는 뤼순과 다롄을 중국으로부터 조차하고, 시베리아 횡단철도를 만주까지 연장하는 동청철도 노선까지 확보했다.

1900년, 중국 북부에서 제국주의 외세 배척을 목표로 한 민족주의 궐기인 의화단 운동이 일어났다. 러시아는 자국의 상업적 이익을 보호한다는 명분을 내세워 만주에 군대를 급파했다. 하지만 의화단 운동이 무자비하게 진압된 후에도 10만 명의 병력을 그대로 남겨두었다. 이후 수년간 외교적 줄다리기가 이어졌다.

러시아가 군대를 철수하기로 한 기한이 지나고, 한반도와 만주를 어떻게 분할할지에 관한 양국 간의 협상도 교착 상태에 빠졌다. '방랑자들'이 만났던 바로 그날, 일본은 공식적으로 러시아와 외교 관계를 단절했고 긴장은 최고조에 달했다.

"여러분, 아주 중요한 말씀을 드리려고 합니다." 시프가 입을 열었다. 옥스와 스트라우스는 갈등이 진정될 수 있다고 생각했지만,

시프는 전쟁이 목전에 임박했다고 확신했다. 그는 이미 전쟁 자금을 지원해달라는 요청을 받은 상태였다. "일본에 전쟁 자금을 지원해달라는 제안을 받았습니다. 이 제안을 수락할 경우, 러시아에 있는 유대인 동포들의 처지에 어떤 영향을 미칠지 여러분의 의견을 듣고 싶습니다."[2]

사이러스 애들러는 20년 후 두 권짜리 시프의 전기를 쓰는 과정에서 시프의 아들에게 편지를 보내며 이 일화를 언급했다. 애들러는 시프가 일본에 전쟁 자금을 지원하는 문제를 꺼낸 뒤의 대화는 기록하지 않았지만, 차르와의 전쟁이 어떤 결과를 초래할지에 대해 참석자들은 분명 열띤 논쟁을 벌였을 것이다. 차르가 이미 절망적인 처지의 러시아 유대인들을 상대로 보복에 나서진 않을까? 그들의 상황을 더 어렵게 만드는 것은 아닐까?

'방랑자들'이 토론을 벌인 이틀 후, 일본의 구축함대는 은밀하게 포트 아서로 향했다. 2월 9일 자정을 막 넘긴 시각, 일본 군함들은 항구 입구로 미끄러지듯 들어가 정박해 있던 러시아 함대를 조준했고, 화이트헤드Whitehead 어뢰를 일제히 발사했다.

이렇게 시작된 전쟁은 18개월간 이어졌고, 시프는 이 전쟁에 재정적으로 결정적인 역할을 했다. 그의 화려한 경력에서도 가장 흥미로운 부분 중 하나였다. 시프의 행동은 [그의 입장에서] 도덕적으로 올바른 전쟁에 자신의 자금을 아낌없이 투입한, 두려움을 모르는 거인이라는 전설이 만들어지는 데 일조했다. 하지만 이 시기는 훗날 수많은 음모론의 불씨가 되기도 했다. 그중에는 시프가 로마노프 왕가의 몰락에 관여했다는 주장과, 유대인들이 막강한 금융 권력을 독점하고 있다는 주장도 있었다. 이는 후일 나치 이데올로기의 일부를 이루게 되는 내용들이다. 시프의 개입 결정은 그가 상상도 할 수 없었던 방식으로 러시아와 일본, 그리고 시프 본인과 유대인들의 운명을 바꾸게 된다.

전쟁이 발발한 지 세 달 후, 시프는 독일을 방문하고 뉴욕으로 돌아오는 길에 런던에 잠시 들렀다.³ 5월 3일, 그는 스파이어 런던 지사의 파트너인 은행가 아서 힐Arthur Hill의 집에서 열린 모임에 참석했다. 만찬이 시작되자 시프는 일본은행 부총재 다카하시 고레키요 옆자리에 앉았다. 당시 50세의 다카하시는 막대한 비용이 드는 자국의 전쟁 비용을 조달하기 위해 서구 각국을 돌고 있었다.

키가 작고 수염을 길렀으며 둥근 얼굴과 체형을 가진 다카하시는 '달마達磨'라는 별명이 있었다. 그가 행운의 상징으로 여겨지는 5세기 불교 선승 달마를 표현한 일본 전통 인형을 닮아서였다. 훗날 일본 총리도 되는 다카하시는 미천한 출신으로 일본의 금융 및 정치 엘리트의 최고 자리까지 올라간 입지전적 인물이었다. 막부 궁정에서 활동한 한 가노狩野파(가노 마사노부가 창시한 회화 유파로, 15세기부터 메이지 시대까지 일본 회화의 주류를 형성했다_옮긴이) 화가와 열다섯 살 하녀 사이에서 사생아로 태어난 그는 어린 시절 선교사에게 영어를 배웠다. 유년기에는 어학 공부를 계속하기 위해 캘리포니아 북부로 떠났고, 그곳에서 계약 노동자로 일하기도 했다.⁴ 유창한 영어 실력 덕분에 그는 일본의 신생 특허국 국장을 비롯해 여러 관직을 두루 거치며 출세했다. 이런 경력으로 말미암아 그는 전쟁 자금을 조달하는 중요한 임무를 맡을 이상적인 후보로 떠올랐다. 하지만 그 임무는 좌절스러울 정도로 어려운 일이었다.

런던으로 가기 전, 다카하시는 뉴욕에서 닷새 동안 고위급 은행가들과 만났지만 아무런 성과를 거두지 못했다. 그들은 일본의 명분에는 공감하면서도 일본 국채를 인수하려는 생각은 전혀 없었다. 당시 미국 은행가들은 자국 내 산업에 자본을 투입하는 데 더 관심이 있었고, 외국 정부의 국채를 인수해본 경험이 거의 없었기 때문이었다. 하지만 더 큰 이유는 세계 각국의 금융가들과 마찬가지로 미국 금융가들 또한 일본이 강대한 러시아 제국을 이길 가능성은 거의 없다고 믿었기 때문이었다.

다카하시는 2년 전에 영국과 일본이 동맹을 맺었으니 그래도 런던에서는 성과가 있을 것으로 기대했다. 하지만 그곳에서도 일본의 입장은 지지하지만 국채 매입은 다들 주저했다. "영국 은행가들과의 예비 협상에서, 일본은 성공할 수도 실패할 수도 있는 유망한 청년으로 자주 비유되었다. 반면 러시아는 일시적인 부침은 있어도 안전한 담보물을 가진 지주의 이미지로 받아들여졌다"라고 다카하시는 말했다.[5] 그러나 그는 끈기와 집요함, 그리고 개인적인 인맥을 통해 결국 몇몇 은행을 끌어들이는 데 성공했다. 그중에는 홍콩상하이은행 HSBC 과 파스은행 Parr's Bank 이 있었는데, 파스은행의 (런던) 롬바드가 지점에는 과거 요코하마에서 다카하시를 급사로 고용했던 알렉산더 앨런 샌드 Alexander Allan Shand 가 지점장으로 있었다.[6] 하지만 영국의 은행가들은 애당초 일본 정부가 원하는 1,000만 파운드 규모의 국채 중 절반만 인수하겠다는 입장이었고, 국채 인수가 순전히 영국이 주도한 것으로 보이지 않도록 미국도 참여하길 원했다.

여러 은행 대표들이 참석한 아서 힐의 만찬 자리에서 다카하시는 자신의 곤란한 처지를 시프에게 설명했다. 다카하시는 당시 시프를 그저 '대륙 방문을 마치고 귀국 중인 미국 금융가' 정도로 소개받았다고 했다(앞서 러일전쟁 발발 직전 시프가 이미 일본의 전쟁 비용 제공을 요청받았다고 한 것은 다카하시 이전에 일본을 대리하는 다른 인물로부터였던 것으로 보인다_옮긴이). 다카하시는 이 미국 은행가가 "일본 문제는 물론 전쟁에 대해서도 유별나게 관심을 보인다"고 느꼈으며, 일본의 경제 상황과 국민들의 사기에 대해서도 많은 질문을 했다고도 기억했다.[7] 사실 일본에 대한 시프의 관심은 적어도 1872년까지 거슬러 올라간다. 당시 25세이던 그는 버지시프의 은행가로 일하면서 일본 국채 발행 물량 중 일부를 확보하려 한 적이 있었다. 그는 일본 국채 확보가 봉건체제를 막 벗어난 일본에서 기회를 잡는 단초가 될 수 있다고 보았다. 심지어 남북전쟁 당시 [남부연합의 대통령] 제퍼슨 데이비스를 추적했던 친구이자 고객 제임스 H. 윌슨James H.Wilson에게 "일본 제국의 철도망 설계와 건설에 참여할 수 있는 기회를 줄 수 있다"고 편지를 쓰기도 했다.[8] 당시 일본 관련 거래는 아무 성과 없이 끝났지만, 30년이 지난 지금 또 다른 기회가 찾아온 것이었다.

시프를 만난 다음 날, 다카하시는 이 쿤로브의 은행가가 국채 발행분의 나머지 절반, 즉 2,500만 달러 상당을 인수하겠다는 제안을 했다고 전달받았다. 다카하시는 이 뜻밖의 제안에 "말문이 막혔다"며, 이를 "우연한 만남 덕분에 얻은 행운"으로 생각했다고 회고했다.[9] 하지만 다카하시가 몰랐을 뿐, 그들의 만남은 분명 우연이 아니었다.

다카하시는 훗날 시프가 친구 카셀을 통해 "일본의 전쟁과 관련된 모든 사정과 배경을 아주 잘 알고 있었음에 틀림없으며, 영국이 일본 국채 인수에 미국도 참여해주기를 간절히 원하고 있다는 사실도 분명 잘 알고 있었을 것"이라고 추측했다. 실제로 카셀은 다카하시와 시프의 만남을 주선하는 역할을 했던 것 같다. 카셀은 훗날 다카하시에게 "나는 미국과 영국 국민들이 더 가까워지기를 바랐습니다… 일본 국채가 두 나라에서 동시에 발행되도록 도운 건 일본에 대한 양국의 공감대를 강화하고 미국과 영국 간의 친밀감을 형성하기 위함이었습니다"라고 말했다.[10] 쿤로브가 일본 국채 인수 계약에 공식적으로 서명하고 이틀 후, 카셀은 시프와 함께 국왕 에드워드 7세를 알현했다. 다카하시의 일기에 따르면, 국왕이 시프에게 감사를 표하면서 "다른 국가에서도 일본에 자금을 제공하게 되어 기쁘다"고 말한 것으로 전해들었다고 한다.[11]

일본 국채 발행이 어떻게 성사되었는지를 다룬 여러 기록들에서는, 시프가 다카하시를 만나고 그 자리에서 인수를 결심했다고 묘사되곤 한다. 실상은 그와 다르다. 애들러에 따르면, 시프는 짧게는 몇 주, 길게는 거의 석 달 가까이 이 사안을 신중하게 검토했다. 다카하시와 만난 후 계약까지의 시간도 너무 짧았고, 인수 계약의 세부 사항을 조율했던 쿤로브의 오토 칸이 당시 런던에 있었던 점 역시 시프가 즉흥적으로 결심했다고 보기 어렵게 만든다.[12] 5월 10일, 국채 인수단은 투자자들에게 설명서를 배포했다.[13] 다음 날에는 런던과 뉴욕에서 청약이 시작되었다. 이때가 시프와 다카하시가 아서 힐의 집에서 저녁식사를 함께한 지 딱 일주일이 지난 시점이었다. 결국 그 만찬은 시프가 이미 일본 국채 인수를 결심한 뒤의 형식적인 절차에 불과했을 가능성이 크다.

대서양 양안의 투자자들이 몰려들었고, 미국에서는 수요가 공급을 다섯 배 초과했다.[14] 조건도 아주 매력적이었다. 이자율이 6퍼센트였고, 만일의 채무불이행에 대비해 일본의 관세 수입을 담보로 설정했다. 시기도 좋았다. 그달 초 일본은 첫 대규모 육상전인 압록강 전투에서 승리하며, 일본이 쉽게 패배할 것이라는 예상을 불식시켰다.

이 국채 발행에 성공할 수 있었던 데에는 또 한 가지 중요한 요인이 있었다. 당시 일본은 미국에서 상당한 지지를 얻고 있었고, 일본을 지지하는 인물 중에는 루스벨트 대통령도 있었다. 물론 그의 행정부는 공식적으로는 중립을 유지했다. 반면 러시아에 대한 반감은 점점 커지고 있었다. 미국은 전통적으로 러시아와 우호적인 외교 관계를 유지했지만, 키시네프 대학살과 다른 유대인 박해 소식이 전해지면서 여론이 점차 돌아섰다. 시프와 그의 친구들이 이러한 박해와 폭력의 실상을 널리 알리는 데 힘쓴 결과, 유대인을 겨냥한 공격이 점차 미국을 모욕한 일로 인식되기 시작했다.

일본 국채 수요는 쿤로브의 예상을 뛰어넘었다. 회사 파트너들은 대부분 이미 여름 별장이나 유럽의 온천으로 떠난 후였기 때문에, 국채에 서명하는 지루한 작업(당시에는 채권이 종이 실물 증서로 발행되었고 고액의 금융자산이었기 때문에 위조 방지를 위해 발행기관의 공식 서명이 필요했다_옮긴이)은 대부분 막내 파트너인 폴 워버그Paul M. Warburg에게 맡겨졌다. "서명해야 할 채권이 수만 장에 달했는데, 이를 남아 있던 세 명이 처리해야 했다"고 폴은 기억했다.[15]

폴은 2년 전에 쿤로브에 합류했다. 단지 프리다와 결혼한 덕에 파트너가 된 동생 펠릭스와는 달리 그는 명석한 금융 이론가였다. 폴이 합류했을 때 모티 시프는 아버지에게 "훌륭한 인재를 얻었습니다"라고 평했다.[16]

폴로서는 함부르크를 떠나는 일이 고통스러운 결정이었다. 자신의 미래를 결정하는 동안 그는 부모 및 형제자매들의 반대와 아내의 기대 사이에서 마음의 갈피를 잡지 못했다. 그 무렵 딸 베티나를 출산한 니나 로브는 함부르크 생활의 불행을 호소했다. 그녀는 뉴욕에서 친척들이 찾아와 '소중한 사람들'의 소식을 전해줄 때만 활기가 도는 듯했다. 어머니의 건강이 나빠지고 오빠 제임스가 정신적인 문제로 은행 일을 하기 어려운 상태가 되자 니나는 더 힘들어했다. 그녀는 쿤로브의 파트너 제안을 받아들이라고 폴을 강하게 압박했다. 폴은 결국 아내의 뜻을 따르기로 하고, 최근에 당선된 함부르크 시의회 의원직도 포기했다.

하지만 워버그은행은 폴이 없다면 어떻게 될까? 늘 그랬듯 아비는 동생 폴을 심하게 힐난했다. 군림하려 하는 장인의 성향을 잘 아는 펠릭스 역시 형 폴이 실수하는 것은 아닌지 걱정했다.[17] 죄책감과 불안에 사로잡힌 폴은 과거 프리드리히 니체를 치료했던 스위스의 정신과 의사 오토 빈스방거Otto Binswanger의 병원에 입원했다. 워버그 일가에는 정신적인 문제로 고생한 사람이 종종 있었다. 그래서인지 정신질환에 시달리던 삼촌 아비 워버그와 외삼촌 제임스 로브를 보고 자란 폴의 딸 베티나는 나중에 뛰어난 정신과 의사가 되었다. 베티나는 가계도에 조울증, 간질, 조증, 정신분열 등 병력을 주석으로 달았다. 한 친척의 이름 옆에는 '바보'라고 휘갈겨 써 넣기도 했다.[18]

빈스방거의 치료 효과를 의심하면서도 막스는 동생 폴의 건강이 회복되기를 기대했다. 막스는 역시 빈스방거에게 치료받은 형 아비에게 보낸 편지에 "폴은 걱정이 너무 많고, 실제 닥쳐올 걱정거리도 많아 그걸 모두 감당하기는 벅찰 것 같아"라고 토로했다.[19]

막스는 동생의 미국행을 실용적인 관점에서 받아들였고, 동생에게 미국에 가더라도 워버그은행의 파트너로 남으라는 단 한 가지 조건만 달았다. 모티 시프는 후일 "폴의 파트너들은… 그가 출자금을 계속 유지하여 두 회사 간의 관계를 돈독히 할 수 있기를 원했다"고 설명했다. 폴이 그렇게 하기로 함으로써 쿤로브와 워버그은행의 관계는 "더욱 견고해졌다"고 모티는 말했다. 향후 오랫동안 두 회사는 중요한 사업에서 서로를 배제하는 일이 거의 없었다.[20] 워버그은행이 일본 국채를 독일 시장에서 판매했던 일도 그중 하나였다.

1902년 10월, 폴과 니나가 뉴욕에 도착했다. 베티 로브가 세상을 떠난 지 한 달 후였다. 베티 로브는 사위 아이크 셀리그먼이 소유한 〔뉴욕주 북부〕 애디론댁산맥의 휴양지인 어퍼 사라낙Upper Saranac 호숫가의 피시록캠프Fish Rock Camp에 머무는 중 세상을 떠났다. 로브 가문의 여성 수장의 죽음은 "그녀의 파란만장한 삶에 어울리는 방식이었다"고 손녀 프리다는 회고했다. 당뇨가 있어 식단을 엄격하게 지켰던 베티는 어느 날 저녁 남편의 만류에도 아랑곳하지 않고 "수명이 10년 줄어든다 해도" 디저트를 한 접시 더 먹겠다고 말했다. 그녀는 24시간이 채 지나지 않아 사망했다.[21] 이듬해에는 솔로몬 로브가 심장마비로 세상을 떠났다.

폴은 뉴욕 생활에 적응해가면서 매일 아침 시프와 함께 시내를 걷는 일상에도 익숙해졌다. 폴은 이러한 과시적인 의례를 싫어했지만 가족과 사업을 위해 묵묵히 따랐다.[22] 다만 40블록 정도 걷고 나면 그는 슬그머니 빠졌다. 시프는 20블록을 더 걸었다.[23] 시프는 폴을 동등한 위치까지는 아니라도 동료로 여겼기 때문에 사위인 펠릭스보다 폴과 함께 걷기를 더 선호했던 것 같다. 물론 펠릭스도 종종 장인의 도심 행군에 끌려다녔다.[24]

미국식 금융 방식이 낯설었던 폴에게 이 일과는 일종의 금융 실무 수업 시간이었다. 하지만 적어도 처음에는 두 사람의 대화가 폴에게 상당한 스트레스의 근원이었다. "시프 씨가 내가 잘 모르는 세부 사항을 물어볼까봐 늘 긴장했다"고 폴은 말했다. "나를 곤란하게 하려는 것이 아니라 정말 알고 싶어서 물었고, 나는 언젠가 그런 질문이 나올 것을 알았기에 가능한 한 많은 내용을 파악하려 애썼다."

시프는 다른 분야에서도 폴을 교육시켰다. 어느 날 아침 폴은 산책을 위해 시프를 만났는데, 그가 자신의 검은색 중절모를 쳐다보며 못마땅한 듯 인상 쓰는 것을 눈치챘다. "나는 바로 질책을 받았고 유망한 은행가이자 시프의 회사 파트너라면 실크 중절모를 써야 한다는 말을 들었다"고 폴이 말했다. 강력한 권위를 갖춘 수석 파트너에 다소 압도되면서도 폴은 "그는 내가 알고 있는 모든 사람 중에서 가장 체계적"이라며 시프를 경외의 시선으로 대했다. 폴은 "일본인들은 과감하게 윤곽선을 그리며, 거기에 세밀한 요소를 더해도 그림의 대담성을 망치지 않는 아주 드문 재능을 가졌다고 한다. 시프 씨의 사업적 천재성은 그런 재능과 비슷하다. 그는 거대한 틀 안에서 금융 거래를 구상하지만 동시에 아무리 사소한 세부 사항도 놓치지 않았다"고 회고했다.

폴은 시프가 상아판 두 장이 앞뒤로 달린 은색 메모장을 주머니에 넣고 다니면서 매일 그날 할 일을 적어두었다가 처리할 때마다 그 항목에 줄을 그어 지웠다고 기억했다. "가장 중요한 사업 아이디어든 아주 사소한 할 일이든 그 작은 메모장에 기록했다." "시프 씨는 지위고하를 막론하고 사람들을 위해 해야 할 수천 가지의 작은 배려들을 미리 적어두고, 일과 중에 틈틈이 그것을 처리했다.

그렇게 큰일과 작은 일을 모두 챙길 수 있었던 그의 시간 관리 능력은 정말 놀라웠다."

그와 함께 일하면서 폴은 시프의 그 악명 높은 분노의 일면을 엿보게 되었다. "그에게 혼난 사람은 그 경험을 쉽게 잊지 못했다." 하지만 시프는 자상한 것으로도 유명했고, 폴도 그의 그런 면을 경험했다. 일본 국채 업무가 폭주하던 1904년 여름, 폴은 채권 증서로 가득한 가방을 들고 매일 저녁 시프와 함께 시브라이트행 페리에 탔던 기억을 떠올렸다. "내가 채권 서명 작업을 하면, 극구 말리는데도 불구하고 선실 탁자의 맞은편에 앉아 그도 함께 작업하곤 했다." "저녁 식사가 끝난 후에도 그의 서재 책상에 앉아 그 지루한 일을 하고 있으면, 곧 무더위도 자신의 나이도 개의치 않고 그가 들어와 나와 고통을 나누었다."

아마도 폴에게 더욱 깊은 인상을 남긴 것은 애초에 시프가 일본 국채를 인수하기로 한 그 결정 자체였다. 시프와 마찬가지로 그 역시 차르를 경멸했지만, 만약 미국 시장에서 일본 국채가 외면받을 경우 회사의 재정과 평판이 상당한 위험에 빠질 수도 있다는 점을 잘 알고 있었다. "시프 씨의 정의감과 자부심이 솟아나는 곳에서는 용기와 에너지도 같이 한없이 솟아났다. 그것이 바로 그의 특징이었다"라고 폴은 말했다.[25]

다카하시는 다른 금융가들이 손사래를 치는 와중에 시프가 일본을 기꺼이 도우려는 모습을 보고 기쁘면서도 어리둥절했다. 그는 회고록에 "시프의 일본 투자는 다른 은행가들에게 상당한 모험으로 비쳤다"고 적었다.²⁶ 다카하시는 시프를 더 잘 알게 되면서—"엄격함에 가까운… 강한 정의감"—왜 그가 일본에 도박을 했는지 이해하게 되었다. "그는 민족적 배경 때문에 러시아에 원한을 품고 있었다"고 다카하시는 말했다. 시프는 "러시아의 지배층에 경종을 울리길 원했"고, 일본과의 전쟁을 이를 실행할 수 있는 기회로 보았다. "그는 만약 러시아가 전쟁에서 진다면 혁명이건 개혁이건 분명 더 나은 길로 나아갈 것이라고 확신했다."²⁷

오랫동안 많은 역사가들이 시프가 일본을 지원한 동기를 면밀히 조사했다. 그가 도덕적 분노에 이끌렸는지 아니면 보다 원초적인 동기, 즉 이윤을 위해 움직였는지를 놓고 질문이 제기되었다. 당시 그가 쓴 편지를 보면 차르를 응징하고 체제 변화의 조건을 마련하고자 하는 의지가 분명하게 드러난다. 하지만 일본을 지원한 것은 윤리적 동기뿐 아니라 대담한 사업적 판단이기도 했다. 쿤로브 출신의 은행가이자 사사社史 담당자였던 A. J. 셔먼A.J.Sherman은 1983년의 한 논문에서 시프의 동기를 다음과 같이 평가했다.

유대인을 박해한 차르를 처벌하는 것은 신중한 은행가로서 그가 고려한 여러 요소 중 하나였을 뿐이다. 일본의 신용은 위험 요소였지만, 이 은행가는 잠재적 이익을 추정하고 어느 정도는 담보를 확보할 수 있는 위험이라고 판단했다. 투자자의 돈을 정치적 목적을 위해 함부로 다룰 수는 없었다. 요컨대, 이 전쟁 자금 조달 사업은 순전히 사업적 관점에서도 탁월한 판단이었다. 대담한 결정이었을 수는 있지만 감정적인 보복이나 경솔한 투자 결정은 분명 아니었다.²⁸

시프는 다카하시가 '전쟁의 힘줄'('무제한의 자금이야말로 전쟁의 힘줄이다'라고 한 키케로에게서 유래한 표현)이라고 부른 것 이상을 제공했다. 동시에 그는 러시아에 대해서는 반대 방향, 즉 전쟁을 수행하는 데 필요한 국제 자금을 옥죄는 방향으로 영향력을 행사했다. 러일전쟁 초기에 시프는 길지만 직설적인 편지를 로스차일드 창립자의 손자인 너새니얼 로스차일드 경에게 보냈다. 그는 사업가이자 영국에서 시프와 유사한 위치에 있던 유대인 공동체의 지도자였다. 시프는 "차르의 지배 아래 있는 불행한 동포들에게는 여전히 '암울한 시기'가 기다리고 있다"고 전망하면서, 그들 그리고 러시아를 위해 이 전쟁이 "현재 러시아의 기본적인 통치 구조에 획기적인 변화를 끌어내어 러시아를 입헌 정부 체제로 이끌고자 하는 세력이 마침내 승리하기를 바란다"고 썼다. 그 과정은 느리고 더디겠지만, "우리 모두는 각자 할 수 있는 데까지 러시아 정부가 현 체제를 강화하려는 시도를 불가능하게 만들도록 힘을 보태야 한다"고도 덧붙였다.[29]

시프는 1892년 시베리아 횡단철도에 대한 자금 지원 제안을 거절했을 때부터 러시아 관련 사업은 일절 하지 않았다.[30] 하지만 그가 러시아의 미국 자본 접근 자체를 차단하기 위해 적극적으로 나선 것은 비교적 최근의 일이었다. 1900년경, 당시 러시아의 재무장관 세르게이 비테Sergei Witte 백작은 러시아 재무성 채권 발행을 논의하기 위해 상트페테르부르크의 은행가를 시프에게 보냈다. 그 은행가는 개종한 유대인으로, 이름은 아돌프 로트슈타인Adolph Rothstein이었다. 그는 반유대인법인 러시아의 5월법을 폐지하도록 노력하겠다는 비테의 제안을 전했다. 시프는 로트슈타인에게 "그런 약속은 아무 짝에도 쓸모없다"며 단칼에 제안을 거절했다. 그는 구체적인 개혁의 근거를 보기 전까지는 "모든 수단을 동원하여 러시아가 미국의 자본시장에 발을 들이지 못하게 할 것"이라고 다짐했다.[31] 그리고 실제로 그렇게 했다.

시프는 로스차일드에게 "지난 4~5년 동안 러시아가 자금을 조달하기 위해 미국 금융시장의 환심을 사려고 한 모든 시도를 제 힘으로 무산시켰다는 것을 자랑스럽게 생각합니다"라며 로스차일드에게도 러시아가 과거 자금을 조달했던 유럽, 특히 프랑스와 독일에서 유사한 압력을 행사해달라고 요청했다.

> 러시아 정부가 머지않아, 그리고 대규모로 다시 유럽 자본시장에 자금을 요청할 때, 영향력 있는 유대인 은행가들이 다시는 불행한 유대인 국민들에게 선정을 베풀겠다는 러시아 정부의 약속—하자마자 깨질 약속—에만 만족하지 않고, 협력을 거부할 뿐만 아니라 러시아의 자금 조달을 막는 데 전력을 다할 것이라고 기대합니다.[32]

로스차일드는 "영국에서는 유대계든 비유대계든 어떤 금융기관에서도 러시아가 차관을 얻을 가능성은 전혀 없습니다. 파리의 로스차일드은행 Messieurs de Rothschild Frères 또한 같은 상황일 거라고 확신합니다"라고 답했다.[33]

전쟁에 돌입하면서 러시아는 당연히 자국이 재정적으로 우위에 있다고 믿었다. "일본은 우리의 자금력을 당할 수 없다"고 비테는 장담했다. "두 가지 다른 요소, 즉 육군과 해군에 대해서는 말할 것도 없습니다. 아마 일본은 1년 반, 2년, 길어야 2년 반 정도 전쟁을 끌고 갈 수 있겠지요. 자금력만 봐도 우리는 4년은 버틸 수 있습니다. 다른 요인들은 제쳐놓더라도, 일본은 재정이 파탄 나 항복하게 될 것입니다."[34] 하지만 재정난에 직면한 쪽은 일본이 아니라 러시아였다. 전선에서도 러시아 군대가 연이어 패하면서 군의 사기와 국민 여론도 급격히 악화되고 있었다.

이러한 상황의 배후에 시프가 역할을 하고 있음을 알게 된 러시아 정부는 예전에도 그랬듯이 그를 회유하려고 했다. 뉴욕에서 쿤 로브가 일본 국채를 발행하고 몇 주가 지난 1904년 6월, 차르의 반유대 정책에 앞장선 내무장관 뱌체슬라프 폰 플레베Vyacheslav von Plehve가 다른 사람을 통해 시프에게 연락을 취했다. 그는 러시아 유대인의 처우를 개선할 대책을 논의하자며 만남을 제안했다. 시프는 만약 러시아 정부가 몇 가지 조건을 충족한다면 플레베와 기꺼이 만날 수 있으며, 빠르면 그해 가을에 상트페테르부르크에 갈 수도 있다고 답했다. 동시에 자신이 '탄원자'가 아님을 분명히 하기 위해 내무장관의 직접 초청을 요구하고, 특별 허가로 러시아에 입국하는 것은 거부했다. 이는 시프가 러시아에 입국하기 전에 먼저 러시아 정부가 유대계 미국인 여권 소지자의 입국 제한을 폐지해야 한다는 뜻이었다.

이 협상은 그 이상 진전되지 못했다. 그다음 달, 플레베는 차르와의 주례 면담을 마치고 돌아가던 중 한 사회주의 혁명가가 던진 폭탄에 희생되었다. 시프는 플레베의 암살 소식을 듣고 "개인이 되었건 제국 전체가 되었건, 아무리 위대하고 강력한 존재일지라도 죄를 짓고 무사할 수는 없으며, 언젠가는 반드시 신의 정의가 내려질 것이라는 교훈"이라고 말했다.[35]

러시아 정부는 다른 경로로도 시프와 주변 유대계 은행가들의 지원을 끌어내기 위해 노력했다. 플레베가 비공식 채널로 접근했을 무렵, 러시아는 재정 특사로 그레고리 빌렌킨Gregory Wilenkin을 워싱턴에 파견했다. 상트페테르부르크의 유서 깊고 부유한 유대인 가문 출신인 빌렌킨은 1895년 비테에 의해 발탁되어 러시아의 산업 개발에 필요한 자금을 조달하기 위해 런던에 파견되기도 했다. 빌렌킨은 유대인 혈통이라는 배경 외에 또 다른 유리한 조건을 갖추고 있었다. 그는 에이브러햄 셀리그먼의 딸 어머Irma와 결혼한 셀리그먼가의 사위였다.

하지만 아주 매력적인 조건을 제시하며 시프를 회유하려는 시도는 모두 무위로 돌아갔다. 시프는 러시아가 반유대주의 정책을 개혁하기 위한 구체적인 조치를 취하지 않는 한, 어떤 지원도 고려하지 않겠다는 입장을 고수했다. 그는 빌렌킨에게 보낸 편지에서 이에 대해 단호하게 설명했다. "미국 금융계에서 선도적인 위치에 있는 저희 회사는 러시아가 자국 내 유대인에 대한 가혹한 태도와 외국의 유대인에 대한 굴욕적인 차별적 처우를 고수하는 한, 러시아의 제안을 호의적으로 받아들이지 않는 것이 저희의 의무라고 여겨왔습니다."[36]

빌렌킨은 셀리그먼의 파트너들을 상대로 쿤로브의 정보를 캐내려 했고, 특히 (러시아에 우호적이던) J. P. 모건과 쿤로브의 관계에 대해 집중적으로 물었다. 셀리그먼의 파트너 앨버트 스트라우스는 빌렌킨에게 "J. P. 모건과 쿤로브는 수년간 사이가 좋지 않았고, 특히 노던퍼시픽 주식 매집 사건과 그 회사의 경영권을 둘러싼 다툼을 계기로 크게 틀어졌었습니다"라며 저간의 사정을 이야기해주었다. 그러면서 "이 두 회사가 최근 몇 차례의 채권 발행 사업을 하며 손을 잡아 월스트리트를 크게 놀라게 했습니다. 이는 괜찮은 사업 기회가 주어진다면 이 두 회사도 협력할 수 있다는 것을 보여줍니다"라고 덧붙였다.[37]

쿤로브와 마찬가지로 셀리그먼도 러시아로의 차관에는 참여를 거부했지만, 전쟁 관련 다른 사업에서는 빌렌킨과 협력하고자 했다. 셀리그먼 가문은 남북전쟁 당시 미 육군의 군복을 공급하며 정부 조달 사업에 첫발을 내디뎠고, 이제는 필라델피아의 조선회사 크램프스William Cramp & Sons에 상당한 지분을 보유하고 있었다. 이 회사는 미국 해군뿐 아니라 러시아와 일본을 포함한 여러 외국 해군에도 군함을 납품했다. 러시아와 일본의 함대가 한반도 주변 해역에서 충돌하자 셀리그먼은 크램프스를 대신해 러시아 해군과 계약을 체결하고자 했다. 빌렌킨—셀리그먼 집안에서 '그레이사Greisha'로 불림—과 러시아군 관계자 표트르 브란겔Pyotr Wrangel 남작이 러시아 정부의 중개인 역할을 했다. 셀리그먼은 이 러시아인들에게 리베이트로 생각되는 '함선 한 척 구매 가격의 2.5퍼센트 수수료'를 지급하겠다고 제안했다.[38]

셀리그먼이 러시아와 일본에 동시에 계약을 추진하던 상황에서, 앨버트 스트라우스는 미국이 중립을 선언한 전쟁에서 교전국들에 군함을 공급하는 것이 합법적인지에 대해 걱정했다. 1904년 12월 초, 그는 크램프스의 사장 헨리 그로브Henry Grove에게 만약 "중립을 규정한 미국의 법률"을 위반할지도 모르는 "어떤 행위"로부터 "우리 자신을 보호하기 위한 조항을 계약서에 포함시켜야 할지" 모르겠다고 편지를 보냈다. 스트라우스는 이어서 이렇게 썼다.

저는 이러한 법적 요건을 정확히 알지 못합니다만, 어쩌면 군함을 비무장 상태로 그리고 교전 당사국의 선원이 아닌 이들이 운항하여 그 나라 항구로 보낸다면 법에 저촉되지 않을 것 같습니다. 가능한 한 번거로운 조항은 피하고 싶습니다. 다만 우리에게 법적 위험이 생기지 않도록 하기 위해 꼭 필요한 경우라면 넣어야겠지요… 당연하지만, 그 조항은 최대한 짧고, 상황이 허락하는 한 오해의 여지가 없이 작성되어야 할 것입니다.³⁹

그로브는 이듬해 초 상트페테르부르크로 출발했다. 그런데 그곳에서는 또 다른 미국의 경쟁자가 움직이고 있었다. 철강 부호 찰스 슈왑Charles Schwab이었다. 스트라우스는 슈왑이 현금 부족에 시달리는 러시아 정부에게 채권으로 대금을 받겠다고 제안한 사실을 듣고, 그로브에게 같은 조건으로 협상 준비를 하라고 조언했다.⁴⁰

그로브가 러시아에 도착했을 때, 러시아는 혁명 초기 국면이었다. 몇 주 전, 황제 근위대는 전쟁 종결과 임금 인상, 노동 조건 개선을 요구하며 황제의 궁전으로 행진하던 시위대를 향해 발포했다. 수백 명이 희생된 이 사건은 화약통에 불을 붙인 격이었다. 그 후 몇 달간 농민들이 봉기했고 수백만 명의 노동자들이 파업에 돌입하면서 러시아의 산업은 마비되었다. 사면초가에 몰린 니콜라이 2세는 갈수록 지지를 잃어가는 전쟁을 수행하면서 동시에 제국의 통치권을 지키기 위한 싸움을 벌여야 했다.

그로브가 한창 러시아와 협상을 이어가던 3월 초, 일본은 3주에 걸친 대혈전 끝에 러시아군을 남만주에서 몰아냈다. 러일전쟁 최대의 전투로 꼽히는 이 봉천전투에서 양측 병력 16만 명 이상이 목숨을 잃었다. 러시아 육군은 이 전투에서 크게 패하고, 두 달 뒤 쓰시마 해전에서는 러시아 전함이 대부분 격침되거나 포획됨으로써 전세가 급격히 기울었다. 러시아 군대는 엉망진창이 되고, 국고는 텅 비었으며, 민중은 봉기한 상황에서 러시아는 더 이상 새 군함을 살 여력이 없었다. 슈왑과 셀리그먼 모두 기대했던 대규모 계약을 성사시키지 못한 채 손을 털고 나왔다.

러시아의 신용은 완전히 추락했지만 일본의 신용은 전례 없이 높아졌다. 일본이 봉천전투에서 승리한 지 몇 주 후, 쿤로브는 일본 국채의 다음 발행분tranche을 시장에 내놓았다. 반응은 열광적이었다. 1905년 3월 29일, 쿤로브 직원들은 출근하면서 윌리엄가 52번지의 회사 입구에 몰린 인파를 뚫고 들어가야 했다. 반짝거리는 그들의 새 사무실은 2년 전 신축한 20층짜리 회사 건물 1층 전체를 차지하고 있었다.⁴¹ 이날의 혼란스러운 풍경은 뱅크런(예금인출 사태)과 비슷했지만, 이번 경우에는 군중이 돈을 인출하려는 것이 아니라 돈을 맡기겠다며 몰려든 것이라는 점이 달랐다.⁴²

시프는 일본군의 승리에 대단히 기뻐했다. 전황을 면밀히 주시하던 그는 쓰시마에서 러시아가 대패했다는 소식을 다카하시에게 전신으로 전했는데, 다카하시는 아직 정부로부터 그 소식을 듣기 전이었다.⁴³ 다카하시는 "시프 씨는 우리 군의 승리에 기쁨을 감추지 못했습니다"라고 말했다.⁴⁴

전쟁 기간과 직후, 쿤로브는 다섯 차례에 걸쳐 총 1억 8,000만 달러에 달하는 일본 국채 발행을 주관했다. 이는 일본의 전체 전쟁 비용의 20퍼센트를 넘는 금액이었다.⁴⁵ 일본과 러시아 양측 정부는 전쟁 자금 조달에서 시프가 담당한 중추적 역할을 인정했다. 전쟁이 끝나기도 전에 일본 천황은 시프에게 제국에 현저한 공을 세운 이에게 주는 2급 서보장瑞宝章을 수여했다. 반면 시프는 러시아 정부의 특별한 증오의 대상이 되었다. 전쟁이 끝난 6년 후, 러시아의 재무장관 블라디미르 코코프쵸프Vladimir Kokovtsov는 "우리 정부는 시프라는 유대인이 우리에게 했던 짓을 결코 용서하지도 잊지도 않을 것"이라며 분노를 터뜨렸다. "그는 일본과의 전쟁에서 가장 중요한 순간에 적국인 일본을 도와 우리에게 치명적인 타격을 가했다. 그가 아니었더라면 일본이 미국에서 전비를 조달할 수 없었을 것이다. 그는 해외에서 우리에게 가장 위협이 되는 사람 중 하나였다."[46]

1905년 3월, 일본이 봉천에서 러시아 군대에 압승을 거두자 루스벨트 대통령은 두 교전국에게 조용히 중재를 제안했다. 하지만 처음에는 어느 쪽도 협상 테이블에 나올 준비가 되어 있지 않아 보였다. 그달 말, 루스벨트는 전쟁이 진행 중인 적절하지 않은 시기에 6주간의 곰 사냥을 위해 콜로라도로 떠나기 전 하버드 대학교 동문인 가네코 겐타로金子堅太郎를 점심 식사에 초대했다. 가네코는 루스벨트와의 오랜 친분 덕분에 전쟁 중 워싱턴으로 파견된 외교관이었다. 가네코는 루스벨트의 곰 사냥 여행이 지닌 뜻밖의 상징성을 언급하지 않을 수 없었다. 그는 "만약 곰을 사냥하신다면 이는 일본 함대의 승리를 암시하는 길조가 될 것입니다"라고 했다.[47] 루스벨트는 이 사냥에서 곰을 한 마리도 아니고 세 마리나 쓰러뜨렸다.[48] 그로부터 얼마 지나지 않아 일본 해군은 쓰시마 해전에서 러시아 함대를 괴멸시켰다.

해전에서 승리를 거둔 지 며칠 후, 일본은 루스벨트의 중재를 수용할 준비가 되었다는 신호를 보냈다. 자금이 들어오기가 무섭게 지출했던 일본은 이제 더 이상 전쟁 자금을 감당할 여력이 없었다. 러시아의 재정 상황은 훨씬 더 위태로웠다. 비테는 회고록에 이렇게 썼다. "우리는 동원 가능한 모든 수단을 소진했고, 해외에서의 신용도 상실한 상태였다. 국내외를 막론하고 자금 조달의 가망이 전혀 없었다. 전쟁을 계속하려면 새로운 지폐를 발행할 수밖에 없었는데, 그것은 전면적인 재정 그리고 경제 붕괴로 가는 길이었다."[49] 1905년 6월 초, 한반도 해역에서 함대 대부분을 잃고 국내에서는 혁명의 소용돌이에 휘말리게 되자, 니콜라이 2세는 미 대사에게 자신들도 평화 협상에 응하겠다고 알려왔다.[50] 7월 중 양측의 전권대사는 협상 장소를 뉴햄프셔의 포츠머스로 정하고, 회담은 8월에 시작하기로 했다. (실제 협상은 포츠머스가 아니라 메인주 피스캐타과강 건너편 키터리의 해군 기지에서 열렸다).

니콜라이 2세는 비테를 러시아 협상단의 단장으로 지명했다. 약 2미터의 장신에 거구였던 비테는 러시아 정계의 거물급 인사로, 눈에 띄는 체격뿐 아니라 직설적이고 있는 그대로 직언하는 것으로 유명했다. 이런 성격 덕분에 알렉산드르 3세는 그를 몹시 아꼈지만, 그의 아들 니콜라이 2세는 비테를 껄끄러워 했다. 비테는 만주에서의 러시아의 제국주의 정책에 강경하게 반대했다가 1903년 재무상관에서 물러났고, 이후 실질적 권한은 없는 각료회의 의장으로 '영전'되었다. 니콜라이가 비테를 평화 협상 특사로 선택한 이유는 단 하나였다. 염두에 두었던 후보자들이 모두 그 자리를 고사했기 때문이었다.

비테는 두 번째 아내가 개종한 유대인이었던지라 러시아의 고위 당국자 중에서는 드물게 유대인에 대해 우호적이었다. 아이크 셀리그먼은 비테의 임명을 '희망적인 신호'로 보았는데, 이는 평화 구축을 위해서뿐만 아니라 그가 "러시아인과 유대인에 대한 보다 자유주의적인 정책에 열려 있었기 때문"이었다.[51] 셀리그먼, 시프, 스트라우스 그리고 다른 두 명의 저명한 미국 유대인들은 더욱 열악해진 러시아 유대인들의 처우 개선을 위해 평화 협상 중에 비테와의 면담을 추진했다. 당시 러시아 유대인들을 대상으로 한 폭력은 점점 더 심해지고 있었으며, 특히 일본과 내통했다는 근거 없는 모함에서 비롯된 집단 학살 사태가 여러 차례 발생했다. (실제로는 3만 명 이상의 유대인이 전쟁 중에 러시아군으로 참전했다).[52]

표면적으로는 이 면담이 인권에 초점을 맞춘 것으로 보였지만, 이면에는 분명 재정적 함의가 있었다. 비테가 미국에서 수행해야 하는 임무 중 하나는 러시아 제국의 붕괴를 막기 위한 재정 조달이었다. 당시 재정이 붕괴 직전의 상황이던 러시아 정부로서는 시프와 셀리그먼 등 유대계 은행가들이 주도하던 대러시아 금융 봉쇄 상황을 타개하는 것이 절실했다. 한편 시프와 셀리그먼은 러시아가 유대인에 대한 정책을 바꿀 때까지는 한 발도 물러서지 않겠다는 입장을 확고하게 유지했다.

빌렌킨은 포츠머스에서 비테의 부관으로 활동했다. 비테가 도착하기 전인 7월 초, 그는 시프와 셀리그먼을 만나 평화 협상이 성공할 경우 러시아에 차관을 줄 수 있는지 의사를 타진하고, J. P. 모건, 쿤로브, 셀리그먼이 채권 발행을 주도하도록 하겠다고 제안했다. 그달 말, 빌렌킨은 새로 부임한 주미 러시아 대사 로만 로젠 Roman Rosen 남작을 환영하는 만찬에 아이크 셀리그먼과 스트라우스를 초대했고, 그 자리에서 차관 문제가 다시 논의했다. 아이크는 그 자리에서 자신들이 "비테가 도착하기 전에 미리 대사에게 우리의 입장을 전달하려고 했다"고 설명했다. 그들로서는 유대인 문제가 러시아가 원하는 재정 조달 문제와 불가분의 관계에 있기 때문이었다. 아이크는 포츠머스 회담에서 "러시아의 유대인들이 해외에서 더 자유롭고 인도적인 대우를 받게 되는 것이야말로 러시아 증권에 우리 시장을 개방하는 필수 조건임을 [비테에게] 각인시킬 생각"이라고 밝혔다.[53]

강화 회의가 시작될 무렵, 시프는 이미 뉴잉글랜드에 있었다. 매년 8월마다 시프 일가는 가정부들을 포함한 수행원들과 함께 시브라이트에서 메인주 바 하버로 힘들여 이동했다. 심지어 말도 함께 데리고 갔다. 이 해변 휴양지에는 시프의 친구이자 하버드 대학교 총장 찰스 엘리엇Charles Eliot을 비롯한 뉴잉글랜드의 상류층이 여름 별장을 두고 있었고, 유대인은 거의 없었다. 그런 곳에서도 거리낌 없이 사람들과 어울린 시프의 위상과 자신감은 그가 얼마나 예외적인 인물이었는지를 잘 보여준다.

바 하버에서 시프는 해변을 거닐거나 나중에 어케이디아 국립공원이 되는 데저트 섬의 봉우리에 오르곤 했다. 그는 항상 손자 중 하나를 데리고 갔는데, 에드워드 워버그는 산행 중 자신이 품위 있고 세속을 초월한 존재처럼 여기던 할아버지가 숲속에서 소변을 보는 모습을 보고 충격을 받았다. "할아버지가 인간이나 하는 그런 행동을 하다니, 저는 그가 저 위의 다른 세상 사람이라고 생각했거든요!"[54]

비테와의 만남이 다가오자 시프는 〈아메리칸 히브루The American Hebrew〉의 편집자 필립 카우언Philip Cowen에게 보낸 편지에 걱정을 털어놓았다. "첫째, 그 만남이 아무런 소득도 없을 것임을 알고 있기 때문이며, 그다음은 내가 비테와 러시아 재정 문제를 논의했다는 사실이 알려지는 게 싫기 때문입니다." 그는 계속해서 "우리가 할 수 있는 일은 단 하나뿐입니다. 기회가 있을 때마다 할 수 있는 한 힘껏 러시아의 문을 두드리고, 차관 요청을 받을 때는 우리의 지원을 전제로 하는 어떤 약속도 받아들이지 않으며, 러시아가 유대인 국민들에게 실질적인 시민권을 부여하기 전까지는 그 어떤 일도 하지 않는 것입니다"라고 말했다.[55]

그럼에도 불구하고 8월 14일, 시프는 바 하버를 떠나 포츠머스 외곽의 대형 리조트 호텔 웬트워스Wentworth로 향했다. 러시아와 일본 대표단은 이 호텔의 서로 반대편 건물에 머물고 있었다. 힘겹게 하루의 협상이 마무리된 어느 날 저녁 8시 30분, 비테는 시프와 유대계 인사들을 방 두 개짜리 자신의 스위트룸에서 맞이했다. 통역을 맡은 빌렌킨과 로젠 남작도 함께 있었다.

사실상 대표 역할을 맡고 있던 시프가 가장 먼저 들어갔다. 그는 키시네프 학살 사건을 거론했고, 그 끔찍한 사건으로 '문명 세계'가 얼마나 분노했는지 강조했다. 그러면서 러시아가 유대인 시민에게 평등한 권리를 부여하기 전에는 미국 국민의 호감을 회복하지 못할 것이라고 말했다. 시프의 동료들이 그의 발언 수위를 완화하려고 했지만 시프는 물러서지 않았다. 그는 빌렌킨을 손가락으로 가리키며 비테에게 직설적으로 물었다. "당신은 러시아인으로서 당신 조국에서 모든 권리를 누리는데, 왜 같은 러시아인인 저 사람은 그 권리를 누리지 못한단 말입니까?"

비테는 자국 정부의 반유대인 정책을 굳이 변호하지는 않았지만 "러시아 유대인들의 상황이 다소 과장되어 세상에 알려졌다"고 말했다. 그는 반유대인 차별 조치들이 철폐되어야 한다는 데는 동의했지만, 그것은 점진적으로 이루어져야 한다고 주장했다. 너무 급격한 변화는 러시아 제국 내부의 혼란을 더욱 부추길 수 있다는 이유에서였다. 그는 또한 유대인들이 혁명 운동을 이끌고 있으며, 황제의 권좌가 위협받는 상황에서 유대인의 처우를 개선한다는 것은 거의 기대할 수 없다고 주장했다. 그러면서 비테는 젊은 유대인들이 차르에게 충성하도록 시프와 그 일행이 설득한다면 차르도 유대인을 도울 가능성이 커질 것이라고 했다.[56]

시프는 "우리에게는 그런 영향력이 없습니다"라며 일축했다.

"영향력은 외부가 아니라 내부에서 나와야 합니다. 젊은이들이 혁명가가 된 것은, 제국의 지배 아래에서는 부정당했던 정당한 법적 권리를 공화정에서는 얻을 수 있다고 생각해서가 아닐까요?"

"혁명가들은 결코 성공할 수 없습니다"라고 비테는 맞받았다. "언젠가는 공화정이 수립될지도 모르겠습니다만, 우리는 살아서 그날을 보지 못할 겁니다. 로마노프 가문은 앞으로도 100년은 더 러시아를 통치할 것이기 때문입니다."[57] 비테는 자신의 예측이 빗나가는 것을 보지 못하고 1915년에 사망했다. 로마노프 왕조는 불과 2년 뒤, 1917년 러시아 혁명으로 무너졌다.

유대인 대표단은 자정 무렵이 되어서야 비테의 스위트룸을 나섰다. 회담은 세 시간 넘게 이어졌다. 시프는 기다리고 있던 기자들에게 준비해온 성명을 발표했다. "이번 논의의 성격상 즉각적인 결과를 끌어내기는 쉽지 않습니다. 하지만 회의에 참석한 분들은… 각자의 솔직한 의견과 관점을 상호 교환했으니 유익한 결과가 나올 것이라 믿습니다."[58]

시프는 더 구체적인 내용을 짧은 메모와 함께 〈아메리칸 히브루〉의 필립 카우언에게 보냈다. "정보 제공자로 내 이름은 쓰지 마십시오."

비테는 매우 전향적이고 이해심 있는 태도를 보였으나, 점진적인 차별 철폐 외에는 어떤 조치도 실행하기 어렵다고 우려했다. 우리는 완전한 시민권을 즉각 부여해야 할 필요성을 이해시키려고 했으며 만약 그 권리가 주어지지 않는다면 꾸준히 성장하고 있는 미국 내 유대인의 영향력은 러시아에 반대하는 데 쓰일 것이라고 주저 없이 말했다… 우리는 비테에게는 그런 인상을 남겼다고 생각한다. 이것이 러시아 정부에 어떤 영향을 미칠지는 앞으로 지켜봐야 한다.[59]

시프가 우려했던 대로 언론은 비테와의 회담을 대대적으로 보도하며 국채 발행 문제도 분명 논의되었을 것이라고 추측했다. 하지만 시프와 셀리그먼은 금융과 관련된 논의는 전혀 없었다고 강력하게 부인했다. 셀리그먼은 비테와 만나고 나서 며칠 뒤 대통령에게 보낸 편지에 "어떤 차관 지원도 전혀 언급되지 않았습니다"라고 썼다. "신문들이 아무런 근거 없이 완전히 날조해서 만든 기사이며, 그 기사에는 진실이라곤 한 조각도 없습니다."[60]

하지만 러시아의 자금 조달 문제가 구체적으로 논의되지는 않았더라도, 일반적인 수준에서의 논의는 있었다. 비테에 따르면, 시프는 러시아가 유대인에 대한 지금의 태도를 바꾸지 않는다면 자신은 러시아가 미국 자본에 접근하지 못하도록 온 힘을 다하겠다는 경고를 여러 차례 반복했다고 한다. 비테는 시프의 태도가 때로는 적대적이고 심지어는 호전적이라는 생각이 드는 와중에도 그의 대담함에 놀라지 않을 수 없었다. 훗날 비테는 "나는 지금까지 시프 같은 유대인은 만나본 적이 없었다"고 회고했다.

자부심 강하고, 위엄 있으며, 자신의 힘을 알고 있는 그는 차르 정부가 반유대 정책을 지속하는 한 러시아가 미국에서 한 푼의 자금도 조달하지 못하도록 혼신의 힘을 다할 것이라고 엄숙하게 선언했다. 그는 주먹으로 탁자를 내리치면서 종교를 이유로 학살과 비인간적 박해를 자행하는 정부는 신뢰할 수 없으며, 그러한 정부는 문명의 오점으로 오래 지속될 수 없다고 단언했다. 그러한 정부는 스스로를 파괴할 씨앗을 품고 있

기 때문이라는 것이었다.[61]

바 하버로 돌아온 시프는 그를 겨냥한 폭탄이 쿤로브의 맨해튼 사무실로 배달되었다는 소식을 전해들었다. 올리브색의 종이로 포장된 폭탄은 아침 우편물과 함께 사무실에 도착했다. 소포 겉면에는 타자기로 작성된 발신인의 이름이 있었는데, 그것이 곧바로 직원의 눈길을 끌었다. 에드워드 7세였다. 내부에는 필통처럼 미닫이 뚜껑이 달린 소나무 상자가 들어 있었고, 상자에도 국왕의 이름이 금박으로 쓰여 있었다. 수상하다고 생각한 직원은 뚜껑을 미는 대신 들어올렸는데, 그 덕분에 자기 목숨을 구할 수 있었다. 폭파범은 뚜껑을 밀면 폭발하도록 안에 장착된 성냥이 긁혀 점화되게 장치를 꾸몄다. 그 불꽃이 화약통에 불을 붙이고, 그다음엔 38구경 총알과 납탄 조각들이 터지도록 설계한 것이다. 하지만 직원이 뚜껑을 위로 들어올림으로써 의도치 않게 이 조잡한 폭탄은 작동하지 않게 되었다.

기자들이 쿤로브 사무실로 몰려와 논평을 요구하자, 오토 칸은 장난에 불과한 일로 축소시켰다. 그는 대수롭지 않다는 듯 말문을 열었다.

무엇보다 조금이라도 아는 사람이라면 누구나 시프 씨가 우편물을 직접 열지 않는다는 걸 알 겁니다. 만약 그게 정말 위험한 물건이어서 폭발했다면, 다치는 사람은 편지를 열어보는 일을 담당하는 직원이었을 겁니다. 게다가 시프 씨는 바 하버에 계십니다. 또한 누군가가 악의를 가지고 이걸 보냈다면, 상자에 새겨진 에드워드 7세의 이름이 눈길을 끌어 오히려 의심을 살 것이라는 정도는 알았어야죠. 제 생각엔 그저 실없는 사람의 장난에 불과한 것 같습니다. 물론 이런 식의 장난이 뭐가 재밌는지 잘 모르겠습니다만, 별난 장난도 있고, 더 별난 사람도 있으니까요.[62]

정작 바 하버에서 시프는 이 사안을 심각하게 받아들였다. 그는 가족이 머물던 반이브린Ban-y-Bryn 외곽에 경비원을 배치했다.[63]

그 폭탄을 누가 보냈을까? 사건을 담당한 뉴욕 경찰은 '월스트리트에서 투기로 재산을 잃은 자의 소행'이 아닐까 추정했다. 하지만 시점이 묘했다. 시프가 비테와 만난 직후였기 때문이다. 일부 언론은 시프가 러시아의 미국 금융시장 접근을 막은 탓에 표적이 되었다는 추측을 내놓았다. 사실 시프는 몇 달 전 잔티스 파로지츠 Zantis Parozitz 라는 사람으로부터 죽이겠다는 협박을 받은 적이 있었는데, 대수롭지 않게 생각하여 넘겼었다. 그는 러시아인 행세를 했지만 실재 인물은 아닌 듯했다. 파로지츠는 자신이 "서구의 이기적이고 탐욕스러운 유대인을 억누르기 위한 비밀결사"를 대표한다며, 이 단체의 임무는 "북미나 남미의 부유하고 유명한 유대인을 처단하는" 것이라고 주장했다.

이 폭탄 사건의 범인은 끝내 밝혀지지 않았다. 이듬해 유대인의 새해 선물로 위장한 또 다른 편지 폭탄도 도중에 발각되어 피해는 없었지만, 범인이 누구인지 역시 밝혀지지 않았다. 〈뉴욕 타임스〉는 그 장치에는 "집 한 채를 날려버리고도 남을 만큼의 화약과 솜화약, 니트로글리세린"이 들어 있었다고 보도했다.[64]

8월 29일 오후 4시, 포츠머스 전역에 교회 종소리, 공장의 경적, 사이렌이 요란하게 울려퍼졌다. 평화의 소리였다. 거의 한 달 동안 이어진 치열한 협상 끝에 일본 대표단은 러시아의 조건을 수용하겠다고 발표했다. 비테의 예상과 달리, 일본은 마지막 쟁점 중 하나였던 배상금 요구를 철회했다. 합의에 따라 러시아는 랴오둥반도와 그곳의 철도 이권을 포기했고, 양국이 분쟁 중이던 사할린 섬을 분할하여 남쪽 절반을 일본이 차지했다. 그날 오후 비테는 지쳤지만 환한 표정으로 로젠 남작을 끌어안고 대사의 양 볼에 입맞추는 모습이 포착되었다.[65]

그로부터 나흘 전, 시프는 일본 전권대사 고무라 남작에게 단도직입적인 편지를 보내 일본 정부가 러시아와 협상을 타결하도록 설득했다. 그는 협상 결과와 관계없이 쿤로브는 일본을 계속 지원할 준비가 되어 있지만 다른 은행가들은 전쟁을 재개하겠다는 결정을 결코 달가워하지 않을 것이라면서 "미국, 영국, 독일의 금융시장은… 더 이상 일본의 국채를 대량으로 감당할 준비가 되어 있지 않다"고 경고했다.[66]

평화 협상이 타결되었다는 소식을 들은 시프는 다카하시에게 축하 전문을 보냈다. "만세."[67] 시프는 그날 또 다른 한 사람에게도 전보를 보냈는데, 자신이 이사로 있는 내셔널시티은행의 은행장 제임스 스틸먼이었다. 월스트리트에서는 스틸먼이 J. P. 모건 주도의 러시아 금융 지원단 참여를 검토 중이라는 소문이 돌고 있었다. 시프는 정중하지만 단호하게 자신의 입장을 밝혔다. "주주들의 이익이 되는 일에 개입하려는 것은 아니지만, 만약 소문이 사실이라면 저는 이사직에서 물러나야 할 것입니다"라고 썼다.[68] 시프는 러시아 지원 문제에 대해 이렇게 확고한 입장이었다. 뉴욕의 유력 은행가들의 회의에서 이 주제가 나오자, 그는 자리에서 일어나 러시아의 반유대주의 정책이 유지되는 한, 자신의 회사는 자기 생전에는 물론이고 자신이 죽은 이후에도 영구적으로 러시아와는 어떤

거래도 하지 않을 것이라고 발언했다.[69]

일본과 러시아의 전쟁은 끝났지만 시프의 전쟁은 끝나지 않았다. 포츠머스 회담 중 비테가 시프에게 자국에서 들끓고 있는 혁명을 잠재우는 데 도움이 되어달라고 요청했지만, 시프는 거절했다. 사실 시프는 그 자리에서 밝히지 않았을 뿐, 실제로는 러시아 전제정의 전복을 노리는 혁명을 지원하기 위해 직접 행동하고 있었다. 포츠머스 회담을 전후한 수개월 동안, 그는 전쟁 포로로 잡힌 러시아 군인들이 고향으로 돌아갔을 때 혁명 운동에 가담할 수 있도록 그들 사이에서 반차르 정서를 퍼뜨리기 위한 선전 활동에 자금을 지원했었다.

이 구상은 언론인이자 시프의 친구인 조지 케넌의 아이디어였다. 두 사람은 '러시아자유의친구들'과 그 기관지 〈자유 러시아〉를 통해 인연을 맺었다. 전쟁이 발발하자 케넌은 잡지 〈아웃룩Outlook〉의 특파원으로 일본에 파견되어 취재를 시작했다. 그는 다른 외국 특파원들과 함께 마쓰야마 포로수용소를 시찰했는데, 이는 러시아 전쟁 포로들이 인도적인 대우를 받고 있다는 인상을 세계에 선전하기 위해 일본 정부가 마련한 일정이었다. 케넌은 몇몇 러시아 포로들을 인터뷰했는데, 그들의 공통적인 불만은 너무 따분하다는 한 가지였다. 한 포로는 할 일도 없고 읽을거리도 없다면서, "러시아어로 된 글이라면 뭐라도 읽고 싶으니 하다못해 요리책이나 산수책이라도 주면 좋겠다"고 말했다.[70]

그때 한 가지 아이디어가 떠올랐다. 케넌은 러시아 병사들의 지루함을 달래주면서 동시에 차르 체제의 전제성과 폭정을 일깨울 수 있는 기회라고 생각했다. 그는 일본 육군성의 허가를 얻어 러시아 포로들에게 자유주의 성향의 러시아어 출판물—가령 진보적 잡지 〈해방Osvobozhdenie〉 등——을 배포했다. 이후 그는 '러시아자유의 친구들' 뉴욕 지부에 편지를 보내 확보 가능한 모든 러시아어 자료를 보내달라고 요청했다.

1905년 6월, 니컬러스 러셀Nicholas Russel 박사가 케넌이 요청한 인쇄물을 들고 도쿄에 도착했다. 그는 '러시아자유의친구들' 협회가 선전 활동을 감독하도록 보낸 인물로, 본명은 니콜라이 콘스탄티노비치 수드질로프스키Nikolai Konstantinovich Sudzilovsky였다. 노련한 사회주의 운동가였던 그는 혁명 활동에 참여했다는 이유로 1870년대에 러시아를 탈출했다. 당시 50대 중반에 희끗희끗한 수염을 기른 러셀은 최근에는 하와이에서 살고 있었다. 그는 러시아 서부에서 자랐고, 키이우와 부쿠레슈티에서 의과대학을 다녔으며 영어도 완벽하게 구사했다.[71]

전쟁이 끝날 무렵, 일본에 수용되어 있던 러시아 전쟁 포로는 약 7만 명이었다. 러셀은 즉시 포로수용소 진역에 빈차르 팸플릿을 배포하는 일에 착수했다. 일본 정부는 이 카리스마 넘치는 박사가 수용소 내에서 대규모 집회를 열도록 허락했고, 그는 많은 포로들 앞에서 연설했다.

러셀은 또한 일본 당국을 설득하여 사할린 섬의 형무소에 수감되어 있던 정치범들을 석방하게 한 후 자신의 보호 아래 두었다. 그는 이 반체제 인사들을 동원해 러시아 전쟁 포로들을 조직화하여 선전 활동을 확대했다. 케넌은 "그들 대부분은 돈도 없고 입을 만한 옷도 없었다. 하지만 뉴욕의 부유하고 유력한 친구들이 후원해준 덕분에 포로들이 필요로 하는 모든 것을 제공할 수 있었다"고 정치범들에 대한 기억을 떠올렸다. 그 부유한 후원자는 바로 시프였다. 그는 케넌과 러셀의 활동 대부분에 자금을 지원했지만, 러시아 병사들 사이의 혁명 열기를 불어넣는 데 일조한 그의 역할은 그로부터 10년 넘게 세상에 알려지지 않았다.

일부 보도에 따르면, 시프가 지원한 이 선전 작전은 놀랍도록 효과가 있었다고 한다. 1905년 말, 〈뉴욕 타임스〉는 다소 과장을 곁들여 다음과 같이 보도했다.

> 러셀 박사는 기대 이상의 성공을 거두었다. 그는 포로로 잡혀 일본의 수용소에서 고향으로 돌아갈 날을 기다리고 있는 러시아 군인 거의 전부를 사회주의 기치 아래 조직했다… 일본에서 돌아간 이 사람들은 어디를 가든 변화와 생기를 가져올 효모 역할을 할 것이며, 러시아 당국이 아무리 막으려 해도 이들이 겪은 자각의 효과를 완전히 지워낼 수는 없을 것이다.[72]

1917년 러시아 혁명으로 마침내 니콜라이 2세가 권좌에서 끌려내려온 직후, 케넌은 시프에게 보낸 편지에서 그를 이렇게 칭송했다.

> 일본에 수용 중이던 러시아 장교와 병사들을 상대로 한 선전 활동에 자금을 지원함으로써 당신은 인류의 자유라는 대의에 너무나 큰 공헌을 하셨습니다. 당신 덕분에 러셀 박사와 저는 아마도 러시아군 100개 연대에 자유의 씨앗을 뿌릴 수 있었고, 또 일본이 사할린 섬을 점령하면서 석방한 러시아 정치범들을 돌볼 수 있었습니다… 이들 모두가 우리의 선전 활동에 협력했고, 이후에는 러시아나 미국으로 돌아갔습니다.[73]

한편 러일전쟁 중 시프의 활동—전쟁 자금 지원, 혁명 선전 및 사상 전파를 위한 자금 지원 등—은 음모론자들의 손에서 '전능한 은행가'라는 기괴한 신화로 탈바꿈한다. 이런 신화는 진실의 파편 몇 조각을 교묘히 골라 시프의 모습을 허위와 억측으로 꾸며낸다. 이런 음모론에서 시프는 때로는 일루미나티Illuminati의 회원이거나 33도 메이슨33 degree Mason으로 묘사되며, 러시아 혁명의 냉혹한 배후 조종자로 등장한다. 그는 레온 트로츠키Leon Trotsky와 블라디미르 레닌Vladimir Lenin의 비밀 재정 후원자이자, 러시아에서 공산주의 혁명을 주도했을 뿐 아니라 제1차 세계대전 중 벌어진 1917년 혁명에서 볼모로 잡힌 왕실 일가의 처형을 지시한 인물로까지 그려졌다. 이런 음모론은 수십 년 동안 내용은 조금씩 바뀌지만 핵심은 변함없이 반복되었다. 바로 한 유대인 은행가가 세계를 전복하려는 사건의 비밀 기획자였다는 주장이다.

시프와 관련된 음모론은 《시온 장로 의정서Protocols of the Elders of Zion》를 그대로 옮겨놓은 것이다. 유대인이 세계 지배를 노리고 불안과 경제 혼란을 조장한다는 이 허위 문서의 최초 완본—1903년에 일부가 인쇄되었다—이 출간된 때는 1905년과 1906년이었다. 이때가 러시아 왕정의 지지자들이 러일전쟁에서의 치욕적인 패배와 그 결과로 야기된 혼란의 원인으로 유대인을 지목하여 비난하던 시기였다는 점을 고려한다면 전혀 우연이라고 볼 수 없다.

1905년 가을, 혁명은 니콜라이 2세를 강하게 압박했고 그는 마침내 입헌 정부 수립 요구를 수용했다. 10월 17일, 그는 비테의 영향을 크게 받은 10월 선언을 공표했다. 주요 내용은 모든 러시아인(유대인 포함)의 시민권을 보장하는 헌법 제정과 새로운 법률을 승인할 의회 두마Duma의 창설을 포함한 정치 개혁을 약속하는 것이었다. 니콜라이는 비테를 초대 총리로 임명하며, 이 과도기를 관리하고 국내의 혼란을 수습하는 임무를 맡겼다.

그러나 러시아는 유대인 거주지의 거리를 다시 피로 물들이면서 정치 개혁을 향한 첫발을 제대로 내딛지도 못했다. 전쟁으로 피폐해진 경제, 유대인의 평등한 권리를 보장한다는 약속, 유대인들이 러시아의 고통을 초래했다는 잘못된 믿음이 더해져 페일 정착지 전역에서 반유대인 폭력 사태가 들불처럼 일어났다. 러시아 군주제를 수호하겠다며 혁명 기간에 등장한 극우 민족주의 단체 '검은100인단 Black Hundreds'의 회원들은 가짜 문서인 《시온 장로의 정서》를 이용해 이런 공격을 선동했다. 차르가 10월 선언을 발표한 다음 날, 유대인이 인구의 1/4 이상을 차지하던 흑해 연안의 항구도시 오데사에서는 나흘에 걸친 참혹한 살육 사태가 일어났다. 사망자 수는 800명에 이르렀고, 부상자는 수천 명에 달했다.

"미국 국민은 오데사와 그 밖의 지역에서 벌어진 잔학 행위에 경악했다"고 시프는 비테에게 전보를 보냈다. "이런 사태가 지속되도록 방치하는 정부는 다른 나라로부터 도덕적 지지를 기대해서는 안 됩니다."

비테는 러시아 정부 역시 "이런 폭력 사태에 충격을 받았다"고 하면서도, 지금 나라 전체가 "격앙된 상태에 있기 때문에 지방 당국은 종종 무력한 상황"이라고 답장을 보냈다.[74]

뉴욕, 런던, 상트페테르부르크, 베를린 사이에서는 긴박한 전보가 오갔다. 시프, 로스차일드 경, 다른 유대인 지도자들은 이 위기에 어떻게 대응할지 논의했다. 1905년 11월 7일 오후, 시프와 스트라우스는 이매뉴얼 회당에서 대규모 집회를 열었다. 이 자리에는 로어이스트사이드의 사회주의자, 주권 국가 건설을 주장하는 시오니스트, 업타운의 유대계 상류층 인사들까지 모두 참석했다. 시프는 러시아에서 받은 끔찍한 전보 내용을 큰소리로 읽고는 "해외에서 온 전보는 말보다 더 큰 울림을 줍니다. 지금은 행동할 때입니다"라고 선언했다.[75]

시프는 스트라우스와 필라델피아의 상인이자 자선가인 사이러스 설즈버거Cyrus Sulzberger와 함께 러시아 대학살 피해자 구호위원회Committee for the Relief of Sufferers by Russian Massacres를 설립하고, 월스트리트에서건 공동체에서건 그가 가장 잘하던 일, 바로 모금 활동에 뛰어들었다. 그는 곧바로 구호기금에 5만 달러—그는 유대인뿐만 아니라 러시아의 모든 피해자들에게 혜택이 돌아가야 한다고 주장했다—를 내놓았고, 위원회는 기부를 호소하는 전보를 1,400통 이상 보냈다.[76] 수주일 만에 기금은 100만 달러를 넘어섰다.

하지만 돈만으로 충분했을까? 분노와 절망으로 가득했던 시프는 다시 한 번 루스벨트 대통령에게 간절한 마음을 담아 탄원했다. 이번에는 미국이 직접 개입해 러시아의 폭력 사태를 중단시키는 조치를 취하고, 대통령이 의회에 승인을 요청해 "필요에 따라 취할 수 있는 조치"를 강구하라고 촉구했다. 그는 미국-스페인 전쟁 당시 억압받는 쿠바인을 도운 것이 정당했다면 "현재 러시아에서 벌어지고 있는 이러한 참상을 보고도 그 정부가 사태를 막을 수 없다고 한다면, 여기에 개입하는 것이 문명화된 세계의 의무 아닐까요?"라며 강력하게 개입을 요청했다.[77] 이 성마른 은행가의 요청에 루스벨트는 불쾌했지만 간신히 이를 억누르며 그의 제안은 "미국 정부를 우스꽝스럽게 만들 것"이며 역효과를 불러와 러시아의 유대인뿐만 아니라 미국의 유대인들에게도 해를 끼칠 수 있다고 말했다. 또한 루스벨트는 "나는 국가적 중대사를 다룰 때 내가 목장 사업을 하면서 배운 평범한 격언에 따라 행동해야 한다고 굳게 믿

습니다. 바로 총을 쏠 의도가 없다면 절대로 총을 뽑지 말라는 것입니다"라고 시프에게 말했다.[78]

러시아 혁명은 1905년 가을에 정점에 도달한 뒤 서서히 진정되기 시작했다. 혁명의 소용돌이가 지나간 후 차르는 그대로 권력을 유지했고, 러시아 유대인의 처지—평등을 약속했음에도 불구하고—는 여전히 위태로웠다. 폭력은 산발적으로 계속되었으며, 결국 수천 명이 사망하거나 부상당하고 삶의 터전을 잃었다. 정치적 상황이 예전의 러시아로 회귀하자 시프와 그의 동료들은 전략을 재고하기 시작했다. 유대인 공동체의 과거 위기 상황에 대응하던 방식—항의 집회, 모금 운동, 정치 지도자와의 인맥을 활용한 중재—은 더 이상 충분하지 않아 보였다.

1905년 12월의 '방랑자들' 모임에서는 유대인의 권리가 위협을 받는 곳이라면 그곳이 어디든 그들의 권리를 보호할 수 있는 조직을 새롭게 만들자는 논의가 이루어졌다. 이 조직은 널리 흩어진 모든 유대인 구호단체들의 활동을 조율하고, 미국 유대인 전체를 대변하는 역할을 하게 될 것이었다. 몇 주 후, 사이러스 애들러는 〈아메리칸 히브루〉 지면에서 이 단체의 비전을 다음과 같이 설명했다. "세계 곳곳에서 벌어지는 유대인 문제는 그 중요성 때문에 미국 내 전국적인 유대인 조직을 만들 필요가 있으며, 필요할 경우 다른 나라의 유사 단체들과 협력하여 해외 유대인의 복지를 위해 힘쓸 수 있어야 한다."[79]

1906년 2월 3일 저녁, 전국의 유대인 지도자들이 이 문제를 논의하기 위해 세컨드 애비뉴의 히브리자선연합 건물 회의실에 모였다. 여기에는 시프와 어퍼이스트사이드의 지도층을 비롯해 시카고 순회재판소 판사 줄리언 맥Julian Mack, 시오니스트 랍비 주다 매그니스Judah Magnes, 브나이 브리트의 아돌프 크라우스Adolf Kraus, 사이러스 설즈버거(그의 아들 아서 헤이스Arthur Hays는 아돌프 옥스의 외동딸과 결혼하여 〈뉴욕 타임스〉 발행인이 된다)도 참석했다.

분열된 미국 유대인 공동체를 대표할 위원회를 만들자는 구상은 논란을 불러일으켰다. 일부 참석자들은 사실상 유대인 로비 집단을 만들자는 이 제안이 오랫동안 이어진 악의적 비난, 즉 유대인들이 자신이 거주하는 나라에 충성하지 않고 별도의 민족으로서 '국가 안의 국가'를 이루고 있다는 주장을 자극할 수 있다고 우려했다. 그들은 미국 내에서조차 '유대인 문제'를 부추기게 되지 않을까 걱정했다. 하지만 러시아에서 계속되고 있는 위기는 미국 내 반유대주의 자극에 대한 두려움을 압도했고, 결국 위원회 설립 논의가 추진되었다.

시프는 중앙위원회 창설을 강력하게 지지했다. 그는 그런 조직이 생기면 자신에게 쏠린 책임의 일부를 덜 수 있을 것이라고 믿었다. 오데사 대학살 이후의 모금 활동은 시프와 다른 두 사람이 주도했는데, 그 과정에서 그는 깊은 회의감을 느꼈다. 그는 많은 수고를 마다하지 않았지만 감사를 받기는커녕, 기금이 어디에 어떻게 쓰였는지를 두고 불평이 잔뜩 쏟아졌기 때문이었다.

이날 회의와 몇 달간 이어진 논의 끝에 새롭게 '미국 유대인위원회American Jewish Committee'가 조직되었다. 향후 수십 년 동안 이 단체는 유대인들이 생존 자체를 위협받는 시대를 맞이하는 가운데, 유대인 박해에 맞서 싸우는 데 있어 독보적인 힘이 되었다. 그리고 시프는 처음 기대했던 것과 달리, 그 조직 안에서 책임을 내려놓기는커녕 오히려 핵심적인 지도자가 되었다.

전쟁의 여파로 위기의 먹구름이 세계로 퍼져나갈 때 시프는 미국에서도 걱정스러운 징후들을 감지했다. 산업화, 철도 건설, 기업 결합의 열기로 수년간 이어졌던 호경기가 내리막길에 들어서고, 막대한 부와 책임지지 않는 권력을 가진 거대 기업들에게 대중은 등을 돌리기 시작했다.

1904년 선거에서 승리한 후, 루스벨트는 매킨리 대통령 사망으로 잔여 임기를 수행하는 동안 시작했던 기업 개혁을 본격적으로 추진하겠다고 공언했다. 그는 독점적 결합을 해체하고 기업의 전횡을 뿌리 뽑겠다는 강력한 개혁 의제를 밀어붙였다. 1906년 초, 루스벨트는 폭로자 muckraker 라는 용어(당초 루스벨트는 이 표현으로 언론의 과도한 부정부패 보도를 비판하고자 했으나, 이후 개혁적 언론인을 상징하는 용어로 사용되었다. 대표적인 사례로 록펠러의 스탠더드오일의 독점을 고발한 아이다 타벨을 들 수 있다_옮긴이)를 처음 사용했던 연설에서 "정부는 주 간 사업이 있는 기업들에 대한 감독권을 행사해야 한다"고 선언했다. 그리고 핍스 애비뉴의 '백만장자들의 거리'로 불리는 대저택 밀집 지역에 서늘한 경고를 날렸다. "우리는 정당하게 벌어들인 재산과 부당하게 벌어들인 재산, 사회 전체에 기여하며 획득한 재산과 법의 테두리 안에서 최소한의 정직성만 지키며 비윤리적으로 얻은 재산을 구분해야 합니다. 물론 부당하고 비윤리적으로 벌어들인 재산을 자선에 쓴다고 해서 그 부를 형성한 잘못된 과정을 정당화하지는 못합니다."

시프도 기업의 전횡은 억제되어야 한다고 믿었지만 루스벨트 행정부가 어디까지 갈지에 대해서는 우려했다. 그는 대통령의 발언을 결코 가볍게 여기지 않았다. 러시아의 야만적 행태에 단호하게 대응해달라는 시프의 요구를 회피하면서 루스벨트가 인용했던 카우보이의 지혜는 그의 기업에 대한 경고 역시 결코 허언이 아니라는 것을 시사하고 있었기 때문이다.

17.

해리먼 제거 동맹

1907년 1월, 아이크 셀리그먼은 〈로스앤젤레스 타임스〉와 장시간 인터뷰를 가졌다. 그는 월스트리트의 부정한 속성과 허약한 미국 경제의 불안정한 상태에 대해 놀라울 정도로 솔직한 이야기를 쏟아냈다. 그는 검은색 코트에 줄무늬 바지를 입고, 구두 위에는 레몬색 덮개spats를 착용했으며, 마른 체형에 쉰한 살이라는 나이보다 더 늙어 보였다. 한때 대학 운동선수였던 모습은 희미하게만 남아 있었다.

"중요한 투기 세력들의 의도를 전혀 모르는 사람이 월스트리트에서 돈을 벌 기회를 잡을 수 있을까요?"라고 기자가 물었다.

아이크는 잠시 생각하더니 "돈을 벌 기회가 한 번이라면 잃을 기회는 네다섯 번쯤 될 겁니다"라고 대답했다.

시장을 뒤흔든 적도 있는 어느 유명한 투자자는 이렇게 말했습니다. 경쟁자들의 속내를 잘 아는 자신조차도 일곱 번 중 네 번 이기면 운이 좋은 편이라고요. 아무것도 모르는 사람, 즉 '어린 양lamb'이라 불리는 자는 왕들 사이에 낀 거지일 뿐이니, 내가 말한 이 가설을 잘 생각해보면 자신의 미래를 짐작할 수 있을 겁니다.

"부를 얻으려는 경쟁이 이제는 위험한 수준이 되어가고 있습니다." 그는 계속해서 말했다. "부자는 이제 말로는 만족하지 못합니다. 자동차를 가져야 하지요… 이 시류에 뒤처지지 않으려면 돈을 벌어야 합니다. 부자들의 광적인 부의 추구와 생활 방식은 사람들을 더 치열한 삶으로 내몰고 있고 모든 이들이 쫓기듯 살아가고 있습니다."[1]

의회 조사관들과 주 정부 조사단이 부를 향한 이 경쟁의 선두에 선 기업 거물들을 추적하는 일이 점차 늘어갔다. 골드만 삭스와 리먼 브라더스는 아직 상위권 미국 투자은행에 들지 못했기에, 당장은 이런 정치적 폭풍에서 한발 비켜나 있었다. 셀리그먼 역시 월스트리트 선두 그룹에서 점차 입지가 약해지고 있었고, 근래 들어 굵직한 사업을 따내지도 못해 논란에 휘말릴 일도 적었다. 하지만 쿤로브는 노던퍼시픽 사태 이후 루스벨트와 다른 정치인들이 매우 위험하다고 생각하는 탈선한 금융 권력의 상징이 되었다. 쿤로브의 가장 강력한 협력자인 해리먼은 논란을 몰고 다니는 인물이었다. 게다가 그는 논란이 생기면 회피하기보다 들이받는 성격이었다. 시프와 쿤로브는 해리먼과의 긴밀한 관계 탓에 한동안 의혹과 스캔들로 얼룩진 격동의 시기를 맞게 된다.

1906년 2월 26일, 평소 과묵하기로 유명한 쿤로브가 뜻밖의 발표를 내놓았다. 회사의 파트너들이 철도회사 이사직에서 일제히 사임하겠다는 내용이었다.² 기자들은 이 놀라운 소식을 추가 취재하기 위해 윌리엄가 52번지를 찾았지만 회사의 수석 파트너인 시프를 만날 수 없었다. 그때 그는 (직전에 이사직을 사임한) 유니언퍼시픽의 특별 열차를 타고 뉴욕에서 유타의 눈 덮인 평원을 지나 수천 마일 떨어진 서쪽으로 향하는 중이었다. 유니언퍼시픽은 시프 일행의 여정에 불편함이 없도록 하기 위해 이들의 식사 전담 승무원까지 동행시켰다. 이 여정에는 아내 테레즈, 조카 어니스트 시프, 인척인 노이슈타트 가족, 오랜 사업 파트너 헨리 버지와 그의 아내 에마가 동행했다. 이들은 샌프란시스코까지 가서 그곳에서 배를 타고 최종 목적지인 일본으로 갈 예정이었다.³

쿤로브는 10개가 넘는 철도회사의 경영에서 갑작스럽게 손을 뗀 이유에 대해, "파트너들이 회사의 본업을 충실히 수행하는 데 어려움을 겪고 있다"는 설명을 내놓았다. 하지만 이 해명은 납득하기 어려웠다. 쿤로브의 파트너들은 여전히 여러 은행, 신탁회사, 기타 기업들의 이사직은 유지하고 있었기 때문이다. 그들은 단지 철도회사에서만 물러났다. 시점 또한 의심스러웠다. 이 조치는 1년 가까이 시프와 그의 핵심 협력자인 해리먼을 괴롭혀온 스캔들 이후에 이뤄졌다.

사건은 미국 최대 보험회사 에쿼터블 생명보험Equitable Life Assurance Society의 경영권을 둘러싼 다툼에서 비롯되었다. 시프와 해리먼 모두 이 회사의 이사직을 맡고 있었다. 갈등은 사장 제임스 알렉산더James Alexander가 에쿼터블의 창업자 고故 헨리 B. 하이드Henry B. Hyde의 아들이자 대주주인 제임스 헤이즌 하이드James Hazen Hyde를 경영에서 배제하려고 하면서 시작되었다. 양측을 지지하는 파벌이 형성되었고, 이들 간의 다툼은 이사회 회의실을 넘어 뉴욕의 일간지 1면을 장식하는 스캔들로 비화했다. 양측은 서로의 비리를 기자들에게 흘리며 진흙탕 싸움을 벌였고, 이로 인해 사실상 규제가 없던 보험산업의 의심스러운 관행들이 드러났다. 논란이 일자 뉴욕주 의회는 특별위원회를 구성하여 조사에 착수했고, 로체스터 출신 공화당 상원의원 윌리엄 W. 암스트롱 William W. Armstrong이 위원회를 이끌었다.

보험회사들은 막대한 자산—에퀴터블의 자산 총액은 3억 8,000만 달러에 달했다—을 보유했기 때문에 점차 투자은행과 밀착된 관계를 형성했다.[4] 쿤로브와 J. P. 모건 같은 금융회사들은 일부 대형 거래를 추진할 때 보험회사 자금에 의존했고, 보험회사들은 또한 대형 기업들의 유가증권을 사들이는 주요 고객이기도 했다. 한편 보험회사 임원과 이사들이 회사 자금을 주식 투기와 사적인 투자에 유용하는 경우도 빈번했는데, 이는 결과적으로 보험계약자들의 예치금을 위험에 노출시키는 행위였다.

에퀴터블의 헨리 하이드는 회사의 자금으로 측근들에게 매우 유리한 조건의 대출을 제공했고, 이 자금은 그들의 사적인 투자 프로젝트로 흘러들어갔다. 또한 이들은 회사 돈을 유용하여 증권을 산 후 여기에 프리미엄을 얹어 회사에 되팔기도 했다.[5] 이러한 관행은 하이드가 사망한 후에도 지속되었는데, 그의 아들은 한 걸음 더 나아가 호화찬란한 파티에 회사 돈을 흥청망청 쓴 것으로도 알려졌다.

알렉산더와 제임스 하이드가 정면으로 충돌하기 전까지만 해도, 해리먼은 에퀴터블의 이사회에 참석하는 것 말고는 이 회사와 관계가 없었다. 하지만 사태가 일단락되었을 때 그는 이 스캔들의 주요 악당 중 하나로 떠올랐다. 훗날 오토 칸은 이 싸움에 뛰어들기로 한 해리먼의 결정에 대해 고개를 저으며 말했다. "그가 이 치열하고 적대적인 싸움에 뛰어들어야 할 이유가 전혀 없었다… 그런데도 그는 두 발 벗고 나서서 좌충우돌한 끝에, 결국 사태의 주역으로 가장 공격을 많이 받은 인물이 되었다."[6]

해리먼은 알렉산더의 경영권 장악 시도에 반대했지만, 하이드를 적극적으로 지지한 것도 아니었다. 그는 자신이 경영권을 갖는 것이 회사를 바로잡는 최선의 방법이라고 판단했다. 그리고 이 목표를 '해리먼다운' 방식, 즉 섬세함이라고는 전혀 없는 거친 방식으로 밀어붙였다. 암스트롱 위원회의 청문회에서 투자자 토머스 포천 라이언Thomas Fortune Ryan은 해리먼과의 잊을 수 없는 만남에 대해 증언했다. 그는 하이드가 회사를 더 이상 장악할 수 없다는 사실을 깨닫고는 조용히 에퀴터블 주식을 사들인 인물이었다. 그는 해리먼이 자신에게 주식의 절반을 넘기라고 사실상 명령하듯이 말했던 일을 회상했다. 라이언이 이를 거부하자, 해리먼은 정치적 영향력을 총동원해 그를 압박하겠다고 위협했다. 언론은 해리먼을 기업 약탈자로 묘사하면서, 그가 에퀴터블을 장악하려는 시도는 보험산업 전체를 철도산업에서처럼 지배하려는 야심의 첫걸음일지도 모른다는 관측을 내놓았다.[7]

에퀴터블 사태는 해리먼과는 다른 이유로 시프에게도 타격을 입혔다. 그는 쿤로브의 파트너이자 에퀴터블의〔이사회 산하〕재무위원회 위원이었는데, 쿤로브가 에퀴터블에 증권을 판매하면서 동시에 에퀴터블 재무위원회에서 이 증권 매입을 승인하는 역할을 하며 부당하게 이익을 취했다는 비판에 직면했다. 더욱이 시프와 그의 파트너들은 쿤로브가 에퀴터블에게 증권을 매각한 해당 철도회사의 이사들이었던 까닭에 윤리적 논란을 더욱 키웠다. 이러한 이해 충돌 문제로 인해 사라토가 출신의 뉴욕주 공화당 상원의원 에드거 브래킷 Edgar T. Brackett 은 시프를 에퀴터블 이사회에서 해임해달라고 뉴욕주 법무장관에게 청원했다.[8]

다급해진 시프는 서한을 보내 이 스캔들을 주시하고 있던 루스벨트 대통령을 안심시키려 했다. "저의 회사와 저는 비난받을 만한 어떤 일도 하지 않았으며, 에퀴터블과의 모든 거래 기록을 공개해도 좋을 정도로 떳떳합니다."[9]

시프는 자신에게 제기된 부정행위 의혹을 반박하기 위해 〈뉴욕 타임스〉의 아돌프 옥스에게도 연락해 자신의 입장을 옹호해달라고 요청했다. 10년 전, 〈뉴욕 타임스〉의 투자자이던 시프는 경영권을 넘길 사람을 찾던 신문 사주 측에 옥스를 추천하여 그가 인수할 수 있도록 도운 바 있었다.[10] 그 이후로 옥스는 시프가 종종 보내는 휘갈겨 쓴 편지에 익숙해졌다. 시프는 그런 식으로 자신이 원하는 신문 보도 방향을 일방적으로 전달하곤 했다. 대부분은 러시아와 루마니아에서 유대인들이 겪는 비극을 더 적극적으로 조명해달라는 요청이었지만 때로는 자신이 관여한 대형 거래의 비공식적인 배경과 맥락을 전하기도 했다. (예컨대 유니언퍼시픽 인수가 완료된 후 시프는 이 거래의 재무 정보를 자세하게 설명하면서 "이 거래의 규모는 사설로 다룰 가치가 있습니다. 이 정도 규모의 거래는 미국 역사상 전례가 없습니다"라고 덧붙였다).[11]

〈뉴욕 타임스〉의 발행인과 그 지면에 자주 이름이 오르내렸던 은행가의 관계는 때로는 불편했다. 1904년 10월, 에퀴터블 사건이 연일 여론의 도마 위에 오르던 시기, 두 사람은 쿤로브가 중개한 철도회사 거래 관련 기사로 심하게 충돌했다. 〈뉴욕 타임스〉는 특정 주주들이 약속받은 이권을 받지 못했다면서 "월스트리트가 어떤 거래 결과에 이렇게 실망했던 적은 없었다"고 보도했다. 비록 쿤로브의 이름이 언급되지는 않았지만 에퀴터블 사태로 이미 명예에 상처를 입은 시프는 이 보도를 몹시 불쾌하게 받아들였다. 그는 그 신문에서 해당 기사를 오려내 옥스에게 보냈고, 함께 보낸 메모에는 "우리 회사의 선의를 겨냥한 무분별하고 전혀 정당화될 수 없는, 심지어 명예훼손일 수도 있는 공격"이라고 맹비난했다. 또한 "당신에게 호의를 베푼 이는 결국 어느 시점엔가 〈뉴욕 타임스〉에서 험한 소리를 듣게 되는 일이 흔하다는 건 누구나 아는 사실입니다"라고 적었다. 이에 분노한 옥스 역시 같은 날 답장을 보냈다. "당신이 화가 났더라도 나에게 그런 편지를 쓸 정도로까지 이성을 잃었다는 사실이 충격적이고 놀라울 뿐입니다."[12]

그 후 몇 달 동안 두 사람은 사교 모임에서 서로를 거의 무시하다시피 했다. 마침내 시프가 먼저 화해의 손길을 내밀며 옥스에게 이렇게 썼다. "우리가 종종 마주칠 때마다 서로 모르는 사람처럼 대해야 하는 것은 저에게도 당신에게도 고통스럽고 불쾌한 일일 것이라고 생각합니다. 우리 사이가 소원해진 원인을 되짚어볼 필요는 없겠지만, 당신만 괜찮다면 저는 예전의 관계를 회복하고 싶습니다."[13]

이렇게 그들이 화해한 지 겨우 한 달이나 지났을까, 시프는 에퀴터블 스캔들에 대해 다소 날선 어조로 옥스에게 편지를 썼다. "〈뉴욕 타임스〉는 저를 향한 이런 공격에 대해 저를 옹호하는 어떤 변론도 하지 않을 생각입니까?" "저는 이러한 비난이 불공정하고 경솔하다는 것을 다들 알고 있다고 생각합니다. 하지만 제 입으로 스스로를 변호하지는 않을 겁니다. 만약 존경받는 언론이 의롭고 정직하게 살려고 애쓰는 사람의 명예가 더럽혀져도 그저 방관한다면… 그 책임은 언론과 그 언론이 대변하는 여론에 있습니다."[14]

다음 날 〈뉴욕 타임스〉에는 시프에게 우호적인 논조의 사설이 실렸다. "시프를 에퀴터블 경영에서 전면 배제하고 영향력마저 없애야 한다는 주장은 부당해 보인다. 그것은 과도한 조치로 보인다."

사설은 이렇게 덧붙였다. "시프 씨는 이 거대한 금융 중심지에서 손꼽히는 금융가 중 한 사람이다. 그의 경험, 능력, 시장에 대한 통찰력, 청렴함을 고려하면, 그가 어떤 금융회사가 되었건 이사회 임원으로서 꽤 바람직한 구성원이 될 것이라고 생각한다."[15]

그럼에도 불구하고 스캔들을 둘러싼 비난 여론이 거세지자 시프는 결국 에퀴터블 이사회에서 물러났다. 곧 해리먼도 그 뒤를 따랐다.

1905년 9월 말, 시프는 뉴욕주의 암스트롱 위원회에 출석하여 찰스 에번스 휴즈Charles Evans Hughes의 질의를 받았다. 대중의 관심이 쏠린 이 위원회에서 활약한 덕분에 휴즈는 승승장구하기 시작하여 훗날 뉴욕 주지사, 국무장관, 연방 대법관에까지 올랐다. 시프는 이렇게 증언했다. "저는 에퀴터블 생명보험의 이사로서 어떤 잘못된 행동을 의도적으로 저지른 적은 없습니다. 다만 어떤 걸 하지 않았다는 점에서 잘못이 있을 수는 있겠지요. 그것은 결과적으로 그렇게 된 것일 뿐, 악의가 있었던 것은 아닙니다. 저는 절대 양심에 어긋나는 일은 하지 않았습니다." 그는 지난 5년 동안 쿤로브를 통해 에퀴터블 생명보험에 주식과 채권 3,300만 달러를 판매한 사실을 인정했다. 이는 해당 기간 에퀴터블이 매입한 유가증권의 1/6에 해당하는 규모였다. 동시에 그는 그 숫자의 맥락을 설명하기 위해 자신의 회사가 수행한 더 큰 거래 실적도 공개했다. 1900년부터 1905년 사이에 쿤로브는 14억 달러에 달하는 유가증권을 시장에 공급했다는 것이었다.[16]

위원회는 다음 해 초, 보험산업의 전면적인 개편을 요구하는 보고서를 내놓았다. 보고서는 보험회사와 그 회사 이사들이 투자할 수 있는 자산 유형을 엄격하게 제한하고, 이들이 이해상충이 있는 투자에 참여하지 못하도록 하라고 권고했다. 위원회의 결론은 1906년 2월 22일 조간신문에 보도되었다. 이날은 시프의 자녀들과 손자들이 핍스 애비뉴 965번지에 모여 극동 여행을 떠나는 시프와 테레즈를 배웅하던 날이기도 했다.[17] 나흘 후, 쿤로브는 파트너들이 철도회사의 이사회에서 물러나겠다고 발표했다. 이는 분명히 에퀴터블 사건에 대한 반응이었다. 이 사건으로 시프와 쿤로브의 파트너들이 철도와 얽힌 이해상충 문제로 도마 위에 올랐기 때문이다. 하지만 이 결정은 동시에 미래를 내다본 조치이기도 했다. 루스벨트 행정부가 탈선한 철도산업을 겨냥한 새로운 규제 정책을 시작하려는 상황이었기 때문에, 쿤로브로서는 향후 불거질 수 있는 이해상충 논란을 미리 차단하는 선제적 대응에 나선 셈이었다. 너새니얼 로스차일드 경은 파리의 사촌에게 보낸 편지에서 시프의 여행 시점이 절묘하다고 언급했다. 그는 시프가 "마땅히 누릴 만한 휴가"를 떠나는 덕분에 "루스벨트 대통령의 철도 관련 조사를 피해 뉴욕을 떠나 있을 수 있는" 명분이 생겼다며 은근히 빈정거렸다.[18]

루스벨트 대통령은 제멋대로 구는 철도 재벌들을 휘어잡겠다고 결심하고, 한때 무력했던 규제기관인 주간통상위원회Interstate Commerce Commission, ICC를 활용하기 시작했다. 1906년 초부터 ICC는 철도 요금, 합병, 기타 업계 관행에 대한 청문회를 열기 시작했다. 이 조사는 철도 패권을 쥐고 있는 시프의 파트너에게로 초점이 좁혀지게 된다. 바로 해리먼이었다.

해리먼은 주변에 위험 요소들이 늘어나고 있다는 사실을 감지하지 못한 채, 자신의 경력을 통틀어 가장 야심찬 계획에 몰두해 있었다. 그는 이미 미국 전역에 거미줄처럼 뻗어 있는 4만 킬로미터에 이르는 미국 최대의 철도망을 장악하고 있었다. 하지만 그의 구상은 이보다 훨씬 더 컸다. 그는 세계를 둘러싸는 글로벌 운송 제국을 꿈꾸고 있었다.

러일전쟁에서 일본이 승리하고, 시프가 일본 정부와 돈독한 관계를 맺게 되면서 해리먼은 자신의 계획을 실현할 수 있는 기회를 엿보게 되었다. 포츠머스 회담의 결과, 일본은 러시아로부터 (조건부 협정으로) 중국 동북부 끝에 위치한 하얼빈에서 랴오둥반도 남쪽 끝의 뤼순까지 이어지는 동청철도 남부 지선의 이권을 획득했다. 해리먼은 일본이 남만주철도로 이름을 바꾼 이 철도의 운영권을 확보하는 것이 자신의 비전을 실현할 첫 단계라고 보았다. 그는 일본 주재 미국 공사 로이드 그리스컴 Lloyd Griscom 의 눈이 휘둥그레지게 만들 만큼 큰 포부를 밝혔다. "내가 일본으로부터 남만주철도 운영권을 확보할 수 있다면 러시아로부터 동청철도를 사들이고 시베리아 횡단철도를 따라 발트해까지 이어지는 노선을 만들 것입니다. 그리고 미국까지 운항하는 증기선 노선을 만들면 미국 대륙 횡단철도와도 연결되고, 태평양 연안에서 퍼시픽메일 Pacific Mail (19세기 후반~20세기 초 미국-아시아 항로의 대표적인 증기선 회사_옮긴이) 증기선과 일본의 태평양 횡단 증기선들에 연결할 수 있습니다. 이건 세계에서 가장 경이로운 교통 체계가 될 겁니다. 우리는 지구를 한 바퀴 두르게 될 겁니다."[19]

해리먼은 자신의 구상을 실행에 옮기기 위해 지체없이 나섰다. 1905년 8월 중순, 러시아와 일본의 평화 협상단이 휴전 조건을 최종 마무리하고 있을 무렵, 그는 요코하마로 향했다. 시프와의 관계 덕분에 그는 일본의 유력 인사들을 접촉할 수 있었고, 그해 가을 일본 정부와 남만주 철도 공동 소유에 대한 잠정적인 합의를 맺고 미국으로 돌아왔다. 하지만 이 거래는 곧 무산되었다. 해리먼이 출발하고 며칠 뒤, 고무라 주타로 외무대신이 포츠머스 협상을 마무리 짓고 일본으로 돌아왔다. 그는 철도 양도에 대한 세부적인 사항은 철도가 통과하는 중국과 협의해야 하는 사안이므로 해리먼과의 제휴는 시기상조라고 지적했다. 이 거래는 정치적인 이유에서도 현명하지 않아 보였다. 포츠머스 조약으로 일본이 배상금 확보에 실패하자 일본 국민들은 분노했고 도쿄에서 폭동이 일어났다. 이 와중에 일본이 얻어낸 몇 안 되는 실질적 전리품 중 하나인 철도 이권을 미국의 철도 거물에게 넘긴다면, 민심을 더욱 자극할 우려가 있었다. 샌프란시스코로 돌아가며 세계적 운송 제국을 만들기 위한 경영 전략을 구상하던 해리먼은 일본 정부로부터 전보 한 통을 받았다. 거래를 보류한다는 내용이었다.

몇 달 뒤 시프는 일본으로 향했다. 휴가도 보내고 지난 2년간 쌓아온 사업 인맥도 다지기 위한 여행이었다. 시프 일행은 1906년 3월 25일, SS 만추리아Manchuria호를 타고 떠난 지 17일만에 요코하마에 도착했다.

시프는 일본에서 유명인사처럼 열렬한 환영을 받았다. 그가 머문 6주 동안, 현지 언론은 그의 일거수일투족을 거의 매일같이 기사로 다뤘다.[20] 시프는 외교관과 고위 당국자, 금융가 등이 주최하는 축하연이나 만찬에 날마다 참석했고, 고위급 회담 하나가 끝나면 다음 회담이 계속 이어졌다. 해리먼을 대신해 시프는 남만주철도 문제를 다시 궤도에 올려보려 노력했다. 그는 다카하시 고레키요와 함께 일본 총리를 만났고, 철도 문제를 포함한 일본의 금융 현안 전반에 관해 두 시간 넘게 논의했다. 시프는 일기에 "총리는 내가 제시한 견해에 긍정적인 반응을 보였다. 특히 만주철도의 자금을 어떻게 조달하고 일본과 중국이 이 철도를 어떻게 관리할 것인가의 문제를 전향적으로 생각해보겠다고 나에게 확언했다"고 썼다.[21] 하지만 일본의 관료 조직이 움직이지 않아 어떤 실질적인 진전도 이루어내지 못했다.

시프는 이 방문 동안, 훗날 일본의 부상에 핵심적인 역할을 하게 되는 거의 모든 정계 인사들과 교류하며, 이제 막 본격적인 산업화에 들어간 일본과 쿤로브의 유대를 더욱 공고히했다. 특히 그의 친구 다카하시는 이후 재무대신이 되고 두 번이나 총리를 지내게 된다. 하지만 가장 중요한 만남은 일본에 도착한 며칠 후에 이루어졌다. 그는 황궁으로 들어가 메이지 천황을 알현했다. 메이지 천황은 일본을 고립된 막부 체제에서 자본주의 신흥 강국으로 탈바꿈시킨 장본인이었다.

시프는 이 만남을 이렇게 회고했다. "천황께서 손을 내밀며 일본에 온 것을 환영한다며, 국가적으로 중요한 시기에 도움을 준 데 대해 직접 감사를 전할 수 있어 기쁘다고 말씀하셨다. 나는 내가 한 일에 비하면 과찬의 말씀이며, 처음부터 나와 동료들은 일본의 대의가 정의롭다고 믿었고 그런 생각을 실제 행동으로 옮길 기회를 기꺼이 받아들였을 뿐이라고 말했다." 천황은 시프에게 욱일장 Order of the Rising Sun 을 수여했다. 그전 해에 받은 훈장보다 높은 등급으로, 일본 정부가 수여하는 최고 훈장 중 하나였다.

시프를 향한 일본의 감사는 지배층에만 한정되지 않았다. 어느 날 도쿄의 한 치과를 방문했을 때 그는 이를 실감했다. 임시로 시프의 치아를 때운 후 치과의사는 처음에는 진료비를 받지 않으려 했다. 시프는 "일본 전역에서 나에 대해 들어본 사람들은 나에게 어떤 식으로든 도움을 주고 싶어 한다. 이들의 감사와 따뜻한 마음은 정말 감동적이었다"라고 일기에 썼다.[22]

시프에 관한 전설은 일본 국민의 기억에 깊이 아로새겨졌다. 시프가 세상을 떠난 지 70년이 지난 후에도 쿤로브 파트너들은 일본 은행가들로부터 여전히 경외의 대상으로 대접받았다.[23] 1972년, 일본에 주둔 중이던 미 공군 군목 한 명은 시프의 손녀 돌리 시프Dolly Schiff에게 편지를 보내, 일본에서 할아버지 이름이 갖는 특별한 영향력에 대해 전했다. "일본에서 보낸 지난 4년 동안, 제이컵 시프라는 이름이 제게 얼마나 특별한 의미였는지 글로 다 표현하기 어려울 정도입니다."

그 이름은 혹한의 최북단 와카나이에서 최남단 규슈에 이르기까지 사람들의 문과 마음을 열어주는 부적이었습니다. 3년 전, 홋카이도의 아이누(원주민) 마을을 방문했을 때였습니다. 제가 공군 제복을 입고 있는 것을 보고 몇몇 일본 학생들이 나를 비하하는 듯한 말을 했습니다. 저는 그들에게 다가가 말했습니다. "와타시와 유다야진데스―나는 유대인입니다." 그러자 그들은 즉시 조용해졌습니다. 그리고 제이컵 시프와 같은 민족이라는 말도 덧붙였지요. 그러자 그들은 곧 "만세"를 세 번 외쳤습니다. 그다음에는 저에게 탄산음료를 대접했고 마을과 박물관을 구경시켜주었습니다. 모든 비용은 그들이 지불했습니다.[24]

2012년, 제이컵 시프의 증손자 데이비드 시프는 뉴욕 주재 일본 영사관의 차석 공사로부터 뜻밖의 편지를 받았다. 그는 자신을 소개하면서 만나기를 청했다. "러일전쟁이 한창일 때 귀하의 증조부께서 일본 국민에게 보여주신 친절을 일본은 결코 잊지 않고 있습니다. 국가적 위기의 순간에 귀하의 증조부께서는 위험을 무릅쓰고 우리 국민과 정부에 믿음을 보여주셨습니다. 우리는 이에 영원히 감사할 것입니다."[25]

시프의 명성은 일본인들의 유대인에 대한 시각에도 뜻밖의 영향을 미쳤다. 이는 《시온 장로 의정서》에 담긴 허위 내용처럼, 유대인의 금융 권력에 대한 과도한 평가를 강화하는 방식으로 작용하기도 했다. 시프가 일본에 남긴 이 복합적인 유산은 제2차 세계대전을 앞둔 시기에 가장 극명하게 드러났다. 이 시기 일본은 유럽을 탈출한 유대인 난민 수천 명에게 피난처를 제공하여 많은 생명을 구했다. 일본의 친유대인 정책은 일본 정부 내 이른바 '유대인 전문가'들의 관점에서 비롯된 것이기도 했다. 이들은 유대인이 세계 지배를 목표로 한다는 음모론을 믿었다. 그래서 일본이 유대인 난민을 수용함으로써 세계 금융의 지렛대를 통제하는 소위 비밀 국제 금융 네트워크에 일본을 우호적인 국가로 인식시키고, 유대인의 영향력을 이용하여 자신들의 제국을 건설하겠다는 야망을 가졌던 것이었다.[26]

1906년 5월 18일, 시프 일행이 귀국을 위해 증기선에 올랐을 때, 일행은 넷이 늘어나 있었다. 새로 합류한 사람들은 다카하시의 15세 딸 와키코, 그녀의 가정교사, 장난기 많은 일본산 스패니얼 후지와 키티였다. 일본에 오고 얼마 되지 않았을 때, 다카하시 가족과 만난 자리에서 시프는 무심코 와키코에게 "언제 미국에 와보고 싶지 않니?"라고 물었다. 다카하시와 딸은 이 인사치레 발언을 진지하게 받아들였다. 프리다 시프가 회고록에 적은 바에 따르면, 다음 날 다카하시는 시프의 호텔로 찾아와 "아내와 저는 와키코를 초대해주신 데 대해 이야기를 나누었습니다. 일본에서는 어린 딸이 집을 떠나는 일이 흔치 않습니다만, 매우 흔치 않은 초대를 해주셨기에 딸이 2년 정도 방문하도록 허락하려고 합니다"라고 말했다. 시프는 내심 당황했지만, 말을 번복해 서로 곤란해지기보다는 다카하시의 결정을 그대로 받아들이는 편이 낫다고 판단해 감정을 잘 숨겼다. 하지만 아내 테레즈는 처음에 이 소식을 듣고 화가 났다. 영어도 못하고 미국 문화도 전혀 모르는 10대 소녀를 돌보는 상황이 되었기 때문이었다. 시간이 지나면서 와키코는 시프 가족의 소중한 일원이 되었다. 와키코는 시프를 '아저씨', 테레즈를 '이모'라고 부르면서 거의 3년을 지낸 후 일본으로 돌아갔다.[27]

성공적인 일본 여행을 마치고 돌아온 시프에게 미국의 상황은 다소 충격적이었을 것이다. 워싱턴의 백악관에서부터 중서부의 시골 마을에 이르기까지 전국적으로 거대 기업에 대한 대중적 반발이 거세지고 있었다. 업턴 싱클레어 Upton Sinclair는 얼마 전 시카고의 육가공 공장에서 착취당하는 이주 노동자의 삶을 생생하게 묘사한 소설 《정글 The Jungle》을 출간했는데, 이 책이 전국적으로 엄청난 반향을 일으켰다. 노동운동도 노조 가입자가 수백만 명으로 늘어나며 전례 없이 큰 정치적 영향력을 행사하기 시작했다. 미국노동총연맹 AFL 의장 새뮤얼 곰퍼스 Samuel Gompers는 1906년 중간선거를 앞두고 노조원들에게 "친구들에게는 보답하고" "적을 벌하자"며, "정의 구현을 위한 전쟁을… 정치로 깊이 끌고 가자"고 호소했다.[28] 의회는 기업의 횡포를 막기 위한 각종 법안을 검토 중이었고, 시프가 귀국한 다음 날인 1906년 6월 9일, 상원에서 틸먼법 Tillman

Act을 통과시켰다. 이 법은 기업이 선거에 정치 자금을 기부하는 것을 금지하는 내용을 담고 있었다. 몇 주 후, 루스벨트는 향후 중대한 영향을 미칠 두 개의 규제 법안에 서명했다. 하나는 싱클레어 소설의 영향으로 만들어진 순수식품및의약품법Pure Food and Drug Act 으로, 훗날 식품의약국FDA 의 설립으로 이어졌다. 다른 하나는 헵번법Hepburn Act으로, 주간통상위원회의 규제 권한을 크게 강화하고 철도 요금을 직접 결정할 수 있는 권한을 부여한 법이었다.

곧바로 해리먼은 강력해진 주간통상위원회의 표적이 되었다. "문제를 자초하는 자신의 재능을 이번에도 유감없이 발휘하여 그는 철도법 개혁을 둘러싼 논란의 중심 인물이 되고 말았다"고 오토 칸은 회고했다.²⁹ 해리먼과 루스벨트 대통령 사이가 틀어진 직후 위원회의 집중 조사가 시작되었기에 해리먼과 그 측근들은 이를 결코 우연으로 보지 않았다. 두 사람의 우호적인 관계는 루스벨트가 뉴욕 주지사였을 때부터 시작되었다. 루스벨트 행정부가 노던 증권 규제에 착수했을 때에도 관계는 나쁘지 않았다. 대통령은 정치적 야망을 실현하기 위해 필요한 부유한 기업가들을 가까이 두는 동시에, 반기업적 언사와 행동으로 그들을 압박하는 데 특별한 재능을 보였다. 해리먼 역시 백악관에 전적으로 신뢰할 수는 없어도 그나마 우호적인 인물을 두는 것이 이익이라고 생각했다.

하지만 두 사람은 1904년 선거를 몇 주 앞두고 결국 결별한다. 이때 루스벨트는 뉴욕주 공화당의 선거 자금이 바닥나면서 공화당 후보들이 위기에 처했다는 사실을 알게 되었고, 자신의 텃밭인 뉴욕주에서조차 굴욕적인 패배를 당할까봐 전전긍긍했다.³⁰ 그는 해리먼을 불러들였고 해리먼은 지원을 약속했다. 해리먼은 자신의 돈 5만 달러를 포함하여 총 25만 달러를 모금하여 뉴욕에서 공화당 후보들에게 큰 도움을 주었다. 해리먼은 그 대가로 루스벨트에게 상원의원 임기가 거의 끝난 친구 디퓨를 프랑스 대사로 임명해달라고 부탁했다. 해리먼에 따르면 루스벨트는 그렇게 하겠다고 해놓고 약속을 지키지 않았다고 한다. 루스벨트가 헵번법을 밀어붙이며 철도 요금 규제를 강화하려고 하자 해리먼의 분노는 더욱 커졌다. 해리먼은 한동안 침묵을 지켰다. 하지만 1906년 선거 기간에 공화당의 하원 선거 책임자인 뉴욕주 하원의원 제임스 셔먼이 찾아와 선거 자금 지원을 요청하자, 루스벨트의 배신을 상기시키면서 공화당에는 한 푼도 주지 않겠다고 거절했다.

셔먼은 해리먼과 만난 결과를 루스벨트에게 전했고, 루스벨트는 장장 6페이지 분량의 편지를 써 해리먼에게 전달하라고 했다. 편지에서 루스벨트는 해리먼에게 뉴욕 공화당을 구제할 자금을 모아 달라고 요청한 사실을 부인하고, 해리먼을 "고질적인 부패 인사"라고 비난했다. 루스벨트는 계속해서 해리먼은 미국에서 가장 급진적인 좌파 선동가이자 사회당 대표인 유진 뎁스Eugene Debs만큼이나 "바람직하지 않은 시민"이라고 표현했다. 루스벨트는 한 공화당 상원의원에게 "해리먼과 그 측근들의 진짜 문제는 연방정부의 어떤 결정에도 자신들이 아무런 영향력을 행사할 수 없다는 사실을 깨달았다는 점이요. 이들은 복수를 하기 위해서라면 거짓말이든 뇌물이든 어떤 수단도 마다하지 않을 사람들입니다"라고 생각을 털어놓았다.[31]

해리먼은 고분고분하지 않은 성격 탓에 많은 적을 만들었다. 해리먼을 잘 알고 이해하는 몇 안 되는 월스트리트의 금융가 중 하나인 칸은, 해리먼을 혐오하는 사람들을 "해리먼 제거 동맹"이라고 불렀다. 칸은 이들이 "루스벨트 대통령의 마음을 해리먼에게서 돌아서게 만든" 장본인이며, 그 결과 대통령은 해리먼을 "자신의 도덕적 감각이 가장 혐오하는 모든 것을 구현한 인물이자 애국적 사명감으로 폭로하고 제거해야 하는 특권층의 전형"으로 보게 되었다고 주장했다.[32]

1906년 선거가 끝나고 사흘 뒤, 신문은 주간통상위원회가 해리먼의 철도 사업에 대한 조사에 착수할 계획이라고 일제히 보도했다. 쿤로브 역시 이 조사를 피해 갈 방법은 없었다.[33] 이듬해 초, 본격적으로 조사가 시작되었고, 칸이 "해리먼 경력의 위기"라고 부른 사태도 시작되었다. 칸은 해리먼이 그의 원대한 야망 때문이건 흔치 않은 판단 실수 때문이건 간에 유니언퍼시픽 경영에서 "한 가지 심각한 실수"를 저질렀고, 바로 그 실수가 정부의 공세를 촉발하는 데 일조했다고 회고했다. 대법원이 노던증권의 해체 명령을 내린 후, 해리먼은 결국 유니언퍼시픽이 보유하던 그레이트노던과 노던퍼시픽 주식을 처분하기로 결정했다. 시프와 함께 적대적 인수를 시도한 이래 이 철도회사들의 주가는 크게 올라 있었다. 그는 이 매각 대금으로 또 다른 7개 철도회사 주식을 대량으로 사들였다. 그 결과 유니언퍼시픽은 막대한 배당 수입을 꾸준하게 받을 수 있었고, 동시에 해리먼은 이 철도회사들의 경영에 목소리를 낼 수 있게 되었다. 하지만 이는 루스벨트 행정부가 근절하려 했던 바로 그런 유형의 담합 행위로 비칠 수 있었다.[34]

1907년 2월 말, 칸과 해리먼은 주간통상위원회에 출석했다. 칸은 온화하고 세련된 어조로 증언한 반면, 해리먼은 도전적이고 거침없었다. 위원회는 해리먼의 연쇄적인 철도회사 인수를 집중 추궁했다. 어디가 끝인가? 얼마나 더 갖고 싶은가?

해리먼은 거침없이 답했다. "만약 ICC가 막지 않는다면 나는 살아 있는 한 계속할 것입니다."

프랭클린 레인Franklin Lane 위원이 한발 더 나아가 캐물었다 "당신이 가진 권력이 회사를 하나씩 인수할 때마다 커져서, 결국에는 태평양 연안뿐만 아니라 동부 해안까지 확장하는 거 아닌가요?"

"맞습니다. 여러분의 조직도 힘이 점점 커지지 않았습니까?"[35]

해리먼은 〈월스트리트 저널〉 기자를 붙잡고 "후진적이던 미국의 철도산업을 발전시킨 대가가 감옥행이라면 어쩔 수 없지요. 철도를 발전시키지도 못할 자들의 결말은 빈민구제소일 텐데 그보다 차라리 감옥이 낫지요"라고 말했다.[36]

ICC의 조사가 시작될 때 마침 미국의 금융 환경은 나빠지고 있었다. 몇 해 전까지만 해도 미국은 마치 아드레날린이 분출된 듯 번영을 누렸다. 주가는 치솟았고 1904년에서 1906년까지 2년 사이에 다우존스 산업평균지수는 두 배가 되었다. 월스트리트에는 또다시 투기 열풍이 휘몰아쳤다.

이런 상황의 끝이 늘 그렇듯 좋을 리가 없었다.

월스트리트의 투기 열풍은 미국의 금융 시스템에 점점 더 많은 부담을 지웠다. 시프는 이미 1년 전부터 불길한 징조를 감지했다. 1906년 초에 극동으로 출발하기 한 달 전, 그는 뉴욕 상공회의소에서 열린 한 회의에서 경제 상황이 심각하다고 경고했다. 그는 "뉴욕의 시장 상황은 어떤 문명국보다도 더 수치스러운 수준"이라고 지적했다. 금리는 극심하게 요동치며 최고 125퍼센트까지 치솟았다. 이런 혼란의 원인은 미국의 "경직적인" 통화 공급, 즉 통화량이 사실상 고정되어 있기 때문이라고 시프는 지적했다. 이는 주요 금융 강국 중 미국만의 특징이었다. 다른 나라들은 중앙은행이 통화량을 탄력적으로 조절하며 경제 상황에 대응하고 있었다. 시프는 만약 루스벨트가 철도 요금 규제에 쏟았던 에너지의 일부만이라도 통화 개혁에 쓴다면 "미국의 실물 경제는 앞으로도 오랫동안 안전할 수 있을 것"이라고 강조했다.

"나는 카산드라 같은 역할을 하고 싶지 않지만, 제 말을 명심하십시오"라고 그는 경고했다. "만약 이 상황이 조속히 바뀌지 않는다면 공황이 일어날 것이며, 지금까지 겪은 세 번의 공황은 그에 비하면 어린애 장난처럼 보일 겁니다."

이 발언은 월스트리트의 장 마감 한 시간 전에 나왔다. 시프의 통화 개혁 촉구—그렇지 않을 경우에 닥칠 위기 경고—는 폐장을 앞둔 증시를 곤두박질치게 했다.[37]

그는 미국의 금융 환경이 악화되는 가운데 일본에서 돌아왔다. 1906년 전반기에만 주가가 거의 20퍼센트 하락했다. 이어 헵번법이 통과되어 철도 관련 주들이 큰 타격을 입었다. 시프는 파트너들에게 새로운 거래를 피하라고 경고했다. 그는 폴 워버그에게 "지금은 어떤 식으로든 우리 자산을 어딘가에 묶어두면 안 되네. 전 세계적으로 금융 상황이 너무 불확실하고, 특히 이곳에서는 기업을 겨냥한 여론이 너무 불리해서 내일 당장 어떤 일이 일어날지 아무도 알 수 없거든"이라고 말했다.[38]

시프는 해리먼을 향한 공공연한 공격을 우려의 눈으로 지켜보았다. 철도회사를 향한 반감은 루스벨트의 기업 공격이 거세지면서 점점 심해졌고, 이 은행가의 걱정도 커졌다. 그는 카셀에게 루스벨트 행정부 아래에서는 "많은 재산은 금기시되고… 부가 가져오는 영향력과 권력은 국가에 위험한 것으로 치부되어 지속적으로 공격받고 있다"고 불만을 터뜨렸다.[39] 정부는 이제 직접 철도 운임을 결정하겠다고 주장한다. 정부의 규제 공세는 어디까지 갈 것인가?

1907년 2월 해리먼과 칸이 ICC에서 증언할 무렵, 시프는 루스벨트와 비공개 만남을 가졌다. 대통령은 "시프 씨, 저는 누구에게도 복수하려는 마음은 없습니다. 다만 우리가 과거의 (대형 철도회사들이 저지른) 담합, 가격 조작, 정치 개입 등의 횡포로부터 앞으로는 확실히 보호받을 수 있도록 하려는 것뿐입니다"라고 단호하게 말했다.[40]

1907년 3월, 미국 증시는 10퍼센트 가까이 급락했다. ICC의 조사를 받던 유니언퍼시픽 주가는 어느 날엔가는 20달러 넘게 떨어졌다. 이 사태는 "조용한 붕괴" 혹은 "부자들의 공황"으로 불렸고, 처음에는 월스트리트에 국한된 것으로 여겨졌다. 일부 은행가들은 이 사태가 실물 경제까지 번지지는 않을 것으로 예측했다.

시프는 회의적이었다. 그달 말 그는 대통령에게 편지를 보내 "우리는 이제 이론이 아닌 현실을 마주하고 있습니다. 상황이 너무 급변하고 있을뿐더러 단지 심각한 수준 이상입니다. 지금 당장 이 문제를 신중히 다루지 않는다면 분명 나라 전체가 큰 고통을 겪게 될 것입니다."[41]

7월에 ICC는 해리먼과 유니언퍼시픽에 대한 조사 결과를 발표했다. 〈새터데이 이브닝 포스트〉가 보도했듯이, 보고서는 해리먼을 해적질하는 '철도 독재자'로 신랄하게 묘사했다. 해리먼의 철도업계 경쟁자들은 기쁨을 감추지 못했고, 한 철도회사 사장은 해리먼의 공개적인 망신에 "매~우 기쁘다"고 말을 길게 늘여 표현하기도 했다.[42]

광범위한 조사를 진행하던 과정에서 ICC는 해리먼이 쿤로브와 함께 추진했던 한 거래에 특히 주목했다. 1899년의 시카고올턴철도 Chicago & Alton Railroad 인수 건이었다. 이 철도는 중서부의 중간 규모 노선으로 수익은 안정적이었지만 현대화가 필요한 상태였다. 위원회는 이 거래를 "변명의 여지가 없는 부당한 금융 관행"의 대표적인 사례로 지목하고, 이 철도회사를 "착취"한 배후로 해리먼을 지목했다.[43] 구체적으로 위원회는 해리먼과 그 측근들이 현대의 기업 사냥꾼들이 쓰는 것과 유사한 전술을 사용하여 한때 건전했던 철도회사를 약탈했다고 지적했다. 해리먼 일당은 올턴철도를 인수한 후 배당률을 세 배 이상 높여 30퍼센트에 달하게 만들었고, 이를 통해 회사 자금 700만 달러를 인출했다. 또한 위원회는 이들이 올턴의 증권을 시가보다 낮은 가격으로 인수했고 회사를 과잉자본화(수익 능력에 비해 과도한 주식과 채권을 발행_옮긴이)하며 막대한 이익을 챙겼다고 결론 내렸다.

올턴철도 인수는 해리먼이 주도한 어떤 사업보다도 그의 평판에 큰 타격을 입혔다. 심지어 노던퍼시픽 주식 공매도 사태보다도 그랬다. 이 사건으로 해리먼은 만화에서 튀어나온 듯한 탐욕스러운 악덕 자본가로 여겨지게 되었고, 동시대의 제이 굴드가 되었다. 해리먼의 공식 전기 작가인 조지 케넌은 훗날 오토 칸의 도움을 받아 해리먼의 올턴철도 인수를 옹호했다. 그는 이 "오해받은" 거래에 관한 긴 논문에서 해리먼과 그의 동료들이 거둔 이익은 그리 크지 않았으며, 특정 투자자들에게 낮은 가격에 채권을 판 이유는 시장을 활성화하려는 목적이었다고 주장했다.[44] 하지만 케넌의 치밀하고 꼼꼼한 분석도 해리먼의 악당 이미지를 걷어내지 못했다.

루스벨트는 해리먼과의 갈등이 공개적으로 불거지자 반反해리먼 정서를 더욱 부추겼다. 그는 1907년 8월 말 연설에서 "막대한 부를 쌓은 악당들"이 금융 위기를 조작하여 자신의 정책을 좌초시키려 한다고 비난했다. 이름을 거론하지는 않았지만 "약탈적 자본가들" 중 1순위가 해리먼이라는 건 누구나 알 수 있었다.[45]

"해리먼에 대한 일종의 히스테리가 전국을 휩쓸었다"고 칸은 기억했다. "그는 자본주의적 탐욕, 죄악, 무법"의 끔찍한 본보기로 매도되고 비난받았다.[46]

루스벨트의 연설이 있은 지 두 달 후, 잠깐 동안의 안정기가 끝나고 시프가 예고했던 대로 주식시장이 폭락세에 접어들었다. 유나이티드코퍼United Copper Company 주식을 매점하려는 계획이 실패하면서 폭락이 촉발되었고, 도미노처럼 연쇄적인 금융 혼란을 일으켰다. 예금자들의 인출이 늘어나며 니커보커신탁Knickerbocker Trust Company은 보유한 현금이 바닥나자 영업 중단을 선언했다. 불안에 휩싸인 고객들이 돈을 인출하기 위해 은행으로 쇄도했고, 사태는 다른 은행과 신탁회사로 일파만파 번져갔다. 자금 여력이 있는 기관들도 자신들도 인출 사태에 휘말릴 것을 우려해 대출을 거부했다.

그 무렵 리치먼드에서 성공회 대회에 참석 중이던 모건은 급히 뉴욕으로 돌아왔다. 일흔 살의 모건은 경영 일선에서 물러나 외아들 존 피어폰트 주니어('잭')에게 일상적인 운영을 맡겼다. 하지만 미국 금융 시스템의 붕괴를 막아야 하는 긴박한 상황이 닥치자 모건이 나섰다. 당시 미국에는 아직 중앙은행이 없었기 때문에, 모건은 사실상 중앙은행장 역할을 자처하며 구제 노력을 지휘했다. 그가 이끈 금융 정상화 작업은 이스트 36번가에 자리한 그의 저택 옆에 있는 위풍당당한 이탈리아 르네상스 양식의 서재 건물에서 이루어졌다. 유명한 건축가 찰스 매킴Charles McKim이 설계한 호화로운 이 건물 내부에는 호두나무와 청동으로 짠 책장이 세 개 층에 줄지어 있고, 모건이 수집한 중세와 르네상스 시대 희귀본 컬렉션이 보관되어 있었다. 위쪽 벽면의 움푹 들어간 공간인 앱스apse와 반원형의 루네트lunette는 라파엘Raphael과 핀투리치오Pinturicchio의 화풍에서 영감을 받은 듯 풍부하게 채색되어 있었고, 거대한 대리석 벽난로 위에는 일곱 가지 죄악을 묘사한 연작 중 하나인 16세기 플랑드르산 태피스트리가 걸려 있었다. '탐욕의 승리'라는 제목이 붙은 이 태피스트리에는 라틴어로 "탄탈로스가 물 한가운데 있으면서도 항상 목이 마르듯 구두쇠는 늘 재물을 갈망한다"라고 쓰여 있었다.

모건은 아바나산 8인치 시가―의사의 지시에 따라 그는 하루에 20개비 이하로 자제했다―를 줄곧 피워대며 시프, 아이크 셀리그먼, 오랜 숙적 해리먼까지 포함한 뉴욕의 유력 금융가들과 마라톤 회의를 주재했다. 모건은 과거와 마찬가지로 신탁회사 사장들의 의견이 충돌할 경우 자신의 서재에 가둬놓고, 취약한 경쟁사를 구제하기 위해 자금을 공동 출자하자는 합의가 나올 때까지 문을 열어주지 않았다. 뉴욕 증권거래소 회장이 수십 개의 증권회사가 무너질 위기에 처했으며 이를 막기 위해서는 즉시 2,500만 달러가 투입되어야 한다고 전하자, 모건은 그 금액을 하루 만에 만들어냈다. 모건은 지급 불능 위기에 빠진 뉴욕시에도 자금을 지원하여 파산 위기에서 구해냈다.[47]

모건은 사인私人으로서는 드물게 막강한 권한을 행사하며 구제할 수 있는 곳과 손쓸 수 없는 곳을 냉정하게 분류했다. 100년이 흐른 후인 2007~2008년 금융 위기 때 연방준비제도 의장 벤 버냉키Ben Bernanke와 재무부 장관 헨리 폴슨Henry Paulson이 리먼 브라더스를 포기했던 것처럼, 모건도 니커보커신탁은 소생시킬 수 없다고 판단했다. 그는 도움을 간청하러 자신을 찾아온 니커보커 사장 찰스 바니Charles T. Barney를 만나주지도 않았다. 얼마 지나지 않아 바니는 권총을 자신의 복부에 쏴 생을 마감했다.

한편 시프는 대중을 안심시키기 위해 "상황은 충분히 통제되고 있다"고 밝혔지만, 실제로는 위기가 수습됐는지 내심 의구심을 떨치지 못했다.[48] 노동 계층이 가장 큰 피해를 입을 것을 알았기에 그는 뉴욕의 자선단체를 독려해 금융 위기가 인도적 재앙으로 번지지 않도록 노력했다. 그는 한 연설에서 "부유한 이들에게 당부하고 싶습니다. 생계에 필요한 수준을 넘는 소득이 있는 사람은, 이런 위기 상황에서 자신의 재산을 늘리기에 앞서 고통 받는 이들 중 도울 수 있는 사람은 없는지 먼저 살펴야 합니다"라고 했다. "경기가 좋을 때보다 나쁠 때 더 너그러워지는 것, 그것이 진정한 자선입니다."[49]

그해 겨울, 최악의 국면이 지나가자 시프는 다시 세계 여행에 나섰다. 이번에는 팔레스타인과 이집트였다. 시프의 성지 방문은 다소 의외였다. 그는 그 땅에 유대인 국가를 세우려는 시오니스트 운동과는 첨예하게 대립해왔기 때문이다. 시프는 유대인의 미래는 미국에 있다고 믿었고, 오늘날 미국에 모여든 전 세계 유대인들이 "미국 이스라엘American Israel"을 이루게 될 것이라고 말하곤 했다.[50] 더구나 그는 시오니즘은 "진정한 미국 정신"과 충돌한다고 보았고, 유대인이 하나의 민족국가를 만들려는 시도는 유대인은 어떤 국가에도 충성을 다하지 않는다는 반유대주의 편견을 오히려 정당화할 수 있다고 우려했다.[51] 이처럼 공개적으로 시오니즘에 반대한 탓에 시오니스트들은 시프를 "배신자"라고 비난했다. 하지만 시프가 예루살렘에 도착해 유대인 정착촌을 돌아보자 시오니스트들은 그를 우호적으로 생각하기 시작했다.[52]

시프는 휴가 중 며칠을 카셀과 함께 나일강 유람선에서 보냈다.

모래 바람에 깎인 고대 문명의 유적을 따라 천천히 움직이는 배에서 그의 생각은 해리먼으로 옮겨갔다. 그의 철도 제국도 언젠가는 파라오의 왕국처럼 한 줌 먼지로 사라질 것이라는 생각이 들었다. 시프는 해리먼에게 짧은 편지를 썼다. "강변의 웅장한 유적은 세상 모든 것이 얼마나 부질없는지 상기시켜줍니다. 우리가 그렇게 분투한 것들이 얼마나 허무한지, 삶은 얼마나 짧고 죽음의 시간은 얼마나 긴가 하는 생각이 드네요. 친구여, 제 충고를 들으십시오. 그렇게 일에만 매달리지 마시기를." 그는 해리먼에게 여러 철도회사의 사장 자리에서 물러나 일을 줄이라고 권유했다.[53]

워낙에 병약하고 늘 통증에 시달렸던 몸이 부쩍 더 쇠약해졌음에도 불구하고 해리먼은 시프의 조언을 대체로 무시했다. 그의 건강이 나빠졌다는 소문은 해리먼과 관련된 기업들의 주가를 뒤흔들 정도였다.[54] 그의 생전 마지막 해에 그에게 쏟아졌던 비난은 갑작스럽게 잦아들었다. 루스벨트는 마지막 임기를 마쳤고, 곧 전쟁부 장관 윌리엄 하워드 태프트William Howard Taft가 대통령이 될 예정이었다. 칸은 고통의 시기를 묵묵히 견뎌낸 해리먼에게 축하한다며 다정한 편지를 보냈다. "저는 당신이 수많은 성공과 승리의 순간은 물론 실망과 근심의 시간에 어떻게 행동했는지를 가까이서 지켜봤습니다. 작년에 폭풍처럼 몰아치던 시련과 고난의 시기에서도 말입니다"라면서, "시기, 질투, 증오, 오해가 한데 뒤엉켜 당신을 파괴하려 했고, 여기에 금융 공황까지 겹쳐 극도로 힘든 상황이 닥쳤습니다. 그러나 당신은 흔들림 없이 침착하고 단호하게 그 시간을 버텨냈습니다. 누구라도 무너뜨렸을 그런 무시무시한 공세를 이겨낸 것을 축하드립니다."[55]

세계를 향한 해리먼의 야망은 실현 가능해 보이기도 했다. 시프는 일본에서 러시아의 금융 대리인으로 일하는 빌렌킨에게서 만약 일본이 남만주 철도의 이권을 매각한다면 러시아는 동청철도를 처분할 의향이 있다는 소식을 들었다.[56] 외국 자본이 절실했던 중국은 영국, 프랑스, 독일, 미국 은행으로 구성된 국제 컨소시엄이 두 노선을 함께 인수하는 계획을 지지했다. 이 지역에서 미국의 상업적 거점을 확보하려던 미국 국무부로서도 적극적으로 지지하는 방안이었다. 쿤로브와 J. P. 모건은 '미국 그룹'의 일원으로 참여했고, 독일 측에서는 막스 워버그가 협상에 나섰다.[57]

이 거래를 성사시키기 위해 분투하던 중에 해리먼은 주치의에게서 건강 상태가 심각하다는 이야기를 들었다. 그는 위암 판정을 받았고 수술도 할 수 없는 수준이었다. 그는 병세가 악화되며 얼굴이 더 수척하고 창백해지는 상황에서도 자신의 병을 숨겼다. 1909년 8월 말, 시프는 해리먼을 보기 위해 라마포강의 계곡이 내려다보이는 산등성이의 저택 아덴Arden을 방문했다. 해리먼이 자신의 미래 계획을 어찌나 확신에 차서 이야기하던지 시프는 그가 곧 건강을 회복할 수 있을 것이라고 생각할 정도였다.[58] 2주 후 그는 세상을 떠났다.

해리먼의 인생을 돌아보면서 칸은 그의 죽음을 미국 금융사의 한 장을 마감하는 사건으로 보았다. 해리먼의 자리를 이을 사람은 없을 것이라고 칸은 단언했다. 한 개인이 철도에 대해 그렇게 막대한 권력을 쥐는 일은 다시는 없을 것이기 때문이었다. "좋든 싫든—나는 우리가 너무 멀리, 너무 빨리 가지만 않는다면 긍정적인 변화라고 생각하지만—사람들은 과거에 전제 군주의 권력을 제한하려 했던 것처럼 경제 권력에도 제한과 제약을 가하려는 게 분명하다."[59]

무언가의 끝은 다른 무언가의 시작이다. 철도 거부들의 시대가 저물고 새로운 시대가 밝아오고 있었다. 과거 수십 년이 산업 거인들의 시대였다면 앞으로 다가올 시대는 신흥 세력들과 현대 금융의 흐름을 바꿀 투자은행 연합이 주도하게 될 것이었다.

18.

골드만 삭스의 황금

1907년 공황이 닥쳤을 때, 샘 삭스의 세 아들 중 막내인 월터는 가족 회사에 합류하기 전 런던에서 은행 업무 수련 과정을 밟고 있었다. 형들과 마찬가지로 그도 하버드를 졸업했으며, 1904년 졸업생 명단에는 프랭클린 델러노 루스벨트Franklin Delano Roosevelt도 있었다. 월터는 '프랭크'와는 어울리는 무리가 달랐지만, 학보인 〈하버드 크림슨The Harvard Crimson〉에서 함께 일하며 그를 알게 되었다. 월터는 1학년 때 학보사에 지원하면서, 자신의 유대인 배경이 문제되지 않을 것이라는 확답을 받고 참여했다고 한다.[1]

재학 중 월터는 연극에 심취했으며 심지어 배우가 될까 진지하게 고민하기도 했다. 그는 "결국 생각을 바꿔 은행을 선택했다"고 당시를 기억했다.[2] 하지만 아버지와 형들은 그가 다른 길을 갔으면 했다. 회사에서 삭스 가문의 비중이 지나치게 커지면서 헨리 골드만과의 갈등이 더 심해질까 우려했던 것 같다. "법을 공부하는 건 어때?"라는 제안도 있었다. 월터는 내키지 않았지만 가족들을 생각해서 마지못해 하버드 로스쿨에 들어가 두 학기를 보냈다. "시험에는 합격했지만 성적은 그다지 좋지 않았어요. 마음이 거기에 하나도 없었거든요. 아버지에게는 사업을 하고 싶다고 솔직히 말했죠." 샘은 결국 자신의 뜻을 꺾고 유럽의 은행 인맥을 동원해 월터에게 일련의 견습 과정을 마련해 주었다.³

그는 먼저 파리로 가서 루이 이르슈Louis Hirsch라는 은행에서 일하며 통화 차익거래를 배웠다. 이후 베를린으로 가서 디스콘토-게젤샤프트Direktion der Disconto-Gesellschaft에서 속성으로 증권 업무를 훈련받았다. 이 독일 은행에서 월터는 프란츠 폰 린텔렌Franz von Rintelen과 함께 사무실을 썼는데, 그는 훗날 제1차 세계대전의 악명 높은 스파이가 된다. 린텔렌은 미국에서 상선 화물칸에 시한폭탄을 설치하여 탄약 수송을 방해하고 무기 공장에서 파업을 선동해 생산을 지연시키는 등 비밀공작을 수행했다. 결국 체포된 린텔렌은 전쟁이 끝나기 몇 해 전 애틀랜타 교도소에 수감되었다.

월터는 런던의 재펫앤컴퍼니S. Japhet & Co.에서 마지막 연수 과정을 마쳤다. 과거 샘 삭스와 협력 관계를 맺었던 클라인워트선즈는 정중히 월터의 연수 요청을 거절—"내 생각에 미국인이 자기들 사업에 대해 너무 많이 알기를 원하지 않았던 것 같다"고 월터는 추측했다—했다. 다만 월터는 그 회사 파트너들과는 자주 어울렸다.

월터는 클라인워트 일가와의 첫 만남을 생각할 때마다 얼굴이 화끈거렸다. 그가 열다섯 살이었을 때 부모님과 함께 런던 남부 소재 알렉산더 클라인워트Alexander Kleinwort 경의 빅토리아 영지에서 열린 만찬에 참석했다. 월터는 턱시도를 차려 입은 하인을 클라인워트 경으로 착각하여 자신을 소개했고 모두를 난처하게 만들었다. 런던에서 연수 중에 월터는 또 다른 실수를 저질렀다. 한 저녁식사

자리에서 런던의 은행가가 그에게 당시 업계에서 회자되던 루머를 들려주었다. 클라인워트와 골드만의 단기 채권이 시장에 대량으로 풀리고 있어, 두 회사가 재정적으로 불안한 것 아니냐는 추측이었다. 월터는 선의에서 이 소문을 알렉산더 클라인워트에게 전했다. 그는 굳은 얼굴로 이야기를 들었고, 월터는 나중에서야 그를 불쾌하게 했다는 것을 알게 되었다. "런던의 위대한 상업은행가에게 누군가 그의 신용을 의심하고 있다는 말을 하는 게 어떤 의미인지 나 같은 애송이가 몰랐던 거죠"라고 월터는 말했다.[4]

런던에서 연어 색깔의 채권이 대거 유통된다는 것(클라인워트가 골드만 삭스에게 대출을 한 후 그 어음을 [클라인워트가 지급 보증을 하면서] 2차 시장에서 되팔려 했다는 의미)은 1907년 공황에 앞서 경제가 불안했다는 신호였다. 당시 미국 금융시장이 혼란에 빠지자 골드만과 같은 은행들은 해외에서 대규모 자금을 조달하려 했고, 이는 런던 금융계의 불안감을 키웠다. 1907년 여름, 영란은행 Bank of England 은 방어적으로 미국 금융어음에 대해 일시적인 지불 유예 조치(모라토리엄)를 취했는데, 이러한 움직임이 그해 가을 미국 신용 체계에 부담을 가중하여 위기가 닥치는 데 일조했을 가능성이 있다.[5]

한편, 뉴욕에서 발생한 예금인출 사태와 니커보커 파산이라는 충격적인 소식이 런던에 전해졌을 때 월터는 저먼German가의 아파트에서 세계일주를 떠날 준비를 하고 있었다. 월터가 수습을 마치면 그 보상으로 보내주겠다고 아버지가 약속한 여행이었다. 하지만 월가가 마비된 상황에서 여행은 무리였다. 샘은 아들에게 "아들아, 돌아와서 일하는 게 좋을 것 같구나"라고 전보를 보냈다.[6]

1908년 1월 1일, 월터는 연봉 1,800달러의 조건으로 골드만 삭스에 합류했다. 1월 2일, 그의 형 아서—다소 차갑고 거만했으며 이 집안 남성들이 그렇듯 욱하는 기질을 가졌다—는 이 신입 행원을 아침 7시 기차에 태워 하트퍼드로 보냈다.[7] 현지 은행을 돌며 골드만의 기업어음 매입자를 찾으라는 지시였다. 훈련은 끝났다. 월터는 그날 한 장도 팔지 못하고 돌아왔는데, 당시의 경기 침체를 감안하면 특별한 일은 아니었다. 그는 또 하트퍼드 내셔널뱅크 은행장에게 호되게 꾸중을 들었는데, 월터가 비슷한 이름을 가진 두 어음 고객 간의 관계를 잘 설명하지 못한 것이 원인이었다.[8]

마커스 골드만은 4년 전 여든셋의 나이로 세상을 떠났다. 이제는 아버지와 삼촌이 확실하게 장악한 회사는 할아버지가 맨땅에서 일군 신중하고 보수적인 사업과는 이미 성격 자체가 달라졌다. 오랫동안 아버지 샘 삭스는 유럽 전역의 은행들과 네트워크를 구축하여 골드만 삭스의 국제화를 꾀했고, 삼촌 헨리 골드만은 회사를 증권 인수 및 유통 회사로 성장시키러 했지만 항상 성공한 것은 아니었다. 예를 들면, 그는 파트너들이 뒤늦게 "불행한 올턴 거래"라고 부른 사업에 회사를 끌어들이기도 했다. 바로 해리먼이 건전한 회사를 약탈해 부당한 이익을 챙겼다고 비난받던 그 거래였다. 여의치 않게 골드만 삭스는 이 거래에서 손해를 보았다. 월터는 "아마도 어떤 거래보다도 더 극적이고 문제가 많은 계약이었다"라고 회상했다. 쿤 로브가 주도한 해리먼의 컨소시엄은 이 철도회사의 자본을 재편하면서 4,500만 달러어치의 채권을 발행했다. 골드만 삭스는 그중 1,000만 달러의 채권을 매입했고, 이 물량을 뉴욕생명보험 New York Life Insurance Company 과 나누어 인수했다. 회사는 다시 이 중 일부를 리먼 브라더스를 포함한 여러 투자회사에 분배했는데, 리먼은 10만 달러 정도만 참여했고, 골드만은 100만 달러어치의 채권을 가져왔다. "곧 채권시장이 원활하게 작동하지 않게 되면서 올턴 거래는 난관에 빠졌다"고 월터는 기억했다. "채권 대부분이 팔리지 않았고" 이 거래는 골드만 삭스의 "상당한 손실"로 이어졌다.[9]

하지만 헨리는 계속 밀어붙였다. 그는 신규 철도 증권 발행을 사실상 독점하던 엘리트 투자은행 클럽에 진입하겠다는 의지를 불태웠다. 이 시장은 시프, 모건, 제임스 스파이어가 지배하고 있었다. 해리먼이 그의 경력 초반에 그랬던 것처럼, 헨리는 철도 증권을 대량 매입함으로써 자신을 무시할 수 없는 존재로 만들고자 했다. 월터는 "어느 철도회사의 주식을 사들여 결국 그 회사의 주관회사가 되려 했던 이야기를 삼촌으로부터 자주 들었다"고 했다. "하루는 주식을 누가 사들이는지 알아낸 지미 스파이어가 헨리 삼촌을 파인가의 자기 사무실로 불렀고, 주식 매입을 중단하라고 하면서 그가 산 주식을 원가에 6퍼센트 이자를 얹어 되사겠다고 제안했다." 스파이어는 헨리에게 철도 증권 인수 시장은 쿤로브, J. P. 모건, 스파이어가 장악하고 있다면서 "신참은 필요 없다"고 노골적으로 말했다고 한다.

헨리와 샘은 다음 행보를 놓고 충돌했다. 헨리는 물러서지 말고 계속 버텨보자고 했고, 샘은 손쉽게 이익을 실현하고 빠져나와 힘센 경쟁자들과 맞서지 말자는 입장을 고수했다. 결국 회사의 냉철한 변호사인 헨리의 형 줄리어스를 불러 이 격렬한 논쟁의 중재를 맡겼다. 그는 샘의 편을 들며 국내 최고 은행가들을 적으로 돌리다 아버지의 회사를 위험에 빠뜨릴 수 있다고 지적했다. 월터는 "그 시점에 철도 사업에 뛰어드는 건 가망이 없다는 게 분명했어요. 그러자 헨리 삼촌의 상상력은 또 다른 방향으로 돌아섰습니다"라고 말했다.

헨리의 관심은 주요 투자은행들이 외면하던 산업으로 옮겨갔다. 당시 자본시장에서는 대체로 소매나 도매업, 잡화상, 백화점, 제조업체와 소비재 기업을 무시했다. 이런 유형의 기업들은 거의 상장되지 않았고, 뉴욕 증권거래소에 상장된 경우는 더욱 드물었다.

전통적으로 기업의 가치는 유형자산을 기준으로 평가되었고, 이는 주식과 채권 발행의 담보 역할을 했다. 철도회사는 자산이 충분했기 때문에 투자자들에게 인기가 있었다. 하지만 미국 최고의 자동차 제조사와 계약을 체결한 타이어 회사나 재고를 빠르게 회전시키며 신규 매장을 여는 백화점은 유형자산이 많지 않고 회계장부상으로는 그 가치가 잘 드러나지 않았다. 브랜드, 고객 기반, 미래 성장 가능성, 수익 창출 능력처럼 가치는 있으나 측정이 어려운 무형의 요소들이 중요한 업종이었기 때문이다. 이처럼 측정이 어려운 자산을 영업권goodwill이라고 하는데, 성공한 소비재 및 유통 기업들은 대체로 영업권을 풍부하게 보유했다. 헨리는 이런 영업권을 자산화해 일반 투자자들에게 새로운 유형의 기업, 즉 미래 수익 창출 능력에 기반한 기업에 투자하도록 유도할 수 있다고 판단했다. 때마침 시기가 절묘했다. 루스벨트 대통령이 철도회사와 독점 기업에 대한 규제를 강화하자 투자자들은 반독점 정책의 영향에서 상대적으로 자유로운 자본 투자처를 찾아 나섰다. 이로써 골드만 삭스 같은 중견 금융회사도 대형 거래에서 배제되지 않고 참여할 기회가 생겼고, 이들 투자자본의 유입으로 혜택을 받은 새로운 기업들이 누구나 아는 회사로 성장할 수 있게 되었다.

헨리 골드만은 종종 현대 기업공개IPO의 대부로 신화화되곤 하지만 이는 과장된 평가다. 그는 성공적인 기업공개에 요구되는 금융적·마케팅적 연금술을 완벽히 구사한 인물이긴 했지만, 개척자라기보다는 새로운 기업 증권 인수 및 공모 시장에 일찍 진입한 사람일 뿐이었다. 1906년 초 골드만이 친구 프레드 워트하임Fred Wertheim과 그의 유나이티드시가제조사United Cigar Manufacturers Company 상장을 논의할 즈음, 리먼 브라더스와 셀리그먼도 이미 이 분야에 발을 들여놓은 상태였다. 1899년, 셀리그먼은 아메리칸하이드앤레더American Hide & Leather Company의 주식을 발행했다. 같은 해 리먼 브라더스도 인터내셔널증기펌프International Steam Pump Company의 주식 공모를 진행했다. 적어도 리먼 브라더스에게 이 단독 증권 공모 사업—그들은 이전에 여러 컨소시엄에 참여했었다—은 "대단한 성공도 실패도 아니었다"고 리먼의 파트너 만하임은 평가했다. 이후 7년 동안 리먼 브라더스는 신규 공모를 주관하지 않았으며, 7년 후에야 필립 리먼의 주도 아래 다시 주식 공모 시장에 나서게 된다. 이번에는 헨리 골드만 및 골드만 삭스와 함께였다.¹⁰

어린 시절부터 친구였던 헨리 골드만과 필립 리먼은 뉴욕의 독일계 유대인 금융 엘리트라는 밀접한 공동체에서 함께 성장했다. 두 사람 모두 야망이 크고 경쟁심이 강했으며 아버지의 그늘에서 벗어나려고 애썼다. 그들은 성장 배경도 비슷했지만 미술품 수집에 열성적인 점도 공유했다.

두 친구는 종종 사우스윌리엄가의 델모니코스에서 함께 점심을 먹었다. 보통 2층의 안쪽 구석에 자리를 잡았는데, 이는 월스트리트의 경쟁자들이 대화를 엿듣지 못하도록 하기 위해서였다. 아마 1906년 초 어느 날인가의 그런 점심 식사 자리에서 헨리가 유나이티드시가 주식 공모를 공동으로 주관하는 문제를 처음 꺼냈을 것이다. 필립과 헨리는 처음에는 각자 독립적으로 인수하는 방안을 고려했지만, 결국 회사 간 제휴를 통해 추진하기로 결정했다.[11]

그해 6월, 골드만 삭스와 리먼 브라더스는 유나이티드시가의 주식을 공모했는데, 이는 두 회사에게 오랜 기간 막대한 수익을 안겨준 협력 관계의 출발점이었다. 공동 인수 파트너십은 두 회사 모두를 투자은행 업계에서 한 단계 도약시키는 계기가 되었다. 양사의 협력은 여러모로 합리적이었다. 무엇보다 친분이 두터웠는데, 아서 삭스와 아서 리먼 역시 절친한 사이였다. 게다가 두 회사의 강점이 서로를 보완해줄 수 있었다. 골드만 삭스는 기업어음 거래를 통해 이미 많은 기업들과 오랜 신용을 쌓았고, 이를 바탕으로 인수 대상 기업들을 확보할 수 있었다. 반면 리먼 가문은 이미 잘 알려진 명성과 넉넉한 자본을 보유했다.[12] 두 회사의 파트너들은 다른 독일계 유대인 기업가들과도 긴밀한 친분을 쌓았고, 혼인하여 가족으로 얽힌 경우들도 있었다. 이들 가운데는 훗날 고객 명단에 이름을 올리게 되는 인물들도 많았다. 유명 백화점 체인을 창업한 김벨Gimbel 가문, 광산과 제련으로 막대한 부를 쌓고 김벨에 큰 지분을 보유한 구겐하임 가문, 소매 제국 메이시스Macy's와 에이브러햄앤스트라우스Abraham&Straus의 소유주인 스트라우스 가문 등이 그 예다.

월터 삭스는 회사의 증권 인수 사업 성공은 대담한 접근 방식 덕분이라고 생각했다. 그는 "우리 회사는 더 대담하고 상상력이 더 풍부했으며, 특히 자본화의 측면에서 가장 대담했다(주식의 발행 규모와 단가의 기준이 되는 기업의 예상 미래 가치를 보수적인 기준에서 보면 과도하게 낙관적으로 설정한 것을 말한다_옮긴이). 이러한 자본화의 타당성을 제시하려면 보수적인 투자 원칙을 넘어서는 정도의 낙관주의가 필수적이다"라고 말했다. 달리 말하자면 골드만 삭스는 미래 실적에 대한 매우 낙관적인 예측을 근거로 대규모 주식 발행을 정당화하며, 전통적인 금융의 경계를 뛰어넘으려 했다.[13]

돌이켜 보면, 월터는 증권거래위원회Securities and Exchange Commission, SEC 와 같은 규제기관이 등장하기 수십 년 전, 정부의 감독 없이 이루어진 '이러한 초기 거래의 단순성'에 감탄했다. 그는 헨리 삼촌이 노란 공책 한 장에 IPO의 세부 사항을 요약하던 일을 기억했다. 당사자 간 계약서에 서명하면, 정해진 날짜에 골드만과 리먼은 해당 회사의 주식을 매입하고 그 후 그 주식을 은행과 중개업체 네트워크를 통해 투자자들에게 판매했다.

월터는 유나이티드시가의 주식 공모를 "꽤 긴 작업이었다"고 회고했다. 주식 판매에 시간이 오래 걸렸지만 헨리와 필립은 전혀 주저하지 않았다. 유나이티드시가의 주식이 시장에 풀린 지 두 달 후, 두 회사는 훨씬 더 야심찬 IPO를 주도했다. 바로 시어스 로벅의 IPO였다.

시어스 로벅은 1890년대 초에 리처드 시어스Richard Sears 와 알바 로벅Alvah Roebuck 이 설립한 회사로, 처음에는 손목시계를 파는 소규모 통신판매업에서 출발했다. 회사는 전국적으로 확장되던 철도망을 적극 활용하여 현지 상점보다 저렴한 가격으로 상품을 판매하고 배송했다. 고객은 대부분 농부들이었다. 수요는 폭발적이었고, 취급 품목은 늘어났다. 재봉틀, 농기계, 철물, 가구, 유모차, 의류 등 다양한 새로운 상품이 목록에 추가되었다. 1891년에 32쪽이었던 카탈로그는 1894년에는 322쪽으로 대폭 늘어났다.[14]

시어스는 초기에 로벅의 지분을 사들이고 더 많은 자본이 필요해지자 줄리어스 로젠월드라는 젊은 파트너를 새로이 영입했다.

로젠월드는 일리노이주 스프링필드에 정착한 48세대 독일계 유대인 이민자의 아들로, 삭스 가족과는 먼 친척 관계였다. 로젠월드의 외삼촌 새뮤얼 해머슬로Samuel Hammerslough 는 샘 삭스의 누이 에멜리아Emelia와 결혼했다. 샘 삭스는 부모님이 세상을 떠나자 한동안 해머슬로 가족과 함께 살았으며, 그 집에 기거하며 외삼촌의 의류 사업을 배우던 로젠월드를 만났다. 친구들 사이에서 JR로 불리던 로젠월드는 나중에 일리노이로 돌아가 시카고에 자리를 잡았고 1895년 시어스와 손잡고 공동 경영에 나섰다.

그 후 10년 동안, 시어스와 로젠월드는 회사를 연매출이 거의 5,000만 달러에 달하는 소매업계의 공룡으로 키워냈다. 회사는 급속도로 성장했고 주문이 계속 쏟아지자 1906년에 시어스와 로젠월드는 새로운 본사와 대규모 물류센터를 짓기로 결정했다. 하지만 이 계획을 실행하려면 많은 자금이 필요했다. 부사장이자 재무 책임자였던 로젠월드는 그간 골드만 삭스를 통해 기업어음 판매 방식으로 소규모의 단기 자금을 조달하곤 했는데, 이번에는 이 투자은행을 찾아가 500만 달러의 대출을 요청했다. 그들의 제안을 끝까지 듣고 난 후 헨리 골드만은 역으로 더 대담한 제안을 했다. 4,000만 달러 규모의 주식을 공모하여 시어스와 로젠월드에게 각각 450만 달러를 현금화해주겠다는 것이었다.

검소한 성격의 로젠월드는 뉴욕 방문 중에 저렴한 소형 객실을 예약했다. 간혹 그 좁은 객실에서 회의를 하기도 했는데, 그 경우 참석자들은 침대 가장자리에 어색하게 둘러 앉아 대화를 나눠야 했다.[15] 1906년 8월, 시어스는 상장기업이 되었다. 그런데 일부에서는 이 주식 공모에 노골적인 반감을 드러냈다. 특히 이미 시어스가 지역 상점들을 몰아내고 있다는 우려가 제기되던 농촌 지역이 그랬다. 캔자스의 〈하노버 민주기업 Hanover Democrat and Enterprise〉은 "월스트리트에 배신당한 농부들"이라는 제하의 사설에서 이 공모주 발행은 노골적인 돈벌이라고 비난했다. "이 계획은 월스트리트가 농민들의 돈을 가져가 거대 통신판매회사에 자금을 지원해주려는 것으로 보인다. 즉, 농부들이 그 비용을 부담하는 것이다"라고 비난했다.[16]

투자자들에게 이번 공모는 (적어도 장기적으로는) 엄청나게 수익성이 좋은 투자였다. 1906년 보통주 20주를 1,000달러에 매수했다면, 20년 뒤 배당을 감안한 가치가 6만 2,000달러를 넘었다.[17] 하지만 단기적으로는 시어스와 로젠월드는 물론 이 거래를 주관한 은행가들도 수많은 밤을 잠 못 이루며 보냈을지 모른다. 시어스 로벅은 1907년 공황 직전의 불안한 시기에 상장되어 다른 제조업체 주식들과 마찬가지로 큰 타격을 입었다.

1907년 7월 파리에서 휴가 중이던 헨리 골드만은 〈뉴욕 타임스〉 특파원과의 인터뷰에서 미국의 암울한 경제 상황을 언급했다. 그는 시장이 불안정한 이유를 "고삐 풀린 투기"의 탓으로 돌렸다. 하지만 이제 "한번 크게 데어 본" 투자자들은 정신을 차리고 있다며, "올해가 끝나기 전에는 분명 시장에 유동성이 풍부 easy money market 해질 것"이라고 낙관적으로 전망했다. 그러나 몇 달 후 상황은 정반대로 전개됐다. 신용 시스템은 작동을 멈춰버렸다. 공황이 절정에 이르렀을 때, 시어스의 보통주는 주당 공모가 50달러에서 30달러대로 떨어졌고, 100달러에 발행된 우선주도 60달러대로 떨어졌다.

금융 위기는 골드만 삭스에 치명적인 것까지는 아니지만 상당한 피해를 가져왔다. 회사 자본의 약 17퍼센트가 증발했다. 회사는 클라인워트 은행에 보낸 한 문서에 "증시 폭락으로 우리는 당초 보유하던 450만 달러에서 75만 달러를 손해 봤다"라고 썼다.[18] 골드만은 영국 은행과의 긴밀한 관계가 없었더라면 더 큰 손실을 입었을 것이다. 시장의 혼란이 극심하던 때에 알렉산더 클라인워트는 샘 삭스에게 필요할 때 언제든지 자신의 은행에서 자금을 끌어다 쓰라고 해주었다. 다만 이로 인해 런던에서는 두 회사의 재정 상태에 대한 성가신 소문이 돌았다. 클라인워트가 자기 회사의 신용을 해칠 수도 있는 위험을 감수하면서까지 골드만 삭스를 지원했다는 사실은 두 회사의 관계가 매우 돈독하다는 것을 말해주었다. 대서양을 사이에 둔 두 회사의 파트너십은 최근 새로운 국면으로 접어들었다. 클라인워트가 골드만과 리먼 브라더스의 시어스 공모주 발행에 참여하여 유럽의 중개회사 네트워크를 통해 주식을 판매하는 런던 측 업무를 맡은 것이다. 유럽은 당시 미국 제조업체 증권의 최대 시장이었기 때문에 클라인워트와의 협력은 골드만 삭스와 리먼 브라더스의 성장에 핵심적인(그러나 종종 간과되는) 요소였다.

1907년 공황과 뒤이은 경기 침체로 이 신흥 3자 동맹의 주식 인수 비즈니스는 한동안 멈추었다. 시어스 공모 후 거의 3년이 지나서야 비로소 이들은 트리오The Trio라는 이름으로 조심스럽게 다시 다른 공모주 발행을 시도했다. 1909년 6월에는 내셔널에나멜링앤스탬핑National Enameling & Stamping Company의 주식을 공모한 것을 시작으로, 언더우드 타자기Underwood Typewriter, 메이 백화점May Department Stores, 스턴 브라더스Stern Brothers(또 다른 백화점 체인), 스투드베이커Studebaker, 니커보커 아이스Knickerbocker Ice Company, B. F. 굿리치의 기업 공개가 이어졌다.

골드막 삭스와 클라인워트는 공동 사업을 위한 전용 전신 약호―런던에서 받을 때는 클라인골드Kleingold, 뉴욕에서 받을 때는 골드워트코Goldwortco—를 만들고, 경쟁사들이 알아채지 못하도록 암호화하여 주고받았다. 특히 민감한 사안의 경우에는 헨리 골드만이 직접 배를 타고 런던으로 건너가 클라인워트의 파트너들을 만나기도 했다.

영국 측 은행가들은 미국 측보다 보수적인 성향이 강해, 가끔 골드만 삭스와 리먼 브라더스가 추진하는 거래가 지나치게 과감하다고 우려했다. 그들은 특히 "보통주의 가치 평가에 몇 가지 실수가 있다"고 경고했다. 실물 자산을 기반으로 하는 우선주와 달리 보통주는 회사의 영업권과 수익 창출 능력과 같은 훨씬 덜 과학적인 기준에 따라 평가되었기 때문이었다(오늘날에는 보통주가 무형 자산에 더 많은 영향을 받는다_옮긴이). 이런 가치 평가 오류로 인해, 발행된 지 몇 주 만에 공모가보다 낮은 가격에 거래되는 주식이 나오기도 했다. 스턴 브라더스와 타이어 제조업체 B. F. 굿리치의 주식이 그런 사례였다.[19]

미국 쪽에서도 불만이 있었다. 스턴 브라더스 주식이 프랑스에서 비공인 중개회사를 통해 할인된 가격에 판매됐다는 소식을 접한 골드만 삭스는 클라인워트에게 "우리로서는 매우 당혹스러운 일임을 이해하시리라 생각합니다"라고 항의성 편지를 썼다.[20]

간혹 잡음이나 갈등이 있긴 했지만, 골드만-리먼-클라인워트의 파트너십은 매우 성공적이었다. "전례 없을 정도로 인수 신청이 밀려들었다"고 골드만은 런던의 파트너들에게 알렸다.[21] 폴 삭스도 클라인워트의 신참 파트너들 중 하나인 허먼 앤드리아Herman Andreae에게 자랑했다. "주요 인사들이 조만간 자기들과 거래를 하자고 매일같이 줄지어 우리 사무실 문을 두드리고 있어요."[22]

주식 인수 사업이 워낙 수익성이 좋았던 탓에 폴 삭스는 서른다섯이 되기도 전에 은퇴해 자신이 좋아하는 예술과 골동품에 집중할 수 있었다. 삭스 형제 중 장남인 폴은 제임스 로브처럼 내키지 않았지만 가족 사업에 합류했다. 그는 하버드에서 미술사가이자 학내 포그 미술관Fogg Museum의 창립자인 찰스 허버트 무어Charles Herbert Moore에게 사사했다. 폴이 졸업할 때 무어는 그에게 조수 자리를 제안했다. 연봉이 750달러밖에 되지 않아 폴은 아버지에게 지원을 요청했고, 샘은 예술과 함께 근근이 먹고 살든지 아니면 투자은행가로 풍요롭게 살든지 둘 중 하나를 선택하라고 강요했다.[23] 폴은 결국 파트너로 합류했지만, 훗날 회고록에 썼듯이 "언젠가는 반드시 예술 분야의 직업을 갖겠다는 생각을 결코 포기하지 않았다."[24]

1911년, 랠프 월도 에머슨Ralph Waldo Emerson의 손자인 에드워드 월도 포브스Edward Waldo Forbes가 포그 미술관장을 맡으면서 폴에게 미술관 자문위원회를 맡아달라고 요청했다. 이 요청을 받고 폴은 흥분했다. 폴은 이 자리가 늘 꿈꾸던 학자의 삶으로 자신을 이끌 것이라고 생각했다.[25] 포브스가 나중에 폴에게 미술관 부관장 자리를 제안했을 때 그는 주저 없이 승낙했다. 훗날 그는 은행을 떠나기로 결심한 배경에는 자신에게 영감을 준 제임스 로브가 있었다고 밝혔다. 제임스가 자신이 진정으로 원하는 바를 추구하기 위해 쿤로브를 떠나는 것을 보고 "언젠가는 나도 그를 따라야겠다고 결심했다… 그는 예술을 이해하고 연구하며 후원한다는 것이 무엇인지에 대한 내 생각을 구체화시켜주었다"고 했다.[26]

포그 미술관의 직책은 무보수였지만, 폴에게는 돈이 필요하지 않았다. 그는 골드만과 리먼이 이끈 일련의 IPO 덕분에 상당한 재산을 모은 상태였다. 그는 아내 메타와 세 딸과 함께 케임브리지로 이주했고, 하버드 캠퍼스 끝자락의 웅장한 저택 샤디 힐Shardy Hill에 입주했다. 폴이 대학 시절 기숙사에서 바라보던 바로 그 집이었다.

"월가의 많은 이들은 나를 아주 바보로 생각했고 내 결정을 이해하지 못했다"고 그는 회상했다.[27] 하지만 그의 월스트리트 인맥은 새 직업에도 큰 도움이 되었다. 그는 미술관으로 부유한 후원자들을 끌어들였고, 그중에는 친구이자 미술품을 보는 눈을 갖춘 펠릭스 워버그도 있었다. 펠릭스는 센트럴 파크의 연못이 내다보이는 핍스 애비뉴 1109번지에 C. P. H. 길버트C.P.H. Gilbert가 설계한 새 저택을 막 완공한 참이었다. 이 집은 바로크와 르네상스 시대의 목판화, 에칭, 태피스트리 그리고 워버그 일가가 여행하면서 수집한 다양한 예술품들로 가득한 하나의 미술관이었다. (어디 내놓아도 손색없는 스쿼시 코트를 갖춘 6층짜리 프랑스 고딕 양식의 이 저택은 심지어 도금시대의 기준으로 보아도 호화스러웠다. 절제의 미덕을 중시하던 시프는 사위의 과시적인 대저택에 충격을 받았고, 특히 월가를 덮친 공황의 여파로 불황이던 1908년에 완공되었다는 점에서 더욱 못마땅해했다). 펠릭스는 이후 박물관의 가장 큰 후원자 중 한 명이 되었고, 새 건물 건립을 위해 50만 달러를 선뜻 기부하기도 했다.

키 5피트 2인치의 땅딸막한 폴 삭스는 거만한 분위기를 풍겼다. 그는 고압적인 면이 있었고 화를 참지 못하는 경향이 있었다. 헨리 골드만은 그런 조카를 "짜증나는 작은 싸움닭 같다"고 표현했으며, 그가 회사를 떠나자 내심 반겼을 가능성이 크다.[28]

"그의 열정과 지식은 은행보다는 예술에 더 치우쳐 있었다"고 어니스트 폴 삭스는 말했다. '러스티'라는 별명으로 알려진 어니스트의 중간 이름 '폴'은 바로 폴 삭스를 기리는 의미였다. (러스티의 할아버지 역시 이름이 어니스트였는데, 그는 신경외과의 개척자였으며 폴 삭스와 사촌 간이었다). 또 "그는 참 독특한 분이었다"라고도 했다.[29]

폴은 특출난 은행가는 아니었다. 그는 뉴욕의 고서점과 화랑을 둘러보느라 몇 시간씩 사무실을 비우는 일이 다반사였다. 하지만 그는 골드만 삭스의 미래에 결정적인 기여를 하게 된다. 브루클린에서 고등학교를 중퇴하고 주급 3달러에 사무실 관리인의 조수로 일하던 한 청년의 재능을 알아본 것이다. 폴은 이 성실한 청년에게 우편실 업무를 맡기며 브루클린의 브라운 상업학교 Brwone's Business College 수업료를 직접 대주었다. 수십 년 후 그 청년 시드니 와인버그 Sidney Weinberg 는 골드만 삭스의 대표가 된다. 어린 시절 칼싸움으로 등을 다친 전력이 있는 와인버그는 대공황의 폐허에서 회사를 구해내고 그 뒤 40년 동안 골드만 삭스를 세계적인 투자은행으로 성장시켰다. 그는 골드만 삭스 역사상 가장 상징적인 CEO 중 한 명이었다.

회사에서 자유로워진 폴은 자기만의 중요한 유산을 만들었다. 마침내 포그 미술관의 관장이 되었고, 하버드에서 교수직도 얻었다. 그는 '미술관 운영'에 관한 강의를 했고, 이 수업을 통해 양성한 큐레이터들은 미국의 대표적인 미술관들로 진출했다. 그들 중 일부는 미술관을 직접 세우기도 했다. 그의 제자 중에는 뉴욕 현대미술관 Museum of Modern Art, MOMA 창립자들도 있었다. 삭스는 MOMA의 초대 관장을 직접 추천했으며, 창립 이사로서 기관의 비전을 정립하는 데도 기여했다. 제2차 세계대전 중에는 모뉴먼츠 맨 Monuments Men 이라고 알려진 연합군의 문화재 보호 부대 창설을 도왔고, 그가 길러낸 큐레이터, 미술사가, 건축가들은 이 부대에서 나치가 약탈한 예술품들을 되찾는 데 발군의 활약을 했다.

펠릭스와 프리다의 막내아들인 에드워드 워버그는 폴 삭스 밑에서 공부했는데, 에드워드는 폴을 "유머라고는 하나도 없지만 에너지로 똘똘 뭉친 작은 대포알" 같은 사람이라고 회고했다. 에디의 친구이자 하버드 동급생으로 역시 폴의 제자인 링컨 커스타인 Lincoln Kirstein은 그를 "유대인이라는 사실을 싫어하던 작고 예민한 사람"으로 기억했다.[30] 폴에 대한 학생들의 평가는 갈렸지만, 그는 제자들을 통해 예술적 취향의 발전 과정에 자신의 흔적을 뚜렷이 남겼다. 그의 영향력은 심지어 작품 전시 방식에도 미쳤다. 키가 작은 그는 작품을 자신의 눈높이에 맞춰 수평으로 걸었는데, 이는 당시 유럽에서 위아래로 빽빽하게 걸던 방식과 달랐다. 폴의 이 전시 방식은 제자들을 통해 미국 미술관과 갤러리의 주류 전시 방식이 되었다.[31]

주식 인수 사업의 연이은 성공 덕분에 헨리 골드만과 필립 리먼도 예술적 관심을 마음껏 누릴 수 있었다. 1911년 필립은 처음으로 아주 중요한 작품을 구매했는데, 바로 렘브란트의 〈안락의자에 앉은 남자의 초상〉이었다. 이 그림은 그의 컬렉션의 초석이 되었고 아들 바비도 그림을 사들여 컬렉션은 약 2,600여 점에 이른다. 이 그림들은 현재 메트로폴리탄 미술관의 한 전시관을 가득 채우고 있다.

필립이 렘브란트를 구매한 다음 해에 헨리도 이 네덜란드 거장의 〈성 바르톨로메오〉를 10만 달러에 구입했다. 대학 시절부터 수집했지만, 이 그림이 그가 구매한 첫 고가의 작품이었다. 이후 그는 르네상스와 바로크 시대 거장인 루벤스, 안토니 반 다이크, 도나텔로 등의 작품을 꾸준히 사들였다.

미술사학자 빌헬름 발렌티너Wilhelm Valentiner는 헨리의 컬렉션이 "미국 최고의 개인 컬렉션 중 하나"라고 말했다. 발렌티너에 따르면, 모든 시대와 유파를 가리지 않고 걸작이라면 마구 쓸어 담은 모건과 같은 수집가들과 달리 헨리는 훨씬 지적인 호기심을 바탕으로 미술품을 수집했다. 그는 바르비종Barbizon파나 18세기 영국과 프랑스 화가들의 유행 타는 작품을 피하고, 그 이전 시기의 작가들에게 관심을 돌렸다. 헨리의 렘브란트 수집은 그의 예리한 안목과 취향을 보여주는 사례라고 발렌티너는 말했다. 〈성 바르톨로메오〉는 렘브란트가 파산하고 인생의 여러 불행을 겪은 말년에 그린 것으로, 다른 수집가들은 흔히 외면하던 시기의 작품이었다. 하지만 바로 이 시기에 렘브란트는 "그의 내면 가장 깊숙한 곳의 비밀을 드러낸 작품들을 남겼다"고 발렌티너는 평했다.[32]

헨리가 〈성 바르톨로메오〉를 구입한 시기는 가장 성공적인 IPO 중 하나였던 F. W. 울워스F.W.Woolworth&Co.의 기업 공개를 끝낸 직후였다. 프랭크 윈필드 울워스Frank Winfield Woolworth는 다양한 할인 상품을 파는 '5센트-10센트 상점' 개념을 개척한 인물이었다. 그는 펜실베이니아 랭커스터의 한 점포에서 시작해 300곳이 넘는 매장을 거느린 소매 왕국을 건설했다. 1911년, 그는 자신과 경쟁하던 네 개 대형 업체—그들도 모두 합하면 300여 개의 점포를 보유했다—의 대표들을 설득해서 회사를 합병하고 하나의 제국으로 통합했다. 키가 크고 다부진 체격에 은빛 콧수염과 푸른 눈을 가진 울워스는 이 합병 회사의 주식 공모를 맡아줄 투자은행을 찾고 있었다. 골드만 삭스는 적극적으로 사업 수주에 나섰지만 작은 은행을 운영하는 울워스의 친구 루이스 피어슨Lewis Pierson은 J. P. 모건을 추천했다. 피어슨은 모건의 한 파트너에게 거래를 제안했는데, 그는 할인점 체인업체의 주식 공모라는 이야기에 그 제안을 웃어넘겼다. 며칠 후 모건의 그 파트너가 피어슨에게 전화를 걸어 자신들이 그 건을 다시 고려해보겠다고 말했다. 아마도 울워스 및 울워스와 합병하려는 회사의 매출을 모두 합하면 연간 약 5,000만 달러에 이른다는 말을 전해 들은 것 같았다. 그러나 그때는 골드만 삭스가 이미 거래를 성사시킨 다음이었다 "그렇게 모건 씨는 우리 주식의 인수 기회를 놓쳤고, 골드만 삭스가 그것을 맡게 되었죠"라고 울워스는 회고했다.[33]

1912년 초, 트리오에 쿤로브까지 가세하여 울워스의 6,500만 달러 상당의 공모를 진행했다. IPO 열기가 점점 달아올라 회사의 우선주와 보통주가 시장에 상장되자마자 공모가 대비 각각 10포인트와 21포인트가 급등했다.[34]

이듬해, 프랭크 울워스는 자신의 위상을 과시하기라도 하듯 오랫동안 품어온 야망 하나를 마침내 실현했다. 바로 세계 최고의 빌딩을 세우는 것이었다. 로어맨해튼에 우뚝 솟은 241미터 높이의 60층짜리 울워스 빌딩은 수천 명을 수용할 수 있도록 설계되었으며, 그전까지 세계에서 가장 높은 건물이었던 메트로폴리탄 빌딩보다 거의 30미터가 더 높았다.[35] (거의 300미터에 가까운 에펠탑은 세계에서 가장 높은 구조물이었다). 건축비는 1,350만 달러였으며 울워스는 전액을 현금으로 지불했다.

1913년 4월 24일 저녁, 800명의 하객이 울워스와 이 건물을 설계한 건축가 '캐스' 길버트—그는 뉴욕에서 가장 각광받던 건축가로, 펠릭스와 프리다 워버그의 궁전 같은 저택도 지었다—를 축하하기 위해 이 건물 27층에 모였다. 이날 만찬장은 미국의 정치, 경제, 문화계 인사들로 가득찼다. 워싱턴에서는 80명의 의원들이 참석했다. 오토 칸도 그곳에 있었는데 나중에 길버트는 그의 저택도 설계하게 된다. 그리고 찰스 슈와브도 그 자리에 있었다. 베스트셀러 소설가 F. 홉킨슨 스미스F.Hopkinson Smith가 행사 사회를 맡았다. 저녁 7시 반, 조명이 꺼지고 버튼 하나로 8만 개의 전구에 불이 들어오며 건물이 환하게 밝아졌다. 오케스트라가 국가를 연주했으나 환호와 박수갈채로 소리가 잘 들리지 않을 지경이었다.[36]

월터 삭스에 따르면, 이어지는 축사에서 울워스는 자신의 꿈이 이루어진 것에 한껏 흥이 올라 한 손으로 헨리 골드만의 등을 두드리고 다른 손으로 캐스 길버트의 등을 두드리며 "여기 두 분이 바로 이 멋진 건물을 만든 일등 공신입니다"라고 외쳤다고 한다.[37]

이 일화는 사실 여부가 불분명하긴 해도, 헨리 골드만과 그에 대한 전설을 잘 보여주는 더 큰 진실을 담고 있다. 월터는 이렇게 회고했다. "그때까지 골드만이 다뤘던 모든 인수 건 가운데 울워스 거래만큼 회사의 명성을 높여준 거래는 없었다."[38] 과거 헨리 골드만을 철도회사 이사회와 인수단에서 배제했던 바로 그 은행가들이 이제 그와 필립 리먼의 다음 행보를 궁금해했다. 필립은 훗날 "헨리 골드만이 골드만 삭스에 금gold을 채웠다고요!"라고 말했다.[39]

헨리와 필립은 각자의 회사뿐 아니라 고객사의 운명을 결정하는 데 큰 영향을 미쳤을 뿐만 아니라 월스트리트의 궤적에도 심대한 영향을 미쳤다. 이후의 금융 세계는 결코 예전과 같을 수 없게 되었다.

19.

그리고 여전히 그들은 오고 있다

풍경이 바뀌고 있었다. 월스트리트만이 아니었다. 미국이 이민자들의 피난처라는 근본 전제—'망명자들의 어머니', 시인 에마 래저러스Emma Lazarus는 자유의 여신상을 그렇게 불렀다—조차 흔들리는 듯했다. 1880년에서 1910년 사이에 1,700만 명 이상의 이민자들이 미국으로 들어왔고 그 대다수는 북유럽이나 서유럽 출신이었다. 이 중에는 러시아와 그 주변 지역에서 탈출한 150만 명이 넘는 유대인도 포함되어 있었다. 그들은 대개 뉴욕에 정착했으며, 맨해튼의 대표적 유대인 밀집 지역인 로어이스트사이드로 몰려들었다.

언론인 제이컵 리스Jacob Riis는 세기 전환기의 빈민가 생활을 다룬 그의 유명한 저작 《나머지 절반은 어떻게 사는가How the Other Half Lives》에서 그 지역을 '유대인 마을'이라고 불렀다. 그는 "이 지구상 어디에도 사방 1마일 안에 이렇게 많은 사람들이 다닥다닥 모여 사는 곳은 없다"고 묘사했다. 그곳은 질병과 절망이 자라는 곳이었다. 50만 명의 유대인 이민자들은 전기나 수도 시설도 없는 낡고 우중충한 아파트에 빽빽하게 모여 살았고, 건물 간 간격이 좁아 햇빛이나 환기는 그들에게 사치로 여겨질 정도였다. 방 두 개에 20명이 함께 사는 경우도 흔했다.

"이곳에서의 삶은 요람에서부터 고된 노동이 시작된다는 것을 의미한다"라고 리스는 썼다. 이어 "유대인 구역의 집들은 작업장이기도 했다. 이스트사이드의 어느 거리든 이른 새벽부터 정신과 몸이 모두 탈진할 때까지 고압으로 작동하는 수천 대의 재봉틀 소리만으로도 이를 실감하게 된다. 제일 어린 아이부터 나이가 가장 많은 사람들까지 가족은 누구나 음식을 준비하고 옷을 빨아 말리는 메스꺼운 냄새가 나는 방에서 하루 종일 일손을 보태야 했다"고 썼다.[1]

이들 이민자들은 부유한 업타운 유대인들과 공통점이 거의 없었다. 부자들의 일상은 풍족하고 안락했던 반면, 가난한 이민자들에게는 삶이 고난의 연속이었다. 하지만 사회가 그들을 온전히 평등한 존재로 받아들이지 않았기 때문에, 그들은 종교적 소수자라는 공통의 조건 아래 살아야 했다. 부유하든 가난하든, 독일계든 러시아인이든, 투자은행가든 행상인이든, 조건이나 배경과 상관없이 그들은 대중 앞에서 하나의 유대인 공동체를 대표했다. 독일계 유대인 엘리트들이 로어이스트사이드의 열악한 생활환경에 대해 점점 깊은 관심을 갖게 된 것은 비단 자선 정신 때문만은 아니었다. 그들에겐 지켜야 할 이미지가 있었다. 그 이미지가 위협받을수록 유대인 상류층은 더욱 강력한 자선 활동을 통해 그 이미지를 지켜내려 했다.

대규모 이민에 따른 급격한 인구 변화와 저임금 외국인 노동자들—가령 도심의 작업장에서 재봉틀에 허리를 굽히고 앉아 일하던 수많은 유대인들—이 미국인의 일자리를 빼앗을 것이라는 두려움은 강력한 토착주의 정서를 촉발했다. 하버드 졸업생 세 명이 설립한 이주제한연맹Immigration Restriction League과 같은 단체들이 등장해 이민자들이 질병과 범죄, 도덕적 타락을 미국에 들여오고, 미국 시민의 일자리를 빼앗으며, 공공 자원에 부담을 준다고 주장했다. 이 단체의 회원들은 자신들이 반反이민주의자로 비춰지지 않도록 신중하게 행동하면서도, '바람직하지 않은 이민자들'의 유입을 막는 것이 목적이라고 강조했다. 그들—우생학에 발을 들여놓은 어떤 기후학자도 있었다—은 바람직하지 않은 이민자들 가운데 상당수는 러시아와 동유럽에서 온 유대인들이며, 이 유대인들을 인종적으로 열등한 집단으로 간주했다.

노동조합, 애국 단체, 농민 단체들과 연대한 이주제한연맹은 이주를 억제하기 위해 문해력 시험을 도입하고 공공의 부담이 된 외국인을 추방하는 등의 강경한 조치를 요구했다. 하원에서는 이주 문제를 놓고 격렬한 토론이 이어졌으며, 해가 갈수록 법안이 통과될 가능성이 높아졌다. 이민 제한론자들은 강력한 우군을 얻게 되었는데, 바로 상원 이민위원회 위원장인 공화당 상원의원 윌리엄 딜링엄William P. Dillingham(버몬트)이었다. 그는 1906년에 이주제한연맹의 바람을 거의 그대로 반영한 법안을 발의했다. 이 법안은 반대자들로부터는 "미국적이지 않다"고 비난받았는데, 도착하는 이민자들에게 부과하는 '인두세'를 기존의 2달러에서 5달러로 인상하고, 문해력 시험을 도입하고, '저능아'나 '정신박약자' 그리고 신체적·정신적으로 장애가 있어 안정적으로 일하기 어려운 자들의 입국을 금지하는 조항을 포함했다.[2]

법안은 상원을 통과했지만 하원에서 내용이 대폭 완화되었다.

문해력 시험은 없어지고 인두세의 인상폭도 줄었다. 뉴욕 출신의 유대인 하원의원이자 시프의 정치적 우군인 루셔스 리타워는 특히 러시아 난민들이 추방되지 않도록 하는 수정 조항을 최종 법안에 슬쩍 끼워 넣었다. 이에 분노한 공화당 하원의원 어거스터스 가드너Augustus Gardner(매사추세츠)는 "특정한 세력들"—유대인—을 비난하며, 그들의 영향력 때문에 동료 의원들이 법안의 가장 중요한 조항을 삭제했다고 주장했다. 이렇게 이주 반대론자들이 원하는 정도에는 미치지 못했지만, 새 법안은 딜링엄을 위원장으로 하는 위원회를 구성하도록 규정했다.³ 이 위원회는 이후 20세기 미국 역사상 가장 가혹한 이주 제한 조치들을 마련하는 발판이 되었다.

시프와 다른 유대인 지도자들은 1880년대부터 문해력 요건을 도입하려는 여러 차례의 시도를 포함해 유대인 이민을 제한하려는 움직임을 잘 막아냈다. 하지만 1900년대 초에 들어서면서 배타주의는 미국의 보편적인 정서로 자리 잡았다.

이민 문제는 시프의 마음을 끊임없이 괴롭혔다. 그는 이 문제로 고민하느라 때로는 새벽녘까지 잠들지 못하기도 했다. 1909년, 시프는 이렇게 연설했다. "1880년대 초, 차르의 땅에서 유대인 대이주가 시작되었을 때만 해도 이 나라 유대인 인구가 30년도 안 되어 20만 명에서 200만 명으로 늘어날 것이라고 누가 상상이나 했겠습니까? 뉴욕에만도 동포들의 수가 100만 명에 이르렀습니다." "하지만 이것이 엄연한 현실이고 여전히 그들은 이 나라로 오고 있습니다!"⁴

그리고 여전히 그들은 오고 있다.

수십 년 동안 미국의 유대인 지도자들은 러시아의 '유대인 문제'

가 외교적 압박과 다른 수단을 통해 해결될 수 있다고 믿었다. 시프는 러일전쟁 동안 자금 지원과 선전 활동을 통해 체제를 바꾸는 더 공격적인 전략을 추진하기도 했다. 하지만 혁명이 실패한 후 차르는 반정부 운동의 주요 세력으로 유대인을 지목했고, 유대인에 대한 그의 개인적 반감은 더욱 견고해졌다. 시프는 니콜라이 2세가 이성적으로 바뀌리라는 기대는 버려야 한다고 느끼기 시작했다. 그는 "자유의 강력한 힘이… 더욱 성공적으로 발현되기를" 바라는 희망과, 상황이 더 악화된다면 "우리 선조들이 이집트와 스페인을 떠났듯 〔유대인들이〕 러시아를 떠나야 할 때가 올 것"이라는 절망 사이를 시계추처럼 오갔다.[5]

시프는 또한 매일같이 밀려드는 러시아와 동유럽 난민을 뉴욕이 더는 감당할 수 없다고 믿게 되었다. 헨리가 복지관에서 친구 릴리언 왈드를 만나거나 자신이 지원하는 자선 활동을 점검하기 위해 로어이스트사이드를 정기적으로 찾으면서, 그는 현실을 체감할 수 있었다. 시프와 다른 유대인 자선가들이 구축한 자선 네트워크는 상당히 견고하고 인상적인 수준이었지만, 날로 늘어가는 수요 앞에서는 한계에 다다르고 있었다. 게다가 로어이스트사이드의 범죄와 비참한 환경은 이주 제한론자들이 이민자의 유입을 막아야 한다고 주장할 때 내세우는 생생한 사례가 되었다.

만약 이민자들의 유입이 줄지 않고 계속된다면 기존 유대인 공동체가 어렵게 쌓아온 미국 사회에서의 지위가 위태로워질지도 몰랐다. 또한 반유대주의의 확산도 문제였다. 시프는 한 인터뷰에서 "뉴욕과 북대서양 연안 항구도시들은… 유대인 인구로 이미 포화 상태에 이르렀다"고 말했다. "저는 분명 이민 제한론자가 아닙니다만, 뉴욕에 관한 한 이 도시에 더 많은 인구가 정착하는 것을 막을 수 있는 합법적 조치는 환영할 것입니다… 현재의 인구 과밀이 야기하는 사회적, 경제적, 심지어 도덕적 문제들은 이제 우리가 통제할 수 있는 수준을 넘어선 것 같습니다."[6]

시프의 해법은 이민 자체를 막는 것이 아니라 방향을 바꾸는 것이었다.

1880년대에 처음으로 러시아계 이민자들이 미국에 도착했을 때, 뉴욕의 기존 유대인 공동체는 그들 중 일부를 미국 내륙으로 분산시키려 했다. 허쉬기금이 지원한 유대인 농업 공동체 설립의 배경에는 바로 그런 생각이 있었다. 1890년대에는 시프가 제임스 J. 힐의 그레이트노던철도가 소유한 미네소타 땅에 러시아 이민자들을 정착하게끔 하려고 했다. 시프는 "가장 뛰어난 러시아인들만 보내겠다"며, 허쉬기금이 각 가족마다 최소 500달러를 가지고 도착하도록 지원하겠다고 약속했다. 시프는 이 계획이 서로에게 이익이 될 것이라고 설득했다. "상당수의 집 없는 가난한 사람들을 이렇게 구제할 수 있을 뿐 아니라, 당신의 철도도 장기적으로 상당한 덕을 보게 될 것입니다." 하지만 실제로 그곳에 정착한 가족은 고작 열두 가구에 불과했다.[7] 뉴욕에 도착한 유대인 이민자들은 가난하긴 해도 활기찬 공동체를 발견했고, 일단 정착한 후에는 미네소타 밀라카로 가면 16만 제곱미터의 땅과 500달러를 제공하겠다는 제안에도 좀처럼 떠나려 하지 않았다.

1901년, 이주민을 보다 체계적으로 분산시키기 위해 시프와 다른 유대인 지도자들은 산업이주사무소 Industrial Removal Office를 설립했다. 이 기관은 실업 상태인 유대인 이민자들에게 미국 전역에서 일자리를 찾아주고 그들이 이주할 수 있도록 도움으로써 수천 명의 이민자들을 수백 개의 도시에 정착시켰다. 하지만 매일 배를 타고 도착하는 이민자들로 인해 이러한 노력이 실질적인 효과를 거두기에는 역부족이었다.

한편 여론은 이민 제한에 찬성하는 쪽으로 급격히 기울었다. 1905년 12월, 루스벨트는 의회 연설에서 이민 규제를 강화해야 한다는 입장을 분명히 밝혔다. "바람직하지 않은 이민자를 배제하기 위한 기존 이민법은 더 강화되어야 합니다."[8] 다음 달 초, 딜링엄은 곧바로 법안 초안을 마련했다. 이 무렵 시프는 미국 이민청장 프랭크 사전트Frank Sargent에게서 충격적인 내용을 들었다. 그는 시프에게 대서양 연안의 항구도시들이 더 이상 "외국인 인구를 소화할 수 없는" 지경에 이르렀다고 솔직하게 털어놓았다.[9]

루스벨트는 앞서의 연설에서 "적절한 유형의 이민은 과밀한 대도시 빈민 구역에서 멀리 벗어나" "여러 지역에 적절하게 분산"되어야 한다고 제안했다. 시프와의 대화에서 사전트도 이민자들이 동부 연안에 도착한 뒤 분산시키기보다 아예 유럽에서 남부의 항구로 바로 오도록 유도해야 한다고 조언했다.

이 대화는 시프 생애의 가장 기념비적인 자선 프로젝트를 구상하게 된 계기가 된다. 1906년 8월, 시프는 영국의 작가이자 활동가인 이즈리얼 쟁윌Israel Zangwill에게 편지를 써서 이민 흐름을 다른 방향으로 돌리기 위한 계획을 설명했다. 쟁윌은 이민자들의 삶을 주제로 한 작품 활동으로 '게토의 디킨스'라는 별명을 얻은 작가로 러시아계 이민자의 아들이자 근대 시오니즘의 창시자인 테오도르 헤르츨Theodor Herzl의 열성 추종자였다. 그러나 1904년 헤르츨이 사망한 후 시오니스트 운동과 결별하고, 유대인 이민자들의 대규모 정착지를 모색하는 유대인영토기구Jewish Territorial Organization (이디시어 약어를 쓴 탓에 ITO로 불렸다_옮긴이)를 결성했다. 급진 시오니스트들이 팔레스타인에 유대 국가를 세우는 것만을 유일한 해법으로 고집—이들은 영국 정부가 제안한 동아프리카 정착지 방안을 일축했다—한 반면, 쟁월과 ITO는 당시 러시아에서 계속되던 위기에 대응하면서 보다 현실적인 대체 정착지를 모색하려 했다.

시오니즘과 영토주의 모두 그 핵심은 유대 민족주의 이데올로기였는데, 시프는 이를 마뜩잖아 했고 심지어 위험할 수도 있다고 보았다. 그는 "정치적 시오니즘은 (유대인들이 다른 국가에 살며 보유하고 있는) 시민권을 위협한다"면서 유대 국가의 건립은 "치명적인 분리를 초래한다"고 지적했다.[10] 그는 "시오니스트들의 바로 그 운동이 반유대주의자에게 우리 민족에 대한 극악무도한 공격을 지지하는 가장 강력한 논거 중 하나를 제공하고 있다"며 그들을 비난했다.[11]

쟁월과의 철학적 견해 차이는 접어두고, 시프는 이민자들을 뉴욕이 아닌 다른 곳으로 돌리려는 자신의 계획을 실행하기 위해 ITO에 도움을 청했다. "유대인영토기구가 유대인들의 자치가 가능한 별도의 피난처를 찾는 본래의 소중한 목표를 잠시 접고 즉각 실행 가능한 문제에 집중한다면, 우리 모두가 진심으로 염원하는 이 중대한 과제에 큰 기여를 할 수 있으리라 생각합니다." 시프는 이렇게 쟁월에게 편지를 썼고, 약간의 논쟁이 있었지만 쟁월도 시프의 계획에 동참하기로 했다.[12] 시프가 "무뚝뚝하고" 다루기 힘든 인물이라 했던 그 작가는 훗날 이 사업을 "나의 친애하는 친구 시프가 내놓은 유일하게 건설적인 아이디어"라고 평하기도 했다.[13]

처음에 시프는 이민자들이 갈 다른 항구로 뉴올리언스를 선호했지만, 결국 그와 동료들은 갤버스턴Galveston으로 정했다. 갤버스턴은 미국 남부에서 더 서쪽에 위치했고, 독일 브레멘에서 출발하는 선박 노선이 이미 운항 중이었으며, 철도 중심지이기도 해서 도착한 이민자들을 새로운 도시로 쉽게 수송할 수 있는 장점이 있었다. 또 뉴올리언스와 달리 규모가 작은 도시였기 때문에 이민자들이 그곳에 그대로 눌러앉고자 할 가능성이 낮았다. 이 계획의 핵심은 갤버스턴을 최종 정착지가 아니라 경유지로 삼고, 그곳을 통해 유대인 이민자들을 미시시피강 서쪽의 중소도시들로 보내는 것이었다. 그 도시들에는 이미 이민자들을 위한 일자리가 준비되어 있었다.

시프는 쟁윌의 ITO와 더불어 독일 베를린에 본부를 둔 '독일 유대인 구호회'에도 협조를 요청했다. 모리츠 워버그가 공동 창립한 이 단체는 대서양을 횡단하는 선박들이 드나드는 주요 항구가 위치한 독일에 유대인 난민들이 많아지자 그들이 미국과 다른 지역으로 갈 수 있도록 지원해왔다. 아버지 모리츠의 권유로 이 단체의 운영에 참여하게 된 막스 워버그는 갤버스턴 계획에서 중요한 역할을 수행했다. '독일 유대인 구호회'의 전 사무총장 베른하르트 칸Bernhard Kahn에 따르면, 막스는 해운업계의 인맥을 활용해 "미국행 여객선의 요금을 20달러 수준으로 낮추는 데 성공했고, 배의 위생과 탑승 환경도 개선했다"고 기억을 떠올렸다. "1904년부터 1914년까지 10년 동안 약 125만 명의 유대인이 미국으로 이주했다. 어떤 의미에서 막스는 구호회 활동을 통해 오늘날 미국에 강력한 유대인 공동체를 건설하는 데 이바지한 셈이었다."[14]

시프의 계획에 따라 러시아에 기반을 둔 ITO가 러시아 내 활동을 주도하게 되었다. 그들은 미국 서부 정착의 장점을 홍보하고 갤버스턴 프로그램에 참여할 이민자들을 신중하게 선별했다. ITO가 이민자들을 독일로 보내면, 독일에서는 '독일 유대인 구호회'가 이들을 갤버스턴행 선박에 승선시켰다. 갤버스턴에 도착한 이민자들은 산업이주사무소의 새 조직인 유대인이민자정보원Jewish Immigrant Information Bureau, JIIB 의 관리를 받았다. 정보원은 이민자들에게 소액의 자금을 제공하고, 디모인, 덴버, 캔자스시티 등 19개 도시 중 한 곳으로 이들을 보냈다. 이들 도시에는 이민자들을 후원하고 일자리를 주선할 지역 위원회가 구성되어 있었다. 이민자정보원은 쟁월의 ITO측에 고용 가능성이 높은 이민자만 보내주라고 분명히 요청했다. 이상적인 대상은 40세 미만의 육체노동자나 기술자였다. 또 안식일을 지켜 토요일에 일하지 않는 사람은 보내지 말라고 요구해서 논란을 빚기도 했다.[15]

시프는 갤버스턴 계획에 50만 달러를 기부하기로 약속했다. 결정적으로 이 프로젝트는 루스벨트 대통령의 지지를 받았다. 1907년 초 워싱턴을 방문한 뒤 시프는 "대통령께서 우리가 이런 노력을 기울이는 것에 매우 기뻐하셨다"고 전했다.[16] 시프는 또 루스벨트가 상무노동부 장관으로 임명한 오스카 스트라우스의 지지도 얻었다. 상무노동부는 이민 문제를 관할했으며, 그의 도움으로 시프는 갤버스턴에 새로운 입국 관문을 세우는 법안을 이끌어냈다.

1907년 7월 1일 오전 8시, 첫 유대인 난민들이 갤버스턴 항구에 도착했다. 갤버스턴 운동의 첫 입국자는 87명이었으며 대다수는 18세에서 42세 사이의 남성이었다. 이민자들은 한 명씩 차례로 의사의 검진을 받고, 이민국 조사관의 심문을 거친 후, 짐을 샅샅이 들춰보는 세관직원의 검사를 받았다. 그 후 그들은 마차를 타고 800미터 떨어진 유대인이민자정보원의 넓은 수속센터로 이동했다. 그곳에서 따뜻한 식사와 목욕을 마친 후 대부분은 당일 저녁 기차를 타고 새 정착지로 떠났고, 일부는 다음 날 출발했다. 2주 후

26명의 두 번째 이민자들이 도착했고 같은 과정이 반복되었다. 8월 초에는 70명, 8월 말에는 89명이 도착했다. 그해 말까지 900명이 갤버스턴을 통해 미국에 입국했다.[17]

하지만 곧 외부적인 이유로 이 운동의 동력이 꺾였다. 1907년 공황과 이어진 불황으로 이민자들에게 일자리를 찾아주기 어렵게 되었고, 갤버스턴으로 오는 러시아 이민자들의 규모는 급격히 줄었다. 한편 러시아 정부는 ITO의 모집 활동을 단속하며 이들이 설립한 사무소 대부분을 폐쇄했다. 시프의 갤버스턴 운동이 흔들리고 경제가 침체에 빠지자 시프와 다른 유대인 지도자들은 뉴욕이라는 자신들의 뒷마당에서 이민 문제를 통제하기 위한 보다 구체적인 조치에 나서야 했다.

1908년 9월 1일, 1815년에 네이선 헤일Nathan Hale 이 공동 창간한 권위 있는 문학지 〈노스아메리칸 리뷰〉는 뉴욕 경찰국장 시어도어 빙엄Theodore Bingham 의 글을 게재했다. 빙엄은 군 공병 시절 사고로 다리를 잃고 나무 의족을 한 퇴역 육군 준장이었다. "뉴욕의 외국인 범죄자"라는 제목의 이 글에서 빙엄은 유대인이 뉴욕 범죄자 중 50퍼센트를 차지한다는 충격적인—그리고 거짓인—주장을 펼쳤다. "러시아계 히브리인들이 저지르는 범죄는 대체로 재산 관련 범죄"라면서 "그들은 도둑, 방화범, 소매치기, (용기가 있을 때만) 강도가 된다. 모든 범죄가 그들의 영역이지만 특히 소매치기는 그들에게 너무나 자연스럽다. 거리의 도둑 중 가장 능숙한 이들은 16세 미만의 유대인 소년들로, 그들은 어려서부터 범죄자로 키워졌다"고 썼다.[18]

빙엄의 충격적인 글은 광범위한 비난을 불러왔다. 유대계 일간지는 일제히 분노에 찬 사설을 쏟아냈고 항의 집회가 이어졌다. 다운타운의 지도자들은 나무다리를 한 경찰국장뿐만 아니라 입장 표명에 소극적인 업타운의 유대인, 특히 시프에게도 분통을 터뜨렸다. "어느 호텔에서 한 (유대인) 귀족을 거부했다는 이유로 400명이 들고일어나 그 책임자를 쫓아냈었는데, 지금은 모두 입을 다물고 있다!"라면서 이디시어 일간지 〈타게블라트 Tageblatt〉는 분노했다. 이어진 사설에서 이 신문은 단호히 선언했다. "우리는 저 부자들을 믿고 의지할 수 없다."¹⁹

원론적으로는 빙엄 사태는 이제 막 출범한 미국 유대인위원회 American Jewish Committee 가 대응해야 할 유형의 사안이었다. 하지만 유대인 상류층 주도로 탄생한 이 위원회는 침묵을 지켰다. 사태가 불거졌을 당시 시프는 예년처럼 바 하버에서 휴가를 보내는 중이었다. 그는 자신이 후원하던 자선단체 중 하나인 교육연맹의 관계자에게 "뉴욕의 유대인 범죄 문제에 대한 공개 토론에 참여할 생각이 없다"고 털어놓았다. "명백히 현명하지 않은" 일이기 때문이라는 것이었다. 하지만 일주일이 넘도록 논란이 잠잠해질 기미가 보이지 않자 결국 시프는 입장을 밝혔다. 그는 빙엄의 "무책임한 발언"에 "충격과 경악을 금치 못했다"면서 이렇게 반문했다. "빙엄 국장께서는 대체 뭘 의도하신 건가요? 그저 외국인, 특히 유대인에 대한 기존의 편견에 기름을 붓고 싶은 건가요? 아니면 이민을 제한하려는 본인의 목표를 달성하기 위해 자신의 공적 지위를 부당하게 이용하려는 건가요?"²⁰

곧 빙엄은 자신의 발언을 철회했다. 그는 글에 인용한 통계가 "다른 사람이 제공한 것"이라며, "신뢰할 수 없는 자료였다"고 인정했다. 그는 이후 9개월 더 자리를 지켰지만, 결국 뉴욕 시장 조지 맥클러랜에 의해 항명을 이유로 해임되었다. 이디시어 언론은 이에 환호했다.

이 사건은 신문 1면에서 점차 사라졌지만 업타운과 다운타운 간에는 앙금이 남았다. 이 충격적인 사건을 통해 도출된 유일한 공감대가 있다면, 그것은 바로 종교적·이념적으로 분열되고 파벌화된 뉴욕의 유대인 공동체가 어떤 형태로든 통합될 필요가 있다는 것이었다. 이 같은 문제의식을 〈뉴욕 타임스〉에 제기한 인물은 31세의 카리스마 넘치는 이매뉴얼 회당의 부副랍비 주다 매그니스였다. "뉴욕의 100만 유대인들은… 이 사건에서 교훈을 얻어야 합니다. 유대인들을 대표해 목소리를 내고, 이들의 권리와 자유를 지키며, 자선단체가 빈곤과 질병에 효과적으로 대처하듯이 범죄 문제에도 대응할 수 있는 상설 대표기구가 필요합니다."²¹

미국 유대인위원회의 창립 회원인 매그니스는 업타운과 다운타운을 연결하기에 아주 이상적인 인물이었다. 이매뉴얼 회당에서의 지위도 있는데다 얼마 전 비어트리스 로웬스틴과 결혼하면서 업타운의 상류층으로 진입하게 되었는데, 특히 결혼을 통해 저명한 변호사이자 시프의 측근인 루이스 마셜의 처남이 되었다. 동시에 매그니스는 로어이스트사이드의 지식인들과도 긴밀한 유대관계를 맺고 있었으며 미국 시오니스트 연합의 간부로도 일했다.²² 매그니스는 다운타운 지도자들의 분노와 업타운 후원자들의 계급적 불안을 능숙하게 다루면서 뉴욕 유대인들 공동의 문제를 감독하고 조직할 중앙 기구로서 케힐라kehillah를 만들자는 운동을 주도했다.

이 운동이 성공하려면 유대인 자선계의 실질적 지배자이자 미국 유대인위원회의 지도부를 구성하고 있던 시프와 그의 동료들의 동의가 필요했다. 이에 매그니스는 영리하게 케힐라를 미국 유대인위원회의 일종의 지역 조직처럼 제안했다. 케힐라는 뉴욕의 현안을 집중적으로 다루고, 국가적·국제적 문제는 미국 유대인위원회에 맡기자는 것이었다. 다양한 이해 당사자들 간의 협상이 수개월간 지루하게 이어진 끝에 1909년 2월 말에 집회가 열렸다. 여기서 200여 유대인 단체 대표들은 "유대교의 가치를 증진하고" "뉴욕의 유대인을 대표한다"는 취지 아래 케힐라의 설립을 만장일치로 승인했다. 뉴욕 유대인 사회에 민주주의적 요소를 도입한 이번 조치로 시프의 권위가 약화된 것 같지는 않았다. 그가 케힐라를 지지하는 연설을 하려고 자리에서 일어났을 때 이 은행가를 환영하는 자발적인 박수갈채가 일제히 터져 나왔다. 대표단은 25인의 이사진을 선출했는데 시프는 압도적으로 많은 표를 얻었다.[23] 몇 년 후, 줄리어스 골드만과 허버트 리먼이 이 기구의 이사진을 이끄는 주도적인 역할을 맡게 된다.

처음부터 시프는 케힐라의 최대 후원자였다. 사위 펠릭스 워버그도 집행위원회에서 활동했으며 나중에 초대 의장이 되었다.[24] 펠릭스는 쿤로브의 파트너였지만 금융 업무에는 거의 시간을 쓰지 않고 대부분의 일과를 자선단체 활동에 썼다. 그는 사무실에 주문 제작한 수납장을 두고 자신이 후원하는 57개 단체의 관련 서류를 분류 정리해 보관할 정도였다.

프리다와 결혼하여 뉴욕으로 이주한 직후 펠릭스는 시프와 로브 일가의 권유로 릴리언 왈드와 헨리가 복지관 활동을 지원하기 시작했다. 이를 계기로 그는 수많은 유대계 그리고 종교와 무관한 다양한 자선 활동에 시간과 돈을 쏟아부으며 열정적인 자선가의 삶으로 들어섰다. 그는 청년히브리협회의 회장을 맡아 장인과 함께 92번가에 협회 본관 건물을 세우고 유지하는 데 핵심적 역할을 했다. 이 외에도 교육연맹, 유대신학교Jewish Theological Seminary, 뉴욕 복지위원회Welfare Council of New York, 뉴욕 시각장애인협회, 메트로폴리탄 미술관, 자연사박물관을 포함한 여러 기구의 이사로도 활동했다. 자선가로서의 인지도가 높아진 덕분에 그는 뉴욕시 교육위원회(예전에 시프가 관여했던 적이 있다), 주정부 보호관찰위원회, 웨스트체스터 카운티 공원위원회 등 다양한 지방정부의 직책도 맡게 되었다. 또한 펠릭스는 시프 및 쿤로브 파트너들과 함께 W. E. B. 듀보이스W. E. B. Du Bois의 전미 유색인종발전협회National Association for the Advancement of Colored People 와 부커 T. 워싱턴의 터스키기 연구소Tuskegee Institute 에도 후원자로 참여했다.

펠릭스는 거의 모든 새로운 자선단체들과 불행한 상황에 처한 사람들의 기부 요청에 시달렸다. 그의 자녀 중 한 명은 "아버지는 사회사업가나 공동체 의식을 가진 시민들의 머릿속에 떠오른 거의 모든 구상을 받아주는 일종의 정리 창구가 되었다"라고 말했다.[25] 그는 자신의 자선 철학을 요약한 한 구절을 책상 위에 붙여놓았다.

> 나는 이 세상에 단 한 번 지나갈 뿐이니
> 내가 할 수 있는 어떤 선행이나
> 어떤 친절이라도 지금 베풀게 하소서
> 미루거나 외면하지 않게 하소서
> 나는 다시 이 길을 지나가지 않을 것이니

펠릭스의 자선 활동 범위는 너무나 방대해져서 심지어 20세기 최고의 유대인 자선가로 평가되는 시프마저도 너무 지나치다고 느낄 정도였다. "펠릭스, 자선이라 해도 너무 지나치네."[26] 시프의 아들 모티보다 오히려 펠릭스가 장인의 자선가로서의 유산을 물려받은 사람이 되었으며, 시프가 그랬던 것처럼 위대한 영국의 자선가 몬테피오레에 비유되기도 했다.

펠릭스의 둘째 아들 제럴드는 "아버지는 위대한 유대인으로 평가되었다"라고 했다.

하지만 역설적이게도 그는 유대인 문제들만 제외하고는 유대인에 대한 거의 모든 것을 싫어했다. 유대 음악 혹은 이디시어도 싫어하셨고, 랍비의 설교도 대부분 견디기 힘들어했다. 먹는 데에 율법을 전혀 따르지 않았고 회당에서는 불편해했다. 유대 명절 행사를 치를 때도 전혀 진심이 담겨 있어 보이지 않았다. 축복을 하거나 촛불을 켜고 '유월절' 예배를 할 때마다 '이걸 꼭 해야 하나' 싶은 표정으로 마지못해 계시던 모습이 기억난다.[27]

출판인 콘데 나스트Condé Nast의 딸과 결혼한 성공한 첼리스트인 제럴드는 아버지 펠릭스를 이렇게 회고했다. "정말 유쾌하고 돈키호테 같은 분이셨다. 그리고 혹시나 해서 말하는데 천사는 아니셨다."[28] 펠릭스는 사생활이 건전하지는 않았다. 그는 프리다와의 결혼 생활 내내 수많은 외도를 했다. 그의 애인들은 주로 풍만한 체형이었는데, 그중 일부는 (오토 칸의 경우처럼) 메트로폴리탄 오페라단의 여성들이었다는 것이 공공연한 비밀이었다. 그는 밀회를 나갈 때마다 자전거 타러 간다는 핑계를 댔고, 이 어이없는 구실은 가족들 사이에서 농담거리가 되었다. 아들들은 가끔 "아버지, 자전거 타러 가시는 거예요?"라고 진지한 표정으로 묻곤 했다고 한다.[29]

진지한 아리아와 가벼운 광고 음악을 늘 흥얼거리던 펠릭스는

"삶을 온몸으로 만끽하는 열정적인" 사람이었다고 제럴드는 기억했다. 언제나 맞춤 양복을 쫙 빼입고 단춧구멍에는 흰 카네이션을 꽂고 다녔으며, "어떤 때는 기트리Guitry 스타일(기트리는 프랑스의 유명한 배우이자 극작가로, 당시 프랑스 상류층 남성의 전형처럼 여겨졌다_옮긴이)의 프랑스 배우처럼 보였다." 잘 차려입기로 유명한 오토 칸처럼, 그 역시 미술과 음악을 마치 중독된 사람처럼 탐닉하는 유희주의자였으며, 하루에 세 번이나 연주회에 가기도 했다. 하지만 그는 칸이 지닌 금융 재능과 야망은 갖지 못했다. 펠릭스가 쿤로브에 합류했을 때 다른 파트너들은 그를 어떻게 받아들여야 할지 혼란스러워했다. 그의 패기만만하고 자유분방한 기질은 긴장감 넘치는 사무실 분위기와 맞지 않았다. "야망, 질투, 언쟁으로 가득한 사무실 분위기에서 그의 영혼은 제대로 꽃필 수 없었다"고 그의 친구 솔 스트룩Sol Stroock은 기억을 떠올렸다.[30]

막대한 재산을 가진 은행가 치고는 펠릭스는 때로는 금융의 기본조차 모르는 것처럼 보였다. 막내아들 에드워드는 "아버지가 돈 문제에 얼마나 어설펐는지는 제가 여름 캠프에 갈 때 여행 경비를 주는 방식만 봐도 알 수 있었다"고 회고했다. "아버지가 전에 자신이 쓰다 남긴 아메리칸 익스프레스 수표 몇 장을 다시 한 번 서명해서 주셨다. 그 수표는 아버지는 돈으로 쓸 수 있지만 [서명한 본인만이 쓸 수 있기에] 나한테는 쓸모없다는 것을 전혀 모르시는 것 같았다. 하지만 쿤로브의 파트너에게 어떻게 감히 의문을 제기하겠나?"라고 했다. 에드워드에 따르면 펠릭스가 쿤로브에서 거둔 눈에 띄는 성과는 코닥 주식의 대규모 상장을 성공시킨 것 한 건이었다.[31]

금융 감각은 부족했지만 펠릭스는 사업과 자선 활동에 도움이 되는 개인적인 매력을 갖고 있었다. 그 자신의 표현대로 하면, "시든 꽃에서도 꿀을 뽑아낼 수 있는"(나쁜 조건이나 상황을 유리하게 바꿀 수 있는_옮긴이) 사람이었다.³² 웨스턴유니언의 사장 뉴컴 칼턴 Newcomb Carlton 은 쿤로브 파트너들과 했던 한 회의를 기억했다. 그날 칼턴은 자기 회사를 모기업인 뉴욕 텔레컴 New York Telephone Company 에서 분리해 독립시키는 방안을 쿤로브 파트너들에게 설명하는데 시프가 졸고 있었다. 칼턴이 발표를 마칠 때쯤 잠에서 깨어난 시프는 얼떨결에 쿤로브가 그 프로젝트를 지원하겠다고 발언했다. 이 어색한 순간에 펠릭스가 슬쩍 칼턴과 눈을 마주치고 윙크를 날리며 서로 미소 짓는 상황으로 바꿔버렸다. 사소한 제스처였지만, 칼턴은 그때부터 펠릭스에게 큰 호감을 갖게 되었다.³³

쿤로브 파트너였던 벤저민 버튼위저는 이렇게 평했다. "펠릭스가 거래를 찾아다니기보다 오히려 거래가 그를 찾아왔다. 다들 그를 존경하고 신뢰했다. 누군가 사기 치는 방법을 상세하게 알려줘도 그는 그런 술수를 쓸 줄 모르는 사람이었다."³⁴

아들 제럴드는 펠릭스가 "정돈된 사고를 하는 사람"이었다며 일을 조직하고 계획하는 데 타고난 감각이 있었다고 말했다. "외국에 가서 호텔 방에 들어서면 제일 먼저 하는 일이 가구를 재배치하는 것이었다." 펠릭스 부부가 소유한 [뉴욕시 북쪽] 웨스트체스터의 별장 우드랜드 Woodlands 는 그가 아마추어 건축가로서의 본능을 마음껏 발휘하던 캔버스였다. 2.4킬로미터의 진입로를 따라 들어가면 수백 에이커의 목가적인 풍경 한가운데에 튜더 양식의 대저택이 자리하고 있었다. 펠릭스는 인접한 토지를 계속 사들여 별장을 확장했고, 이를 '부지 정리'라고 표현했다. 그 넓은 땅에는 폴로 경기장, 11킬로미터나 되는 승마 전용로, 온실 역할도 겸한 실내 수영장이 있었다. 그는 여기서 자신의 트레이드마크인 부토니에(남성 정장 왼쪽 위에 꽂는 꽃_옮긴이)를 재배했다.³⁵ 넓은 땅에는 여러 차례 수상 경력이 있는 젖소 품종인 건지Guernsey 소 떼가 돌아다녔다. 펠릭스는 늘 이 땅을 어떻게 더 아름답게 꾸밀지 상상하고, 때로는 관리자에게 부탁해 나무 위에 데크를 설치하여 작은 전망대를 만들어달라고 했다. 거기 올라가 내려다보며 어떤 나무와 관목을 베어내면 어떤 새로운 경관이 만들어질지 구상하곤 했다.

뭔가를 개선하고 구상하는 데 뛰어난 펠릭스의 열정과 재능은 공동체 활동에서도 여지없이 발휘되었다. 그는 밤늦게까지 서류철 뒷면에 이런저런 자선단체를 조직하거나 재편하는 계획을 스케치하곤 했다. 기획자로서 그의 본능이 그가 케힐라 개념에 끌리게 된 한 가지 이유였을 것이다. 케힐라는 한정된 기부금 안에서 때로는 경쟁적인 노력을 하나로 합치도록 조율하고 때로는 각각 개별적으로 재원을 끌어내오도록 하는 메커니즘을 제공하는 것이었으므로 그의 성향에 잘 맞았다.

펠릭스는 시프와 함께 케힐라의 첫 대규모 사업인 교육국을 지원하기로 했다. 이 기구는 학교 설립, 교과서 제작, 교사 양성, 유대인 교사 지망생에 대한 대출 지원 등 유대인 교육을 전문화하는 데에 중점을 두었다. 그다음으로 여러 특화된 기구들이 생겨났는데, 주로 의류산업에서의 노사 분규를 중재하고 혼란을 바로잡는 산업국이 대표적이었다. 또 자선의 손길이 필요한 유대인 공동체를 체계적으로 연구하는 자선연구국 등이 계속 이어졌다.

빙엄 사태에서 아직 벗어나지 못한 유대인 지도자들 사이에서 케힐라의 초기 활동은 유대인 사회 내부의 범죄와 부도덕을 뿌리 뽑는 데 초점을 맞추었다. 경찰국장이 주장했던 수준까지는 아니더라도, 로어이스트사이드 지역에는 매춘, 도박, 마약, 소매치기가 만연해 있었다. 케힐라는 이러한 범죄를 근절하기 위해 비공식 사법기관으로 두 개의 별도 기구—사회위생국과 사회도덕국—를 설치하고 비밀리에 활동하기 시작했다. 당시 '백인 노예white slavery'라고 불리던 매춘도 집중적으로 단속했다.

시프와 워버그의 거액 기부 덕분에 케힐라는 에이브 숀펠드Abe Shoenfeld라는 젊은 탐정을 고용했다. 그는 20대 초반에 이미 다운타운 암흑가의 전문가로 정평이 났었다. 숀펠드는 작가로 위장하여 도박장, 매춘업소, 당구장, 술집, 기타 불법 영업소의 목록을 하나하나 기록했다.

숀펠드와 그의 지휘 아래 활동하던 수사팀은 다운타운 범죄자들의 자료를 축적해나갔다. 그들은 범죄자 주변 인물과 단골 출입처를 추적하고, 생김새와 혐의를 자세히 기록한 파일을 만들었다. 표적이 된 인물에는 하이미 헌드레드Hymic Hundred("전직 포주"이자 "마약상"), 왁시 고든Waxey Gordon("수많은 가난한 유대인의 머리를 깨부순 갱스터이자 폭력배"), '절망적인 꼬마 유델Desperate Little Yudel'("그가 저지른 범죄의 수는 아무도 모른다"), 스티프 리프카Stiff Rifka("상점털이이며 종종 붐비는 회당 예배 중 표적을 찾아내는 영리한 절도범")이 있었다.[36]

케힐라가 로어이스트사이드의 범죄 조직을 소탕하고 마약 소굴을 폐쇄하기 위해서는 단순한 정보 수집만으로는 부족했다. 부패로 악명을 떨치고 있는 뉴욕 경찰의 협조가 필수적이었다. 이에 시프를 비롯한 케힐라 인사들은 뉴욕 시장 윌리엄 게이너William Gaynor를 찾아가 협력 가능성을 타진했다. 케힐라는 로어이스트사이드의 범죄 정보 파일을 제공하고, 경찰은 이 정보를 근거로 단속을 실행하는 방식이었다.

뉴욕 대법원 판사 출신인 게이너 시장은 태머니홀과 연계된 민주당 정치인이었지만, 정작 취임 후에는 민주당 지도부의 기대를 저버리고 독립적 행보를 보이며 정치적 후견인들을 당황시켰다. 그는 여러 반부패 개혁을 추진했는데, 특히 태머니홀 세력이 장악한 경찰청 쇄신을 핵심 과제로 삼았다. 이처럼 시정을 개혁하려는 와중에 그는 목숨을 잃을 뻔한 일도 있었다. 첫 임기를 시작한 지 얼마 되지 않았을 때, 해고된 시청 소속 항만 노동자가 게이너의 목을 총으로 쐈고, 그 총알은 평생 그의 목에 박힌 채 남게 되었다.

뉴욕의 유대인 사이에서 인기가 많았던 게이너는 취임 전부터 빙엄 경찰국장과 경찰의 업무 방식을 두고 격렬한 공방을 벌였으며, 이로 인해 빙엄이 게이너를 명예훼손으로 고소하기도 했다(빙엄은 후에 고소를 취하했다). 게이너는 케힐라와 함께 범죄를 척결하는 데에도 적극 동참했다.[37] 시장은 뒤에서 경찰을 압박하고, 숀펠드와 수사관들은 꾸준하게 새로운 정보를 제공하면서 본격적인 단속이 시작되었다. 경찰은 수십 곳의 당구장, 도박장, 마약 거래소, 매춘업소를 폐쇄하고 수많은 갱단원과 절도범을 체포하거나 로어이스트사이드에서 외곽으로 몰아냈다. 케힐라는 시 당국에 변호사를 파견하여 경찰이 기소한 범죄자들이 법정에서 유죄 판결을 받을 수 있도록 지원했다.

1913년, 선거가 다가오자 케힐라와 게이너 시장의 공조가 위기를 맞았다. 게이너가 4년 임기의 재선에 도전하자, 민주당 유력 정치 집단인 태머니홀은 그의 재지명을 막고 자신들의 뜻을 거스르지 않을 후보를 내세웠다. 충실한 공화당원이자 태머니홀의 오랜 적이었던 시프는 게이너의 첫 선거 때는 그를 반대했었다. 하지만 이번에는 중요한 동지가 된 게이너를 구하기 위해 직접 행동에 나섰다. 태머니홀을 기반으로 성장한 한 정치인을 돕기 위해 시프는 정치 개혁가로서 자신의 명성이 훼손될 위험을 무릅쓰고 양당에 맞서 게이너의 무소속 출마를 지원하고 재정지원을 약속했다. 시프는 "선거운동 계속하세요. 돈 걱정은 하지 마시고요. 필요한 자금은 전부 제가 마련합니다"라고 시장의 비서실장 로버트 애덤슨 Robert Adamson에게 말했다. 그는 훗날 시프를 게이너의 "가장 가깝고 가장 신뢰하는 조언자 중 한 사람"이라고 말했다.[38]

그해 9월, 게이너는 선거를 앞두고 심신을 회복하기 위해 잠시 다녀올 요량으로 유럽으로 향했다. 항해 중 그는 갑판 의자에 앉은 채로 돌연 사망했다. 게이너의 사망 이후 새로 들어선 시 정부가 관심을 보이지 않으면서 케힐라의 범죄 소탕 활동은 급속히 위축되었고 몇 년 안에 사실상 중단되었다. 1922년에는 케힐라 자체도 공식 해산되었다.

1907년 공황에서 경제가 회복되자 시프와 그의 동료들은 갤버스턴 운동을 다시 일으켜보려 했지만 실패했다. 루스벨트는 퇴임 후 1년 가까이 동아프리카로 장기 사파리 여행—시프는 이 여행에 5,000달러를 지원했다—을 떠났다. 전쟁부 장관이자 정치적 후계자였던 윌리엄 하워드 태프트가 세 번째 대선에 도전하는 윌리엄 제닝스 브라이언에 압승을 거두고 대통령에 당선되었다. 시프는 태프트를 지지했으며, 태프트는 자신이 유대인의 중요한 친구가 될 것이라는 희망적인 신호를 보냈다. 선거운동 기간 중 시프는 태프트에게 유대인들의 "아물지 않은 상처"와 같은 문제에 대해 분명한 입장을 밝혀달라고 촉구했다.[39]

시프는 바로 '여권 문제'를 언급한 것이었다. 그는 전임자에게도 이 문제를 강력히 제기했던 바 있었다. 미국의 유대인들은 러시아가 1832년에 미국과 체결한 조약—시민들이 자유롭게 무역과 여행을 할 수 있는 '상호'권리를 약속하는 조약—을 어기고 유대인 여권 소지자를 다른 미국 시민과 다르게 취급한다고 비난해왔다. 1907년에는 새로 설립된 미국 유대인위원회가 러시아가 수년 동안 아무런 조치도 취하지 않은 것에 분노하여 만약 러시아가 조약을 지키기를 거부한다면 이를 폐기하라고 정치적 압박을 본격화했다.

태프트는 "내가 권한을 위임받게 되면 여권 문제에 특별히 관심을 기울일 것을 약속드립니다"라고 시프에게 말했다. 그는 공화당 대통령 후보 수락 연설과 취임 연설에서도 러시아를 특정하지는 않았지만 이 문제를 간접적으로 언급했다. "외국에서 잠시 체류하는 우리 시민들을 인종이나 종교를 이유로 모욕적으로 대하는 일이 없도록 사전에 모든 노력을 다해야 합니다."[40]

하지만 태프트가 대통령에 취임한 지 수개월이 지나자 시프는 그의 말을 믿을 수 있는지 의문을 품기 시작했다. 여권 문제는 아무런 진전도 없었고, 태프트 행정부는 특히 갤버스턴에서 이민자 입국 단속을 강화하고 있었다.

오스카 스트라우스와 달리 세인트루이스 출신의 기업 변호사였던 신임 상무장관 찰스 네이글Charles Nagel은 유대인 문제에 특별한 공감대를 갖고 있지 않았다. 그의 부관 벤저민 케이블Benjamin Cable은 갤버스턴 운동에 노골적인 반감을 보였다. 이는 어쩌면 개인적인 원한 때문일 수도 있었다. 최근에 케이블의 아버지가 운영하는 철도회사는 과도한 확장으로 재정 상태가 나빠지자 지원을 요청했는데, 쿤로브가 이를 거절한 일이 있었다.

한편 시프의 이민 분산 정책을 지지했던 이민청장 프랭크 사전트의 후임으로 오랜 노동운동 지도자이자 더욱 엄격한 이민 제한 지지자인 대니얼 키프Daniel Keefe가 그 자리를 맡았다. 지난 두 해 동안, 갤버스턴의 이민국 조사관 E. B. 홀먼E.B.Holman은 유대인이민자정보원JIIB 사람들과 긴밀하게 협력했고, 정보원의 보호를 받는 이민자들을 추방한 경우는 거의 없었다. 하지만 새로운 행정부가 들어서면서 워싱턴의 저 윗선에서부터 변화가 일어나고 있는 것이 분명해 보였다. 홀먼은 정보원의 관계자에게 키프는 "유대인 이민이 늘어나는 것에 별로 호의적이지 않다"고 귀뜸했다.[41] 1909년 11월, 홀먼은 돌연 직무가 정지되었고 뒤이어 이민법을 부적절하게 집행했다는 이유로 해고되었다. 그 자리를 이어받은 인물은 강경파였다.

곧이어 추방이 시작되었다.

전국의 입국 심사소에서 벌어지고 있던 흐름을 반영하듯, 이민 소사관들은 이민자들을 돌려보낼 빌미를 찾는 것처럼 보였다. 그리고 어떤 한 이민자가 '사회적 부담'이 될 가능성이 있는지 여부를 판단할 때 JIIB와 다른 유대인 자선단체를 통한 상당한 지원 네트워크가 있다는 사실은 무시되기 일쑤였다. 유대인 이민자들을 실은 배가 갤버스턴에 도착해도 수많은 난민들이 곧바로 되돌려보내졌다. JIIB와 긴밀하게 활동했던 이민 변호사 맥스 콜러는 "이 운동의 미래 전체가 위기에 빠졌다"고 회고했다.[42]

상무부는 갤버스턴에서 이민 실태와 JIIB에 대한 조사에 착수했다. JIIB가 이민을 적극적으로 조장하고 지원한다는 의혹에서였다. 1910년 8월, 조사 결과 갤버스턴에서 이민 규제가 허술하게 집행되었음이 밝혀졌다는 보도가 나왔고, 이에 이민국은 러시아 유대인의 유입을 더욱 철저하게 규제할 계획이라고 밝혔다. 〈볼티모어 선〉은 "케이블 차관보는 갤버스턴의 입국 심사 기준을 다른 모든 입국장과 동일한 수준으로 강화하기로 결정했다. 그는 갤버스턴에서 입국이 너무 쉽다 보니 그 사실이 유럽에 알려져 갤버스턴을 통한 이민이 늘었다고 확신하고 있다"고 전했다. 이 신문은 JIIB를 "제이컵 H. 시프 협회"라고 칭하면서, "정부는 이 단체의 합법성에 대해 여전히 의심을 거두지 않고 있다"고 보도했다.[43]

시프는 분노를 가까스로 억누르며 케이블에게 편지를 보내 갤버스턴 사업은 전임 이민국장의 제안으로 시작되었다는 사실을 상기시켰다. "이민자, 이민자가 정착한 지역, 이민자가 유입되지 않게 된 과밀 도시 지역 모두에게 이익이 되는 것으로 이미 입증된 소위 갤버스턴 운동을 추진하기 위해 노력해온 사람들은 당연히 당국의 선의를 기대할 권리가 있으며 또한 최근까지도 이 선의가 철회되었다고 보지 않습니다." "하지만 최근에 아무런 타당한 이유 없이 상무노동부는 태도를 바꾸어 갤버스턴에 도착한 이민자들의 입국심사에 불필요한 장애물을 들이밀고 있습니다. 이와 같은 조치가 계속된다면 갤버스턴 운동은 틀림없이 무너질 것입니다." 이어서 시프는 "우리의 활동은 결코 이민을 유도하거나 불법적으로 이민을 지원하는 것으로 볼 수 없습니다"라고 못 박았다.[44]

시프는 이 편지를 태프트 대통령에게도 전달했다. 케이블 차관보가 "정부의 이민 정책이 마음에 들지 않는다면 법정에서 다투라"고 강경하게 맞서자, 격분한 시프는 대통령 비서실장에게 후속 서한을 보내 케이블의 해임을 요구했다.[45] 또한 시프는 은근한 정치적 위협도 덧붙였다. 그는 태프트가 여권 문제에 대해 조치를 취하겠다고 한 약속을 지키지 않았다면서 다음과 같이 썼다.

우리는 여러 측면에서 크나큰 실망을 느꼈습니다. 왜냐하면 지난 대선 기간에 하신 공약과 사적으로 하신 약속이 지금까지 이행되지 않았기 때문입니다. 제가 지금 이렇게 솔직하게 글을 쓰는 이유는 대통령 후보로 지명되신 이래 계속 충직하게 지지해온 대통령께서 곤란한 입장에 처하시거나, 제가 감히 대변하는 일부 미국 국민의 지지를 잃지 않으시기를 바라기 때문입니다.[46]

정치적 압력이 어느 정도 효과를 거둔 듯했다. 태프트 행정부는 곧바로 갤버스턴 운동 감독위원회 위원들과 네이글 상무부 장관, 케이블 차관보, 조지 위커샴George Wickersham 법무장관 등 고위 당국자들 간의 회동을 주선했다. 1910년 12월 11일에 양측의 만남이 이루어졌고, 이 자리에서 시프와 이민 변호사 맥스 콜러는 갤버스턴 측을 대표해 주로 발언했다. 두 시간에 걸친 회의 내내 시프는 점차 절망감을 느꼈다. 결국 그는 자기 민족의 운명을 다투는 회의 자리에서 분통을 터뜨리고 말았다. 그는 자리에서 벌떡 일어나 네이글을 향해 손가락을 흔들며 외쳤다. "당신은 마치 우리 기관과 저를 심문하고 있는 것처럼 보입니다. 장관님, 제가 아니라 당신과 당신의 부처가 심문받고 있는 겁니다. 이 사업은 우리나라와 인류 모두의 이익을 증진하는 데 크게 이바지하는 일입니다. 그런데도 당신 부처의 불합리한 방해로 이 사업이 중단된다면, 온 나라가 후회하게 될 겁니다!"

시프의 격앙된 발언은 네이글 장관의 분노를 샀고, 법무장관 위커샴은 상황을 진정시키기 위해 시프를 따로 불러냈다. 그는 "시프 씨, 여기서 저들을 적으로 만들지 마십시오. 제가 도울 수 있는 한 돕겠습니다"라며 달랬다. 시프와 상무부 장관 네이글이 일단 진정한 뒤, 네이글은 갤버스턴 대표들에게 법이 허용하는 한도 내에서 그들의 활동을 지원하겠다고 약속했다. 약속의 징표로 그는 갤버스턴에 억류되어 추방을 기다리고 있는 일단의 유대인 이민자들을 석방하라고 지시했다.[47]

이제 이 운동은 미온적이나마 태프트 행정부의 지지를 얻게 되었지만 좀처럼 탄력을 받지 못했다. 중단과 재개가 몇 차례 반복된 데다 유럽 쪽 협력자들의 내부 갈등으로 몇 년을 더 명맥만 이어가다가 1914년에 결국 종료되었다. 7년간 사업을 진행하면서 갤버스턴 운동은 1만 명의 유대인 난민을 정착시켰다. 이는 시프가 처음 50만 달러를 출연하면서 기대했던 2만 5,000명의 절반이 채 안 되는 숫자였다. 그럼에도 시프는 실패를 인정하려 하지 않았다. 그는 "우리가 어느 정도는 성공했다고 자부해도 된다고 생각한다"고 갤버스턴 사업 감독위원회의 위원이었던 펠릭스에게 말했다. 그는 "미국의 광활한 내륙 지역"에 정착한 이민자 한 사람 한 사람이 또 다른 사람들을 끌어들일 것이며, "우리는 분명 유용한 경험, 그러니까 북대서양의 인구 과밀 도시를 통해 들어오는 이민자들을 이민자가 정말로 필요한 미국의 다른 지역으로 좀 더 효과적으로 분산시킬 수 있다는 경험을 얻게 되었다"라고도 언급했다.[48]

시프와 그의 동료들은 국내에서 이민 문제를 해결하기 위해서 유대인 난민과 다른 바람직하지 않은 이민자의 유입을 차단하려는 이민 제한론자들과 꿋꿋이 맞서 싸우는 동시에 문제의 근원이 해외에 있다는 사실도 결코 잊지 않았다. 실제로 차르와 그의 제국을 비난하고 제재하려는 노력, 그리고 러시아가 자국 내 유대인의 평등한 권리를 인정하도록 압박하기 위한 노력을 더욱 강화했다. 이렇게 유례없이 단결된 유대인의 힘을 한껏 보여준 러시아 유대인의 권리를 위한 노력은 태프트 행정부와의 또 다른 대립으로 세간의 이목을 끌게 된다. 이 충돌은 태프트가 다음 대선에 나서지 못하게 만들 정도로 정치적으로 큰 파장을 일으켰다. 하지만 이 시기 정치적 다툼과 논란은 시프와 그의 가족에게도 깊은 상처를 남겼다.

20.
여권 문제

1911년 2월 15일, 갤버스턴 운동의 향방을 놓고 시프가 상무부 장관 및 법무부 장관과 대립했던 날로부터 두 달 후, 태프트 대통령은 이 금융가와 소수의 유대계 지도자들을 백악관으로 불러 또 다른 정치적 현안을 논의했다. 바로 1832년에 체결된 미러 통상조약 문제였다.

태프트의 첫 임기가 거의 끝나갈 무렵인데도 여권 문제는 여전히 진전이 없는 상태였다. 대통령은 러시아 대사 윌리엄 록힐William Rockhill과 국무부 장관 필랜더 녹스의 입장으로 기우는 기색을 보였다. 두 사람은 이 조약을 벼랑 끝으로 몰고 갈 경우 경제적 외교적 위험을 불러올 수 있다고 보았다. 그들에게 여권 문제는 그것이 가져올 부정적 결과에 비하면 사소한 것이었다. 어차피 러시아를 여행하려는 미국 유대인은 거의 없기 때문이었다. 하지만 시프와 미국 유대인위원회의 대표들은 태프트와 행정부 관료들을 여러 차례 만나 이 문제가 갖는 중요한 의미를 반복해서 강조해왔다. 시프는 〈뉴욕 타임스〉 발행인 옥스에게 편지를 보내 이렇게 설명했다. "정부가 조치를 취하길 바라는 우리의 열망을 오해해서는 안 됩니다."

미국의 유대인은 매년 러시아에 가고자 하는 수백 명 유대인의 러시아 입국 허용 여부를 강조하려는 것이 아닙니다. 문제의 핵심은, 러시아가 조약에 따라 외국 유대인을 다른 외국 국적자들과 동등한 조건으로 입국시키는 순간, 러시아 정부가 자국 내 유대인을 격리하는 정착 제한 구역인 페일 정착지를 더 이상 유지할 수 없게 된다는 확신이 있기 때문입니다. 아시다시피 이는 가장 신성한 인권과 관련된 큰 문제입니다.[1]

1911년 1월이 되자 미국 유대인위원회는 인내심 있는 지속적 설득이라는 기존 전략에서 더 공격적이고 공개적인 태세로 확실하게 전환했다. 시프와 유대계 지도자들은, 시프의 표현대로 "대통령의 뒤에 불을 질러야겠다"는 결론에 도달했다.[2] 만약 비공식적인 설득이 대통령을 움직이지 못한다면, 여론을 자극하는 방식으로 압박을 가할 수 있다고 본 것이다. 시프는 변호사 루이스 마셜에게 이 문제를 공론화하라고 독려했다. 마셜은 이에 따라 1911년 1월 19일 미국유대교신도연합 집회에서 태프트를 행동하지 않는 겁쟁이라고 강경한 어조로 비난했다. "이 공화국에 인간의 미덕이 남아 있다면, 이제 국민들은 외교 절차를 조롱거리로 만드는 이 상황을 더 이상 참고 봐주지 않을 것이며 미국과 러시아 간에 맺은 모든 조약의 완전한 파기를 주장할 것입니다." 마셜의 이 연설은 널리 보도되었다.

마셜의 연설 직후, 유대교신도연합의 회원들은 대통령에게 러시아와의 조약을 즉시 단절하기 위한 "즉각적인 조치를 취하라"고 촉구하는 결의안을 만장일치로 채택했다.[3] 태프트에 대한 압박 강도를 높이기 위해 뉴욕시가 지역구인 공화당 하원의원 허버트 파슨스Herbert Parsons는 그다음 달에 1832년 조약의 폐기를 촉구하는 결의안을 하원에 제출했다.

일주일도 지나지 않아 여론의 압박을 의식한 듯 태프트는 시프와 동료들을 백악관으로 초대했다. 대통령과 그의 손님들—시프 외에 마셜, 뉴욕 출신 하원의원 헨리 메이어 골드포글Henry Mayer Goldfogle, 전직 외교관 사이먼 울프—은 점심을 같이 하며 담소를 나눈 후, 본격적인 논의를 위해 백악관 도서관으로 자리를 옮겼다. 시프 일행은 대통령과 마주 앉아 왜 미국이 러시아와의 이 조약을 파기해야 하는지를 다시 설득할 준비를 갖추었다. 하지만 누가 말을 꺼내기도 전에 태프트는 책상 서랍에서 서류를 꺼내 큰 소리로 읽기 시작했다. 대통령이 그들을 초청한 목적이 그들의 의견을 청취하기 위해서가 아니라 자신의 결정을 통보하기 위해서였다는 점이 분명해졌다.

태프트는 이렇게 선언했다. "나는 이 과감한 조치를 취하고 그로 인해 분명히 희생될 이해관계를 감수할 용의가 있습니다. 다만 지금까지 보고 들은 모든 바에 비추어 볼 때, 이 조치가 누구에게도, 특히 이 조치가 보호하려는 그 당사자들에게조차 아무런 도움이 되지 않을 것이라고 확신하게 되었기 때문에, 그렇게 하지 않기로 했습니다."

태프트 행정부가 러시아의 비타협적 태도에 어떠한 제재도 가하지 않겠다는 말에 시프의 창백한 푸른 눈에 분노가 번뜩였다.

태프트는 계속했다. "만약 내가 여러분과 같은 민족적 자긍심을 가지고 있고 여러분의 민족이 느끼는 그 분노와 불의에 대한 감각을 가질 수 있다면, 나 역시 여러분처럼 생각할지도 모릅니다. 하지만 나는 이 나라 전체의 대통령이므로, 모든 국민에게 영향을 미칠 수 있는 조치를 취할 때는 다양한 관점에서 고려해야 한다고 생각합니다."

태프트가 말을 마치자 분위기는 무겁게 가라앉았다. 울프가 더듬거리며 먼저 입을 열었다. "부디 이런 결론을 언론에 공개하지 말아주십시오. 러시아의 우리 동포에게 큰 해가 될 것입니다."

그러자 시프가 끼어들었다. "저는 공개하기를 원합니다. 전 세계가 대통령의 입장을 알았으면 합니다." 여기서 다시 한 번 그의 동료들이 우려하던 이 금융가의 면모가 드러났다. 충동적이고 성질이 급하다 보니 결과적으로 자신들의 대의에 어떤 영향을 미칠지 고려하지 않고 나라에서 최고의 권력을 가진 사람마저 몰아붙인 것이다.

대통령은 손님들이 옆방에서 상의할 시간을 몇 분 정도 주었다. 상의를 끝내고 돌아온 시프는 태프트에 대한 비난을 이어갔다. "대통령께서 우리를 저버리신 데 대해 깊은 수치심을 느낍니다. 이제 국민 앞에 직접 이 사안을 알리는 길 외에는 아무런 방법이 없으며, 국민들이 반드시 우리에게 정의를 베풀 것이라 확신합니다."

울프는 낙담한 유대인 지도자들이 그 방을 나오면서 모두 태프트가 내민 손을 잡았지만 시프만은 단호히 외면한 채 성큼성큼 걸어 나갔다고 회고했다(시프는 이 장면을 좀 다르게 기억했다. "태프트 대통령이 우리를 대하는 방식에 매우 분노했지만… 대통령은 나에게 손을 내밀

지 않았고 나 역시 그럴 생각이 없었다").[4]

"이건 전쟁이야." 시프는 백악관을 나서며 이를 악물고 말했다. 그는 그 자리에서 조약 폐기를 겨냥한 홍보 활동에 2만 5,000달러를 기부하기로 약속했다.[5]

"어제 시프 씨, 꽤 화가 나 있었죠?" 다음 날 백악관에서 울프를 마주친 태프트는 가볍게 말을 건넸다. 하지만 다른 자리에서 그는 고압적인 은행가를 맹비난했다. "그자는 행정부를 쥐락펴락하지 못해 분노에 사로잡혀 있어요. 국가의 이익을 희생해서라도 자신의 허영심과 몇몇 부유한 유대인의 이기심을 충족시키려 하는 사람입니다." 또 한 측근에게는 "시프는 호전적이며 나를 정치적으로 파멸시키겠다고 위협했다"고도 했다.[6] 또 다른 동료에게 보낸 편지에서는 이렇게 불만을 토로했다. "제이컵 시프는 유대인 유권자들을 선동하는 데 돈을 쏟아붓고 있습니다. 그 표는 무시할 수 없을 정도로 많아요. 그렇다고 그가 요구하는 대로 국가 이익에 반하는 해악을 가할 수는 없지 않습니까."[7]

태프트와 정면 충돌하는 것은 시프와 유대인위원회 모두에게 큰 위험이었다. 이 싸움에서 패배하면 위원회를 무능하다고 폄하하던 이들의 주장이 사실로 받아들여질 수 있었다. 그리고 세간의 이목을 끌어 반유대주의 정서를 자극할 수도 있었다. 하지만 시프에게는 이제 물러설 길이 없었다.

1911년 봄까지 유대인위원회는 조약 무효화를 위한 입법 노력을 지지하는 여론을 조성하기 위해 전면적인 캠페인에 돌입했다. 위원회의 목표는 대대적인 홍보전을 통해 조약 무효화 문제를 다음 대통령 선거의 주요 쟁점으로 삼는 것이었다.

파슨스 의원의 결의안은 그해 3월 회기가 끝나면서 표결에 부치지도 못한 채 자동 폐기되었다. 하지만 4월에 새로 의회가 열리자마자 하원 외교위원장으로 취임한 뉴욕의 윌리엄 설저William Sulzer 의원이 조약을 무효화하는 유사한 법안을 발의했다. 상원에서도 텍사스의 찰스 컬버슨Charles Culberson 의원이 같은 취지의 법안을 제출했다.

한편 유대인위원회는 마셜의 여권 문제 관련 연설문을 3만 부 인쇄해 각 언론사와 의원 사무실에 배포했다. 또 각 주 의회가 상징적인 조약 폐기 지지 결의안을 채택하도록 압박하고, 주 정당의 강령에 조약을 비판하는 문구를 포함하도록 권고했다. 양당 핵심 의원들을 대상으로 한 로비도 펼쳤다.

유대인위원회와 몇몇 단체들은 여론을 주도하기 위해 전국적으로 집회를 열었다. 그중 가장 규모가 컸던 것은 1911년 12월 6일 카네기홀에서 열린 집회로, 설저의 결의안이 하원에서 논의되기 며칠 전이었다. 약 4,500명이 모인 이 항의 집회는 새롭게 조직된 전국시민위원회National Citizens' Committee 가 주최했으며, 철도회사 사장을 지낸 윌리엄 매커두William McAdoo 가 위원장을 맡았다. 그는 오랫동안 지연되던 허드슨강 아래 철도 터널 공사를 완성한 공로로 유명해진 인물이었다. 매커두는 회고록에서 이 위원회가 "대부분 비유대인으로 구성되었다"며, 목적은 조약 폐지 요구가 "편협한 유대인만의 항의로 보이지 않도록 하기 위해서였다"고 적었다.[8]

시프와 스트라우스가 주도적으로 기획한 이 집회에는 유력한 민주당 대선주자였던 뉴저지 주지사 우드로 윌슨Woodrow Wilson 도 주요 연사로 참석했다. 당시 매커두는 윌슨의 대선 캠프를 돕고 있었으며, 훗날 윌슨의 딸 엘리노어와 결혼하게 된다. 윌슨은 준비한 원고를 밀쳐놓고 즉흥 연설을 했고, 청중 사이에서 "우리의 다음 대통령"이라는 외침이 터져 나왔다. 윌슨은 "이것은 유대인의 문제가 아니라 미국의 문제"라고 말하며, 이 사안이 미국 정부의 토대를 이루는 원칙에 대한 시험대라고 규정했다. 시프는 연단에 올라 "내일 아침에 해가 뜨는 것만큼이나 이 결의안이 통과될 것은 확실합니다. 그러면 러시아는 우리에게 조약을 지키라고 요구할 것입니다. 우리는 더 이상 구걸하지 않을 것입니다. 러시아가 우리에게 다가오기를 기다릴 것입니다"라고 선언했다.[9]

그다음 주 시프와 매커두, 그리고 조약 폐기 지지자들은 설저의 결의안을 지지하기 위해 워싱턴으로 향했다. 이 결의안은 12월 13일 하원에서 301 대 1이라는 압도적인 차이로 채택되었다. 상원에서도 통과될 것이 확실시되자 태프트도 어쩔 수 없었다. 그는 러시아 주재 미 대사에게 미국은 1912년 1월 1일부로 조약을 파기할 것임을 러시아 측에 통지하라고 지시했다.

워싱턴에서 집으로 돌아오는 기차의 특등 객실에서 시프는 매커두와 나란히 앉았다. 두 사람 모두 윌슨의 카네기홀 연설에 깊은 감명을 받았다고 입을 모았다. 펜실베이니아역에 도착할 무렵, 평생 공화당원이었던 시프는 다가오는 대선에서는 뉴저지 출신의 민주당 후보 윌슨을 지지하겠다고 결심했다. 며칠 후 매커두는 편지 한 통을 받았는데 열어보니 시프가 보낸 선거 후원금 2,500달러짜리 수표가 들어 있었다.[10] 시프만이 아니었다. 1912년 선거는 유대인 유권자들이 공화당에서 민주당으로 이동하는 전환점이었으며, 그 추세는 1920년대 들어 더 가속화되었다.

조약 파기에 전념했던 시프는 러시아가 마침내 "위대한 국가에게 뺨을 맞았다"고 선언하면서 이 일은 "문명사의 가장 위대한 사건 가운데 하나일 것"이라고 단언했다. 그는 이 조약 폐기 투쟁이 "나폴레옹 1세 치하에서 처음으로 유대인에게 시민권이 부여된 이래로 또는 영국계 유대인이 의회에 진출한 이후 일어난 가장 중요한" 일이라고 평가했다.[11] 또한 이 투쟁이 미국 유대인위원회의 존재 이유를 입증했다는 점에서도 만족스러워했다. "지금까지 이 위원회가 존재하는 이유가 무엇이냐는 질문을 자주 받았네. 하지만 이번 유대인 여권 사건 이후로 그 질문은 해소되었다고 생각해하네"라고 펠릭스 워버그에게 편지를 썼다.[12]

태프트와의 전쟁을 선포했었지만, 시프는 화해를 시도하기도 했다. 통풍이 악화됐다는 소식을 듣고 대통령에게 약과 라듐 패드를 보내기도 했다. 하지만 태프트는 시프와 그의 "할례 받은 형제들"이 자신의 외교 정책을 압박한 데 대해 여전히 앙금이 남아 있었고, 조약 폐기가 어리석은 결정이라는 믿음 역시 바꾸지 않았다. 실제로 러시아는 새 조약을 요청하지도 않았고, 유대인을 향한 적대적 태도도 바꾸지 않았기 때문이다.[13] 하지만 태프트에게는 시프보다 더 큰 골칫거리가 있었다. 바로 한때 그의 정치적 스승이던 시어도어 루스벨트였다. 루스벨트는 대통령직 복귀를 노리고 불무스당Bull Moose Party(공식 명칭은 진보당_옮긴이)을 창당한 후 출마했고, 이는 공화당 표를 분열시켜 우드로 윌슨이 백악관에 입성하는 데 결정적인 역할을 했다.

윌슨에게 백악관을 넘기기 전, 태프트는 퇴임 전 마지막으로 유대인을 포함한 모든 국적의 이민자에게 우호적인 조치를 취했다. 1911년, 상원의원 딜링엄이 이끌던 이민위원회는 3년 넘는 조사를 종결하면서 총 41권에 달하는 보고서를 내놓았다. 이민 관련 다양한 주제를 망라한 이 연구보고서—'이민 여성의 출산율', '이민과 범죄', '이민자 후손의 체형 변화' 등—는 또 다른 입법 공방으로 이어졌다. 딜링엄은 다시 한 번 문해력 시험을 도입하여 이민을 제한하자는 법안을 발의했고, 법안은 상원과 하원을 무난히 통과했다. 하지만 대통령의 거부권을 무효화할 2/3 득표에는 5표가 모자랐다. 태프트는 "나는 그 시험을 승인할 수 없다"면서 거부권을 행사했다.[14] 이 승리는 일시적인 것이었다. 이민을 둘러싼 여론 지형이 이미 돌이킬 수 없을 정도로 바뀌었기 때문이었다. 4년 후, 윌슨 대통령의 거부권 행사에도 불구하고 문해력 시험 도입을 포함한 전면적인 이민 제한법이 통과되었다.

태프트 대통령의 임기 말에 여권 문제가 일단락되자 이제는 시프 가족이 난처한 스캔들에 휘말리며 신문 1면을 장식했다. 이는 아들 모티와 그 부인 아델의 전 하인 중 한 사람이 그들의 집에서 물건을 훔쳐 장기 복역 중이던 사건과 관련이 있었다.

1907년 3월 8일 밤, 모티의 설명에 따르면 이들 부부는 폴과 니나 워버그와 함께 저녁 식사를 마치고 밤 10시쯤 핍스 애비뉴 932번지의 자택으로 돌아왔다. 아델은 침실로 들어갔고 모티는 2층의 응접실에서 40분 정도 책을 읽으며 더 머물렀다. 이후 그는 아래층 홀로 내려가 집 뒤편에 위치한 탈의실로 향했다. 어두운 복도를 지나 탈의실에 들어서 불을 막 켜려 할 때 누군가 그의 뒤통수를 가격했다. 다행히 의식은 잃지 않은 모티가 불을 켜자 지하 볼링장에 있던 볼링 핀을 들고 서 있는 남자가 보였다. 자신이 해고한 하인 로런스 드 풀크라는 청년이었다.

모티는 풀크를 한 달 정도 전에 해고했었다. 스물한 살의 젊은 풀크가 아내에게 몰래 연애편지를 건넨 게 발단이었다. 편지에는 이런 내용이 있었다. "저는 가난한 청년이지만 세상에서 가장 사랑하는 여인('바로 당신입니다')을 위해 무엇이든 할 수 있는 마음을 가지고 있습니다… 당신께서 저에게 관심이 있는지 혹은 저를 좋아하는지 알 수 없지만, 저는 정말이지 당신을 좋아하고 당신의 모든 것을 흠모합니다… 당신을 향한 나의 마음은 날마다 더 커지고 있습니다."[15]

그를 해고하고 며칠 후, 본명이 폴케 엥겔브레히트 브란트인 이 잘생긴 스웨덴 청년은 다른 직장을 구하기 위해 아델에게 추천서를 부탁했는데, 모티가 알아채고 이를 거절했다. 그 후 한 달 가까이 아무 소식이 없던 브란트가 분노에 눈이 뒤집혀 신발도 신지 않은 채 볼링 핀을 휘두르며 서 있었다. 머리가 욱신거렸지만 모티는 담배에 불을 붙였다. 그는 아무렇지 않은 듯 행동하면 브란트를 진정시킬 수 있을 것이라고 생각했다.

"그는 실직했느니 해고당했느니 하는 이야기를 장황하게 늘어놓았습니다." 후일 모티는 대배심grand jury(기소 여부를 결정하기 위해 소집되는 시민 배심단_옮긴이) 앞에서 이렇게 진술했다. "그래서 '내가 도와주겠다'고 했습니다."[16] 모티는 결국 브란트를 진정시키고 조용히 떠나도록 설득했다. 그는 브란트에게 월요일에 쿤로브 사무실로 오라고 말하며, 새 출발을 할 수 있도록 돕겠다고 했다. 50달러를 주고 문밖으로 배웅까지 해주었다.

브란트는 약속대로 월요일에 사무실을 찾았고, 그곳에서 시프가의 변호사 하워드 갠스 및 탐정 핑커턴Pinkerton과 마주쳤다. 탐정은 브란트의 자백을 받아냈고, 그날 오후 모티는 브란트를 형사 고소했다. 다음 달, 브란트는 그날 밤 시프의 집에서 다이아몬드 스카

프 핀 두 개를 훔친 1급 강도죄를 인정했고, 징역 30년이라는 중형을 선고받았다.[17]

뉴욕주 북부의 다네모라 교도소에 수감된 브란트는 자신의 운명을 순순히 받아들일 뜻이 전혀 없었다. 그는 석방을 도와줄 수 있을 것이라 생각되는 정치인들을 비롯해 여러 사람에게 연락을 취했다. 그중에는 스칸디나비아계 공화당 상원의원(미네소타) 크누트 넬슨 Knute Nelson 도 있었다. 그는 연방 교도소의 가석방 제도 개혁을 꾸준히 추진한 사람이었다. 1909년 초, 브란트는 넬슨에게 편지를 보내 자신의 형량이 "비인도적"이라 표현하며, 자신이 "세상에 아무런 친구도 없는 존재"라고 호소했다.[18] 이후 브란트는 자백을 번복하며 외설스럽고 아주 복잡한 이야기를 넬슨에게 털어놓았다.

그는 시프 집안에 고용된 후 "시프 부인이 저에게 과도한 호의를 베풀며, 당시 20세에 불과하던 나에게 애정을 강요했다"고 주장했다. 그는 둘 사이에 자주 "다정한 편지"가 오갔고, 모티가 그중 한 통을 발견했다고 말했다. 또 자신이 해고되자 아델이 3월 8일 금요일 밤 8시에 자기를 만나러 오라고 집 열쇠를 건넸다고 했다. 하지만 정작 그가 도착했을 때 그녀가 집에 없어서, 혹시 다른 하인들이 자신을 발견할 경우를 대비해 볼링 핀을 들고 집 안에서 기다렸다고 주장했다. 그 뒤 아델이 남편과 함께 귀가했고, 자신은 아델과 그녀의 드레스 룸에서 은밀히 대화를 나눴다고 했다. "당시 저는 매우 흥분한 상태였고, 오직 저를 불러들인 그 불행한 여인 생각뿐이었습니다. 서둘러 방을 나서던 중, 혹시 발각되었을 때 도둑질하러 들어온 것처럼 보이게 하려고, 서랍장 위에 있던 다이아몬드 핀 두 개를 서둘러 집어 들었습니다." 그러다 몰래 빠져나가려던 중 모티와 마주쳤으며, "간단히 말해, 모티 시프 씨와 저는 두 시간 정도 이야기를 나누었고 더 문제 삼지 않겠다는 그의 약속을 믿고 새벽 1시에 집을 떠났습니다." 하지만 결국 자신은 체포되었고, 유죄를 인정하면 1년 정도의 징역형만 받게 될 것이라는 변호사의 말에 속았다고 주장했다.[19]

넬슨 상원의원이 브란트 사건을 살펴보고 있다는 사실을 알게 된 모티는 그에게 편지를 보내 자신의 변호사가 사건 개요를 설명하도록 하겠다고 제안했다. "이자는 제 아내와 저에게 엄청난 고통과 불쾌감을 안겨주었습니다. 저를 살해하려던 그의 시도가 실패로 끝난 것은 우연과 행운 덕분이었습니다. 만약 이 사건의 전말을 다 아시게 된다면, 의원님께서는 이처럼 위험한 사람에게 어떠한 도움도 주고 싶지 않으실 것이라고 확신합니다."[20] 넬슨은 브란트의 유죄를 확신하게 된 듯 더는 이 사건에 관여하지 않았다. 하지만 브란트는 계속해서 석방될 길을 찾았다. 1911년 말, 그는 민주당 소속 뉴욕 주지사 존 딕스에게 감형을 청원했다. 그리고 12월 12일, 시프가 워싱턴에서 설저의 결의안을 지지하는 연설을 하던 그날, 모티의 변호사는 "문제를 매듭짓기" 위해 서둘러 올버니로 갔다.[21]

이번에는 조용히 넘어가지 않았다. 윌리엄 랜돌프 허스트William Randolph Hearst의 미디어 제국(대표적인 황색 저널리즘 매체인 〈뉴욕 저널〉을 포함하여 샌프란시스코/LA/시카고 이그재미너 등을 보유한 당시 미국 최대의 언론 제국이었다_옮긴이)이 불을 지피면서 스캔들이 다시 수면 위로 떠올랐다. 곧 이 사건은 불륜 의혹과 함께 전국 신문의 1면을 장식했고, 몇 주에 걸쳐 보도가 이어졌다. 유력 가문의 손에 놀아난 사법제도와 그에 짓밟힌 젊은 이민자라는 서사가 만들어졌다. 여기에 브란트 사건의 주심인 오토 로잘스키Otto Rosalsky 판사가 선고 며칠 전 크라이테리온 클럽에서 모티와 그의 변호사 하워드 갠스를 비밀리에 만났다는 의혹이 제기되면서 논란은 확대되었다.²² 1912년 2월 말, 브란트가 석방될 가능성이 현실화되었을 뿐 아니라, 뉴욕 시장 출마를 노리던 뉴욕 지방검사 찰스 휘트먼Charles Whitman이 모티와 갠스를 공모 혐의로 기소하겠다고 위협하며 대배심을 소집했다.

"그 문제에 대해서는 언급하지 않겠습니다." 시프는 기자들이 브란트 사건에 대한 입장을 묻자 이렇게 대답했다.²³ 당시 그는 아내 테레즈와 함께 버뮤다행 증기선을 타려고 부두에 나와 있었다. 하지만 한 기자에게는 이렇게 털어놓았다. "브란트가 석방되면 우리 가족에게는 재앙이 될 것입니다."²⁴

스캔들이 눈덩이처럼 커지자 지인과 지지자들로부터 편지가 쇄도했다. 시프가 지원하는 터스키기 연구소의 부커 T. 워싱턴은 모티에게 편지를 보냈다. "상식 있는 사람이라면 모두가 당신이 겪고 있는 일에 깊이 공감한다는 점을 알려드리고 싶습니다. 언론의 과장되고 선정적인 보도가 많은 사람들을 속이지는 못합니다. 저는 누군가 부를 얻거나 어떤 분야에서 두각을 나타내거나 사회적으로 유익한 활동을 하면 할수록 그에 비례해서 공격의 표적이 된다는 사실을 이제 사람들이 깨달을 거라고 생각합니다. 당신과 당신 가족이 이 나라를 위해 해온 많은 일들을 생각하면, 분별력 있는 사람들은 쉽게 속지 않을 것입니다."²⁵

수년간 이 사건을 조용히 처리하려고 했던 모티는 결국 언론 보도로 여론이 나빠지고 지방검사가 압박해오자 긴 공개 성명을 발표했다. 여기에는 아델에게 보낸 브란트의 편지와 사건 관련 증거들이 들어 있었다. 〈뉴욕 타임스〉의 여섯 단에 걸쳐 실린 성명 일부는 다음과 같다.

> 저는 이 성명을 내기까지 많이 망설였습니다. 개인사를 공개하고 싶지 않았기 때문입니다. 하지만 지난 한 달 동안 이 도시의 일부 신문들은 상상할 수 있는 온갖 허위 주장과 암시, 비방, 혐의를 지어냈습니다. 갠스 씨와 제가 정의 실현을 방해하기 위해 공모했다는 의혹, 정직한 판사를 부당하게 압박했다는 주장, 무고한 청년을 감옥에 보내기 위해 '속전속결' 재판을 벌였다는 혐의, 브란트가 저지르지 않은 범죄에 대해 관대한 처벌을 약속하며 허위 자백을 유도했다는 주장, 마지막으로 무죄가 입증된 사람을 부당한 방식으로 감옥에 계속 가두려 했다는 비난까지 받고 있습니다.[26]

　1912년 3월 말 화요일 오후, 약간 긴장한 모습의 아델 시프가 센터가의 형사법원에 도착했다. 법정에 들어서며 그녀는 기자에게 "자신이 요청하여" 대배심 앞에 서게 되었다고 말했다. 배심원들 앞에서 그녀는 브란트의 불륜 주장을 부인했고, 자신이 그에게 집 열쇠를 준 적도 없다고 증언했다.[27] 그 주 후반, 배심원단은 브란트를 포함한 41명의 증인을 심문한 뒤 모티 시프나 그의 변호사를 기소할 근거는 없다고 결론지었다. 하지만 브란트에 대해서는 경미한 절도죄로 기소되었어야 했다고 결론 내렸다.[28]

　4월이 되자 또 다른 뉴스가 터지면서 브란트 사건은 잠시 묻히게 되었다. 첫 항해에 나선 타이타닉호가 침몰했다는 소식이었다. 이 호화 대양 여객선에는 귀족, 은행가, 철도 경영자 등 저명인사들이 다수 탑승했고, 세계 최고의 대부호 중 한 사람인 존 제이컵 애스터 4세(독일계 이민자인 애스터 1세의 증손자로, 이 가문은 무역, 부동산, 철도, 호텔 등으로 큰돈을 벌었다. 세인트 리지스St. Regis 호텔의 창립자로도 유명하다_옮긴이)도 있었다. 이 비극은 독일계 유대인 사회에도 큰 충격을 주었다. 탑승객 중에는 광산 거부 마이어 구겐하임Meyer Guggenheim의 아들 벤저민도 있었다. 그는 다른 승객의 구조를 도운 뒤, 정장을 갖춰 입고 옷깃에 장미를 꽂은 채 신사처럼 최후를 맞이했다고 전해진다. 메이시스 백화점의 공동 소유자 이시도르 스트라우스와 그의 아내 아이다도 함께 타고 있었다. 스트라우스 부부는 업타운 유대인들의 자선 및 사교계의 중심 인물이었고, 이시도르는 오랫동안 시프와 함께 여러 자선 활동을 해왔다. 두 사람은 교육연맹 설립에 함께 참여했고, 몬테피오레 요양원의 이사회에도 같이 참여했다. 타이타닉에서 승객들이 탈출하던 때 이시도르는 여성과 아이들이 모두 빠져나가기 전에는 구명보트에 타지 않겠다고 했고, 아이다는 그런 남편을 두고 떠나기를 거부했다. 〔생존자들의 증언에 따르면〕마지막으로 목격된 그들은 서로를 꼭 껴안은 채였다. 수천 명이 참석한 카네기홀에서의 추도식에서 시프는 "죽음이 우리를 갈라놓을 때까지"라는 결혼 서약을 지켰다고 아이다를 칭송했다. 이어 "세상은 두 고귀한 영혼이 죽음을 받아들인 방식에 큰 감명을 받았다"고 말했다.[29]

한편 브란트 사건은 다시 언론에 오르내렸다. 주지사 딕스는 브란트가 "여성의 순결성을 모욕했다"고 꾸짖으며 감형 요청을 기각했다. 그러나 논란은 가라앉지 않았고, 1912년 뉴욕 주지사 선거의 쟁점으로까지 떠올랐다.[30] 친구인 오스카 스트라우스(이시도르의 동생 중 한 명)가 주지사 선거에 출마했지만, 시프는 그를 지지하기보다 미러 조약 폐기 문제에서 함께 싸웠던 하원의원 윌리엄 설저를 지지했다(시프는 그가 "우리를 구했다"고 말한 바 있다).[31] 설저를 위해 열린 연찬에서 시프는 그 자리의 주인공을 칭송하는 대신 브란트 사건을 보도한 언론을 비난하여 좌중의 눈살을 찌푸리게 했다. "저는 제 인생의 대부분을 뉴욕의 발전과 이익을 위해 헌신했습니다. 하지만 이제 생의 황혼에 이르러, 제 가족의 이름과 명예에 악랄한 공격이 가해지는 것을 보고 있습니다. 저급한 신문 발행인들이 뭉쳐 점잖은 시민과 덕망 있는 여성을 공격할 수 있는 우리 사회가 안타까울 뿐입니다."[32]

설저는 간신히 딕스를 물리치고 민주당 주지사 후보가 되었고 본선에서도 승리했다. 1913년 1월 1일, 취임한 직후부터 그는 브란트 문제에 맞닥뜨렸다. 뉴욕주 법무장관이 사면을 권고했기 때문이었다. 처음에는 아직 그 문제를 살펴볼 준비가 되어 있지 않다고 피하던 설저는 곧 입장을 바꾸어 브란트의 석방을 허가하고 그의 형량이 "과도하다"고 평했다. 설저의 사면 결정에는 몇 가지 조건이 붙었다. 브란트가 아델 시프와의 관계를 둘러싼 이야기는 지어낸 것이라고 자백해야 했고, 향후 이 이야기를 이용해 상업적인 이익을 취하지 않겠다고 약속해야 했다.[33]

브란트가 처음에 도움을 호소했던 넬슨 상원의원은 미네소타에서 그 스웨덴 청년을 후원하기로 했다. 1913년 1월 말, 브란트는 베미지에서 새로운 삶을 시작하러 떠났다. 브란트가 그곳에 정착한 뒤 몇 개월 동안 핑커턴 탐정사무소의 탐정들이 그를 따라다니며 일거수일투족을 감시하고 그 결과를 모티에게 보고했다.[34] 미네소타의 한 공직자가 브란트를 미행하는 사설 탐정들에 대해 설저에게 항의하자, 설저는 그 편지를 윌리엄가 52번지의 쿤로브 사무실로 전달했다. 그리고 모티에게 아주 능청스럽게 "물

론 저는 당신이 이 일과 아무런 관련이 없다고 확신합니다"라고 썼다.[35]

브란트가 석방되고 1년이 지난 1914년 2월, 그는 유럽으로 돌아갔다. 몇 년 후 신문은 이 악명 높은 하인이 제1차 세계대전 중 전사했다고 보도했다.[36] 그러나 1927년 브란트의 필체가 선명한 편지들이 모티와 아델의 집에 도착했다. 그는 비록 온전하지는 않은 상태였지만 런던 외곽에 살고 있었다. 그곳에서 제재소 관리자나 칼자루 제조업자로 일하고 몇 건의 특허도 보유했지만, 사업을 시도하다 번번이 실패했다. 그러면서 이제는 신에게 귀의하여 영혼의 구원을 찾게 되었노라고 전했다. "참회하는 마음으로 두 분께 용서를 구합니다. 우리 머리 위에 드리운 악의의 구름이 걷히고 자유와 평화를 느낄 수 있기를 기원합니다. 저는 21세 때 잘못을 저질렀고, 이제 21년이 지났습니다. 저는 많은 고통을 겪었습니다. 죄는 죄를 낳습니다."[37]

모티는 답장을 쓸지 깊이 고민하다가 비서를 통해 이렇게 회신했다. "시프 씨 부부는 당신의 잘못으로 인해 겪은 고통과 괴로움에 대해 당신을 용서하신다고 합니다."[38] 그러나 브란트는 단순히 용서를 구한 것이 아니라 새로운 사업을 하기 위한 금전적 지원을 바란 것이었다. 그의 편지에는 그동안 자신의 이야기를 쓰자는 제안을 여러 번 받았지만 거절했다는 언급이 있었는데, 이것은 은근한 협박으로 해석될 수 있었다. 놀란 모티는 영국 정부에 인맥이 있는 런던의 사촌 에른스트에게 편지를 썼고, 에른스트는 내무부 이민국의 친구에게 연락했다. 그리고 그 친구가 "브란트가 어떤 해를 끼치려 든다면 곧바로 조치할 수 있다"고 말했다고 전했다.[39]

이 스캔들은 수십 년 동안 시프 가족을 괴롭혔다. 1954년에는 보수 성향의 신문 칼럼니스트 웨스트브룩 페글러Westbrook Pegler가 이 일을 다시 끄집어냈다. 그는 이 일을 거론하며 당시 맨해튼 사교계의 저명인사이자 〈뉴욕 포스트〉 발행인이던 모티와 아델의 딸 돌리를 공격했다. 그의 칼럼 제목은 "〈뉴욕 포스트〉 발행인 가족이 스웨덴 청년을 감옥에 몰아넣다"였다.

돌리는 자식들과의 스킨십도 꺼렸을 정도로 냉정한 여성인 어머니가 하인과 불륜을 저질렀을 가능성을 일축했다. 돌리가 그렇게 말한 것은 부모가 서로에게 충실했으리라고 믿어서가 아니라 다른 이유에서였다. 돌리는 "그건 터무니없는 얘기예요. 우리 어머니와 친한 사람이라면, 어머니가 교류하던 사교계에 훨씬 흥미로운 상대들이 많았다는 걸 알죠. 브란트가 잘생겼을진 몰라도, 그 당시엔 하인을 고를 때 〔얼굴보다 유니폼처럼 입은〕 무릎바지 차림의 종아리를 보고 결정했거든요"라고 전기 작가에게 말했다.[40]

사실 부모의 중매로 맺어진 모티와 아델의 결혼 생활은 너무나 불행했다. 그는 그녀가 원하던 첫 번째 배우자도, 어쩌면 두 번째도 아니었다. 하지만 미국에서 가장 유명한 은행가 집안 중 하나의 후계자의 청혼을 무시하기란 어려웠을 것이다. 그들이 교제하는 동안 아델은 매우 변덕스러웠다고 프리다는 기억했다. "아델의 감정은 항상 모호했고, 모티는 자신이 정말 약혼을 한 것인지 혼란스러울 없을 때가 많았어요. 가여운 녀석, 큰 상처를 받은 것 같지는 않지만 그래도 어떻게 처신해야 할지 몰라 약혼 기간 동안 살이 30파운드나 빠졌어요!"[41]

모티는 아내에게 끊임없이 값비싼 보석을 선물하며 환심을 사려 했지만, 아델은 늘 그를 멀리했다. 모티와 아델의 손녀 웬디 그레이Wendy Gray는 이렇게 회상했다. "엄마가 무심코 말했던 게 기억나요. '아 그래. 할아버지는 늘 할머니의 사랑을 돈으로 사려고 했어. 이런저런 걸 다 줬지만, 할머니는 여전히 할아버지를 사랑하지 않으셨어.'"⁴²

모티는 첫 딸에 이어 아들—아들 존은 1904년 8월, 누나가 태어난 지 17개월 만에 태어났다—을 얻은 후, "구식 표현으로 말하자면, 부부 관계는 거기서 끝났고 두 사람은 각자의 인생을 살았다"고 돌리는 말했다.⁴³ 당시 재력과 사회적 지위를 가진 남성들이 대개 그랬듯이, 모티에게도 여러 명의 정부가 있었다. 그중에는 모나코의 고급 호텔 오텔드파리에 숨겨둔 여인도 있었다. 그럼에도 그는 화목한 가족의 이미지를 연출하려고 애썼다. "아버지가 할아버지에게 우리가 행복한 가정이라는 걸 보여드리기 위해 얼마나 애썼는지를 떠올리면 가슴이 아파요. 사실 우린 행복하지 않았고, 그건 전부 거짓이었어요"라고 돌리는 기억했다.⁴⁴

부부 관계의 문제는 모티가 아버지에게 숨겼던 여러 일들 중 하나에 불과했다. 항상 아들의 낭비벽을 경계하던 시프는 모티가 프랑스 경마장을 소유하고 있다는 사실도 전혀 몰랐다. 모티가 아버지가 도박을 극도로 싫어한다는 것을 알고 있어서 그 사실을 숨겼기 때문이다. 모티와 아델이 신혼여행을 마치고 유럽에서 돌아오던 배에서 있었던 일로 그의 이름이 〈뉴욕 타임스〉의 단신에 등장한 적이 있었다. 기사에 따르면 1등석 승객들이 매일 배가 몇 해리나 이동하는지를 두고 큰돈을 걸고 내기를 했고, "모티 시프가 흡연실의 행운아였다. 그가 1,700달러를 땄다"고 보도했다.⁴⁵ 이 기사를 본 시프는 아들을 심하게 질책했다.⁴⁶ 돌리는 "아버지는 자신의 경마장, 도박, 여자 문제를 할아버지가 알게 될까봐 늘 두려워

했다"고 회고했다.[47]

제1차 세계대전이 끝나고 직원으로 쿤로브에 입사한 루이스 스트라우스는 시프 부자의 역학 관계를 상징적으로 보여주는 일화를 기억했다. 어느 날 아침 모티가 스트라우스를 사무실로 불러 자기 대신 일본 기업인 대표단을 위한 저녁 만찬에 참석해달라고 요청했다. 그 만찬은 J. P. 모건의 파트너 토머스 러몬트Thomas Lamont가 유니버시티 클럽에서 주최하는 행사였다. (훗날 미국 원자력 프로그램에서 중요한 역할을 하게 되는) 스트라우스는 이미 그 초대를 거절했다고 말하며 이유를 설명했다. 유니버시티 클럽은 다른 사교 클럽과 마찬가지로 유대인 회원을 받지 않았고, 그는 원칙적으로 그런 곳에는 가지 않기 때문이었다. 그러자 모티는 화를 냈다.

스트라우스는 회고했다. "내가 몰랐던 건 그는 이 클럽의 배타적 관행 따위는 신경도 쓰지 않았고, 그곳 회원들 대부분과 친구였으며, 매주 토요일 오후에 열리는 포커 게임에 정기적으로 참석해왔다는 사실이었다." "내가 그 자리에 가지 않겠다고 하자 그는 화가 났고, 나를 호되게 꾸짖었다. 목소리도 높아졌다." 그런데 갑자기 모티가 말을 멈추고 자리에서 벌떡 일어섰다. 그의 아버지가 문 앞에 서 있었던 것이었다. 시프는 "모티, 부득이하게 네가 하는 말을 듣게 되었다. 무슨 일이냐?"라고 물었다. 모티가 상황을 설명하자 시프가 그를 질타하며 마지막엔 이렇게 한탄했다고 한다. "내 생전에 내 아들이 어떻게 처신해야 하는지를 회사 신입 직원이 가르쳐주는 날을 보게 될 것이라고는 상상도 못했다!"[48]

늘 품위와 고결함의 모범으로 여겨졌던 시프로서는 브란트 스캔들에 휘말린 데 대해 분명 분노했을 것이다. 그런데 브란트의 사면 직후, 시프는 그 사건과 간접적으로 연결된 또 다른 논란으로 구설에 올랐다. 설저가 뉴욕 주지사에 취임한 직후, 뉴욕주 의회는 설저에 대한 탄핵 절차를 개시했다. 설저가 태머니홀의 영향에서 벗어나려는 과정에서 불거진 갈등 때문이었다. 의회의 진상 조사 과정에서 시프가 보낸 2,500달러짜리 수표를 포함해 설저가 신고하지 않은 정치 후원금이 발견되었다. 설저의 탄핵 재판에 증인으로 소환된 시프는, 시프의 기부 사실을 몰랐다는 주지사의 주장과 달리 그가 직접 기부해달라고 요청했다고 증언했다. 이로써 시프는 설저의 주지사직에 결정타를 날렸다. 결국 설저는 1년이 채 안 되어 불명예스럽게 퇴진했으며, 그의 측근들은 브란트를 사면한 데 대한 보복으로 시프가 일부러 불리한 주장을 했다고 비난했다.[49]

말년의 시프는 잇따른 논란에 휘말리며 언론의 단골 소재가 되었다. 시프는 도금시대의 산물이었다. 도금시대에는 소수의 자본가들이 금융 시스템을 좌우하고 때로는 석연치 않은 방법으로 독점 체제를 구축하면서 명성과 부를 쌓았다. 하지만 시대가 변하고 있었다.

종종 추악하고 가혹한 방식으로 산업혁명을 밀어붙인 고삐 풀린 자본주의 시대는 소위 악덕 자본가로 불린 기업가들에 대한 반발을 불러왔고, 그 결과 과거의 경제적, 정치적, 사회적 병폐를 바로잡으려는 진보 시대 Progressive Era 가 열렸다. 우드로 윌슨 대통령의 재임 기간 동안 진보 시대의 격변은 노동과 금융 분야의 대대적인 개혁으로 절정을 맞이한다. 미국 경제 시스템의 근간이 바뀌는 이 극적인 변화의 맨 앞줄에는 시프와 독일계 유대인 은행가들이 있었다. 그들은 20세기의 가장 획기적인 개혁들 중 일부를 선도하는 데 크게 이바지했다.

21.

사냥꾼들

1913년 1월 중순 어느 목요일 오후였다. 시프는 이제는 익숙해진 장소, 증인석에 서 있었다. 뉴욕에서 브란트 사건이 잠잠해질 무렵 그는 또 다른 이유로 워싱턴에 소환되었다. 이번엔 미국의 은행 시스템을 장악하려 했다는 혐의였다.

진보 시대의 반독점 운동 열풍은 일부 의원들이 가장 해로운 독점이라고 여기는, 바로 미국 경제를 좌지우지하는 은행가들의 '금권 트러스트money trust'에 대한 의회 차원의 논쟁으로 이어졌다. 유명한 비행사 찰스 린드버그Charles Lindbergh의 아버지이자 반항적 기질과 돈키호테 같은 행동으로 잘 알려진 (아들과 이름이 같은) 공화당 하원의원 찰스 린드버그(미네소타)가 이 포퓰리즘 진영의 선봉에 섰다. 그는 뉴욕 은행가들이 1907년 공황을 의도적으로 유발했다고 비난했다. 정상적인 경제 환경에서는 금지되었을 합병과 금융 거래를 추진하고, 동시에 금권 트러스트의 금융 지배력을 강화하기 위한 화폐 개혁의 필요성을 부각하려 했다는 것이었다.[1] 린드버그는 1911년부터 은행 시스템에 대한 대대적인 조사를 요구했고, 이 내용이 반영된 결의안이 다음 해 초 의회를 통과했다. 그 결과, 하원 금융통화위원회 산하 소위원회가 본격적인 조사를 시작했고, 아르센 푸조Arsène Pujo가 소위 위원장을 맡았다.

언론의 이목을 끈 이번 조사는 평범했던 푸조의 5선 하원의원 경력의 정점을 이루었고, 그의 최고의 업적이 되었다. 하지만 위원회에서 결정적인 역할을 한 인물은 푸조가 아니라 콧수염을 기른 [소위원회] 법률 자문위원 새뮤얼 언터마이어Samuel Untermyer였다. 독일계 유대인의 아들이자 루이스 마셜의 법률 파트너였던 언터마이어는 이 조사를 위해 고수익의 변호사 업무를 그만두었다. 유연한 협상가이자 법정 전문가였던 그는 기업을 위해 일하며 수많은 독점 기업을 만드는 데 관여했고, 그 과정에서 수백만 달러의 재산을 모았다. 아이러니하게도 지금은 자신이 관여한 독점 기업들을 고발하는 임무를 맡았다. 그의 임명은 수년 동안 그와 함께 일한 은행가들의 간담을 서늘하게 했다.

언터마이어는 "소위 독점적 기업을 여럿 만드는 데 핵심적인 역할을 했고, 그걸로 엄청난 돈을 벌었다"고 허버트 리먼은 기억했다. 언터마이어는 리먼 브라더스의 법률 자문을 맡기도 했었다. 허버트는 또한 "그는 내가 아는 사람 중 가장 두뇌가 예리한 사람이었고, 내가 경험한 가장 뛰어난 반대 심문자(상대측 증인을 심문하는 변호사_옮긴이)였다. 냉혹 그 자체인 사람이었다"고 덧붙였다.[2]

언터마이어는 기업 세계를 내부에서 들여다본 경험을 바탕으로 점차 "독점 기업에 대한 강력한 연방 규제"와 "금권 집중의 억제"를 요구하는 개혁 운동가로 변모했다. 미국 금융 거부들의 술수와 전술을 그만큼 잘 아는 사람은 거의 없었다. 이제 이 거물들이 줄줄이 푸조 위원회에 소환되어 언터마이어의 혹독한 반대 심문을 겪어야 했다. 위원회에 출석한 인사들 중에는 내셔널시티은행의 프랭크 밴더립Frank Vanderlip과 제임스 스틸먼, 퍼스트내셔널뱅크의 조지 베이커도 있었다. 베이커는 미국 금융계의 원로로 풍성한 구레나룻과 통통한 체격으로 유명했으며, 사망 당시 미국 3대 부호 중 한 명이었다. (스탠더드오일의 공동 설립자이자 존 D. 록펠러의 동생인 윌리엄 록펠러는 의회의 소환장을 피하려고 온갖 수단을 동원했다). 하지만 그 누구보다 이목이 집중된 증인은 '금권 트러스트'의 핵심 인물로 지목된 존 피어폰트 모건이었다.

모건은 1912년 12월 18일과 19일 이틀에 걸쳐 증언대에 섰다. 일흔다섯의 나이에 건강이 쇠약해진 그는 미국 금융계의 사자라는 별명에 걸맞지 않게 다소 고분고분한 인상을 풍겼다. 얇은 등나무 의자에 몸을 웅크리고 앉은 그는 낮고 단조로운 목소리로 진술했고, 가끔 수백 명의 방청객을 향해 멍하니 시선을 던지기도 했다. 대중이 상상하던 '거칠고 무자비한 약탈적 자본가'의 모습과는 달리, 그는 "과장한 것으로 보일 정도로 공손했다"고 한 신문은 보도했다.[3]

모건은 언터마이어의 질문을 부드럽게 받아넘기며 은행가들의 음모라는 주장을 일축했고, 금융계에서의 자신의 전설적인 영향력도 과장된 것이라고 증언했다. 언터마이어는 반복해서 모건이 무한한 권력을 가지고 있다는 점을 인정하게 하려 유도했지만, 모건은 이를 계속 부인했다.

"당신처럼 막대한 권력을 가진 사람이라면, 본인에게 그런 권력이 있다고 인정하시죠?" 언터마이어가 캐물었다.

"그런지는 모르겠습니다." 모건이 대답했다.

"그렇다고 인정하시죠, 그렇죠?"

"그렇지 않습니다."

"전혀 그렇게 생각하지 않으시나요?"

"예. 전혀 그렇게 생각하지 않습니다."[4]

모건이 그렇게 증언하자, 언터마이어는 그의 증언과는 배치되는 차트를 여럿 제시했다. 그 차트들은 J. P. 모건과 쿤로브를 비롯한 18개 금융회사가 다수의 은행, 신탁회사, 보험사, 유틸리티 기업, 철도회사 및 기타 기업의 이사회를 통해 전면적 통제는 아니더라도 막대한 영향력을 행사하고 있다는 점을 보여주었다. 푸조 위원회는 이들 회사의 파트너들이 총 134개 기업에서 746개의 이사직을 맡고 있으며, 이들 기업이 보유한 자원이나 자본금은 총 250억 달러가 넘는다고 밝혔다.[5]

모건이 집중적으로 심문을 받고 한 달 뒤, 시프가 증언대에 올랐다. 시점이 최악이었다. 뉴욕에서는 브란트가 곧 출소할 참이어서 시프 일가는 다시 한 번 고통을 겪고 있었다. 하지만 그는 아무렇지도 않은 얼굴로 워싱턴에 나타났다. 모건과 마찬가지로 시프 역시 언터마이어가 쿤로브의 은행 '동맹'에 대해 캐물었을 때 시종일관 방어적인 태도를 취했다.

"저는 그것을 동맹이라고 부르지 않습니다. 우리는 협력하는 파트너와 친구들은 있지만 누구와도 동맹 관계는 아닙니다"라고 시프는 말했다.

시프는 독점을 "무도하다"고 비난하며, 자신은 지주회사를 통해 기업 권력을 집중시키는 것에 반대한다고 밝혔다(하지만 그와 모건이 수년 전 노던증권을 설립하여 정확히 그런 일을 했다는 사실은 별개였다). 그러면서도 그는 "개인이 원하는 것을 사는 것을 법으로 제한해서는 안 된다고 생각합니다"라고도 했다.

"그것이 독점으로 이어지더라도 말입니까?" 언터마이어가 물었다.

"독점이 된다고 해도 그렇습니다." 시프가 대답했다.

언터마이어는 더 물고늘어졌다. "그렇다면 개인이 어떤 산업이나 사업의 지배권을 어디까지 갖도록 허용할 수 있는지, 그 경계선을 어디에 두시겠습니까?"

"저는 자연의 섭리에 맡기겠습니다." 시프는 말했다. "최초의 독점 시도는 바벨탑 건설이었습니다. 그들은 언어를 독점하려 했습니다. 그리고 그 탑 자체의 무게로 무너졌습니다. 무엇이든 도를 넘으면 결국 스스로 무너집니다." 그러면서 언론에 가장 많이 인용된 발언을 이어갔다. "나는 어떤 경우에도 개인의 자유를 제한하지 않겠습니다. 왜냐하면 인간의 법보다 자연의 법이 그것을 더 잘 통제한다고 믿기 때문입니다."[6]

푸조 위원회는 2월 말 조사 결과를 발표했다. 위원회는 '금권 트러스트'를 입증하지는 못했지만, 기업 권력이 얼마나 어떻게 집중되어 있는지를 만천하에 드러내는 데는 성공했다. 이 시장에 진입하려던 헨리 골드만이 경험한 것처럼, 소수의 기업이 미국 내 주요 증권 발행을 거의 독점하고 있었다. 이들 기업 대표들은 현기증이 날 정도로 많은 기업의 이사진에 들어가 경쟁을 제한하고 미래의 경쟁자를 배제하며 금융 권력을 휘둘렀다. 위원회는 다음과 같은 결론을 내렸다.

소수 금융 지도자들 간에는 확고한 이익 공동체가 존재한다. 이는 주식 소유, 이사직 겸임, 파트너십 및 공동 계좌 거래 등을 통해 은행, 신탁회사, 철도, 공공 서비스 및 제조업체들에 대한 지배로 이어져 소수의 손에 돈과 신용의 통제력을 집중시키는 결과를 가져왔다.

또 위원회 보고서는 6개 주요 '집중 기업agent of concentration' 중 하나로 쿤로브를 지목하면서, 1905년 이래 쿤로브는 J. P. 모건, 퍼스트내셔널뱅크, 내셔널시티은행(경우에 따라서는 셋 모두)와 협력하여 10억 달러 규모의 증권을 판매했다고 지적했다. 위원회는 쿤로브가 "특정 금융기관들과 사실상 경쟁하지 않기로 한 암묵적 합의"를 맺은 것으로 보이며, 이들 동맹 세력과 함께 "미국 주요 철도회사의 금융 업무를 선점했다"고 결론을 내렸다.[7]

위원회의 조사가 마무리되고 한 달 후, 모건이 하룻밤 숙박료가 500달러인 로마의 그랜드 호텔 스위트룸에서 숨을 거두었다는 소식이 전해졌다. 그의 아들 잭 모건은 아버지가 이렇게 급작스럽게 사망한 것은 위원회 조사와 언터마이어의 공개 심문에 따른 심적 부담감 때문이라고 비난했다. 잭은 그를 '짐승'이라고 불렀다.

모건이 세상을 떠났을 때 시프는 시칠리아에 있었다. 시프의 부재 중에 쿤로브는 고인에게 진심을 담은 추도사를 공개했다. "금융계는 가장 위대한 리더에게 깊은 애도를 표합니다. 그의 영향력과 힘은 그의 탁월한 능력뿐 아니라 그의 고결한 동기, 충실함, 공정한 태도, 훌륭한 인품에 대한 보편적 신뢰에 기반한 것이었습니다."[8] 며칠 후, 시프는 이오니아 해변에서 〈뉴욕 타임스〉에 보다 절제된 추모사를 전보로 보냈다. 그의 회사가 오랜 라이벌을 금융계의 '가장 위대한 리더'로 치켜세운 것을 시프가 어떤 심정으로 받아들였을지는 짐작할 수밖에 없다.

"모건 씨의 가장 두드러진 성품은 남을 돕고 바른 일을 하려는 태도였습니다." 이어 시프는 이렇게 추도를 마무리했다. "그가 더 이상 우리 곁에 없게 된 지금. 그의 훌륭하고 위대한 시민으로서의 가치는 더욱 깊이 인식될 것이며, 우리는 그와 같은 인물을 다시는 쉽게 만나지 못할 것입니다."[9]

언론은 앞다투어 "누가 모건의 망토를 물려받을 것인가"를 주제로 추측을 쏟아냈고, 잭 모건을 비롯해 모티 시프, 오토 칸 등의 이름이 거론되었다.[10] 하지만 미국 금융계에서 모건과 같은 독보적인 역할을 다시 맡게 될 은행가는 결국 나타나지 않았다. 이는 모건 개인의 특성과 함께, 시대적 변화와도 관련이 있었다. 여론은 이제 기업의 과잉을 억제하는 정부 규제를 지지하는 방향으로 상당히 기울었다. 모건의 죽음과 그의 생애 마지막을 괴롭혔던 금권 트러스트 조사는 바로 도금시대에 종지부를 찍는 사건이었다. 이후 몇 달, 그리고 몇 년에 걸쳐 푸조 위원회의 활동으로 촉발된 진보적 개혁이 미국의 금융 시스템을 획기적으로 재편하게 된다.

가장 중대한 변화 중 하나는 모건이 세상을 떠나기 직전 몇 주 사이에 일어났다. 연방 소득세를 도입하는 수정헌법 제16조가 공식적으로 헌법에 추가된 것이다. 거의 20년에 걸친 논의와 입법 논쟁 끝에 1909년 처음 발의되었고, 마침내 4분의 3 이상의 주에서 비준되며 헌법 개정 요건을 충족시켰다. 이 누진 소득세를 도입하는 데 가장 큰 역할을 한 사람은 바로 조셉 셀리그먼의 아들 에드윈 셀리그먼이었다.

컬럼비아 대학교의 정치경제학과 교수였던 에드윈은 750쪽에 달하는 소득세 역사를 다룬 영향력 있는 책을 저술하는 등 19년간 공공재정 연구에 전념해왔다. 하지만 그는 단순한 이론가만은 아니었다. 당시까지 정부의 주된 수입원이었던 관세에 대신해, 납세자의 능력에 비례해 부과되는 직접소득세, 즉 부유한 계층이 더 높은 비율로 세금을 부담하는 형태의 세제를 도입하자는 목소리를 주도한 인물이 바로 에드윈이었다.

1910년, 뉴욕주 의회가 수정헌법안을 논의하기 시작하자 에드윈은 그 통과를 위한 싸움에 동참했다. 뉴욕주는 미국에서 가장 부유한 시민들이 많은 곳이었기 때문에 뉴욕주에서의 비준은 특히 중요했다. 에드윈은 주 상원에서 두 번이나 헌법 수정안을 지지하는 증언을 했고, 자신이 편집장으로 있는 학술지 〈계간 정치학 Political Science Quarterly〉 지면을 통해 비판론자들의 주장에 반박했다. 그들은 연방 소득세가 국가에 지나친 권한을 부여한다며, 이는 헌법 제정 당시 설계자들이 전혀 의도하지 않았던 방향이고, 미국을 자결권이라는 건국 가치로부터 멀어지게 하며 사회주의로 끌고 간다고 주장했다. 이에 대해 에드윈은 "헌법이 제정되었을 당시의 조건들은 더 이상 존재하지 않는다"고 지적하며 이렇게 썼다. "지난 세기에… 기본적인 경제 및 사회 구조의 발전은 미국을 하나의 국민국가로 만들었고, 이러한 발전은 건국자들이 상상하지 못했던 많은 사안들에 대해 통일적인 국가적 규제를 요구한다." 그는 이어서 강조했다. "'자치'라는 말에 집착하지 말자. 자치가 퇴보를 의미하는 상황에서는 중앙집권적 권위에 반대해서는 안 된다."[11]

공화당이 장악하고 있던 뉴욕주 의회는 1910년 한 해 동안 이 수정헌법안을 세 차례나 부결시켰다. 하지만 그해 치러진 선거에서 공화당은 전국적으로 패배했고, 뉴욕주에서는 주지사와 의회 다수당을 모두 민주당에 넘겨주었다. 열성적인 공화당원이던 에드윈은 수정헌법에 반대한 뉴욕주 공화당이 응당 받아야 할 벌을 받은 것이라고 비난했다. 그 이듬해, 민주당이 주도한 의회는 수정헌

법을 통과시켰고 뉴욕주는 31번째로 연방 소득세를 비준했다.¹²

미국의 대표적인 금융 가문 중 하나의 아들이 이처럼 수정헌법 제16조 도입에 실질적인 역할을 했다는 사실은 일종의 아이러니였다. 그리고 일부 셀리그먼 가문 사람들은 에드윈의 이런 선구적인 업적을 그다지 달가워하지 않은 듯했다. 수십 년째 런던에서 살고 있던 신랄한 그의 삼촌 아이작은 물론 사촌 데이비드 앨버트(에이브러햄의 아들 중 한 명) 역시 새로 부과되는 소득세를 피하기 위해 미국 시민권을 포기한 것으로 전해진다.¹³

다른 가족들과 몇몇 인사들은 연방 소득세를 지지했다. 국가가 위험한 수준의 부채를 지지 않고 정부 재정을 충당할 수 있는 유일한 방법이라고 믿었기 때문이다. 셀리그먼 일가의 미국 내 사업을 이끌던 에드윈의 형 아이크는 소득세를 "이제까지 고안된 가장 이상적인 세금"이라고 표현했다. 아동 노동 금지를 자선 활동의 핵심 과제로 삼았던 이 시민정신 강한 은행가는 이렇게 말했다. "지금까지 이 나라 국민들은 소득세를 개인의 경제 활동을 과도하게 침해하고 사회주의 성격이 있다고 간주하여 반대했다. 그러나 시간이 지나면 소득세를 냄으로써 얻게 되는 정당성과 혜택을 이해하게 될 거라고 생각한다."¹⁴ 시프 역시 소득세를 지지했다. 그는 1909년에 "사업, 특히 주 간 상거래에서 발생하는 소득이나 수익에 대해 세금을 부과"하자고 제안했다. 그는 "은행업의 경우만 보더라도 이러한 소득세는 정부에 막대한 세수를 가져다줄 것이며, 다른 많은 상업 및 산업 부문에서는 더욱 그럴 것"이라고 덧붙였다.¹⁵

수정헌법 제16조가 통과된 뒤, 금융 및 기업 개혁을 위한 입법 동력이 마련되었다. 1914년까지 의회는 기존의 셔먼 반독점법을 강화한 클레이턴 반독점법Clayton Anti-Trust Act을 통과시키고, 독점적 사업 관행을 단속하기 위해 연방거래위원회Federal Trade Commission, FTC를 설립했다. 그해 말에는 연방준비제도가 업무를 개시했다. 오랜 정치적 논쟁의 산물인 이 기관은 미국 금융의 새로운 시대를 열었으며, 월스트리트와 연방정부 간에 전에 없던 긴밀한 협력을 가능케 했다.

그해 8월, 상원의 인준을 막 마친 연준 초대 이사진이 처음 본부로 사용한 펜실베이니아 애비뉴 미 재무부 건물의 화강암 기둥 앞에서 굳은 표정으로 기념사진을 찍었다. 사진 오른쪽부터 차례로 철도회사 경영자이자 프랭클린 델러노 루스벨트 대통령의 외삼촌인 프레더릭 델러노, 저명한 경제학 교수 아돌프 밀러Adolph Miller, 최근까지 재무부 차관보를 지낸 보스턴의 변호사 찰스 햄린Charles Hamlin, 그리고 연준 창설에 가장 중요한 역할을 담당했던 인물 중 한 명으로 양손으로 검은 중절모를 들고 선 폴 워버그가 서 있다.

공황이 절정이던 1907년 어느 날, 폴 워버그는 쿤로브 사무실의 자기 책상에서 눈을 들어 책상 앞에 선 사람을 흘끗 올려다 보았다. 내셔널시티뱅크의 제임스 스틸먼이 처진 눈꺼풀 아래로 그를 내려다 보고 있었다. "폴, 그 문건 어디 있나?" 그가 물었다.[16]

문제의 문건은 워버그가 1902년 가을 뉴욕으로 이주한 직후 작성한 자료였다. 거기에는 미국 금융 시스템의 여러 문제점이 정리되어 있었다. 당시 스틸먼은 그 문건을 읽어보았지만 그다지 큰 인상을 받지는 않았었다. 유럽의 중앙은행 모델에 익숙했던 폴은 미국의 금융 시스템이 도무지 이해되지 않았다. 유럽에서는 하나의 중앙 기관이 신용과 통화의 흐름을 통제하고, 시장 상황에 따라 통화량을 확대하거나 축소할 수 있고, 필요한 경우에는 기업어음을 매입하거나 할인해 은행들의 현금 잔고를 보완할 수 있었다. 반면 미국은 완전히 분권화된 체계였다. 폴은 훗날 "주마다 별개의 은행 시스템이 존재했으며, 같은 주 안의 은행들끼리조차도 서로 보호해줄 수 있는 체계는 없었고, 단지 청산소연합clearing-house associations (민간 은행들이 자율적으로 결성한 연합체로, 금융 중심지인 주요 도시마다 하나씩 존재했다_옮긴이)이라는 형태만 존재했을 뿐이었다"고 회고했다. 청산소연합이란 금융 거래의 정산과 계약 이행을 감시하는 독립된 금융기관들이었다.[17]

게다가 유통 중인 통화량은 고정되어 있었기 때문에, 즉 '비탄력적'이었기 때문에 미국 경제는 금융 충격에 특히 취약했다. "해외로부터 대량의 금 수요가 발생하거나, 국내에서 통화 수요가 비정상적으로 높아지거나, 은행 대출 혹은 예금이 급증해 지불준비금이 법정 기준선이나 그 이하로 떨어지게 되면, 금융시장은 즉시 위태로워졌다"고 폴은 회고했다.[18] 은행 시스템이 이렇게 분절되어 있다 보니 위기가 닥치면 금융기관들은 자신의 생존에만 몰두했고, 다른 회사나 고객을 희생시키면서도 대출을 회수하고 현금을 비축하려 했다. 그 결과, 미국 금융 시스템 전체는 마치 윤활유가 떨어져 멈춰 선 기계처럼 얼어붙곤 했다.

미국에서 마지막으로 시도된 은행 개혁은 남북전쟁 때였다. 당시 의회는 국립은행법을 통과시켜 연방 인가 은행 체계를 도입했고, 이들 은행은 재무부에 미 국채를 예치하는 조건으로 화폐(지폐)를 발행할 수 있도록 허가받았다. 이 법은 통화감독청comptroller of the currency이라는 기관도 신설했으며, 뉴욕의 은행들처럼 특정 도시의 국립은행은 예금의 25퍼센트를 지불준비금으로 보유해야 한다는 엄격한 규정도 부과했다. 국립은행법은 통화 시스템을 단일화했지만(비록 전쟁 초기 재무부가 발행한 지폐인 그린백을 포함해 다양한 종류의 법정화폐가 유통되고 있기는 했다), 그럼에도 미국 금융 시스템의 극심한 불안정성을 근본적으로 해결하지는 못했다.

폴은 처음에 미국 금융 시스템에 대한 비판적 의견을 시프에게 이야기했다. 시프는 폴의 견해에 대체로 동의한다고 말하면서도, 그가 미국인의 심리를 아직 제대로 이해하지 못하고 있다고 지적했다. 나아가 미국인들은 기본적으로 정부 권력에 회의적인 입장이기 때문에 유럽식의 중앙은행을 절대로 받아들이지 않을 것이라고 했다. 적어도 다시는 말이다.

미국은 건국 초기에 중앙은행 제도를 실시해본 적이 있었다. 1791년 알렉산더 해밀턴Alexander Hamilton의 주장에 따라 영란은행을 모델로 한 미합중국 제1은행First Bank of the United States이 [20년 인가를 부여받아] 설립되었다. 이 은행은 정치적 논란의 중심이 되었고, 1811년에 의회에서 인가 갱신이 부결되면서 폐쇄되었다. 1816년에는 제임스 매디슨James Madison 대통령이 미합중국 제2은행을 인가했지만, 이 역시 앤드루 잭슨 행정부가 들어서면서 해체되었다. 잭슨 대통령은 이 은행을 "부패의 히드라"라고 부르며 강하게 비판했다. (혼란스러운 통화 시스템을 어느 정도 안정시킨 이 은행의 해체는 1837년 금융 공황의 한 원인이 되었다). 폴이 미국에 도착했을 때는 미국이 중앙은행을 마지막으로 가졌던 시기로부터 거의 70년이 지난 시점이었다.

시프는 폴에게 그의 생각을 공공연히 이야기하지 말라고 주의를 주었다. 그런 행동은 미국 금융계에서 그를 고립시킬 수 있다는 우려에서였다. 대신 폴의 문건을 믿을 만한 몇몇 친구에게 보여주고 의견을 받겠다고 약속했다. 그중 하나가 록펠러 가문과 스탠더드오일의 은행가이자 미국 최대 은행(내셔널시티은행)의 수장이던 제임스 스틸먼이었다.

스틸먼은 문건을 읽었을 때 회의적인 입장이었지만 시프의 부탁도 있고 해서 쿤로브에 들렀을 때 폴을 찾았다.

"폴, 시티은행이 지금까지 꽤 잘해왔다고 생각하지 않나?" 스틸먼이 물었다.

"네, 스틸먼 씨. 탁월합니다." 폴이 대답했다.

"그럼 그냥 놔두는 게 어떤가?"

폴은 잠시 망설이다가 이렇게 말했다. "회장님 은행은 너무 크고 강력합니다. 다음 공황이 오면 아마 회장님 본인의 책임이 지금보다 더 적었으면 하는 생각을 하게 되실 겁니다."[19]

몇 년 뒤(1907년) 실제로 공황이 닥쳤고, 스틸먼과 다른 주요 금융인들이 경제 붕괴를 막기 위해 중앙은행의 역할을 떠맡았다. 예전의 문건이 생각난 스틸먼은 다시 폴을 찾았고, 이번에는 훨씬 열린 태도로 폴의 생각을 경청했다.

이 무렵 폴은 에드윈 셀리그먼의 권유로 이미 정치적으로 민감한 은행 개혁 논의에 발을 들여놓고 있었다. 1906년, 폴은 웨스트 86번가 에드윈의 저택에서 열린 저녁 모임에 참석했다. 그날 폴이 미국 은행 시스템의 결함을 지적하자 컬럼비아 대학교 교수인 에드윈이 열렬히 동조했다.

"글로 쓰세요. 책을 내야 합니다." 에드윈이 흥분해서 말했다.

"그건 무리예요." 폴은 손사래를 쳤다. 그는 여전히 영어를 익히는 중이었고 독일식이 아니라 영국식 악센트로 말했지만, '아이-런 i-ron'으로 발음해야 할 때 자연스레 '이-론'으로 말이 나와 늘 곤혹스러웠다. 그는 영어 글쓰기에도 자신이 없었다.[20] "아직은 영어로

글을 쓸 수 없어요. 책을 낼 정도로는요."

"영어는 문제가 아닙니다." 에드윈이 편집을 자청하고 나서며 말했다. "당신 생각을 세상에 알리는 건 당신의 의무예요."[21]

이듬해 초, 폴은 기존의 문건을 바탕으로 한 긴 글을 〈뉴욕 타임스〉에 기고하여 미국 통화정책의 낙후성을 조목조목 지적했다. 그는 "미국은 사실상 유럽의 메디치 시대 수준, 그리고 아시아에서는 아마도 함무라비 시대 정도의 수준에 머물러 있다"고 썼다. 그리고 단호히 말했다. "중앙은행이야말로 이 문제에 대한 이상적인 해법이며, 결국에는 도입될 수밖에 없다는 것이 나의 확고한 믿음이다. 우리가 살아 있는 동안 보게 될지는 모르겠지만 말이다."[22]

폴의 글이 실린 직후, 시프는 〈뉴욕 타임스〉의 발행인 옥스에게 "매우 신중한 문제 제기였다"고 편지를 썼다.[23] 시프는 이 글을 게재하자고 옥스에게 권유했던 사람이었다. 수년 동안 아침이면 폴은 시프와 함께 시내까지 걸어가며 미국도 중앙은행 제도를 도입할 수 있고 또 그렇게 해야 한다고 끈질기게 설득했다.[24] 폴의 주장은 확실히 설득력이 있었다. 1907년 금융 공황도 개혁의 필요성에 불을 지폈다. 1907년 말, 시프는 미국 정치사회과학아카데미에서 이렇게 말했다. "우리에겐 중앙 조정 기구가 필요합니다." 같은 행사에서 아이크 셀리그먼은 더 강하게 중앙은행의 필요성을 주장했다. "우리가 중앙은행 시스템을 갖추고 있었더라면 뉴욕 니커보커 신탁의 파산은 피할 수 있었을 것이며, 그로 인한 뱅크런과 신탁회사들의 연쇄 파산도 막을 수 있었다고 확신합니다."[25]

1908년, 에드윈 셀리그먼은 컬럼비아 대학교에서 은행 및 통화개혁을 주제로 한 일련의 강의를 기획하고 폴 워버그를 초청했다. 의회는 금융 공황 후속 작업으로 일련의 개혁 법안을 쏟아냈는데, 그중에는 하원과 상원의 금융위원회 위원장들이 발의한 경쟁 법안들도 있었다. 공화당 하원의원 찰스 파울러Charles Fowler (뉴저지)는 오래된 자산 기반 통화 계획을 다시 꺼냈는데, 이는 연방 인가 은행들이 정부 채권뿐만 아니라 일반 자산도 담보로 지폐를 발행할 수 있도록 하자는 것이었다. 1898년 이래로 상원 금융위원회 Committee on Finance를 이끌어온 공화당 상원의원 넬슨 올드리치Nelson Aldrich (로드아일랜드)는 금융 위기 시 통화 공급을 확대하는 것을 목표로 한 별도의 법안을 제안했다. 그 내용은 연방 인가 은행들이 '통화 연합'을 구성하고, 이 연합체가 각 은행이 보유한 채권 및 유가증권을 담보로 긴급 은행권을 발행할 수 있도록 허용하자는 것이었다. 폴은 에드윈 셀리그먼이 주최한 심포지엄에서 "두 법안 모두 올바른 방향으로 나아가는 조치라 할 수 없다. 지폐 발행과 지불준비금의 분산을 더욱 심화시키는 조치들은 모두 그릇된 방향"이라고 신랄하게 비판했다.[26]

폴은 얼마 전 쿤로브 사무실을 방문한 상원의원 올드리치를 만난 적이 있었다. 183센티미터의 키에 덥수룩한 하얀 콧수염을 기른 올드리치는 당시 의회에서 가장 막강한 영향력을 가진 인물 중 한 명으로 '국가의 총지배인General Manager of the Nation'으로 불렸다. 또한 가장 부유한 의원 중 하나이기도 했는데, 그는 (로드아일랜드의) 내러갠섯만Narragansett Bay이 내려다보이는 100만 제곱미터에 달하는 목가적인 풍경의 사유지에 70개의 방을 갖춘 대저택을 짓고 있었다. 출신이 부유하지는 않았던 올드리치는 로드아일랜드 주의회를 시작으로 하원을 거쳐 상원까지 경력 대부분을 공직에 몸담 았는데도, 도금시대에 만연했던 일상적인 부패를 통해 재산을 형성했다. 그는 의회에서 슈가 트러스트Sugar Trust (도금시대 미국의 정제 설탕시장을 독점했던 대형 결합 기업으로, 공식 명칭은 미국설탕정제회사 American Sugar Refining Company다_옮긴이)를 노골적으로 후원했고, 이들이 자금을 지원한 전기 노면전차 사업에 투자하여 수백만 달러를 벌어들였다.

올드리치는 대중 연설에는 재능이 없었지만, 능수능란한 막후 협상에 능했다. '공산주의적'이라며 소득세를 반대했던 그는 진보 개혁의 적이었다. 당시 정치 만평에서 그는 진보적 법안을 옭아매는 거미줄을 쳐서 위원회에 가두는 거미로 묘사되었다. 1907년 공황의 여파로 통화 개혁 법안을 구상하던 올드리치는 자신의 계획을 시프와 상의했다. 그가 독일 화폐제도의 작동 방식에 관심을 표하자, 시프는 그 분야의 전문가인 폴 워버그를 불렀다. 폴은 올드리치가 원하는 정보를 제공했고, 그가 사무실을 떠나자 혼잣말로 "통화 개혁이 시작되는군"이라고 중얼거렸다. 폴은 자신의 견해를 담은 편지를 올드리치에게 보내도 될지 시프에게 물었고, 시프는 냉소적으로 "그렇게 하면 자네를 다시 보려고 하지 않을 텐데"라고 대답했다.[27]

하지만 중앙은행이라는 복음을 널리 알려야 한다는 일종의 신념을 가진 폴은 시프의 충고를 무시했다. 그는 올드리치에게 편지를 보냈다. "지난번 공황은 우리의 은행 시스템이 지나치게 분권화되어 있고, 금융기관들의 지불준비금을 공동으로 사용하는 것이 전혀 불가능하다는 것을 분명히 보여주지 않았습니까? 그 결과는 경쟁적인 현금 쌓아두기였습니다." 그는 올드리치에게 '중앙 정산소'의 설립을 제안했다. 그가 생각하기에 이것이 미국인이 기꺼이 받아들일 수 있는 최대한의 중앙은행이었다.[28]

올드리치는 회신하지 않았고, 폴도 자신이 큰 인상을 주었다고 생각하기 어려웠다.²⁹ 1908년 봄, 올드리치는 자신의 법안을 통과시켰다. 이 법안에 따라 비상시 통화 발행을 위한 장치가 마련되었고, 미국과 유럽의 은행법을 전반적으로 조사할 국가통화위원회 National Monetary Commission 가 신설되고 올드리치가 그 위원장을 맡았다. 그해 8월, 올드리치는 시프와 J. P. 모건 등 은행가들이 써준 소개장을 들고 조사단과 함께 베를린, 런던, 파리 등 유럽의 주요 금융 중심지를 방문했다.³⁰ 영란은행, 방크드프랑스Banque de France, 독일 라이히스방크Reichsbank 관계자들과 면담하면서 올드리치는 현대적 은행업에 대한 교육을 받았고, 10월에 미국으로 돌아올 무렵에는 미국에도 중앙은행이 필요하다는 생각을 갖게 되었다.

다음 달인 11월, 올드리치는 국가통화위원회 청문회에 폴 워버그를 증인으로 소환했다. 청문회는 핍스 애비뉴와 60번가의 북동쪽 모퉁이에 스탠퍼드 화이트Stanford White 가 설계한 은행가들의 아지트인 메트로폴리탄 클럽에서 열렸다.

폴은 생기 없는 얼굴로 앉아 있는 위원들 앞에서 증언했다. 청문회가 끝나고 올드리치는 그를 따로 불렀다. "워버그 씨, 당신의 아이디어가 마음에 듭니다. 딱 하나만 빼고 말이지요."

폴이 뭐가 잘못되었는지 물었다.

"제안이 너무 소심해요"라고 그가 대답했다.

폴은 자신의 구상이 미국의 실정에 맞게 완화된 중앙은행 모델이기는 해도, 사실 이 정도라도 요구하는 은행가로는 자신이 유일하다고 대답했다.

"그래요. 당신은 우리가 중앙은행을 만들 수 없다고 말하고 있고 나는 할 수 있다고 말하는 겁니다." 올드리치가 말했다. 폴은 깜짝 놀랐고 훗날 이렇게 말했다. "나는 미국이 진정한 은행 개혁을 실행할 수 있다는 확신을 품고 메트로폴리탄 클럽을 나섰다."[31]

그 후 2년에 걸쳐 국가통화위원회는 국제 금융 시스템의 모든 측면에 대한 조사 결과를 약 30권의 보고서에 담아 발표했다. 그동안 폴은 올드리치와 이따금씩 서신을 주고받았고, 하버드 대학교의 경제학자로 위원회의 특별보좌관으로 활동하던 A. 파이엇 앤드루 A.Piatt Andrew 와는 빈번하게 편지를 교환했다. 그는 폴에게 금융 자료를 제공하고 자신의 최신 논문을 보내며 견해를 공유했다.

1910년 4월, 진보주의자들로부터 부패의 상징으로 공격받던 올드리치는 다음 해 임기가 끝나면 은퇴할 계획이라고 발표했다. 그는 금융 개혁을 본인 공직 경력의 핵심적인 업적으로 만들고자 했지만 시간이 많지 않았다. 1910년 선거 결과는 그의 계획을 더욱 복잡하게 만들었다. 민주당이 16년 만에 처음으로 하원 다수당이 되었고, 양당의 진보주의자들이 의식을 크게 늘리면서 그의 영향력은 약화되었다. 그럼에도 그는 은행 시스템을 개편하려는 의지를 굽히지 않았다.

선거가 끝난 다음 주, 헨리 P. 데이비슨 Henry P. Davison 이라는 J. P. 모건의 파트너가 올드리치의 초청장을 들고 쿤로브의 사무실로 폴을 찾아왔다. 조용히 뒤에서 올드리치의 금융 개혁을 돕던 데이비슨은 폴에게 2주 정도 회사를 비울 수 있는지 물었다. 올드리치 상원의원이 다른 네 명과 함께 은행 개혁의 미래를 구상하기 위한 은밀한 여행을 떠난다는 것이었다. 목적지는 지킬 Jekyll 섬이었다. 조지아 해안에 위치한 이 외딴 섬에는 미국에서 가장 고급스러운 클럽이 있었다. 클럽의 회원은 J. P. 모건, 조지프 퓰리처, 윌리엄 록펠러 주니어 등의 억만장자들이었다.

데이비슨은 폴에게 이 회동의 참석자들은 오리 사냥 여행으로 가장한 채 섬으로 이동할 예정이라고 말했다. 폴이 사냥 여행을 간다는 사실은 친구나 가족들에게는 뜻밖의 일이었다. 그는 사냥을 하지 않았고 총도 갖고 있지 않았기 때문이다.

1910년 11월 18일 저녁, 폴은 사냥 여행으로 위장하기 위해 미리 사둔 소총과 탄약을 들고 맨해튼의 펜실베이니아역에서 올드리치의 전용 열차에 올랐다.[32] 내셔널시티은행의 프랭크 밴더립이 안에서 기다리고 있었다.

"그런데 우리가 정확히 무슨 일로 가는 건가요?" 밴더립이 물었다.

"오리 사냥이 될 수도 있고 헛수고가 될 수도 있지요." 폴이 재치 있게 응수했다. "어쩌면 저나 회장님께나 인생 최대의 일이 될 수도 있고요." 헛수고라는 말에는 올드리치에 대한 폴의 여전한 의심이 담겨 있었다. 그는 올드리치가 자신을 '그의 공모자로 만들려는 속셈은 아닌지' 경계하고 있었다.[33]

곧 나머지 일행도 한 명씩 도착했다. 일행은 올드리치, 그의 비서 아서 셸턴Arthur Shelton, 파이엇 앤드루, 밴더립, 데이비슨이었다. 기차가 출발했다. 사냥꾼들은 밤새 남쪽으로 달려 다음 날 조지아주의 브런즈윅에 도착했다. 그들은 자신들의 신분이 드러나지 않도록 서로를 이름으로만—예를 들어 올드리치는 넬슨 씨로—부르기로 했다. 역무원이 그들 일행을 맞이했을 때, 그들은 들으라는 듯 큰 소리로 사냥 계획에 대해 이야기했다. 그때 역무원이 끼어들며 나쁜 소식을 전했다. "여러분, 다 좋습니다만, 여러분이 누구신지 잘 알고 있고 밖에는 기자가 기다리고 있습니다."

그러자 데이비슨은 역무원의 팔을 붙잡고 말했다. "잠깐 나갑시다." 잠시 후 데이비슨이 우쭐한 모습으로 돌아왔다. "다 잘되었어요. 보도는 없을 겁니다." 그가 어떻게 기자를 구슬렸는지는 알 수 없지만, 지킬 섬 회합은 1916년 〈포브스Forbes〉에 잡지 창간인이기도 한 B. C. 포브스B.C.Forbes가 기사로 다룰 때까지 외부에 전혀 알려지지 않았고, 그나마 이 기사도 주목을 받지 못했다. 이 회합의 참석자들은 수십 년이 지나서도 이 회합의 존재를 인정하지 않았다.

이들이 침묵을 지킨 이유는 분명했다. 만약 미국 유수의 세 금융기관 대표들이 미국 최상류층 부호들만 출입할 수 있는 휴양지에 모여서 국가의 금융정책을 설계하는 데 일정한 역할을 했다는 사실이 드러나면, 그것이 어떤 법안이 되었건 의회 문턱을 넘기도 전에 사장될 수 있기 때문이었다. 실제로 훗날 이 회합이 공개되자 지킬 섬 비밀 회합은 연방준비제도의 탄생과 관련된 온갖 음모론을 부추기는 계기가 되었고 그 여파는 지금까지도 계속되고 있다. 일부는 당시 회동의 진짜 목적은 은행 독점체를 세워 국가의 금융 자원을 장악하기 위해서였다고 주장한다. 또 반유대주의적 성격을 띤 음모론도 있다. 예를 들면, 홀로코스트를 부정하는 유스터스 멀린스Eustace Mullins는 지킬 섬 회합이 국제 유대인 금융 음모의 대명사가 된 로스차일드 가문과 연결되어 있다는 내용을 담은 책을 1952년에 펴냈다.

존 피어폰트 모건은 지킬 섬 클럽의 회원 자격으로 두 명의 흑인 하인만 남기고 리조트를 사실상 텅 비게 만들었다. 일행은 두 하인 앞에서도 신분을 숨겼다. 작은 탑이 있는 클럽하우스의 회의실에서 그들은 총 8일간 외부와 격리된 채 논의에 매진했다. 회의는 마라톤처럼 이어졌고, 식사 시간이 되어 하인들이 사슴, 칠면조, 메추라기 같은 야생 육류 요리와 방금 껍질을 깐 신선한 굴을 담은 쟁반을 가져올 때만 잠시 멈췄다.[34] 섬에 머무는 동안 추수감사절도 맞

았지만, 그날도 식사를 마치자마자 다시 회의를 이어갔다.[35]

참석자들은 중앙은행 체계를 만든다는 원칙에는 의견을 모았지만, 누가 은행을 운영하고 어떤 권한을 가질지와 같은 세부 사항은 여전히 협의가 필요했다. 폴은 소위 '미국 연방준비은행 United Reserve Bank of the United States'이라는 방안을 가져왔는데, 이는 전국 20개의 상업 중심지에 각각의 이사회가 운영하는 지역 은행 연합체를 두고, 이를 워싱턴의 중앙 기구가 감독하는 구조였다. 이 중앙 기구의 지도부는 금융계와 정치권 인사들의 공동 추천으로 구성되어 다양한 이해관계를 대표할 수 있도록 했다. 지역 은행 연합체들은 자신들의 지불준비금을 중앙은행에 예치하고, 중앙은행은 기업어음을 할인—즉 은행이 보유한 채권을 매입해 유동성을 공급—하거나 화폐를 발행하는 권한을 갖도록 하는 구상이었다.

지킬 섬 회합 참석자 중에는 폴 워버그가 가장 정통한 금융 이론가였다. 그는 미국 중앙은행 시스템의 작동 방식을 가장 오랜 시간 고민해온 인물이었다. 그래서 그들이 체계화한 계획은 폴이 구상한 청사진을 거의 그대로 따랐다. 논의도 폴이 주로 주도했는데, 그는 자기 주장을 너무 강하게 밀어붙여서 종종 올드리치를 화나게 했다. 한번은 지불준비금을 어떻게 규정할 것인지를 놓고 상원의원과 격렬한 언쟁을 벌이기도 했다.

하루는 저녁 회의가 끝난 뒤 데이비슨이 폴을 데리고 나가 스페인 이끼가 길게 늘어뜨려진 참나무 숲을 산책했다. 그는 차분한 목소리로 "폴, 그렇게 하면 안 돼요. 넬슨 씨를 그렇게 몰아붙이지 마세요. 자꾸 그러면 그를 잃게 될 겁니다. 당장은 그 문제를 접어두고, 나중에 다시 꺼낼지 어떨지 생각해보세요"라고 말했다. 훗날 폴은 데이비슨이 그 회합의 '인간적 측면'에 중요한 기여를 했다고

했다. 참석자를 선정하는 데도 관여했던 데이비슨은 회의 내내 중재자 역할을 했고, 갈등이 고조될 때면 분위기를 바꾸며 재치 있는 농담으로 긴장을 완화시켰다. 밴더립은 "그는 항상 적절한 순간에 농담을 던져 긴장을 누그러뜨려줬다"고 회고했다.[36] 폴은 데이비슨의 조언을 받아들였고, 결국 그의 입장이 채택되었다.

핵심 쟁점이 대부분 정리된 후, 이들은 하루 휴식을 갖고 사냥용 소총을 들고 밖으로 나갔다. 적어도 이제는 시치미를 떼고 오리 사냥을 다녀왔다고 말할 수 있었다.

1910년 11월 28일, 일행은 밴더립이 깔끔하게 정서한 중앙은행 체계 계획안을 들고 북쪽으로 돌아왔다. 뉴저지에 도착한 그들은 조용히 헤어졌다.

비밀 유지를 강조한 올드리치는 태프트 대통령은 물론이고 그의 정부도 믿어서는 안 된다고 경고했다. 집으로 돌아온 폴은 올드리치 계획이 발표될 때 열광적인 환영을 받을 수 있도록 신중하게 사전 작업을 시작했다. 하지만 그는 계획안의 세부 내용이나 자신이 설계에 핵심적으로 관여했다는 사실을 공개할 수 없는 곤란한 처지에 있었다. 그래서 폴은 상공회의소를 비롯해 세 곳의 강력한 경제 단체들을 활용해 은행가들과 기업가들이 올바른 방향으로 움직이도록 유도했다. 폴은 이들 단체들이 지킬 섬 회합에서 합의된 핵심 원칙들을 지지하도록 능숙하게 이끌었고, 뉴욕 경제계가 중앙은행 계획안을 공식적으로 지지하는 형태의 공동 결의문을 마련하는 위원회를 주도하게 된다.

이 위원회에는 샘 삭스도 참여했는데, 그는 [소매 금융 등을 취급하는] 상업은행만이 아니라 골드만 삭스 같은 투자은행들도 중앙은행과 직접 거래할 수 있도록 보장받기를 원했다. 상공회의소 회의에서 이 문제를 논의한 다음 날, 폴은 샘에게 편지를 보내 "중앙은행이 (일반 국민들과는 직접적인 관계가 없는) 투자은행들에게 부당한 특혜를 줄 수 있다는 비판"이 우려된다고 밝혔다. 그는 샘을 달래기 위해 결의문에 투자은행도 포함될 수 있는 여지를 두는 모호한 문구를 넣는 데에 동의했다. "우리를 비판하는 사람들이 이 약점을 눈치채지 않기만을 바랍니다"라고 폴은 샘에게 말했다.[37]

새해가 되었지만 올드리치 플랜은 발표되지 않았고, 올드리치 본인의 모습도 좀처럼 보이지 않았다. 언론은 그가 편도염에 걸린 것 같다고 보도했다. 실제로 그는 지킬 섬에서 돌아온 후 상원 은퇴를 앞두고 상실감에 빠졌고 불면과 우울증에 시달렸다. 그럼에도 불구하고 1911년 1월 17일, 파이엇 앤드루의 도움을 받아 올드리치는 마침내 자신의 초안을 공개했다. 그날 폴 워버그는 〈뉴욕 타임스〉에 장문의 성명을 보내 "매우 기쁘고 환영한다"고 밝혔다. 다만 자신이 이 초안에 깊이 관여했다는 사실은 언급하지 않았다.[38]

한편 올드리치는 언론 보도가 잇따르고 격렬한 논쟁이 벌어지는 데도 모습을 드러내지 않았다. 그는 의사의 조언에 따라 다시 지킬 섬으로 돌아가 호화로운 요양에 들어갔다.

올드리치 플랜은 그해 봄(당시에는 새 의회 회기가 3월에 시작되었다)에 민주당이 하원을 장악할 준비를 하던 시점에 공개되었다. 당시 여야 모두에서 반反월스트리트 정서가 팽배해 있었고, 대선도 임박한 상황이었다. 정치인들은 '금권 트러스트'를 둘러싼 음모론적인 발언을 쏟아냈으며, 린드버그 하원의원은 이 의혹에 대한 조사를 요구했다. 린드버그는 예상대로 올드리치의 제안 뒤에 권력을 강화하려는 월스트리트의 숨은 의도가 있는 것은 아닌지 의심스러운 눈으로 바라보았다. 그는 이렇게 경고했다. "월스트리트는 1907년 공황을 유도했고, 사람들로 하여금 통화 개혁을 요구하도록 만들었다. 만약 필요하다면 올드리치의 중앙은행 플랜을 통과시키기 위해 또다시 공황을 일으킬 것이다."[39]

그해 봄, 건강을 회복한 올드리치는 정치적 분위기가 얼마나 크게 바뀌었는지를 제대로 인식하지 못한 채 은둔지에서 나와 자신의 계획에 대한 지지 확보에 나섰다. 이제는 퇴임한 전 상원의원은 여전히 국가통화위원회의 위원장이었고, 위원회는 다음 해 1월 의회에 자신의 최종 방안을 제출할 예정이었다. 올드리치는 회의적인 은행가들을 직접 만나 설득했고, 포퓰리즘의 근거지이자 중앙은행 도입 제안에 회의적인 시민들과 의원들이 많은 서부 투어에 나섰다. 한편 폴은 '건전한 은행 시스템 촉구를 위한 전국시민연맹'이라는 단체를 조직해 올드리치 플랜에 대한 지지를 이끌어내고자 했다. 이 단체는 전성기에는 지부를 30개나 거느렸다.

1911년 말까지 이 단체는 미국은행협회를 비롯한 영향력 있는 29개 이익 단체의 지지를 얻는 데 성공했다. 태프트 대통령도 올드리치 플랜에 대한 지지를 표명했지만, 사실 그의 정치적 미래는 점점 불투명해지고 있었다. 한때 자신의 정치적 멘토였던 루스벨트가 백악관 복귀를 노리며 도전장을 내민데다, 뉴저지 주지사 우드로 윌슨이라는 새로운 강자도 부상하고 있었기 때문이었다.

윌슨은 대선 유세 기간 내내 월가를 신랄하게 비판했으며 때로는 거의 린드버그에 가까운 모습을 보였다. 1911년의 한 연설에서 그는 "이 나라의 가장 큰 독점은 금권 독점money monopoly"이라고 선언했다. 이어 국가의 경제 활동이 "소수의 사람들 수중에 있으며,

그들이 경제적 자유를 위축시키고 견제하고 파괴하고 있다"면서 "이것이야말로 모든 문제 중 가장 중대한 문제"라고 덧붙였다.⁴⁰

올드리치 플랜에 대한 윌슨의 입장은 다소 애매했다. 그는 세 차례 민주당 대선 후보로 나섰고 올드리치 플랜 반대를 자신을 지지하는지의 여부를 확인하는 리트머스 종이처럼 여긴 윌리엄 제닝스 브라이언의 지지를 얻기 위해 "은행가들의 손에 통제권을 쥐어주는 어떤 계획에도 반대한다"고 선언했다. 하지만 폴은 알고 있는 한 기자로부터 윌슨이 대체로 올드리치의 계획안에 '공감'한다는 말을 전해 들었다. 선거운동 기간 내내 윌슨은 양측 모두 그가 자신들 편이라고 믿게끔 만드는 정치가의 수법을 구사했다. 윌슨은 공개적으로 중앙은행에 적대적인 입장―한때 그는 "나는 중앙은행이라는 발상 자체에 반대한다"고 말하기도 했다―을 드러내면서도, 폴 워버그와 그 동료들이 자신들의 발상에 윌슨이 호의적이라고 해석할 만한 신호를 보냈다.⁴¹

쿤로브의 파트너들도 다른 국민들과 마찬가지로 다가오는 대통령 선거에 대해 의견이 갈렸다. 폴의 동생 펠릭스는 태프트를 지지했다. 반면 기업 권력을 규제해야 한다는 루스벨트의 견해에 공감한 오토 칸은 그의 재선을 위해 활동했다. (1910년에 칸은 "기업 금융의 부르봉 왕가는 오늘날의 질서에서는 설 자리가 없다"고 선언했다).⁴² 시프와 폴은 초당적으로 윌슨을 지지했다.⁴³ 시프는 러시아 여권 문제에 대한 윌슨의 신랄한 연설에 깊은 인상을 받았는데, 이것만이 그를 지지하게 된 유일한 이유는 아니었다. 시프는 루스벨트와 태프트의 보호무역 정책에 반대했고, "관세가 이 나라의 사회적 병폐의 근원"이라고 비판했다. 이에 반해 윌슨은 관세 개혁을 공약으로 내걸었다. 대선이 본격화되면서 태프트의 재선 가능성은 희박해졌고, 시프는 친구 루이스 마셜에게 보낸 편지에서 "결국 윌슨이나 루스벨트가 될 것"이라며 민주당 지지 이유를 설명했다.[44]

골드만 삭스 일가에서도 지지 후보가 갈렸다. 헨리가 공화당을 탈당하고 민주당 후보를 지지하자 샘 삭스는 분노했다. 선거 몇 달 전, 헨리는 윌슨 캠프에 선거 자금 1만 달러를 기부하고 뉴욕의 은행가들과 중개업자들을 대상으로 한 민주당 전국위원회의 모금 활동에 앞장서기도 했다.[45]

선거운동의 마지막 몇 달 동안에는 푸조 위원회의 금권 트러스트 조사의 배경을 놓고 공방이 일어났고, 이는 월스트리트에 대한 대중의 불신을 한층 증폭시켰다. 이러한 분위기에서 국가통화위원회가 1912년 1월 의회에 공식 제출한 올드리치 플랜은 좀처럼 동력을 얻지 못했다. 이는 부분적으로는 이 법안에 구시대 정치인의 전형으로 인식되던 올드리치의 이름이 들어갔기 때문이었다. 그는 그 사회적 격변의 시기에 낡은 기득권과 정실주의의 상징으로 받아들여졌다. 또한 자신으로 인해 법안이 좌초될 수 있는 상황에서도 자신의 법안과 거리두기를 거부했다.

그해 여름 양당은 전당대회에서 은행 개혁 관련 당론을 내놓았다. 민주당은 브라이언이 주도해 만든 강령에서 "우리는 소위 올드리치 법안 또는 중앙은행 설립에 반대한다"고 선언했다. 반면 공화당은 태프트 지지자와 루스벨트 지지자들 간의 내분으로 "우리의 은행 및 통화 제도를 점진적으로 발전시키는 데 헌신한다"는 매우 미온적인 입장만을 내놓았으며, 올드리치 플랜은 언급조차 하지 않았다. 공화당 경선에서 패배한 루스벨트가 탈당 후 창당한 진보당은 올드리치 법안에 반대했으며, 그 이유로 "이 법안은 통화와 신용 제도를 공공의 효과적인 통제 없이 소수의 손아귀에 맡기게 될 것"이라고 주장했다.

올드리치 플랜은 폐기되었다. 이는 윌슨이 압승을 거두고 민주당이 상하 양원을 장악하기도 전에 이미 확실시되었다. 하지만 윌슨 행정부에서 그 법안의 정신이 기적적으로 회생했다. 그 중심에는 누구보다도 끈질기게 이를 밀어붙인 폴 워버그가 있었다.

1913년 1월 7일, 폴은 금권 트러스트 조사와 나란히 새로운 은행 개혁 법안을 기초하기 위해 구성된 하원 소위원회에 출석했다. 위원회는 한때 신문 발행인이던 민주당 하원의원 카터 글래스Carter Glass(버지니아)가 이끌었다. 그는 곧 푸조의 뒤를 이어 하원 금융통화위원회 위원장을 맡게 되며, 훗날 재무부 장관이 된다. 글래스는 날카로운 글솜씨와 독설로 유명했고, 〈뉴욕 타임스〉는 그를 "언제든 폭발할 수 있는 고압축 고성능 폭탄"에 비유하기도 했다.

글래스는 어려운 도전에 직면했다. 브라이언이 주도하여 만든 민주당의 정강정책은 운신의 폭을 제약했다. 청문회 중 자신과 동료들은 올드리치 법안이나 혹은 중앙은행과 유사한 어떤 것도 고려할 수 없는 분위기라고 분명하게 말했다. 폴은 이렇게 경고했다. "올드리치 플랜에는 은행업의 기본 규칙에 해당하는 요소들이 들어 있습니다. 어떤 제도에서건 반드시 포함되어야 하는 것들입니다. 제가 감히 말씀드리건대, 만약 민주당이 '상원의원 올드리치가 숟가락으로 수프를 먹었으니 우리는 숟가락이 아니라 포크를 사용해야 한다'라는 식으로 접근한다면 큰 실수를 하는 것입니다."[46]

비록 정치적 이유 때문에 인정하지 않았지만, 글래스가 준비한 방안은 올드리치 법안을 상당 부분 차용했다. 그는 전국 각지에 전략적으로 분산시킨 최대 20개의 준비은행 reserve banks 네트워크를 만들고 지역 은행들은 자신과 가장 가까운 준비은행의 주식을 보유하는 방안을 구상했다. 그런데 그해 겨울, 글래스가 당선인 신분인 윌슨의 뉴저지 프린스턴 자택을 방문해 자신의 계획을 설명하자 윌슨은 그 계획의 결함을 곧바로 간파했다. 그는 글래스의 계획에 '중앙 통제'를 어떻게 할지가 빠져 있다며 워싱턴에 위치한 '정점capstone', 즉 중앙 통제 기구가 필요하다고 지적했다. 윌슨은 진보주의자들의 지역 분권 요구를 수용하면서도 중앙 통제를 실현할 수 있는 방안을 원했다. 윌슨의 전기 작가 아서 링크Arthur Link는 "윌슨은 분권을 원하는 진보 진영의 요구와 실질적으로 필요한 중앙 통제를 양립시키는 유일한 방안을 찾아낸 셈이었다"고 평했다. 글래스는 눈이 소복이 쌓인 클리블랜드가 윌슨의 튜더 양식 자택을 나서며, 혹시 폴 워버그가 새 대통령에게 접근한 게 아닌가 의심하지 않을 수 없었다.[47]

실제로 폴은 막후에서 은행 개혁을 주도적으로 밀어붙이고 있었다. 선거가 끝난 바로 다음 달, 그는 중앙은행 시스템 구상을 수정하여 윌슨의 측근 두 사람에게 전달했다. 한 명은 독일계 유대인인 뉴욕의 변호사이자 부동산 투자자인 헨리 모겐소 시니어 Henry Morgenthau,Sr.로, 그는 대선 승리에 기여한 공로로 오스만 제국 대사로 내정된 사람이었다. 다른 한 명은 좀처럼 속마음을 드러내지 않는 정치전략가 에드워드 하우스Edward House였다. 그는 윌슨의 자존심을 건드리지 않는 정치 감각으로 유명했고, 텍사스 민병대에서 명예 계급을 수여받은 뒤에 '대령 하우스'라는 별칭으로 주로 불렸다. 그는 곧 윌슨의 최측근 참모로 막강한 영향력을 행사하게 된다.

연방준비법Federal Reserve Act이 입법화되는 과정에서 하우스는 폴과 윌슨 행정부를 잇는 비공식 창구 역할을 맡았다. 1913년 4월 말, 글래스가 작성한 초안의 요약본을 입수한 하우스는 즉시 이 문서를 폴에게 보내며 빠르게 의견을 달라고 요청했다. 폴은 윌슨이 제기한 '정점'—워싱턴 D. C.에 설치되는 본부에 해당하는 연방준비이사회Federal Reserve Board—아이디어와 함께 초안을 집중 분석했다. 검토할 시간이 24시간밖에 없다고 생각한 폴은 '간략한 의견 개요'라고 부른 글을 급히 작성했다. 그 요약은 20쪽에 달했다.[48]

폴이 익명으로 작성한 이 문서의 사본은 글래스와 버지니아 출신 금융 전문가이자 법안 초안을 실제 작성하던 파커 윌리스H.Parker Willis에게 전달되었다. 윌리스는 그 출처를 짐작했고 '악의적' 평가에 격분했지만, 결국 연방준비법 최종 안에는 폴 워버그의 제안이 상당 부분 반영되었다.[49]

그해 봄 상원의원 로버트 오언Robert Owen (오클라호마)이 두 번째 은행 개혁안을 추진하면서 문제가 복잡해졌다. 오언은 브라이언의 추종자로, 글래스의 하원 위원회에 대응되는 상원 금융위원회의 핵심 인물이었다. 유럽으로 가족 여행을 떠나기 며칠 전인 5월 어느 날, 폴은 오언을 만나 일곱 시간 동안 이야기를 나누었다. 두 사람은 그 시간 대부분 동안 정부와 연방준비은행 중 누가 통화를 발행해야 하는가를 놓고 격론을 벌였다. 오언은 정부가 발행해야 한다고 주장했는데, 폴은 그 생각에 충격을 받았다. 그는 정부가 화폐를 발행하면 국가의 신용에 해를 끼칠 위험이 있다고 우려했다.

그로부터 한 달 내내 오언과 글래스는 양측 법안의 차이를 조율했고, 결국 상원과 하원에 유사한 법안을 각기 제출하기로 했다. 폴은 유럽에서 이 과정을 조마조마하게 지켜보았다. 그는 함부르크에서 윌슨의 측근인 하우스에게 "제가 뭔가 할 수 있는 일이 있을까요? 제 눈엔 지금 이 사람들이 일을 끔찍하게 망치고 있는 것처럼 보입니다"라고 전보를 보냈다.⁵⁰ 다른 편지에서는 이렇게 토로했다. "만약 내 아이(중앙은행 계획)가 잡종으로 변한다면, 저는 반드시 반대하고 싶습니다."⁵¹

1913년 9월 18일, 하원에 제출된 법안은 무난히 통과되었다. 다음 달, 상원에서 법안을 둘러싼 논쟁이 격화되자 폴은 새로 건조된 독일 선사의 대서양 횡단 여객선 임페라토르Imperator호를 타고 급거 귀국했다. 그는 항해 중에도 입법 전투에 참여하고자 15쪽에 달하는 수정안 개요를 작성해서 이를 오언과 윌슨이 재무부 장관으로 지명한 매커두에게 보냈다. 그 후 몇 주 동안 폴은 워싱턴을 수차례 오가며 법안 수정에 전력을 기울였고, 글래스, 오언, 매커두와 자주 상의했다. 한번은 글래스가 회의 중에 의견이 계속 충돌했던 폴에게 연준 이사로 일하지 않겠냐고 물어봐서 폴을 놀라게 했다. 폴은 농담인 줄 알았다. '금권 트러스트'의 일원으로 비난받는 월스트리트 회사의 파트너를 임명한다면 의회의 포퓰리스트들이 가만 있을 리 없었다. 하지만 글래스가 진지하게 이야기하자 폴은 대통령이 요청한다면 거절하기 어려운 영광일 것이라 답했다.

법안을 둘러싼 줄다리기는 12월에도 계속되었으나, 마침내 1913년 12월 18일에 상원이 연방준비법 자체 안을 통과시켰다. 포퓰리스트들은 분노했다. 찰스 린드버그 시니어는 "대통령이 이 법안에 서명한다면 금권 트러스트 조사로 존재가 입증된 금융 권력의 보이지 않는 정부가 합법화되는 것"이라고 선언했다.⁵²

윌슨 대통령은 12월 23일 저녁 6시가 조금 지난 시각에 금장 만년필 네 자루를 번갈아 사용하여 연방준비법에 서명했다. 폴은 최종안에 일부 결함이 있다고 보면서도 기뻐했다. 지역 준비은행 수가 12개로 제한된 것은 다소 비효율적으로 여겨졌지만, 처음 제안된 20개에 비하면 성공이라 생각했다. 그리고 폴이 강하게 반대했던 화폐 발행을 '미국 정부의 책임'으로 규정한 내용도 포함되었다.

"이번에 통과된 법안은 심각한 결함을 상당수 포함하고 있습니다." 폴은 12월 말, 네덜란드 중앙은행 총재에게 보낸 편지에 이렇게 언급하며, "이 법이 점차 만족스러운 형태로 다듬어지리라는 것은 의심의 여지가 없습니다"라고 덧붙였다. 또 "이제 모든 것은 연준 이사회의 인적 구성에 달려 있습니다"라고 덧붙였다.[53]

후일에는 많은 사람들이 연방준비제도 탄생에 공이 있다고 주장하고 나섰다. 그중에는 글래스, 오언, 심지어 언터마이어도 있었다. 언터마이어는 푸조 위원회의 조사 결과 덕분에 법안이 통과되었다고 주장했다.[54] 이런 모습을 본 폴은 훗날 농담조로 이렇게 말했다. "나는 누가 이 아이의 아버지인지 모르겠습니다. 하지만 그 영광을 자처하는 남성들의 수를 보면, 그 어머니는 꽤 방탕한 여인이었던 모양입니다."[55] 물론 폴도 자신이 연준의 '부친'임을 자처했다. 글래스가 연방준비제도의 역사에서 올드리치 법안 이야기는 쏙 뺀 자기 미화적 회고록을 출간하자, 폴은 미국 중앙은행의 기원과 자신의 역할을 다룬 총 800쪽에 달하는 2권의 책을 출간했다. 그는 책의 한 부분에서 올드리치 법안과 연방준비법의 조항을 나란히 비교하며, 두 개의 문구가 거의 동일하다는 점을 밝혔다.

1914년 4월 30일, 윌슨 대통령은 은행 개혁에 기여한 공로를 인정하여 폴에게 연방준비이사회에 합류해줄 것을 공식적으로 제안했다.[56] 그때까지 월스트리트에서는 시프가 연준 이사회 의장이 될 것이라는 소문이 돌았는데, 이는 다우존스 뉴스 티커에 올라온 오보 때문이었다. 시프는 한 친구에게 "그 직책을 제안받은 건 신문을 통해서뿐이네"라고 말했다.⁵⁷ 매커두에 따르면, 시프가 폴의 지명에 역할을 했다고 한다. "폴 M. 워버그가 연방준비제도 이사로 지명된 것은 시프 씨의 제안 덕분이었습니다."⁵⁸ 폴의 이름은 또 다른 저명인사들을 통해서도 윌슨 대통령에게 전달되었는데, 그중에는 경제학자 에드윈 셀리그먼도 있었다. 그는 1914년 3월 10일 대통령에게 편지를 보내, 연방준비법의 '결함'을 해소하고 '현재의 조항을 효과적으로 활용'하려면 폴처럼 전문성과 통찰력을 갖춘 은행가가 필요하다고 강조했다.⁵⁹

대통령의 제안을 받은 다음 날 오후, 폴은 뉴욕에서 하우스 대령을 찾아갔다. 폴은 감회에 젖은 듯 눈가가 촉촉해진 채로 감사의 뜻을 전했다. 그날 늦게 하우스 대령은 "그 사람처럼 깊이 감사를 표하는 사람은 처음 봤습니다"라고 윌슨에게 전했다.⁶⁰ 폴의 연준 이사 지명은 이민자 출신으로 얼마 전에 귀화한 사람에게는 특별히 큰 영예였다. 하지만 그 직책을 수락하려면 쿤로브와 워버그 은행의 파트너 지위에서 사임하고, 여러 기업의 이사직도 내려놓아야 했다. 워싱턴으로 이사도 해야 했다. 시프는 어니스트 카셀에게 보낸 편지에 이렇게 썼다. "그와 회사, 가족 모두에게 큰 희생이 따르네. 그리고 그가 이처럼 중요한 공직을 수행하면서 겪게 될 일은 즐겁지만은 않을 거야. 그럼에도 불구하고 폴은, 유대인이자 외국에서 출생한 시민, 동부 출신 은행가 중 유일한 지명자이기에, 이 애국적 의무를 피할 수는 없어."⁶¹

폴 워버그의 지명은 예상대로 포퓰리스트 계열 의원들의 의심을 불러일으켰다. 그들은 쿤로브와 관련된 과거 논란을 다시 꺼내려는 듯 보였다. 그해 6월, 매커두는 폴에게 "금융통화위원회는 당신이 시카고올턴철도 및 여타 논란 많은 철도 거래에 연루되었다는 주장과 관련해 진술을 듣고자 합니다"라고 말했다.[62] 시카고올턴 거래는 해리먼과 쿤로브의 파트너들이 이 회사를 과도하게 자본화하여 큰 수익을 올리는 한편 회사를 파산 직전까지 몰아넣었다는 의혹이 제기된 사건이었다. 폴은 이 일은 자신이 회사에 합류하기 전에 벌어졌다고 해명했다.[63] 곧이어 연방정부 인사 임명을 감독하는 상원 위원회의 위원장 애틀리 포머린Atlee Pomerene은 익명의 상원 금융위원회 위원이 제기한 질문을 전달하고자 직접 폴에게 편지를 썼다. 이 상원의원은 시카고올턴 거래에 대해 다시 묻는 한편, 폴이 "철도회사와 산업 기업의 자금 조달 방식과 관련하여 어떤 견해를 갖고 있는지", 과거 정치 후원 내역은 어떤지, 쿤로브가 맥커두나 그의 사업 동료들에게 대출한 적이 있는지를 질문했다.[64] 이 일련의 질의는 명백히 꼬투리를 잡으려는 의도였지만, 폴은 마지못해 대부분 질문에 답변했다. 그가 위원회에 보낸 답변서는 곧 언론에 유출되었다.[65]

1914년 7월 초, 금융통화위원회는 다른 세 명의 후보자에 대해서는 '적격' 판정을 내리며 인준 절차를 진행했지만, 폴에 대해서는 결정을 보류했다. 곧이어 그는 위원회에 출석하라는 요청을 받았다. 7월 3일, 폴은 자신의 지명을 둘러싼 "의혹과 불신"을 이유로 윌슨 대통령에게 자신의 지명을 철회해달라고 요청했다.[66] 그러나 나흘 후, 윌슨은 전보로 상원 위원회에 출석하더라도 "나쁜 결과는 없을 것이며 어떤 굴욕감도 느낄 필요가 없다"고 전했다. 다음 날에는 글래스로부터 격려의 편지도 도착했다. "당신이 맞닥뜨린 그 저급한 반대에 대해 혐오의 감정이 생기는 것을 충분히 공감합니다. 하지만 그런 악의적인 선동에 굴복한다면 정말 큰 실수가

될 것이라고 저는 확신합니다."⁶⁷

폴은 결국 마음을 돌렸다. 금융위원회 위원들과 만나 "오해를 해소"한 후, 전체 위원들 앞에서 증언하는 데 동의했다. 청문회에서 그는 쿤로브 및 워버그은행과 관계를 끊고 여러 기업의 이사직에서도 물러날 뿐 아니라, '어떤 의혹의 여지도 남기지 않기 위해' 그가 맡은 모든 자선단체 이사직에서도 물러나기로 했다.

8월 7일, 상원은 그의 지명을 인준했다. 그 당일 혹은 다음 날, 폴은 엄숙한 표정으로 재무부 건물 앞에서 다른 연준 이사회 지명자들과 함께 사진을 찍었다. 미국 금융사의 새로운 시대가 열리는 순간이었지만, 해외에서 들려온 한 소식이 이 기념비적 순간을 퇴색시켰다. 그해 초여름, 한 보스니아계 세르비아 민족주의자가 오스트리아-헝가리 제국의 유력한 황위 계승자였던 프란츠 페르디난트Franz Ferdinand 대공을 암살한 사건이 일어났다. 그의 자동차 행렬이 사라예보 시내를 통과하는 중에 벌어진 일이었다. 이 사건으로 지역 내 긴장이 고조되더니 결국 폭발하고 말았다. 8월이 되자 유럽 열강이 전쟁에 돌입했다. 상원이 폴의 지명을 승인한 바로 그 날, 영국은 12만 명의 군대를 프랑스에 파병했다.

이 전쟁은 현대 세계를 문화적, 인구학적, 금융적, 지정학적, 심리적으로 뒤흔든 전환점이 되었고, 그 충격은 21세기인 지금까지도 이어지고 있다. 특히 미국의 독일계 유대인들에게 이 전쟁은 깊은 상처를 남긴 시련의 시기였다. 가족과 기업이 분열되었고, 우정과 사업 협력은 시험대에 올랐다. 그들은 자신이 독일인인지, 미국인인지, 유대인인지 정체성을 근본적으로 의심받는 상황에 직면했다.

4부
왕조의 몰락

22.

우리 사이에 놓인 장벽

회의는 일요일 오후부터 저녁 내내 이어졌다. 골드만 삭스의 파트너들은 월요일 금융시장이 열릴 때 벌어질 수 있는 위기에 대비한 대책을 마련하고 있었다. 하루 전인 1914년 8월 1일, 독일은 러시아에 전쟁을 선포했다. "운명의 시간이 닥쳤습니다… 우리 손에 칼이 쥐어졌습니다"라고 빌헬름 2세는 베를린의 궁전 발코니에서 5만 명의 군중에게 이렇게 선언했다. 독일은 곧 파리를 점령하기 위해 벨기에를 기습 침공했고 결국 영국도 참전하게 되었다.

전쟁이 시작되었을 때, 월터 삭스와 골드만의 다른 파트너들은 뉴저지 해안의 여름 별장에서 휴가를 보내고 있었다. 그들은 그 일요일에 곧바로 짐을 싸 뉴욕으로 돌아왔고, 당시 헨리 골드만이 살던 세인트 리지스 호텔의 궁전 같은 거처에 모였다.[1] 유일하게 참석하지 못한 파트너는 샘 삭스였다. 그는 유럽에서 딸 엘라와 함께 전쟁 지역을 벗어나려는 미국인의 대탈출 행렬에 섞여 모리타니아Mauretania 호에 올라 귀국하는 중이었다. 배는 자욱한 안개를 헤치며 빠른 속도로 항해했다. 어느 날 승객 중에 멀리서 독일 군함의 불빛을 보았다는 사람들이 나왔고, 일부는 그 군함이 자신들을 향해 발포했다고 주장하기도 했다. 뉴욕에 무사히 도착한 후 샘은 공포 분위기였다는 이야기를 부인하며 지역 신문에 이렇게 말했다. "내내 아주 흥미로운 경험이었습니다. 솔직히 즐기기도 했어요."[2]

헨리의 거처에 모인 파트너들은 만기가 된 외화 계약 목록을 면밀히 검토했다. 골드만 삭스는 미국 고객들이 [금융 중심지인] 런던에서 파운드화로 결제할 수 있도록 영국 측 파트너사인 클라인워트를 통해 신용을 제공하고 있었다. (이런 방식의 신용 거래는 국제무역에서 자금을 조달하는 기본적인 수단이었다). 만약 환율이 급등하면—파트너들은 그렇게 될 것이라고 믿었다—회사와 고객들은 환율 상승분을 충당하기 위해 추기로 자금을 더 내놓아야 했다.

"고객은 물론 우리 자신도 이를 감당하려면 막대한 양의 외화가 필요했다. 이들 환어음의 만기가 다가오고 있었기 때문"이라고 월터 삭스는 회고했다. 월요일이 되자 파트너들이 우려했던 대로 영국 파운드화 환율이 급등했다.[3] "고객에게 만기가 다가오면 런던에서의 채무를 이행하기 위해 파운드화를 더 사들여야 한다고 우리 입장을 밝혀야 했다"고 월터가 말했다. 파트너들은 고객들이 어떻게 반응할지 불안한 마음으로 이 소식을 고객들에게 전달했다. 두 명의 고객은 반대했지만 나머지는 추가 비용 부담을 받아들였다. "놀라운 결과였다"고 월터는 말했다. 이 일은 골드만 삭스를 심각한—어쩌면 치명적인—손실로부터 구해낸 결정적인 사건이었다.

하지만 한 고비를 넘기자 또 다른 위기가 모습을 드러냈다. 헨리와 샘은 거의 모든 사안을 놓고 충돌했다. 전쟁에 대해서도 예외는 아니었다. 둘 다 미국에서 태어난 1세대 미국인이었지만, 샘은 모국인 독일에 특별한 감정이 없었고 헨리는 어릴 적부터 자주 방문했던 탓인지 독일에 깊은 연대감을 갖고 있었다.

전쟁이 시작되자 삭스 일가는 연합국을 강력히 지지했다. 특히 독일군이 파죽지세로 벨기에를 침공하며 자행한 잔혹 행위들이 미국에 전해지면서 그 확신은 더욱 강해졌다. 그러나 헨리의 독일에 대한 충성심은 확고부동했다.

월터는 미출간 자서전에 이렇게 썼다. "히틀러의 독일이 등장했다가 몰락한 지금으로서는, 제1차 세계대전 당시 미국인들이 서로 다른 생각을 품을 수 있다는 사실이 이해하기 어려울 수 있다. 하지만 독일 출신에 독일 문화를 동경했던 많은 사람들은 실제로 그랬다. 열정적인 사람이었던 헨리 골드만은 다른 누구보다 더 거침없이 자기 생각을 드러낸 탓에 나의 아버지는 물론 다른 파트너들과의 갈등이 더 심해졌다."⁴

쿤로브의 파트너들 사이에서도 정도는 덜했지만 마찬가지로 의견이 갈렸다. 곧 연방준비제도 이사회로 자리를 옮기게 될 폴 워버그와 펠릭스 워버그는 거의 반사적으로 독일을 지지했다. 전쟁 초기에 펠릭스는 자신의 충성심을 다짐해야 한다고 생각했는지 형 막스에게 보낸 편지에 "단 한순간이라도 내가 다른 쪽을 지지할 수 있다고 생각하는 건 말도 안 돼"라고 쓰기도 했다.⁵

유럽 전쟁은 워버그 일가에 너무나 고통스러운 시간이었다. 함부르크와 뉴욕 간 소통은 점점 더 어려워졌다. 마침내 미국이 참전한 이후로는 정부의 검열을 피해 은밀히 오간 편지 외에는 펠릭스와 폴이 고향의 어머니나 형제들과 연락할 방법이 없었다.[6] 전쟁이 끝난 후 폴은 막스에게 이렇게 토로했다. "잠깐이었지만 우리 사이에 너무나 많은 장벽이 세워졌어. 정신 나간 세상에서나 가능한 일이야."[7] 폴은 1911년에 미국 시민권을 취득했지만, 그의 아들 제임스는 "아버지는 1914년에도 정서적으로는 여전히 대서양 양쪽 모두에서 살았다는 생각이 든다"고 회고했다.[8]

시프는 프랑크푸르트와 런던에 가족이 있었고, 조카들은 서로 반대편에서 싸웠다. 그는 독일 제국주의를 비판하면서도 자기가 태어난 나라인 독일에 강한 애착을 느꼈다. 다른 미국의 유대인들과 마찬가지로 그 역시 러시아에 대한 오랜 적대감의 영향을 받았다. "내가 독일 편을 드는 건 지극히 자연스러운 일이야. 부모를 거스르는 것이나 내 조국을 거스르는 것이나 모두 생각할 수 없는 일이잖아." 시프는 전쟁 초기 몇 달 동안 친구에게 이렇게 말한 적도 있었다.[9]

전쟁 전에 시프는 종종 자신의 정체성을 "삼위일체"로 설명하곤 했다. 1913년 코넬 대학교 독일문화연구재단에 10만 달러를 기부하며 한 연설에서 그는 이렇게 말했다. "나에게는 세 개의 국적이 있습니다. 그중 가장 강력한 국적은 제가 스스로 선택하고 책임감을 느끼는 국적입니다. 무엇보다 저는 미국인입니다. 저는 오래전 제가 선택한 나라의 일원입니다. 그다음으로 저는 제 종교에 진심으로 애착을 갖고 있습니다. 유대 국가는 900년 전 멸망했기 때문에 유대국 시민은 아니지만 저는 유대교를 믿는 사람입니다. 그리고 저는 독일 출신임이 자랑스럽습니다."[10]

어느 날 유대인 공동체 활동가들 앞에서 한 연설에서도 시프는 비슷한 취지로 말했다. "저는 세 부분으로 나뉘어 있습니다. 저는 미국인이고, 독일인이며, 유대인입니다." 그러자 청중 사이에서 슈마리야 레빈Shmarya Levin이라는 시오니스트 운동가가 일어나 시프에게 스스로를 수직으로 나누었는지 수평으로 나누었는지, 그리고 수평으로 나누었다면 어느 쪽이 유대인에 속하는지 물었다.[11] 이 일화는 예언적이었는데, 전쟁이 시작되면서 시프의 이 세 가지 정체성이 점점 더 격렬히 충돌하게 되었기 때문이다.

독일이 전쟁을 선포하던 때, 시프는 언제나처럼 8월이면 들르던 바 하버에서 여름 휴가를 즐기는 중이었다. 그는 정치적으로나 금융적으로 어떤 일이 벌어질지 알 수 없는 '이 끔찍한 유럽 전쟁'이 시작되자 '자기 자리'로 돌아가기 위해 뉴욕으로 돌아왔다.[12] 8월이면 많은 부유한 미국인들이 유럽에서 장기 휴가를 보냈다. 그런데 급작스레 전쟁이 터지자 대규모 군대 동원령이 내려져 기차와 여객선이 병력과 군수품 수송에 차출되면서 일부 여행객들은 유럽에서 발이 묶여버렸다.

모티와 그의 가족들도 마찬가지였다. 그들은 독일이 벨기에를 침공했을 당시 프랑스에서 휴가 중이었다. 모티 가족은 약 300명의 다른 미국인들과 함께 엑스레뱅Aix-les-Bains에 열흘 넘게 고립되어 있었다. 마침내 프랑스 정부가 파리를 거쳐 해안도시 불로뉴까지 수송 열차를 마련했고, 미국인들은 거기서 페리를 타고 영국해협을 건넜다. 51시간 뒤에 모티 가족은 런던의 부촌 메이페어에 있는 고급 호텔 클래리지스Claridge's에 무사히 도착했다. 그곳에서 모티는 부모에게 그간의 일을 편지로 알렸다. "프랑스는 텅 비었습니다. 남자들은 모두 징집되어서 거의 보이지 않습니다… 젊은이들이 모두 무사해야 할 텐데 걱정이네요."[13]

프랑스를 좋아하는 모티는 중세 프랑스 조각과 삽화 책을 수집했다. 나중에는 파리의 뤼드라 투르Rue de la Tour에 집도 하나 소유했다. 그는 평소에는 아버지에게 순종했지만, 아버지의 독일 편향에는 공감하지 않았다. 런던에서 보낸 편지에도 "저는 전적으로 프랑스와 영국 편이며 독일, 아니 독일의 통치자들이 제대로 교훈을 얻었으면 합니다"라고 썼다.[14] 또 다른 편지에서는 "러시아가 승전국이 되는 것은 유감이지만, 독일계인 우리조차도 세상에 이 참화를 야기한 독일이 철저히 응징받기를 바랍니다"라고 했다.[15]

쿤로브의 신참 파트너 제롬 하나우어Jerome Hanauer 역시 오토 칸과 마찬가지로 연합군을 지지했다. 제롬의 아버지가 자살하자 시프는 당시 10대였던 그를 쿤로브사에 취직시켰다.[16] [독일] 만하임에서 태어났지만 영국 시민이던 칸은 독일의 호전적인 군국주의가 전쟁의 원인이라며 비난했다. 칸은 런던으로 이주하여 전쟁 직전까지 영국 의회에 진출하기 위한 준비를 차근차근 하고 있었다. 그러나 마지막 순간에 그 계획을 포기하고 많은 돈을 벌 수 있는 쿤로브의 파트너 지위를 유지하기로 했고, 미국 시민권도 취득했다. 영국 이주를 준비하던 시기에 칸은 리젠트 파크에 지금은 대부분 유휴지인 6만 제곱미터의 부지를 임차했다. 전쟁이 시작되자 그는 전투 중 실명한 군인들을 돌보는 자선단체에 이 부지를 빌려주었다. 그는 이를 기민하게 홍보했고, 영국은 물론 반反독일 정서가 고조되던 미국에서도 호의적인 반응을 얻었다.

시프는 더 많은 나라들이 얽히고설킨 동맹 관계에 이끌려 참전하며 확전되는 상황을 두려움을 갖고 지켜보았다. "세상은 이제 다시는 예전 같지 않을 것이네." 그는 지친 듯 친구들에게 말했다.[17] 8월 말, 영국의 동맹국인 일본이 독일을 향해 선전포고를 준비하자 시프는 일본이 참전하지 않도록 영향력을 행사했다. "무모한 참전은 파산으로 이어질 수도 있습니다." 그는 재무상이 된 친구 다카하시 고레키요에게 전보를 보냈다.[18] 시프는 [러일전쟁 당시] 수억 달러에 이르는 일본의 국채를 국제시장에서 소화해낸 가장 중요한 외국인 은행가였던 만큼, 이 발언은 단순한 우려 이상의 무게를 지녔다. 그럼에도 불구하고 일본이 한때 공동의 적이었던 러시아와 같은 편으로 참전하자, 시프는 이를 거의 개인적인 배신으로까지 받아들였다. 그는 이에 항의하는 의미로 미일 우호 증진을 목적으로 설립된 저팬소사이어티Japan Society에서 탈퇴했다.[19]

1914년 11월 말, 시프는 좀처럼 하지 않는 인터뷰를 했고 그 내용은 〈뉴욕 타임스〉의 거의 한 면 전체에 실렸다. 기사 제목은 "제이컵 H. 시프, 유럽이 평화로 가는 길을 제시하다"였다. 그는 전쟁이 독일의 의지에 반해 강요된 것으로 믿는다고 말하면서 공개적으로 '친독일' 입장임을 밝혔다. 그러면서 동시에 "내가 영국에 반대한다고 말할 수도 없다"고도 덧붙였다. 그는 어느 한 편이 압도적으로 승리할 경우 초래될 지정학적 결과를 우려한다고도 말했다. 영국이 완전히 승리할 경우 영국은 유럽을 지배하고 우월한 해군력을 바탕으로 바다까지 장악하여 "세계의 모든 나라를 영국의 뜻대로 따르게 만들 것"이라고 경고했다. 반대로 독일이 승리한다면 그 나라는 "인접한 국가뿐 아니라 전 세계에 위협이 될 것"이라고 말했다. 그가 보기에 유일한 해법은 협상을 통한 평화였고, 나아가 "이번 전쟁의 종결에 그치지 않고 모든 전쟁을 종식시킬 수 있는 어떤 수단"—이 지점에서 그는 모호하게 말했다—을 마련해야 한다고 촉구했다.[20]

이편도 저편도 아닌 애매한 인터뷰는 되려 교전 중인 양 진영 모두의 분노를 샀다. 〈런던 글로브〉는 시프의 "교묘한 중용"을 비난했고, 런던의 〈타임스The Times〉는 "독일을 변호하는 발언"이라고 일축했다.[21] 독일의 한 신문은 "그러한 평화 담론은 전혀 현실적이지 않다. 독일의 어떤 외교관이나 군인도 우리가 이미 완전히 제압한 열강과 무의미한 평화를 협상하려 할 것이라 보기 어렵다. 우리는 앞으로도 분명한 우위를 점할 것이라 확신한다"고 논평했다.[22]

"내가 공개적으로 했던 말 때문에 영국과 프랑스는 물론 독일도 나를 심하게 공격한 것을 잘 알고 있습니다." 시프는 정치와 금융 이슈를 자주 교환하던 막스 워버그에게 이렇게 토로했다. "격정이 분출된 유럽에서 지금 평화를 중재하려는 자는 필연적으로 오해를 받고 저열한 공격에 노출될 수밖에 없습니다. 그럼에도 불구하고 나는 다른 사람들과 함께 이 방향으로 꿋꿋하게 노력하려고 합니다. 그것이 나의 의무라고 확신하기 때문입니다."[23]

막스는 비록 전적으로 지지할 수는 없었지만 시프의 인터뷰를 긍정적으로 평가했다. 그 무렵 막스는 황제가 신임하는 측근이 되어 독일 정계에서 막강한 영향력을 행사했고, 아프리카에서 식민지 개척에 필요한 자금을 조달하며 독일 제국과 밀접하게 협력했다. 독일이 아프리카에서 영향력을 확대하려 하면서 영국 및 프랑스와 경쟁한 것도 전쟁의 불씨 가운데 하나였다.

전쟁이 발발하면서 워버그은행은 정상적인 영업을 사실상 중단한 상태였다. 직원 중 40여 명 이상이 군에 징집되었고, 은행과 파트너들은 사실상 독일 정부의 보조 기관으로 동원되었다.

"은행의 운명은 독일의 정치적 명운과 떼려야 뗄 수 없는 관계가 되었다"고 훗날 막스는 회고했다. "개별 금융기관이 전시에 제국의 경제·정치 제도와 독립적으로 유지될 수 있다는 생각은 허구임이 명확하게 드러났다. 우리가 독일 제국을 대신해 지급 보증한 금액은 독일의 그 어떤 민간은행보다 컸을 것이다. 그런 의미에서 우리는 전쟁 자금을 정부와 공동 조달했던 셈이었다."[24]

함부르크의 한 동료 사업가는 막스를 "파도 속의 바위"로 묘사하면서, 전쟁으로 세상이 무너지는 듯한 가운데서도 냉철함을 잃지 않고 조국을 위해 지치지 않고 일하는 그의 모습에서 굳건한 결의를 느꼈다고 말했다.[25] (훗날 이스라엘의 초대 대통령이 되는) 시오니스트 지도자 차임 바이츠만 Chaim Weizmann은 반대로 막스의 애국심을 경멸조로 깎아내렸다. 그는 막스와 그의 친구 알베르트 발린 Albert Ballin—함부르크-미국 항로를 운항하는 독일 거대 해운사의 대표—을 "독일인보다 더 독일인 같고, 아첨과 과도한 애국심에 사로잡혀 독일 지도자들의 바람과 계획이 이루어지기를 갈망하는 황제의 유대인들 Kaiser-Juden"이라고 힐난했다.[26]

전시에 막스는 금융가와 정치인의 역할을 동시에 수행했다. 그는 (가족이 아닌 사람으로는 최초로 워버그은행의 파트너가 된) 부대표 카를 멜키오르 Carl Melchior와 함께 식량 수입을 위한 중앙 조달기관 설립을 도왔고, 독일 정부를 대신해 군수물자 계약 협상을 이끌었다. 워버그은행이 스칸디나비아와 돈독한 관계를 유지했던 덕분에, 막스는 독일 외무부의 요청으로 여러 차례 스웨덴에 건너가 중립국이던 스웨덴을 독일 쪽으로 끌어들이려는 외교적 노력을 펼쳤다. (그의 동생 프리츠는 전시에 스톡홀름으로 이주하여 독일 대사관과 긴밀하게 협력했다).[27] 한때 막스는 워싱턴 주재 대사직을 제안받았지만 거절했다. 아마도 연방준비제도에 몸담고 있던 동생 폴이 충성심 논란에 휘말리지 않도록 하려는 배려에서였던 것 같다.[28]

윌슨 행정부는 거의 3년 동안 중립을 지켰지만, 사실 미국은 처음부터 보이지 않는 전선을 형성하고 있었다. 개전 직후 독일은 [식량, 석유, 금속 등] 미국산 물자 구매를 위해 필요한 자금을 조달하고자 월스트리트에 접근했다. 독일 정부는 막스 워버그를 찾았고 그는 쿤로브를 통해 1억 달러를 조달할 수 있을 것이라고 장담했다.

1914년 8월 말, 막스의 오랜 친구 베른하르트 데른부르크Bernhard Dernburg는 비밀 협상을 위해 뉴욕으로 건너왔다. 그는 부계 혈통이 유대인이며 건장하고 수염이 덥수룩한 은행가 출신의 관료로, 한때 독일 식민정책을 총괄하는 부처의 장관을 맡은 적도 있었다. 독일 적십자 대표 자격으로 미국에 온 그의 임무는 공식적으로는 독일계 미국인들로부터 전장에서 부상당한 병사들을 위한 모금을 하는 것이었다. 물론 이것은 진짜 임무를 가리기 위한 위장이었다.

하지만 미국 은행에서 자금을 조달하려는 시도는 대부분 수포로 돌아갔다. 윌슨 행정부가 교전국에 대한 대출을 미국의 중립 원칙을 위반하는 것으로 간주하겠다고 경고했기 때문이었다. 다만 정부는 국제무역의 와해를 피하기 위해 단기 신용을 제공하는 것은 허용했다. 데른부르크는 쿤로브로부터 막스가 자신했던 1억 달러는커녕 겨우 40만 달러를 확보했고, 그나마도 독일 정부가 함부르크의 워버그은행에 2,500만 마르크(약 600만 달러)의 국채를 예치한다는 조건이 붙었다.²⁹ 시프는 모국에 대한 지지의 표시로 개인적으로 독일 전쟁 공채 500만 마르크(120만 달러)를 청약했다.³⁰

자금 조달에 실패한 데른부르크는 또 다른 비밀 프로젝트를 맡았다. 바로 미국 내 여론을 독일에 유리하게 조성하기 위한 선전 활동이었다. 그는 독일 적십자 대표부 사무실로 위장한 브로드웨이 1153번지의 1층에서 소수의 독일 정보원을 지휘했다. 이들은 친독일 기사와 사설을 신문에 대량으로 투고했다. 데른부르크는 대부분을 직접 집필했고, 미국 전역을 순회하며 독일 입장을 홍보하는 강연도 했다. 한 잡지는 "그의 이름은 현존하는 다른 어떤 독일인보다도 훨씬 더 자주 미국 신문에 등장한다"고 보도했다.³¹

데른부르크와 다른 독일 당국자들은 워싱턴 주재 독일 대사 요한 하인리히 폰 베른스토르프Johann Heinrich von Bernstorff 백작과 긴밀히 협력하면서 조용히 여러 언론매체에 자금을 지원했다. 그중 하나가 노골적인 친독일 성향의 주간지 〈파더랜드The Fatherland〉로, 데른부르크의 사무실 바로 위층을 사용했다. 이 매체의 편집장 조지 실베스터 비에렉George Sylvester Viereck은 훗날 나치 독일의 미국 내 언론 대변인 역할을 다시 맡게 된다.

여론전에서 크게 밀리자 독일 측은 미국인의 마음을 돌리기 위해 필사적인 조치를 취했다. 그 일환으로 〈뉴욕 이브닝 메일〉을 비밀리에 인수하였고(이 신문은 1917년까지 독일의 통제 아래 있었다) 심지어 〈뉴욕 선〉과 〈워싱턴 포스트〉 인수도 성사 직전까지 갔었다.³²

전쟁 초기에 시프와 워버그 형제들은 베른스토르프, 데른부르크는 물론 다른 독일 관료나 사절과도 정기적으로 소통했다. 워싱턴에서는 폴과 니나가 독일 대사 부부(아내는 미국 출신)와 자주 어울렸다. 데른부르크는 이따금 쿤로브 사무실에 들렀고, 펠릭스는 그의 동향을 자주 막스에게 보고했다.³³ "데른부르크는 분명 인상적인 사람이지만, 이곳 사람들은 모든 면에서 최고의 보도를 접하는 탓에… 그런 선전에 좀 피로해지고 있어."³⁴ 또 다른 편지에서 펠릭스는 폴과 니나 부부가 워싱턴에서 올라와 머무르고 있던 어느 주말에 자신의 웨스트체스터 별장으로 데른부르크를 초대했다고 했다. 펠릭스는 적십자 깃발을 내건 데른부르크의 모금 활동을 언급하면서 "그는 여전히 열정적으로 일하며 놀랄 만큼 많은 기금을 모

22. 우리 사이에 놓인 장벽   553

금했다"고 막스에게 알려주었다.³⁵ (이 돈은 결국 독일 적십자에 귀속되었지만, 처음에는 베른스토르프와 독일의 미국 내 첩보 활동 자금을 관리한 하인리히 알베르트Heinrich Albert가 관리하는 계좌에 입금되었다. 데른부르크가 적십자 활동으로 모은 기금은 사실상 선전 활동 자금이었던 셈이다).³⁶

데른부르크가 원했던 정도까지 그의 자금 조달 임무를 도와주지는 않았지만, 미국이 참전하기 전까지 쿤로브와 회사의 친독일 성향 파트너들이 여러 방식으로 그를 도왔다는 정황 증거들이 있다. 그중 하나는 데른부르크와 독일 외무성 간에 오간 암호 메시지 전달을 중개했다는 것이다. 전쟁이 시작되자 영국은 곧바로 독일과 북미를 연결하는 해저 전신선을 끊어 독일을 고립시키려 했다. 이로 인해 데른부르크는 독일 정부와 소통할 수 있는 더 창의적인 수단을 고안해야 했다. 전쟁이 발발하고 2주 뒤 그가 작성한 극비 메모에는 그가 고안한 통신 체계가 설명되어 있다. 뉴욕의 데른부르크는 비밀 메시지를 암스테르담의 워버그은행 대표에게 보내고, 그 대표가 다시 함부르크의 막스에게 보내면 막스가 그 메시지를 베를린의 정부 측에 전달했다. 이 메모에는 쿤로브가 이 통신 사슬의 '송신자' 중 하나로 명시되어 있었다.³⁷ 최소 한 차례는 펠릭스가 데른부르크에게 메시지를 전달했는데, 그것은 막스의 아내 알리스에게서 온 편지에 숨겨져 있었다.³⁸

1914년 말, 펠릭스가 청년히브리협회가 주최하는 만찬에 데른부르크를 귀빈으로 초청하면서 펠릭스와 데른부르크의 가까운 관계는 논란을 불러일으켰다. 데이비드 드 솔라 풀David de Sola Pool이라는 뉴욕의 랍비가 불쾌감을 드러냈다. "데른부르크 박사는 사실상, 그리고 제 생각에는 법적으로도, 독일 정부의 공식 대표입니다. 그는 미국 대중에게 이 전쟁에 대한 독일의 입장을 설명하는 임무를 맡고 있습니다. 그런 사람을 초대하는 것은 우리의 중립성을 침해하는 행위입니다. 미국인으로서 그리고 특히 미국 유대인으로서 우리는 주목받는 존재이기에 의심을 살 수 있는 어떤 행동에도 신중해야 합니다."[39] 루이스 마셜은 시프에게 사위와 이 건을 이야기해보라고 연락했다.[40] 같은 날 펠릭스는 데른부르크에게 저녁 행사가 취소되었다고 알리며 이렇게 썼다. "청년들이 당신 말씀을 들을 수 있는 좋은 기회를 놓치게 되어 아쉽습니다."[41]

주미 영국 대사 세실 스프링 라이스Cecil Spring Rice는 데른부르크가 주요 유대계 은행가들, 특히 시프와 쿤로브와 가깝게 어울리는 것을 예의 주시하고 있었다. 그는 "데른부르크와 그의 일당은 쉬지 않고 일하고, 독일계 유대인 은행가들은 단단하게 결속하여 우리를 파괴하려 하고 있소. 그들은 뉴욕의 주요 신문들을 하나씩 손아귀에 넣고 있어요"라고 동료 외교관에게 불평했다. 스프링 라이스는 "황제의 특별한 총애를 받는 유대인의 수장" 시프가 〈뉴욕 타임스〉를 인수했다는 허위 소문까지 퍼뜨렸다. 그는 "독일계 유대인 도당은 워싱턴까지 확장하여 폴 워버그가 사실상 행정부의 금융정책을 통제"하고 있다고도 주장했다. 또한 폴 워버그를 상대로 협상하는 것은 "독일과 협상하는 것과 동일하다"라고 표현했다.[42]

스프링 라이스의 평가에 반유대적 허위 주장들이 섞여 있기는 했지만, 독일이 러시아에 대한 집단적 반감을 활용하여 미국 유대인의 여론을 조작하려고 했다는 점은 의심할 여지가 없다. 1914년 9월에는 이 선전 활동의 일환으로 시오니스트 세 명이 뉴욕에 도착했다. 독일 외무부 고위 당국자에게 전달된 메모에 따르면, 이들은 "북미의 유대계 언론과 금융계에 독일에 우호적인 여론을 조장하는" 임무를 부여받았다.[43] 이들의 리더인 아이작 스트라우스Isaac

Strauss는 뮌헨의 은행 가문 출신으로, "그를 둘러싼 소문은 그가 낭만적이고 신비로운 사람인 듯한 이미지를 씌워주었다." "그는 독일의 거물급 인사로 알려졌고, 씀씀이가 헤퍼 사람들이 그렇게 믿는 것도 무리가 아니었다. 매력적인 신사인데다 누구보다 열렬한 시오니스트였던 까닭에 그는 곧 뉴욕의 모든 시오니스트의 마음을 사로잡았다."⁴⁴ 그와 함께 온 사람은 알베르트 발린이 소유한 해운회사 노스저먼로이드North German Lloyd의 직원이자 독일 정보요원들에게 위장 신분을 제공하던 아르투어 마이어로비츠Arthur Meyerowitz와 러시아 태생의 언론인 사무엘 멜라메드Samuel Melamed였다.

10월 중순 무렵, 스트라우스는 독일의 첩보 활동 자금 관리자 알베르트에게 "이전에는 산만하게 이루어지던 미국 유대인 언론의 여론 조작을 체계화 그리고 안정화시켰다"고 보고했다.⁴⁵ 스트라우스가 미국에서 활동하던 수년 동안, 알베르트는 그를 지원하기 위해 500만 달러라는 거액의 예산을 제공했다. 이 자금 중 일부는 유대계 언론사에 비밀스럽게 투자되었을 가능성이 높은데, 그 중에는 1914년 가을 유대계 언론인 허먼 번스타인Herman Bernstein이 창간한 〈그날Der Tog〉도 포함되었을 것으로 보인다. 스트라우스는 번스타인에게 보낸 한 편지에서 〈그날〉을 "우리 신문"이라고 언급했다.⁴⁶ 후일 스트라우스는 주간지 〈미국 유대인 연대기The American Jewish Chronicle〉를 창간했는데, 멜라메드가 편집을 맡은 이 잡지는 시오니즘 선동의 단골 매체가 되었다.

미국에서의 선전 활동 초기 몇 달 동안 스트라우스는 자신의 전략을 긴 메모에 정리했다.

미국 유대인들 사이에서 독일에 이로운 여론을 형성하려면, 동유럽계 유대인들과 '독일계' 유대인들을 분리하여 접근해야 한다. 동유럽계 유대인들은 뉴욕에서만 100만 부가 발행되는 대규모 신문사뿐만 아니라 각종 정기 간행물을 다수 보유하고 있다. 이들 매체 대부분은 이디시어를 사용하며… 심지어 히브리어로 발행되는 경우도 있다. 동유럽 유대인들은 교육 수준이 높기 때문에 이들 매체는 가장 가난한 사람에게까지 큰 영향을 미친다. '독일계' 유대인들 역시 몇몇 영어로 된 정기 간행물을 보유하고 있으나, 상류층의 관심사가 제각기이고 미국 사회에 많이 동화되어 그 매체들이 갖는 영향력은 그리 크지 않다… 따라서 동유럽계 유대인을 견인하려면 언론을 주된 수단으로 삼아야 하고, '독일계' 유대인을 설득하려면 영향력 있는 개인이나 조직과의 보다 직접적인 접촉을 우선시해야 한다.[47]

미국 유대인 사회에서 제이컵 시프만큼의 영향력을 가진 사람은 없었다. 스트라우스와 마이어로비츠—제이컵 시프의 형 필립의 소개장을 들고 미국에 도착했다—는 곧장 시프와의 접촉을 시도했다. 스트라우스는 "시프 씨와 여러 차례 회의를 한 후" 그가 미국 유대인위원회 지도자들과의 만남을 주선했다고 보고했다. 유대인위원회는 1914년 10월 8일 쿤로브 사무실에 모였다. 발언 기회를 얻은 스트라우스는 "이번 전쟁으로 유대인 문제도 완전히 새로운 조건 아래에서 논의되어야 한다는 점을 지적했다"고 말했다. 그는 시프와 다른 유대인위원회 회원들에게 "전쟁 발발 이후 독일 정부는 역사적, 사회적 불의를 바로잡고자 하는 확고한 의지를 갖고 있다"며, 이제 독일 내에서는 물론 동쪽으로는 러시아 점령지, 즉 독일이 정복하고자 하는 (오늘날 폴란드에 해당하는) 지역에 사는 유대인의 평등권 보장을 '최우선' 과제로 삼고 있다고 발언했다. 그의 핵심 메시지는 독일을 지원하는 것이 곧 유대인 인권 지지라는 것이었다.

이 만남 직후, 시프는 독일 외무부 장관 아르투어 치머만Arthur Zimmermann—미국이 참전할 경우 동맹을 맺자고 멕시코에 제안한 1917년 전보의 작성자(영국 정보국이 암호를 해독해 미국에 제공했고 미국 내 반독일 감정이 고조되며 오히려 미국의 참전을 결정짓는 계기가 됐다_옮긴이)—에게 장문의 편지를 썼다. 그는 스트라우스와 마이어로비츠가 "자신들은 독일계 유대인들이 독일을 전폭적으로 지지하게 하려고 이곳에 왔다며, 이를 위해 독일이 자국 내 유대인 시민들에게 어떤 나라가 되었는지를 강조하고 있습니다"라고 말했다.[48]

시프는 법적으로는 유대인이 독일에서 평등한 권리를 가진 것으로 되어 있지만 실제로는 여전히 사회 최하층 계급이며, 행정, 사법, 군사 분야 고위 공직과 교수직에서 배제되고 있다는 점도 지적했다. 또한 전쟁에 대한 미국 유대인의 여론이 분열되어 있다는 점도 강조했다. 러시아 출신 유대인들이 독일을 지지하는 것은 사실이지만, "많은 유대인, 특히 독일에서 미국으로 부모가 이주한 후 미국에서 태어난 젊은 세대 유대인들은 독일에 공감하지 않습니다. 왜냐하면 인간의 존엄성에 깊은 확신을 가진 이 젊은 세대는 독일이 반유대주의의 온상이었고 이 무책임한 반유대주의가 독일로부터 퍼져나갔다는 사실을 잊지 않고 있기 때문입니다"라고 덧붙였다. 단지 몇몇 유대인을 학계나 군대나 공직에 상징적으로 임명하는 것만으로는 충분하지 않으며, 미국 유대인을 설득하기 위해서는 "반유대주의가 초래한 해악이 완전히 근절되고, 시간이 흐르면서 독일인들의 피에 흐르는 이 바이러스가 완전히 사라질 것이라는 점"을 확신시켜야 한다고 시프는 강조했다.[49]

1914년 가을 내내 스트라우스는 시프와 영향력 있는 그의 지인들에게 공을 들였다. 그리고 그는 독일에 도움이 될 가시적 조치를 취해주도록 적어도 한 번 이상은 시프를 설득했다. 미국이 유럽의 교전국에게 무기를 판매하는 문제는 대중은 물론 의회에서도 치열한 논쟁거리였다. 일부 의원들은 미국 군수업체와 교전 당사국 간의 거래를 금지하는 법안을 발의하기도 했다. 독일은 미국 정부가 무기 수출에도 중립적 태도를 견지해주기를 강력히 희망했다. 영국이 해상을 봉쇄한 탓에 미국산 무기는 연합국만 수입할 수 있었기 때문이었다. 스트라우스는 시프에게 접근하여 이 문제를 윌슨 대통령과 논의해달라고 요청했다. 그는 독일 외무부에 "미국 경제계에서의 시프 씨의 위상을 고려할 때, 대통령이 그의 견해를 무시할 수 없을 것이라고 생각했습니다"라고 말했다.[50]

11월 중순, 시프는 대통령에게 유럽으로의 무기 수출을 금지해달라는 편지를 보냈다. 그는 미국이 무기를 제공함으로써 전쟁을 부추기는 것은 "부도덕하며 우리 국민 대다수에게는 수치스러운 일"이라고 주장했다.[51] 스트라우스는 시프가 대통령에게 이 편지를 쓸 때 자신이 도움을 주었다고 베를린에 보고했다.

시프의 호소는 스트라우스가 예상한 대로 대통령의 특별한 주목을 끌었다. 대통령은 2주가 넘게 이 문제로 고심했지만 결국 개입하지 않기로 했다고 답장을 보냈다. "국제법상의 선례가 매우 명백하고, 무기 판매는 아주 많은 경로로 진행되고 있습니다. 나의 권한 부족 역시 너무 분명해서 이 문제는 저절로 해결되도록 내버려두는 수밖에 없다는 생각이 들었습니다."[52]

전쟁이 계속되면서 그리고 독일 정보요원 스트라우스가 정치적으로 분열되어 있는 여러 유대계 단체들에 더 깊이 관여하면서 그와 시프의 관계는 점차 소원해졌다. 전쟁이라는 전례 없는 상황에서 유대계 단체들은 저마다 다양한 요구들을 쏟아냈고 유대인들의 실존적 문제들도 제기되면서 이전부터 존재해온 유대인 내부의 분열과 경쟁은 더욱 격렬해졌다.

동유럽 유대인들과 그들의 미국인 후원자들에게 전쟁은 [이미 겪고 있던] 위기에 또 다른 위기를 가져왔다. 동부 전선은 오스트리아, 독일, 러시아 등 교전국의 전장이었고, 수백만 유대인들의 삶의 터전이었다. 이미 고통스럽던 그들의 삶은 전쟁으로 인해 삶의 터전에서 밀려나고 모든 것을 빼앗기며 더욱 악화되었다.

전쟁이 시작되고 한 달이 채 되지 않은 1914년 8월 말, 시프는 전쟁 지역에서 쏟아져 들어올 수많은 원조 요청 가운데 첫 번째 요청을 받았다. 그런데 이 요청은 동유럽 유대인이 아니라 팔레스타인 유대인을 위한 것이었다. 그곳의 유대인 정착민 6만 명은 외부 원조에 의존해 살고 있었는데 갑작스레 전쟁이 터지면서 서방 세계와 단절되고 원조가 끊긴 상황이었다. 터키 주재 신임 미국 대사 헨리 모겐소 시니어가 보낸 이 전보에는 다음과 같이 적혀 있었다.

팔레스타인 유대인은 끔찍한 위기에 직면해 있음. 교전국들이 원조 차단. 정착촌이 심각한 파괴 위험에 처해 있음. 긴급히 5만 달러 필요.[53]

시프와 동료들은 48시간 만에 후원금을 모았다. 미국 유대인 위원회가 2만 5,000달러, 시프가 1만 2,500달러를 기부했다. 나머지는 '민중의 변호사'이자 미래의 대법관 루이스 브랜다이스 Louis Brandeis가 위원장을 맡은 시오니스트일반사무임시집행위원회 Provisional Executive Committee for General Zionist Affairs에서 충당했다.[54] 그런

데 이 돈을 팔레스타인으로 보내기가 만만치 않은 문제였다. 모겐소 대사는 터키에 지사를 가진 스탠더드오일에 도움을 요청했다. 미국에서 모은 구호기금은 스탠더드오일의 뉴욕 사무소에 보내졌고, 콘스탄티노플(현재의 이스탄불)의 이 회사 임원들이 모겐소에게 5만 달러 상당의 금으로 전달했다. 대사의 사위이자 은행가인 모리스 워트하임Maurice Wertheim은 장전된 리볼버를 지니고 이 금을 팔레스타인까지 직접 들고 갔다.⁵⁵

1914년 가을이 되자 미국의 유대인 단체들은 계파별로 전쟁 구호 자금 모금에 적극적으로 나서기 시작했다. 한 정통파 단체는 전시피해유대인구호중앙위원회Central Committee for the Relief of Jews Suffering Through the War를 결성했다. 미국의 시오니스트들은 팔레스타인에 초점을 맞추어 자체 구호 활동을 전개했다. 인도주의적 위기의 심각성이 점점 분명해지자 시프는 계파 간 분열을 넘어 공동 대응할 것을 촉구하면서 반목하는 단체들을 하나로 통합하려 했다.

10월 25일 일요일, 미국 유대인위원회의 초청으로 40여 단체의 대표들이 뉴욕의 이매뉴얼 회당에 모였다. 회의 초청장에는 "모든 차이는 접어두고 잊어야 합니다"라고 적혀 있었다. "지금은 조화롭고 효과적인 행동 말고는 어떤 것도 중요하지 않습니다."⁵⁶

마침내 3대 유대계 조직—시프가 주도한 미국 유대인구호위원회American Jewish Relief Committee, 정통파 공동체 중앙위원회Orthodox Community's Central Committee, 노동자·사회주의자·시오니스트 계열을 대표하는 인민구호위원회People's Relief Committee—을 아우르고 조정하기 위한 공동분배위원회Joint Distribution Committee, JDC의 결성으로 이어졌다. 펠릭스 워버그가 위원장으로 지명되었고, 이후 18년간 이 자리를 지켰다. 그의 친화력과 조직 관리 능력은 막중한 이 역할을 맡기에 안성맞춤이었다. 아서와 허버트 리먼 형제는 지도부에서 활동했다. 기부금은 들어오는 즉시 전쟁 지역 전역에서 활동하는 유대계 지역 단체로 배분되었다. 몇 년 되지 않아 위원회는 1,500만 달러를 모금하여 집행하면서 광범위한 인도주의적 활동을 지원하는 단체로 성장했다.

통합의 외양 이면에서는 위원회에 참여한 세력들 간의 싸움이 치열했다. 특히 시프가 이끄는 부유한 독일계 유대인들과 브랜다이스가 대표하는 신흥 시오니스트들 간의 경쟁이 치열했다. 1916년, 윌슨이 브랜다이스를 연방 대법관으로 지명했을 때 시프가 그의 지명을 방해하려고 했다는 소문이 돌았다. 이 소문이 점점 퍼지자 시프는 브랜다이스에게 자신이 그의 지명을 반대한 적이 없다고 해명했다.[57]

시프와 브랜다이스 양 진영이 충돌한 지점 중 하나는 누가 미국의 유대인을 대변하는가라는 오래된 문제였다. 미국 유대인위원회가 그 대표성을 주장했지만, 전쟁이 시작되자 이번에는 시오니스트와 사회주의자들이 주도하여 그 오래된 문제를 다시 제기했다. 즉 미국 유대인들이 선출하는 미국유대인의회American Jewish Congress를 구성하자는 주장이었다. 시프는 이런 발상에 경악했는데, 그것은 그가 시오니즘을 꺼렸던 것과 같은 이유에서였다. 그런 계획은 반유대주의의 근원인 "국가 안의 국가"라는 비난에 정당성을 부여할 수 있었기 때문이었다. "유대인들의 의회를 만든다면 그것은 우리가 미국인이기에 앞서 무엇보다 먼저 유대인이라고 인정하는 것과 다름없다"고 시프는 격분하여 말했다.[58]

유대인 의회 소집 요구가 무시할 수 없는 수준으로 거세지자 시프와 미국 유대인위원회 동료들은 온건한 영향력이라도 행사하기 위해 마지못해 참여했다. 그들은 상설 기구 설치를 막는 데 성공했고, 그 결과 탄생한 조직은 "교전국의 우리 동포에게 영향을 미치는 유대인 문제"에 한해서만 논의할 수 있게 되었다.[59]

시오니즘과 유대인들의 의회 창설에 반대했다는 이유로 시프는 유대인 활동가들과 언론의 비난의 표적이 되었다. 그들은 특히 1916년의 한 연설에서 시프가 유대 민족주의를 비판하면서 러시아 유대인들이 자신들을 사회와 분리시킴으로써 박해를 자초했다는 듯한 발언을 한 것을 놓고 집요하게 공격했다.[60]

그로부터 일주일 남짓 뒤, 며칠 동안 이디시 언론의 공격을 받은 시프는 제7차 케힐라 연례 총회에서 직접 입장을 밝혔다. 그는 떨리는 목소리로 눈물을 참으며 말을 이어갔다. "자, 생각해보십시오, 그런 범죄를 저질렀다고 저를 비난하다니요." "생각해보십시오! 저는 지난 25년 동안 러시아 정부의 미국 금융시장 침투에 맞서 싸웠고, 오늘날까지도 막아내고 있습니다. 여러분 중 일부는 아시겠지만, 저만큼 과거 러시아와의 조약은 폐기되어야 한다고 주장하고 이를 미국 대통령에게 강력하게 주장한 사람이 있습니까?"

"저는 깊은 마음의 상처를 받았습니다." 시프는 마침내 이렇게 선언했다. "앞으로 저는 시오니즘이든 민족주의든 유대인 의회 운동이든, 어떤 형태가 되었건 유대인 정치에는 절대 관여하지 않을 것입니다."[61]

시프의 주요 적수 중 한 명은 아이작 스트라우스였는데, 그는 독일 정부의 요원이자 시오니스트들과 긴밀하게 연결되어 있었다. 스트라우스가 운영하는 〈미국 유대인 연대기〉는 펠릭스 워버그와 공동분배위원회의 활동을 신랄하게 비판하고 종종 시프에게 공격을 퍼부었다. "시프 같은 유형의 사람들이 보이는 태도에는 근본적으로 한 가지가 결여되어 있다. 이들은 유대 민중의 실제 삶을 전혀 이해하지 못한다… 그럼에도 불구하고 이들은 자신의 유대교 개념을 전체 유대인에게 적용하려고 고집한다."[62]

스트라우스의 이런 공격에 시프와 펠릭스는 격분했다. 자신들은 유대인을 통합하려 애쓰는 순간에, 독일 정부가 자신들에 대한 조직적인 중상모략 공격을 지원하고 스트라우스를 이용해 분열을 부추기고 있다고 느꼈기 때문이었다. 시프는 베른스토르프 대사에게 스트라우스가 자신을 모욕했다고 분통을 터뜨렸다.[63]

한편 펠릭스는 막스에게 불평을 털어놓았다. "이곳의 시오니스트들이 큰 분란을 야기했다." 그는 스트라우스를 "주요한 거짓말쟁이이자 선동가 중 하나"로 지목했다. 또 스트라우스가 "독일의 비용으로" "증오 신문"—〈미국 유대인 연대기〉를 가리킨 듯하다—을 운영하고 있다고 격분했다.[64]

막스는 펠릭스의 우려를 독일 정부에 전했다. 그는 외무부 장관 치머만에게 보낸 편지에서 베른스토르프 대사에게 스트라우스에 대한 지원을 중단하도록 지시해달라고 요청했다. "아시다시피 그리고 제가 예견했듯이 저쪽에서는 '궁정 혁명'(권력 중심부의 분열_옮긴이)이 터졌습니다. 우리 역시 이 사태와 완전히 무관하다고 말할 수 없습니다."[65] 하지만 이후에도 스트라우스는 독일 제국의 급여를 받았고, 그러다 1918년 미군 조사단에 체포되었다. 당시 스트라우스는 브루클린에 고성능 폭약의 성분을 불법적으로 비축하고 있었고, 미군이 사용하는 방독면 제조법을 몰래 빼내 이를 베를린에 넘기려 했다는 혐의로 기소되었다.[66] 스트라우스는 '위험한 적성국 외국인'이라는 꼬리표를 달고 마이어로비츠를 비롯한 다른 독일 정보요원들과 함께 조지아의 오글소프 집단 수용소에 전쟁이

끝날 때까지 억류되었다.[67]

✡

시프와 그 주변 인물들이 시오니스트들과 충돌하는 동안, 유럽의 전운은 점점 미국에 가까워지고 있었다. 윌슨 행정부가 중립을 유지하기 위해서는 점점 더 아슬아슬한 줄타기가 필요했다. 1915년 1월, 독일은 U-보트 함대의 무제한 잠수함 공격으로 영국의 제해권에 도전장을 내밀었다.

1915년 5월 7일 오후, 베른스토르프 대사는 폴 워버그와 함께 워싱턴에서 뉴욕으로 향하는 열차에 탑승 중이었다. 그는 뉴욕에서 독일 적십자사를 후원하는 오페레타 〈박쥐〉 공연을 관람할 예정이었다. 열차가 필라델피아에 정차했을 때 대사는 석간신문을 한 부 구입했는데, 1면 기사를 읽고 깜짝 놀라 폴에게 신문을 건넸다. 그날 오전에 독일 잠수함이 큐나드 선사Cunard Line의 주력 선박이자 모리타니아호의 자매 선박인 루시타니아Lusitania호를 어뢰로 격침시켰다는 기사였다.

승객과 승무원 약 2,000명을 태운 영국 기선 루시타니아는 뉴욕을 출발해 일주일간의 항해를 마치고 막 리버풀로 들어가려던 참이었다. 아일랜드 남부 해안에서 11마일 떨어진 대서양 해역을 지나던 이 배를 독일의 U-보트가 공격했다. 독일은 이미 대서양에서 군함과 상선을 가리지 않고 공격하겠다고 예고한 바 있었다. 길이가 240미터에 달하는 이 배는 불과 20분도 되지 않아 바다 아래로 가라앉았다.

아냐, 사실일 리가 없어, 폴은 고개를 가로저었다. 그와 베른스토르프는 뉴욕에 도착했을 때 역에서 자신들을 기다리고 있던 시프와 마주쳤다. 그 소식에 너무 놀란 나머지 역으로 급히 달려온 것이었다.

이번 공격으로 사망한 1,200명 중 124명이 미국 시민이었다. 이 사건은 미국 국민들에게 큰 정신적 충격을 안겼다. "루시타니아 사건은 미국에 처음으로 전쟁의 공포를 각인시켰고, 미국인 모두가 자신들이 분명한 피해를 입었다고 확신하게 만들었다." 베른스토르프는 회고록에 이렇게 적었다.⁶⁸

루시타니아의 침몰로 시프는 크게 동요했고, 이는 독일에 환멸을 느끼기 시작하는 계기가 되었다. 아일랜드의 퀸스타운(훗날의 코브Cobh) 항구에서 여전히 시신들이 수습되고 있던 사고 다음 날, 시프는 아무에게도 알리지 않고 J. P. 모건 사무실을 찾았다. 토요일이었기에 여느 때 같으면 이매뉴얼 회당에서 안식일 기도문을 읊조리고 있을 터였다. 하지만 사고 소식에 너무나 큰 충격을 받았기에, 시프는 일상을 뒤로하고 잭 모건을 만나기 위해 시내로 갔다.

피어폰트 모건이 세상을 떠난 다음 달, 월스트리트 23번지의 옛 사옥은 철거되고 트로브리지앤리빙스턴Trowbridge & Livingston이 설계한 새 건물이 들어섰다. 삼각형 형태의 이 낮고 육중한 건물 건축에 테네시산 대리석이 너무 많이 필요했던 나머지, J. P. 모건은 안정적인 물량을 확보하려고 아예 채석장을 매입했다. 코너Corner라고 불리는 이 상징적인 건물의 출입문은 아무런 표식도 없이 월스트리트와 브로드가가 교차하는 모퉁이에 있었다. 건물 주춧돌 아래에는 회사의 파트너십 규약, 모건의 유언장, 고인이 된 그가 푸조 위원회에서 했던 증언 사본이 담긴 구리 상자를 묻어놓았다.⁶⁹

시프는 나무판으로 마감된 파트너 회의실에서 잭 모건을 찾아냈다. 잭은 아버지를 닮아 키가 크고 체격이 건장했다. 그도 영국 시골에 저택을 소유할 정도로 영국 예찬자였다. J. P. 모건은 런던과 파리에 각각 모건 그렌펠Morgan Grenfell 과 모건 아르제Morgan Harjes 를 제휴사로 두었으며 전쟁이 시작되자마자 연합군에 밀착해 영국과 프랑스 정부의 군수 구매 대리인 역할도 맡고 있었다.

잭은 아버지와 마찬가지로 유대인 은행가들에게 의심과 불신이 있었고, 시프와 월가의 유대계 인사들이 친독일 성향을 보이자 반유대주의 신념이 더 강해졌다. 그는 자신의 한 파트너에게 "독일 대사와 매우 가까운 독일계 유대인들이 평화운동을 부추기고 미국이 어느 편에 설지 결정 못하게 만들고 있다"고 말했다.[70]

쿤로브와 J. P. 모건 사이의 긴장 관계는 노던퍼시픽철도를 둘러싼 다툼으로 거슬러 올라가지만, 그럼에도 두 회사는 대규모 채권 발행 사업에서 계속해서 협력했다. 공동 사업을 위해 잭은 아버지처럼 시프와 우호적인 관계를 유지해야 했다. 모건 일가의 친영국 성향을 잘 알고 있는 시프 역시 루시타니아 사건이 터지자 같은 이유로 잭 모건을 찾아가 유감을 표하며 독일의 '이 극도의 만행'을 비난했다.

그러나 진한 독일식 억양이 남아 있는 시프의 말은 오히려 잭 모건의 화를 북돋았고, 평소 협력 파트너를 대하던 태도가 사라졌다. 그는 시프에게 등을 돌린 채 아무 말도 하지 않고 무시했다. 시프가 눈에 띄게 풀이 죽은 모습으로 자리를 떠난 뒤에야 잭은 평정심을 되찾았다. 곁에서 이 장면을 놀라서 지켜보던 파트너 드와이트 모로에게 "내가 지나쳤던 것 같네요. 사과해야 할 것 같습니다"라고 말했다. 모로는 종이에 에스겔서의 구절 하나를 적어 건넸다. "이스라엘 백성들아, 너희를 위해서가 아니라 내 거룩한 이름을 위

함이니라." 모건은 모자를 집어 들고 시프를 뒤쫓아 나섰다.[71]

독일과의 가까운 관계는 쿤로브에게 점점 부담이 되었다. J. P. 모건이나 다른 명문 투자은행들에게 1차 대전은 천금의 기회였지만, 시프는 중립을 고수하면서 그 수익성 높은 사업 기회를 포기했다. 한때 명성으로 보면 J. P. 모건과 어깨를 나란히 하던 쿤로브는 점차 뒤처지며 최고 투자은행의 지위를 잃을 위기에 처했다.

시프는 여론의 향방이 바뀌었음을 인식했다. 전쟁 중이던 어느 여름날, 바 하버 거리에서 늘 하던 대로 프리다와 독일어로 대화를 나누고 있었다. 프리다는 갑자기 뭔가 깨달은 듯 "아빠. 우리는 이제 독일어로 말하면 안 돼요"라고 말했다.[72] 코넬 대학교의 독일 문화 연구를 지원하는 일도 좋게 보이지 않았다. 그의 제안에 따라 대학은 '인류 문명' 연구로 주제를 확장했다.[73] 워낙에 언론의 관심을 꺼려하기도 했지만, 이 금융가는 더욱 주목을 끌지 않으려고 노력했다. 메트로폴리탄 오페라 공연을 보러 갈 때에는 박스 좌석을 눈에 덜 띄는 오케스트라 쪽 좌석으로 바꾸기도 했다. 한 친구는 "바꾼 자리에서도 공연을 즐길 만했냐고 묻자 그가 '즐거움의 문제가 아니라 이 끔찍한 시기에는 가능한 한 우리 모두가 눈에 띄지 않는 것이 좋아'라고 대답했다"고 기억을 떠올렸다.[74]

독일 선전운동 책임자 데른부르크는 이러한 변화를 제대로 인식하지 못했다. 조심스레 몸을 낮춘 베른스토르프와 달리, 그는 루시타니아호는 탄약을 운반했기 때문에 공격을 자초했을 뿐이라는 선동적인 연설을 했다. 시프는 한 친구에게 받은 편지를 데른부르크에게 전했다. 그 친구는 시프가 중재에 나서주기를 간청했다. "당신이 데른부르크 박사에게 이렇게 말해줄 수 있을지 모르겠습니다. '조용히 하시오. 어떤 의견도 내놓지 마시고 기자들과 이야기하지 마시오. 그저 아무 말도 하지 마시오'라고 말입니다. 그는 생각은 많이 해도 좋지만 입을 열어선 안 됩니다"라고 쓰여 있었다.[75]

미국에서 활동하던 한 독일 요원은 데른부르크가 '멍청이'이며 그의 선전 활동이 독일의 대의에 해를 끼쳤다고 불평했다.[76] 데른부르크의 연설은 큰 파문을 일으켰고, 급기야 베른스토르프는 그에게 당장 독일로 돌아가라고 권유했다. 그해 6월, 귀국을 하루 앞둔 데른부르크는 센트럴파크 남쪽에 위치한 독일 클럽에서 송별연을 열었다. 아마도 데른부르크가 떠난다는 소식에 내심 안도했을 시프는 그와 그의 아내에게 작별인사를 하러 클럽에 들렀다.[77]

꼼꼼한 성격의 독일 재정 담당자 알베르트가 데른부르크의 직무를 이어받았다. 그리고 두 달 만에 그는 또 다른 충격적인 외교적 참사를 초래했다.

1915년 7월 24일 오후, 알베르트와 〈파더랜드〉의 발행인 조지 비에렉은 업타운으로 가는 식스 애비뉴 고가철도를 탔다. 이들은 자신들을 미행하는 두 명의 비밀 요원을 전혀 눈치채지 못했다. 비에렉이 23번가 역에서 내리자 요원 중 한 명이 그를 따라 내렸다. 나머지 한 명, 독일 스파이를 추적하는 비밀경호국의 방첩팀 책임자 프랭크 버크Frank Burke는 기차에 남아 알베르트를 주시했다. 그는 불룩한 가죽 가방을 옆에 두고 책에 너무 몰두한 나머지 내려야 할 50번가 역을 그냥 지나칠 뻔했다. 그는 허겁지겁 기차에서 내렸고 잠시 후에야 가방을 놓고 내린 것을 깨달았다.

열차 안에서는 상황을 파악한 버크가 얼른 가방을 집어 들고

22. 우리 사이에 놓인 장벽

재킷 안에 숨긴 채 다른 출구로 빠져나갔다. 역을 나온 버크는 지나가던 트롤리에 올라탔다. 뒤돌아보니 알베르트가 사람들 사이를 헤매며 안절부절 못하는 모습이 눈에 들어왔다.[78] 며칠 후 〈뉴욕 이브닝 텔레그램〉에 광고가 실렸다. "분실 - 토요일, 오후 3시 30분 할렘 고가철도, 50번가 역. 문서가 든 갈색 가죽 가방. 사례금 20달러." 알베르트는 가방을 돌려줄 경우의 사례금으로 20달러를 내걸었지만, 가방에 들어 있는 문서의 중요성을 고려하면 이는 터무니없이 적은 금액이었다. 가방에는 재정 책임자가 꼼꼼하게 기록한 장부가 들어 있었고, 그 장부에는 독일의 미국 내 비밀공작을 훤히 보여주는 귀중한 내용들이 기록되어 있었기 때문이다.

윌슨 행정부는 알베르트의 문서 일부를 〈뉴욕 월드〉와 공유했고, 이 신문은 연합군에 공급할 무기 생산과 수송을 방해하려는 독일의 다양한 음모와 방해공작을 폭로하는 기사를 연재했다. 루시타니아호 피격 사건 이후 나온 이러한 폭로로 미국의 반독일 여론은 더욱 강경해졌다.

알베르트의 문서로 미국에서 활동하던 가장 악명 높은 요원인 프란츠 폰 린텔렌이 주도한 방해공작도 드러났다. 그는 베를린의 디스콘토-게젤샤프트 은행에서 월터 삭스와 함께 근무했던 동료였다. 사근사근한 성격에 담청색의 눈동자와 단정하게 빗어 넘긴 모래빛 머리카락을 가진 잘생긴 린텔렌은 독일인 특유의 억양이 거의 없는 유창한 영어를 구사했다. 그는 런던과 뉴욕에서 은행 수련을 받았으며, 뉴욕에서는 골드만 삭스에서 견습 근무를 했고, 쿤로브에서 일한 적도 있다고 한다.[79]

전쟁이 시작되자 예비역 해군 장교였던 린텔렌 대위는 현역으로 소집되었다. 그는 전쟁 초기 몇 달은 금융 전문 지식을 활용하여 세계 곳곳의 독일 함대를 지원하기 위한 (종종 복잡한) 금융 거래를 처리했다. "해외의 우리 순양함에 자금을 조달하는 임무를 수행하면서 점차 국제 금융 거래에 능통한 사람이라는 평판을 얻게 되었다"라고 린텔렌은 회고록 《어둠의 침입자 Dark Invader》에서 밝혔다. "나는 미국을 잘 알았고 인맥도 꽤 두터웠다. 당국은 미국에 가서 군수품 수송 방해 공작을 할 사람으로 나를 낙점했다."

"살 수 있는 건 사들이고, 못 사는 건 폭파시키겠습니다!" 이 자신만만한 장교는 미국으로 떠나기 전 상관에게 이렇게 말했다.[80] 1915년 4월 초, 그는 미국에서 임무를 수행하는 동안 사용했던 여러 가명 중 하나인 에밀 빅터 가셰 Emile Victor Gaché 라는 이름으로 위조된 스위스 여권을 들고 뉴욕에 도착했다. 그는 지체없이 상관들에게 장담한 일에 착수하여 짧은 미국 체류 기간에도 상당한 혼란을 야기하는 데 성공했다.

그는 알베르트와 함께 브리지포트 Bridgeport Projectile Company 라는 위장 회사를 설립했다. 이 회사는 대량의 화약과 포탄 탄피를 사들여 탄약 생산을 지연시키려는 목적으로만 존재하는 회사였다. 린텔렌은 또한 노동자전국평화위원회 Labor's National Peace Council 라는 단체 설립에 거의 40만 달러를 쏟아부었다. 그는 이 단체를 이용해 군수 공장 노동자들과 부두 노동자들 사이의 불만을 자극하고 파업을 선동하여 무기 수송을 지체시키려 했다. 그의 요원들은 영국과 프랑스로 무기를 운송하는 선박에 화재를 일으킬 목적으로 화물칸에 연필 폭탄이라고 알려진 소이탄 장치를 설치하기도 했다. 한편, 린텔렌은 망명한 전 멕시코 대통령 빅토리아노 우에르타 Victoriano Huerta 와도 음모를 꾸미고 있었다. 우에르타는 자신이 권좌에 복귀할 수 있도록 독일이 지원해주는 대가로 미국을 상대로 전쟁을 일으키겠다고 약속했다.

어느 날, 월터 삭스는 은행가 클럽에서 예전 동료였던 린텔렌을 발견했다. 둘 다 그곳에서 점심 식사를 하는 중이었다. 린텔렌이 미국에서 비밀 임무 수행 중이라는 사실을 전혀 몰랐던 월터는 눈을 마주치려고 했지만 그는 월터를 알아보지 못한 것 같았다.

마침내 월터가 다가가 물었다. "혹시 프란츠 린텔렌 아닌가요?"

"아, 맞아. 잘 지냈어?" 린텔렌이 자리에서 일어나면서 말했다.

"네가 여기 와 있는 줄 몰랐네." 월터가 말했다. "시간 되면 꼭 우리 회사에 들러. 아버지도 널 보면 무척 반가워하실 거야."

린텔렌은 골드만 삭스의 사무실에 들르겠다고 약속했다.

월터는 곧 그가 왜 뉴욕에 왔는지 진실을 알게 되었다. 그로부터 얼마 지나지 않은 1915년 12월 초, 린텔렌이 베를린으로 돌아가려다 영국 정부에 체포되었다는 소식이 보도되었다. 독일 정부는 그가 스파이라는 사실을 부인하며, 그는 단지 월권 행위를 한 조달 담당자일 뿐이라고 주장했다. 린텔렌은 이후 미국으로 송환되어 거의 3년을 연방 교도소에서 복역했다.

1920년 석방 직후, 린텔렌은 골드만 삭스로 월터를 찾아왔다. 창백하고 깡마른 그는 한때 월터가 알던 모습과는 전혀 딴판이었다.

"월터, 유럽으로 돌아가고 싶은데, 믿지 못하겠지만, 돌아가려면 300달러가 필요해." 린텔렌이 말했다.

그의 과거 행적을 신경 쓰지 않고 월터는 주저 없이 옛 친구를 도와주었다. "걱정하지 마." 월터가 대답했다. 독일로 돌아간 뒤 린텔렌은 빌린 돈을 갚았다. 그 후로 월터는 그로부터 아무런 소식도 듣지 못했다.[81]

23.

연합국

1915년 9월 10일 아침, 잭 모건과 파트너 헨리 데이비슨은 부두에서 사우샘프턴을 출발한 여객선 *라플란드*Lapland 호가 가장 중요한 화물을 내리기를 기다리고 있었다. 그 '화물'은 5억 달러 대출을 유치하기 위해 뉴욕을 찾은 영국과 프랑스 대표단 6명이었다.

윌슨 행정부가 고수하던 엄격한 중립정책은 이미 흔들리고 있었다. 국무장관과 재무장관의 계속된 요구로 윌슨은 교전국에 대한 미국 은행의 대출 금지 조치를 해제했다. 만약 연합국이 미국에서 수입한 물품의 결제 대금을 확보하지 못할 경우 미국 경제가 심각한 위기에 처할 수 있다는 우려가 그 배경이었다.

이 대표단의 방미는 철저하게 비밀리에 이루어졌다. 이들이 오는 길에 혹시 있을지도 모를 독일의 공격에 대비해 영국 구축함 두 척이 이 배를 호위했다.[1] 영국 대표단을 이끈 영국 대법원장 레딩Reading 경은 출발 전 아내가 억지로 챙겨준 구명조끼를 여행 가방에 넣어 왔다.[2]

귀족 작위를 받기 전 이름이 루퍼스 아이작스Rufus Isaacs였던 이 영국인은 성공한 과일 수입상의 아들이었다. 그는 빠른 속도로 영국 정계 최고 수준의 엘리트가 되었는데, 당시 통념과는 다르게 그의 유대 신앙은 출세에 전혀 장애가 되지 않았다.

잭 모건은 레딩과 그 일행을 작고한 부친이 만든 업타운의 도서관으로 안내했다. 그곳에는 이미 미국 최고의 은행가들이 모여 대출 협상을 시작할 준비를 마친 상태였다. 그런데 이 정도 규모의 대출이라면 꼭 있어야 할 쿤로브의 대표가 보이지 않았다. 그 회사가 친독일적이라는 인식 때문이었다. 그럼에도 시프는 레딩이 도착한 직후 그에게 연락해 다가오는 속죄일 예배에 이매뉴얼 회당의 시프 가족석에 함께하자고 초대했다. 시프는 대출 협상에 대해서는 한 마디도 하지 않았고 대신 이렇게 적었다. "우리나라를 방문하시는 동안 꼭 만나뵙기를 진심으로 고대합니다."[3]

한편 미네소타의 철도 거물 힐은 모건의 금융단과 긴밀하게 협력하고 있었고, 이 대규모 거래에 오랜 친구인 시프를 끌어들이려 했다. 힐은 9월 14일에 쿤로브를 찾아 시프와 이번 거래 참여 문제를 논의했다. 월가에는 쿤로브가 이 대출 금융단 참여 제안을 반길 것이라는 소문과 거절할 것이라는 상반된 소문이 함께 퍼졌다.[4]

9월 17일 금요일, 오토 칸은 비밀리에 레딩을 만났다. 레딩은 쿤로브가 대출 금융단에 참여할 의향이 있는지 미리 의사를 타진하고자 했다. 만약 쿤로브가 공개적으로 거절할 경우 양측이 모두 곤란한 상황에 놓일 수 있기 때문이었다.

"J. P. 모건과 완전히 동등한 조건인가요?" 칸이 물었다.

"예. 저는 그렇게 알고 있습니다." 레딩이 대답했다.

"그 동등한 지위가 앞으로의 영국-프랑스 거래에도 적용되나요?"

"그렇게 조율할 수 있다고 확신합니다."[5]

칸은 바로 그 자리에서 협상에 들어갈 준비가 되어 있었다. 이 사업은 수익성이 좋기도 했지만 무엇보다 그는 모티와 함께 연합국 자금 조달에 중요한 역할을 함으로써 쿤로브에 씌워진 친독일 이미지에서 벗어나고 싶었다. 하지만 그는 한 가지 문제가 있다고 레딩에게 설명했다. 바로 쿤로브의 수석 파트너 시프였다. 시프가 영국과 프랑스로의 대출에는 동의한다 해도, 이들과 동맹 관계에 있는 러시아에 조금이라도 이익이 된다면 찬성하지 않을 가능성이 높았다.

사무실로 돌아온 칸은 파트너들에게 상황을 설명했다. 시프는 레딩의 제안에 무척 고심하는 것 같았다. 칸에 따르면 그가 "24시간 동안 고민한 뒤 내일 파트너 회의에서 결론을 냅시다"라고 말했다고 한다.[6] 이 회의가 바로 다음 날 열릴 가능성은 없었다. 왜냐하면 다음 날은 바로 유대인의 속죄일이기 때문이었다. 파트너들은 월요일이 되기 전에 다시 회의를 잡았다.

회의가 열리자 시프는 무거운 어조로 발언을 시작했다. "여러분의 의견을 청하기 전에, 제 입장은 단호히 정해졌다는 말씀을 드리고 싶습니다."

우리가 하게 될 결정에 쿤로브의 운명이 달려 있다는 것을 충분히 잘 알고 있습니다. 하지만 저는 어떤 결과가 따르더라도 제 양심을 거스를 수 없습니다. 사업상의 이익을 위해서 제 내면의 깊은 신념을 희생할 수는 없습니다. 제 민족을 가혹하게 억압하고 앞으로도 그렇게 할 자들을 돕는 일로 저 자신을 부정할 수는 없습니다. 저에게 그렇게 하라고 요청해서는 안 됩니다. 저를 그런 진퇴양난의 상황으로 밀어 넣는 것 역시 공정하지 않습니다.

　시프는 연합국 대출에 참여할 수 있는 조건은 단 하나라고 말했다. 만약 영국과 프랑스가 "대출금에서 단 1센트도 러시아에 제공하지 않겠다"고 서면으로 명시하는 것이었다. 만약 나머지 파트너들이 그에게 동의하지 않거나 이런 조건 없이 거래를 진행하고자 한다면 "그럴 경우 나는 회사를 떠나겠다"고 말했다.[7]

　시프의 극적인 발언이 끝나자 더 이상의 논의는 무의미했다. 월요일 아침, 칸과 모티는 레딩을 찾아가 쿤로브의 입장, 즉 시프의 입장을 전달했다. 두 파트너가 서명한 같은 날짜의 대화록에 따르면, 그들은 조건을 전달하며 한 가지를 덧붙였다. 대출금이 러시아로 흘러들어가지 않게 공식 보장하는 것뿐만 아니라 '살상 무기'를 직접 구매하는 데에도 사용하지 않겠다고 보장하라는 것이었다. 이 제안을 레딩에게 내놓기 전에 이미 그들도 받아들여질 수 없는 조건이라는 사실을 잘 알고 있었다. 비밀리에 진행된 회의였지만, 쿤로브가 연합국 금융 지원에 참여하지 않는다는 사실은 곧바로 새나갔다. 다음 날 필라델피아의 〈이브닝 퍼블릭 레저 Evening Public Ledger〉는 "친독일 은행인 쿤로브, 금융 지원에 참여하지 않을 듯"이라는 제목의 기사를 실었다.[8]

　뉴욕 주재 독일 총영사 에리히 호센펠더 Erich Hossenfelder 는 자신이 쿤로브를 금융 지원에서 배제시키기 위해 물밑에서 작업했다고 베를린에 보고했다. 그는 "협상이 시작되었을 때, 쿤로브가 참여하지 않도록 하는 것이 매우 중요하다는 것을 인지하고 저는 시프에게 영향력을 행사하려고 시도했다"고 썼다. 이 독일 관료는 자신의 지시에 따라 "유대인 종교 지도자들이 시프에게 접근했다"고 언급했다. 호센펠더는 그 종교 지도자들이 누구인지는 밝히지 않았다. 또한 그는 자신이 대출 지원에 반대하는 유대인의 항의 시위를 부추기는 데에도 역할을 했다는 점도 넌지시 언급했다.⁹

한편 몇몇 신문은 모티 시프와 오토 칸이 영국과 프랑스를 지지하는 의미로 개인 자격으로 연합국 대출 지원에 참여했다고 보도했다. 칸과 시프는 굳이 이런 소문을 부인하지 않았다. 하지만 폴 워버그는 베른스토르프 대사에게 이 소문은 사실이 아니라고 말했다. 베른스토르프는 독일제국의 총리 테오발트 폰 베트만-홀베크Theobald von Bethmann-Hollweg에게 "나의 절친한 벗 폴 워버그는 그런 일은 결코 없었다고 확언했습니다"고 보고했다. "막스 워버그 역시 그런 내용을 오토 칸에게서 들은 것으로 보이는데, 칸과 모티 시프 모두 주변의 눈치를 보느라 대출을 지원하기로 했다는 소문을 부인하지 않았을 뿐입니다."¹⁰

베른스토르프는 점점 더 독일에 적대적으로 변하는 미국의 분위기에 불만을 토로했다. 언론은 극도로 반독일적인 논조였고, 자신과 측근들은 미국 정보요원들의 철저한 감시를 받았다. (베른스토르프는 몰랐지만, 미군 정보 당국은 독일 대사관의 전화를 도청하고 그의 통화를 전부 엿듣고 있었다). "프락치와 정보원들이 도처에 있다. 우리에게 우호적인 사람들조차 똑같은 두려움을 느끼고 있어, 그들이 끝까지 우리에게 신의를 지키기가 쉽지 않은 상황이다." 그는 쿤로브를 전형적인 기회주의적인 사례로 꼽았다. "그들의 독일 친척들이 애절하게 부탁했지만, 쿤로브의 파트너 중 그 누구도 금융 지원이 우리에게 적대적이라는 점을 들어 참여하지 않겠다고 공개적으로 선언할 용기를 내지 못했다."¹¹ 알베르트 역시 좌절을 감추지 못한 편지에서 쿤로브를 "신뢰할 수 없는" 파트너라고 지칭하며, 과거

에도 "비상식적이고 불필요한 가혹함"으로 "우리를 저버린" 선례가 있다고 혹평했다.[12]

이처럼 독일이 (러시아에만 지원하지 않는다면) 연합국의 자금 조달에 참여하겠다고 한 쿤로브에 분노하던 상황에서, 영국 역시 이 중요한 거래에서 손을 뗀 쿤로브의 결정을 곱지 않게 바라보았다. 영국 친구들에게 회사의 곤란한 입장을 해명해야 하는 것은 오토 칸의 몫이었다. 그는 훗날 비버브룩 경 Lord Beaverbrook 으로 알려지는 영국의 언론 재벌이자 정치인 맥스 에이컨 Max Aitken 에게 이렇게 털어놓았다. "이번 결정에서 핵심적인 고려 사항은 제이컵 시프의 친독일 성향이 아니었습니다. 사실 그의 그러한 성향은 명확하지도 않고, 전쟁이 시작된 이후 독일 지배층의 실체를 보며 점점 약해지던 상태였습니다. 진짜 문제는 그가 이번 전쟁에서 오로지 러시아에만 초점을 맞추고, 그 러시아에서 수많은 무고한 유대인의 피를 불러온 무자비한 탄압만 보고 있다는 데 있습니다." (기묘한 운명의 장난인지 비버브룩은 나중에 모티의 딸 돌리 시프와 잠시 불륜 관계를 맺는다). 칸은 그의 회사가 오스트리아나 독일을 위해 어떠한 금융 거래도 수락하지 않았다며 "만일 그랬다면 분명 상당한 대가를 치렀을 것입니다"라고 말했다. 또한 이렇게 쿤로브가 중립적 입장을 취함으로써 연합국에 "매우 큰 기여"를 했고 영국에 유리하게 행동했다고 포장해서 말했다.

하지만 쿤로브는 이런 입장으로 인해 상당한 대가를 치러야 했다. 쿤로브는 독일을 지원하는 회사로 더욱 낙인찍혔다. 칸도 이를 인정했다. "애초에 예상했던 것처럼, 엄격한 중립이라는 우리의 태도로 인해 회사는 많은 대가를 치렀다. 우리는 수익성 좋은 많은 기회를 놓쳤고, 그에 반해 다른 회사들은 성장하고 강해졌다."[13]

영불 금융 지원 협의가 성사된 다음 해, 전시 금융 문제는 다시 쿤로브 내부를 뒤흔들었다. 모티와 칸은 시프의 엄격한 조건을 충족하는 연합국과의 일부 거래를 성사시켰다. 파리시에 대한 5,000만 달러 대출이었다. 이 자금은 시 당국의 목적에만 사용될 것이며 자금이 러시아에 혜택을 줄 위험은 전혀 없었다. 쿤로브는 이 거래를 성사시킨 뒤 프랑스 내 다른 도시 세 곳에도 대출을 제공했다. 막스 워버그는 이 소식을 듣고 바로 시프에게 편지를 보내 베를린, 프랑크푸르트, 함부르크 등 독일 도시들과도 유사한 거래를 진행하자고 제안했다. 시프는 긍정적인 반응을 보였지만, 쿤로브의 다른 파트너들은 반대했다. 칸, 제롬 하나우어, 모티 시프는 독일 관련 거래에 강경한 반대 입장을 분명히 했다.

칸은 시프에게 자신이 반대하는 이유를 조목조목 적어 보냈다. "솔직히 우리가 왜 굳이 시대의 흐름을 거슬러야 하는지, 왜 우리 친구들과 이웃에게서 멀어지고, 경쟁자와 악의적인 세력에게 유리한 길을 내어주며, 미국에서 유일하게 독일을 돕는 대규모 금융회사로 스스로를 고립시켜야 하는지 이해할 수 없습니다. 특히 루시타니아호를 격침시켜 미국 시민에게 범죄를 자행하고도 아무런 속죄가 없는 이런 상황에서 말입니다."[14]

시프는 단도직입적인 답장을 보냈다. 그는 먼저, 두 사람은 평소에 독일어로 소통했는데 칸이 영어로 편지를 보낸 사실을 언급했다. 홍보에 능한 칸이 이 편지를 널리 공유할 계획이었기 때문일까? 혹시 자신이 독일과의 거래에 강력히 반대했다는 근거를 영국의 지인들이나 언론에 공개하려던 것은 아니었을까? 그러면서 "모티는 우리가 받은 제안을 어떻게든 수락하고 실행할 방법을 찾고 싶어 하네"라고 썼다.[15]

언제나 그랬듯이 최종 결정권은 시프에게 있었고 협상은 그대로 진행되었다. 한편 칸과 모티는 또 다른 프랑스 거래—보르도, 리옹, 마르세유로의 6,000만 달러 대출—를 성사시키기 위해 작업 중이었다. 이번엔 잭 모건과 그의 파트너들이 이 거래를 방해하고 나섰다. 쿤로브가 유럽 금융 지원에 전격 복귀하는 데 위협을 느낀 모건 측은 프랑스 재무장관에게 경쟁사인 쿤로브가 독일 측과 접촉 중이라는 사실을 알려주었다. 프랑스 재무장관은 격노했고 거래는 무산 위기에 처했다.

결국 1916년 11월 말의 두 가지 사건으로 독일 대출은 무산되었다. 첫째는 윌슨 대통령이 최측근인 하우스 대령을 통해 시프에게 보낸 메시지였다. 그는 당시 미국과 독일의 관계가 "불만족스럽고 불확실한 상황"에 있기 때문에 "이 시점에서 대출을 감행하는 것은 현명하지 못하다"고 전했다.[16] 그 후 11월 28일, 연방준비제도는 소속 은행들에게 외국의 국채에 자본을 묶어두지 말라고 경고했다. 이 조치는 해외 채권 시장을 위축시켰고, 결과적으로 새로운 독일 채권 발행을 어렵게 만들었다.

이 발표에 잭 모건은 격분했다. 그의 회사는 외국 채권에 대규모 자본을 투자했고, 사실상 연합국의 미국 내 주거래 은행 역할을 하고 있었기 때문이다. 잭과 그의 파트너들은 연준의 이 발표 배후에 폴 워버그의 책략이 있다고 보았다. 헨리 데이비슨은 과거 지킬 섬에 함께 갔던 동료가 "연합국의 금융 활동을 방해하기 위해 할 수 있는 모든 일을 하고 있다"며 음모론을 제기했다. 잭은 "정부 내의 독일계 유대인과 그들의 영향력에 대해 공개적으로 문제를 제기해야 할 수도 있다"고 반응했다. 하지만 냉정한 성격의 데이비슨은 잭 모건에게 자제를 권했다. 이들의 의심은 미국에서 커져가던 반유대주의 정서를 반영한 것이었다. 유대인들이 과도한 권력을 가졌으며, 충성심이 의심스럽고, 사악한 동기를 품고 있다는 오래된 고정관념이 다시금 활기를 띠기 시작한 것이다. 모건의 파트너들은 연합국을 지지한다고 공공연히 밝혀온 모티 시프와 오토 칸조차 정말 어디에 충성하는지 확신하지 못했다. 그들이 정말 어느 편에 서 있었는지 누가 알겠는가?[17]

1917년 초가 되자 독일과는 어떤 금융 거래의 가능성도 완전히 사라졌다. 독일은 루시타니아호 피격 이후 잠시 중단했던 무자비한 U-보트 작전을 2월 1일 재개했고, 이에 윌슨 행정부는 외교 관계를 단절하는 것으로 대응했다. 한편, 영국 정부는 독일 외무부 장관 치머만이 멕시코에 보낸 전보를 가로채 해독했다. 이 전보에는 (멕시코가 미국을 상대로 전쟁을 벌여) 동맹을 맺자고 제안하는 내용이 담겼다(독일이 전쟁에서 이기면 멕시코가 텍사스, 뉴멕시코, 애리조나 등의 영토를 회복할 수 있도록 돕겠다고 했다_옮긴이). 윌슨은 3월 1일 이 내용을 공개했다. 미국의 참전은 피할 수 없게 되었다.

미국이 참전 준비를 하는 사이 러시아는 정치적 격변에 휘말렸다. 지난 3년 동안 러시아군은 막대한 손실을 입었다. 거의 200만 명이 전사했고, 수백만 명이 부상당하거나 포로가 되거나 실종되었다. 물가는 폭등했고 식량과 연료 부족으로 나라 전체가 고통에 허덕였다. 여성과 아이들은 굶주리고 군인들은 소총과 탄약도 없이 전장으로 투입됐다. 그들은 동부 전선의 널린 시체들 틈에서 스스로 필요한 무기를 찾아야 했다. 1917년 3월 8일, 세계 여성의 날에 페트로그라드(1914년 전쟁이 시작되며 반독일 감정이 고조되자 독일식 지명 상트페테르부르크를 이렇게 바꿨다. 1924년에 다시 레닌그라드로 바뀌었다_

옮긴이)에서는 파업 중이던 방직공장 여성 노동자들이 거리 시위를 벌였고, 며칠 만에 시위가 도시를 뒤덮었다. 니콜라이 2세가 무력 진압하라고 군대에 명령하자, 병사들이 이에 반기를 들었다. 3월 15일, 더 이상 혁명을 막을 힘이 없어진 황제는 퇴위를 선언했다. 300년에 걸친 로마노프 왕조의 통치가 끝나는 순간이었다.

오랫동안 차르의 몰락을 학수고대했던 시프는 그 순간이 이렇게 갑작스럽게 찾아오자 놀라움을 감추지 못했다. 그는 그날 아내 테레즈와 함께 웨스트버지니아의 화이트설퍼스프링스White Sulphur Springs에 있는 그린브리어Greenbrier 리조트로 가는 중이었다. 겨울 내내 유대인 구호기금 모금 활동과 업무로 지친 몸을 쉬기 위해서였다.[18] 그해 1월에 시프는 70세가 되었고, 휴가를 떠나기 이틀 전에는 (펠릭스와 프리다의 딸 캐롤라의 딸인) 첫 증손녀 캐럴을 얻었다.

"지극히 높으신 하나님을 찬양하라!" 러시아 혁명 소식을 들은 시프는 그린브리어 리조트에서 〈뉴욕 타임스〉에 전보를 보내 이렇게 기쁨을 표했다.[19] 그는 또 급히 구성된 러시아 임시 정부의 신임 외무부 장관 파벨 밀류코프Pavel Milyukov에게도 축하 전보를 보냈다.[20] 형 필립에게 보낸 편지에서는 기적과도 같은 "갑작스러운 러시아 유대인의 구원"에 깜짝 놀랐다면서 "이집트의 노예 상태에서 탈출한 우리 조상들의 이야기보다 더 위대한 일"이라고 썼다.[21] 하지만 이후 볼셰비키의 등장을 포함한 러시아의 상황은 시프의 환희를 반감시켰다.

3월 23일, '러시아자유의친구들' 주최로 카네기홀에서 열린 축하 집회에서 언론인 조지 케넌이 시베리아 감옥에서 가져온 한 쌍의 족쇄로 장식한 연단에 섰다. 그는 10여 년 전 러일전쟁 시기 자신의 대러 선전 활동이 이번 혁명과 어떻게 연결되었는지를 설명하면서 최근의 봉기에서 군대가 한 역할을 강조했다. 그리고 케넌은 러시아 포로들에게 혁명의 씨앗을 심는 데 시프가 관여한 사실도 공개했다. "그 활동은 여러분 모두가 알고 사랑하는 뉴욕의 한 은행가가 자금을 지원했습니다." 이어서 케넌은 행사에 참석하지 못한 시프의 짧은 메시지를 낭독했다. "오랜 세월 간절히 바라고 애써왔던 일이 마침내 실현된 지금, 이 자리에 직접 함께하지 못해 매우 아쉽습니다."[22]

러시아의 혁명 그리고 대독일 전쟁이 임박하자 시프는 연합국 금융 지원에 대한 자신의 반대 입장을 재고했다. 시프는 아들에게 전보를 보냈다. "파트너들이 연합국 대출에 참여하기를 원한다면 나는 더 이상 반대하지 않겠다."[23] 오랫동안 러시아의 미국 자본시장 접근을 막아왔던 시프는 새 정권에 대해서는 지원 의사를 밝혔다. 그해 봄 조직된 러시아 대출에는 개인 자격으로 100만 루블을 투자하기도 했다.

모티는 재빨리 쿤로브의 새로운 입장을 잭 모건과 카셀 경에게 전달했다. 카셀은 이 소식을 영국의 유력 인사들에게 알릴 수 있는 인물이었다.[24] 쿤로브가 마침내 입장을 정리한 것에 안도한 모티는 아버지에게 회사의 입장을 분명히 밝히는 성명을 발표하라고 권했다. 하지만 시프는 괜히 "오해를 받거나 폄훼될 것이 틀림없다"면서 거절했다. "나도 회사도 설명이 필요한 일을 한 적이 없다. 지금 이 격정과 맹목적 애국주의의 순간에야 여러 말들이 오가고 상처도 생기겠지만, 그런 것들은 지나가게 마련이고 남는 것은 품위와 자존감뿐이다."[25]

시프는 회사의 명성에 가해진 피해를 과소평가했다. 쿤로브는 이후에도 수년 동안 높은 수익을 유지했지만, 전쟁이 시작할 당시 가졌던 명성을 결국 회복하지 못한 채 막강한 월스트리트 투자은행의 정점에서 이미 내려오고 있었다.

전시 대출 문제로 쿤로브에서는 내부 갈등이 빚어졌다면, 골드만 삭스에서는 존립을 걱정해야 할 정도의 위기가 닥쳤다. 루시타니아호가 격침된 이후에도 헨리 골드만은 계속해서 친독일적 발언을 이어갔다. 그는 증권을 인수할 때에는 만장일치로 결정해야 한다는 회사 규정을 들어 회사가 영불 대출에 참여하지 못하게 함으로써 다른 파트너들을 분노하게 만들었다. 월터 삭스는 "우리의 입장을 기록으로 남기기 위해" 아버지 샘 삭스가 직접 [J. P. 모건의] '코너'에 가서 자신과 형 해리의 이름으로 J. P. 모건이 이끄는 금융단에 참여 신청을 했다고 기억했다.[26] 샘은 쿤로브의 칸과 모티시프가 했던 것처럼 레딩 경을 찾아가 회사의 입장을 설명했다.

헨리 골드만의 입장은 특히 클라인워트를 당혹스럽게 만들었다. 골드만 삭스는 런던의 클라인워트와 관계가 긴밀했던데다 리먼 브라더스와 유럽 국가들의 증권 인수 사업 '트리오'를 함께 하기도 했었기 때문이다. 실제로 이 영국 회사는 골드만 삭스가 영국에서 블랙리스트에 오를 수도 있다고 경고했다. 클라인워트의 허먼 앤드리아는 아서 삭스에게 편지를 보냈다. "이런 문제에 대한 관점과 견해가 당연히 다를 수 있습니다. 저는 언제나 골드만 씨의 의견을 각별히 존중해왔습니다. 다만, 그런 입장이 공개적으로 알려졌기 때문에 우리가 우려했던 것입니다. 저는 부친께서 레딩 경을 찾아가신 것을 매우 기쁘게 생각하며, 레딩 경에게 상황을 설명해주신 덕분에 실질적인 불이익이 발생하지 않았다고 확신합니다."[27]

그럼에도 후폭풍이 있었다. 1915년 가을, 영란은행은 클라인워트가 골드만 삭스, 리먼 브라더스와 함께 추진하던 주얼티컴퍼니 Jewel Tea Company의 기업 공개를 중단시켰다.²⁸

그 이듬해인 1916년 7월, 적국과의 교역을 감시하는 영국의 봉쇄부Ministry of Blockade가 갑자기 클라인워트 대표들을 불렀다. 그 자리에서 영국 관료들은 골드만 삭스가 오스트리아와 독일의 은행들과 주고받은 전보를 그들 앞에 내밀었다. 충격을 받은 클라인워트는 골드만 삭스에 이렇게 전했다. "귀사가 우리와 전쟁 중인 국가들과 활발히 거래하고 있다는 사실이 명백히 드러났습니다. 그 거래의 규모와 중요성을 보고 우리는 솔직히 크게 놀랐습니다." 영국 정부는 클라인워트에게 골드만 삭스와의 공동 계좌를 폐쇄하라고 지시했다. 영국의 돈이 어떤 방식으로든 외환 거래를 통해 적국을 지원하게 될 가능성을 차단하기 위해서였다.²⁹

영국 정부가 동맹국Central Powers(1차 대전 당시 연합국 반대 진영의 독일, 오스트리아-헝가리 제국, 오스만 제국, 불가리아_옮긴이)과 관련된 골드만 삭스의 사업에 대해 얼마나 많은 정보를 갖고 있었는지는 분명하지 않다. 하지만 FBI의 전신인 수사국Bureau of Investigation은 뉴욕의 독일 요원들이 헨리 골드만을 중요한 우군으로 여기고 있었다는 것을 시사하는 편지를 가로챘다. 미국이 참전하기 두 달 전인 1917년 1월 27일자 이 편지에서 독일 태생의 은행가로서 알베르트와 비밀리에 협력하던 리하르트 A. 티머샤이트Richard A. Timmerscheidt는 "우리의 친구 헨리 골드만은 혈기왕성하고 대단히 노련한 은행가"이며 "매우 신뢰할 만한 인물임이 증명되었다"고 베를린에 보고했다.³⁰ (1917년 7월, 연방 수사관의 심문을 받은 후 티머샤이트는 안전면도기로 자신의 손목을 긋고 센트럴파크 남쪽 자신의 아파트 10층 창문에서 뛰어내려 숨졌다).³¹

수사국의 사건 기록에 따르면, 독일 동조자와 과격한 급진주의자로 추정되는 사람들을 추적하는 민간 정보망인 미국보호연맹 American Protective League 의 한 회원이 헨리 골드만을 기관에 신고한 기록도 있다. 그는 이렇게 적었다. "그와 그의 아내는 거의 전적으로 비애국적인 성향의 사람들과 교류하며, 특히 매우 친독일적인 음악가들, 그중에서도 보단츠키와 친밀한 관계를 맺고 있다." 아르투어 보단츠키 Artur Bodanzky 는 메트로폴리탄 오페라에서 독일 레퍼토리를 책임졌던 빈 출신의 지휘자였다.[32]

헨리 골드만 부부의 가장 가까운 독일 음악가 친구 중에는 메조소프라노 가수 엘레나 게르하르트 Elena Gerhardt 가 있었다. 미국이 1917년 4월 6일 독일에 선전포고를 했을 때, 헨리와 아내 바베트는 이 가수의 서부 공연 투어에 동행하며 샌프란시스코에 머무는 중이있다. 게르하르트는 회고록에 골드만 부부가 미국의 참전 소식을 듣고 눈물을 흘렸다고 회고하면서 그 소식은 "우리에게 청천벽력과도 같았다"라고 썼다.[33]

불과 1년 전 우드로 윌슨은 '그(윌슨 자신_옮긴이)는 우리를 전쟁에 끌어들이지 않았다'는 슬로건을 내걸고 간신히 재선에 성공했다. 그러나 이제는 나라 전체가 애국적 열기로 들끓고 있었다. 시민들은 충성의 날 Loyalty Day 퍼레이드에 나섰고, 월스트리트 은행가들은 리버티본드 Liberty Bonds 발행에 나섰으며, 젊은이들은 입대를 자원했다. 후일 체코슬로바키아와 폴란드 주재 영국 대사를 지낸 스티븐 배럿 Stephen Barrett 경은 이렇게 회상했다. "1917년 미국이 제1차 세계대전에 참전했을 때 얼마나 많은 가정이 독일식 크리스마스트리 장식을 부숴버렸는지 [줄리어스 삭스와 로자 골드만의 딸인] 도라 할머니가 말씀해주셨던 기억이 난다."[34]

헨리 골드만의 조카들은 전쟁을 돕기 위해 앞다퉈 나섰다. 줄리어스 골드만의 똑똑한 두 딸 애그니스와 헤티는 적십자에 들어갔고, 키가 작아 군 복무 부적격 판정을 받은 폴 삭스는 의무병으로 프랑스에 파병되었다. 헨리가 가장 아끼던 조카 월터 삭스는 장교 후보생 학교에 지원했지만 탈락했다. 헨리의 두 아들 로버트와 헨리 주니어('주니'로 불렸다)도 해군 장교로 입대했다.

골드만과 삭스 집안 모두 전쟁에 힘을 모으는 동안에도 헨리의 친독일 "장광설은 계속되었다"고 월터는 기억했다. 헨리는 심지어 필립 리먼을 포함한 가까운 친구들과 소원해지면서까지 자기 입장을 고집했다. 1917년 여름과 가을을 지나면서 회사 내부에도 반감이 쌓여갔다. 결국 헨리는 자신의 견해를 접는 대신 골드만 삭스에서 사임했고 막대한 출자금도 함께 회수했다. 그는 아버지가 반세기 전 세운 회사에서 일한 마지막 골드만 가문 사람이 되었다.

그의 사임은 두 집안 사이에 깊은 균열을 남겼다. 헨리의 손녀 준 브레턴 피셔는 할아버지 전기에서 "그와 새뮤얼 삭스는 두 번 다시 말을 섞지 않았다"고 썼다. "할아버지와 그의 누나이자 샘의 아내인 루이자도 마찬가지였다"고 한다. 이 불화는 더욱 악화되었는데 피셔에 따르면, 루이자와 그녀의 시누이들이 헨리의 아내 바베트와 샘의 동생인 바니(마운트 시나이 병원의 신경과 의사)가 불륜이라는 소문을 퍼뜨렸기 때문이라고 한다. 헨리 골드만의 손자 헨리 골드만 3세는 훗날 "10년, 20년 전까지도 골드만 삭스 본사에 헨리 골드만의 사진은 없었다"고 말했다.[35]

그들의 소원한 관계는 몇 세대를 거치면서 계속되었지만 모든 골드만과 삭스 일가가 연락을 끊은 것은 아니었다. 1880년대에 줄리어스 골드만과 줄리어스 삭스는 둘 다 애디론댁산맥의 하이 픽스High Peaks 지역에 위치한 킨 밸리Keene Valley에 각자 별장을 지었다. 골드만의 펠젠회Felsenhöh('바위 위 높은 곳')와 삭스의 발트프리트Waldfried('숲의 평화')는 대대로 이어져 내려오며, 지금도 골드만과 삭스의 후손들이 함께 휴가를 보내고 공동의 유산을 나누는 소중한 장소로 남아 있다.36 애그니스 골드만 샌번Agnes Goldman Sanborn(줄리어스 골드만의 딸)의 손자 마커스 묀히Marcus Moench는 "골드만과 삭스 일가의 다양한 구성원들 간에는 여전히 꽤 많은 접점이 있다"고 말했다. "이제 우리 누구도 회사와는 아무 관련이 없지만 그래도 여전히 많은 연결고리가 있어요. 그중 상당수는 킨 밸리를 통한 것이지만, 그게 전부는 아닙니다."37

1917년 10월 말, 헨리는 그해 말까지만 파트너로 있게 되었다면서 클라인워트 측에 자신의 퇴임을 알렸고, 이를 최대한 긍정적으로 전하려 애썼다. "몇 달 전부터 저는 일신에서 물러날 생각을 갖고 있었습니다. 지금 세상을 뒤흔들며 여론을 형성하는 많은 흐름에 저는 공감하지 않습니다. 더구나 세계 전쟁은 제 인생관에 깊은 영향을 미쳤습니다… 제가 35년 동안 몸담으며 온 마음을 바쳐온 이 회사, 그리고 회사의 모든 성원들에게 더할 나위 없이 좋은 감정을 갖고 물러난다는 것은 말할 필요도 없습니다"라고 썼다.38

자신이 당시의 분위기와 얼마나 어긋나 있었는지를 단적으로 보여주듯, 그는 회사를 떠난다는 공식 서신을 전쟁 참여를 독려하는 문구가 도드라지게 새겨진 회사 편지지 위에 작성했다. 편지지에는 붉은 양각 글씨로 이렇게 새겨져 있었다. "절약하고 봉사하라—리버티본드를 사라!"

24.

영웅의 땅

허버트 리먼은 미국의 참전 결정이 2년 전에 이루어졌어야 했다고 여겼다. 그의 세대의 다른 많은 사람들과 마찬가지로 그는 루시타니아호 사건을 전쟁 행위로 간주했고, 윌슨 행정부는 그에 상응하는 대응을 했어야 한다고 믿었다. 윌슨의 모호한 태도는 그를 불편하게 만들었지만, 충성스러운 민주당원인 그는 그럼에도 윌슨의 1916년 재선 캠페인을 지지했다. 선거가 치러진 날 밤, 그와 형 어빙은 뉴욕의 민주당 전국본부에서 새벽 4시까지 숨 막히는 개표 과정을 지켜보았다.

동시대의 유대계 미국인들과는 달리, 허버트는 독일에 대해 일말의 애착도 없었다. 오히려 그의 아버지 메이어 리먼은 바이에른에서 미국 남부로 쫓겨온 젊은 시절의 충격적인 경험 탓에 자녀들에게 독일과 그 지배층에 대해 깊은 불신을 심어주었다. "아버지는 독일을 증오했다"고 허버트는 기억했다.[1]

전쟁에 참여하고 싶어 몸이 근질거렸던 허버트는 미국이 연합군에 합류하기 직전 온 나라를 들썩이게 한 '전쟁 준비' 열풍에 휩쓸려 매일 오후가 되면 거버너스 섬으로 향했다. 그곳에서 참가자들은 소총 대신 빗자루를 들고, 적의 기관총 진지를 상징하는 나무 상자를 향해 돌진하는 훈련을 했다.[2] 허버트는 남는 시간의 대부분은 유대인 구호 활동에 쏟았다. 공동분배위원회에서 최연소 임원이었던 그는 이 조직의 회계 책임자였으며, 펠릭스 워버그와 함께 서로 다투는 유대인 파벌들을 중재했다. 허버트는 펠릭스에 대해 "대단히 훌륭한 사람"이며 "내가 아는 사람 중 가장 존경받는 사람"이라고 기억했다.[3]

윌슨 행정부가 독일에 선전포고를 하자 당시 서른아홉 살이던 허버트는 서둘러 뉴욕 플랫츠버그의 육군 장교훈련캠프에 지원서를 제출했다. 그는 입대 허가를 받았지만 나이가 많다는 이유로 실제 소집되지는 않았다. 전쟁이 끝나기 전에 무언가 역할을 하고 싶어 조급해진 그는 공동분배위원회의 책무를 형 아서에게 넘기고 워싱턴으로 이주했다. 그곳에서 그는 군복, 담요 등 군용 직물 조달 업무를 감독하는 해군의 민간 직책을 맡아 해군 차관보였던 프랭클린 델러노 루스벨트(FDR)의 휘하에서 일했다. 허버트는 "그는 일을 완수하기 위해서라면 절차를 무시하는 일도 전혀 주저하지 않았다"며 루스벨트의 과단성을 존경했다.

1917년 8월, 허버트는 마침내 육군 대위로 임관했다. 그는 또 다른 군수 조달 업무를 맡았지만, 계속해서 해외 파병을 자원했다. 그러던 중 육군 화학전 부서의 책임자로 프랑스에 파병될 기회가 찾아왔다. 그는 "내가 화학전 장교가 될 자격이 있었다면 스푸트니크도 개발할 수 있었을 것이다!"라고 훗날 회고했다. "나는 화학전에 대해 아무것도 몰랐다. 하지만 파병 명령을 흔쾌히 받아들였다." 그러나 그의 상관인 군수본부장 조지 고설스George Goethals 장군은 허버트가 없어서는 안 될 사람이라며 그의 차출을 허락하지 않았다. 결국 허버트는 전쟁이 끝날 때까지 워싱턴에 머물렀고 중령까지 빠르게 진급했다.

전투 현장에는 나가지 못했지만 워싱턴 D. C.에서 일한 덕분에 그는 정치에 가까워질 수 있었다. 전후 뉴욕으로 돌아온 그는 민주당 정치에 적극적으로 참여했고, 1928년 뉴욕 부지사로 출마했다. 주지사로 출마한 그의 러닝메이트는 워싱턴에서 일하며 알게 된 해군 차관보 프랭클린 델러노 루스벨트였다.

폴의 아들 제임스 워버그 역시 전쟁 동안 워싱턴에 발이 묶여 있는 처지에 불만이 컸다. 그 역시 후에 FDR과 함께 정계에서 활동하는데, 루스벨트 행정부 첫해에 경제정책 자문으로 일했다.[4] 머리가 비상하고 잘생기고 다정하며 넘치는 자신감에 보헤미안 같은 기질도 지녔던 '지미'(제임스의 애칭)는 시를 쓰고 문학에 관심이 많았다. 자신과 이름이 같은 삼촌 제임스 로브의 영향을 받아 학문적 열망도 있었다. 그는 이따금 라틴어로 삼촌과 편지를 주고받기도 했다.[5] 또한 강한 자의식과 특유의 '워버그식 오만'이 있었다고 손녀이자 소설가인 캐서린 웨버Katharine Weber 는 말했다. "할아버지는 무슨 일이든 자신이 다른 누구보다 더 안다고 믿었어요. 그게 워버그식 오만이에요. 독특한 유형이죠."[6] 바로 그 과도한 자신감 때문에 그는 FDR과 결별하게 된다. 그는 FDR의 뉴딜정책을 공개적으로 비난하는 책을 잇따라 네 권이나 출간했다.

가족의 전통처럼 지미도 하버드에 입학했고 1917년에 졸업했다. 그는 후일 하버드의 "매우 분명한 반유대주의' 풍토를 언급하곤 했는데, 그럼에도 그는 성공적인 대학 생활을 보냈다. "몇몇 클럽이 나를 가입시키려고 했어요. 그들은 유대인을 받아들인 적이 없었지요. 나는 매번 같은 입장을 밝혔습니다. '만약 당신들이 편견을 버리는 것이라면 좋다. 하지만 단지 예외를 두는 거라면 나는 누군가의 애완용 유대인으로 남고 싶지는 않다.'"[7] 하지만 그는 유대인 정체성이 희미했고, 다른 유대계 금융가 자제들처럼 비유대인 세계에 받아들여지기 위해 무던히 애를 썼다. "그에겐 일종의 와스프WASP 동경이 있었다"라고 웨버는 말했다. "그는 유대인은 출입 금지인 프로테스탄트 공동체를 사랑했죠. 자기만은 예외로 받아주었거든요. 그는 거의 유대인이 아닌 사람처럼 보이고 싶어 했어요."

지미는 동료 학생들이 선출하여 하버드 대학교의 권위 있는 교지 〈크림슨〉의 편집자가 되었고, 하버드에 군사 훈련 연대 설립을 지지하는 사설 캠페인을 주도했다. 지미를 포함해 수백 명의 학생들이 자원했고, 이 부대는 나중에 신설된 육군 예비장교훈련단 ROTC 프로그램에 통합되었다.[8]

지미는 처음에는 독일을 지지했지만, 하버드의 분위기는 확고하게 친연합국이었으며 그의 시각도 점차 변했다. 그는 자신의 "개입주의적이고 친연합국적인 정서가 확고해졌던" 순간을 회상했다. 어느 날 지미의 하버드 동급생 아치 루스벨트가 자기 아버지 테디 루스벨트와 함께 하는 아침 식사 자리에 그를 초대했다. 지미의 아버지 폴 워버그는 테디 루스벨트를 '혐오'했지만 지미는 그를 영웅으로 여겼다. 그는 '사악한' 독일 황제를 규탄하고 연합국의 대의가 '정당하다'고 설파하는 전임 대통령의 말을 듣고 생각이 흔들렸다.[9]

지미가 새롭게 '전쟁 준비'에 열광하면서 친독일 성향으로 중립을 강하게 고수했던 아버지와 충돌했다. 훗날 지미는 "그 일로 나는 처음이자 유일하게 아버지와 갈등을 겪었으며, 그것 때문에 꽤 괴로웠다"고 말했다.[10]

지미는 3년 만에 하버드 과정을 마친 후 6개월 동안 쿤로브의 철도 고객사 중 한 곳에서 일했다. 그는 1917년 봄 하버드를 공식적으로 졸업할 계획이었지만 그 기회는 오지 않았다. 그 무렵, 미국이 전쟁에 돌입했기 때문이었다.

지미는 해군의 초창기 항공부대에 입대하려고 하버드 친구 몇 명과 함께 버지니아 뉴포트뉴스 Newport News 의 비행학교에서 조종사 자격증을 취득했다. 입대 전 그는 워싱턴의 부모님을 찾아가 자신의 결정을 알렸다. 부모는 그 말을 듣고 펄쩍 뛰었다. 지미는 "길고 고통스러운" 대화가 이어졌다고 회고했다. "아버지는 군에 징집되어 의무를 다하는 것과, 본인이 자발적으로 나서서 '사람을 죽이는 끔찍한 일'을 하는 것 사이에는 분명한 차이가 있다고 선을 그으셨다." 폴은 또한 아들이 군에서 가장 위험한 분야 중 하나를 선택한 것에도 반대했다. 당시 항공 기술은 초기 단계였고, 훈련하는 동안에 목숨을 잃는 경우도 많았기 때문이었다.[11]

니나는 결국 남편이 생각을 바꾸도록 설득했고, 아직 스물한 살도 안 된 아들 지미는 햄프턴 로즈의 해군 비행장으로 향했다. 그곳에서 그는 전투기 조종사 훈련을 받았고, 첫 비행에서 추락할 뻔한 일을 겪은 뒤 총각으로 죽을 수 없다는 생각에 매춘부를 샀다.[12]

지미보다 2년 뒤에 하버드에 들어간 사촌 프레더릭도 전쟁에 나가기를 간절히 원했다. 펠릭스는 그가 "많은 훈련 캠프를 거쳤고 하버드에서도 군사 전략 과목에서 탁월한 점수를 받았다"고 한 친척에게 자랑하기도 했다.[13]

미국이 참전하자 자신의 애국심을 행동으로 보여주고 싶었던 펠릭스는 해군 모집을 촉진하는 계획을 수립해 해군장관 조시퍼스 대니얼스Josephus Daniels에게 보고했다.[14] 그리고 개인 소유 모터보트를 해군의 '모기 함대'에 기증했는데, 이 부대는 독일 잠수함을 감시하기 위해 동원된 민간 선박으로 구성되었다. 기증에 감사를 표하기 위해 방문한 해군 관계자에게 "저 배를 '전쟁 벌레'(자신의 성 Warburg를 war bug로 표현한 농담_옮긴이)라고 부르면 되겠네요"라고 농담을 했다.[15] 그의 형 폴처럼 펠릭스도 장남의 입대 소식은 달가워하지 않았지만 불가피하다고 생각했다. 하지만 그는 프레디에게 "네가 스물한 살이 될 때까지는 절대 전투부대에는 배치되지 않게 할 것"이라고 경고했다.[16] 다행히도 프레디가 그 나이가 되었을 무렵에는 전쟁이 끝났고, 펠릭스 부부는 안도했다.

지미 워버그 역시 전투를 직접 경험하지 못했다. 그의 동료 비행사 대부분이 유럽으로 떠났고—그중 많은 동료들이 돌아오지 못했다—지미는 계속해서 새로운 사관 후보생들을 가르쳤고 이후에는 워싱턴 해군본부의 항법 장비 부서로 파견되었다. 표면적으로는 그가 비행학교에서 고안했던 새로운 종류의 비행 나침반을 완성하여 특허를 받기 위해서라는 이유였다. 왜 동료들이 전선에 투입될 때 지미는 가지 못했을까? 그는 해군에 숨겼던 시력 결함 때문인가 생각하기도 했지만, 결국 아버지가 개입했다는 사실을 알게 되었다.[17] 알고 보니 폴 워버그가 비공식적으로 해군장관 대니얼스에게 아들이 독일 친지들에게 폭탄을 떨어뜨리는 상황에 놓일지 모르니 해외 파병에서 빼달라고 부탁했던 것이었다. "나는 이 일로 정말 화가 났다. 아버지를 결코 완전히 용서하지 못한 유일한 일이었다." 훗날 지미는 이렇게 말했다.[18]

아버지의 개입으로 깊이 상처 받은 지미는 사실을 알게 된 다음 날 충동적인 반항의 표현으로 결혼을 결심했다. 1917년 여름, 부모의 별장인 웨스트체스터의 별장 퐁트네에서 클래식 공연이 열렸다. 지미는 공연을 하러 온 클래식 3중주단의 생기발랄한 갈색 머리의 젊은 여성 캐서린 '케이' 스위프트Katharine "Kay" Swift에게 청혼했다.[19] 폴과 니나는 케이를 좋아했다. 그녀는 아름답고 재능 있는 피아니스트이자 작곡가였으며, 고인이 된 그녀의 아버지는 뉴욕의 유명한 음악 비평가였다. 폴과 니나는 아들에게 결혼하기에는 너무 어리다고 만류했지만 결국 결혼을 허락했다. 케이가 유대인이 아니라는 점도 우려되었지만 입 밖으로 꺼내지는 않았다. 하지만 지미의 이모부 시프는 끝내 그 점을 그냥 넘어가지 않았다. 그는 조카의 약혼 소식에 다소 불편한 느낌의 전보로 답했는데, 조카가 "행복"하기를 기원하면서도 "어쩌면 나의 자손들에게 미칠지도 모르는 영향을 생각하면, 종교를 저버리고 결혼하는 너의 행동으로 나는 몹시 심란하다"고 말했다.[20]

케이의 영향으로 지미는 자신의 예술적 면모를 유감없이 발휘했다. 전쟁이 끝난 후 그는 부모의 기대에 부응해 금융업에 발을 들였다. 하지만 동시에 폴 제임스Paul James라는 필명으로 시를 발표했고, 케이의 인기곡들 중 일부의 가사도 직접 썼다. 두 사람은 성공한 뮤지컬 〈파인과 댄디Fine and Dandy〉의 음악을 공동 작업하기도 했다. 1920년대, 이스트 70번가의 그들의 적갈색 사암 집은 종종 미술가, 음악가, 상류사회 인사들이 모여드는 술자리로 흥청거렸다. 지미는 월스트리트의 보수적인 금융 세계에서 집으로 돌아와 젊은 예술가들 사이에서 바텐더를 자처하며 어울렸다. 단골처럼 오던 사람들 중에는 작곡가 조지 거슈윈George Gershwin도 있었다.

그러나 이 결혼은 파국을 맞았다. 케이와 거슈윈의 오랜 불륜을 포함해 두 사람 모두의 외도가 복합적으로 작용했다. 두 사람은 1934년 리노에서 이혼했다. 지미는 케이와 거슈윈과의 관계에 모욕을 느꼈고 이혼 이후에도 오랫동안 분노를 품고 살았다. 손녀 웨버에 따르면 "할아버지는 그녀에 대해 악의적인 말을 쏟아냈다"고 한다. 그는 두 번 더 결혼했고 1959년 예순세 살의 나이에 막내인 일곱 번째 아이를 얻었다.

폴 워버그는 아들과는 다른 이유로 전시의 워싱턴 생활을 힘들어했다. 폴은 사생활을 중시하는 사람이어서 어항처럼 속이 비치는 공직 생활이 불편했다. 그와 니나는 격식을 차린 워싱턴의 사교적 관례—가령 만찬이나 명함 방문(19세기와 20세기 초, 특히 서구의 상류층과 중산층 사이에 널리 퍼졌던 관습으로, 누군가의 집에 방문했음을 알리기 위해 명함과 주소를 남겼다_옮긴이)—에 마지못해 참여했다. 친한 커플은 몇 되지 않았는데, 그중에는 훗날 대통령이 되는 FDR과 그의 아내 엘리노어도 있었다. 니나는 미래의 대통령에 대해 "정말 잘생긴 사람이긴 하지만 좀 멍청하더라구요"라고 평했다.[21]

워싱턴에서의 생활은 맞지 않았지만 폴은 일은 몹시 좋아했다. 폴은 꼭 만들어야 한다고 자신이 앞장섰던 기관을 세우고 안정화시키기 위해 온 힘을 다했다.

연방준비제도는 전쟁이라는 절묘한 시기에 본격적으로 기능하기 시작했다. 아직 권한은 제한적이었지만 전쟁으로 혼란에 빠진 금융 시스템을 안정화시키는 역할을 맡았으며, 미국이 참전한 이후에는 회원 은행들에 저금리 대출을 제공함으로써 전쟁 채권의 판매를 촉진하는 데 기여했다. 하지만 이렇듯 연방준비제도를 강력한 금융기관으로 만든 전쟁은 그 누구보다 헌신적으로 연준의 업무에 매진하던 폴에게 깊은 상처를 남겼다.

독일계 유대인에 월스트리트 출신이라는 배경으로 인해 처음부터 폴을 의심의 눈길로 바라보는 사람들이 많았다. 민주당 하원의원 조 이글 Joe Eagle (텍사스)은 1916년 한 회의 중 워싱턴 정가의 소문을 전하면서 재무부 장관 윌리엄 매커두에게 폴 워버그를 연준 의장으로 임명하는 데 반대하는 로비를 벌였다. "제발 대통령께 워버그를 지명하지 말라고 말씀드리세요. 그는 유대인이고 독일인이고 은행가이며 외국인입니다."[22] 결국 윌슨은 그를 연준 의장이 아니라 부의장으로 지명했다. 이 결정은 마땅히 자신이 의장이 되어야 한다고 믿었던 폴을 불쾌하게 만들었다.

영국과 프랑스 당국자들도 폴에 대한 의구심을 거두지 않았다. 폴이 독일 대사 베른스토르프 백작과 공개적으로 교류했던 사실도 그런 의심을 더욱 부추겼다. 1916년 말, 연준 이사회가 회원 은행들에 해외 국채 투자에 주의하라는 공문을 보내자 깜짝 놀란 영국 대사 세실 스프링 라이스는 곧장 연준 의장 찰스 햄린을 찾아갔다. 라이스는 (J. P. 모건의 파트너들과 마찬가지로) 폴과 쿤로브가 독일의 책략대로 연합국의 자금 조달을 차단하여 결국에는 연합국이 윌슨이 중재하는 평화 협상에 나서도록 유도하려 한다고 비난했다. 햄린에 따르면 라이스는 영국 정부가 "워버그와 쿤로브가 이런 음모를 꾸미고 있다"는 것을 보여주는 편지를 중간에서 가로챘다고 주장했다.[23]

이 무렵 햄린은 자주 의견 충돌을 빚은 폴에 대한 불만을 일기에 적었다. "그는 겉으로는 공정한 척 말하지만, 나는 그가 연합국에 대한 편견이 너무 커서 어떤 수단으로든 연합국에 피해를 주려

한다는 인상을 지울 수 없다." 또 다른 일기에서는 폴이 윌슨의 재선에 찬성표를 던졌는지도 의심스럽다고 했다. "워버그는 선거 결과에 전혀 기뻐하는 기색이 없었고, 누구를 찍었는지 말한 적도 없다. 매커두 장관은 그가 뭐라고 얘기하건〔공화당의〕찰스 에번스 휴즈를 찍었다고 확신하고 있었다."²⁴

미국이 공식적으로 연합국에 합류하기로 선언한 지 몇 주 후인 1917년 4월 말, 영국과 프랑스 금융 사절단이 워싱턴에 왔을 때 몇 가지 어색한 장면이 연출되었다. 재무장관 매커두는 영란은행 총재를 접대하면서 일부러 폴 워버그를 초대하지 않았다. 영국 손님들의 심기를 건드리지 않기 위해서였다. 연준이 주최한 오찬에서는 프랑스 당국자들이 폴이 있는 자리에서 기밀 정보를 언급하기를 꺼린 탓에 오찬의 주제인 전쟁 자금 조달 문제를 논의할 수가 없었다.²⁵

4년 임기가 거의 끝나가던 이듬해 봄, 폴은 자신의 연임을 둘러싼 충돌이 벌어질 것을 직감했다. 의회의 연준 반대자들과 그의 태생을 정치적 공격 무기로 이용하려는 사람들이 재임명에 강력하게 반대하고 있었기 때문이었다.

전쟁은 강력한 토착주의의 물결을 불러왔다. 때를 만난 이민 제한론자들은 새 동조자들을 끌어들이며 문해력 시험을 포함한 입국 제한 법안을 다시 추진했다. 이 법안은 '바람직하지 않은 자들 undesirables'이라는 새로운 범주를 추가하여 입국을 금지하도록 했는데, 1915년 초 의회를 통과했으나 윌슨 대통령은 이 법안을 거부했다. 1년 뒤 개정안이 또다시 통과되었고 이번에도 윌슨은 거부권을 행사했다. 그러나 이번에는 의회가〔재의결을 거쳐〕거부권을 무력화하여 미국이 전쟁에 참전하기 두 달 전인 1917년 2월에 반이민법이 발효되었다.

애국심으로 포장된 외국인 혐오가 확산되면서 그 여파는 정치인들이 입국을 막고자 했던 이들만이 아니라 이미 미국에 살고 있는 이민자들에까지 확대되었다. 이민자 반대는 한 사람이 두 개 이상의 국적을 가질 수 있다는 개념도 겨냥했다. 소위 '이중 [정체성] 미국인hyphenated American'의 대표적인 반대자였던 시어도어 루스벨트는 1915년 연설에서 이렇게 말했다. "자신을 독일계 미국인, 아일랜드계 미국인과 같이 부르는 사람은 진정한 미국인이 아니다. 진정한 미국인은 미국 본토 출신 미국인뿐이다." 윌슨조차도 이러한 입장을 수용하여 "외국계라는 꼬리표를 달고 다니는 사람은 그가 누구이건 마음만 먹으면 이 공화국의 심장을 찌를 단검을 품고 다니는 셈"이라고 말했다. 이러한 수사는 수세기 동안 유대인에게 씌어져온 '이중 충성'이라는 낡은 주장과 유사했다. 제국과 민족국가들이 유대인의 인권과 시민권을 박탈하기 위해 사용했던, 유대인은 충성스러운 신민 혹은 시민이 될 수 없다고 주장했던 바로 그 논리였다.

여론이 이렇게 돌아가자 폴은 5월 말경 윌슨에게 그의 고민을 덜어주기 위해 자신을 재지명하지 않아도 좋다는 편지를 보냈다.

> 어떤 사람들은 가까운 친인척이 독일에서 공직에 있는 경우, 독일 태생의 귀화 시민이 미국 정부의 중요한 공직을 맡아서는 안 된다고 선동하기 시작했습니다. (제게는 독일에서 은행가로 일하는 형제가 둘 있습니다. 그들은 당연히 자기 나라를 위해 최선을 다해 봉사하고 있습니다. 제가 이 나라에 봉사하듯이 말입니다)…
>
> 참으로 비극적인 시대입니다. 우리 모두에게 슬픈 의무를 부과하는 시

대이고, 저처럼 독일 출신인 사람들에게는 특히 더 고된 시기입니다. 하지만 남북전쟁 때처럼 형제와 형제가 서로 싸워야 하는 상황에서도, 각자는 자신에게 주어진 올바른 의무의 길을 따라야 합니다. 지난 4년 동안 연방준비제도 이사회의 일원으로서 저는 이런 마음가짐으로 봉사해왔다고 자부합니다…

대통령님, 유감스럽게도 저를 재지명하신다면 해로운 논쟁을 촉발할 수 있다는 점이 점점 분명해지고 있습니다. 저는 그런 일이 일어나지 않도록 저의 모든 힘을 다하고자 합니다. 설령 제가 인준을 받는다고 해도, 그러한 논란은 불안과 고통에 지친 많은 이들의 마음에 불만을 쌓을 수 있습니다. 반대로 대통령께서 저를 재지명하지 않기로 결심하신다면 이는 많은 사람들에게 대통령께서 특정 관점, 즉 특정 배경의 사람은 중요한 공직을 맡아서는 안 된다는 주장을 수용하신 것처럼 비칠 수 있는데, 저는 이 역시 대통령께서 인정하고 싶은 상황은 아닐 것이라고 확신합니다. 이런 사정을 고려할 때, 대통령께서 저의 이름을 아예 고려하지 않는 것이 국익에 최선이라는 저의 확고한 믿음을 직접 말씀드려야 한다고 생각합니다.[27]

폴은 국익을 위해 자신을 희생하겠다고 제안하면서도 자신이 연준 이사회에 계속 남아야 한다고 윌슨이 말해주기를 내심 갈망했다. 시프는 폴에게 절대로 편지를 보내지 말라고 하면서, 편지를 보내지 않는 편이 폴에게 "더 유리"할 것이라고 조언했다.[28] 하지만 임기 만료가 다가오자 초조해진 폴은 결국 참지 못하고 편지를 보냈다.

한 달이 지나고 또 한 달이 지났지만 회신은 오지 않았고 걱정은 점점 커졌다. 폴의 임기 종료 하루 전인 8월 9일에 마침내 윌슨이 답장을 보냈다. 폴의 50번째 생일 하루 전이었다. "이사회에서 물러나신다니 우리 정부로서는 큰 손실입니다." "당신의 사려 깊은 편지를 읽으며 당신이 다른 방식으로 봉사할 자유를 갖는다면 오히려 마음의 평안을 얻을 수 있으리라 짐작하게 되었기에, 당신의 생각에 동의하기로 했습니다."29

폴은 겉으로는 담담히 받아들였지만 내심으로는 쓰라린 응어리를 삼켜야 했다. 윌슨의 결정을 받은 직후, 그는 위로의 말조차 듣기 싫어 멀리 떨어진 별장 퐁트네로 떠났다. 그는 뉴욕 연방준비은행의 수장인 친구 벤저민 스트롱Benjamin Strong에게 이렇게 털어놓았다. "내가 정말로 안타까운 것은 나 자신이 아니라 우리가 함께 해온 일 때문이네. 그게 내 삶의 일부였는데 이제 그것이 내 삶에서 분리된다는 생각을 견딜 수가 없네. 이런 중차대한 시기에 연준을 혼란에 빠뜨리는 것은 범죄나 다름없어. 국가적으로도 너무나 안타까운 일이야… 내가 재지명되었더라면 쉽게 인준되었을 거라는 데는 조금도 의심이 없네."30

폴은 훗날 자신이 연준에서 물러나게 된 이유는 "사람들이 생각하듯이 내가 독일에서 태어났다는 사실 때문이 아니었다"고 썼다. 오히려 그는 국적을 구실 삼아 자신을 몰아내려 했던 정적들 때문이라고 믿었다. 이들 중에는 상원의 연방준비법안 초안을 기초한 민주당 상원위원 로버트 오언(오클라호마)도 포함되어 있었다.31 실제로 폴의 후임 앨버트 스트라우스Albert Strauss는 여러모로 폴과 비슷한 배경을 가졌다. 뉴욕에서 태어났지만 그 역시 독일계 유대인이며 월스트리트의 최고 기업 중 하나인 셀리그먼의 파트너였다.

갑작스레 임기를 마치게 된 폴은 마음을 정리하기 위해 아내 니나와 함께 캐나다 쪽 로키산맥과 타호 호수로 여행을 하면서 다음 행보를 고민했다. 그는 연준 총재 스트롱에게 "솔직히 '돈을 긁어모으는' 일로 돌아가는 건 전혀 흥미가 느껴지지 않습니다"라고 털어놓았다.³² 그는 미국 은행 개혁의 역사를 집필하기로 마음먹었다. 이 노력은 후일 연방준비제도의 기원을 다룬 2권짜리 방대한 저작으로 결실을 맺는다. 그렇지만 그는 여전히 월슨의 측근 하우스에게 아쉬움을 토로했다. "지금 이 시점에 역사를 쓴다는 게 안타깝습니다. 차라리 그 역사를 함께 만들어가는 것이 훨씬 보람 있는 일일 텐데요."³³

일단 책을 쓰기로 하자 폴은 자신이 이 역사적인 사건에서 어떤 역할을 했는지를 분명히 밝혀야겠다는 강한 충동을 느꼈다. 특히 매커두의 후임으로 재무부 장관이 된 글래스를 비롯해 다른 사람들이 연준의 진정한 창시자라고 주장하고 나섰기 때문이었다. "아버지는 매우 조용한 분이셨다. 잘 모르는 사람들은 아버지가 굉장히 겸손한 사람이라고 말했지만 엄밀히 말하면 그렇지는 않았다"고 지미 워버그는 회고했다. "아버지는 아주 소심하고 예민하셨다. 허영심이 있어서가 아니라 자신의 성과를 제대로 인정받기를 원하셨는데, 너무 조심스러우셨기 때문에 정당한 평가를 거의 받지 못했다." 폴은 일생을 바쳐 이룬 업적을 마무리할 기회를 박탈당했을 뿐 아니라, 금융 개혁 실현에 한참 기여도가 낮은 사람들이 자신의 성과를 가로채는 모습을 지켜봐야 하는 현실에 힘들어했다. 지미는 말했다. "다른 사람이었다면 자신을 내세우거나 그냥 잊어버리거나 했을 텐데, 그는 이러지도 저러지도 못했다."³⁴

펠릭스와 쿤로브의 파트너들은 폴이 회사로 돌아오기를 바랐다. 오토 칸은 폴을 '파울루스'라고 부르며 편지를 썼다. "진심으로 그리고 간절하게 말씀드립니다. 윌리엄가 52번지를 매력적이고 호감이 가는 곳으로 만들고 서쪽 창가의 동료를 당신의 마음에 드는 사람으로 만들 수 있도록 모든 노력을 다하겠습니다."[35] 하지만 폴은 복귀 제안을 거절했다. 지미는 훗날 "아버지는 쿤로브의 파트너로 지낸 11년 동안 만족감보다는 걱정이 더 많았던 것 같다"고 썼다.[36] 어차피 전쟁으로 인해 쿤로브의 사업은 대부분 멈춰 있었다.[37] 시프는 런던의 은행가 맥스 본에게 말했다. "지금 정부에 대출 금융을 하는 것 말고는 사업이라고 할 만한 게 없습니다."[38]

월스트리트가 전쟁을 통해 이익을 취하려 한다는 비난에 민감했던 시프는 한 연설에서 이렇게 선언했다. "누구도 전쟁 기간 동안 개인 재산을 불리려고 해서는 안 됩니다. 지금 이 시기 모든 미국인의 의무는 정부의 필요와 전쟁으로 고통 받는 이들의 필요에 모든 생각과 노력을 집중하는 것입니다."[39] 한편 오토 칸은 전쟁이 끝날 때까지 생활비와 세금을 제외한 자신의 수입 전부를 '자선과 전쟁'을 위해 기부하겠다고 발표했다.[40] (다만 이때 칸이 엄청나게 호화로운 생활을 했으며, 롱아일랜드 북부 해안에 9,200제곱미터에 달하는 대저택 오혜카 캐슬을 건설 중이었다는 사실은 언급되지 않았다).

쿤로브의 수석 파트너 시프는 새로운 사업 기회가 생겨도 보다 광범위한 애국적 목적에 부합하지 않는 한 대부분 거절했다.[41] 그는 잭 모건과 퍼스트내셔널뱅크의 조지 베이커 등 월스트리트의 유력 인사들과 함께 정부 채권을 판매하는 리버티본드위원회에서 활동했다. 그는 거리 행렬에 참여하여 함께 행진하고, 대중에게 전쟁 채권을 구매하라고 독려하는 연설도 자주 했다. 이제 전쟁에 대한 그의 입장은 완전히 바뀌었다. 그는 공적으로든 사적으로든 연합국이 전쟁에서 승리해야 할 뿐만 아니라 독일의 군사 체제를 완전히 파괴해야 한다고 주장했다.

J. P. 모건 사무실 맞은편 웅장한 그리스 부흥 양식으로 지어진 재무부 뉴욕 지부 계단 앞에서 열린 한 리버티본드 집회에서 시프는 "세계 각국의 자유와 평화를 끊임없이 위협하는 프로이센 군사정권의 완전한 파괴"를 촉구했다. 또한 이번 전쟁을 미국 고유의 정체성을 형성한 과거의 전쟁들과 결부시켰다. "우리는 조상들이 1776년 렉싱턴에서, 아버지들이 남북전쟁의 불런Bull Run (버지니아 북부에 위치한 강으로 남북전쟁 중 두 차례의 주요 전투가 벌어졌다_옮긴이)과 게티스버그에서 싸우며 지키고자 했던 것과 동일한 대의를 위해 싸우고 있습니다." 또 미국의 건국이념을 지키기 위해서라면 생명과 재산을 모두 바친다 해도 아깝지 않다고 말했다. "이 전쟁이 길어져 우리의 물질적 자원과 설상가상으로 젊은이들을 잃게 되더라도, 그것이 필요하다면 감수해야 합니다. 모든 것을 포기하더라도 승리하는 것이 더 중요합니다."[42]

시프는 자신이 미국 시민으로 살아온 지 50년이 되었는데도 불구하고 충성심을 의심받았다는 사실에 비분강개하여 애국 활동에 더욱 적극적으로 나섰다. 독일계 유대인 출신이라는 이유로 그는 더더욱 이상적인 시민의 모델이 되고자 그 어떤 것보다 미국인으로서의 정체성을 앞세웠다. 그는 점점 더 노골적으로 자신의 미국적 가치를 드러냈고, 시어도어 루스벨트와 윌슨이 주도한 '이중 미국인' 반대 운동에도 동참하며 이런 말을 남겼다. "신은 유대인이라는 말과 미국인이라는 말 사이에 하이픈(Jewish-American)을 허락하지 않으셨다."[43]

전쟁은 토착주의와 그에 수반되는 반유대주의 확산을 부추겼다. 시프도 그 추악한 망령들을 볼 수 있었다. 어느 날 매사추세츠의 은행가 C. W. 테인터C.W.Taintor라는 이름으로 서명된 전보 한 통이 쿤로브 사무실에 도착했다. 거기에는 다음과 같이 쓰여 있었다.

> 제이컵 시프 귀하
> 쿤로브앤컴퍼니의 대표
> 환전상들,
> 샤일록,
> 폴로니우스(햄릿의 연인 오필리아의 아버지로, 위선과 비열을 상징한다_옮긴이)
> 독일 첩자,
> 탐욕적인 미국인을 노예처럼 속박하는 악의 결사단Camarilla of Vice(배후에서 은밀히 영향력을 행사하는 비선 조직이나 집단_옮긴이)의 수장[44]

시프와 동료들이 가장 우려했던 것은 정부 차원의 차별 징후였다. 국무부의 명령으로 적십자—시프는 오랫동안 이 단체의 후원자였으며 한때 뉴욕 지부의 재무를 책임졌다—는 독일과 오스트리아 출신의 귀화한 미국 시민이 유럽의 병원에서 근무하는 것을 금지했다. 시프는 직접 국무부 장관에게 편지를 보내 항의했고 다른 이들도 반발하자 이 조치는 결국 철회되었다.[45] 미국 유대인위원회를 비롯한 여러 유대인 단체들은 징집 대상자를 심사하는 의료 자문위원회가 사용할 군대 매뉴얼에 편견이 담긴 다음 문구가 포함된 사실을 알고 강력히 항의했다. "외국 태생, 특히 유대인은 미국에서 태어난 사람보다 꾀병을 부릴 가능성이 더 크다."[46]

시프는 유대인이 반유대주의라는 고정관념을 이겨내려면 미국적 애국심과 충성을 보여야 한다고 믿었다. 1917년, 변호사 언터마이어가 조직한 미국애국유대인연맹Jewish League of American Patriots 주최

집회에 모인 수천 명의 군중 앞에서 시프는 같은 종교를 가진 젊은 이들에게 단지 입대에 그치지 말고 최전선 배치를 자원하라고 촉구했다.[47] 동시에 그는 분리주의를 조장할 수 있다는 이유로 유대인만으로 구성된 한 개 이상의 연대를 만들겠다는 연맹의 계획에는 반대했다.[48]

그의 지위와 인맥 덕분에 시프는 군에 지원하려는 젊은이들을 위해 추천서를 써달라는 요청을 자주 받았으며, 많은 경우 이를 기꺼이 들어주었다. 필립 리먼은 예비군 소위인 아들 바비를 현역으로 전환할 수 있도록 시프에게 도움을 요청했다.[49] (훗날 아버지 뒤를 이어 리먼 브라더스의 수장이 되는 바비는 야전 포병부대 대위로 프랑스에 파병되었다). 줄리어스 골드만은 시프에게 조카 헨리 골드만 주니어를 항공부대에 추천해달라고 부탁했다. (특이하게 아버지 헨리 시니어가 아니라 삼촌을 통한 요청이었고, 헨리 주니어는 해군 중위로 복무했다).[50]

시프의 아들 모티 역시 친구와 동료들이 워싱턴으로 향하거나 전선에 배치되는 모습을 지켜보며 군에 기여하기를 원했다. 특히 시프는 정재계 고위급 인사들을 만나 아들 모티가 군대에 들어갈 수 있도록 애를 썼으며 윌슨의 최측근 하우스 대령과 대통령의 사위인 매커두 장관에게도 도움을 청했다. "조국을 위해 헌신하고자 하는 제 아들이 정부가 필요한 곳에 활용되기를 바라는 제 마음을 충분히 이해해주시리라 믿습니다. 지난 몇 달 동안 여러 노력을 기울였는데도 어떤 이유에서인지 그럴 기회가 주어지지 않고 있습니다. 이로 인해 제 아들은 너무나 낙담했고, 우리 두 사람은 굴욕감마저 들었습니다."[51] 매커두는 "제가 도울 수 있는 일이라면 무엇이든 해서 그를 돕도록 하겠습니다"라고 약속했지만, 끝내 군이든 민간이든 모티에게는 아무런 기회가 주어지지 않았다.[52] (모티가 오랫동안 갈망했던 군 복무는 1929년에야 비로소 실현되었는데, 당시 허버트 후버 대통령이 그를 육군 예비군 정보부 소속 소령으로 임명했다).⁵³

군 관련 직책을 얻지 못한 모티는 자원봉사 활동에 몰두했다. 그는 리버티본드위원회에서 예비 위원으로 활동했고, 재무부의 전쟁 저축 우표 판촉을 도왔으며, 아버지의 뒤를 이어 유제품 가격 통제를 위해 설립된 연방우유위원회 Federal Milk Commission 위원이 되었다. 또 최근 설립된 미국 보이스카우트의 부회장을 맡았는데(모티와 그의 아들 존은 후일 이 조직의 회장직을 역임하게 된다), 모티는 이 단체의 40만 명에 이르는 스카우트 대원을 전쟁 지원에 동원하는 데 힘을 쏟았다. 스카우트 대원들은 수억 달러 상당의 전쟁 채권과 저축 우표를 판매하고 군대에 식량을 공급하기 위한 '전쟁' 정원을 조성했으며, 공습 감시 요원으로도 자원했다. 이런 활동의 목표 중 하나는 곧 성인이 될 소년들이 징집 연령에 도달했을 때 스카우트 제복을 자연스럽게 군복으로 갈아입을 수 있도록 준비시키는 것이었다.

모티의 자선 활동 중 핵심 사업은 유대인복지위원회 Jewish Welfare Board였다. 이 단체는 미군 장병들에게 종교적, 사회적, 오락적 휴식을 제공하기 위해 1917년에 창설되었으며, 모티의 아버지가 주도한 100만 달러 모금 운동을 기반으로 탄생했다. 이 단체는 종교와 무관하게 미군 장병들을 대상으로 미국 전역은 물론 유럽의 수백 개 군사기지까지 활동 범위를 확장했다. 구체적으로는 유대인 군목을 모집 및 배치하고, 종교 행사를 주관하며, 이민자 병사들에게 영어를 가르치고, 밤에는 공연과 영화 상영 등을 후원하는 다양한 프로그램을 실시했다. 또한 640만 장의 편지지, 37만 갑의 담배, 15만 5,000부의 잡지, 10만 권의 책을 배포했다. 유월절에는 30만 파운드의 [유대인들의 빵인] 마초를 유럽으로 보냈다.⁵⁴

모티는 복지위원회의 집행위원으로 월터 삭스, 어빙 리먼과 함께 일하면서 YMCA, 구세군, 콜럼버스 기사단 같은 다른 군 복지단체들과 조율하는 업무를 맡았다. 이는 공동분배위원회 내 파벌들 간의 이견을 조정하는 것만큼이나 어려운 일이었다. 그럼에도 불구하고 모티는 유대인복지위원회를 포함해 7개 자선단체가 함께 한 전쟁지원연합캠페인United War Work Campaign 의 부의장으로 활약하며 미군을 위해 약 2억 달러를 모금하는 데도 성공했다.

그는 청년히브리협회 필라델피아 지부에서 연설할 때, 너무 많은 복지사업에 관여하다 보니 요즘은 연설문을 미리 준비할 시간도 없다며 농담을 섞었다. "저는 복지 활동에 종사하고 있습니다. 그 와중에 가끔은 사업가인 척도 합니다."[55]

1917년 가을, 시프 일기에서 첫 진쟁 희생자가 나왔다. 모티의 영국 사촌, 즉 제이컵 시프의 작고한 형 헤르만의 외아들 모티가 프랑스 전선에서 전투 중 실종된 것이다. 시프의 아들과 이름이 같은 모티는 영국 보병으로, 독일군 참호 기습 공격 중에 마지막으로 목격되었다. 최근 시프에게 자신이 대위로 진급했다는 소식을 전하며 전선의 상황을 이렇게 묘사했다. "직접 와보지 않은 사람은 프랑스 농촌이 얼마나 끔찍하고 무차별적으로 파괴되었는지 전혀 상상할 수 없을 것입니다."[56] 후일 이 모티 시프 대위는 전사자로 공식 처리되었다.

시프의 조카가 전선에서 실종되고 며칠 후 또 다른 비극이 닥쳤다. 어빙턴의 시골집에서 평소처럼 이른 아침 말을 타고 나간 아이크 셀리그먼이 말에서 떨어져 두개골이 골절되었다. 마침 지나가던 사람이 의식을 잃은 그를 발견했고 급히 마운트 시나이 병원으로 호송되었다. 샘 삭스의 동생인 신경과 의사 바니 삭스가 동료가 집도하는 응급 수술을 함께 지켜보았으나, 아이크는 끝내 의식을 되찾지 못했다.[57]

시프는 아이크와 매우 가까운 사이였다. 불과 몇 주 전만 해도 그들은 함께 데저트 섬의 숲을 함께 산책했었다.[58] 이제 시프는 폴과 니나, 다른 가족들과 함께 아이크의 장례식에 참석해 관 앞에 섰다. 윤리문화협회의 펠릭스 애들러가 조사를 통해 아이크 셀리그먼의 '평정심'과 '인류애'를 기렸다.[59]

"우리 모두는 이 훌륭한 인물을 무척이나 사랑했습니다." 장례식을 마친 후 시프는 탄식했다. "그는 오직 사랑과 봉사만을 알았던 사람이며, 친구 외에는 아무것도 남기지 않고 떠났습니다."[60]

하지만 아이크는 막대한 빚도 남겼다. 그는 처남 제임스 로브에게만도 60만 달러의 빚을 지고 떠났다.[61] 이는 친구와 가족 사이에서는 공공연한 비밀이었다. 즉, 셀리그먼앤컴퍼니의 재정 상태가 위태롭다는 현실을 반영하는 것이었다. 전년도에 회사가 쿠바케인 설탕회사Cuba Cane Sugar Corporation의 주식 인수를 주도했을 때, 펠릭스 워버그는 제임스 로브에게 편지를 보내 셀리그먼이 "모처럼 큰 돈을 벌었다"면서 "돈이 있을 테이니 빌린 돈 일부라도 갚으라고 하면 어떨까요?"라고 말했다.[62] 하지만 아이크가 사망할 당시 이 빚은 여전히 상환되지 않은 상태였다.

셀리그먼의 사세는 1907년 공황 이후 점차 기울었다. 이미 위기이던 와중에 제1차 세계대전은 또 다른 타격이 되었다.[63] 셀리그먼 형제들의 프랑크푸르트 지사인 셀리그먼앤스테트하이머는 헨리 셀리그먼이 자선 활동에 헌신하기 위해 은퇴하면서 1900년에 문을 닫았지만, 런던과 파리의 지사는 여전히 영업 중이었다. 1910년,

윌리엄 셀리그먼이 88세의 나이로 사망하자 파리 지사인 셀리그먼 프레르는 아들 데이비드 W. 셀리그먼이 이끌었다. 셀리그먼프레르는 베를린, 페트로그라드, 빈에 거액을 대부했는데, 전쟁이 터져 대출금을 회수할 수 없게 되자 곧바로 심각한 상태에 빠졌다. 파리 지사의 파트너이기도 했던 아이크는 독일의 선전포고 직후 그곳에서 며칠간 "공포의 나날"을 보내며 회사를 파산에서 구하려 애썼다. 만약 파리 지사가 무너지면 아이크가 모두 관여하고 있는 뉴욕과 런던의 셀리그먼도 신용이 떨어져 위험해질 수 있는 상황이었다(주식회사와 달리 파트너십 회사에서는 파트너들이 무한 책임을 져야 했다. 당시의 투자은행들은 대부분 파트너십이었고 20세기 중반을 거치며 법인화한다_옮긴이).[64]

아이크는 파리 지사의 파트너십에서 신속히 빠져나와야 했다. 1914년 가을, 그는 구제금융을 요청하러 뉴욕에 온 데이비드와 계약을 맺었다. 이 계약에 따라 아이크는 셀리그먼프레르에 수백만 프랑을 선지급했고, 그 대가로 파리 지사의 파트너를 그만둘 수 있었다. 그러면서 파리 지사의 고객들이 놀라지 않도록 "내가 셀리그먼프레르에서 은퇴하는 이유는 우리가 중립적인 회사이며 어떤 사태에도 휘말리고 싶지 않다는 점을 분명히 하기 위해서라고 발표할 것"이라고 런던 지사 파트너인 사촌 찰스에게 말했다.[65]

하지만 아이크는 하나의 문제를 다른 문제로 바꾸었을 뿐이었다. 파리 지사를 떠받치는 데 들어간 자금은 셀리그먼 뉴욕 본사의 자원을 소진시켰고, 다른 사업 기회를 포기해야 하는 상황에 처했다. 그러던 중 데이비드가 지원받은 자금을 위험한 투자에 썼다는 사실을 알게 되자 아이크는 분노했다. 그는 셀리그먼프레르와 완전히 단절하고 파산하도록 내버려두겠다고 위협하기도 했다.[66] 말에서 떨어졌던 그날도 아마 아이크는 이런저런 걱정들로 머릿속이 복잡했을 것이다.

휘청이던 파리 지사는 아이크보다 조금 더 오래 버텼지만, 결국 1921년에 해체되었다. 해체 과정은 미국 정부의 적성국자산관리처 Office of the Alien Property Custodian 때문에 한층 복잡했다. 이 기관은 전쟁 중 미국의 적으로 간주된 개인과 법인의 재산을 압류했는데, 셀리그먼프레르의 채무자들 중 일부도 여기에 해당됐다. 이 기관의 초대 처장은 A. 미첼 팔머 A. Mitchell Palmer (1919년에 법무부 장관이 된다)로, 그는 아이크 셀리그먼과 제임스 로브의 금전 문제에도 개입했다. 제임스는 미국 시민이었지만 전쟁 당시 독일에 거주했고, 전쟁의 충격으로 만성적인 신경쇠약이 악화된 상태였다. 팔머는 '조사 후' 제임스를 적성국 국민으로 분류했고, 아이크의 약속어음을 포함해 그의 미국 내 자산을 압류했다.[67]

아이크 셀리그먼은 시프처럼 종교적 신념이 확고하지는 않았지만, 시프와 자선 활동의 정신적 동반자였고, 특히 러시아 유대인을 돕기 위해 함께 노력한 오랜 협력자였다. 그는 포츠머스에서 시프의 옆에 앉아 함께 러시아 정부의 유대인 탄압 문제를 놓고 세르게이 비테를 압박하기도 했다. 시프와 마찬가지로 아이크 역시 차르 체제의 전복을 목표로 한 '러시아자유의친구들'의 오랜 회원이었다. 두 사람은 로마노프 제국의 몰락을 함께 축하했다.

그러나 아이크의 생애 마지막 몇 달 동안, 러시아의 상황이 끝나지 않았다는 현실이 분명해졌다. 블라디미르 레닌의 볼셰비키당이 세력을 확대하고 있었기 때문이다. 아이크는 유대인들에게 커다란 희망과 심각한 위협을 동시에 가져다준 격동의 시기에 세상을 떠났다. 1917년은 그 자체로 대전환의 해였다. 미국의 참전은 이미 3년이나 진행된 전쟁에 전환점이 되었고, 여성 참정권 운동은 승리를 목전에 두었으며, 미국의 이민 정책은 급격하게 배타적인 방향으로 선회하고 있었다. 이 해는 또한 현대 유대인 역사에 극적인 영향을 미쳤던 사건들로 시작되고 끝을 맺었다. 1917년의 문을 연 러시아 혁명으로 당시 세계 최대의 유대인 집단은 전제 정권에서 해방되었다. 그해 말 또 하나의 중대한 변화가 찾아왔다. 11월 2일 영국 정부는 67개 단어의 성명을 통해 그간 허황된 꿈으로 여겨졌던 팔레스타인 내 유대인 국가 수립의 가능성을 열어주었다. 이 메시지는 외무장관 아서 밸푸어Arthur Balfour가 영국 유대인 사회의 지도자인 월터 라이오넬 로스차일드 남작에게 보낸 짧은 서신에 담겨 있었다. 편지는 다음과 같았다.

폐하의 정부는 팔레스타인에 유대 민족의 국가를 설립하는 것을 지지하며, 이 목적을 달성할 수 있도록 최선의 노력을 할 것이다. 단, 팔레스타인의 기존 비유대인 공동체의 시민권과 종교적 권리, 다른 국가에 거주하는 유대인의 권리 및 정치적 지위가 침해되지 않도록 해야 함을 분명히 한다.

밸푸어 선언은 시오니스트 지도자들과 영국 정부 당국자들 간 수개월에 걸친 협상의 산물이었다. 이들의 협상은 혁명으로 인해 러시아가 계속 전쟁에 남을 것인지(레닌의 볼셰비키는 즉각 철군을 주장했다), 그리고 공식적으로 참전했지만 윌슨 행정부의 전쟁에 대한 의지가 여전히 불확실한 시점에 이루어졌다(미군이 전선에 투입된 것은 1917년 10월이었고, 공교롭게도 밸푸어가 로스차일드에게 편지를 쓴 다음 날인 11월 3일에 미군의 첫 전사자가 나왔다). 이런 불투명한 정세에 영국은 러시아와 미국 정부의 전쟁 의지를 강화하기 위해 두 나라 유대인 공동체의 지지를 끌어내기를 원했다.

밸푸어 선언이 발표되고 며칠 지나지 않아 러시아 혁명은 새로운 국면에 접어들었다. 1917년 11월 7일, 볼셰비키는 쿠데타로 임시 정부로부터 권력을 탈취했다. 레닌은 약속한 대로 철군을 서둘렀고, 볼셰비키 정권의 첫 외무상으로 임명된 레온 트로츠키는 동맹국과의 평화 협상을 주도했다. 혁명 직후부터 러시아는 내전에 휩싸였고, 〔1918년 3월 브레스트-리토프스크 조약을 체결하며〕 결국 전쟁에서 이탈했다. 과거 차르가 통치하던 영토에는 여러 주권 국가를 통합한 소비에트연방이 수립되었다.

밸푸어 선언이 발표되었을 때 영국의 이집트 원정군은 오스만제국 군대와 팔레스타인 남부의 주도권을 놓고 치열하고 싸우던 중이었다. 당시 양측은 팔레스타인에서 교착 상태에 빠져 있었다. 영국군 사령관 에드먼드 앨런비 Edmund Allenby 장군은 다혈질에 건장한 체구 때문에 '황소'라는 별명을 가졌는데, 중동 전선으로 부임하기 전에는 프랑스에서 기병 사단을 지휘한 경험이 있었다. 그는 최근 서부 전선에서 외아들을 잃었고, 그 비통함을 예루살렘을 향한 가차 없는 진군 의지로 바꾸었다. 11월 말 무렵에는 그의 군대가 후퇴하는 오스만 군대를 예루살렘 외곽의 유대언덕 Judean Hills 으로 몰아붙였다.

예루살렘은 영국군의 점령을 눈앞에 두었고, 상트페테르부르크는 정치적 혼란에 빠져 있던 11월 말, 맨해튼 미드타운의 대형 전시장인 그랜드센트럴팰리스에서 히어로 랜드 Hero Land 라는 2주간의 애국 행사가 시작되었다. 행사 기간 중 11월 28일은 유대인 구호의 날로 지정되었다. 수십 개의 전쟁 구호 단체가 참가한 히어로 랜드 행사에는 바그다드 거리, 베르사유 궁전의 무도회장, 힌덴부르크 참호 등을 공들여 재현한 전시도 선보였다. 행사장에는 포획한 독일 잠수함도 전시되었는데, 리버티본드위원회는 이 잠수함을 '채권을 사라U-Buy-a-Bond'로 재명명했다.[68]

공동분배위원회는 식민지 시대를 테마로 만든 전시 공간에 '올드 볼링 그린Old Bowling Green'이라는 제목을 붙였다. 테레즈 시프는 위원회의 히어로 랜드 공연을 맡아 유대인 구호의 날 낮에는 해리 하운디니Harry Houdini와 어빙 벌린Irving Berlin이 출연하는 쇼를, 밤에는 출연자가 300명이 넘는 '승리로 가는 길'이라는 제목의 공연을 기획했다.[69]

영국 정부는 유대인 구호의 날 행사에 장군 한 사람을 연사로 파견했다. 그는 유대인 출신인 레딩 경의 축사를 낭독한 뒤 이렇게 말했다. "유대 민족은 영국에서 시민권과 자유라는 특권을 누려왔으며, 그 자유를 위해 지금 연합국이 싸우고 있습니다. 유대인들은 그 자유를 누릴 자격이 있음을 증명했습니다… 세계는 미국 역시 유대 민족이 영국에 보여준 그 충성심과 헌신, 애국심으로 보답받고 있음을 알고 있습니다."[70]

히어로 랜드 행사가 끝나기 전날인 12월 11일, 앨런비 장군은 예루살렘의 자파 게이트 앞에서 말에서 내려 걸어서 문을 통과했다. 이는 성스러운 도시의 주민을 향한 존중의 표시였으며, 유대인에게는 격동의 새로운 장이 시작됨을 알리는 행동이었다.

예루살렘이 영국의 지배 아래 들어간 직후, 줄리어스 골드만의 막내딸인 서른한 살의 세균학자 애그니스가 적십자와 함께 예루살렘으로 파견되었다. 그녀는 아치형 천장과 끝없이 이어지는 복도가 있는 오래된 건물 구역에 진료소를 세우는 일을 도왔다. 이는 난민과 말라리아에 감염된 적십자 직원을 치료하기 위한 시설이었다. 부유한 독일계 유대인 출신인 그녀는 다른 많은 이들처럼 시오니즘에 반대했다. 하지만 팔레스타인의 유대인 정착지를 둘러본 후 그녀는 아버지에게 편지를 보내 이렇게 고백했다. "만약 제가 본 것들에 전혀 영향을 받지 않았다고 한다면 이는 일관된 척하려고 거짓을 말하는 것이 될 거예요… 눈으로 본 증거를 부정하는 것은 불가능하잖아요. 열성적인 사람들의 노력에 대한 응답으로 척박한 대지가 과실을 맺는 것을 보면서, 이곳에 정착한 그들의 결단력과 의지를 부정할 용기가 나질 않아요."[71]

유대인 국가 설립에 대한 영국의 지지와 러시아에서 지난 1년 동안 벌어진 사태를 계기로 많은 유대인들이 시오니즘을 재평가하게 되었다. 놀랍게도 과거 시오니스트들과 격렬한 논쟁을 벌였던 시프도 그런 사람들 중 한 명이었다.

시프의 입장 변화는 1917년 4월에 뚜렷하게 드러났다. 러시아의 상황에 고무되면서도 그곳과 세계 다른 지역에서 유대인의 전통과 교리가 점점 약화되고 있는 점을 우려하기도 했던 그는 한 연설에서 "유대 민족도 이제 그들만의 조국을 가져야 한다"는 결론에 도달했다고 밝혔다. 시오니스트들은 그 발언을 자신들의 주장에 시프가 동조하는 것으로 해석하며 환호했지만, 이어지는 그의 다음 발언의 함의는 애써 무시했다. "그렇다고 해서 유대인 국가가 반드시 세워져야 한다는 의미는 아닙니다."[72] 시프는 자신이 매우 위험하다고 생각하는 바로 그런 유형의 민족주의를 구현하는 정치적 시오니즘과 유대인 국가 건립에 대해서는 여전히 단호하게 반대 입장을 유지했다. 그는 팔레스타인에 유대인의 문화와 종교 중심지를 세우는 것에는 찬성했지만, 그 지역은 아마도 영국 같은 국가의 보호령 아래에 놓여야 한다고 보았다.

1917년 내내 시프는 고위급 시오니스트들과 미묘한 신경전을 이어갔다. 시오니스트들은 미국 유대인 사회의 최고 지도자로 널리 인정받던 그의 지지를 얻고자 했고, 시프는 유대인의 단합을 위한 길을 모색했다.

시프와 브랜다이스를 비롯한 시오니스트 지도자들 간의 대화는 1917년 가을에 더욱 활발해졌다. 시프는 미국시오니스트기구Zionist Organization of America를 통해 발표할 의도로 편지를 준비하기에 이르렀다. 그는 이 편지가 "나의 '전향'의 핵심적인 부분으로서 필요하다"고 말했다. 시프는 12월 3일자 편지—그 초안은 연방판사이자 시오니스트기구의 차기 의장인 줄리언 맥 사이를 여러 차례 오갔다—에서 "내가 반대했던 것은 시오니즘 자체가 아니라 이른바 유대 민족주의였다"고 설명했다. 이어 그는 "유대 민족의 종교적 정체성을 영속시키기 위해서가 아니라 정치적 동기와 열망에서 촉발된 팔레스타인에 독립된 유대 국가를 재건하려는 시도"에 이의를 제기했던 것이라고 밝혔다. 또한 "종교적 동기가 뒷전으로 밀려난 상태에서 이루어지는 유대인의 팔레스타인 재정착은 도무지 환영하기 어렵다"고 말했다.[73]

그런데 편지를 전달한 지 7주가 지나도록 시오니스트들이 그의 편지를 공개하지 않자 화가 난 시프는 시오니스트 운동에 동참하려던 뜻을 철회했다. "나는 계속해서 문지방을 밟고 서 있어야 할 것 같습니다"라고 시프는 맥에게 편지를 보냈다. 맥은 두 사람의 대화는 '비공식'이었다고 주장했다.[74] 시프가 '셰켈shekel—그가 시오니스트 회원임을 공식화하는 명목상의 회비—을 지불하도록' 지속적으로 설득했지만 그는 끝내 이 운동의 주변에 머물렀다.

줄리언 맥이 계속 시프를 회유하려고 애쓰던 1918년 봄, 대법관 브랜다이스는 오토 칸에게 편지를 보냈다. 칸이 최근 출간한 연설문 모음집 《인종보다 정의 Right Above Race》를 읽은 뒤였다. 책 서문에서 테디 루스벨트는 칸의 책을 "미국주의를 위한 훌륭한 변론"이라고 칭찬했다.

브랜다이스는 이렇게 썼다. "제가 동봉한 '미국화' 연설문에 관심이 있으실지 모르겠습니다. 저는 이 연설문에서 《인종보다 정의》의 사상을 더 발전시키려 했습니다. 저를 시오니즘으로 이끈 이 사상이 당신도 시오니즘으로 이끌 수 있기를 바랍니다."[75]

브랜다이스는 유대 지도자로서는 다소 이례적인 인물이었다. 세속적 유대인이자 사회 개혁가인 그는 정식으로 종교 교육을 받은 적이 없으며, 시오니즘을 접한 것도 인생 말년에 들어서였다. 그는 쉰여덟 살이 되기 직전이 1914년 8월에 시오니스트일반사무임시집행위원회의 위원장직을 수락했다. 그는 당시 "나는 유대인과 관련된 일에 매우 무지하다"고 인정하면서도, 유대인의 이상이 "20세기가 추구하는 정의와 민주주의의 이상과 같다"고 느껴 이 역할을 맡았다고 밝혔다. 전쟁으로 유대인의 요람(동유럽을 가리킨다_옮긴이)이 붕괴되는 상황에서 유대 민족을 보호하는 것이 매우 긴요한 문제이며, "성공 가능성이 가장 높은 방식으로 이를 추구해야 한다"고 보았다. (시프를 포함한) 시오니즘 비판자들은 시오니즘의 민족주주의적 목표가 미국주의와 충돌한다고 비판했지만, 브랜다이스는 "유대인 정신"은 "본질적으로 미국적"이며, 이러한 가치를 강화하

려는 노력 자체가 궁극적인 애국심의 표현이라고 주장했다.[76]

칸은 여기에 공감하지 않았다. 그는 브랜다이스에게 "저는 아직 시오니즘으로 가는 길을 찾지 못했다고 고백하지 않을 수 없습니다. 솔직히 말하면 지금까지 그 길을 찾으려는 어떤 진지한 노력도 하지 않았기 때문일 것입니다"라고 회신했다. 칸은 결국 시오니즘에 동참하지 않았다.[77]

칸도 브랜다이스처럼 종교적 배경 없이 성장했다. 그의 유대인 정체성은 매우 희미해서 일부 지인들은 그가 "구약성서와 신약성서 사이에 끼워 넣은 백지"라고 농담을 하곤 했다. 그는 유대인이라는 사실을 부끄러워하진 않았지만 그것이 자신을 구속한다고 느꼈다. 칸과 아내 애디는 시프 일가와 마찬가지로 독일계 유대인들의 사교 모임을 대체로 회피했는데, 그로 인해 뉴욕 상류사회에서 소외되지 않기 위해서였다. 칸 부부는 네 자녀가 사회적으로 배제되지 않도록 영국 성공회에서 세례를 받게 했다. 칸 본인도 개종했다는 소문이 끊이지 않았다. 평생 동안 개종을 고민했던 것은 사실이지만, 그는 끝까지 개종하지 않았으며 그 질문을 받을 때마다 항상 오해를 바로잡았다.[78] 끝내 시프가 공식적으로 시오니즘을 수용하지 못한 것처럼 그 역시 공식적으로 기독교를 받아들이지는 못했다.

칸은 관대한 자선가로서의 명성을 쌓았고, 유대인 단체뿐 아니라 기독교 단체에도 기부를 했다. 하지만 그의 주된 열정은 예술, 특히 메트로폴리탄 오페라에 있었다. 1903년, 시프는 메트로폴리탄 이사직 제안을 거절하면서 칸을 대신 추천했다. 칸은 곧 이사회 의장이 되었고, 오페라단의 현대화를 주도하며 뉴욕을 상징하는 문화 기관으로의 위상을 확고히 다졌다.

전쟁은 메트로폴리탄에서의 그의 역할에 새로운 과제를 던져주었다. 1914년, 그는 유명한 러시아 발레단을 섭외했고 그들은 이듬해 초 뉴욕에 도착했다. 그러나 [러시아 출신인] 스타 무용수 바슬라프 니진스키 Vaslav Nijinsky는 적성국 외국인으로 간주되어 부다페스트에서 가택 연금되는 바람에 함께 오지 못했다. 칸은 국무부 장관을 포함한 외교 인맥을 총동원해 그의 석방을 위한 구명에 나섰다. 결국 니진스키가 풀려났고, 칸은 일련의 어이없는 걸림돌들—니진스키의 빚을 대신 갚아주는 일을 포함하여—을 잘 해결하고 그를 메트로폴리탄 무대에 세웠다.[79]

미국이 참전한 후 칸과 오페라단 이사회는 가을 시즌에 예정된 공연을 포함해 독일 오페라를 계속 무대에 올려야 하는지의 문제에 직면했다. 내부 의견이 크게 갈리자 칸은 최고 권위자인 대통령 윌슨에게 자문을 구했다.[80] 그는 윌슨에게 일부 이사들은 독일 예술가의 공연이 "미국인의 애국심을… 모욕할 수 있다"고 우려하는 반면, 다른 이사들은 "예술의 기치는 중립이어야 한다"고 주장한다고 전했다. 결국 메트로폴리탄은 바그너의 〈파르지팔〉을 포함해 독일 작품을 번역하여 공연하는 절충안을 택했다. 예술에 관해서는 순수주의자인 칸으로서는 번역 공연이 마뜩지 않았지만, 애국심이라는 명분 아래 이를 감수했다.[81]

오랜 시간 시민권 취득을 주저했던 칸은 윌슨 행정부가 전쟁을 선포하기 두 달 전인 1917년 2월에 미국 시민이 되었다. 사실 시민권 취득 이전인 전쟁 초기부터 칸은 조금의 흔들림도 없이 연합국을 지지했었다. 이제 새롭게 미국 시민이 되었고 쿤로브 내부에서도 전쟁에 대한 이견이 사라지자 그는 마침내 자유롭게 목소리를 낼 수 있었다. 칸은 친구인 영국의 언론 재벌 비버브룩 경에게 말했다. "나는 오랫동안 프로이센주의에 대한 증오와 혐오 그리고 연합국의 대의에 대한 전폭적인 충성을 공개적으로 표명하고 싶었습니다. 하지만 아직 미국 시민이 아니었기 때문에, 적어도 공개적으로 발언할 때는 침묵하지 않을 수 없었지요."[82]

칸은 단순히 목소리를 내는 데서 그치지 않았다. 그는 비공식적 애국 대변인 역할을 자처했고, 그의 글과 발언은 어디에서나 접할 수 있었다. 그는 전국을 순회하면서 프로이센주의를 '사악한 변종'이라고 공격했고, 독일의 '지배계층'이 권력 숭배와 세계 지배라는 악마적 집착을 국민에게 주입하고 있다고 성토했다.[83] 동시에 그는 '프로이센주의라는 독의 성장'과 같은 제목의 기사와 팸플릿들을 계속해서 발표했다. 그는 종종 독일계 미국인들을 대상으로 프로이센주의라는 '악성 종양'을 함께 규탄하자고 촉구했다.[84] 칸의 지위 덕분에 그의 독일 비판은 강력한 선전 도구가 되었다. '독일민주주의의친구들Friends of German Democracy'이라는 단체는 미국 정부가 새로 조직한 선전기관인 공보위원회Committee on Public Information의 지원을 받아 칸(그리고 일부 시프)의 글과 연설문을 수천 부 인쇄했고, 프랑스 정부는 이를 독일 전선 상공에서 투하했다.[85]

하지만 어떤 사람들은 칸과 시프의 애국적 열정을 선뜻 믿지 못했다. 월스트리트의 챈들러앤컴퍼니Chandler & Co. 중개인은 1918년 한 편지에 "독일인들이 바로 우리 코앞에서 우리를 속이고 있다는 생각을 해본 적 있는가?"라고 썼다. 이 편지는 칸이 독일 금융계와 연계되어 있는지 그리고 그의 성향은 어떤지를 비밀리에 조사한 수사국의 서류 파일에 들어 있었다.

칸이 일신의 안위를 위해 영국 의회에 진출하려 했다고 생각하는가? 이곳에서는 이런저런 말들이 많다. 사람들은 칸과 시프가 미국인들에게 미국인으로 사는 법을 왜 가르치려 드는지 이해하지 못한다. 사람들은 왜 칸, 시프, [폴] 워버그 같은 사람들에게 이 나라의 모든 것이 맡겨져 있는지 의문을 갖고 있다. 시프는 지난 토요일 재무부 지부 건물 앞 계단에서 연설했는데, 그는 불과 2년 6개월 전 독일이 발행한 채권을 샀던 사람이다.[86]

물론 칸은 독일의 첩자가 아니었다. 오히려 그는 영국의 정보 자산이었다. 그는 전쟁 중 뉴욕에서 미국 내 영국 첩보 작전을 지휘하던 윌리엄 와이즈먼William Wiseman 경과 그의 부관 노먼 스웨이츠 Norman Thwaites—자신만만한 젊은 요원—와 긴밀하게 연락하는 사이였다.

케임브리지에서 수학한 준남작baronet 와이즈먼은 런던의 〈데일리 익스프레스〉 기자로 일했으며, 캐나다와 멕시코에서 잠시 은행업계에서 일한 적이 있었다. 전쟁이 발발하자 그는 영국 육군에 입대했고, 1915년 7월 이프르에서 경보병부대 복무 중 가스 공격을 받아 일시적으로 실명하기도 했다. 이후 요양을 위해 영국으로 돌아갔다가 우연히 영국 비밀정보국의 국장—아버지의 해군 친구 중 한 사람—을 만나 뉴욕의 임무를 맡게 되었다. 그와 스웨이츠는 독일 파괴공작과 첩보 활동에 맞서 비밀 작전을 수행하는 한편, 윌슨 행정부를 연합국 진영으로 유도하기 위해 노력했다. 그들은 프란츠 폰 린텔렌이 미국에서 짧지만 다양한 비밀 임무를 수행하면서 설립한 폭탄 공장을 폐쇄하는 작전을 성공하기도 했다. 이들의 또 다른 정보전 성과로는 독일 대사 베른스토르프의 낯 뜨거운 사진을 입수한 사건이 있다. 애디론댁산맥에서 촬영된 이 사진에서 베른스토르프는 수영복을 입고 아내가 아닌 두 여성의 허리에 팔을 두르고 있었다. 사진이 언론에 배포되자 대사는 매우 난감한 상황에 처했다. 사진 속의 그는 전쟁 중에 일광욕이나 할 정도로 한가하게 시간을 보내는 인물로 비쳤다. 스웨이츠는 이 사건에 대해 "선전 수단으로서, 나는 이 사진이 미국 언론에 실린 몇 페이지짜리 기사들보다 훨씬 효과적이었다고 자신 있게 말할 수 있다"고 회고했다.[87] 와이즈먼의 다섯 자녀 중 막내인 존은 아버지가 전시에 어떤 일을 했는지 이야기한 적은 거의 없지만, 한 친척이 그가 롱아일랜드의 탄약고에서 대치 중이던 적 요원을 사살했다는 일화를 들려준 적이 있다고 기억했다.[88]

둥근 얼굴에 단정한 콧수염을 한 젊은 와이즈먼은 붙임성 좋은 말쑥한 신사 스파이였다. 그의 지인 중에는 윌슨 대통령의 측근이자 고문인 하우스 대령도 있었다. 두 사람은 같은 건물의 집을 임대해서 살 정도로 서로 각별히 신뢰하는 사이였고, 그 덕에 와이즈먼은 불과 서른두 살에 미국과 영국 정부 간의 연락 임무를 수행하는 비공식 대사가 되었다. "내 인생에서 가장 자랑스러운 일은 윌슨 대통령이 나와 가까운 친구였다는 사실"이라고 훗날 와이즈먼은 말했다. "대사조차 만나지 않을 때도 그는 나를 받아주었다."[89]

와이즈먼은 칸과 모티 시프를 비롯한 쿤로브의 파트너들과도 친분을 쌓았다. 이들은 실제로 매우 친한 사이가 되어 전쟁이 끝난 후 와이즈먼은 쿤로브에 들어가 쿤로브 최초의 비유대인 파트너가 되었다. (저명한 영국 인사를 영입함으로써 쿤로브가 자신들에 대한 영국 내 반감을 누그러뜨리는 데 도움이 되었음이 틀림없다). 와이즈먼의 개인 문서에는 스웨이츠가 활용한 정보원 목록이 담긴 메모가 있는데, 거기에는 다음과 같은 문구가 적혀 있다. "쿤로브앤컴퍼니, 윌리엄가의 오토 칸은 금융 정보에 아주 유용함."⁹⁰ 스웨이츠는 회고록 《벨벳과 식초》에서 칸과의 가까운 관계를 이렇게 묘사했다. "1917년부터 1920년 사이에 아주 민감한 결정을 내려야 할 때 나는 종종 칸 씨에게 자문을 구했는데, 그의 냉정한 판단력과 정치, 경제 동향에 대한 거의 초자연적인 예지력이 큰 도움이 되었다."⁹¹

칸은 미국 당국자들은 자신의 현명한 조언에 그다지 호응하지 않는다는 사실을 깨달았다. 전쟁부 장관은 칸을 군대 위문공연을 기획하는 군 위문 자문위원회에 임명했다. 하지만 칸은 보다 의미 있는 임무, 가령 윌슨 행정부를 대리하는 '공식 혹은 준공식 사절단' 같은 역할을 원했다.⁹² 칸은 정부가 자기에게 큰 관심이 없다는 사실을 인지하자, 1918년 직접 전쟁 지역을 조사하고 평화 가능성을 가늠하기 위해 유럽으로 건너갔다.

칸은 먼저 런던에 들러 데이비드 로이드 조지David Lloyd George 총리와 면담했다. 최근 정보부 장관에 임명된 비버브룩 경은 '선전 문제'에 대해 이 은행가에게 자문을 구했다.⁹³ 그는 5월 말에는 프랑스로 가서 미군 기지를 둘러보고 보급선을 살펴보았으며, 미국 원정군의 사령관 존 퍼싱John Pershing 장군과 점심을 함께 했다.⁹⁴

그해 초봄, 독일은 러시아의 신생 볼셰비키 정부와 평화조약을 체결했다. 그 결과 동부 전선에 묶여 있던 병력을 움직여 프랑스에 대한 총공세에 투입하도록 재배치했다. 독일군은 파리에서 80킬로미터밖에 떨어지지 않은 지점까지 진격했다. 이는 장거리포로 파리를 폭격할 수 있을 만큼 가까운 거리였다. 그러나 칸의 방문 이후 몇 주 사이, 퍼싱의 부대는 샤토티에리Château-Thierry 전투와 벨로우드Belleau Wood 전투에서 독일의 공세를 저지하는 데 성공했다. 칸은 이 경험을 바탕으로 《전세가 바뀌는 순간When the Tide Turned》이라는 소책자를 저술했으며, 이 전투들이 그해 가을 독일이 궁극적인 패배로 가는 결정적인 전기가 되었다고 주장했다.

칸의 실태 조사 임무는 스페인으로 이어졌고, 그는 국왕 알폰소 13세의 환대를 받았다. 스페인은 전쟁 내내 중립적인 입장을 유지했지만, 칸은 스페인이 '독일의 음모, 파렴치한 공작과 선전 활동의 온상'이라고 판단했다. 그는 스페인 방문 중 아주 중요한 정보를 입수했다. 독일의 혁명 세력인 스파르타쿠스단이 가까운 시일 내 봉기를 계획하고 있다는 것이었다. 칸은 이 정보를 즉시 영국과 미국 정부에 전달했고, 후일 영국의 한 각료는 "그는 이 정보를 제공함으로써 아주 큰 공을 세웠다"고 말했다.[95]

윌슨은 칸의 이 유럽 여행을 공식적으로 승인하지는 않았지만, 그가 돌아오자 그에게 보고를 요청했고 칸은 기꺼이 응했다. 칸의 귀국 후 언론은 그의 유럽 방문과 현지 정세에 대한 그의 생각을 대대적으로 보도했다. 8월에는 프랑스 정부가 칸의 공적을 치하하며 레지옹 도뇌르 훈장을 수여했다. 이탈리아와 벨기에에서도 비슷한 훈장이 수여되었다.

전쟁이 끝나자 세계적인 금융가이자 예술 후원자였던 칸의 이력에 새로운 타이틀이 추가되었다. 정치가라는 직함이었다.

칸이 유럽에서 돌아오고 몇 달 뒤, 모티 시프는 전쟁 지역으로 향했다. 그는 전쟁부가 조직한 11인 위원회의 일원으로 전쟁지원 연합캠페인을 통해 모금된 구호 자금의 집행을 감독하는 업무를 맡았다. 전쟁은 사실상 끝난 상태였다. 연합군의 반격은 무력해진 독일군을 점차 밀어냈고, 독일의 패배가 현실로 다가오자 스파르타쿠스단과 다른 사회주의 혁명 세력들이 주도한 소요가 발생했다. 결국 황제 빌헬름 2세는 황위에서 물러나 망명길에 올랐다. 1918년 11월 11일, 독일과 연합국 대표들은 정전 조건을 최종적으로 확정했다.

모티는 그로부터 한 달 후 런던에 도착하여 곧바로 미 해군 구축함을 타고 프랑스로 갔다. "파리는 미국 사람으로 바글바글해. 전쟁 중에 내가 군복을 입고 여기 오지 못했다는 사실이 정말 속상하네"라고 아내에게 편지를 보냈다.[96]

새해 전날 모티는 브와 사크레Voie Sacrée, 즉 신성한 길을 따라 이제는 조용해진 파리 동부의 전장으로 차를 몰았다. 이 길은 베르됭 전투 당시 신병과 무기를 실어 나르던 중요한 보급로였다. 베르됭에 도착한 그는 언덕 위에 올라 폐허가 된 도시를 내려다보았다. 온전한 건물은 하나도 없었다. 지붕과 벽은 군데군데 구멍이 뚫려 있었고 깨지지 않은 창문은 하나도 없었다. 주변 수마일에 걸쳐 진흙과 철조망이 바다처럼 펼쳐져 있었고, 곳곳에 물이 괴어 연못이 되어버린 참호들이 보였다. 여기저기에 죽은 말이 썩어가고 있었고, 묘지들이 점점이 흩어져 있었다.

모티 일행은 미군 점령지인 코블렌츠까지 이동했다. 그곳은 먹을 것이 부족했고 가게 내부는 대부분 텅 비었고 창가에 진열된 소량의 물품들이 그들이 가진 거의 전부였다. 모티는 담배 한 갑을 사서 한 개비에 불을 붙이고 나서야 담배 연초가 들어 있지 않다는 것을 알았다.[97] 그는 아델에게 보낸 편지에 이렇게 적었다. "내가 '보슈(독일인을 경멸하여 부르는 프랑스어_옮긴이) 지역'에 머물던 내내 개를 한 마리도 보지 못했다는 이야기 했던가? 그놈들이 다 잡아먹은 건 아닐까 싶어, 난 보슈들이 정말 혐오스러워. 정말 끔찍해."[98]

모티는 나머지 일정을 파리에서 보냈다. 낮에는 한정된 구호 자금을 놓고 서로 다투는 여러 단체들을 조율하고 정리하려 노력했다. 그는 유대인복지위원회의 위원들을 조소하며 "유대놈들Yids (Yid는 원래 유대인을 뜻하는 중립적 명사였지만 영국과 미국에서 점차 경멸적 표현으로 쓰였다_옮긴이)이 자꾸 나를 귀찮게 구네"라고 불평하기도 했다. 그는 쿤로브를 위한 사업 기회를 살폈고, 퍼싱 장군을 비롯한 군 지도자들을 만났다. 밤에는 에두아르와 모리스 드 로스차일드Édouard and Maurice de Rothschild 와 같은 프랑스 귀족들과 어울리며 바쁜 사교 일정을 소화했다. "나는 지금… 영향력 있는 사람들과 '한담을 나누는' 데에 특히 신경을 쓰고 있어. 그게 더 가치 있는 일이니까. 말하자면, 지금 나는 늘 당신이 내게 권하던 방식대로, 칸처럼 행동하고 있는 거지"라고 아델에게 말했다.[99]

1919년 1월 중순, 프랑스 외무부 청사에서 시작된 국제 평화 회담으로 인해 파리와 그 인근 지역은 귀빈들과 낯익은 인물들로 가득했다. 모티가 매형 펠릭스에게 "마치 워싱턴 같아. 아니, 오히려 그 이상이야"라고 표현할 정도였다.[100] 우드로 윌슨은 하우스 대령을 동반하고 12월에 이곳에 도착했다. 그는 미국을 대표하여 협상을 진행하면서 앞으로의 전쟁을 방지하기 위해 국제연맹League of Nations 을 창설하자는 계획을 밀어붙였다. 윌슨 대통령 및 하우스 대령과의 두터운 친분 덕분에 첩보 요원이자 외교관인 와이즈먼도 영국 대표단의 일원으로 파리에 왔다. 막스 워버그는 미국 금융계와의 인맥 때문에 독일 대표단의 금융 전문가로 회담에 참석했다.

정전협정은 함부르크와 뉴욕의 워버그 가문에 큰 안도감을 주었지만 동시에 새로운 걱정을 가져다주었다. 독일은 혁명의 소용돌이에 휘말려 있었고, 정부와 밀접하게 얽혀 있던 워버그은행은 벼랑 끝에 몰려 있었다. 이로 인해 펠릭스와 폴은 가문 소유의 은행을 존속시키기 위해 자신들의 재산을 바닥까지 긁어모아야 할 위기에 처했다.

정전협정 체결 며칠 뒤, 펠릭스는 막스에게 전쟁 이후 처음으로 편지를 썼다. "2년 가까이 형과 연락을 하지 못했으니, 이 몇 줄을 쓰는데도 울컥해지네. 어머니와 다른 가족 모두에게 나의 진심 어린 사랑을 전해줘. 이 끔찍한 악몽이 끝났다는 사실이 얼마나 기쁜지 몰라. 이 편지가 형에게 닿을 무렵에는 형 주변 상황도 진정되기를 바라." 당시 미국과 독일 간 우편은 여전히 금지되어 있었기 때문에 펠릭스는 이 편지를 루이스 스트라우스에게 전달했다. 당시 스물두 살이던 스트라우스는 허버트 후버(미국 식품청장)의 보좌관으로 일했으며, 유럽에서 구호 활동을 감독하기 위해 상사와 함께 출국할 예정이었다. 펠릭스는 이 기회를 이용해 인도주의적 사정에 밝은 권위자로 자신의 형 막스를 추천했다.

하지만 독일에 식량이 부족하고 스파르타쿠스단 혁명가들이 폭력 사태를 일으켰다는 소식이 전해지자 펠릭스는 점점 불안해졌다. 1919년 3월, 막스가 프랑스로 갈 준비를 하고 있을 때, 폴과 니나는 어퍼이스트사이드 자택에서 프리다의 생일 만찬을 열었다. 손님 중에는 최근 독일에서 돌아온 미국의 종군 특파원 로이드 토머스Lloyd Thomas도 있었다. 그는 함부르크에서 막스를 만나러 가다가 거리에서 스파르타쿠스 단원들을 직접 목격했다. 펠릭스는 아들 제럴드에게 이렇게 전했다. "로이드 토머스는 독일의 생활환경—그걸 과연 '생활'이라고 부를 수 있다면—을 참담하게 묘사했다. 일부 교육받은 사람들의 마음속에 팽배한 우울감, 종이로 만든 가짜 정장을 입고 영양가라고는 전혀 없는 대체식량을 먹으며 아무 연설가나 선동가를 따를 수밖에 없는 대중의 절망감은 말로 다 할 수 없을 정도였다."

펠릭스는 막스가 회담에서 맡은 역할에 대해 감정이 복잡했다. 막스가 과거 빌헬름 2세 정권과 긴밀한 관계였는데도 새로 들어선 바이마르 공화국 지도자들이 그를 선택한 것은 '그의 공정성과 지혜에 대한 큰 신임'을 보여주는 것이었다. 동시에 펠릭스는 패배한 조국을 대표해 협상에 나서야 하는 '흥미롭지만 고통스러운 임무'를 막스가 어떻게 감당할지 알 수 없었다. 그는 아들 제럴드에게 이렇게 말했다. "그와 알리스에게 파리는 항상 즐거운 생활, 성공적인 사업, 사방에서 환대해주는 친구들이 있는 곳이었단다. 그랬던 그가 과거에 수많은 흥겨운 저녁 파티를 가졌던 베르사유에 이제는 조국을 위한 청원자의 입장으로 가야 한다는 건, 분명 너무나 다른 상황인 거지."

펠릭스는 어떤 결과가 나오건 결국 막스와 그의 동료들이 비난받게 되어 있는 '승산 없는 상황'으로 걸어 들어가고 있다고 보았다. "그들의 생각과 원하는 바가 무엇이건 그건 중요하지 않을 거야. 결국 그들은 제시된 문서에 서명해야 할 테고, 운이 좋다면 항의의 뜻을 표명하는 정도는 허락받을지도 모르지. 그들이 어떤 문서에 서명하건, 그 책임은 고스란히 그들에게 돌아가게 될 거야."[101]

그의 비극적 예감은 틀리지 않았다.

25.

비극의 서막

1919년 여름, 시프는 독일에서 온 묵은 서신들을 한꺼번에 받았다. 1915년 말에 보낸 것도 있을 정도였는데, 전쟁으로 검열 당국에 압수되었다가 이제야 반환된 것이었다. 편지에는 이미 오래전에 지나간 가족 소식과 축하 인사가 담겨 있었다. 막스가 오래전 보낸 한 편지는 시프의 손녀딸 캐롤라의 약혼을 축하한다는 내용이었다. 그녀는 이미 아장아장 걷는 아이의 엄마가 되어 있었다.

　전쟁의 반대편에서 서로의 나라가 싸우는 동안, 대서양을 사이에 둔 이들 가족의 교류는 더 이상 이어지지 못했다. 오랜 친구들 사이에는 할 말도 많았지만, 그저 가슴에 묻어야 할 이야기도 많았다. 미국과 독일 사이의 우편 서비스가 복구되자 시프는 막스에게 이렇게 썼다. "당신이 고국을 위해 고결하고 애국적인 활동을 많이 했다는 것을 알고 있습니다. 우리는 이제 당연하게도 지난 몇 년간 일어난 일을 다르게 느끼고 생각할 겁니다. 그런 일들을 굳이 논의하지 않는 편이 좋다는 점에 당신도 동의하리라 확신합니다." 이제 중요한 것은 현재와 미래, 그리고 유럽의 물질적, 정치적 폐허 위에서 재건의 과업을 수행하는 일이었다. "우리는 이제 전과는 다른 세계를 마주하게 되었습니다. 우리 모두, 특히 당신은 완전히 새로운 방식으로 그 세상을 헤쳐가야 할 것입니다"라고 시프는 썼다.[1]

막스는 전후 세계의 새로운 현실과 독일이 처한 위치를 받아들이는 데에 시간이 걸렸다. 한 조카에 따르면, 막스는 여전히 "전쟁 이전의 독일로 온전히 회복될 것이라고 믿었다"고 한다.[2] 그러나 파리강화회의는 그의 환상을 산산조각 내게 된다.

독일 재무부의 대표로 파리 회담에 참가해달라는 요청을 받고 막스는 처음에는 거절했다. 그 역시 펠릭스처럼 반발을 예견했고, 그 결과로 '반유대주의적 공격'이 뒤따를 것을 우려했다. 또한 재무부 관료 대신 은행가를 협상에 파견하는 결정이 타당한지에 대해서도 의문을 제기했다.[3] 하지만 정부가 거듭 요청하자 결국 막스는 재무부 대표단에 합류하기로 하고, 협상 테이블에서 독일을 대표하는 중요한 역할을 담당할 대표단 단장으로 워버그은행 부대표인 카를 멜키오르를 추천했다.

180명의 독일 대표단이 프랑스 국경을 넘자마자 평화 회담에 스며든 응징의 분위기가 표면화되었다. 기차가 전쟁으로 폐허가 된 시골 지역에 들어서자 천천히 속도를 줄여 독일인들이 파괴의 현장을 오롯이 느끼도록 했다. 이는 노골적이긴 했지만 충분히 효과 있는 심리전이었다.[4]

대표단은 베르사유 궁전을 설계한 건축가가 지은 샤토 드 빌레트Château de Villette에 사실상 가택연금처럼 수용되었다. 표면적으로는 안전을 확보하기 위해서라고 했지만 200명의 군인들이 감시하는 가운데 그들은 외부인과의 접촉이나 외출이 금지되었다. 동시에 저택 여기저기에는 도청장치가 설치되어 있었고, 시중 드는 사람들은 대화를 엿들었다.

막스는 '빌어먹을 정도로 가혹한' 평화 조건을 예상하긴 했지만, 연합국이 요구한 배상금과 영토 양보 요구는 그가 상상했던 것 이상이었다. 1919년 4월 16일, 샤토 드 빌레트에서 협상을 하던 중 막스는 미국 재무부 대표로 참석한 J. P. 모건의 파트너 토머스 러몬트에게 다가갔다.

"독일이 공정한 평화를 기대할 수 있는 유일한 희망은 미국에 있습니다." 막스는 절박한 심정으로 러몬트에게 이렇게 호소했다. 그는 볼셰비키 선동가들이 세력을 넓히고 있고, 봉쇄 조치가 여전히 해제되지 않아 매일 수백 명이 굶주림으로 죽어가는 위태로운 상황을 강조하며 독일 국민들은 두려움에 떨고 있다고 말했다.

막스는 자신의 생각을 담은 11쪽 분량의 문서를 러몬트에게 건넸다. 그는 이 문서에서 가끔은 상황을 제대로 인식하지 못한 듯 '독일 국민 전체의 고통'을 프랑스와 벨기에가 겪은 고통과 나란히 비교하려 했다. 독일에 대한 경제 봉쇄는 10만 명 이상의 독일 국민을 죽음으로 몰아넣은 '범죄'라고 비난했다. 그리고 이런 고통이 계속된다면 독일은 곧 '볼셰비즘'의 손아귀에 떨어질지도 모른다고 경고했다.

러몬트는 막스의 후안무치에 경악했다. 러몬트로서는 그 문서가 설득을 위한 것인지 아니면 도발을 노린 것인지 도무지 알 수가 없었다. 그는 파리에서 윌슨 대통령을 보좌하고 있던 금융가 버나드 바루크에게 문서를 보여주면서 말했다. "보슈놈들의 뻔뻔함은 정

말 끔찍한 수준이군."⁵

막스가 미국을 설득하는 데에 집중한 것은 당연한 일이었다. 강화회의를 주도한 미국, 영국, 프랑스, 이탈리아의 빅포Big Four 가운데, 윌슨만이 자제를 촉구하는 목소리를 냈기 때문이다. 그는 1918년 1월의 의회 연설에서 '14개조 평화 원칙'을 제안하며 독일과의 '공정하고 안정적인 평화'를 원한다고 선언했다. "우리는 어떤 식으로든 독일에 해를 입히거나 독일의 정당한 영향력이나 힘의 행사를 차단하려는 의도를 갖고 있지 않다." 실제 협상에서도 윌슨은 가장 가혹한 조건들에 반대했으며, 이 때문에 특히 프랑스의 조르주 클레망소Georges Clemenceau 총리와는 자주 격렬한 언쟁을 벌였다. 한번은 윌슨이 독일 남서부의 석탄 산지 자르 분지에 대한 프랑스의 지배권 요구에 반대하자, 격분한 클레망소는 그를 '친독일적'이라고 몰아붙이며 회의장을 박차고 나가기도 했다. 회의장의 긴장이 점점 고조되면, 윌슨이 평화 회담에서 철수하겠다고 위협한 적도 여러 차례 있었다.

그러던 중 1919년 4월 초에 윌슨이 갑자기 심한 독감에 걸렸다. 그전 해에 전 세계를 휩쓸면서 미국인 70만 명을 포함해 거의 5,000만 명의 생명을 앗아간 세계적 감염병(스페인 독감)의 여파였다. 윌슨은 며칠간 누워 지내다가 회복했는데, 보좌관들의 눈에 그는 전과 전혀 다른 사람 같았다. 계속 피로를 호소했고, 바이러스로 인해 신경계에도 이상이 생긴 듯했다. 윌슨은 멍한 상태로 있는 경우가 점점 많아졌고, 기밀문서가 담긴 서류가방을 놓고 일어서는가 하면, 전에는 쉽게 습득하던 정보도 이해하는 데 어려움을 겪는 모습을 보였다. 당시 유럽에서 미국 구호 활동을 지휘하던 허버트 후버는 훗날 윌슨의 "정신이 무기력해진 상태"였다고 언급했다.

이후 윌슨은 망상과 집착을 보이기 시작했고, 파리 숙소의 가구 배치와 같은 사소한 문제에 집착했다. 그가 얼마 전까지 단호하게 반대하던 주요 쟁점들을 갑자기 수용한 것은 더욱 이상했다. 그중에는 클레망소가 밀어붙였던 어마어마한 정도의 배상금과 독일이 전쟁 책임을 공식적으로 인정하도록 하는 조항 삽입 문제도 포함되어 있었다.[6]

5월 초, 연합국이 독일 대표단에 제시한 평화조약 초안은 막스와 그 동료들에게 충격 그 자체였다. 막스는 아내 알리스에게 "새로운 시대가 도래했다고 선언하고 사랑과 정의를 말하면서 실제로는 세계적 규모의 약탈을 자행하고 미래 분쟁의 씨앗을 뿌려 더 나은 시대를 염원하는 희망의 싹을 짓밟는 행위보다 더 큰 죄악은 없다"고 절망과 분노를 가득 담은 편지를 보냈다.

막스는 독일 대표단의 답변서 작성에 참여했다. 이에 덧붙인 서한에는 연합국 측의 조건을 보고 받은 충격을 표현하면서 "조약의 요구 사항은 독일 국민들이 감당할 수 있는 수준을 넘어섭니다"라고 명시했다. 그럼에도 그는 연합국이 협상에 응하지 않을 것이라고 확신했다. 독일의 답변서를 제출하고 나서 며칠 후, 그는 풍자적인 시를 지어 자신의 좌절감을 토해냈다. 독일로서는 치명적인 조건이 강요된 호화로운 감옥, 즉 샤토 드 빌레트의 이름을 따서 이 비극적 희극에 '빌레티아데Die Villettiade(비극 제1막)'라는 제목을 붙였다.[7]

"1919년 6월 28일은 유대인 역사에서 위대한 날이 될 것입니다." 루이스 마셜은 파리에서 시프에게 편지를 썼다. 이틀 전 프란츠 페르디난트 대공 암살 5주기에 맞춰 미국과 유럽의 정치 지도자들은 베르사유 궁전의 거울의 방에서 말굽 모양의 테이블에 둘러앉아 제1차 세계대전의 공식적인 종전을 알리는 조약에 서명했다. 마셜이 언급한 '위대한 날'은 독일 외교관들이 서명한 이 주 조약이 아니라, 주 조약 직후 신생 폴란드 공화국의 지도자가 서명한 부속 조약을 가리킨 것이었다. 폴란드 공화국은 이 조약으로 100년 동안 오스트리아-헝가리, 독일, 러시아가 분할해갔던 영토를 회복했다.

전쟁에 패배한 제국의 해체는 동유럽과 발트 지역에서 일련의 독립 국가 수립으로 이어졌고, 이들 국가의 국경선은 파리의 협상 테이블에서 새로이 그려졌다. 지난 석 달 동안 마셜은 이 신생 공화국에 살게 된 유대인들의 보호를 보장받기 위해 동분서주했다. 페일 정착지 대부분의 지역을 포함하게 된 폴란드는 이제 유럽에서 가장 많은 유대인이 거주하는 곳이 되었으며, 따라서 마셜의 핵심적인 활동 지역이었다.

미국유대인의회를 공식 대표하는 마셜은 미국 유대인위원회 대표로 파견된 사이러스 애들러와 함께 3월 27일 파리에 도착했다. 마셜과 애들러는 유대인을 위한 소수자 보호 조항이 평화조약에 명시되도록 하기 위해 외교관들과 윌슨 대통령을 비롯한 세계 지도자들을 만나느라 몇 주 동안 아주 힘든 시간을 보냈다.

프랑스에 도착하자마자 마셜은 평행선을 긋고 있는 또 다른 협상에도 말려들었다. 파리 회담 현장에서 서로 상충하는 목표를 가진 유대인 파벌들을 중재하는 역할이었다. 시오니스트들은 밸푸어 선언 이후 팔레스타인에 대한 자신들의 주장을 관철하려고 했다. 동유럽 유대인을 대표하는 사람들은 국제연맹에서 유대인 대의권을 포함한 포괄적인 국가적 권리를 요구했다. 영국과 프랑스에 이미 뿌리내린 유대인 공동체 대표들은 유대 민족주의에 대해 신중한 입장을 취했고, 신생 독립국에 거주하는 모든 소수집단을 위한 일반적인 보호 조치를 지지했다.

마셜은 시프에게 하소연했다. "이 일은 심적으로 너무 힘들고 내게는 없는 무한한 인내심과 자제력을 요구합니다." 마셜과 애들러는 시프에게 진척 상황을 편지로 알리면서 종종 좌절감을 드러냈다.[8] 5월 중순, 그들은 "희망적인" 진전이 있었다면서 "인종적, 언어적, 종교적 소수집단을 보호하는 데 필요한 특별 조항"을 평화조약의 부속 조약에 명시할 것이며, 이 부속 조약은 우선 폴란드와 체결하고 이를 모델로 루마니아와 체코슬로바키아를 포함한 신생 동유럽 국가와 체결할 것이라고 말했다.[9]

폴란드와 우크라이나 민족주의자뿐만 아니라 러시아 적군(볼셰비키)까지 뛰어들어 각축을 벌이던 지역에서 최근 반유대 폭력 사태가 잇따라 발생하면서, 유대인 보호 조치를 촉구하는 논의에 긴박감이 더해졌다. 1918년 11월 말, 폴란드 군대와 민간인들은 렘베르크Lemberg (오늘날 우크라이나의 르비우)를 장악한 후 수십 명의 유대인을 살해하는 사건이 벌어졌다. 렘베르크는 신생 서우크라이나 인민공화국이 자신들의 수도라고 선언한 곳이었다. 애들러와 마셜이 파리에 도착한 직후에는 핀스크Pinsk에서 폴란드 군인들이 볼셰비키와 연계되었다는 의심만으로 유대인 35명을 처형했다는 또 다른 학살 소식이 전해졌다.

이 사건은 처음에는 언론의 큰 주목을 받지 못했지만, 5월이 되면서 국제적인 분노를 촉발했다. 뉴욕에서는 유대인 지도자들이 집단학살 규탄 운동을 대규모로 벌였고, 5월 21일에는 로어이스트

사이드에서 격렬한 항의 시위가 일어났다. 노동자들은 공장에서 작업을 중단하고 시위대에 합류했고, 학생들은 교실을 뛰쳐나와 거리로 나섰다. 시위대는 폴란드에서 학살된 동포를 추모하는 의미로 검은색 완장을 둘렀다. 완장이 바닥나자 우산에서 뜯어낸 검은 천 조각을 팔에 묶는 사람도 있었다. 당시 보도에 따르면 씨위 인파가 15만 명을 넘었다고 한다.

이 시위는 그날 저녁 매디슨스퀘어가든에서 유대인 지도자들이 주최한 대규모 집회로 이어졌다. 찰스 에번스 휴즈와 시프를 비롯한 인사들이 연사로 나와 만약 폴란드가 유대인 시민을 보호하고 동등한 권리를 보장하지 않는다면 폴란드의 국제연맹 가입을 허용해서는 안 된다고 주장했다. 시프와 연사들은 수천 명의 군중 앞에서 연설했지만 집회가 겨냥한 청중은 사실 따로 있었다. 바로 파리강화회의의 비포, 즉 윌슨, 클레망소, 영국의 로이드 조시, 이탈리아의 비토리오 오를란도Vittorio Orlando였다.[10] 그다음 주, 마셜은 윌슨을 만난 자리(그는 "대통령은 일이 너무 많아 거의 아무도 만나지 않는다"며 윌슨과 면담한 것을 자랑했다)에 뉴욕의 대규모 시위를 상세히 설명한 2,000 단어 분량의 시프가 보낸 자료를 들고 갔다. 마셜은 그 자료를 요약해서 대통령에게 전달하며 유대인에 대한 보호 조항을 반드시 포함할 수 있도록 해달라고 요청했다. 마셜은 시프에게 보낸 편지에 이렇게 썼다. "대통령은 이 문제를 포함한 여러 사안을 신중하게 검토하겠다고 말했습니다." 그는 또한 자신의 외교적 입지의 위태로운 상황도 언급했다. "지난 몇 주간 노심초사하며 공들인 모든 것이 숨 한 번 내쉬는 것만으로도 와르르 무너질 수 있는 상황입니다."[11]

강화 회의 당시 파리에 있지도 않았던 시프는 음모에 휘말렸다.

1919년 6월 초, 조약 서명을 몇 주 앞둔 시점에 미 상원 외교위원회는 시프 및 폴 워버그와 네 명의 다른 금융인에게 소환장을 발부했다. 강화회의의 기밀 초안이 '특수 이해 관계자', 즉 금융 관련 세부 조항에 이해관계가 깊이 얽혀 있는 뉴욕 은행가들 사이에 유포되었다는 의혹을 조사하기 위해서였다. 다른 네 명은 J. P. 모건의 잭 모건, 헨리 데이비슨, (파리에서 윌슨 행정부에 자문을 하고 귀국하는 중인) 토머스 러몬트, 은퇴 예정인 내셔널시티은행 회장 밴더립이었다.[12] 이른바 '기밀 누설' 논란을 주도한 사람은 윌슨의 국제연맹에 강하게 반대한 공화당 상원의원이자 상원 외교위원장인 헨리 캐벗 로지 Henry Cabot Lodge 와 윌리엄 보라 William Borah 였다. 이들은 그 해 말 상원의 베르사유 조약 비준 반대를 주도했고, 결국 조약 비준을 무산시킴으로써 미국의 국제연맹 가입을 저지하는 데 성공했다. 이는 윌슨 대통령에게 큰 정치적 타격이 되었다.

시프는 '지속적으로 병원 치료'를 받아야 하며 의사가 '과로'하지 말라고 했다면서 워싱턴 출석을 면제해달라고 요청했다. 그는 조약 사본을 본 적도 없으며 불법으로 유통된 문서에 대해서도 알지 못한다고 말했다. 폴 워버그 역시 내부 정보를 가진 적이 없다고 부인했다.[13]

하지만 그들의 증언은 필요하지 않았다. 데이비슨은 적십자 고위직인 자신이 파리에서 돌아오던 러몬트로부터 조약 사본을 받은 사실을 인정했다. 윌슨 대통령은 러몬트에게 보낸 편지에서 그가 문서를 전달한 행위에 어떠한 위법 사항도 없었다고 공식적으로 확인해주었다.[14]

그러나 보라는 시프를 쉽게 놓아주려 하지 않았다. 그는 시프의 증언을 면제하기에 앞서 지난 5년간 쿤로브가 유럽 증권을 얼마나 많이 판매했는지 서면으로 질의했다. 또한 시프가 '평화이행연맹 League to Enforce Peace'이라는 단체에 얼마나 기부했는지도 물었다. 이 단체는 국제연맹을 설립해야 한다고 미국에서 주도적으로 홍보한 곳으로, 보라는 그 배후에 '국제 은행가들'이 있다고 확신했다. 시프는 보라가 요청한 정보를 성실히 제출했고, 자신이 여전히 쿤로브의 수석 파트너이지만 "현재는 경영에 실질적으로 관여하기보다는 자문 역할에 머물고 있다"고 답변했다.[15]

시프는 유대인 공동체 활동에서도 점차 뒤로 물러났다. 더 젊고 건강했더라면 파리에 직접 갔을 법했지만, 이제는 파리 현장의 중심에 선 애들러와 마셜을 뒤에서 지원하는 역할만 했다. 시프는 영국의 작가이자 시오니스트인 쟁윌에게 보낸 편지에서 두 사람이 "파리에서 아주 중요한 일"을 했다고 칭찬하면서 "루이스 마셜은 이제 유대 세계에서 큰 영향력을 지닌 인물이 되었다"고 말했다.[16]

베르사유 조약과 종종 '작은 베르사유 조약'으로도 불린 폴란드 부속 조약이 체결된 다음 달, 마셜이 뉴욕에 돌아오자 마치 영웅을 환영하는 것 같은 행사가 이어졌다. 자칭 '루이스 마셜 환영위원회'라는 일단의 추종자들이 특별히 선박을 대절해 항구에서 그가 탄 배를 맞이했고, 그다음 주에는 1,000명이 참석한 월도프 아스토리아 호텔의 공식 환영 연회에서 시프가 행사를 주도하며 마셜을 치하했다.[17]

마셜과 시프는 폴란드 조약이라는 성과를 일구었지만, 유대인 권리 보장에 대해 처음 생각했던 것만큼 획기적인 승리는 아니었다. 조약에 담긴 소수자 보호 조항은 마셜이 파리에서 제안했던 '유대인 권리장전'보다 훨씬 제한적이었다. 오하이오 주립대학교

역사학자 캐럴 핑크Carole Fink는 마셜의 외교 활동을 다룬 연구에서 다음과 같이 지적한다. "시민권과 종교 보호 조항이 매우 모호하고 부실했으며, 유대인의 민족 정체성과 관련된 어떤 표현도 최종 조문에는 포함되지 않았다." 또 유대인의 일요일 영업을 보호하는 조항도 누락되었다. 안식일을 지키기 위해 토요일에 영업을 쉬어야 하는 유대인 상인들에게는 일요일 휴업을 강제하는 법령이 생계에 큰 위협이었다.[18]

이렇듯 힘겹게 쟁취했지만 충분하지 못한 보호 조치들은 오히려 역효과를 낳았다. 신생 국가의 주권을 외세가 침해한다며 폴란드 국민은 분노했고, 이후 유럽 전역에 반유대주의가 확산되는 데에도 일조하게 된다. 폴란드의 지도자들은 특히 미국을 향해 강하게 반발했다. 사실상 흑인과 아시아계 이민자에 대한 국가 주도의 인종차별 정책이 존재하는 미국이 자신들에게 소수자 보호를 강요하는 것은 위선이라는 주장이었다. 실제로 폴란드는 1934년 아돌프 히틀러의 독일과 불가침 조약을 체결한 뒤 곧바로 '작은 베르사유 조약'을 폐기했다. 폴란드 외무장관은 국제연맹에서 "다른 회원국들도 같은 수준의 감시를 받는 경우에만 이 조약을 준수하겠다"고 발언했다.

한편 펠릭스와 막스가 우려했던 대로 독일에서는 파리강화회의 결과가 알려지자 패전의 굴욕, 공포, 피로에 짓눌린 사람들 사이에서 반유대주의가 고조되었다. 그리고 대표단에서 중요한 역할을 맡지 않으려고 했음에도 막스는 손쉬운 희생양이 되었다. 사실 외무장관 헤르만 뮐러Hermann Müller가 조약에 서명하기 전부터 독일 대표단이 제안했던 배상금이 1,000억 마르크에 달한다는 보도가 나오자 그 조짐이 보이기 시작했다. 독일 대표단을 따라 파리에 동행했던 기자 빅토어 시프(제이컵 시프와는 무관)는 당시를 이렇게 기록했다. "초강경 보수파는 멜키오르, 워버그, (막스 폰) 바서만 같은 유대계 은행가들이 대표단 전문가로 동행했다는 사실을 이용해 반유대 선동을 시작했다." "멜키오르와 워버그가 영향력을 가진 함부르크 증권거래소에서조차 반유대 시위가 벌어졌다. 이들에게는 순혈 '아리아인' 출신 보수 성향의 금융가들도 우리의 제안을 도출하는 데 함께했다는 사실은 아무 의미가 없었다. 베르사유 조약을 둘러싼 그 몇 주는 독일 전역에서 반유대주의가 재등장하는 초기 징후들이 나타나는 시기였다."[19]

함부르크 증권거래소에서는 막스를 배상금 제안과 연결시켜 "워버그 유대인의 평화"라며 매도하는 팸플릿이 배포되었다.[20] 워버그와 멜키오르 등의 독일 금융 대표단은 조약 서명 10일 전인 1919년 6월 18일에 조약의 조건이 너무나 가혹해 독일의 경제 붕괴로 이어질 것이라며 전원 사임했는데, 이 사실 역시 중요하지 않았다.[21]

1919년 늦여름, 펠릭스와 폴은 각기 유럽으로 돌아가 전쟁의 충격에서 헤어나지 못하고 있는 고국에서 가족과 재회했다.[22] 펠릭스의 여행은 순전히 사적인 방문만은 아니었다. 그는 공동분배위원회의 현지 실태 조사단의 일원으로 구호 및 재건 활동에 필요한 정보를 수집하는 임무를 맡았다. 영국, 프랑스, 독일, 네덜란드를 돌며 펠릭스는 여러 유대인 지도자들을 만나 동유럽 전역의 유대인 공동체의 상황을 조사했다. 유대인 지도자들은 공통의 처지와 지역별 특수 상황을 공유하기 위한 국제회의가 필요하다고 강하게 주장했다. 하지만 펠릭스는 이 주장이 위험하다고 느꼈다. "지금은 전 세계 유대인들이 온갖 터무니없는 음모를 꾸몄다는 의혹을 받고 있는 시점이다. 이런 상황에서 여러 나라 대표들이 모인 국제회의를 개최한다면 그런 말도 안 되는 주장을 부추길 위험이 있다."

공동분배위원회는 지금까지 구호 활동에 약 3,000만 달러를 투입했으며, 펠릭스는 뉴욕의 동료들에게 "우리가 수십만 명의 생명을 구했다. 추상적인 의미가 아니라 엄연한 사실이다"라고 보고했다. 하지만 여전히 구호 활동은 절실하게 필요했다. "구호가 필요없다고 말할 수 있는 상황 근처에도 가지 못했다. 구 러시아에서는 여전히 비명이 들리고, 폴란드와 다른 많은 나라의 아이들은 완전히 극빈 상태에 놓여 있다."[23]

공동분배위원회는 주로 현지 구호단체를 통해 간접적으로 활동해왔지만, 1920년 초부터는 자체 활동가를 유럽에 파견하기 시작했다. 첫 파견대는 개조한 군복을 입고 폴란드로 향했다. 펠릭스의 가까운 친구이자 위원회 임원인 줄리어스 골드만은 변호사 일을 잠시 중단하고 파리로 건너가 이 조직의 초대 유럽 사무총장을 맡았다. 이 자리는 외교적 수완은 물론 기민하게 물류를 해결할 수 있는 역량도 필요한 어려운 자리였다.

펠릭스가 구호 활동 현장을 조사하는 동안 폴은 금융 상황을 조사했다. 전쟁은 폴이 '세계의 대차대조표'라고 불렀던 경제 질서를 뒤엎어놓았고, 이는 단지 패전국들뿐 아니라 유럽 대륙 전체를 위협할 수 있는 복잡한 채무 구조를 낳았다. 프랑스는 전쟁으로 인해 미국과 영국으로부터 막대한 자금을 차입했고, 이 빚을 상환하려면 막대한 배상금을 받아야 했다. 이 점이 바로 클레망소가 무리할 정도로 가혹한 배상을 요구한 이유였다. 중립국이면서 독일에 자금을 대여한 국가들 역시 채권 회수를 위해 앞다투어 움직였다. 각국이 자국의 생존을 우선시하는 가운데 유럽은 연쇄적인 채무 불이행이 빚어져 경제 전체가 붕괴할 위험에 직면했다.

"전쟁의 결과 우리 앞에 놓인 세계의 금융 문제는 너무 엄청나서 인간의 능력만으로는 그 전체를 해결할 수 없다." 이것이 폴의 결론이었다. 그는 "독일의 채무가 채권자들의 대차대조표에서 건전 자산으로 평가될 수 있도록" 독일의 금융 상황을 바로잡는 것이 해결의 유일한 실마리라고 믿었다. 현실적으로 감당할 수 있는 배상금을 부과하면서 독일 경제를 회복 궤도에 올려놓으면 "전쟁의 불길이 여러 나라로 번져갔던 것과 마찬가지로 〔독일 경제가〕 해결의 중심이 되어 다른 나라로 퍼져나가는 계기"가 될 수 있다고 폴은 주장했다.[24] 아직은 파국을 피할 수 있는 시간이 남아 있었다. 조약은 초기 배상금으로 독일이 200억 마르크를 납부하도록 강제했지만, 그 이후의 전체 배상금 액수는 명시하지 않았다. 그 결정은 새로 꾸려진 배상위원회 Commission des Réparations 에 맡겨졌다.

그해 여름 유럽으로 출발하기 전, 폴은 네덜란드 중앙은행 총재인 친구 헤라르트 피서링 Gerard Vissering 박사로부터 초청장을 받았다. 베르사유 조약이 초래한 금융 위기를 주제로 하는 소규모 회의 초청이었다. 폴은 흔쾌히 이를 수락하고 1919년 10월 13일 아침에 암스테르담의 카이저스흐라흐트 Keizersgracht (황제의 운하)가 내려다보이는 피서링의 저택에 도착했다. 피서링의 동료들 외 참석자로는 이듬해 프랑스 상원의원이 되는 파리의 은행가 라파엘-조르주 레비 Raphaël-Georges Lévy, 연준의 외환 전문가이자 배상위원회 위원으로 임명된 프레드 켄트 Fred Kent, 영국 재무부를 대표해 파리강화회의에 참가했던 경제학자 존 메이너드 케인스John Maynard Keynes 등이 있었다. 케인스는 거의 2미터에 달하는 키와 지적 역량으로 유명한 인물이었다.

당시 서른여섯이던 케인스는 전쟁 기간 내내 영국 재무부에서 일했으며, 파리 회의에는 정부의 대표 중 한 명으로 참석했었다. 케인스는 유럽의 경제 회복을 위해서는 전쟁 채무를 전면 탕감해야 한다고 주장했고, 전쟁 채무를 "전 세계의 금융 안정성에 대한 위협"이라고 표현했다. 하지만 윌슨과 미국 정부는 이 제안에 강력하게 반대했다.[25] 미국은 다른 연합국들과 달리 전쟁을 통해 국력이 강해졌고, 사상 처음으로 명실상부 글로벌 초강대국이자 채권국으로 떠올랐다. 당시 미국은 100억 달러에 달하는 연합국 채권을 보유했고 유럽을 구하기 위해 미국이 막대한 희생을 했는데, 여기에 더 큰 양보가 필요하다는 발상에 윌슨은 분개하지 않을 수 없었다.

1919년 5월 말, 파리 회의의 지리한 협상에 지치고 낙담한 케인스는 넌더리를 내며 사임했다. "이 평화는 터무니없고 불가능하며, 결국 불행만 뒤따를 뿐이다." 그는 분통을 터뜨렸다. "내가 독일인이었다면 그 따위 평화안에 서명하느니 차라리 죽는 편을 택했을 것"이라고도 했다. 파리를 떠나기 전 그는 "저는 이 악몽의 현장에서 빠져나가려 합니다"라고 영국 총리 로이드 조지에게 보고하고, 영국으로 돌아와 그를 세계적 명사로 만든 《평화의 경제적 결과The Economic Consequences of the Peace》 집필에 착수했다.[26] 밋밋해 보이는 책의 제목과 달리, 내용은 과감한 비판으로 가득했다. 케인스는 연합국의 빅포가 "눈앞에서 굶주림에 무너지고 있는 유럽의 경제 문제"를 외면했다고 비판하며, 그 단견이 초래할 후폭풍을 경고했다.

"만약 우리가 의도적으로 중부 유럽을 빈곤하게 만들고자 한다면, 복수는 절뚝거리며 오지는 않을 것이다. 감히 예언하건대, 반동 세력과 절망적인 혁명의 격동 사이에서 최후의 내전이 머지않아 벌어질 것이고, 이는 독일과의 지난 전쟁보다 훨씬 끔찍할 것이며, 누가 이기건 우리 세대의 문명과 진보를 파괴할 것이다."[27]

암스테르담 회의 당시는 아직 책이 출간되기 두 달 전이었지만, 케인스는 3장의 초고를 들고 회의에 참석했다. 3장에서 그는 윌슨 대통령을 "보지도 듣지도 못하는 돈키호테"라고 인정사정없이 묘사했다.[28] 그는 윌슨이 파리 회의에서 더 노련한 상대들에게 완전히 휘둘렸다고 비판했다. 어느 날 오후, 케인스는 자신의 호텔방에서 이 3장을 폴 워버그와 카를 멜키오르에게 큰 소리로 읽어주었다. 그들을 암스테르담으로 초청한 사람이 케인스였다. 이제 케인스만큼이나 윌슨을 경멸하게 된 폴은 대통령을 난도질하는 경제학자의 무자비한 표현에 웃음을 터뜨렸다. 멜키오르는 금방이라도 울 것 같은 얼굴이었다.[29]

암스테르담 회의를 주최한 피서링은 한때 자바은행 Bank of Java 총재를 지냈고, 그의 서재는 아시아를 여행하며 수집한 진기한 물건들로 가득했다.[30] 손님들은 작은 벽난로 건너편 테이블에 둘러앉았다. 유럽 전역에 석탄 공급이 부족했던지라 난로불이 아주 약해서 가장 먼 자리에 앉은 폴 워버그에게는 온기가 거의 닿지 않았다. 가끔 하인들이 내오는 코코아, 커피 혹은 차로 한기를 달래며 유럽의 금융 위기를 두고 몇 시간 동안 대화를 나눴다.

회의가 한참 진행된 후 폴은 "유럽의 은행가들이 모여 병세를 진단하는 의사처럼 현 상황을 함께 판단해야 합니다"라고 말했다.

"유럽의 미래는 배상위원회의 손에 달려 있습니다."

케인스는 계속해서 연합국의 채권채무를 전면 탕감해야 한다는 주장을 계속 밀어붙였다. 그는 "독일이야말로 전체 해법의 핵심입니다"라고 강조했다.

"독일 사람들에게 다른 나라들이 자신들의 상황을 진지하게 고민하고 있다는 실낱 같은 희망이라도 전할 수 있다면, 그것만으로도 큰 도움이 될 것입니다." 이렇게 말하며 폴은 하나의 방안을 제시했다. 유럽과 미국 전역의 저명인사들이 서명한 호소문을 통해 유럽 금융 상황의 심각성을 알리고, 정치인과 금융가들이 현실적인 해법을 모색하기 위한 국제회의를 소집하자는 것이었다. 이 아이디어에 호응한 참석자들은 폴에게 호소문 초안을 맡아달라고 요청했다. 폴은 자신이 하게 되면 친독일적이라는 낙인이 찍힐 수 있다며 사양했다. 대신 그는 케인스를 추천했지만, 케인스 역시 곧 발표할 책이 강력한 비판을 담고 있는 만큼 많은 사람들의 공격을 받을 게 분명하다면서 사양했다. 이에 폴은 공동 작업을 제안하며 농담처럼 말했다. "위스키는 당신이, 물은 내가 맡으면 꽤 괜찮은 술이 나올 것 같네요."[31]

다음 날 그들은 초안을 마련했다. 초안은 독일을 파산에 몰아넣는 방식의 처벌이 심각한 결과를 초래할 수 있으며, 통제할 수 없는 인플레이션이 유럽 전역에 '무정부 상태'를 확산시킬 수 있다고 경고했다. "지금 세계의 대차대조표는 비현실적인 부채로 인해 부풀려져 있는데, 이는 어떤 이들에게는 공포와 절망을, 다른 이들에게는 무모함을 부추기고 있다. 이런 상황에서 그 대차대조표를 정리하는 것이야말로 치유의 첫 단계가 될 수 있지 않겠는가"라는 문구도 담았다. 그리고 이렇게 끝을 맺었다. "재앙을 피하려면 더 이상 낭비할 시간이 없다."[32]

그다음 달, 네덜란드에서 만난 펠릭스와 함께 뉴욕으로 돌아온 폴은 즉각 호소문의 서명자 확보에 나섰다.[33] 호소문은 광범위한 지지를 얻었다. 전직 국무장관이자 상원의원 엘리후 루트(뉴욕), 허버트 후버, 윌리엄 태프트 등의 정치인들이 서명에 동참했고, 잭 모건, 앤드루 멜런, 시프 같은 금융계 인사들도 이름을 올렸다. 하지만 폴이 그의 오랜 숙적인 카터 글래스가 이끄는 재무부에 호소문을 공유하면서 암초에 부딪혔다. "세계의 대차대조표를 정리한다"는 표현, 즉 파리 회의에서 윌슨 행정부가 강력히 반대하던 부채 탕감을 암시하는 문구가 문제였다. 파리에서 윌슨의 금융 보좌역으로 활동했던 재무부 차관 노먼 데이비스Norman Davis는 강하게 반발했고, 결국 이 표현은 미국판 최종본에서 삭제되었다.

폴은 당초 국제회의를 소집할 수 있도록 국제연맹에 호소문을 전달할 계획이었으나, 윌슨 행정부는 이 또한 반대했다. 당시 윌슨 행정부는 윌리엄 보라와 헨리 캐봇 로지를 필두로 한 공화당 상원과 베르사유 조약 비준을 둘러싸고 정치적 공방을 벌이는 중이었기 때문이었다. 폴이 회고했듯이 "정부는 어떤 것이 되었건 불에 기름을 붓는 꼴이 될까봐 극도로 두려워했다. 우리가 아직 가입하지도 않은 국제연맹과 얽히게 되는 인상을 줄 수 있는 일이라면 마치 역병 피하듯 피하려 했다."[34] 그 결과 최종 호소문은 국제연맹이 아니라 배상위원회에 전달되었다.

백악관의 미온적인 지지 속에 이른바 국제금융회의International Financial Conference가 1920년 가을 브뤼셀에서 개최되었다. 경제 붕괴를 막기 위해 케인스와 폴 워버그가 주도한 노력은 거의 아무런 성과도 거두지 못했다. 이듬해 배상위원회는 독일이 지불해야 할 배상금을 1,320억 마르크(약 330억 달러)로 확정하고, 모든 독일 수출품에 대해 26퍼센트의 〔배상세 명목의〕 세금을 부과하기로 결정했다. 그 직후 마르크화의 가치는 폭락했고, 독일은 2년간의 초인플레이션 국면에 진입했다.

1922년 8월 독일을 방문하고 돌아온 헨리 골드만은 기자들에게 말했다. "베르사유 조약의 설계자들이 자신들 머리 위로 곧 무너져 내릴 조약을 설계했다는 것은 명백합니다. 이는 엄청난 재앙일 것이며, 그 재앙이 어느 정도일지 누구도 알 수 없습니다. 이는 그들에게 '신들의 황혼 Götterdämmerung'(바그너의 오페라 4부작 《니벨룽겐의 반지》 마지막 작품의 제목으로, 세계의 몰락이나 거대한 종말적 위기를 상징한다_옮긴이)과도 같은 것입니다."[35]

1922년 가을, 막스와 아내 알리스는 전쟁이 시작된 후 처음으로 미국을 방문했다. 막스는 배상금 축소에 대한 지지를 확보하려는 목적으로 미국을 찾았다. 그리고 또 다른 목적도 있었다. 그해 여름, 유대계 정치인이자 독일 외무장관이던 막스의 친구 발터 라테나우 Walther Rathenau가 기사가 운전하는 쇼퍼드 NAG 컨버터블을 타고 베를린 시내를 지나던 중 극우 민족주의 준군사조직 조직원들의 총격을 받고 사망했다. 막스는 자신의 이름도 이 테러리스트들의 유대계 유명인사 암살 대상에 올라 있다는 사실을 알게 되었다.[36]

워싱턴에서 폴은 막스를 위해 국무장관 찰스 에번스 휴즈를 비롯한 이제 막 출범한 하딩 행정부의 고위 당국자들과의 만남을 주선했다. 두 형제는 독립적인 전문가 집단을 독일에 파견하여 독일의 경제 상황을 조사하고 배상금 문제에 대한 권고안을 제시하는 방안을 미국이 지지해주기를 희망했다. 폴은 여전히 미국이 유럽 열강 사이의 '심판관' 역할을 하기를 바랐지만, 현실의 '워싱턴은 그 역할을 할 용기도, 관심도 없다'는 것을 알았다.

그후 수개월 동안 폴과 막스는 독일이 경제적, 정치적 혼란으로 요동치는 모습을 속수무책으로 지켜보았다. 1922년 말, 막스는 미국에 더 머물라는 형제들의 권유에도 불구하고 함부르크로 돌아갔다. 그 무렵 독일은 배상금 지급을 이행하지 않기 시작했다. 그러자 이듬해 초, 채무 상환을 강제하기 위해 프랑스와 벨기에 군대가 독일의 산업 중심지인 루르 지역을 점령하면서 새로운 국제적 위기가 조성되었다. "결국 이성에 호소하는 노력은 통하지 않았다"고 폴은 한탄했다. "광기가 한바탕 휘몰아치며 루르 계곡을 점령하자 독일의 재정은 완전히 붕괴되었다."[37] 혼돈이 절정에 달했던 1923년 말, 독일 제국의 4조 2,000억 마르크는 미화 1달러에 불과했다.

바이마르 공화국에는 공포와 절망의 분위기 속에 극단적 민족주의와 극우 광신이 기승을 부렸다. 신생 국가사회주의독일노동자당 National Socialist German Workers Party 의 젊고 카리스마 넘치는 선동가 한 명이 이 불안하고 불확실한 분위기를 기민하게 파고들었다. 선전선동의 귀재인 아돌프 히틀러는 베르사유 조약이 독일을 무력화하고 독일의 "부활"을 억눌렀다고 비난했고, 유대인은 경제적, 사회적으로 독일 민족을 착취하고 "옛 북방계 게르만족의 정신"을 오염시켰다고 선동했다. 그는 이 두 문제를 종종 연결시켰는데, 그의 초기 연설 중 하나의 제목은 '정치적 현상: 유대인과 베르사유 조약'이었다.

베르사유 조약 체결 직후부터 히틀러는 믿기 어려울 정도로 빠르게 부상했다. 그는 훗날 나치당이 될 정당에 1919년 9월에 가입했다. 그달에 쓴 편지에서는 10여 년 후 총통이 된 이후의 살인적인 통치를 특징짓는 악랄한 반유대주의의 조짐을 미리 엿볼 수 있다. 이 편지에서 그는 유대인을 "금과 지배"를 갈망하는 "민족들의 인종적 결핵균"이라고 묘사했으며, "유대인의 전면적이고 되돌릴 수 없는 확실한 제거"를 "궁극적인 목표"로 하는 입법의 가능성까지 제기했다.

전후 독일에서 히틀러가 등장하고 반유대주의가 부활—중세적 편견의 익숙한 재현—할 때, 미국에서도 반유대주의가 눈에 띄게 확산되고 있었다. 미국의 반유대주의는 아주 오래된 독소를 현대적으로 변형한 형태로, 1920년대 들어 미국과 유럽 전역에 널리 유포된 《시온 장로 의정서》에 뿌리를 두고 있었다. 이 문서는 유대인을 국제 금융 음모론의 중심에 놓고 쿤로브, 워버그은행, 셀리그먼 앤컴퍼니, 골드만 삭스 같은 유대계 기업을 음모의 핵심으로 지목했다. 이 광기에 찬 망상은 유대인이 정부를 조종하고 언론을 장악하며 체스의 고수처럼 세상의 사건을 교묘하게 조작한다고 주장했다. 나아가 유대인들은 자신들의 부정한 재산을 더 늘리기 위해 전쟁을 일으켰고, 가장 최근에 일어난 전쟁도 유대인의 음모라고 주장했다. 전쟁 이후에는 유대계 은행가들이 파리강화회의의 초안 작성에 관여하여 세계의 고통을 또다시 자신들의 이익으로 바꿔버렸다는 논리였다.

이러한 음모론을 증폭시키는 데 앞장선 사람은 (너무 집요하고 강력하게 이를 퍼뜨려서 100년이 지난 지금도 그 메아리가 줄어들지 않을 정도이지만) 다소 의외의 인물이었다. 아주 유별난 산업자본가로 알려진 그는 미국 기업과 혁신의 상징이 된 인물이었다. 자동차의 대량생산 방식을 혁신하여 미국의 교통 체계를 근본적으로 바꾼 그는 복잡한 유산 속에 또 하나의 어두운 유산도 남겼다. 바로 반유대주의 증오의 새로운 시대를 본격적으로 열어젖히는 데 핵심적인 역할을 했다는 것이다.

26.

헨리 포드

1922년 말, 〈뉴욕 타임스〉는 독일 정치권에 퍼진 '소문'을 보도했다. 헨리 포드가 히틀러와 이상할 정도로 자금이 풍부한 정치 운동을 후원한다는 내용이었다. 기사는 히틀러가 널찍하고 '호화롭게 장식된' 뮌헨 본부에서 작전을 명령하고, 간부들에게 높은 급여를 지급하며, 새 제복을 갖춘 1,000명 규모의 준군사조직까지 보유했다고 전했다. 이들은 번쩍거리는 리볼버와 검은 가죽으로 감싼 철제 곤봉으로 무장했다고 했다.[1]

〈타임스〉 기사는 일부 정황 증거도 제시했다. 히틀러의 집무실에 이 미국 거물의 커다란 사진이 걸려 있고, 접견실의 탁자 위에는 포드의 이름이 저자로 적힌 책의 독일어 번역본이 놓여 있었다. 책의 제목은 《국제 유대인: 세계 최대의 문제 The International Jew: The World's Foremost Problem》로, 이는 포드가 운영하던 신문 〈디어본 인디펜던트 Dearborn Independent〉에 게재된 일련의 연재 기사를 묶은 책이었다. 이 신문은 2년 전부터 유대인들이 "금융과 상업을 통제하고 정치권력을 찬탈하며 생필품을 독점하고 미국 대중이 접하는 뉴스조차 독단적으로 지배한다"는 주장을 내세우며 집요하게 반유대적 선전 캠페인을 벌여왔다. 이 기사들은 겉보기에는 '유대인 문제'에 대한 공정한 조사—"우리는 우리가 찾아낸 사실만을 보도합니다"—인 양 포장되었다. 하지만 92회에 걸쳐 연재된 이 기사는 《시온 장로 의정서》의 영향을 크게 받았다. 이 연재 기사의 결론은 "국제 유대인과 그 일당들, 즉 '세계의 지배자들'은 앵글로색슨족이 문명이라 여기는 모든 것의 적이다." 그리고 이들이 노동 불안, 볼셰비즘의 확산, 금융 공황, 전쟁 등 세계의 거의 모든 사악한 문제의 실질적인 배후라고 천연덕스럽게 주장했다.² 〈디어본 인디펜던트〉에 따르면, 이러한 복합적인 음모의 핵심 공모자들은 유대계 금융가들이었다. 특히 제이컵 시프, 오토 칸, 워버그 가문은 이 신문에게는 너무나 매력적인 공격의 대상이었다. 이들의 평판은 오늘날까지도 포드의 악의적 조작에서 비롯된 낙인에서 완전히 벗어나지 못하고 있다. 포드가 유대인 공동체에 끼친 해악은 그 깊이를 헤아릴 수 없을 정도였고, 그가 증오의 동력을 끊임없이 공급함에 따라 증오는 시간이 갈수록 더욱 거세졌다.

히틀러는 미국의 산업자본가로부터 재정 지원을 받은 사실을 부인했지만, 자신의 정치적 이상에 부합하는 인물이라고 포드를 공개적으로 찬양했다. 히틀러는 "우리는 하인리히 포드를 미국에서 성장 중인 파시스트 운동의 지도자라고 생각한다"면서 "특히 그의 반유대 정책을 높이 평가하는데, 이는 바로 바이에른 파시스트의 노선이기도 하다. 우리는 그의 반유대주의 글을 번역하여 출판했으며, 그 책은 독일 전역에서 수백만 부가 배포되고 있다"라고 말했다. 실제로 《국제 유대인》 독일어판은 독일 서점가 어디에서나 쉽게 찾아볼 수 있었다.³ 히틀러는 1925년 발표한 《나의 투쟁Mein Kampf》에서도 포드의 신문을 인용하면서 미국 유대인에 맞서는 그의 태도를 칭송했다.

미국에서 가장 유명한 자동차 제조업자가 어떻게 반유대주의 음모론의 주창자가 되었고, 나치즘의 대두에 영향을 미치게 되었을까? 포드의 전기 작가들은 이 문제와 오랫동안 씨름하며 그의 반유대주의가 어디에서 기원했는지를 추적하려 애썼다. 어떤 사람들은 그가 성장한 중서부의 분위기를 그 배경으로 지적했다. 그가 교육받는 과정에서 접했던 '맥거피 독본McGuffey Readers'(19세기 중반에서 20세기 초반까지 미국 학교에서 사용된 교과서_옮긴이)에는 간헐적으로 반유대주의 구절들이 있었고, 주변 사람들 사이에는 유대인에 대한 편견도 만연해 있었다.⁴ 또 다른 연구자들은 포드의 개인 비서 어니스트 리볼드Ernest Liebold 의 영향을 지적한다. 리볼드는 극단적인 반유대주의자였으며, 제1차 세계대전 중 독일 스파이 혐의로 조사를 받기도 했다.⁵

포드 자신은 1915년 말, 제1차 세계대전을 중재하겠다는 허황된 목표를 수행하기 위해 노르웨이로 가던 중에 생각이 바뀌었다고 했다. 그는 그해 초 전쟁을 계기로 "나는 모든 의미에서 전쟁에 반대한다"고 〈뉴욕 타임스〉와의 인터뷰에서 선언하고, 공개적으로 평화운동가로 변신했다. 같은 인터뷰에서 그는 "전쟁으로 이득을 보는 부류는 두 계층뿐이다. 바로 군국주의자와 대부업자들"이라며, 전쟁 준비를 목표로 하는 미국의 "준비 운동" 배후에는 "월스트리트의 은행가"들이 있다고 주장했다.⁶ 이후 포드는 자신의 재산 100만 달러를 평화운동에 지원하겠다고 발표했다. 이를 계기로 그와 헝가리의 여성운동가이자 평화주의자인 로지카 슈비머Rosika

Schwimmer 간의 만남이 이루어졌다. 포드는 그와 함께 불행으로 끝나게 될 사적인 외교 활동을 시작했다. 포드는 원양 여객선 오스카 II를 빌려 미국에서 가장 유명한 평화주의자들에게 동참을 요청했으며, 이들은 12월 15일 〔뉴저지의〕 호보컨 Hoboken 항에서 출항했다. 언론은 "포드의 어리석음", "바보들의 배"라고 부르며 그의 이상주의적 시도를 조롱했다.[7] 포드는 항해 중에 독감에 걸려 대부분의 시간을 선실에서 보냈고, 유럽에 도착한 직후 갑작스럽게 일행을 버리고 미시간으로 혼자 돌아가버렸다. 이로 인해 평화 사절단 계획은 실패로 끝났다.[8]

이 구상의 창안자인 슈비머는 유대인이었고, 그 말고도 사절단에는 여러 유대인 참가자들이 있었다. 이런 당혹스러운 일이 있고 6년 뒤, 포드는 당시의 일화를 소개하며 자신의 반유대주의적 각성이 이때 시작되었다고 주장했다. "평화의 배에 아주 유명한 유대인 두 명이 타고 있었다. 우리가 바다에 나가 300킬로미터쯤 항해했을까 싶을 때 그들이 내게 유대 민족의 힘에 대해 이야기하기 시작했다. 유대인이 어떻게 금을 장악해 세계를 지배하는지, 그리고 유대인이 아닌 그 누구도 전쟁을 끝낼 수 없다는 이야기였다… 그들 말에 따르면 유대인이 전쟁을 시작했고, 원한다면 전쟁을 지속할 수 있다고 했다… 나는 너무 역겨워서 뱃머리를 돌리고 싶었다."[9]

하지만 포드의 이같은 설명은 슈비머의 증언과는 완전히 어긋난다. 그녀는 유럽으로 출항하기 한 달 전 처음 포드를 만났을 때, 묻지도 않았는데 그가 한 번도 아니고 두 번이나 "나는 전쟁을 누가 일으켰는지 압니다. 바로 독일계 유대인 은행가들입니다! 나는 증거도 갖고 있어요. 엄연한 사실입니다! 독일계 유대인 은행가들이

전쟁을 일으켰어요"라고 분명하게 말했다고 회고했다.¹⁰

포드의 반유대주의 운동과 현대 반유대주의 자체에 심대한 영향을 미친 또 다른 사람이 있었는데, 바로 러시아 출신 망명자 보리스 브라솔Boris Brasol이다. 브라솔은 "비스듬한 이마, 툭 튀어나온 코, 짙고 음울한 눈을 가진 작고 창백하며 성격이 예민하고 여성적인 남성"으로 묘사되었다. 그는 러시아 정부에서 근무한 경력이 있는 문학 평론가이자 변호사였다.¹¹ 그는 로마노프 왕가에 충성하는 극우 민족주의 단체인 검은100인단 회원이었고, 이 단체 추종자들은 종종 러시아의 반유대인 폭동에 앞장서곤 했다. 제1차 세계대전이 발발했을 때 그는 러시아 황실 근위대 중위로 복무했다. 이후 미국에서 외교관으로 근무하다가 러시아 혁명이 일어나자 사임했다. 혼돈에 휩싸인 조국으로 돌아가면 목숨이 위태로울 수도 있다고 생각한 그는 미국에 남기로 결정했고, 백계(반볼셰비키) 러시아 망명자들의 지도자가 되어 검은100인단 회원들과 러시아 군주제 지지자들로 구성된 반혁명 단체 제정러시아육해군장교연합Union of Czarist Army and Navy Officers을 결성했다.¹²

세련되고 귀족적인 분위기의 브라솔은 반볼셰비키 연설가이자 논객으로 이름을 알렸고, 그의 글은 반유대주의적 독기로 가득했다. 브라솔에게 유대교는 볼셰비즘과 동의어였다. 그는 "볼셰비즘에 맞선 투쟁은 곧 유대주의에 맞선 투쟁"이라고 표현했고, 이른바 "유대 볼셰비즘"이라는 거짓 신화를 퍼뜨렸다.¹³

브라솔의 음모론적인 헛소리는 포드나 미군 정보기관의 고위 인사들이 귀기울이지 않았다면 그냥 사그라들었을 수도 있었다. 그런데 러시아 혁명 이후 브라솔은 전시무역위원회War Trade Board의 정보 업무를 자원하여 특별 조사관으로 임명되었고, 1919년에는 미 육군 정보단Military Intelligence Division 단장 말버러 처칠Marlborough Churchill 준장의 자문역이 되었다.[14]

러시아 혁명은 미국에 반공 히스테리의 물결을 촉발시켰고, 육군 정보단은 온갖 유형의 체제 전복 세력과 급진주의자들을 색출하는 데 앞장섰다. 특히 노사 관계가 악화되고 인종 갈등이 심화되는 원인으로 지목된 선동가들과 외국 출신 무정부주의자들이 주요 표적이 되었다. 제1차 '적색 공포Red Scare'는 이탈리아 무정부주의자 루이지 갈레아니Luigi Galleani의 추종자들이 저지른 일련의 폭탄 테러 이후 고조되었다. 이들은 잭 모건을 비롯한 유명 기업인들과 정부 고위 인사들을 노렸다. 1919년 6월에는 또 다른 갈레아니 추종자가 법무부 장관 A. 미첼 팔머의 자택에 폭탄을 투척했다. 이후 팔머는 수천 명의 좌파 인사들을 대상으로 대대적인 단속을 벌였는데, 그들 중 다수가 이민자였다.

이런 분위기에서 브라솔은 자신이 가장 체제 전복적이라고 여긴 집단, 즉 유대인들에 대한 충격적인 정보를 정보기관 상사에게 지속적으로 제공했다. 브라솔은 시프, 오토 칸, 워버그 일가에 집착했으며, 이들이 세계적 혼란을 조장하여 결국 세계를 정복하려 한다고 끊임없이 주장했다. 그는 거의 확실히 암호명 'B-1'—전시무역위원회에서 일하던 러시아인으로만 확인되었다—로 알려진 정보요원이었다. 그가 작성한 방대한 양의 보고서에는 공동분배위원회와 미국 유대인위원회가 불법 금융 거래에 관여했다는 주장도 있었다. B-1의 근거 없는 주장 중 하나는 시프와 워버그 일가 등 유대계 금융인들이 '사회 혁명'을 일으킬 목적으로 비밀리에 트로츠키를 지원했으며, 볼셰비즘의 부상을 뒤에서 조종한 숨은 세력이

라는 것이었다.¹⁵

브라솔은 또한 현대 반유대주의의 원점이라 할 수 있는 《시온 장로 의정서》를 널리 퍼뜨린 주역이기도 했다. 이 날조된 문서는 19세기 말 유대인 지도자들이 비밀 회합을 열어 기독교 문명을 파괴하고 세계 지배를 획책했다는 내용을 담고 있었다.

《의정서》는 1903년 상트페테르부르크의 신문인 〈즈나먀Znamya〉에 연재 형식으로 처음 실렸다. 이 신문은 열렬한 반유대주의 저널리스트이자 검은100인단 회원으로 키시네프 대학살을 선동했던 파벨 크루셰반이 창간했다. 여러 출처에서 발췌한 문장들을 짜깁기한 이 위조문서의 저자는 오랫동안 드러나지 않았다. 그간 파리에 주재하던 러시아 비밀경찰 오크라나Okhrana의 수장이 저자라는 설이 유력했는데, 최근 스탠퍼드 대학교의 스티븐 지퍼스타인Steven Zipperstein 교수를 비롯한 연구자들은 크루셰반이 단독 혹은 공동 저자였을 가능성에 무게를 두고 있다.¹⁶

이 문서는 초기에는 알려지지 않았고 널리 유통되지도 않았다. 그러나 러시아 혁명 이후, 브라솔과 다른 제정 러시아 지지자들이 러시아 혁명과 볼셰비즘은 유대인의 더 거대한 음모의 일환임을 입증하기 위해 이 문서를 활용하면서 주목받기 시작했다. 유대 문헌을 연구하는 로버트 싱어먼Robert Singerman에 따르면, 1918년 브라솔이 이 《의정서》의 사본을 "유대인이 미국의 전쟁 수행을 위협한다는 강박에 사로잡힌" 군 정보장교 해리스 호턴Harris Houghton에게 제공했다고 한다.¹⁷ 브라솔의 유대인에 대한 적대감과 마찬가지로 호턴은 시프에 대한 강박적 집착을 보였다. 호턴은 전쟁 중 미국이 군용기를 대량생산하려 했으나 실패하고 스캔들로 번지자 시프가 관련되어 있는지를 확인하기 위해 조사관을 파견했다. 그는 체제

전복 활동을 했다는 혐의로 시프의 파트너인 오토 칸과 펠릭스 워버그를 조사하기도 했다.[18]

1918년 말에는 호턴과 브라솔의 노력으로 《의정서》 번역본이 윌슨 행정부에 널리 유포되었다. 호턴은 이를 고위 정보 당국자들은 물론 윌슨의 각료들에게도 제공했다. 윌슨 역시 파리강화회의 중에 《의정서》 관련 보고를 받았다.[19] 이 무렵 윌슨은 또 다른 충격적인 문서에 대해서도 보고받았다. 러시아에서 나온 이 문서는 독일의 은행가, 정부 공직자, 그 외 다른 사람들이 작성했다는 68건의 회람과 서신으로 이루어졌고, 트로츠키와 레닌을 비롯한 볼셰비키 지도자들이 독일의 첩자이며 혁명을 일으켜 러시아가 전쟁에서 철수하게 하는 임무를 받고 파견되었다는 주장을 담고 있었다. 이 문서는 미국 정부의 전시 선전기관인 공보위원회의 대표로 상트페테르부르크에 파견된 언론인이자 한때 〈코스모폴리탄〉의 편집자였던 에드거 시슨Edgar Sisson이 현지에서 구입한 것이었다.[20]

이 문서 중 일부에는 막스 워버그와 그의 은행이 볼셰비키와 재정적으로 연계되어 있다고 암시하는 내용이 나온다. 독일 스파르타쿠스단의 지도자가 볼셰비키 혁명가에게 보냈다고 하는 한 편지에는 '워버그은행이 트로츠키 동지의 활동을 위한 계좌를… 개설했다"라고 적혀 있었다. 이 편지는 얼핏 보아 독일 정부—막스 워버그는 전쟁 중 사실상 정부를 위해 일했다—와 유대인이 볼셰비키 혁명에 개입했다는 사실을 드러내는 증거로 비쳤고, 브라솔이 육군 정보단에 제공한 '정보' 일부를 확인해주는 것처럼 보였다. 실제로는 이 문서들은 볼셰비키에 반대하는 세력이 꾸민 허위 정보 공작의 산물인 것으로 보인다.

1956년, 외교관이자 역사학자인 조지 프로스트 케넌—시프와 친분이 있던 언론인 조지 케넌의 사촌의 손자—은 이른바 시슨 문서의 오류를 조목조목 지적하며 정교하게 조작된 사기 문서라는 사실을 폭로했다. 사실 그 문서의 진위는 애초부터 의문이었다. 1918년, 영국 정부는 동일한 문서를 검토한 후, 출처가 다른 자료들이 동일한 타자기로 작성된 사실을 밝혀 내고 대부분 위조된 것이라는 결론을 내렸다.²¹ 하지만 윌슨 행정부는 전혀 다른 결론을 내렸다. 심지어 윌슨은 '독일-볼셰비키의 음모'라는 제목을 달아 공보위원회 팸플릿으로 출간할 수 있도록 했다. 미국 정부가 허위 문서에 공식적으로 정당성을 부여한 셈이었다.

여기서도 브라솔은 또다시 조작된 문서에 신빙성을 부여하는 중요한 역할을 했다. 마이클 세이어스Michael Sayers 와 앨버트 칸Albert Kahn 은 1946년에 출간한 저서 《위대한 음모: 소련에 맞서는 비밀전쟁The Great Conspiracy: The Secret War Against Soviet Russia》에서 브라솔과 그의 백계 러시아 동지들이 "국무부와 긴밀하게 연락하며 시슨 문서의 진위를 판단하기 위해 국무부가 기초로 삼은 허위 정보와 날조된 데이터의 상당 부분을 제공했다"고 지적했다.²²

1919년, 모든 노력을 다했음에도 불구하고 유대인 음모론 주장이 윌슨 행정부에서 충분한 반향을 얻지 못하자, 브라솔은 《의정서》를 출간할 미국 출판사를 찾아 나섰다. 거듭된 거절 끝에 영어 번역본을 발행하겠다는 보스턴의 한 작은 출판사를 찾아냈다. 《의정서와 세계혁명The Protocols and World Revolution》이라는 제목으로 1920년 7월에 출간된 149쪽짜리 책에는 브라솔이 익명으로 작성한 해설이 덧붙여졌다. 이 책에는 《의정서》 원서를 옮긴 부분이 절반도 되지 않았고, 나머지는 익명의 저자, 즉 브라솔이 《의정서》는 진본이며 볼셰비즘은 유대인의 음모라는 "증거"를 나열하는 내용으로 채워졌다. 그가 인용한 증거 가운데는 "미국 정부가 발행한" 시온 문서도 있었다. 특히 막스 워버그가 트로츠키를 위해 계좌를 개설했다는 편지 역시 전문을 수록하여 "유력한 유대인 은행가들이 볼셰비즘을 전파하는 데 중요하고도 적극적인 역할을 했다"는 점을 입증하는 자료로 제시했다. 그것은 마트료시카 인형 같은 중첩된 사기―위조문서를 보강하는 위조문서―였다. 그럼에도 불구하고 유대인 세계 음모론이라는 신화는 곧 전 세계로 퍼졌고, 덴마크에서 일본에 이르기까지 다양한 판본의《의정서》가 번역 출간되었다.[23] 히틀러는《나의 투쟁》에서《의정서》를 인용했으며, 그 메시지와 주제는 나치 선전의 핵심 요소가 되었다.

《의정서와 세계 혁명》과 또 다른 반유대주의 책자를 출간한 브라솔은 1921년에 이렇게 자랑했다. "작년에 나는 세 권의 책을 썼고, 그중 두 권은 지난 열 차례의 대학살보다 더 큰 피해를 유대인에게 입혔다."[24] 엄밀히 말하자면, 이 발언은 그의 사악한 영향력을 과소평가한 것이었다.

브라솔 판《의정서》가 출판되기 몇 달 전인 1920년 5월, 헨리 포드의〈디어본 인디펜던트〉는 '국제 유대인' 시리즈의 첫 회를 게재하며 7년에 걸친 반유대주의 캠페인의 시작을 알렸다. 이 캠페인은 러시아 선동가 브라솔에게서 큰 영향을 받은 것이었다.

브라솔과 포드가 처음에 어떻게 연결되었는지는 확실하지 않지만, 브라솔은 언젠가 포드의 최측근 어니스트 리볼드가 자신과 생각이 비슷하다는 사실을 알게 되었다.〈인디펜던트〉의 편집자였던 에드윈 핍Edwin Pipp에 따르면, 리볼드는 브라솔의 "글과 활동"에 유난히 특별한 "관심"을 보였으며 자신에게 그 러시아인과 접촉하라고 권했다고 한다. 그 결과 브라솔은 "러시아에 미치는 볼셰비키의 위협"이라는 제목의 글을 썼고, 〈인디펜던트〉는 본격적인 반유대 캠페인을 시작하기 1년 전에 이미 그의 글을 실은 바 있었다. 핍은 브라솔이 리볼드 및 포드를 여러 차례 직접 방문했다고도 했다.[25] 브라솔의 도움으로 리볼드는 〈인디펜던트〉의 편집 방향을 오로지 유대인 음모를 폭로하는 쪽으로 재설정했다.[26]

"[포드의] 비서와 브라솔 및 다른 반유대주의자들 간의 연계는 의문의 여지가 없다." 핍이 말했다. "그들은 포드의 마음에 유대인에 대한 편견의 불꽃이 타오르도록 부채질했다."[27] '국제 유대인' 시리즈의 발행 시점도 브라솔과의 관련을 암시했다. 러시아어판《의정서》가 출간된 바로 그때에 〈인디펜던트〉가 "《유대인 의정서》 입문"이라는 기사를 포함해 이 책을 대대적으로 다루었기 때문이다.

1918년 말, 리볼드는 재정난에 빠진 주간지 〈디어본 인디펜던트〉를 포드를 대신해 인수했다(디어본은 포드의 고향이기도 하고 포드자동차의 본사 소재지이기도 하다_옮긴이). 당시 포드는 상원의원 선거에 [무소속으로] 출마해 아쉽게 패배했는데, 상대 후보는 포드의 평화주의 성향과 아들 에젤Edsel의 징병 면제 사실을 공격했다. 포드는 자신이 부당하게 패배했다고 확신했고, 자신의 반전 입장을 조롱한 언론에 깊은 적대감을 품었다. 그 결과 그는 언론 매체들에 의해 걸러지지 않고 자신의 포퓰리즘 메시지를 여과 없이 전달할 수 있는 자체 매체를 소유하길 원했다. 신문의 슬로건은 포드식 세계관을 잘 담고 있었다. '소외된 진실의 기록자.' 이 신문은 곧 미국의 대표적인 반유대주의 허위 주장의 확성기가 되었다.

〈인디펜던트〉는 논리적으로 연결된 사건을 냉철하게 분석하는 것처럼 가장하여 매주 "세계를 대상으로 한 유대인의 계획은 실재하는가?", "유대인은 세계 대전을 예견했는가?", "유대 권력이 세계 언론을 통제하는가?"와 같은 편향적인 주제들을 다뤘다(포드의 신문에 따르면 답은 실재한다, 예견했다, 통제한다였다). 또 미국 유대인위원회와 뉴욕 케힐라와 같은 유대인 단체를 면밀하게 조사하여 두 기관은 "막강한 영향력만큼이나 그 힘을 은폐하는 능력으로도 주목할 만하다"며 "미국의 최대 도시 한가운데 자리 잡은 정부 내 정부의 완벽한 사례"라고 주장했다.²⁸

유대인 은행가들은 자주 〈인디펜던트〉의 표적이 되었다. 골드만삭스와 셀리그먼 같은 회사들은 간간이 언급되는 수준이었지만, 브라솔의 집착을 반영하듯 시프와 쿤로브의 파트너들은 단골로 등장했다. 그들의 자선 활동, 금융 활동, 정치 활동은 전부 음험한 시각으로 왜곡되어, 유대인의 거대한 계획을 돕기 위한 교활한 술수로 묘사되었다. "유대인의 국제 금융은 어떻게 작동하는가"라는 제목의 기사─'국제 유대인' 시리즈의 다른 악의적인 기사들과 마찬가지로 작성자가 명시되지 않았다─는 쿤로브가 선견지명을 가지고 세계를 조종하고 있으며 전쟁 중에 쿤로브의 파트너들이 정치적 성향이 다른 것처럼 보인 것은 자신들의 실체를 숨기기 위한 교묘한 술책이라고 주장했다. "이 유대인 금융회사는 위대한 국제 오케스트라와 같다. 이들은 미국 국가 '성조기여, 영원하라', 독일 국가 '라인강의 수호자', 프랑스 국가 '라 마르세예즈', 영국 국가 '신이여, 국왕을 지켜주소서'를 모두 조화롭게 연주할 수 있으며, 각 나라의 편견을 아첨하듯 충실히 따를 수 있다"고 썼다.²⁹

이 기사는 전 세계를 넘나드는 오토 칸이야말로 "국제 유대인"의 전형이라고 표현했다. 그는 여러 시기에 걸쳐 미국, 영국, 독일 시민권을 보유했던 금융가이자 정치인이었다. "칸이 지금까지 정확히 몇 개국의 시민이었는지는 정확히 알기 어렵다"면서 "그의 몫으로 주어진 세계의 일부는 영국과 프랑스인 것 같다"고 비아냥거렸다.[30]

일가가 두 나라에 걸쳐 있는 워버그 가문은 특히 의심을 받았다. 〈인디펜던트〉에 따르면, 미국 금융 시스템을 현대화하려 한 폴의 노력은 경제적 안정을 위한 것이 아니라 미국을 경제적으로 복속시키려는 음흉한 계획이었다. 연방준비제도에 담긴 "유대인 사상"을 다룬 한 기사에서는 《의정서》에 나오는 구절을 인용하며 폴 워버그의 의도를 폭로한다고 주장했다.

> 《의정서》 제20장에는 세계 전복과 지배를 위한 거대한 금융 계획이 공개되는데, 통치자들이 금융 문제에 무지하다는 언급이 다시 나온다. '무지'라는 단어를 직접 쓰지는 않았지만, 워버그 씨가 이 나라에 처음 왔을 당시의 무지몽매한 상태에 대해 꽤 노골적으로 말했다는 것은 우연이라고 하기에는 미심쩍다… 그는 유대계 독일인 은행가로 이곳에 온 순간부터 미국의 금융문제를 자신의 입맛에 맞게 변화시키는 것이 자신의 야망이었다고 고백했다. 그리고 실제로 그 목표를 이루었다.[31]

포드의 신문에 따르면, 폴 워버그는 단지 미국 금융 시스템을 장악한 데 그치지 않고 그의 형 막스와 함께 베르사유 조약까지 좌우했다고 주장했다. "미국과 독일에서 온 형제가 모두 평화 조약을 결정하는 파리 회의에 각각 정부의 대표로 참가했다. 독일 대표단은 유대인이 너무 많아 '코셔' 또는 '워버그 대표단'으로 불렸고, 미국 대표단에도 유대인들이 너무 많아 유럽의 약소국 대표들이 미국을 유대인 국가로 인식할 정도였다."[32] (물론 워버그 형제가 유대인의 이익을 위해 평화 협정에 영향을 미쳤다는 주장은 터무니없는 허구였다. 우선 폴은 파리 회의에 참석조차 하지 않았으며, 그와 막스 모두 조약의 결과에 절망했고, 그중 가장 가혹한 배상금 조항을 완화하려고 애썼지만 성과는 없었다).

〈인디펜던트〉가 제기한 워버그 관련 음모론은 여기에 그치지 않았다. 이 신문은 워버그은행이 "러시아를 붕괴시키는 데 사용하도록 트로츠키에게 자금을 전달한 회사"라고 날조한 시슨의 문서를 인용하면서 막스 워버그를 "러시아 볼셰비즘 성립에 중요한 역할을 한 인물"로 지목했다. "그는 늘 러시아에 적대적이었다. 독일인이어서가 아니라 유대인이라는 이유로 그랬다. 그리고 이번 볼셰비즘의 경우에 한해 그 두 이유가 일치했을 뿐이다. 러시아에 맞선 워버그와 트로츠키!"[33]

〈인디펜던트〉는 러시아 제국을 무너뜨리려는 음모의 핵심 인물은 시프였다고 단정하며, 사실과 허구, 억측을 뒤섞어 이 금융가의 활동과 정치적 영향력에 불온한 이미지를 씌웠다. 시프는 의회에 강력한 영향력을 행사하여 러시아와의 조약을 단절하도록 만들었고, 이로써 "미국과 러시아 사이의 모든 무역이 독일계 유대인의 손을 거치게 되었다"고 주장했다. 그는 또 일본의 대러시아 전쟁에 자금을 지원했고, 러시아의 전쟁 포로들에게 오늘날 볼셰비즘이라고 알려진 사상의 씨앗을 심었다고도 비난했다. 시프의 "파괴의 사도들"이 결국 그의 계획에 따라 러시아 제국을 붕괴시켰으며, 그 과정에서 니콜라이 2세와 황실 가족들을 잔인하게 살해했다고 비난했다.

〈인디펜던트〉는 "이 국제적인 운동은 일가족 차원의 기획"이라고 주장했다. "제이컵 시프는 러시아를 붕괴시키겠다고 맹세했다.

폴 M. 워버그는 그의 동서였고, 펠릭스 워버그는 그의 사위다. 볼셰비키의 은행가인 함부르크의 막스 워버그는 시프의 아내와 딸에게는 시댁 형제였다." 더 이상의 설명은 필요 없었다.[34]

〈인디펜던트〉의 지속적인 비방 공세는 점차 폭넓게 독자층을 확보해 나갔다. 포드의 막대한 지원으로 당초 7만 부에 불과했던 이 신문의 발행 부수는 90만 부까지 치솟았고, 미국 최대 발행 부수 신문 중 하나가 되었다. 전국의 포드 대리점에 이 신문이 비치되었고, 대리점주들은 최신형 모델 T 차량을 팔면서 〈인디펜던트〉도 함께 판매하라는 본사의 압박을 받았다. 이는 그저 시작에 불과했다. 포드의 신문은 '국제 유대인' 시리즈를 네 권짜리 단행본으로 묶어 수백만 부를 인쇄해 전 세계에 배포했다.

포드의 이러한 공격은 곧바로 미국 유대인 사회를 위기로 몰아넣었다. 유대인 지도자들은 당연히 분노했지만 동시에 다소 당혹스럽기도 했다. 과연 이런 악의적인 기사들을 포드 본인이 승인했단 말인가? 1920년 6월 초, 〈인디펜던트〉가 두 번에 걸쳐 선동적인 기사를 게재하자 미국 유대인위원회 회장 루이스 마셜은 포드에게 편지를 보내 "이 모욕적인 기사들이 당신의 승인 아래 실린 것인지"를 묻고, 포드에게 이 기사들을 철회해달라고 요청했다. "이 기사들은 전 국민에 대한 명예훼손입니다. 유대인들은 최소한 미국에서는 이런 모욕과 굴욕, 비방으로부터 자유로울 수 있으리라 기대해왔습니다만, 이 기사들은 그러한 기대를 짓밟고 있으며, 중세 암흑기로부터 되살아난 메아리와도 같습니다."

디어본 출판사 명의로 서명된 도발적인 답장이 곧바로 도착했다. "당신의 수사는 볼셰비키 연설가의 그것입니다… 이 기사는 앞으로도 계속될 것입니다."[35] 그리고 실제로 계속되었다.

6월 23일, 미국 유대인위원회는 포드의 공격에 어떻게 대응할 것인지를 논의하기 위해 긴급 집행위원회를 소집했다. 마셜은 이를 "미국 유대인 역사상 가장 심각한 사건"으로 규정했다.[36] (이때까지는 아직 그 신문의 표적으로 등장하지 않은) 시프는 참석하지 않았지만, 그의 친구 사이러스 애들러가 시프의 메시지를 대신 읽었다.[37] 2년 전 시프는 "미리 예방 조치를 취하는 것이 사태가 벌어진 뒤에 수습하려 애쓰는 것보다 훨씬 낫다"고 말한 바 있었다. 시프는 평소에 유대인을 변호할 때마다 분노를 잘 참지 못하는 사람으로 알려져 있었다. 하지만 이번 포드의 도발 앞에서 그는 평소의 그답지 않게 온건한 접근을 주문했다.

"우리가 이 논쟁에 휘말리면 작은 불씨이던 것이 누구도 수습할 수 없는 불길로 번질 수 있다. 그러니 이런 기사에 대해 어떤 대응도 하지 말고 조용히 넘어가는 것이 좋다. 공격도 곧 잊히게 될 것이다."[38] 유대인위원회는 대체로 시프의 조언을 따르기로 하고, 침묵으로 논란을 잠재울 수 있기를 바랐다. 하지만 시프 그리고 포드와의 직접적인 충돌을 피하고자 했던 집행위원회 위원들은 상황을 심각하게 오판하고 있었다. 불길은 이미 붙었고 사그라들 기미는 전혀 없었다.

구글에서 '시프'를 검색하면 포드—그리고 1925년 시프와 볼셰비키 혁명을 연관 짓는 기밀 문건을 언론에 유출하고, 《의정서》를 집요하게 유포하여 전 세계에 반유대주의를 부추긴 브라솔—가 어떤 소문을 퍼뜨렸는지 분명하게 알 수 있다. 시프는 사위 펠릭스 워버그 및 사위의 형 폴 워버그와 함께 러시아 혁명(그리고 다른 사악한 행위들)의 중심인물로 악의적인 음모론에 등장하며, 그 내용은 시간이 흐르면서 점점 더 기괴해지고 과장되었다. 이런 터무니없는 주장은 한두 가지가 아니다. 그중에는 시프가 워버그 일가(비밀리에 로스차일드 가문을 대신해 일하고 있었다고 주장한다)의 도움을 받아 혁명을 계획하고 진두지휘했다든지, 트로츠키는 시프의 '충직한 대리인'이며 시프와 막스 워버그가 레닌과 트로츠키가 러시아로 돌아가 볼셰비키 혁명을 수행할 수 있도록 도와주었다는 내용도 있었다. 가장 어처구니없는 주장은 '일루미나티 유대인 은행가' 시프의 직접 명령으로 러시아 황제와 그의 가족이 처형되었다는 것이었다.

돌리 시프의 손자 댄 크래마스키Dan Kramarsky는 일본 정부가 시프에게 수여한 욱일장을 검색하다가 자신의 고조부를 둘러싼 황당한 주장에 직면했던 경험을 이야기했다. "그런 주장 하나를 클릭해서 들어갔더니 온갖 음모론자들이 득실거리고 있었어요."[39] 워버그 가문의 한 후손은 온라인 포럼과 위키 항목에 나오는 가문을 둘러싼 음모론 때문에 가족들의 마음이 계속 불편하다고 털어놓았다. 그녀는 20세기 초에 뿌리내린 이 황당한 주장들이 지금도 자신들을 괴롭히는 불편한 '후유증'에 대해 설명하면서 "가족 이야기인데 민감하지 않을 수 없잖아요"라고 말했다.[40]

"폴 워버그에 대한 증오의 정도에 비추어 보면, 사람들이 아직까지 우리 집에 폭탄을 던지지 않은 게 이상할 정도예요"라고 증손녀 캐서린 웨버는 말했다. 그녀의 할아버지 지미 역시 린드버그 유괴 사건(1932년 비행사 찰스 린드버그의 생후 20개월 된 아들을 유괴하여 살해한 사건으로, 독일계 이민자가 범인으로 지목되어 사형되었으나 증거의 신빙성 등이 논란이 되었다_옮긴이)부터 LSD를 이용한 정신 통제 실험인 CIA의 MK-울트라 프로그램에 이르기까지 온갖 터무니없는 음모론과 연결되었다.[41]

시프-워버그 음모론이 〈인디펜던트〉 지면에 처음 등장한 이후, 선동가들은 수십 년 동안 이 주장을 계속해서 재생했다. 특히 1938년, 극우 성향의 '라디오 사제' 찰스 코글린Charles Coughlin 신부는 반유대주의 방송에서 미국 유대인 은행가들이 러시아 공산주의의 부상을 주도했다고 주장하며, 시프와 쿤로브 파트너들을 집중 공격했다. 미시간에 본거지를 둔 코글린은 청취자들에게 시프가 러시아 혁명을 선동했으며 트로츠키에게 자금을 지원해 "사회주의 혁명을 일으키게 했다고" 말했다.[42] 그는 이를 뒷받침할 비밀경호국 문건이 있다고 주장했지만, 실제로는 나치 선전물의 내용을 그대로 옮겨 말했을 뿐이라는 사실이 드러났다.[43] 트로츠키 본인도 코글린의 주장을 반박했다. "제이컵 시프라는 이름은 나에게 아무런 의미가 없습니다. 시프에게서 어떤 돈도 받은 적이 없어요."[44]

트로츠키와의 연계는 어불성설이었다. 물론 시프는 로마노프 왕조의 몰락을 환영했고, 차르에 반대한다는 입장도 공공연히 밝혔었다. 시프는 혁명 이후 입헌민주주의 수립을 내건 온건파 알렉산드르 케렌스키Alexander Kerensky의 임시 정부를 지지했다. 1917년 한 해 동안, 러시아를 바라보는 시프의 감정은 환희에서 불안으로, 마침내 절망으로 바뀌었다. 결국 볼셰비키가 권력을 장악했기 때문이었다. 1917년 8월, 마셜에게 보낸 편지에서 시프는 트로츠키를 깎아내리고, 유대인이 볼셰비키와 관련되었다는 의혹에 개탄하면서 반유대적인 반발이 있으리라는 것을 정확하게 예견했다.

우리 모두 상당히 많은 유대인들이 명목상으로라도 트로츠키가 이끄는 볼셰비키 운동에 참여했다는 사실을 알고 있지. 물론 이 파괴적인 선동에서 유대인이 차지하는 비중은 소수에 불과했겠지만… 불행하게도 지적 수준이 높지 않은 러시아 농민들은, 자발적으로든 다른 이들의 선동의 결과건, 자신들에게 닥친 불행을 유대인의 책임으로 돌릴 가능성이 매우 크네. 그렇기에 러시아의 우리 동포들에게는 암울한 날들이 기다리고 있을지도 몰라. 설상가상으로 미국에서조차도 유대인이 볼셰비키 운동의 배후라는 이야기가… 상당한 신뢰를 얻게 될 위험이 있어. 할 수만 있다면, 반드시 이를 막아야 하네.[45]

시프가 트로츠키와 볼셰비키를 도운 사람이라면, 왜 굳이 이런 글을 썼겠는가? 트로츠키가 뉴욕에 머물렀던 1917년 1월에서 3월까지 10주 동안의 행적을 책으로 쓴 케네스 애커먼 Kenneth Ackerman 은 "여러 사실을 대충만 훑어봐도" 이 시기에 시프가 망명 중인 트로츠키를 만나 자금을 지원했다는 주장이 말이 안 된다는 것을 알 수 있다"고 썼다. "1917년 11월, 레닌과 트로츠키가 권력을 장악하자, 시프는 즉각 그들에 반대한다는 의사를 밝히고 〔케렌스키 임시정부에 제공하던〕 대출을 중단했고 반볼셰비키 단체에 자금을 지원하기 시작했다. 심지어는 볼셰비키들에게 자신이 케렌스키에게 대출한 돈을 상환하라고 요구하기까지 했다."[46]

그럼에도 이런 허무맹랑한 이야기는 계속되었고, 시프가 트로츠키와 볼셰비키들에게 제공했다는 돈의 액수도 처음에 1만 달러였던 것이 나중에는 1,200만 달러, 2,000만 달러까지 불어났다. 마지막 액수는 1949년 〈뉴욕 저널-아메리칸〉의 가십 코너 촐리 니커보커 Cholly Knickerbocker (20세기 미국에서 부유층이나 명문가의 뒷이야기를 다룰 때 많이 사용되던 가명_옮긴이)에 최초로 언급되었는데, 이 코너를 쓴 사람은 언론인 이고르 카시니 Igor Cassini 였다. 귀족 가문 출신인 카시니는 가족과 함께 러시아를 탈출하여 망명했는데, 당시 그는 아직 유아였다. "러시아의 레닌, 스탈린 일당에게 자금을 지원한 사람이 누구라고 생각하시나요? 당시 뉴욕의 은행가이던 늙은 제이컵 시프는 자신의 돈이 1905년 제1차 러시아 혁명의 원인 중 하나였다고 자랑하곤 했습니다. 오늘날에는 뉴욕 상류사회 저명인사인 손자 존 시프조차도 그 노인이 볼셰비즘의 최종 승리를 위해 러시아에 약 2,000만 달러를 쏟아부었다고 인정하고 있습니다."[47]

1950년대에 다른 매체들이 촐리 니커보커 기사를 인용하기 시작하자 마침내 존 시프는 해당 내용을 반박하는 성명을 발표했다. "저는 그런 말을 한 적이 없습니다. 그런 말을 했을 리도 없습니다. 전혀 사실이 아닌 이야기를 왜 말하겠습니까."[48] 하지만 허무맹랑한 주장을 막는 데 이 반박은 아무런 효과가 없었다. 가령 1991년 팻 로버트슨Pat Robertson 의 《신세계 질서 The New World Order》에도 다시 등장했는데, 이 책에는 시프가 볼셰비키에게 2,000만 달러 상당의 금괴를 "직접 운반했다"는 내용까지 덧붙여졌다.[49]

포드의 신문이 시프의 유산을 너무나 철저하게 훼손했기 때문에, 후일 애들러는 시프의 전기를 편찬하면서 차르에 맞서 시프가 한 실제 역할을 다루는 것이 현명한 일일지를 두고 시프의 아들 모티와 의논했다. 애들러는 말했다. "자네 아버지가 러시아의 혁명운동을 도운 것은 분명해. 그는 '러시아자유의친구들'과 교류했고 그들에게 자금을 지원했으며, 그 자금의 일부는 일본에 수용된 러시아 전쟁 포로들 사이에서의 선전 활동에 쓰였지. 차르 제제를 자유화하려는 것이 그의 확고한 목표의 일부였거든." 결국 애들러는 시프의 삶에서 이런 사실들을 삭제한다면 오히려 '훨씬 더 심각한' 반유대주의 공격을 초래할 위험이 있다고 결론 내렸다. "나는 이 미친 짐승들이 돌아다닌다고 해서 우리의 삶이나 우리의 글을 바

뛰야 할 필요는 없다고 생각한다. 오히려 두려움 없이 앞으로 나아가는 기회로 삼아야 한다."[50]

결국 〈인디펜던트〉라는 "미친 짐승들"은 법적 조치를 통해 굴복했다.

언론인 허먼 번스타인은 1923년에 포드를 상대로 명예훼손 소송을 제기했다. 포드가 한 인터뷰에서 자신이 '평화선'에 탑승했을 때 번스타인으로부터 유대인 금융가들이 전쟁의 근원이라는 말을 들었다고 했기 때문이었다. "내가 신문에 보도한 내용 대부분을 그가 내게 말해주었다."[51] 1925년 초에는 또 다른 사람이 〈인디펜던트〉의 악의적 보도를 명예훼손으로 고소했다. 원고는 캘리포니아의 카리스마 넘치는 변호사이자 활동가인 애런 사피로Aaron Sapiro로, 농업협동조합을 조직하는 데 선구적인 역할을 한 사람이었다. "유대인의 농민 조직 착취"라는 기사에서 〈인디펜던트〉는 사피로를 핵심 악당으로 묘사했다. 사피로의 계획을 돕는 유대인 은행 카르텔의 일원으로는 쿤로브의 오토 칸이 등장했다.

수년 전 〈인디펜던트〉가 쿤로브를 집요하게 물고 늘어지자, 이 회사는 포드를 상대로 법적 소송을 제기할 것을 심사숙고했다. 변호사인 줄리어스 골드만은 민사소송의 승소 가능성을 따져보는 36쪽 분량의 문건을 작성했다. "[〈인디펜던트〉는] 귀사와 해외 지사들이 평화 시든 전시든 세계 대전과 세계 혁명 그리고 세계 지배를 위한 유대인 음모의 일환이라고 비방하고 있습니다." 그는 이러한 비방이 "지면에서 본 어떤 주장보다도 심각하다"면서, 이 소송은 상당히 많은 시간과 비용이 들겠지만 쿤로브가 승소할 가능성이 크다고 판단했다. 다만 이런 경고도 덧붙였다. "이 소송은 달갑

지 않은 엄청난 주목을 초래할 것입니다. 그리고 귀사가 드러내지 않고자 하는 사업상의 중요한 내용들을 공개해야 할 수도 있습니다."⁵² 결국 쿤로브는 소송을 제기하지 않았다. 그러나 독일에서는 막스 워버그가 《국제 유대인》과 《의정서》의 독일어 번역본을 출판한 테오도어 프리치 Theodor Fritsch 를 상대로 명예훼손 소송을 제기해 승소했다.

포드는 번스타인이 제기한 소송의 소환장을 회피하면서 시간을 끌었지만, 사피로 소송은 1927년 3월 정식 재판으로 이어졌다. 포드는 증언이 예정된 날을 며칠 앞두고, 차가 도로를 벗어나 비탈길로 굴러떨어지는 의문의 사고를 당했다. 포드가 증언을 할 수 없게 되자 사피로는 포드가 "사고를 위장했다"며, 거물 기업가가 "소송에 질까봐… 겁을 먹었다"고 주장했다.⁵³ 재판은 〔증인이 부재하여〕 평결 없이 종결되었다. 사피로는 재차 법적 절차를 밟았는데, 포드는 더 싸울 의사가 없었다. 〈인디펜던트〉의 반유대 캠페인은 많은 소송 비용뿐 아니라 포드에 대한 부정적 여론에 기름을 붓고 그의 제품에 대한 불매운동을 촉발하는 등 간접적 측면에서도 그에게 많은 손해가 되었다.

그해 여름 판사가 사피로 사건의 재판 일정을 다시 잡기 직전, 포드의 변호인단은 루이스 마셜에게 '국제 유대인' 사건을 마무리 짓자고 제안했다. 마셜은 다음의 문구를 포함한 사과문 초안을 제시했고, 포드는 여기에 서명했다. "나는 파괴적이지 않고 건설적이어야 할 이 주간 신문이 소위 《시온 장로 의정서》를 퍼뜨리고… 유대인들이 세계의 자본과 산업을 지배하려는 음모를 꾸며왔다는 주장을 유포하는 도구가 되었던 점에 대해 깊은 유감을 표합니다."⁵⁴ 포드는 사피로, 번스타인과 별도로 합의하고 그와 그의 신문이 두 사람에 대해 제기했던 주장들을 철회했다. 〈디어본 인디펜던트〉는 1927년 12월의 마지막 호를 끝으로 폐간되었다.⁵⁵

포드는 사과문을 통해 반성의 뜻을 내비쳤지만, 이후 행동은 그가 관점을 그다지 바꾸지 않았다는 것을 보여준다. 말년의 포드는 비행사 찰스 린드버그, 미국우선당America First Party을 창당한 L. K. 스미스L.K.Smith를 비롯한 나치 동조자들과 친분을 유지했다. 코글린 신부와도 정기적으로 만나 점심을 함께 했다.⁵⁶ 포드 자동차 내부에도 나치 지지자들이 있었다. 그중에는 나치당 미국 지부를 이끈 하인즈 스팽크뇌벨Heinz Spanknöbel, 독일미국연합German American Bund의 지도자 프리츠 쿤Fritz Kuhn 등이 포함되었다.⁵⁷ 1938년 포드의 75세 생일에는 히틀러 정권이 그에게 독일 정부가 외국인에게 수여하는 최고 훈장인 독수리 대십자 훈장Grand Service Cross of the Supreme Order of the German Eagle을 수여했다. 이때쯤 포드는 독일에 지사를 설립하고, 한때 미국 내 독일 제국 정보조직의 자금 책임자였던 하인리히 알베르트를 지사장으로 앉혔다.

제2차 세계대전이 다가오던 시점에도 포드는 "국제 금융가들"이 노동 불안을 조장하고 "전쟁 공포"를 부추겨 이익을 얻고 있다고 비난했다. 그는 "월스트리트 집단"을 공격하면서도 '유대인'이라는 단어를 쓰는 데에는 매우 신중했다. 하지만 미국이 제2차 세계대전에 참전하기 1년 전인 1940년 6월, AP통신 기자와의 대화 중에 이렇게 말하며 민낯을 드러냈다. "나는 여전히 이 전쟁이 국제 유대인 은행가들이 기획한 가짜 전쟁이라고 생각한다."⁵⁸

그러던 포드는 어느 날 자신이 부추긴 증오의 결과를 마주했다. 조지핀 고먼Josephine Gomon—포드 공장에서 여성 직원을 총괄했던 관리자—에 따르면, 그녀는 1946년 5월에 포드 및 몇몇 경영진과 함께 미국 정부가 제작한 다큐멘터리 영화 〈죽음의 수용소Death Stations〉 상영회에 참석했다. 히틀러의 강제수용소가 해방되는 장면을 담은 영화였다. 영화가 진행되는 한 시간 동안 관객들은 폴란드 마이다넥Majdanek 수용소의 화장터, 고문실, 살해된 유대인들의 유품이 가득한 창고 등 충격적인 장면들과 마주했다. 영화가 끝나고 불이 켜졌을 때 사람들은 간신히 의식을 붙들고 있는 포드를 발견했다. 뇌졸중이었다. 포드는 이듬해 여든셋의 나이로 사망했다.

그가 쓰러지기 직전 어떤 생각을 하고 있었는지는 알 수 없다. 고먼은 그가 상영된 장면에 깊은 충격을 받았다고 믿었다. 그녀는 미출간 회고록에 이렇게 썼다. "마침내 포드는 자신이 그토록 전파하려고 했던 역병의 참상을 목도했다. 그 바이러스는 결국 발원지로 다시 돌아왔다."[59]

27.

다가올 세상

1920년이 시작되자마자 불안과 격변의 분위기가 미국 사회 전반에 퍼졌다. 새해 다음 날, 미국 전역 35개 도시에서 연방 요원들이 가정집, 회합 장소, 사교 클럽, 카페 등지를 급습해 수천 명의 공산주의자 및 좌파 급진주의자로 의심되는 사람들을 체포했다. 미첼 팔머가 승인하고 에드거 후버J. Edgard Hoover가 지휘한 이 대대적인 단속으로 체포된 사람들은 대부분 이민자였다. 몇 주 뒤에는 금주법이 발효되었다. 이는 미국 사회의 도덕적 기반이 무너지고 있다는 국민적 공포의 결과였다.

3월에 상원은 두 번째이자 마지막으로 베르사유 조약 비준을 부결시켰다. 이는 윌슨의 국제연맹을 좌초시키고 그의 정치적 유산에 심각한 타격을 입혔다. 5월에는 매사추세츠 경찰이 무정부주의자이자 루이지 갈레아니의 추종자로 의심되는 이탈리아 이민자 니콜라 사코Nicola Sacco와 바르톨로메오 반제티Bartolomeo Vanzetti를 체포했고, 이후 1급 살인죄로 이들을 기소했다. 이는 미국 역사상 가장 논란이 된 기소 중 하나였다. 그달 말에는 웨스트버지니아에서 파업 중인 탄광 노동자들이 이들을 사택에서 퇴거시키기 위해 고용된 사설 경비 인력들과 충돌했고, 이로 인해 열 명이 사망했다. 이 사건은 메이트원 전투Battle of Matewan로 알려지게 된다. 6월에는 에드워드 영 클라크Edward Young Clarke라는 대중 선동가가 재건시대Reconstruction (남북전쟁 이후 1865년부터 1877년까지의 시기_옮긴이) 동안 거의 사라졌던 큐클럭스클랜의 부활을 이끌며 이후 수년 동안 수백만 명의 신규 회원을 끌어들였다. 그리고 그해 여름, 〈디어본 인디펜던트〉는 유대인 공격의 수위를 더욱 높였고, 《의정서》의 초판본이 미국에서 처음 출간되었다.

흑인, 유대인, 이민자를 향한 증오와 편견이 급증했다. 긴장이 고조되며 무언가 큰일이 일어날 듯한 분위기가 감돌았다. 마침내, 9월 16일 목요일 점심 시간, 미국 자본주의의 심장부가 폭발했다.

사건은 J. P. 모건 본사('코너') 맞은편에 세워져 있던 마차가 폭발하면서 시작되었다. 마차 안에는 100파운드의 다이너마이트와 500파운드의 (최대한의 인명을 살상하기 위한) 주철 막대가 실려 있었다. 불길은 월스트리트를 뒤덮었다. 트레이더, 은행 출납원, 심부름꾼들이 공중으로 튕겨 날아갔고, 깨진 유리 파편이 방금 내린 눈처럼 거리를 뒤덮었다. 그 충격으로 1킬로미터 가까이 떨어진 건물의 유리창도 산산이 부서졌을 정도였다.

이 공격으로 38명이 사망했다. 그중에는 J. P. 모건의 수석 사무직원인 24세의 윌리엄 조이스William Joyce도 있었다. 부상자는 잭 모건의 장남인 주니어스 모건Junius Morgan을 포함해 300명에 달했다. 100년이 지난 지금도 '코너'의 대리석 외벽에는 이 폭발의 상흔이 뚜렷하게 남아 있다. 이 사건의 실체는 아직도 밝혀지지 않았고, 갈레아니 추종자들의 소행으로 추정될 뿐이다. 이 사건은 1995년 오클라호마시티에서 폭탄 테러가 발생하기 전까지 미국에서 발생한 최악의 테러였다. 인명 피해와 물질적 피해도 엄청났지만, 미국에 남긴 심리적 상처 역시 못지않게 깊었다. 이미 [1919년에도] 유력 정치인과 기업인을 노린 무정부의자들의 일련의 폭탄 테러가 발생했던 상황에서 이번 사건은 미국이 볼셰비키식 체제 전복의 위기에 처해 있다고 믿는 이들에게 최악의 공포를 안겨주었다.

이 폭탄 테러는 [이민자와 급진주의자에 대한] 엄격한 처벌과 배제를 요구하는 여론에 불을 지폈으며, 새로운 강경한 이민 제한 조치들을 불러왔다. 여기에는 '국가별 출신지 할당제'를 도입한 1924년의 이민법이 포함되며, 이로 인해 유대인 이민은 미미한 수준으로 줄어들었다. 유럽의 유대인들이 히틀러의 대학살을 피해 탈출하던, 그들이 가장 피난처를 필요로 하던 때에 미국은 사실상 문을 걸어 잠갔다.

할당제는 다른 영역에서도 등장했다. 가장 두드러진 곳은 하버드를 비롯한 아이비리그 대학들이었다. 하버드 총장 A. 로런스 로웰A. Lawrence Lowell은 반유대주의를 완화하려는 노력의 일환이라며 유대인 학생 비율을 전체 학생의 15퍼센트로 제한하자면서 이렇게 말했다. "학생들 사이에서 반유대주의 정서가 증가하고 있으며, 유대인 수가 늘어날수록 그 반감도 비례하여 커지고 있다. 만약 유대인의 비율이 전체 학생 수의 40퍼센트에 이르게 되면, 인종적 감정은 격화될 것이다."[1]

하버드에 유대학 연구 박물관을 기증했던 시프는 유대인을 향한 이러한 모욕과 평생을 바쳐 싸웠던 이주 문제에서 이민 제한론자들이 최종적으로 승리하는 광경, 히틀러의 섬뜩한 부상을 직접 목격하지는 못했다. 하지만 그의 말년의 세계정세는 암울했다. 이 금융가는 누적된 위기와 전쟁의 여파가 가져온 부담을 육체적으로 감당하기 어려워했다. 1920년 초, 시프는 자신이 기부도 하고 고문으로도 활동했던 러시아 정보국—백계 러시아인들이 미국에 세운 단체—의 국장 A. J. 색A.J.Sack에 이렇게 털어놓았다. "나는 러시아뿐 아니라 전 세계의 상황을 주시하고 있으며, 때로는 이로 인해 신경이 극도로 예민해질 때가 많습니다."[2]

지난 수년 동안, 시프의 건강은 꾸준히 나빠졌다. 그는 이제 청력을 거의 잃었고, 심장병과 심각한 불면증에 시달렸다. 호흡도 점점 가빠졌고, 눕는 것보다 몸을 세우고 앉아야 더 편했다. 늦은 밤에는 운전기사가 그를 태우고 긴 드라이브를 나가곤 했다. 종종 시프는 바깥의 신선한 공기와 최면을 거는 듯한 자동차의 진동에 차 안에서 스르륵 잠이 들기도 했다.[3]

가족 외에 그의 건강 상태를 아는 사람은 거의 없었다. 대중 앞에 나설 때는 여전히 활기가 넘쳐 보였고, 간혹 실제로 기력을 회복할 때도 있었다. 1919년 여름, 시프와 아내 테레즈는 예년처럼 바 하버를 찾았다. 시프는 격한 활동을 삼가라는 주치의의 조언을 무시하고 손자들이나 다른 일행과 함께 몇 시간씩 숲속을 트레킹하며 보냈다. (상원의원 보라가 이 모습을 보았다면, 그해 6월 워싱턴에서 열린 베르사유 조약 '누설' 청문회에 건강상의 이유로 불참한다고 통보할 수 없었을 것이다).[4]

1년 후 8월, 시프는 전년도 여름의 과도한 활동이 심장질환을 악화시켰다고 탓하며 메인주로 가지 않기로 결정했다. 그러면서 "그곳에 가면 멋진 봉우리 몇 개라도 올라가고 싶은 유혹을 견딜 수 없을 것 같다"고 말했다.⁵ 시프는 '다소 높은 고도'가 건강에 도움이 될지도 모른다고 생각하여 아내와 함께 8월 한 달을 뉴햄프셔의 화이트마운틴(1,917미터로 미국 북동부에서 가장 높은 산_옮긴이)에서 보낸 후 9월에 시브라이트의 여름 별장으로 돌아왔다. 그의 건강은 약간 호전된 듯 보였고, 그는 잠시 쿤로브 사무실로 출근도 하기 시작했다.⁶ 하지만 1920년 9월 중순, 유대인의 새해 첫날인 로슈 하샤나 Rosh Hashanah 전날, 시프를 방문한 루이스 마셜은 뭔가 문제가 있음을 감지했다. 시프는 다가오는 대명절 High Holidays 기간에 회당 예배에 참석할 수 없을 것 같다며 조바심을 냈다. 의사는 그가 걷지 못하게 했고, 차를 타고 예배에 가는 것은 불경하다고 여겼기 때문이었다.⁷

다음 주, 시프는 욤 키푸르에 평소처럼 금식했다. 그다음 날 그는 심한 흉통에 시달렸고, 저녁부터 반쯤 의식불명 상태가 되었다. 그는 이틀 동안 그 상태로 버텼지만, 9월 25일 토요일 저녁 6시 30분, 안식일의 마지막 햇살이 핍스 애비뉴 너머로 사그라질 무렵 세상을 떠났다.⁸

"우리가 사랑하는 수석 파트너가 세상을 떠났다는 소식을 헤아릴 수 없이 슬픈 심정으로 여러분께 전합니다." 쿤로브는 전 세계의 고객들에게 전문을 보냈다. 당시 젊은 직원이던 벤저민 버튼위저는 "전문에는 누가 세상을 떠났다는 것인지 이름조차 적지 않았습니다. 받는 사람이 쿤로브의 수석 파트너를 알지 못한다고 암시하는 것조차 무례로 여겨질 정도였어요"라고 기억을 떠올렸다.⁹

시프가 남긴 재산은 처음에는 1억 5,000만 달러 정도로 추산되었다. 하지만 (아내를 위해 설정한 600만 달러의 신탁기금을 제외하고) 실제로는 그 액수의 1/4이 채 되지 않는 약 3,500만 달러였다. 시프의 여러 자산 중에서 가장 큰 덩어리는 전쟁 자금 지원 용도의 리버티본드 640만 달러였다. 숨을 거둘 당시 주머니에 있던 69달러까지 포함해 시프의 재산 내역이 뉴욕 세무 당국에 제출된 후 〈뉴욕 타임스〉는 "시프 씨가 인생 후반에 재산을 적게 남기고 가려 노력한 앤드루 카네기보다 고작 1,000만 달러 정도 더 많고, 동시대의 J. 피어폰트 모건의 1/3이 채 되지 않는 유산을 남겼다는 사실은 매우 놀랍다"라고 논평했다. "시프 씨의 유산은 사업 규모로 보면 자신의 근처에도 못 오는 금융가들인 헨리 클레이 프릭Henry Clay Frick과 앤서니 N. 브래디Anthony N. Brady의 절반도 안 되지만, 그는 카네기와 마찬가지로 평생 종교 단체, 자선기관, 개인들을 지속적으로 후원한 사람이었다."[10]

시프가 사후에 남긴 자선 기부금은 총 135만 달러였고, 그는 유언장 4쪽에 걸쳐 세부 내용을 꼼꼼하게 기재했다. 기부금을 받을 19곳의 기관은 유대신학교와 몬테피오레 요양원에서부터 뉴욕 대학교, 하버드 대학교, 메트로폴리탄 미술관, 부커 T. 워싱턴이 세운 터스키기 연구소에 이르기까지 다양했다. 그가 관심 가진 자선 활동이 얼마나 폭넓었는지를 그대로 보여주는 목록이었다. 시프는 이를 단순한 기부가 아니라 기금으로 처리하도록 명시하여 기부금 사용을 세심하게 통제했다. 각 기관들이 원금이 아니라 기금에서 발생하는 수익만 사용할 수 있게 한 것이다. 가장 큰 금액을 받은 곳은 사위 펠릭스가 설립하고 이끈 유대인자선연합Federation for the Support of Jewish Philanthropies이었는데, 이 단체의 정관에는 유산을 받지 못하게 명시한 조항이 있었기에 시프의 기부금

50만 달러를 받기 위해서는 정관을 개정해야 했다. 시프는 유언장에 "이 조항을 삭제하는 것이 연합에 이익이 될 것"이라고 적었다. 그리고 시프 특유의 방식으로 "나는 이 단체에 어떤 압력도 행사하려는 의사가 전혀 없다"라고 덧붙였지만 그는 정확하게 바로 그 일을 하고 있었다. 연합 내의 치열한 논의를 거쳐 정관은 결국 수정되었다.[11]

매사를 꼼꼼하게 챙겼던 시프는 자신의 죽음 이후를 위한 편지도 남겼다. 유족들에게 "내가 죽은 후 곧바로 열어보라"고 했던 이 편지에는 장례식과 애도 방식을 세세히 적었다.

> 사랑하는 아내, 아이들, 가족들에게
> 언젠가는 여러분 곁을 떠나 영원한 삶으로 들어가야 할 날이 올 것임을 알고 있기에, 내가 세상을 떠난 후 해주기를 바라는 소망들을 전한다. 내 생명이 다했음을 확실히 하기 위해, 정맥을 열거나 방부 처리를 하거나 혹은 다른 방식을 써서 철저히 확인해주길 바란다. 내가 묻힐 관은 가장 소박해야 하며, 화려한 꽃 장식은 삼가야 한다. 장례식은 회당이나 다른 예배처에서 할 수 있지만, 의식은 장례 기도문 낭독과 음악 연주로만 제한하고 싶다.
> 내가 부모님 기일에 사용했던… '테필린'(유대교 남성 신자들이 아침 기도 시 착용하는 물품_옮긴이)은 내가 묻힐 관에 함께 넣어주기 바란다.
> 내 자녀들은 내가 죽은 후 첫 11개월 동안 토요일마다 시간이 될 때 '카디시'(유대교에서 하나님을 높이기 위해 낭송하는 기도문_옮긴이)를 낭송해주기 바란다. 하지만 어떤 이유에서건 그렇게 하지 못한 경우에 내 소망을 들어주지 못했다고 자책하지 말거라. 매년 내 기일 전 토요일마다 공개적으로 '카디시'를 낭송하고 나를 기억해준다면, 그것만으로도 자녀들

에게 내 바람을 이행했다는 만족감을 줄 것이라 생각한다.

살아서나 죽어서나
여러분을 사랑하는
제이컵 H. 시프

✡

쿤로브와 미국 모두에 새로운 시대가 열렸다. 미국은 1929년 대공황으로 막을 내리게 되는 전례 없는 번영의 시대로 접어들었다.

쿤로브의 경영권은 3세대로 넘어갔다. 때로 시프는 아들 모티의 판단력을 의심하고 그를 거칠게 대했지만, 언제나 모티가 자신의 자리를 잇기를 바랐다. 하지만 세계적으로 유명세를 얻고 종종 신문 헤드라인에 등장하던 오토 칸이 있었다. 그는 사업이나 다른 대부분의 측면에서 모티보다 더 담대했고, 순순히 2인자의 자리를 받아들이려 하지 않았다. 모티는 후일 이렇게 인정했다. "아버지가 돌아가신 후에는 누구도 회사의 수석 파트너로 여겨지지 않았다. 각 파트너들의 지위와 영향력은 전적으로 각자의 성과에 달려 있었다."[12] 모티는 실질적으로 칸과 함께 회사를 이끌었다. 그 무렵 다른 파트너로는 제롬 하나우어와 펠릭스 두 명밖에 없었다. 그나마 펠릭스는 이미 명목상으로만 회사 일에 관여하던 상태였다.

1920년대에 회사는 시프가 정립한 노선을 대체로 유지하며 30억 달러 규모의 기업 및 정부 채권 발행을 감독했다. 다만 오토 칸은 자신의 보헤미안적 취향을 따라 막 떠오르기 시작한 영화산업에도 관심을 기울였다.[13] 월스트리트의 많은 회사들이 영화 스튜디오 투자에 회의적이던 시기에, 칸은 후일 파라마운트로 알려지게 될 페이머스 플레이어즈-라스키Famous Players-Lasky Corporation 의 1,000만 달러 규모 주식 발행을 주도했다.

전후가 되자 쿤로브의 명성은 예전만 못해졌고 뜻밖의 경쟁자들의 도전도 받았다. 쿤로브는 투자은행 업계 상위권 지위를 고수하기 위해 애썼다.

시프가 세상을 떠나기 직전 폴 워버그는 그에게 새로운 사업에 투자하라고 요청했다. 폴은 국제인수은행International Acceptance Bank, IAB이라는 회사를 세우려 했고, 이를 독일 재건을 위한 금융 창구이자 자신의 형 막스와 함께 사업을 재개할 수 있는 발판으로 보았다. 이 회사는 인수어음acceptance이라는 금융 상품을 전문적으로 취급할 계획이었는데, 인수어음은 은행이 지급을 보증(혹은 '인수')하고 유통시장에서 매매할 수 있는 일종의 단기 환어음이었다. 이 상품은 개인이나 기업이 아닌 은행이 지급을 보증하기 때문에 다른 환어음보다 위험이 낮은 것으로 간주되었으며, 유럽에서는 오랫동안 국제 무역의 자금 조달 수단으로 활용되어왔다. 미국에서는 연준이 탄생한 이후 회원 은행으로부터 인수어음을 매입할 수 있는 권한을 새롭게 부여받은 덕분에 이제 막 시장이 형성되는 중이었다.

쿤로브의 파트너들은 대부분 이 사업이 자신들의 영역을 침범할 수 있다고 우려했다. 하지만 시프는 상당 부분 감정적 이유에서 폴이 제안한 10퍼센트 지분 투자에 동의했다. IAB는 1921년에 영업을 시작했고, 폴이 회장을, 그의 아들 제임스가 부사장을 맡았다.

곧바로 문제가 발생했다. 폴의 회사가 당초 계획한 상업은행 업무에서 벗어나 쿤로브의 사업 영역인 해외 증권의 발행 및 유통 같은 분야로 밀고 들어간 것이다. IAB는 곧 쿤로브의 고객과 인맥에 직접 접근하기에 이르렀다. 모티는 서로의 이런 불편한 관계를 14쪽짜리 문서에 정리했다. "예를 들어, 제임스 워버그는 런던의 로스차일드앤선즈에게 금을 쿤로브에만 보내지 말고 IAB에도 보내라고 권했다. 또한 다양한 유럽의 인맥들에게… 쿤로브와 IAB는 매우 밀접한 관계이므로 어느 쪽과 거래하든 상관없다고 말하며 자신들의 지위를 강화하려고 했다."

더 심각한 것으로, 폴의 은행은 쿤로브가 수십 년 동안 해왔던 워버그은행의 미국 내 제휴사 역할을 대신하려는 듯한 움직임을 보였다. 모티는 이를 "점차 마찰이 발생했다"고 외교적인 수사로 표현했다. 이 불편한 관계는 1927년까지 이어졌고, 마침내 워버그 일가는 모티에게 IAB는 "모든 사업을 자율적으로 그리고 원하는 방식으로 수행할 완전한 자유를 가져야 한다"고 통보했다. 그 결과 [독일의] 막스는 "가족이기 때문에 뉴욕의 제휴사로 IAB를 택할 수밖에 없었다"고 모티는 회고했다.

펠릭스 워버그는 난처해졌다. 그는 쿤로브 사업에 적극적으로 나서지 않았지만—모티는 그가 주로 '회사가 보유한 유가증권을 보관하고 관리하는 일'이나 '우편물 서명' 같은 단순한 일이나 처리했다고 기억했다—파트너로서 상당한 이익을 배당받고 있었다. 동시에 그는 형인 폴이 운영하는 은행의 이사이자 주주였다. 이 두 역할이 이제 충돌하게 된 것이다. 한번은 펠릭스가 다른 파트너들과 상의 없이 100만 달러를 IAB에 이체했고, 모티는 이 돈이 IAB가 맨해튼은행 Bank of Manhattan 과 합병하는 데 사용되지 않았나 강하게 의심했다. (이후 또 다른 합병을 거쳐 이 합병 회사는 체이스맨해튼 Chase Manhattan 으로 알려지게 된다). 이 시점에서 쿤로브의 파트너들은 IAB를 강화시키는 모든 거래를 위협으로 간주했다. 모티에 따르면, 펠릭스는 이렇게 말하며 자신의 행동을 전혀 사과하지 않았다고 한다. "나는 쿤로브의 이익에 반할지라도… IAB의 이익을 지지할 권리가 있다."

쿤로브와 IAB 간의 경쟁은 가족 관계에도 영향을 미쳤다. 펠릭스와 프리다의 장남 프레더릭 워버그는 독일의 워버그은행에서 견습을 마치고 동유럽에서 공동분배위원회의 구호 활동을 함께 한 뒤, 1922년 쿤로브에 입사했다. 그러나 그 역시 펠릭스와 마찬가지로 맡은 일이 거의 없었다. 외삼촌인 모티에 따르면, 프레더릭은 '사업 감각'과 결단력이 부족했기 때문이었다. IAB와의 갈등이 깊어지자 모티는 펠릭스에게 아주 노골적으로 프레더릭은 은행업에 '맞지 않으며' 그를 회사에 계속 두는 것은 모두에게 피해가 된다고 말했다. 여느 아버지와 마찬가지로 상심한 펠릭스는 프레더릭을 파트너 자리에서 물러나게 하고, 그를 (쿤로브와 매우 친밀한 관계의) 리먼 브라더스에 취직시켰다. 펠릭스는 스스로 사직할까도 고민했고, 이 문제를 형 막스와 그리고 나중에는 모티와 상의했다. 그간 쿤로브의 파트너들은 펠릭스를 은퇴시키라고 모티에게 조용히 권하던 상황이었다. 하지만 워버그 가문과의 갈등의 골이 더 깊어질까 우려한 모티는 타협안을 마련했다. 쿤로브의 파트너로 남되, 실질적인 업무 책임은 없고 원하는 대로 출입도 할 수 있으나 이익 배당은 줄이는 조건이었다. 펠릭스는 이에 동의하고 잔류했다.

폴은 쿤로브의 사업에 지장을 주기도 했지만, 1929년 대공황 당시 재앙을 피하도록 돕기도 했다. 그는 파국이 도래하기 한참 전부터 흥청망청하는 시장을 불안하게 지켜보며 일찌감치 위험 신호를 감지했다. 1920년대의 호황으로 주가가 급등하자 수많은 신규 투자자들이 몰려들었고, 이들 대부분은 마진 거래margin trading (주식 대금의 일부만을 증거금으로 예치하고 빚을 내 주식을 사는 방식. 대공황 이후 증거금을 50퍼센트 이상으로 규정한 Regulation T가 도입되었다_옮긴이)를 통해 수익을 극대화하려 했다. 월가에서는 주가는 오르면 그만이지 다시 떨어질 필요는 없다는 식의 분위기가 팽배했다. 투자은행들은 이런 분위기를 이용해 새로운 고위험 금융 상품을 출시했다. 그것이 바로 오늘날의 뮤추얼 펀드와 유사하면서 규제가 훨씬 느슨했던 투자 트러스트Investment Trust였다. 투자 트러스트란 대중에게 자신의 주식을 팔아 자금을 모은 뒤 그 돈으로 주식시장에 투기적으로 투자하는 일종의 법인체였다. 대공황 직전 수년간 수백 개의 투자 트러스트가 만들어져 투자자들에게 판매되었다.

폴은 이런 투기 광풍과 이를 수수방관하는 연준의 태도에 경악했다. 연준은 과열된 시장을 진정시킬 수 있는 능력을 갖고 있었지만, 경제가 붕괴를 향해 나아가는 동안 그저 쳐다만 보고 있었다. 그는 모티에게 자산 일부를 현금화하라고 권했다. 폴의 조언에 맞춰 쿤로브도 중개인에게 빌려준 [단기 대출인] 콜론call loan—은행가들은 이 부채를 언제든 회수할 수 있었기 때문에 그렇게 불렸다—을 줄이고 위험 자산 일부를 좀 더 안정적인 지방채로 전환했다.[14]

쿤로브는 또한 다른 금융회사들과 달리 투자 트러스트 열풍에 동참하지 않았다. 1932년 주식시장 붕괴의 원인을 조사하기 위한 상원 금융통화위원회 청문회에서 오토 칸은 이렇게 증언했다. "우리는 계열사나 증권회사를 만들려는 전반적인 분위기에 가담하지 않았습니다. 우리가 설립한 회사는 하나도 없고, 우리 이름을 단 회사도 없습니다."[15]

연준이 방관만 하는 데에 실망한 폴은 공개적으로 경고하고 나섰다. 전국 각지의 신문에 실린 성명에서 폴은 투기꾼들이 국가의 신용 자원을 잠식하도록 내버려두고 국가 신용 체계의 "방향타"를 "증권거래소 조작꾼들"에게 넘겼다며 연준을 강하게 비난했다. 그는 또한 중앙은행이 금리를 인상해 주식시장으로 흘러들어가는 차입금을 제한할 권한이 있으며, 신속하고 단호하게 개입해야 한다고 강조했다. 그렇게 하지 않을 경우의 결과는 심각할 것이라며 다음과 같이 덧붙였다. "무분별한 투기의 향연이 지나치게 확산되도록 내버려둔다면, 그 파멸적 결과는 투기꾼들만이 아니라 국가 전체에 전면적인 불황을 불러올 것이 확실하다."[16]

1929년 9월 3일, 다우존스 산업평균지수가 사상 최고치인 381을 기록했다. 이후 25년이 지나서야 다시 도달할 수 있었던 수준이었다.

주식시장 붕괴는 한순간에 일어나지 않았다. 10월 말의 여러 날에 걸쳐 매도 주문이 쏟아지며 서서히 무너졌다. 10월 24일 목요일(검은 목요일) 아침, 시장은 11퍼센트 폭락했다. 월스트리트를 사상 최고치로 밀어올렸던 비이성적 과열 현상은 돌연 극도의 공포로 뒤바뀌었다. 뉴욕 증권거래소는 공포와 광란이 휘몰아치는 검투사 경기장으로 변했다. 티커 테이프는 밀려드는 매도 주문을 따라가지 못해 한 시간 이상 지난 시세를 토해내고 있었다. 거래소 안팎으로 루머가 난무했고, 그중에는 투기꾼들이 집단으로 자살하고 있다는 근거 없는 이야기도 있었다. 한 남성이 인근 건물 옥상에 서 있는 모습이 포착되자, 사람들은 그가 투신하려는 줄 알고 브로드가에 모여들었다. 알고 보니 그는 단지 수리공이었다.[17] 시장은 그날 오후 잠시 회복되었으나 다음 주가 되자 공포는 더 커졌다. 10월 28일(검은 월요일), 시장은 거의 13퍼센트 폭락했다. 다음 날(검은 화요일), 또다시 12퍼센트까지 하락했다. 이번에는 반등하지 못했다. 시장은 이후 천천히, 그러나 고통스럽게 하락을 거듭했고, 다우지수는 1932년 7월, 41포인트까지 추락했다.

공황이 한창이던 어느 날, 제프 셀리그먼이 증권거래소에 나타났다. 줄무늬 바지와 연미복을 단정하게 차려입고 옷깃에 꽂은 생화까지, 한껏 은행가로서의 위엄을 뽐내는 것처럼 보였다. 하지만 실상은 달랐다. 그는 이미 수년 전부터 셀리그먼에서 수표를 수령하고 독특한 유머로 젊은 직원들을 즐겁게 해주는 정도의 역할만 해왔다. 그랬던 그가 최근 불미스러운 스캔들로 신문에 자주 등장했다. '키튼스Kittens'라는 한 쇼걸이 나이 많은 이 은행가와 16세 때부터 연인 관계였다며, 결혼 약속을 어겼다는 이유로 10만 달러의 소송을 제기한 것이다.[18] 제프는 마치 재난을 구경이라도 하듯 혼돈의 현장을 직접 보기 위해 시내로 나온 것이었나. 그러나 현장을 태연하게 바라보는 이 유명한 은행가의 모습이 눈에 띄면서 일시적으로나마 시장이 차분해진 듯했다고 당시 한 신문은 전했다.[19]

그해 초 두 개의 투자 트러스트를 설립했던 셀리그먼은 주식시장이 붕괴하자 막대한 손실을 입었다. 비용 절감과 감원 조치가 불가피했다. 그나마 이 회사는 투기적 매수를 위한 자금을 차입하지 않았던 덕분에 다른 경쟁 기업들보다 비교적 선방한 셈이었다.[20]

훨씬 크게 타격을 입은 곳은 리먼 브라더스와 골드만 삭스였다. 두 회사는 1920년대 주식시장 호황과 함께 급성장했지만, 시장이 무너지며 함께 휘청거렸다. 헨리 골드만이 떠난 후, 리먼 브라더스와 골드만 삭스의 증권 인수 사업 제휴 관계는 점차 느슨해졌고, 1926년에 두 회사는 공식적으로 결별했다. 그 과정에서 60개사에 이르는 고객 리스트를 나누었는데, 대다수는 골드만 삭스에 남았다.

이제 두 회사는 모두 새로운 인물들이 이끄는 체제로 전환되었다. 리먼 브라더스에서는 필립 리먼이 명목상의 대표직을 유지하는 가운데 그의 아들 로버트 '바비'가 실질적인 경영권을 행사했다. 예일대 출신의 바비는 미국 원정군 소속으로 프랑스에서 복무한 후 1919년에 입사했다. 그는 미술 감식가이자 수집가로, 부친의 미술품 컬렉션을 확장하고 전시하는 일을 도왔다. 1928년 사환으로 이 회사에 입사한 파트너 허먼 칸 Herman Kahn 은 이렇게 회상했다. "바비는 미술품을 수집하듯이 사람들을 데려왔다. 마음에 드는 사람이 있으면, 마치 미술품처럼 '사서' 회사로 데려왔다." "바비는 분명 은행보다 미술에 더 관심이 많았고, 그의 천재성은 돈을 똑똑하게 쓸 줄 아는 유능한 사람들을 모으는 데 있었다. 그는 금융 전문가가 아니었고, 금융 거래를 직접 설계하는 방법은 몰랐다. 자금 계획을 세울 줄도 몰랐다. 하지만 그는 필요한 문은 무엇이든 열 줄 아는 사람이었다."[21]

바비의 사생활은 다사다난했다. 그는 세 번 결혼했고, 그의 배우자들 눈에는 특히 기독교 사회에 편입되려는 열망이 강한 사람으로 비쳤다. 회사의 한 파트너는 "바비는 성공회 신자가 되고 싶어 했어. 그는 유대인인 반유대주의자였지"라고 말했다.[22] 또 다른 파트너는 이렇게 기억했다. "바비는 사회적 차별, 특히 유대인과 비유대인 사이의 경계를 넘는 데에 몹시 집착했다. 내가 SOCAL(캘리포니아 스탠더드오일 컴퍼니)의 이사가 된 사건은 그에게 정말 중요한 일이었다. 돈이 많이 되는 자리여서가 아니라… 유대계 회사인 리먼이 비유대계 회사만 상대하던 대형 석유회사 하나를 잡은 셈이었으니까."[23]

한편 골드만 삭스에서는 헨리 골드만이 떠난 뒤 그의 빈자리를 채우기 위해 아서 삭스의 하버드 동창이자 친구였던 워딜 캐칭스Waddill Catchings를 영입했다. 테네시 출신의 변호사인 캐칭스는 호리호리하고 잘생겼으며 매력적이었다. 동시에 무자비하고 고압적인 성향도 있었다. 그의 명민함에 감탄한 월터 삭스는 공손한 태도로 그를 대했다. 캐칭스는 회사를 매우 위험한 사업들로 이끌었다. 아마도 창업자 마커스 골드만이 살아 있었다면 경악했을 법한 수준이었다.[24] 그런 사업 중 하나는 1928년 12월에 설립된 골드만 삭스 트레이딩Goldman Sachs Trading Corporation이었다. 이 회사는 또 다른 투자 트러스트인 셰넌도어 코퍼레이션Shenandoah Corporation을 낳았고, 셰넌도어는 다시 블루리지Blue Ridge Company라는 세 번째 투자 트러스트를 만들었다. 골드만 삭스 트레이딩은 처음에 액면가 100달러짜리 주식 100만 주, 총 1억 달러 상당의 주식을 발행했다. 이 주식은 104달러에 상장되었고, 주가가 급등하며 1929년 2월에는 액면가의 두 배 이상이 되었다.

경제학자 존 케네스 갤브레이스John Kenneth Galbraith는 1929년 대공황에 관한 그의 저서에서 이 주가 급등은 "순전히 대중이 금융 천재 골드만 삭스에 열광한 결과는 전혀 아니었다"고 지적했다. 실제로는 골드만 삭스 트레이딩이 "자사 주식을 대량으로 사들여" 인위적으로 주가를 끌어올렸던 것이다. 실상은 데이지 꽃을 줄줄이 잇고 엮어 만든 목걸이처럼, 앞서 만든 트러스트가 다음 트러스트에서 나온 수익금으로 주식을 사들이는 식으로 주가를 끌어올렸던 것이다.[25]

리먼 브라더스는 리먼 코퍼레이션이라는 새로운 투자 트러스트를 주식시장 붕괴 한 달 전에 설립했다. 이 회사의 주가는 1930년까지 반토막이 났고, 리먼 브라더스의 파트너들은 이 사태로 1,300

만 달러의 손실을 입었다.[26] 그러나 골드만 삭스 트레이딩이 떠안은 손실은 상상을 초월하는 수준이었다. 손실액은 1억 2,140만 달러에 달했고, 이는 상위 14개 투자 트러스트가 입은 손실액의 70퍼센트에 이르렀다.[27] 결국 회사는 캐칭스를 내보냈고, 월터 삭스 주도로 폴 삭스가 사환일 때부터 육성한 시드니 와인버그와 함께 골드만 삭스 트레이딩을 청산하는 고된 작업에 착수했다. 월터는 새벽 4시에 일어나 밤 10시까지 쉬지 않고 일했고, 이를 날마다 반복했다. "시황이 개선되자 우리는 팔고, 팔고 또 팔았다."[28]

신뢰가 무너진 골드만 삭스는 투자자들의 줄소송에 직면했다. 일선에서 물러난 샘 삭스는 회사가 입은 치명적인 피해를 거의 인지하지 못했다. 월터는 아버지가 "나이가 들며 정신이 흐려지셨다"고 회고했다. "아버지는 무슨 일이 일어났는지 알고 있다고 생각했지만, 항상 내게 말했다. '이름에 먹칠하지 않는 한 괜찮아.' 하지만 이 가여운 양반은 다행히도 회사 이름이 이미 심각하게 손상된 상태인 걸 몰랐다." 샘 삭스가 1935년 83세로 사망했을 때, 골드만 삭스는 여전히 명예 회복과는 거리가 먼 상황이었다.[29]

수십 년이 지나 월터는 1920년대 후반 대공황 당시를 돌아보며 그의 회사가 왜 그토록 무모하게 행동했는지를 반추해보았다. "세계를 정복하고 싶었죠! 단지 돈 욕심뿐만 아니라 권력욕이 불타올랐습니다. 그게 큰 실수였어요. 우리 모두가 탐욕에 휘둘렸다는 사실을 인정합니다."[30]

헨리 골드만으로서는 삭스 일가가 고통 받는 모습을 보며 통쾌했을 수도 있지만, 동시에 자기 가문의 이름을 단 회사가 미국 전역에서 부도덕과 조롱의 상징이 된 상황이 큰 충격이었다. 사실 헨리는 대공황 이전부터 캐칭스가 회사를 그릇된 방향으로 끌고 간다는 불길한 느낌을 갖고 있었다. 1928년, 미술상 조지프 두빈 Joseph Duveen은 헨리에게 편지를 보냈다. "아침을 좋아하지 않으시니까 말씀드립니다. 요즘 골드만 삭스가 더 이상 최고 수준이 아니라는 이야기를 시내 저명한 사람들로부터 자주 듣습니다. 영업 방식이 그다지 정직하지 않다는 얘기들도 많고요."

헨리는 답장을 보냈다. "제가 그리워진다는 말을 들으면 물론 저도 기쁘긴 합니다. 하지만 제가 그렇게 열심히 일구었던 훌륭한 이름이 내리막길에 있다니, 정말 유감이네요."[31]

헨리의 손녀 준 브레턴 피셔에 따르면, 그는 대공황의 영향을 거의 받지 않았다. "할아버지의 재산은 이 대재앙에도 전혀 손해를 입지 않았습니다. 그는 투자 트러스트라는 것은 거들떠보지도 않았죠. 너무 위험하다고 생각했거든요."[32] 헨리는 골드만 삭스를 나온 후 증권 인수 사업을 확대하던 아서리퍼 컴퍼니 Arthur Lipper & Co. 에 합류했다. 하지만 그는 사업보다는 점점 더 예술과 자선 활동에 전념했다.[33] 헨리와 아내 바베트는 뉴욕 필하모닉과 협연한 예후디 메누힌 Yehudi Menuhin 의 무대를 본 후 이 12세 바이올린 신동의 음악에 깊이 끌렸고, 그에게 6만 달러짜리 스트라디바리우스를 선물했다. 이들 부부는 또 독일의 메조소프라노이자 리트 Lied(독일어로 노래들이라는 뜻으로, 독일어 시에 피아노 반주를 붙여 부르는 성악곡을 말한다_옮긴이)의 여왕 엘레나 게르하르트 Elena Gerhardt 와 함께 유럽 전역으로 여행을 다니며 자신들의 컬렉션을 채울 골동품과 명화를 수집했다.

헨리는 독일이 처한 곤경을 잊은 적이 없었다. 독일 경제가 불안정해지자 그는 훗날 양자역학 연구로 노벨상을 받은 막스 보른 Max Born 을 포함해 독일의 저명한 물리학자들을 직접 지원했다. 알베르트 아인슈타인과도 친분이 두터웠는데, 그의 50번째 생일을 기념해 헨리는 그를 존경하는 다른 두 명의 자산가들과 함께 튀믈러*Tümmler*라고 이름 붙인 7미터짜리 요트를 선물했다. (1933년 아인슈타인이 독일 국적을 포기하자 게슈타포는 이 요트도 몰수했다).

보른은 회고했다. "그는 미국, 영국, 프랑스가 1차 대전의 모든 책임을 독일에만 전가한 것은 잘못이라고 생각했다. 전쟁의 책임이 공정하게 나뉘지 않았다고 믿었는지 독일을 돕고 싶어 했다." 과학자들을 위한 연구 자금 외에도 헨리는 의류와 신발을 가득 담은 수십 개의 상자를 독일로 보냈고, 보른의 아내가 이를 가난한 사람들에게 나누어주었다.[34]

헨리는 베르사유 조약을 공개적으로 비판했는데, 당시 은행가들 대부분이 헨리와 같은 입장이었다. 유럽에 장기 체류하던 동안 그는 각국의 장관, 경제인, 중앙은행가들과 자주 교류하며 독일과 유럽의 금융 안정을 위한 길을 논의하기도 했다. 독일 정부는 모국을 향한 그의 헌신적인 노력에 감사를 표하기 위해 1922년 그에게 명예시민권을 수여했다.

그는 유럽의 금융 상황을 더 깊이 들여다볼수록 점점 더 비관적이게 되었다. 이듬해 그는 5주 동안 베를린에서 유럽의 경제 상황을 살펴본 후 "전 유럽이 불타고 있다"면서 "그 근본 원인을 억제할 어떤 특단의 대책을 찾아내지 못한다면, 세상을 수십 년 후퇴시키고 모두를 경악시킬 정도의 유혈 사태와 폭동이 일어날 것"이라고 말했다.[35]

1920년대 초, 이미 매우 나빴던 헨리의 시력이 더 나빠졌다. 그에게 세상은 다 어둡게 보였지만, 핍스 애비뉴의 집을 가득 채운 그림과 조각들로부터 여전히 큰 즐거움을 얻었다. 막스 보른은 어느 날 헨리의 집을 방문했을 때를 회상했다. 당시 하버드의 학자 몇 사람이 그의 컬렉션을 구경하러 왔다. 헨리는 그들을 안내하면서 작품 하나하나를 해박한 지식으로 설명해주었다. 그러다 안내가 끝나고 그들을 배웅하는 중 그가 반쯤 닫힌 문에 곧장 부딪혔다.

학자들은 당황해서 보른에게 물었다. "골드만 씨에게 무슨 문제라도 있나요? 그가 앞을 잘 못 보나요?"

"아무것도 보지 못합니다." 보른은 설명했다. 헨리는 자신의 소장품을 너무나 사랑한 나머지 모든 작품을 머릿속에 완벽히 기억하고 있었을 뿐이다.[36]

헨리 부부는 훗날 소설과 에세이로 명성을 얻는 젊은 작가 글렌웨이 웨스콧Glenway Wescott을 헨리의 말벗 겸 비서로 고용했다. 웨스콧은 1923년의 유럽 여행을 비롯해 헨리 부부의 여행에 동행했다. 그는 여행 중에 매일 몇 시간씩 헨리에게 (주로 독일어로) 책을 읽어주었으며 저녁이면 도박을 좋아하는 헨리를 바카라 테이블에서 집으로 데리고 돌아오기도 했다. 웨스콧은 〔동성 연인인〕 먼로 휠러Monroe Wheeler에게 보낸 미사여구로 가득한 편지에서 헨리 가족과의 일상을 자주 묘사했다. 그는 헨리에 대해 "엄청나게 뛰어난 품성을 가진 사람"이라고 표현하며, "그가 거의 항상 엉뚱하고 비현실적으로 느껴지는데도, 그에 대한 애정과 존경심을 품고 있는 나에게 스스로 놀라곤 해"라고 했다. 하지만 다른 편지에서는 헨리가 "한편으론 측은하면서 동시에 짜증나는 존재"라며 그의 "도덕 설교, 윽박지르거나 무례한 습관"에 대해 불평했고, "내가 그를 죽이지 않는 게 신기할 정도"라고 말하기도 했다.[37]

헨리는 정치, 예술, 철학에 관한 (격렬한) 토론을 좋아했다. 이런 피 튀기는 논쟁을 좋아하는 그의 성향은 짐작건대 그가 골드만 삭스를 쓸쓸하게 떠나게 된 원인 중 하나였으며, 가족 일부와 소원해진 배경이기도 했을 것이다. 웨스콧은 많은 시간을 헨리와 함께 보냈기 때문에 꼼짝 없이 헨리의 토론 상대가 되었다. 그는 휠러에게 "완전히 난도질당했어. 현대 미술을 놓고 밤새 터무니없는 이야기를 쏟아내는 H.G.와 싸웠거든"이라고 써 보냈다. 또 다른 토론을 한 후에는 분통을 터뜨렸다. "H.G.는 모든 의견을 단정적으로 주장하고, 사소한 뉘앙스의 차이까지도 끈질기고 오만하게 물고 늘어지는 스타일이야."[38]

바베트에 대해서는 "변덕스럽고 음울한 불쾌감의 아우라"가 그녀를 감싸고 있다고 썼다. 한번은 그녀가 헨리에게 다소 차갑게 구는 듯하다며 그들의 관계를 암시하기도 했다. "골드만 씨는 아내를 애틋하게 사랑했지만 일방적이었고, 그녀의 침실은 늘 그에게 잠겨 있어."[39]

웨스콧의 1942년 단편소설 《파리의 아우어바흐 씨 Mr. Auerbach in Paris》는 헨리와 함께 한 여행을 느슨하게 각색한 이야기다. 주인공은 헨리 골드만처럼 앞이 거의 보이지 않는 은퇴한 독일계 유대인 출신의 금융가로, 예술품 수집에 열중하고 제1차 세계대전에서 독일이 패배한 데 대해 억울한 마음을 품고 있다. 웨스콧을 모델로 한 화자는 아우어바흐의 '눈이자 힘세고 젊은 오른팔'이다. 이 이야기에서 아우어바흐는 "여보게, 파리는 세상에서 가장 아름다운 도시야. 만약 독일이 파리를 차지했다면 세계에서 가장 위대한 도시가 되었을 거라고 말할 수 있지. 그들이 전쟁에 진 건 참 안타까운 일이야!"라고 말해서 그의 젊은 동행자를 충격에 빠지게 한다.[40]

"그것은 내게 하나의 역사 수업이었다"고 화자는 이야기한다. "요점은 상처 입고 병든 제국(라이히 Reich)의 회복만을 바라며 세상에 별 관심도 없던 많은 선량한 독일인들과 독일계 유대인들이 놀라울 정도로 앞을 내다보지 못했다는 데 있었다. 결과적으로 그들의 제국은 너무 빠르게, 감당할 수 없을 만큼 강해져버렸다."[41]

웨스콧의 아우어바흐처럼 헨리 역시 당시 독일에서 벌어지던 불길한 변화들에 대해서는 눈뜬 장님이었다. 1932년 4월, 헨리는 (당시 85세이던) 파울 폰 힌덴부르크Paul von Hindenburg 대통령을 45분간 비공개로 접견했다. 접견 후 그는 "그의 정신은 그보다 25년 젊은 사람만큼이나 초롱초롱했다"고 감탄하면서, "내가 그간 겪은 가장 놀라운 경험이었다"고 밝혔다.[42] 심지어 1933년 1월, 힌덴부르크가 히틀러를 총리로 지명한 후에도 헨리는 독일 사회의 치명적인 전환을 제대로 인식하지 못했다. 다음 달, 국제연맹 산하 유대인및기타난민을위한고등위원회 위원장으로 취임할 예정이던 독일 출신의 제임스 G. 맥도널드James G. McDonald는 뉴욕에서 헨리와 만났다. 맥도널드는 만남 후 일기에 "그는 독일 상황을 꽤 낙관적으로 보고 있다"고 적었다. "그는 독일의 반유대주의는 그저 보편적인 반유대주의 정서의 또 따른 표현일 뿐이라고 생각했다. 형태가 다르기는 하지만 미국과 비교해도 더 심하다고 보지 않았다."[43]

1933년 4월, 헨리는 베를린을 방문했을 때 히틀러의 독일이라는 끔찍한 현실을 생생히 목격했다. 나치 문양(卍)이 새겨진 갈색 제복의 돌격대원들이 거리를 순찰했고, 오랜 지인들은 그를 피했으며, 지나가는 행인들은 그를 거칠게 떠밀기도 했다.[44] 그는 형 줄리어스에게 자신이 목격한 상황을 편지에 적어 보냈다.

지금 내가 여기서 보고, 배우고, 알게 된 일들 중 아주 일부만 설명한다 해도 편지가 아니라 책 한 권으로 써야 할 거야. 책으로 쓰면 보내기 어려울 테고, 편지에는 하고 싶은 말을 다 쓸 수가 없어. 미국 언론이 꽤 정확하게 보도하고 있다고는 하지만, 이곳 유대인들이 처한 적나라한 상황은 전혀 전달되지 않고 있어. 외신 기자들은 계속 취재 활동을 하려면 당연히 상당한 제약을 받을 거야. 이곳 언론은 완전히, 철저하게 재갈이 물렸고, 현재 집권한 정부는 모든 홍보 수단을 장악하여 공포와 위협의 체계를 갖추었어. 형도 이런 사정을 짐작은 하고 있겠지만, 막상 여기 와서 이 모든 것을 내 눈으로 목격하는 일은 너무 고통스러워. 그럼에도 불구하고 나는 의무감으로 이 모든 것을 지켜보고 있어. 아마도 내가 현재 이곳의 유대인들 중, 앞으로 미국에서 구호 활동을 하려는 사람들이 필요로 할 정보를 전달할 수 있는 몇 안 되는 사람일지도 모르거든. 수천 명의 지식인, 교사, 교수, 법률가, 의사들이 무자비하게 쫓겨나 굶주리고, 수만 명의 사업가들이 가장 마키아벨리적인 방식으로 자신들의 사업을 유지할 수 없게 되었어. 여기서 일이 어떤 식으로 돌아가는지 예를 하나 들어볼게. 모든 약국에는 유대인 공장에서 생산된 의약품을 판매하지 말라는 지침이 내려졌고, 그 결과 해당 제약회사들은 하룻밤 사이에 사실상 퇴출당했어. 유대인 의사들은 진료비 수입의 60~80퍼센트를 차지하는 [공공보건기금] 크랑켄카센Krankenkassen 제도에서 전면 배제되었어. 조부모까지 중에 유대인 혈통이 있는 교사들은 교육 현장에서 배제되며, 연금도 없이 하룻밤 사이에 거리로 내몰렸어. 법률가들에게는 훨씬 정교한 방식의 가혹한 조치가 이루어졌어. 연로한 이들은 자연스럽게 죽을 때까지 제한적으로만 직업을 유지하도록 허용하되, 이후 세대는 법률가가 되는 길을 전면 차단해서 조만간 이들 역시 완전히 사라지도록 만들겠다는 거야. 더 쓸 공간만 있다면 그런 사례들을 끝도 없이 쓸 수 있어.

이렇게 자신이 직접 이 모든 일을 경험하고도 헨리는 그 참혹한 종착지를 상상하지 못했다.

이것이 현재의 상황이지만, 그렇게 오래가지는 못할 거라고 확신해. 지난번에 형에게 말했을 때와 마찬가지로 이곳의 실제 추세는 극우적이고, 현재의 상황은 군주제 재건을 위한 가교라는 내 생각은 변함이 없어. 그리고 아마도 이 나라에는 그것이 필요할지도 몰라. 나는 요즘 확고한 민주주의자였지만 이제는 군주제로의 변화를 갈망하는 사람들을 많이 접하고 있어.[45]

9개월 후인 1934년 1월, 헨리는 당시 독일에서 유대인을 구출하고 난민을 이주시키는 일을 총괄하던 맥도널드와 한 시간가량 면담을 가졌다. "그는 독일에서 어린아이나 젊은이들을 데려오려는 시도에 반대했다." 맥도널드는 일기에 휘갈겨 썼다. "골드만은 그들이 자신들의 십자가는 스스로 짊어져야 한다고 생각한다."[46]

헨리는 3년 뒤 79세의 나이로 세상을 떠났다. 사생활을 드러내기 싫어했던 그는 자신이 소장하던 문서들을 모두 소각하라고 유언했다.[47] 유대인에게 닥칠 궁극적인 참화를 직접 보지는 못했지만, 헨리 골드만은 독일에서 목격한 일들로 큰 정신적 충격을 받았다. "독일인을 깊이 신뢰했던 그는 그곳에서 벌어지던 반유대주의 운동을 전혀 이해할 수 없었고, 정신적으로 완전히 무너져 내렸다"고 막스 보른은 회고했다. "그는 그렇게 상처받은 채로… 세상을 떠났다."[48]

1931년 6월 3일 수요일, 모티 시프는 유난히 기분이 좋아보였다. 이틀 후면 그의 52번째 생일이었다. 은행가로서의 명성 외에도 모티는 미국 보이스카우트 총재였고, 몇 년 전에는 〈타임Time〉지 표지를 장식하기도 했다. 그는 오후에 사무실을 출발해 길버트가 설계한 100만 제곱미터가 넘는 대저택인 노스우드가 있는 롱아일랜드의 오이스터베이로 향했다. 딸 돌리와 함께 인근 파이핑 락 클럽에서 골프 한 라운드를 돌았고, 저녁 식사를 하러 가며 한 번에 두 계단씩 성큼성큼 내려갔다.[49]

그와 돌리는 저녁 식사 후 흡연실로 갔다. 그는 시가에 불을 붙이고 퀴멜kümmel(식전 혹은 식후에 마시는 30도 정도의 술_옮긴이)을 홀짝였고 그녀는 브랜디를 마셨다. 아델은 파리에 있었다. 노스우드에 같이 온 아들 존은 마침 그날 저녁 외출 중이었다. 도와주는 사람을 빼고 집엔 둘뿐이었다. 이런저런 이야기를 나누면서 모티는 전에 하지 않던 이야기로 딸에게 마음을 열었다. 런던에서 은행 수습 훈련을 하는 동안 잠자리를 했던 한 영국 귀족 여성과 나중에 그녀의 파리 의상 디자이너로부터 청구서를 받고 놀란 일화도 털어놓았다. 그는 자신의 과거를 되돌아보며 우울해졌고, 자신은 실패자라는 생각이 든다고, 적어도 아버지 눈에는 그랬을 것이라고 말했다. 그의 책임 아래에서 쿤로브는 정확히 말하면 퇴조하고 있었다. 1929년 대공황으로 재산도 거의 반토막 났다고 털어놓았다. 그는 유대인 단체에 아낌없이 기부하긴 했지만, 사람들은 그가 그 정도는 당연히 기부해야 한다고 여겼다. 그는 결코 아버지 시프처럼 존경받지 못했다.[50]

부녀는 몇 시간 동안 이야기를 나누다가 잠자리에 들었다. 다음 날 아침 7시, 돌리는 집사 윌리엄이 모티의 방문을 계속해서 두드리는 소리를 들었다. 결국 윌리엄이 돌리에게 왔다. "아버님을 깨울 수가 없습니다." 모티는 실크 잠옷 위에 양모 무릎담요를 덮고 두 손을 무릎 위에 올린 채 안락의자에 앉아 있었다. 심장마비였다. 그가 남긴 재산은 3,000만 달러였다.[51]

5개월 전, 존 시프는 오토 칸의 아들 길버트, 리먼 브라더스에서 좀 더 많은 경험을 쌓고 쿤로브에 복귀한 프레더릭 워버그와 함께 쿤로브의 파트너가 되었다. 3세대는 꼭 알맞은 시기에 제자리를 잡았다. 모티가 갑작스레 세상을 떠나고 몇 년 후인 1934년 3월, 오토 칸 역시 쿤로브 식당에서 파트너들과 점심을 먹던 중 심장마비로 사망했다.[52] 이제 펠릭스가 회사의 최고 선임 파트너가 되었는데, 그는 당혹스러웠다. "나는 애초에 은행가가 될 사람이 아니었다." 칸이 죽자 그는 이렇게 말했다. "나는 아홉 명의 파트너를 묻었고, 이제 이 큰 회사에서 유일한 생존자가 되었다. 나를 제외하곤 모두 젊은 친구들이고."[53] 하지만 쿤로브는 곧 열 번째 파트너도 땅에 묻어야 했다. 1937년 10월, 펠릭스 역시 (4년 전에도 그를 한 차례 쓰러뜨렸던) 심장마비로 쓰러졌다. 비탄에 잠긴 가운데서도 프리다는 남편을 사랑했던 다른 사람들을 떠올렸다. 생전에 남편의 외도를 모른 척했던 그녀는 이제 아들 에드워드에게 남편의 여러 정부들에게도 부고를 전하도록 했다.[54] 〈뉴욕 타임스〉는 그의 수많은 자선 활동을 담은 부고 기사로 신문 한 면 대부분을 채웠다.[55]

폴도 세상을 떠났다. 1932년 1월, 월스트리트의 방종을 경고한 그가 옳았음이 입증되었지만 공황의 여파로 과로한 탓에 쓰러졌다. 직전인 12월에 뇌졸중이 왔고, 최종 사인은 폐렴이었다.[56] 뉴욕의 워버그 일가는 갑작스러운 폴과 펠릭스의 죽음에 일부 책임이 있다며 막스를 탓했다. 워버그은행을 살리기 위해 둘 다 엄청난 에너지와 자금을 쏟아부었기 때문이었다.

미국에서 시작된 금융 위기는 빠르게 중부 유럽으로 확산되었고,

곧 막스의 은행도 존폐의 위기에 몰렸다. 펠릭스와 폴은 형에게 다른 은행과의 합병을 고려하라고 권했지만 막스는 거부했다. 1931년, 그들은 지미 워버그를 독일로 보내 워버그은행의 재정 상황을 알아보게 했다. 귀국한 지미는 아버지 폴에게 이 은행은 가망이 없으며, 여기에 돈을 투입하는 것은 밑 빠진 독에 물 붓는 격이라고 보고했다. 그럼에도 폴은 우상처럼 여기던 형을 저버릴 수 없었다. 폴과 펠릭스는 거의 900만 달러를 가족 은행에 수혈했다. 폴은 재산의 반 정도가 줄었다. 은행이 곤경에 처했음에도 정작 막스는 사치스러운 소비를 계속하는 모습에 분노하며 심적으로 더욱 힘들어 했다.[57] "결국 워버그은행은 곤경에서 빠져나왔지만, 그 대가는 아버지의 건강이었다"고 지미는 회고했다.[58] 폴의 딸 베티나는 "아버지는 실의에 빠져 돌아가셨다. 막스로 인해 겪은 고통과 탐욕이 너무 컸기 때문"이라고 말했다고 지미의 손녀 캐서린 웨버가 전했다. "그는 고맙다는 말도 거의 하지 않았다."[59]

곧 은행을 구하는 일은 부차적인 문제로 보이기 시작했다.

막스는 히틀러가 얼마나 위협적인 존재인지를 뒤늦게 인식했고, 16세기 이래 독일에 뿌리를 내리고 살아온 그의 일가가 더 이상 그곳에서 살 수 없다는 현실을 깨닫기까지는 더더욱 오래 걸렸다. 1929년, 지미는 독일을 방문한 동안 히틀러가 열광하는 군중에게 연설하는 모습을 보고는 경각심을 품고 《나의 투쟁》을 읽었다. 그는 삼촌들에게 그들이 '멍청이'라고 비하하는 이 정치가는 정말 위험한 존재라고 경고했다. 하지만 막스와 프리츠는 히틀러의 책을 직접 읽어보라는 지미의 권유를 대수롭지 않게 넘겨버렸다.[60]

하지만 이듬해 나치당의 선거 승리는 무시하기 어려웠다. 1930년, 선거에서 나치는 제국의회에서 95석을 더 확보하여 의석수를

107석으로 늘렸다. 2년 후에는 123석을 더 확보함으로써 사회민주당을 제치고 독일 최대 정당이 되었다. 그에 따라 총리가 된 히틀러는 정적들을 숙청하기 시작했다. 펠릭스와 다른 가족들은 막스에게 은행을 청산하고 독일을 떠나라고 간청했지만, 그는 고집을 피웠다. 막스는 당시에 대해 "나는 회사를 요새처럼 방어하기로 결심했다"고 회고록에 적었다.[61] 본사가 위치한 페르디난트 슈트라세 75번지가 벙커처럼 느껴지는 가운데, 워버그은행은 방어 수단을 하나씩 뺏기기 시작했다.

1933년에 들어서면서 막스와 파트너들은 그들이 이름을 올린 수많은 회사와 문화 단체의 이사회에서 조직적으로 퇴출되었다. 막스는 라이히스방크의 자문위원회에서 쫓겨났고, 함부르크-아메리카 선사와 독일-대서양 텔레그래프German-Atlantic Telegraph Company 의 이사회에서도 축출되었다. 그는 이제 함부르크 상공회의소, 필하모닉 소사이어티는 물론 고등교육위원회에서도 환영받지 못했다.[62] 그의 파트너들 역시 비슷한 모욕을 당했다

막스는 나치의 책 태우기 캠페인을 피해 (1929년에 죽은) 형 아비의 방대한 장서를 런던으로 옮기면서도, 자신의 회사나 유대인 공동체를 떠날 생각은 없었다. 대신 막스와 그의 아들 에리히는 유대인들이 독일을 탈출하도록 돕는 일에 전력을 다했다. 히틀러 통치 초기에 유대인 이주를 가로막은 가장 큰 장벽 중 하나는 독일을 떠나면서 가져가는 자금에 부과되던 터무니없이 높은 출국세였다. 1933년 말, 팔레스타인으로 이민을 유치하려는 시오니스트 지도자들과 가능한 한 많은 유대인을 독일에서 몰아내려는 나치 당국은 서로의 이해관계를 충족시키는 협정을 체결했다. 이 하바라(양도)협정Haavara Agreement 에 따르면, 독일 유대인들은 독일의 수출업자들

에게 상품을 구입할 때에만 사용할 수 있도록 제한된 계좌에 마르크화로 자산을 예치할 수 있었다. 이주자들은 팔레스타인으로 수출된 물품을 현지에서 구입할 경우 이 예치금을 사용할 수 있었다. 독일에서는 워버그은행이 이 복잡하고 논쟁적인 계획의 주요 금융 중개기관 역할을 맡았고, 이 덕분에 수만 명의 유대인들이 탈출에 성공하는 한편 나치 독일에는 경제적 이익이 돌아갔다.

에리히는 또한 미국 영사관의 총영사를 설득하여 같은 거리에 위치한 그들의 본사—페르디난트 슈트라세 75번지—로 영사관을 옮기게 했다. 이 조치는 "유대인들의 이민 비자를 확보하는 데 매우 큰 도움이 되었다"고 그의 딸 마리 워버그는 기억했다. 그녀는 "할아버지, 펠릭스 할아버지, 아버지는 전부 다해서 4만 명의 유대인을 미국과 다른 나라로 탈출할 수 있게 도왔다. 엄청난 역경을 뚫고 말이다"라고 말했다.[63] 막스는 이처럼 유대인 탈출에 온 힘을 다 하면서도 마음속으로는 유대인들이 고국에 남아야 생각했다. 독일 유대 사회가 나치 정권을 견뎌내고 살아남을 것이라고 믿었기 때문이었다.[64]

1936년, 형 막스를 독일에서 떠나게 하려고 계속 압박하던 가운데 그가 극동을 방문하겠다고 결정하면서 펠릭스는 작지만 의미 있는 성과를 거두었다. 다카하시 고레키요 일본 대장성 대신이 막스를 초청한 것이었다. 막스와 다카하시는 수십 년 전 일본이 러일전쟁 자금을 조달하는 과정에서 친분을 쌓았다. 당시 워버그은행은 쿤로브와 함께 상당한 양의 증권을 인수하여 일본의 전비 조달을 도왔다. 그러나 여행을 얼마 앞두고 일본 황실 근위대 소속 병사 두 명이 침대에서 자고 있던 다카하시를 살해했다는 소식이 전해졌다. 한 명은 총을 난사했고, 다른 한 명은 칼로 난도질했다고 했다.[65] 세계 어디에도 폭력적 격변에서 안전한 곳은 없는 듯 보였다.

점차 막스와 그의 은행은 나치 선전물의 단골 소재가 되었다. 나치 성향의 타블로이드판 주간 신문 〈데어 슈튀르머 Der Stürmer〉는 막스가 미국의 형제들과 공모하여 베르사유에서 독일을 팔아넘겼다는 허위 주장을 다시 끄집어냈다.[66] 《의정서》를 다시 소개한 어느 호에서는 막스의 사진을 칼 마르크스의 사진 바로 옆에 배치했다.[67] 더 불길하게는, 정치범 수용을 위해 지은 최초의 강제수용소 다하우 Dachau의 흰 벽에 이 함부르크 은행가의 캐리커처가 다른 유대인 '독일의 배신자들'과 함께 그려진 일도 있었다.[68]

1937년, 나치 정권은 독일에서 유대인의 경제 활동을 원천 차단하려는 '아리아화' 운동을 강화하면서 궁극적으로는 그들을 독일 밖으로 내쫓고자 했다. 정부가 어찌나 많은 반유대인법과 규정을 쏟아냈는지 워버그은행의 법무팀 8인조차도 최근의 규제 내용을 따라잡기 벅찰 정도였다. 은행 사무실은 기이할 정도로 고요했다. 처리하거나 논의할 새로운 일거리가 전혀 없었다. 출구길에 막스가 평소 모자를 살짝 벗어 인사했던 이들은 시선을 피했다. 결국 그는 은행 경영권을 포기할 수밖에 없었다. 자녀의 양육권을 포기하는 부모처럼 그는 가능한 최선의 수탁자들에게 은행을 넘기기로 했다. 그가 찾은 사람은 워버그은행의 고위 경영진이자 막스로부터 공식적인 법적 권한을 위임받아 업무를 수행하던 루돌프 브링크만 Rudolf Brinckmann 박사와 함부르크 상인이자 친구인 파울 비르츠 Paul Wirtz였다. 유대인의 흔적을 말끔히 지우기 위해 은행은 이름을 브링크만비르츠앤컴퍼니 Brinckmann, Wirtz & Co.로 변경했다.[69]

1938년 5월 말, 막스는 파트너들과 직원들에게 심금을 울리는 고별인사를 하며 감정을 드러냈다. "법률에 따르면 회사 이름은 자기 사업을 운영하고 서명을 할 때 사용됩니다. 그러나 회사 이름은 그보다 더 많은 의미를 가지며, 더 많은 의미를 가져야 하고, 우리에게 그것은 훨씬 더 많은 의미가 있었습니다." 은행은 살아 있는 실체이고, 자신들은 은행의 장기적인 생존을 보장할 책임을 가진 "일시적인 대표자"일 뿐이라고 그는 덧붙였다. "우리 앞에는 두 갈래 길이 있었습니다. 사업을 접고 정리해서 고객을 다른 은행으로 넘길 것인가, 아니면 개인보다 조직을 우선시하고 우리는 떠나되 경영을 후임자에게 넘겨 존속시킬 것인가. 우리는 두 번째 길을 택했습니다. 지금까지 우리 평생의 노력의 결과물인 이 은행이 무너지는 것을 원치 않았기 때문입니다."[70]

1938년 8월, 막스와 아내 알리스는 뉴욕으로 떠났다. 가을에는 다시 함부르크로 돌아올 계획이었다. 하지만 11월에 *크리스탈나흐트*Kristallnacht 가 발생했다. 막스는 프리다의 핍스 애비뉴 저택에서 독일 전역에서 벌어진 반유대 폭력 사태 소식을 들었다. 수백 명이 살해되고 수백 개의 회당이 불타 파괴되었으며 수천 개의 상점과 사업체가 약탈당하고 수만 명의 유대인 남성이 체포되었다. 그는 아들 에리히를 바라보며 침통하게 말했다. "이제 끝이로구나."

에리히는 1920년대에 은행 업무를 배우며 3년간 미국에 거주했고, 그 과정에서 영주권을 취득했다. 그는 영주권을 유지하기 위해 뉴욕을 자주 방문했으며, 덕분에 1938년에 시민권을 신청할 수 있었다. 미국 시민의 부모였기에, 막스와 알리스는 1924년 이민법의 엄격한 할당제도에서도 우선권을 부여받았다. 그들은 결국 미국 시민권을 얻었고, 미국 입국을 완강히 거부당한 수천 명의 유대인 난민들이 겪은 비극적 운명을 피할 수 있었다.

에리히는 고등학교를 막 졸업한 뒤 1차 대전 말기에 짧게 독일

군에서 복무한 경력이 있었다. 미국 시민이 된 후 그는 미국이 2차 대전에 참전하기도 전에 미 공군 정보장교로 자원입대했다. 여러 언어에 유창하고 독일 출신이라는 배경 덕분에 그는 유능한 조사관으로 활약하며 독일 공군 사령관이자 제국의회 의장이던 헤르만 괴링Hermann Göring을 포함해 여러 고위 나치 인사들을 심문했다.

에리히가 유럽과 북아프리카의 전장에서 복무하던 동안, 막스는 회고록을 고치고 또 고쳐 썼다. 그는 히틀러와 나치즘의 몰락을 눈으로 확인했지만, 끝내 독일로는 돌아가지 않았다. 뉘른베르크 재판이 마무리되고 두 달 뒤인 1946년 말, 막스는 세상을 떠났다. 그는 웨스트체스터의 슬리피 할로우Sleepy Hollow 공동묘지에 동생 폴 곁에 안장되었다.

워버그은행은 히틀러 정권에서 기적적으로 살아남았다. 1940년대 말, 에리히는 가문이 소유했던 은행을 다시 찾았고, 회사 이름도 회복시켰다. 할아버지의 이름을 딴 에릭의 아들 맥스도 훗날 가업을 승계해 6대째 가족 경영이 이어졌다. 창업 이래 200년이 지난 지금도 워버그은행은 이너알스터Inner Alster 호수에서 한 블록 떨어진 조용한 거리, 페르디난트 슈트라세의 옛 본사에서 지금도 영업을 계속하고 있다.

놀랍게도 워버그은행은 쿤로브보다 더 오래 살아남았다. 쿤로브는 이름만 들어도 알만한 수많은 금융회사들을 사라지게 만든 업계의 변화에 휩쓸려 역사의 뒤안길로 사라졌다. 결정적인 계기는 1969년이었다. 설립된 지 10년 된 작은 파트너십 투자은행 DLJ Donaldson, Lufkin & Jenrette가 상장을 신청했다. 이는 당시 뉴욕 증권거래소 회원사들의 상장을 금지하던 규칙에 정면으로 도전(DLJ는 NYSE

회원이 아니었다)하는 일이었다.⁷¹ 대공황 이후 도입되었던 각종 규제가 완화되면서 상장과 인수합병이 광풍처럼 몰아쳤고, 100년 넘게 투자은행과 그 가문을 묶어왔던 파트너십 모델은 급격히 무너졌다. 새로 등장한 회사들은 더 이상 가문의 이름을 걸고 명예를 지키는 파트너들을 필요로 하지 않았다. 대신 주주들에게만 응답하는 구조로 바뀌며 월스트리트의 위험 감수 성향과 보상 체계는 [책임 구조가 희석되고 더 큰 위험을 감수하는 방향으로] 완전히 재편되었다. "예전의 투자은행 시대는 더 이상 존재하지 않아요." 시프의 증손자 데이비드 시프는 이렇게 말했다. "분명 예전에는 악수 하나면 충분했지요. 대부분의 전통 있는 회사들이 다 그랬어요. 하지만 요즘은 절대 그렇지 않아요. DLJ가 상장하면서부터 그런 전통이 사라진 것 같습니다."⁷²

1977년 말, 명성은 여전했지만 쿤로브는 더 큰 경쟁자들과의 싸움에서 고전하고 있었다. 결국 그 곤경에서 벗어나기 위해 리먼 브라더스와의 합병이라는 길을 택했다. 그러나 개성이 강한 인물들과 비전이 다른 두 집단이 충돌하며 이 합병은 불행한 결말을 맞았다. 1980년대 초, 이 합병 기업 리먼 브라더스 쿤로브Lehman Brothers Kuhn Loeb는 3억 6,000만 달러에 아메리칸 익스프레스American Express의 증권 자회사인 시어슨Shearson에 매각되었다. 새 회사의 이름은 시어슨 리먼이었다. 월스트리트에서 한 세기 넘게 활약하던 쿤로브라는 이름은 거의 다 지워졌다. 몇 년 후, 윌리엄 C. 모리스William C. Morris 라는 리먼의 전 파트너가 셀리그먼앤컴퍼니의 인수를 주도하면서 회사 파트너 43명의 지분을 전부 사들였다. (이 회사는 후에 아메리프라이즈 파이낸셜Ameriprise Financial에 매각되었다).

1990년 초, 리먼 브라더스는 독립된 상장기업으로 다시 분사되면서 재등장했다. 그러나 이 시점의 리먼은 더 이상 이매뉴얼과 메이어 리먼이 세운 파트너십 회사와는 전혀 다른, 단지 이름만 비슷한 회사였다. 2008년 투자은행 리먼 브라더스가 불명예스럽게 무너지며 금융 위기를 촉발한 무책임한 금융 관행의 상징으로 전락하자, 리먼 가문의 후손들은 충격을 받았다. 한때 미국 금융의 한 시대를 풍미했던 위대한 독일계 유대인 금융 가문 중에서, 골드만 삭스만이 유일하게 온전히 살아남았다. 이 회사는 1999년이 되어서야 상장했고, 이후 세계 최고의 투자은행으로 우뚝 섰다.

쿤로브라는 이름이 월스트리트에서 사라지기 훨씬 전부터 시프에 대한 기억은 이미 희미해지기 시작했다. 자기애가 강하고 때로는 자부심이 지나치기도 했지만, 그는 자신의 이름을 후세에 남기는 데에는 별 관심이 없어 보였다. 그가 세상을 떠난 뒤, 〈뉴욕 타임스〉는 시프의 주요 자선 기부 목록을 정리하려 했으나 실패했다. "기부한 곳이 너무 많은데다… 상당수가 익명으로 이루어졌기 때문"이었다.[73] 시프는 자신이 세계적으로 명성을 높인 그 투자은행에조차 자신의 이름을 붙이려 하지 않았다.

하지만 알게 모르게 시프 사후의 월스트리트를 지배했던 거물들은 그의 그림자 아래에서 살아갔다. 그는 구세계와 신세계를 잇는 다리였고 금융은 어떻게 작동해야 하는지 그리고 자선은 어떤 태도로 해야 하는지를 정의했다. 그로부터 오늘날 우리가 알고 있는 현대 세계가 발아했다. 이만큼 심대한 유산을 남길 수 있었던 사람은 거의 없었다.

생전에 시프가 유대인 자선 활동을 과도하게 좌우한다며 비판적이었던 랍비이자 시오니스트 지도자 스티븐 와이즈Stephen Wise는 시프가 죽고 난 며칠 후 설교에서 "어느 누구도 그의 자리를 대신할 수 없습니다"라고 말했다. "그의 자리를 채우겠다는 꿈은 꾸지 말아야 합니다. 그 자리는 시프가 원했던 자리가 아니라, 그에게 맡겨졌던 권력의 자리입니다. 시프는 떠났습니다. 그와 함께 시프의 시대도 끝났습니다."[74]

시프 생전에 "윌리엄가 52번지는 백악관과 다우닝가 10번지, (프랑스 외무부 청사인) 케도르세처럼 하나의 상징어였다." 갤버스턴 운동과 여러 유대인 자선 프로젝트를 시프와 함께 했던 모리스 월드먼은 그렇게 회상했다. "오늘날은 더 이상 시프의 시대와 같을 수 없다… 그 시대는 유대인 공동체 자선의 시대였다."[75]

유대인 사회에서 시프가 차지했던 독보적인 지위는 그의 엄청난 재산이나 자선 기부만으로는 설명되지 않는다. "자선이란 도둑질한 1달러를 1센트로 돌려주는 것에 불과하다"며 자선에 비판적이던 사회주의 성향의 이디시어 일간지 〈포워드Forward〉는 시프에게 바치는 헌사에서 다음과 같이 선언했다.

우리는 언제나 시프를 존경했다. 그가 금융계 거물이어서가 아니다. 우리가 그토록 지구상에서 없애고자 하는 자본가 계급의 권력자이기 때문도 아니다. 유대계 자선단체에 거액을 기부했기 때문도 아니다. 시프만큼 혹은 그보다 더 많은 돈을 기부한 유대인 백만장자들이 있었지만, 그들의 자선은 우리 가슴속에 아무런 반향도 불러일으키지 못했다. 그의 죽음을 애도하고 그를 경외하고 사랑하는 이유는 그의 성품, 인간으로서의 품격 때문이다. 우리는 그의 자선 기부에 감명받은 것이 아니라, 그런 일을 가능하게 한 그의 관심과 동기에 감명받았다. 다른 백만장자들은 수백만 달러를 갖고 있지 않았더라면 어떤 자선 활동도 하지 않았을 것이고, 기부할 의지도 없었을 것이다. 시프는 그가 만약 재단사나

행상이었다 해도 존경과 경외를 받았을 인물이다.[76]

유대인 사회를 넘어 큰 영향력을 가졌던 시프의 죽음에 전 국민이 애도했고, 국장에 가까운 장엄한 의례로 기려졌다. 전국의 신문은 1면에 그의 삶을 조명하는 기사를 실었다. 전 세계에서 추도와 애도의 메시지가 쇄도했다. 우드로 윌슨은 국가의 "가장 필요한 시민 중 한 명"을 잃었다며 애도를 표했다. 전임 대통령 태프트는 시프의 "끝없는" 관대함을 칭송했다. 일본의 외무상 우치다 자작은 "우리나라의 가장 친한 벗"의 죽음을 애도한다는 일본 정부 차원의 깊고도 진심 어린 유감을 전보로 보냈다. 저널리스트 오즈월드 빌라드Oswald Villard는 테레즈 시프에게 보낸 편지에서 자신의 25년 기자 생활 동안 이런 "애도와 슬픔이 표출된" 적이 없다고 썼다.[77]

시프가 세상을 떠난 다음 날인 월요일 아침, 만 명이나 되는 사람들이 윌리엄가 52번지에 모여들었다. 다음 날 이매뉴얼 회당에서 열릴 시프의 장례식 입장권 2,000장 중 한 장을 받기 위해서였다.

당시 열두 살이던 에드워드 워버그는 그 장관을 목격하고 외할아버지가 얼마나 위대한 인물이었는지를 처음으로 깨달았다. 그는 형제자매, 사촌들과 함께 관에 안치된 위대한 사람을 마지막으로 보기 위해 시프의 침실 복도로 안내받아 갔다. 시신은 보라색 국화로 둘러싸여 있었다.

"어머니와 다른 여자 어른들은 모두 검은색 옷차림이었다"고 에드워드는 회상했다. "집에 들어오고 나갈 때마다 그들은 두꺼운 크레이프 베일을 늘어뜨려 서로 알아보거나 구별할 수 없도록 했다. 남자들은 전부 검은색 완장과 검은색 넥타이를 착용했다."[78]

시프의 장례식이 열린 9월 28일 화요일, 수천 명의 인파가 이매뉴얼 회당 주변의 거리로 몰려들었다. 군중을 통제하기 위해 350명이 넘는 경찰이 배치되었고 회당 주변 여러 블록에는 차량 통행이 금지되었다.

이매뉴얼 회당 안은 빈자리 하나 없이 가득 찼다. 저명한 은행가들, 기업가들이 공동체 활동가, 랍비, 유대인 이민자들과 어깨를 나란히 하고 앉았다. "내 앞에는 월스트리트의 한 은행가가 앉았고, 오른쪽에는 로어이스트사이드에서 온 노인 두 분이 검정색 유대인 모자를 쓰고 앉아 있었다"고 한 참석자는 기억했다.[79] 청중 가운데에는 뉴욕 주지사 앨프리드 E. 스미스Alfred E. Smith, 뉴욕 시장 존 하일란John Hylan도 있었다. 일본은 주미 영사를 공식 대표로 파견했다. 존 D. 록펠러 주니어도 조문 왔고, 웨스턴유니언 대표 뉴콤 칼턴Newcomb Carlton도 모습을 보였다. 허쉬기금, 히브리고아원, 헨리가 복지관, 몬테피오레 요양원, 마운트 시나이 병원, 적십자 등 시프가 생전에 후원했던 많은 단체들도 조문단을 보냈다.[80]

오전 10시, 오르간이 연주되고 애절한 선율의 콜 니드레Kol Nidre(속죄일 전날 저녁 예배 전에 낭송하는 기도문_옮긴이)가 성전을 가득 채웠다. 메트로폴리탄 오페라의 바리톤 가수 로버트 레온하르트가 유대인 속죄의 선언문에 나오는 구절을 노래했다(대개는 속죄일이 시작될 때에만 행한다). 가득한 하얀 장미, 국화, 은방울꽃 더미에 가려져 거의 보이지 않는 시프의 관은 긴 중앙 통로를 따라 제단 쪽으로 운구되었다(시프의 관을 덮은 꽃 장식은 아마도 은행가의 유언과는 어긋났을지 모르지만, 회당의 나머지 부분들은 대부분 장식이 되어 있지 않았다).

장례식은 시프의 요청에 따라 다른 유대인 시민들의 장례와 다를 바 없이 간소하게 치러졌다. 그의 사업 경력에 대한 언급도 없었고, 철도를 재편하고 미국 산업을 자본화했으며 미국을 개발도 상국에서 최고의 금융 강국으로 끌어올리는 데 기여한 업적도 언급되지 않았다. 자선 활동과 개인들에게 베푼 소소한 선행에 대해서도, 유대인 혹은 시민사회 지도자로서의 활약에 대해서도 아무런 언급이 없었다. 추도사도 전혀 없었다. 사실 그의 위대함을 구태여 증명할 필요가 없기도 했다.

예배가 끝나자 수천 명의 조문객들이 파크 에비뉴로 가는 시프의 관을 뒤따랐다. 엄숙한 장례 행렬은 세일럼 필즈로 향했다. 이곳은 이매뉴얼 회당이 공들여 만든 '죽은 자들의 도시'로, 잘 정돈된 도로와 오솔길을 따라 화려한 영묘들이 자리 잡고 있었다. 영묘의 규모와 웅장함은 생전에 누린 지위를 반영했다. 그중에서도 가장 장대한 기념물 중 하나는 이곳뿐 아니라 미국 전체를 통틀어서도 가장 큰 시프의 묘소였다. 판테온을 닮은 시프의 묘소는 언덕 위에 홀로 서 있었고, 양옆으로는 기둥이 빙 둘러 있었다. 입구 현관에 서면 롱아일랜드의 자메이카만까지 보였다. 당시 한 기사에 따르면, 1890년대에 지어진 이 영묘는 "아마도 미국에서 가장 크고 가장 위엄 있는 묘소"로 생각되며 건축비가 약 13만 달러로 추산된다고 했다. 그리고 "묘소의 벽은 견고한 화강암으로 만들어져 도굴꾼이 벽을 뚫으려면 며칠은 걸릴 것"이라고 덧붙였다.[81]

"모든 길은 산 정상에서 하나로 합쳐진다." 시프는 이 말을 좋아했다. 부자건 빈자건, 인생의 여정은 모두 같은 곳으로 향한다는 뜻이다. 물론 이처럼 왕처럼 으리으리한 곳에서 안식을 누릴 수 있는 사람은 많지 않다 할지라도 말이다. 세일럼 필즈에서 시프는 솔로몬 로브, 마커스 골드만, 조셉과 제시 셀리그먼 형제, 리먼 형제들 사이에 자리 잡았다. 그들은 각자의 방식으로 오늘의 미국을 만든 설계자들이었다.

에필로그

—

다시 찾은 세일럼 필즈

시프가 죽고 거의 한 세기가 지난 1월의 맑고 따스한 어느 날 아침, 나는 데이비드 시프와 그의 아들 드루, 스콧과 함께 세일럼 필즈를 찾았다. 존 시프의 큰아들이자 모티의 손자이자 제이컵 시프의 증손자인 데이비드는 당시 82세였고, 호리호리하고 귀족적인 풍모에 종종 짓궂은 유머를 던지기도 했다. 그는 감청색 정장 위에 황갈색 코트를 걸쳤으며 왼손 새끼손가락에는 금반지를 끼고 있었다. 데이비드로서는 한 30년 전 고모 돌리를 가족 묘소에 안장한 이후 첫 방문이었다. 드루와 스콧에게는 첫 방문이었다.

현재 시프 가문은 하나가 아니라 두 개의 은행 왕조의 혈통을 잇고 있다. 데이비드의 어머니 이디스Edith는 퍼스트내셔널뱅크 총재이자 도금시대 미국 금융산업에서 중추적 역할을 한 조지 베이커의 손녀였다. 베이커는 1931년 세상을 떠날 당시 약 7,500만 달러를 남겼다.[1] "제이컵 시프의 손자가 조지 베이커의 손녀와 결혼했다는 것이 나에게는 다소 아이러니하게 느껴집니다. 왜냐하면 그들은 늘 한편이 아니었거든요"라고 스콧이 말했다. 스콧의 중간 이름은 베이커다.² 베이커는 한때 시프의 경쟁자이기도 했던 J. P. 모건과 가까웠고 전형적인 앵글로색슨 백인 개신교도였다. 서로 다른 세계에 속한 두 사람을 하나로 묶은 이 결혼은 수십 년 전이라면 생각하기 어려웠을 것이다. 그리고 살아 있었다면 시프는 그 결혼을 격렬하게 반대했을 것이다. 독실한 유대인들이 흔히 그랬듯, 그는 이런 결혼이 가문의 유대교 신앙을 희석시킬 것이라 우려했을 가능성이 크다. 그런 우려가 완전히 근거 없는 것도 아닌 것이, 오늘날 시프 일가는 유대인 혈통을 소중히 여기긴 하지만 성공회 신자가 되었기 때문이다.

시프와 베이커라는 혈통 덕분에, 데이비드의 투자은행 경력은 거의 예정된 운명과 같았다. 그는 1958년 예일대에서 기계공학 전공으로 졸업한 직후 쿤로브에 입사했고 1966년에 파트너가 되었다. 1977년 리먼 브라더스와 합병이 이루어진 이후에도 회사에 잔류했다가 1980년대 초, 리먼 브라더스 쿤로브가 시어슨에 매각되기 직전에 회사를 떠났다. 이 합병으로 쿤로브라는 이름은 사라졌고, 회사의 역사적 기록도 대부분 폐기되었다. 쿤로브 창립 시절부터의 오래된 장부와 서신들이 리먼 브라더스에 의해 폐기된 사실은 회사의 사서들에게 큰 충격이었을 것이다.³ 합병 전, 리먼 브라더스의 CEO였던 하비 크루거 Harvey Krueger 는 후일 따로 보관했던 쿤로브 자료 중 일부를 데이비드에게 넘겼고, 쿤로브라는 이름에 대한 권리도 양도했다.⁴ "하비는 그가 할 수 있는 한 많은 것을 챙겨서 내게 주려고 했다"고 데이비드가 말했다.⁵

쿤로브와 제이컵 시프의 유산은 여전히 가족들에게 깊이 각인되어 있다. 데이비드는 종종 kuhnloebco.com 주소로 내게 이메일을 보낸다. 스콧이 가장 소중하게 여기는 물건 중 하나는 쿤로브의 파트너 회의실에서 가져온 성냥갑 상자다. 그의 어퍼이스트사이드 아파트 현관은 부계 조상들에게 바치는 일종의 사원처럼 꾸며져 있다. 한쪽 벽에는 경매를 통해 구입한 제이컵 시프의 초상화가 걸려 있다. 이 초상화는 원래 시프가 사망한 후 유언에 따라 뉴욕 상공회의소에 기증되었던 것이다. 또한 시프가 서명한 1918년 모금 호소문("우리 민족에게 닥친 가장 암울한 이 비극에 여러분의 도움을 요청드립니다")과 제이컵 시프, 모티, 존이 함께 찍은 사진, 그리고 다음 3대인 아버지 데이비드, 본인, 그의 아들이 함께 찍은 사진이 나란히 걸려 있다.

시프 가문은 금융업뿐 아니라 제이컵 시프가 후원했던 자선단체들과의 관계도 꾸준히 유지했다. 데이비드는 10년 넘게 네 개 동물원과 한 개의 수족관을 후원하고, 전 세계에서 보전 프로젝트를 수행하는 야생동물보호협회 이사장을 맡았다. 이 단체는 원래 뉴욕동물학회 New York Zoological Society로 시작했으며, 시프는 그 창립 회원이었다. 그의 뒤를 이어 모티와 아들 존도 이사로 활동했다. 자산관리회사 BCS의 공동 창업자인 스콧은 2014년에 이 협회에 이사로 합류하여 야생동물보호협회와 가문의 관계를 5대째 이어가고 있다.

장남인 드루는 시프가 돕고 릴리언 왈드가 설립했던 단체들과의 관계를 유지하고 있다. 그는 헨리가 복지관의 명예 이사이며 방문간호서비스의 의장을 맡고 있다.

우리가 차로 세일럼 필즈 입구의 위풍당당한 석조 아치 밑을 지나 들어가자 줄지어 늘어선 웅장한 영묘들이 눈앞에 펼쳐졌다. 구겐하임, 르위슨 Lewisohn, 블루밍데일 Bloomingdale, 스트라우스, 슈버트 Shubert, 티시먼 Tishman. 세일럼 필즈에는 뉴욕, 나아가 미국의 역사가 대리석과 화강암에 새겨지고, 티파니 유리창의 다채로운 무늬 위에 기록되어 있었다. 데이비드는 "여기가 슬리피 할로우보다 훨씬 인상적이네요"라면서 막스와 폴 워버그가 묻혀 있는 유서 깊은 웨스트체스터 카운티의 공동묘지, 혹은 뉴욕 발할라의 "베이커 가문이 묻혀 있는" 묘지를 언급했다.

우리는 가파르고 좁은 길을 따라 올라갔다. 언덕 정상이 가까워지자 여러 인상적인 기념비들 사이에서도 크고 정교한 도리아식의 시프-로브 가문의 영묘가 모습을 드러냈다. 높이 9미터에 앞뒤로는 12미터에 이르는 이 건축물은 그리스의 올림포스 산에 있어도 전혀 어색하지 않을 정도였다.

우리는 세월에 산화된 한 쌍의 장식용 청동문을 지나 묘소 안으로 들어갔다. 묘소의 양쪽으로 16개의 묘실이 있었다. 솔로몬과 베디를 비롯한 로브 일가는 오른편, 시프와 워버그 일가는 왼편을 차지했다. 제이컵 시프와 테레즈가 나란히 있고 한 줄 위에 펠릭스와 프리다가 있었다.

반대편 벽에는 19세기 독일의 시인 에마누엘 가이벨Emanuel Geibel이 쓴 '부활Auferstehung'의 맨 마지막 시구가 양각으로 새겨져 있다.

WAS DU EWIG LIEBST
IST EWIG DEIN

"당신이 영원히 사랑하는 것은 영원히 당신의 것이다." 시구를 바라보며 드루는 그가 자라면서 자주 들었던, 몇 세대에 걸쳐 가문의 비공식 좌우명이었던 독일어 문구를 떠올렸다. 책무와 일Pflicht und Arbeit.

옆에 있던 데이비드의 시선은 대리석 위의 조상들 이름을 훑다가 아버지의 사촌 폴 펠릭스 워버그, 일명 피기Piggy의 명판에 잠시 멈췄다. "피기는 아주 재미있는 분이었어요." 그의 아버지가 특히 피기와 가까웠는데 두 사람이 비슷한 시기에 태어났기 때문이었다. "내가 이 많은 사람들을 알고 있다니, 소름 돋네요"라고 덧붙였다. 이 묘소는 이곳에 묻히지 않은 사람 때문에도 주목할 만하다. 데이비드의 할아버지 모티는 여기에 없다. 아마도 모티의 마지막 반항이었을 것이다. 모티는 자신의 오이스터베이 영지에 안장되었다.

시프의 관에서 몇 피트 떨어져 서 있던 스콧은 가족이 지닌 유산의 무게감을 느꼈다. 감사와 자부심이 뒤섞인, 하지만 동시에 20세기를 규정하는 데 일조했던 가문 시조들의 기준에 부응해야 한다는 영원한 압박감이었다. 그는 나중에 "제이컵 시프가 여전히 우리 가족에게 큰 영향을 미치고 있다는 말로는 담을 수 없는 많은 것이 있습니다"라고 말했다. "우리는 분명 제이컵 시프 덕분에 부유한 환경에서 태어났고 그 점을 감사하게 생각합니다. 하지만 더 중요한 건, 이게 당연한 권리가 아니라는 걸 우리 모두 잘 알고 있다는 거죠. 우리 가족은 늘 존중, 감사, 의무, 전통을 새기며 살아왔습니다. 제이컵 시프의 박애 정신과 철학이 남긴 그림자는 다섯 세대에 걸쳐 이어져왔고 앞으로도 사라지지 않을 것입니다."[6]

나는 드루와 함께 묘역을 거닐었다. 그는 회색 정장에 파타고니아 파카를 걸쳤다. 겸손하고 사근사근한 그는 코넬 대학교 메디컬 스쿨을 나와 내과의로 6년간 활동하다가 금융계로 들어왔다. 그는 제약 및 생명공학에 특화된 벤처기업 아이슬링 캐피털Aisling Capital의 대표 파트너다. 드루는 30대였던 1997년에 미국의 가장 저명한 정치인 가문의 딸 카레나 고어 Karenna Gore 와 결혼했다. 카레나는 당시 부통령이었던 앨 고어 Al Gore 의 장녀다. 피로연은 부통령 관저가 있는 미 해군 천문대 부지에서 열렸고, 아레사 프랭클린 Aretha Franklin 이 축가를 불렀다. 두 사람은 슬하에 세 자녀를 두었으나 후에 이혼했다. 드루는 최근에 재혼했는데, 새 아내 알렉산드라 울프 Alexandra Wolfe 와의 사이에서 첫 아이가 곧 태어날 예정이었다. 저널리스트인 그녀는 고인이 된 문단의 전설 톰 울프 Tom Wolfe 의 딸이다.

시프-로브 묘소에서 언덕 아래로 내려오며 셀리그먼 가문의 무덤을 살펴보았다. 육각형에 돔을 얹은 이 거대한 구조물에는 40개의 관이 안치되어 있다. 철문 사이로 보이는 맞은편 벽에는 세속 세계를 벗어나는 천사를 생동감 있게 묘사한 스테인드글라스가 있었다. 그 아래에는 다음과 같은 글귀가 새겨져 있었다. "나는 환난의 골짜기를 희망의 문으로 삼으리라." 조금 더 가니 삭스 가문의 훨씬 작은 묘소가 나왔고, 그 옆엔 골드만 가문의 묘소가 있었다. "놀랍지 않나요?" 드루가 말했다. "이렇게 한 장소에서 압축된 역사를 본다는 것은 정말 흥미롭네요. 익숙한 이름이 나란히 있으니까요. 그들이 얼마나 가까운 사이였는지 실감이 됩니다."[7]

우리는 다시 데이비드, 스콧과 합류하여 차에 올랐다. 회색 화강암의 고요한 세일럼 필즈를 빠져나와 분주한 자메이카 애비뉴로 들어섰다. 역사는 현대에 자리를 내주었고, 과거는 현재로 길을 내주었다. 우리는 제이컵 시프와 돈의 제왕들의 유산이 깊이 아로새겨진 세계, 맨해튼으로 돌아왔다.

도움 주신 분들께

—

내가 이 책을 쓰기 시작했을 때, 큰아들 웨스는 갓난아기였다. 한 팔에 아이를 안고 다른 손으로는 애들러의 두 권짜리 시프 전기를 휙휙 넘겨가며 훑어보던 기억이 엊그제처럼 생생하다. 이 책은 웨스—이후 동생 리드가 태어났다—가 곧 초등학교 3학년에 올라갈 무렵에 출간되었다. 이 책을 완성하기까지 먼 길을 지나왔고 그 길을 함께하며 나를 도와준 많은 사람들에게 큰 빚을 졌다는 의미다.

내가 시프에게 매력을 느끼게 된 것은 다소 우회적인 경로, 즉 내 아버지의 삶에 대한 호기심이 계기가 되었다. 가난한 이민자 가족이 어떻게 그렇게 빨리 미국에 자리 잡을 수 있었을까? 맥키빈가의 다세대 주택에서 자란 꼬마가 어떻게 핍스 애비뉴에서 변호사로 개업할 수 있었을까? 이 질문을 탐구하는 과정에서 나는 독일계 유대인 엘리트 사회와 러시아나 동유럽에서 박해를 피해 온 난민들의 세계가 교차하는 지점에 이르렀다. 작년 가을에 돌아가신 아버지는 내 탐구의 최종 결과물을 보지 못하셨지만, 여러 면에서 이 책은 아버지께 바치는 헌사다. 내가 이 여정을 시작할 수 있게 해주신 아버지 그리고 다른 모든 분들께 깊이 감사드린다.

나의 오랜 에이전트이자 친구인 하워드 윤은 시작부터 이 프로젝트를 적극 지지해줬다. 그는 내가 이루고자 하는 것을 나 스스로도 분명히 알지 못했던 처음부터 목표를 정확히 이해하고 아이디어의 씨앗이 완전한 하나의 서사로 자라게끔 도와주었다. 그는 내가 아는 가장 냉철하고도 너그러운 사람 중 한 명이다. 나의 지지자이자 협력자로서 그를 곁에 둔 나는 정말 운이 좋았다고 생각한다. 이제는 WME 소속이 된 로스윤 에이전시의 동료들 또한 비범한 분들이다. 게일 로스, 다라 케이, 제니퍼 망게라, 엘리자베스 드 노마에게도 깊은 감사를 전한다.

동유럽 출신의 유대인 이민자의 아들로 반유대주의를 극복하고 출판계에서 개척자 역할을 하신 분이 세운 크노프Knopf에서 이 책을 출간하게 된 것도 매우 뜻깊은 일이다. 겸허한 마음이 들기도 한다. 최고의 편집자 앤드루 밀러와 토드 포트노위츠는 명쾌한 편집, 큰 방향성, 역사적 통찰을 통해 원고를 헤아릴 수 없이 더 훌륭하게 만들어주셨다. 그들도 나만큼 이 책을 자랑스럽게 여겨주길 바란다. 발행인 레이건 아서와 그의 전임자 고故 소니 메타에게도 큰 감사를 드린다. 그들은 이 프로젝트의 가능성을 알아보았고 나를 믿어주셨다. 제작 편집자 니콜 페더슨, 본문 디자이너 순영 권, 표지 디자이너 제니 캐로, 홍보 담당자 제시카 퍼셀과 엘카 로더릭, 마케팅 담당자 엘런 휘태커, 교열 편집자 재닛 빌에게도 진심 어린 감사의 마음을 전한다.

영향력 있는 왕조들에 대한 글을 쓰면서 나는 일부 가문들이 역사적 연구로 드러날지도 모르는 사실에 대해 걱정한다는 것을 알게 되었다. 하지만 시프 가문의 경우는 전혀 그렇지 않았다. 처음부터 데이비드, 드루, 스콧 시프는 나만큼 제이컵 시프에 대해 알고 싶어 했다. 그들은 성심성의껏 이 프로젝트를 지원했으며 제이컵 시프의 사적인 글을 포함해 아주 귀중한 문건에 자유롭게 접근할 수 있도록 해주었다. 이 책이 제이컵 시프와 그 후손들로 이어진 이 특별한 가문이 남긴 유산을 이해하는 데 뜻깊은 이바지를 할 수 있다면 좋겠다. 나는 이 책에 나오는 다른 가문 구성원들에게도 큰 빚을 졌다. 그들은 나에게 편지, 사진, 영상, 미공개 회고록, 기타 많은 기록들을 아낌없이 제공했다. 앤 삭스와 새뮤얼 삭스 모건, 러스티 삭스, 존 로브 주니어, 헨리 골드만 3세, 피터 골드만, 트레이시 브레턴, 캐서린 웨버, 마커스 뮌히, 테드 리먼, 스티븐 배럿, 웬디 그레이, 댄 크래머스키에게 감사드린다.

이 책을 쓰면서 나는 다양한 분야의 학자, 역사가, 동료 작가들과의 대화를 통해 많은 도움을 받았다. 제한 웨이크Jehanne Wake (영국 투자은행 클라인워트 벤슨에 관한 필수 역사서의 저자), 하버드의 피터 더 매뉴얼리언Peter Der Manuelian, 애덤 가워Adam Gower (《제이컵 시프와 위기의 기술Jacob Schiff and the Art of Risk》의 저자), 컬럼비아 대학의 리베카 코브린, 고故 메리 앤 닐리Mary Ann Neeley (앨라배마주 몽고메리의 역사에 관한 여러 저서의 저자), 수지 팍(세인트 존스 대학교, 《신사 은행가들Gentlemen Bankers》의 저자), 브랜다이스의 조너선 사르나, 스티븐 와이즈먼(《선택된 전쟁The Chosen Wars》의 저자)에게도 감사드린다. 쿤로브 시절을 회고해준 고故 하비 크루거와 이브 앙드레 이스텔Yves-Andre Istel에게도 감사 인사를 빼놓을 수 없다. 존 와이즈먼은 고인이 된 아버지 윌리엄 와이즈먼의 글을 내가 열람할 수 있도록 해주었다. 그에게도 감사의 마음을 전한다.

나는 이 연구를 위해 문서 기록, 미출간 원고, 오래전에 절판된 서적을 찾아 베를린과 런던에서 오클라호마주의 노먼(셀리그먼앤컴퍼니의 문서가 보관되어 있을 것 같았다)까지 찾아갔다. 수십 명의 기록보관 담당자들과 사서들이 이 여정을 함께해주었다. 그들은 나에게 중요한 문서가 무엇인지 알려주었고, 새로운 정보 자료를 추천해주었으며 어떤 때는 역사 탐구 작업을 도와주기도 했다. 특히 나에게 연구 장학금을 제공해준 미국 유대인기록보관소American Jewish Archives (특히 게리 졸라, 데이나 허먼, 그리고 조 웨버)에 깊은 감사를 드린다. 또한 앨라배마 기록역사학과Alabama Department of Archives and History, 미국 유대사학회, 영국도서관British Library, 영국 국립 공문서관British National Archives, 보스턴 대학교 하워드 고틀립 기록연구센터Howard Gotlieb Archival Research Center, 컬럼비아 대학교의 희귀 도서 및 원고 도서관Rare Book and Manuscript Library, 독일 외무부 정치기록원German Foreign Office Political Archive, 하버드 래드클리프 연구소의 슐레진저 도서관Schlesinger Library, 하버드 경영대학원의 베이커 도서관Baker Library (멜리사 머피), 리오백연구소Leo Baeck Institute, 의회 도서관, 런던 메트로폴리탄 기록보관소, 뉴욕 공공도서관New York Public Library (시프와 로브 가족의 잃어버린 사진을 찾아내준 앤드리아 펠더, 류드밀라 숄로코바, 어맨다 세이젤에게 특히 감사드린다), 프린스턴 대학교 희귀 도서 및 원고 도서관Rare Books and Manuscripts Library, 로스차일드 기록보관소Rothschild Archive (저스틴 카버넬리스-프로스트), 예일 대학교 도서관과 베이넥 희귀 도서 및 원고 도서관Beinecke Rare Book and Manuscript Library, 워버그 연구소 아카이브Warburg Institute Archive (클라우디아 웨데폴)의 경이로운 직원들께도 감사 인사를 하고 싶다.

독일에서는 저널리스트 알무트 쉰펠트가 이 연구를 도와 다양한 기록물을 샅샅이 뒤져 놀라운 자료들을 찾아내주었다. 그가 찾아낸 자료 중에는 제1차 세계대전 당시 독일계 유대인 금융가들을 겨냥한 독일 정보국 작전 관련 기록물도 포함되었다. 쇤펠트와 그 가족은 내가 베를린에 체류하는 동안 말로 할 수 없을 정도로 나를 환대해주었다. 그들의 도움으로 책의 내용이 훌륭하게 개선되었다. 내가 입수한 서신의 일부는 쿠렌트슈리프트Kurrentschrift로 쓰였는데, 이는 대부분의 현대 독일어 사용자들은 읽을 수 없는 고대 독일어 필기체다. 리오백 연구소의 기록보관 담당자이자 독일 고문서 전문가 다이앤 리치는 이 자료들을 번역해주었다. 나의 훌륭한 독일 친척 요르그와 마티나 페터스(이들 역시 작가다) 역시 번역에 도움을 주었다. 친구이자 전 동료 에런 위너 역시 큰 도움이 되었다. 한나와 루바 레닌토바는 자신들의 러시아어 재능을 보태주었다. 당시 오번 대학교에 다니던 대니얼 파크는 내가 앨라배마주 몽고메리에서 연구할 때 많은 도움을 주었다.

내 친구(그리고 동료 저자) 브루스 팰커너와 앤디 크롤은 원고를 읽고 통찰력 있는 의견을 주었다. 내 오랜 친구 맷 마호니는 책 내용의 사실관계를 확인해주어 당혹스러운 오류들을 바로잡을 수 있었다. 대니얼 킹은 누구도 따라올 수 없는 교열편집 재능으로 원고를 교정해주었다. 그가 아니었다면 그냥 지나쳤을지도 모를 많은 실수들을 모면할 수 있었다.

〈마더 존스Mother Jones〉의 멋진 친구들과 동료들에게도 감사의 인사를 전한다. 그들과 함께하는 일은 언제나 즐겁고 보람 있었다. 회사 전체에 감사함을 느끼지만 특히 데이비드 콘(그는 몇 년 전 나를 에이전트에게 소개하고 원고 초안에 도움이 되는 의견을 주었다), 모니카 바우어라인, 클라라 제프리, 마리앤 세게디-마작에게 감사드리고 싶다.

이 책을 쓰는 데 너무 오랜 시간이 걸려 친구들과 가족은 분명 이 책 이야기만으로도 많이 지쳤을 것이다. 어떤 사람들은 내가 정말 이 책을 완성할 수 있을지 회의적이었을지도 모른다. 그들의 사랑, 지지, 격려가 결승선을 통과하도록 나를 끌어주었음은 의심의 여지가 없다. 나의 어머니 린다 슐먼에게, 쿡, 실버만 그리고 슐먼 가족들에게, 콜번, 피차르카(그래, 레이, 드디어 책이 마무리되었어) 그리고 스쿠테리스 가족들에게, 앤디 아치, 브렛 워윅, 클래이턴 하인스워스에게도 감사하고, 코넬리, 곤칼브즈, 재거, 카스, 맥과이어, 리드, 로스 그리고 투브만 가족에게도 감사드린다.

작가와 결혼한다는 것은 겉보기와 달리 전혀 멋있지 않다. 이 프로젝트 때문에 나는 자주 출장을 떠나야 했다. 어떤 때는 한 번 가면 몇 주씩 걸리기도 했다. 내가 없는 동안 아내 스테이시는 (나는 결코 흉내도 낼 수 없을 정도로 체계적이고 능숙하게) 두 아들을 돌보면서 집안을 매끄럽게 관리했다. 게다가 그녀는 힘든 직장 일, 박사과정 그리고 산더미 같은 다른 책무들을 모두 동시에 잘해냈다. 그리고 이것은 단순히 내가 출장 여행으로 집을 비웠을 때에만 해당되는 문제는 아니다. 크건 작건 책을 쓰는 일은 상당한 감정적, 지적 공간을 필요로 한다. 책과 함께 살아간다는 것은 사랑하는 사람들도 책과 함께 살아가야 한다는 것을 의미한다. 상상해보면 그들에게 그것은 처음에는 즐거웠지만 너무 오래 머무르는 친척 같은 느낌이 들었을 것이다. 나의 경우는 자그마치 8년이었다! 스테이시, 웨슬리, 리드가 내게 준 사랑, 웃음, 인내에 감사한다. 가족은 나의 심장, 나의 북극성이며 이들이 없었다면 이 일을 결코 해내지 못했을 것이다.

주

프롤로그 세일럼 필즈

1 "Jacob Schiff Is Buried," Associated Press, September 28, 1920; "Schiff's Death Brings Gloom to East Side," New York Tribune, September 27, 1920.
2 "Jacob H. Schiff, 'World-Representative of His Race,' " Literary Digest, October 16, 1920.
3 "Thousands Gather at Schiff Funeral," New York Times, September 29, 1920.
4 Birmingham, Our Crowd, 8.
5 Geoffrey T. Hellman to Cass Canfield, May 26, 1967, Box 226, DS-NYPL.
6 Weiner, What Goes Up, 39.
7 SB to Geoffrey T. Hellman, February 6, 1967, Box 33, SB-BU.

1부 기원

1. 그리고 형제들

1 Hellman, "Story of Seligmans," 182; Hellman, "Joseph Seligman, American Jew," 28.
2 Wells, "House of Seligman," 6. 신문 및 라디오 저널리스트인 웰스는 셀리그먼앤컴퍼니에서 잠시 일했는데, 1931년 회사 파트너들을 위해 713쪽 분량의 미공개 기업사를 정리했다.
3 Wells, "House of Seligman," 8.
4 Muir and White, Over the Long Term, 32.
5 Wells, "House of Seligman," 12.
6 "Marine List," Evening Post (N.Y.), September 25, 1837.
7 Editorial, Evening Post (N.Y.), September 25, 1837.
8 Wells, "House of Seligman," 16.
9 Diner, Roads Taken, 128, 136.
10 Muir and White, Over the Long Term, 33.
11 "James Seligman, Aged Banker, Dies," New York Times, August 21, 1916; James Seligman, "Reminiscences on the Occasion of His 86th Birthday," April 14, 1910, AJA.
12 "James Seligman, Aged Banker, Dies," New York Times, August 21, 1916; Muir and

White, Over the Long Term, 35.
13　Seligman, In Memoriam: Jesse Seligman, 124.
14　Muir and White, Over the Long Term, 35.
15　Seligman, In Memoriam: Jesse Seligman, 9.
16　Ibid.
17　Wells, "House of Seligman," 22-24.
18　"New Goods," Alabama Beacon, June 7, 1845.
19　"New Fall Goods," Alabama Beacon, October 25, 1845.
20　Muir and White, Over the Long Term, 36.
21　Hellman, "Story of Seligmans," 35.
22　Muir and White, Over the Long Term, 36.
23　"Last Call," Alabama Beacon, May 6, 1848.

2. 행상들의 전진

1　Alabama, 20:28, R. G. Dun & Co. credit report volumes, BL-HBS.
2　HL(허버트 리먼)이 에드거 B. 스턴에게, February 2, 1948, Box 162, HL-CURBML.
3　Flade, Lehmans, 44.
4　에드거 B. 스턴이 프랭크 만하임에게, January 23, 1948, Box 162, HL-CURBML.
5　John Langeloth Loeb, Jr., 저자와의 인터뷰에서.
6　Campbell, Southern Business Directory, 8.
7　Manheim, "Seed and Tree," 38.
8　Birmingham, Our Crowd, 54.
9　Young, "Sketch of the First Jewish Settlers of Montgomery," 1.
10　Olitzky and Raphael, American Synagogue, 33.
11　Moses, "The History of the Jews of Montgomery," 85; Young, "Sketch of the First Jewish Settlers of Montgomery," 3.
12　Manheim, "Seed and Tree," 23.
13　Ibid.
14　Landman, Universal Jewish Encyclopedia, 596.
15　Flade, Lehmans, 51.
16　외국에서 뉴욕항에 입항한 선박 등록부, 1789-1919, NA.
17　"The Storm," Brooklyn Daily Eagle, July 19, 185
18　Campbell, Southern Business Directory, 10.
19　HL, "Reminiscences of Herbert Lehman," Part 1, 4:2.
20　Bill of sale, March 16, 1854, Box 14, JK-CURBML.
21　Manheim, "Seed and Tree," 38.
22　Evans, Judah P. Benjamin, 97.
23　Alabama, 20:28, R. G. Dun & Co. credit report volumes, BL-HBS.
24　Moore, Emergence of the Cotton Kingdom, 233.
25　"Yellow Fever in Montgomery," Tuskegee Republican, September 27, 1855.
26　Manheim, "Seed and Tree," 28.
27　HL, "Reminiscences of Herbert Lehman," Part 1, 4:3.
28　"In Memoriam: Mayer Lehman," 14.
29　"In Memoriam: Emanuel Lehman," 32.
30　HL, "Reminiscences of Herbert Lehman," Part 1, 4:73.
31　Ibid.
32　Seligman, "Reminiscences of Isaac Seligman," 13.

3. 명백한 운명

1 Grant, Personal Memoirs, 37.
2 Seligman, Jesse Seligman: In Memoriam, 10.
3 "The Watertown Fire," Watertown Journal Extra, May 13, 1849.
4 Seligman, Jesse Seligman: In Memoriam, 11.
5 Ibid., 12.
6 Wells, "House of Seligman," 34.
7 Seligman, Jesse Seligman: In Memoriam, 12.
8 Muir and White, Over the Long Term, 41.
9 Wells, "House of Seligman," 35.
10 Voorsanger, Chronicles of Emanu-El, 36.
11 "Abraham Seligman Dead," Daily Alta, January 22, 1885.
12 Muir and White, Over the Long Term, 42.
13 Bancroft, Popular Tribunals, 211.
14 "The Vigilance Suit in San Francisco," Sacramento Daily Union, July 20, 1860.
15 Williams, History of the Committee of Vigilance, 210.
16 Wells, "House of Seligman," 38.
17 Muir and White, Over the Long Term, 42.
18 Ibid.; Seligman, Jesse Seligman: In Memoriam, 12.
19 Ethington, Public City, 161-63.
20 Hellman, "Story of Seligmans," 51.
21 New York, 319:500A, R. G. Dun & Co. credit report volumes, BL-HBS.
22 HL to Irwin J. Miller, December 30, 1953, Box 162, HL-CURBML.
23 HL, "Reminiscences of Herbert Lehman," Part 1, 4:17-18.
24 허버트 리먼이 제임스 L. 로브에게, April 15, 1947, Box 162, HL-CURBML.
25 HL, "Reminiscences of Herbert Lehman," Part 1, 4:4.
26 New York, 319:500A, R. G. Dun & Co. credit report volumes, BL-HBS.
27 더글러스 B. 볼이 JK에게, September 22, 1984, Box 13, JK-CURBML.
28 Alabama, 20:28, R. G. Dun & Co. credit report volumes, BL-HBS.
29 Ibid.

4. 전쟁이 가져다준 부

1 Libo, Lots of Lehmans, 8.
2 New York, 319:500A, R. G. Dun & Co. credit report volumes, BL-HBS.
3 Manheim, "Seed and Tree," 30.
4 New York, 319:500A, R. G. Dun & Co. credit report volumes, BL-HBS.
5 "Important from Montgomery; Speech of Hon. Jefferson Davis," New York Times, February 18, 1861.
6 Manheim, "Seed and Tree," 39.
7 Grant, Papers of Grant, 7:56-57.
8 Sarna, When Grant Expelled Jews, 32.
9 Ibid., 30.
10 Douglas B. Ball to JK, September 22, 1984, Box 13, JK-CURBML.
11 New York, 319:500A, R. G. Dun & Co. credit report volumes, BL-HBS.
12 "The Union Forever: Immense Demonstration in This City," New York Times, April 21, 1861.
13 Wells, "House of Seligman," 72.
14 Seligman, "Reminiscences of Isaac Seligman," 13
15 Wells, "House of Seligman," 55.

16 Seligman, "Reminiscences of Isaac Seligman," 11.
17 Wells, "House of Seligman," 56.
18 Muir and White, Over the Long Term, 26-27.
19 Ibid., 27-28.
20 Ibid., 29.
21 Ibid., 39; Markens, Abraham Lincoln and Jews, 31.
22 Hellman, "Joseph Seligman, American Jew," 35.
23 조셉 셀리그먼이 형제들에게, February 2, 1863, Seligman Family Papers-NYHS.
24 조셉 셀리그먼이 형제들에게, February 20, 1863; 조셉이 아이작 셀리그먼에게, April 29, 1863, Seligman, Family Papers-NYHS.
25 "The Draft," New York Times, September 4, 1864.
26 "A Letter from One of the Rioters," New York Times, July 15, 1863.
27 Hellman, "Story of Seligmans," 80-81.
28 Ibid., 71.
29 조셉 셀리그먼이 형제들에게, February 20, 1864, Seligman Family Papers-NYHS.
30 Hellman, "Story of Seligmans," 87.
31 Ibid., 53.
32 조셉 셀리그먼이 형제들에게, February 5, 1863, Seligman Family Papers-NYHS.
33 조셉 셀리그먼이 형제들에게, January 29, 1863, Seligman Family Papers-NYHS.
34 Ibid.
35 조셉 셀리그먼이 형제들에게, February 18 and 20, 1864, Seligman Family Papers-NYHS.
36 Ibid.
37 조셉 셀리그먼이 형제들에게, April 30, 1863, Seligman Family Papers-NYHS.
38 조셉 셀리그먼이 형제들에게, April 6, 1863, Seligman Family Papers-NYHS.
39 Hellman, "House of Seligman," 72.
40 Seligman, "Reminiscences of Isaac Seligman," 14.
41 U.S. War Department, War of the Rebellion, 1223.
42 Flynt, Alabama Baptists, 116.
43 "Fresh in the River," Richmond Dispatch, January 11, 1865.
44 Krick, Civil War Weather in Virginia, 147-49.
45 U.S. War Department, War of the Rebellion, 1223-21.
46 Jones, Rebel War Clerk's Diary, 2:382.
47 U.S. War Department, War of the Rebellion, 365.
48 Ibid., 69-70.
49 Ibid., 166.
50 "Rev. Mr. Tichenor's Address," Montgomery Advertiser, March 5, 1865.
51 Douglas B. Ball to JK, September 22, 1984, Box 13, JK-CURBML.
52 Thian, Correspondence of Treasury Department, 823.
53 "Evacuation of Montgomery," Montgomery Daily Mail, April 17, 1865.
54 Rogers, Confederate Home Front, 144.
55 "Evacuation of Montgomery," Montgomery Daily Mail, April 17, 1865.
56 Louisiana, 12:180, R. G. Dun & Co. credit report volumes, BL-HBS.
57 Manheim, "Seed and Tree," 43.
58 Libo, Lots of Lehmans, 12.
59 "Evacuation of Montgomery," Montgomery Daily Mail, April 17, 1865.
60 "Application of Mayer Lehman for Amnesty & Pardon," August 4, 1865, and "Application of Emanuel Lehman, for Amnesty & Pardon," February 20, 1866, Amnesty Papers, NA.
61 에드거 B. 스턴이 프랭크 만하임에게, January 23, 1948, Box 162, HL-CURBML.
62 Louisiana, 12:180, R. G. Dun & Co. credit report volumes, BL-HBS.
63 Louisiana, 20:28, R. G. Dun & Co. credit report volumes, BL-HBS.
64 Muir and White, Over the Long Term, 51.

65 New York, 417:148, R. G. Dun & Co. credit report volumes, BL-HBS.

2부 성장

5. 제국의 도시

1 Dietz, Stammbuch der Frankfurter Juden, 257.
2 Freimann and Kracauer, Frankfort, 237 - 44; Adler, Schiff: His Life and Letters, 1:2.
3 Adler, Schiff: His Life and Letters, 1:3.
4 IFS; Dietz, Stammbuch der Frankfurter Juden, 205.
5 Adler and Singer, Jewish Encyclopedia, 96.
6 Deutsch, Scrolls, 2:253.
7 Adler, Schiff: His Life and Letters, 1:1.
8 Dr. Otto Driesen, 프랑크푸르트의 필안트로핀 교장, 연설, April 1, 1925.
9 Cohen, Schiff: Study in Leadership, 2.
10 Ibid., 1.
11 Warburg, Reminiscences of Long Life, 8.
12 Ibid., 4.
13 JHS passport, March 3, 1965, IFS.
14 Adler, Schiff: His Life and Letters, 1:5.
15 Cohen, Schiff: Study in Leadership, 3.
16 Adler, Schiff: Biographical Sketch, 23.
17 Adler, Schiff: His Life and Letters, 1:6.
18 Louis Marshall, 이매뉴얼 회당 회중 연설, December 19, 1920, Box 244, DS-NYPL.
19 Max J. Bonn, 메모, June 29, 1926, Reel 684, JHS-AJA.
20 Adler, Schiff: His Life and Letters, 1:7; Cohen, Schiff: Study in Leadership, 4.
21 "Review of the Month," Commercial and Financial Chronicle, January 4, 1868; Sobel, Big Board, 71, 78, 82.
22 Wells, "House of Seligman," 99-100; Gurock, Central European Jews in America, 139.
23 Hickling, Men and Idioms of Wall Street, 5.
24 Warburg, "Book for Jimmy, Jennifer," 49.
25 Warburg, Reminiscences of Long Life, 12.
26 Ibid., 14 - 15.
27 Ohio, 78:262, R. G. Dun & Co. credit report volumes, BL-HBS.
28 Loeb, Our Father, 10.
29 Ibid., 7.
30 Ibid., 9-10.
31 Wells, "House of Seligman," 102.
32 Warburg, "Book for Jimmy, Jennifer," 44; Loeb, Our Father, 11.
33 Sachs, One Hundred Years at Rushing Brook, 6.
34 Sachs, "Autobiography," 2-3.
35 Ibid., 4.
36 Ibid.; Sachs, "Reminiscences of Walter Sachs," Part 2, 53.
37 New York, 417:200VV, R. G. Dun & Co. credit report volumes, BL-HBS.
38 Sachs, "Autobiography," 4.
39 New York, 417:200RR, R. G. Dun & Co. credit report volumes, BL-HBS.
40 Manheim, "Seed and Tree," 47; New York, 19:500G, R. G. Dun & Co. credit report volumes, BL-HBS.
41 HL(허버트 리먼), "Reminiscences of Herbert Lehman," Part 1, 4:4.
42 HL이 어윈 J. 밀러에게, December 30, 1953, Box 162, HL-CURBML.

43 "Description of House— 5 East 62nd Street," Box 163, HL-CURBML.
44 Manheim, "Seed and Tree," 50.
45 Ibid., 51.
46 U.S. House, Reports of Committees for the Second Session of the Forty-third Congress, 1874-75, 271.
47 "Commercial Report," New York Herald, November 18, 1888.
48 "In Memoriam: Mayer Lehman," 15.
49 "In Memoriam: Emanuel Lehman," 29.
50 Ibid., 7.
51 New York, 319:500 A/13 and 500U, R. G. Dun & Co. credit report volumes, BL-HBS.
52 New York, 418:235, R. G. Dun & Co. credit report volumes, BL-HBS.
53 Henry Budge, 메모, October 10, 1925, Reel 684, JHS-AJA.

6. 공황!

1   "Securing 'Financial Opinions,' " Road, July 1, 1875.
2   "A Western Jim Fisk," New York Times, December 8, 1872; "The Rockford Road," Chicago Tribune, June 19, 1875.
3   New York, 418:235, R. G. Dun & Co. credit report volumes, BL-HBS.
4   Arnsberg, Henry Budge, 19-20.
5   New York, 420:477, R. G. Dun & Co. credit report volumes, BL-HBS.
6   시장실, 프랑크푸르트 상원에 보낸 메모, December 22, 1866, IFS.
7   Wells, "House of Seligman," 102, 121.
8   White, Money and Banking, 176.
9   Geisst, Wheels of Fortune, 15.
10 Wells, "House of Seligman," 122.
11 U. S. House, Reports of Committees for the Second Session, 1869-70, No. 31, 235.
12 Muir and White, Over the Long Term, 57.
13 Ackerman, Gold Ring, 88.
14 Wells, "House of Seligman," 123, 134.
15 Ibid., 123.
16 "The Gold Excitement," New York Times, September 25, 1869.
17 Ibid.
18 U. S. House, Reports of Committees for the Second Session of the Forty-first Congress, No. 31, 240.
19 Ibid., 238.
20 Ibid., 239-40.
21 Ibid., 241.
22 "Failure of Jay Cooke & Co.," New-York Tribune, September 19, 1873; "The Panic," New York Times, September 19, 1873.
23 History of the Terrible Financial Panic of 1873, 8.
24 Oberholtzer, Jay Cooke, 2:308.
25 Ibid., 2:196, 215.
26 Ibid., 2:424.
27 Ibid., 2:428.
28 "The Germans," New York Times, October 19, 1872.
29 Wells, "House of Seligman," 591.
30 Muir and White, Over the Long Term, 68.
31 Wells, "House of Seligman," 225.
32 Ibid., 218.

33 Ibid., 219.
34 Perkins, "Eye of the Storm," 1135.
35 Wells, "House of Seligman," 222.
36 Ibid., 213.
37 Ibid., 224-25.
38 Ibid., 237.
39 Ibid., 239.
40 Muir and White, Over the Long Term, 75.
41 Seligman, "Reminiscences of Isaac Seligman," 7.
42 Seligman, "Some Recollections of Sir Charles Seligman," 2.
43 New York, 319:500 A/13, R. G. Dun & Co. credit report volumes, BL-HBS.
44 New York, 420:418, R. G. Dun & Co. credit report volumes, BL-HBS.

7. 작은 거인

1 Henry Budge, 메모, October 10, 1925, Reel 684, JHS-AJA.
2 Adler, Schiff: His Life and Letters, 1:9.
3 Warburg, Reminiscences of Long Life, 9.
4 공동 파트너십 계약서, November 29, 1874, Folder 3, Box 517, LB-BL-HBS.
5 Loeb, Our Father, 14-15.
6 Warburg, Reminiscences of Long Life, 14, 16.
7 Ibid., 9.
8 Ibid.
9 Sachs, "Reminiscences of Walter Sachs," Part 2, 53.
10 결혼 피로연 메뉴와 축하 전보, Felix and Frieda Warburg Family Collection-AJA.
11 Warburg, Reminiscences of Long Life, 44.
12 Ibid., 10.
13 David Schiff, 저자와의 인터뷰에서.
14 Potter, Men, Money and Magic, 19.
15 Warburg, Long Road Home, 19.
16 Warburg, Reminiscences of Long Life, 52.
17 Louis Marshall, 연설, December 20, 1920, Box 244, DS-NYPL.
18 Warburg, "Reminiscences of Schiff."
19 Warburg, Reminiscences of Long Life, 43.
20 Warburg, "Reminiscences of Schiff."
21 Loeb, Our Father, 12.
22 "새뮤얼 쿤의 손자 제임스 K. 시니어가 작성한 쿤가와 로브가의 전기 자료," Box 243, DS-NYPL.
23 애들러의 원고 초안, Schiff: His Life and Letters, 935, Box 1861, JHS-AJA.
24 Ibid., 927-28.
25 "Secretary Sherman's Visit," New York Times, April 10, 1878.
26 "The Great Syndicate Bid," New York Times, April 19, 1879.
27 "P.R.R. Files Tell of Banking Shift," New York Times, December 23, 1937.
28 Henry Tatnall to MLS, November 14, 1925, Reel 684, JHS-AJA.
29 "Jacob H. Schiff," Box 244, DS-NYPL.
30 Warburg, Reminiscences of Long Life, 45.
31 Ibid., 74.
32 Ibid., 52.
33 Ibid., 57.
34 Warburg, Reminiscences of Long Life, 57; Loeb, Our Father, 12-13.

35 Warburg, Reminiscences of Long Life, 19; Loeb, Our Father, 20.
36 Ibid., 13.
37 Ibid., 17.
38 Ibid., 21-22.
39 Warburg, "Book for Jimmy, Jennifer," 46.

8. 도금된 게토

1   Muir and White, Over the Long Term, 66.
2   Wells, "House of Seligman," 358.
3   Hellman, "Joseph Seligman, American Jew," 33.
4   Wells, "House of Seligman," 308.
5   Hellman, "Story of Seligmans," 253.
6   Wells, "House of Seligman," 306.
7   Rock and Moore, Haven of Liberty, 164.
8   Dinnerstein, Anti-Semitism in America, 26.
9   Bogen, Luckiest Orphans, 6.
10 Ibid., 17.
11 Ibid., 14-15.
12 Ibid., 12.
13 Seligman, In Memoriam: Jesse Seligman, 93.
14 Bogen, Luckiest Orphans, 49-50.
15 "Report of the Committee: Instructed with the Investigation of the Charges Proffered Against the Management of the Hebrew Orphan Asylum of the City of New York," American Israelite, January 15, 1875.
16 "Persecution of the Roumania Jews," New York Herald, July 2, 1870.
17 "Persecutions of the Israelites in the Danubian Principalities," Daily Phoenix (Columbia, S. C.), February 22, 1870.
18 Sarna, When Grant Expelled Jews, 110.
19 Ibid,, 115-16.
20 "Historical Sketches of the Jewish Congregations of the United States," New Era, March 1874.
21 "Sunday Services for Hebrews," New York Times, May 19, 1879.
22 Cowen, Memories of American Jew, 94.
23 Kittelstrom, Religion of Democracy, 270.
24 Wells, "House of Seligman," 309.
25 Denby, Grand Hotels, 42.
26 Wells, "House of Seligman," 309.
27 "A Sensation at Saratoga," New York Times, June 19, 1877.
28 "A Reply to Judge Hilton," New York Times, June 20, 1877.
39 Manheim, "Seed and Tree," 93.
30 "A Sensation at Saratoga," New York Times, June 19, 1877.
31 "Judge Hilton's Position," New York Times, June 20, 1877.
32 "Mr. Seligman's Friends," New York Times, June 21, 1877.
33 "Mr. Jesse Seligman's Opinion," New York Times, June 20, 1877.
34 "Among the Proscribed," New York Times, June 20, 1877.
35 "Judge Hilton's Position," New York Times, June 20, 1877.
36 "A Cry from Newport," New York Times, June 20, 1877.
37 "The Position of New-York Hotels," New York Times, June 20, 1877.
38 "The Long Branch Hotel Keepers," New York Times, June 20, 1877.

39 Eaton, Hour with American Hebrew, 53, 66, 69.
40 Lynch, "Boss" Tweed, 407.
41 "A Sensation at Saratoga," New York Times, June 19, 1877.
42 Dinnerstein, Anti-Semitism in America, 5.
43 Ibid., 15.
44 Dobkowski, Tarnished Dream, 82.
45 Alabama, 20:28, R. G. Dun & Co. credit report volumes, BL-HBS.
46 Dinnerstein, Anti-Semitism in America, 36.
47 Diner, Jews of the United States, 170.
48 Klein, Life and Legend of Gould, 11.
59 "The Jewish Question," New York Times, June 23, 1877.
50 Muir and White, Over the Long Term, 76; Seligman, "Some Recollections of Sir Charles Seligman," 1.
51 Wells, "House of Seligman," 316.
52 Hellman, "Story of Seligmans," 165H.
53 "War on the Jews," Times (Philadelphia), July 23, 1879.
54 "Mr. Corbin and the Hebrews," Baltimore Sun, July 24, 1879.
55 Wells, "House of Seligman," 323.
56 Ibid., 303.
57 데이비드 셀리그먼이 ERAS(에드윈 E. R 셀리그먼)에게, January 27, 1880, Seligman Family Correspondence-AJA.
58 Hellman, "Story of Seligmans," 195.
59 Wells, "House of Seligman," 324.
60 ERAS에게 보낸 편지, April 30, 1880, Seligman Family Correspondence- AJA; Muir and White, Over the Long Term, 78; INS(아이작 셀리그먼)이 ERAS에게, April 29, 1880, Box 62, ERAS-CURBML.
61 "Obituary: Joseph Seligman," New York Times, April 27, 1880.
62 ERAS, Biographical memo, 1928, Box 40, GH-NYPL.
63 앨프리드 셀리그먼이 ERAS에게, April 28, 1880, Box 62, ERAS-CURBML.
64 INS가 ERAS에게, April 29, 1880, Box 62, ERAS-CURBML.
65 Ibid.
66 "Funeral Service of Mr. Seligman," New York Times, May 3, 1880.
67 Felix Adler, "Memorial Words, Spoken over the Remains of Joseph Seligman," May 3, 1880, NYHS.
68 Stern, Rise and Progress of Reform Judaism, 202.
    "Obituary: Joseph Seligman," New-York Tribune, April 27, 1880.

9. 미국의 몬테피오레

1 Friedman, What Went Wrong?, 42.
2 "The Committee of Fifty," New York Times, December 6, 1882; "Determined for Reform," New York Times, October 23, 1882.
3 Adler, Schiff: His Life and Letters, 1:345.
4 Ibid., 1:350.
5 Mount Sinai Hospital, annual report, 1921.
6 Sankovitch, Signed, Sealed, Delivered, 9.
7 HL, "Reminiscences of Herbert Lehman," Part 1, 4:20.
8 어빙 리먼이 MLS에게, November 25, 1925, Reel 684, JHS-AJA.
9 "Mount Sinai Hospital," American Hebrew, December 23, 1881.
10 "Suicide of Moses G. Hanauer," New York Times, January 8, 1883.

11 "Jacob Schiff and Mount Sinai Hospital," May 15, 1984, Box 244, DS-NYPL.
12 Levenson, Montefiore, 15.
13 Ibid.
14 Manheim, "Seed and Tree," 80.
15 Ibid.
16 Adler, Schiff: His Life and Letters, 1:370.
17 Cohen, Schiff: Study in Leadership, 68.
18 Ibid., 64.
19 JHS가 헨리 솔로몬에게, "Memoranda in regard to Jacob H. Schiff from Montefiore Hospital Directors," January, 22, 1899, Reel 684, JHS-AJA.
20 S. G. Rosenbaum, "Memoranda in regard to Jacob H. Schiff from Montefiore Hospital Directors," October 29, 1925, Reel 684, JHS-AJA.
21 M. D. Goodman, "Memoranda in regard to Jacob H. Schiff from Montefiore Hospital Directors," October 13, 1925, Reel 684, JHS-AJA.
22 "Diamonds and Vulgarity," New York Times, July 31, 1887.
23 Warburg, Reminiscences of Long Life, 57.
24 Ibid., 55.
25 새뮤얼 삭스가 사이러스 애들러에게, August 31, 1925, Reel 684, JHS-AJA.
26 Sachs, "Reminiscences of Walter Sachs," Part 1, 1.
27 Fisher, When Money Was in Fashion, 12.
28 Sachs, One Hundred Years at Rushing Brook, 7.
29 "English, Hebrew, German and Mathematical Institute," Baltimore Sun, August 26, 1856.
30 Sachs, One Hundred Years at Rushing Brook, 12.
31 Ibid., 16.
32 Josef Kleinhenz, "Herr Sachs aus Rödelmaier," Jüdische Allgemeine, February 19, 2009.
33 Sachs, One Hundred Years at Rushing Brook, 16.
34 Warburg, Reminiscences of Long Life, 86.
35 HL, "Reminiscences of Herbert Lehman," Part 1, 4:26.
36 Sachs, One Hundred Years at Rushing Brook, 8.
37 새뮤얼 삭스가 사이러스 애들러에게, August 31, 1925, Reel 684, JHS-AJA.
38 S. G. Rosenbaum, "Memoranda in regard to Jacob H. Schiff from Montefiore Hospital Directors," October 29, 1925, Reel 684, JHS-AJA.
39 "Stewardship During One's Lifetime," Jewish Messenger, September 29, 1893.
40 Waldman, Nor by Power, 328.
41 Warburg, Reminiscences of Long Life, 52.
42 "Memoranda in regard to Jacob H. Schiff from Montefiore Hospital Directors," Leopold Stern, August 10, 1925, Reel 684, JHS-AJA.
43 JHS가 어네스트 카셀에게, March 6, 1888, Reel 676, JHS-AJA; Marcus, United States Jewry, 477.
44 "American Notes," Jewish World, November 18, 1898.
45 조지프 버튼위저가 MLS에게, August 1, 1925, Reel 684, JHS-AJA.
46 Waldman, Nor by Power, 323.
47 Ibid., 328.
48 Warburg, "Book for Jimmy, Jennifer," 49-50.
49 Feld, Lillian Wald, 32-33.
50 Wald, House on Henry Street, 4-8.
51 Daniels, Always a Sister, 35.
52 "Jacob H. Schiff," Survey, October 2, 1920.
53 Ibid.; Adler, Schiff: His Life and Letters, 1:292.
54 Adler, Schiff: His Life and Letters, 1:317-18.
55 "Jacob H. Schiff," Survey, October 2, 1920.
56 Cohen, Schiff: Study in Leadership, 72, 74; Weschler, Qualified Student, 131.

57 McClellan, Gentleman and Tiger, 276-77.
58 Meyer, Barnard Beginnings, 102-3.
59 Annie Nathan Meyer, memo, May 1, 1926, Reel 684, JHS-AJA.

10. 대탈출

1 "The Exiles from Russia," Jewish Messenger, August 19, 1881.
2 "Hebrew Emigrant Aid Society of the U. S.," American Hebrew, December 2, 1881.
3 "Aid for Hebrew Immigrants," New York Times, November 28, 1881.
4 Osofsky, "Hebrew Emigrant Aid Society," 176.
5 Pomper, Lenin's Brother, 124.
6 Radzinsky, Alexander II, 413-16.
7 Klier, Pogroms, 39-40.
8 Dubnow, History of Jews in Russia and Poland, 18.
9 Montefiore, Romanovs, 463.
10 Reinharz and Mendes-Flohr, Jew in Modern World, 380.
11 Howe, World of Our Fathers, 24.
12 "Aid Needed for Hebrew Refugees," New York Times, June 24, 1882.
13 "Too Many Immigrants," Chicago Tribune, June 26, 1882.
14 Manners, Poor Cousins, 86.
15 "A Riot Among the Russian Jews," New York Times, October 15, 1882.
16 Manners, Poor Cousins, 85.
17 Osofsky, "Hebrew Emigrant Aid Society," 183.
18 Ibid., 177.
19 Ibid., 181; Wischnitzer, Visas to Freedom, 31.
20 Eisenberg, Jewish Agricultural Colonies, 75.
21 Osofsky, "Hebrew Emigrant Aid Society," 179.
22 Sachar, History of Jews in America, 135.
23 Frankel, "Jewish Charities," 50.
24 Wischnitzer, Visas to Freedom, 32.
25 Ibid.
26 Joseph, History of Baron de Hirsch Fund, 25.
27 "Montefiore Home for Chronic Invalids," American Hebrew, April 6, 1888.
28 "For Work Among Hebrews," New York Times, November 9, 1891.
29 Cowen, Memories of American Jew, 92.
30 "Opening of the Harvard Semitic Museum," American Hebrew, February 12, 1892.
31 Marcus, United States Jewry, 55.
32 Joseph, History of Baron de Hirsch Fund, 11.
33 Adler, Schiff: His Life and Letters, 2:83.
34 Ibid., 2:85, 87.
35 Joseph, History of Baron de Hirsch Fund, 35.
36 Ibid., 28.
37 Adler, Schiff: His Life and Letters, 2:83.
38 줄리어스 골드만이 MLS에게, October 29, 1925, Reel 684, JHS-AJA.
39 "To Restrict Immigration," New York Times, February 27, 1892.
40 Cohen, Schiff: Study in Leadership, 154.
41 "The Russian Jew Problem," New York Times, August 2, 1891.
42 맥스 콜러가 MLS에게, October 14, 1925, Reel 684, JHS-AJA.
43 "Mr. Nettleton Retires," New York Times, April 8, 1892.
44 Markel, Quarantine!, 23; Schulteis, Report on European Immigration, 12.
45 Best, To Free a People, 24-25.

46 Ibid., 34; Travis, Kennan and American-Russian Relationship, 212.
47 Best, To Free a People, 24.
48 Straus, Under Four Administrations, 106-7.
49 Best, To Free a People, 31.
50 U. S. Immigration Commission, Report of the Commissioners of Immigration, 52, 80, 91, 100-101.
51 Best, To Free a People, 34.
52 Ibid., 32.
53 Benjamin Harrison, 국정연설, 1891.
54 Markel, Quarantine!, 27.
55 "Disease Was Her Cargo," Middletown Times-Press (N. Y.), February 16, 1892.
56 Markel, Quarantine!, 76-77.
57 Ibid., 79.
58 Adler, Schiff: His Life and Letters, 2:76-78.
59 American Public Health Association, Public Health Papers and Reports, vol. 18, Presented at the Twentieth Annual Meeting of the American Public Health Association, Mexico, Mex., Nov. 29, 30, Dec. 1, 2, 1892 (reprint: FB&C, 2017), 343.
60 Waldman, Nor by Power, 323.

11. 한 시대의 종말

1 "Jesse Seligman Honored," New York Times, October 2, 1891; "The Seligman Banquet," Jewish Messenger, October 9, 1891.
2 "Jesse Seligman's Mission," New York Times, October 31, 1891; "Mr. Seligman's Mission," New York Times, November 24, 1891.
3 "The Silver Question Again," North American Review, January 1891.
4 "The Seligman Banquet," Jewish Messenger, October 9, 1891; "Jesse Seligman Honored," New York Times, October 2, 1891.
5 Hellman, "Story of Seligmans," 291.
6 Seligman, In Memoriam: Jesse Seligman, 40-41.
7 Walker, Preliminary Report of the Isthmian Canal Commission, 16.
8 McCullough, Path Between Seas, 127.
9 "The Panama Canal," People's Press (Winston-Salem, N.C.), October 28, 1880.
10 "Big Pay from De Lesseps," New York Times, February 16, 1893.
11 McKinlay, Panama Canal, 123.
12 Parker, Panama Fever, 162.
13 Ibid., 155; Loizillon, Bunau-Varilla Brothers and Panama Canal, 119.
14 Brustein, Roots of Hate, 193.
15 Renehan, Dark Genius of Wall Street, 249.
16 Wells, "House of Seligman," 621.
17 Renehan, Dark Genius of Wall Street, x, 4.
18 "Were Congressmen Bribed?" Indianapolis Journal, December 30, 1892.
19 "Big Pay from De Lesseps," New York Times, February 16, 1893; "Panama Investigation," Times-Picayune (New Orleans), February 16, 1893.
20 "Panama Investigation," Times-Picayune (New Orleans), February 16, 1893.
21 Wells, "House of Seligman," 352.
22 "Our New York Letter," Albany Democrat (Albany, Ore.), May 5, 1893.
23 "Mr. Seligman Blackballed," New York Times, April 15, 1893.
24 "Because He Is a Hebrew," Indianapolis Journal, April 16, 1893.
25 "Censure for Union League," New York Times, April 21, 1893.
26 Seligman, In Memoriam: Jesse Seligman, 22-23.

27 "Death of Jesse Seligman," New York Times, April 24, 1893.
28 Seligman, In Memoriam: Jesse Seligman, 227.
29 Ibid.
30 Hellman, "Story of Seligmans," 262.
31 "Alfred L. Seligman Dead in Auto Crash," New York Times, June 25, 1912.
32 Hellman, "Story of Seligmans," 269 – 70.
33 "Sorting Out the Seligmans," New Yorker, October 30, 1954.
34 Guggenheim, Out of This Century, 3.
35 "The Cat Out of the Bag," Lincoln Evening Call (Neb.), March 28, 1887 ; "Young Seligman's Deed," Chicago Tribune, March 21, 1887.
36 "Charged with Attempting Suicide," Altoona Tribune (Penn.), May 21, 1903.
37 "Washington Seligman Suicide in a Hotel," Brooklyn Daily Eagle, February 12, 1912
38 "Seligman Kills Wife and Himself," New York Times, December 17, 1915.
39 "Lt. Comdr. Seligman Ends Life in Florida," New York Times, April 8, 1944.
40 Wells, "House of Seligman," 390.
41 Ibid., 395, 404, 416.
42 "In Memoriam: Mayer Lehman," 9; "Mayer Lehman Buried," New York Times, June 25, 1897.
43 Manheim, "Seed and Tree," 77.
44 Ibid., 103.
45 Ibid., 85 – 88.
46 Ibid., 102 – 3.
47 Ibid., 103.
48 HL, "Reminiscences of Herbert Lehman," Part 1, 4:13 – 14; 레오폴드 스트라우스가 에밀 셈플에게, August 18, 1932, Box 164, HL-CURBML.
49 Bryan, Speeches of Bryan, 248 – 49; Bensel, Passion and Preferences, 233.
50 Manheim, "Seed and Tree," 72.
51 Nevins, Lehman and His Era, 17.
52 HL, "Reminiscences of Herbert Lehman," Part 1, 4:35.
53 폴 삭스가 앨런 네빈스에게, February 25, 1960, Box 163, HL-CURBML.
54 허버트 리먼이 클리퍼드 W. 홀에게, August 7, 1847, Box 162, HL-CURBML.
55 Nevins, Lehman and His Era, 36.
56 메이어 리먼이 HL(허버트 리먼)에게, September 27, 1895, Box 163, HL-CURBML.
57 Nevins, Lehman and His Era, 39.
58 이매뉴얼 리먼이 유언 집행인에게, February 3, 1898, Box 591, LB-BL-HBS.
59 Manheim, "Seed and Tree," 108.
60 허먼 칸의 인터뷰 메모 중에서, February 15, 1984, Box 15, JK-CURBML.
61 Manheim, "Seed and Tree," 117.
62 "Automobile Cabs Barred," New York Times, December 16, 1899; "Hurrying Bankers Stopped," New York Times, April 28, 1902.
63 "Auto Accident Stirs Crowd," New York Sun, January 2, 1906; "Orlando H. Peck Dead," New York Sun, January 9, 1906; "News Jottings," Times Union (Brooklyn, N.Y.), February 6, 1906.

3부 황금시대

12. 합병과 인수

1 Adler, Schiff: His Life and Letters, 1:30; Rosenbaum and Sherman, Warburg &Co., 36.
2 Warburg, "Book for Jimmy, Jennifer," 27, 31.

3 Chernow, Warburgs, 10.
4 Farrer, Warburgs, 19, 22.
5 Warburg, "Book for Jimmy, Jennifer," 23, 25; Chernow, Warburgs, 7.
6 Chernow, Warburgs, 13.
7 Warburg, "Under Seven Stars," 1.
8 Farrer, Warburgs, 35.
9 Paul Warburg calling card, 1892, AW-WIA.
10 Rosenbaum and Sherman, Warburg & Co., 93.
11 Chernow, Warburgs, 38.
12 Warburg, Reminiscences of Long Life, 29.
13 PMW to AW, June 14, 1891, AW-WIA.
14 Warburg, "Book for Jimmy, Jennifer," 40.
15 Ibid., 66.
16 Edward M. M. Warburg oral history, October 1989, 1, AJCOHC-NYPL.
17 MLS, memorandum, December 1, 1928, DTS.
18 Warburg, "Under Seven Stars," 10.
19 에드워드 M. M. 워버그의 구술사, October 1989, 1, AJCOHC-NYPL.
20 Warburg, Reminiscences of Long Life, 82, 87, 90.
21 Ibid., 87–88.
22 펠릭스 워버그가 아비 워버그에게, July 22, 1894; 펠릭스 워버그가 샤를로테와 모리츠 워버그에게, July 30, 1894; 아비 워버그가 샤를로테와 모리츠 워버그에게, August 1, 1894, AW-WIA.
23 Warburg, Reminiscences of Long Life, 89.
24 Potter, Men, Money, and Magic, 20.
25 Warburg, Reminiscences of Long Life, 61–62.
26 Ibid., 90.
27 샤를로테 워버그(Charlotte Warburg)가 AW와 형제들에게, September 2, 1894, AW-WIA.
28 Warburg, Reminiscences of Long Life, 90.
29 샤를로테 워버그가 AW와 형제들에게, September 17, 1894; AW가 샤를로테와 모리츠 워버그에게, August 1, 1894, AW-WIA.
30 샤를로테 워버그가 AW와 형제들에게, September 17, 1894, AW-WIA; Warburg, Reminiscences of Long Life, 90.
31 Warburg, Reminiscences of Long Life, 91.
32 "For a Consumptives' Home," Evening World (N.Y.), February 25, 1895.
33 Warburg, Reminiscences of Long Life, 92, 97.
34 Ibid., 93.
35 Ibid., 94.
36 좌석배치도, FMW의 기타 서류철, AJA.
37 Warburg, Reminiscences of Long Life, 94.
38 Ibid., 94–95.
39 Ibid.
40 Chernow, Warburgs, 53.
41 Warburg, "Book for Jimmy, Jennifer," 47.
42 Warburg, Reminiscences of Long Life, 95.
43 Ibid., 19.
44 Chernow, Warburgs, 79.
45 Ibid., 63.
46 Ibid., 65.
47 아이크 셀리그먼이 AW에게, March 16, 1896, AW-WIA.
48 "Weddings Past and to Come," New-York Tribune, October 2, 1892.
49 Warburg, "Under Seven Stars," 5.
50 Warburg, "Reminiscences of James Paul Warburg," 15–16.

51　모티 시프(MLS)가 제이컵 시프(JHS)와 테레즈 시프에게, October 25, 1896, DTS.
52　Warburg, Reminiscences of Long Life, 74.
53　Ibid., 75.
54　Cohen, Schiff: Study in Leadership, 4.
55　Warburg, Reminiscences of Long Life, 82.
56　MLS가 JHS와 테레즈 시프에게, March 5, 1893, DTS.
57　MLS가 JHS와 테레즈 시프에게, March 5, 1893, and April 16, 1893, DTS.
58　Nicolson, Dwight Morrow, 28.
59　"Plea for the Immigrant," n.d., DTS.
60　Stearns, Amherst Boyhood, 123–24.
61　Warburg, Reminiscences of Long Life, 83.
62　MLS가 JHS에게, November 14, 1895, DTS.
63　MLS가 JHS에게, December 1, 1895, DTS.
64　MLS가 JHS와 테레즈 시프에게, November 10 and 11, and December 1, 1895, DTS; Potter, Men, Money, and Magic, 23.
65　제임스 힐이 JHS에게, May 21, 1896, DTS.
66　MLS가 JHS와 테레즈 시프에게, October 29, 1896, DTS.
67　MLS가 JHS에게, November 16, 1896, DTS.
68　Chernow, Warburgs, 67.
69　MLS to JHS와 테레즈 시프에게, July 4, 1897, DTS.
70　MLS가 JHS와 테레즈 시프에게, July 8, 1897, DTS; Chernow, Warburgs, 68.
71　MLS가 JHS와 테레즈 시프에게, May 24, 1897, DTS.
72　MLS가 JHS와 테레즈 시프에게, October 25, 1896, DTS.
73　MLS가 JHS와 테레즈 시프에게, October 25, 1896, DTS.
74　MLS가 JHS와 테레즈 시프에게, July 4, 1897, DTS.
75　MLS가 JHS와 테레즈 시프에게, July 26, 1897, DTS.
76　MLS가 테레즈 시프에게, October 1, 1897, DTS.
77　MLS가 JHS와 테레즈 시프에게, August 31, 1897; MLS가 JHS에게, September 9, 1897, DTS.
78　Warburg, Reminiscences of Long Life, 84.
79　MLS가 JHS와 테레즈 시프에게, January 21, 1898, DTS.
80　MLS가 JHS에게, February 15, 1898, DTS.
81　MLS가 JHS에게, May 24, 1898, DTS.

13. 동업자와 경쟁자

1　Fisher, When Money Was in Fashion, 33.
2　Sachs, "Autobiography," 43.
3　Ibid., 29.
4　Ibid., 33.
5　Ibid., 40.
6　Ibid., 34.
7　Fisher, When Money Was in Fashion, 52.
8　Wells, "House of Seligman," 82.
9　"Checks for Wedding Presents," New York Times, January 4, 1884.
10　Dinkelspiel, Towers of Gold, 57.
11　Ibid., 152–53.
12　Sachs, "Reminiscences of Walter Sachs," Part 1, 41.
13　Fisher, When Money Was in Fashion, 53.
14　Sachs, "Autobiography," 45.
15　Ibid., 47.

16　Alef, Henry Goldman, 19.
17　Sachs, "Autobiography," 49.
18　Ibid., 51.
19　Kobler, Otto the Magnificent, 9.
20　Forbes, Men Who Are Making America, 216; Kobler, Otto the Magnificent, 12.
21　Collins, Otto Kahn, 37.
22　Phillips-Matz, Many Lives of Kahn, 12.
23　Liebmann, Fall of House of Speyer, 8.
24　Kobler, Otto the Magnificent, 21.
25　Adler, Schiff: His Life and Letters, 1:17.
26　Buttenwieser, "Reminiscences of Benjamin Buttenwieser," 284.
27　Ibid., 306-7.
28　Adler, Schiff: His Life and Letters, 1:17.
29　애들러의 원고 초안, Schiff: His Life and Letters, 1056, Box 1861, JHS-AJA.
30　"A Silent Wall Street Man," Star Tribune (Minneapolis), November 30, 1900.

14. 주피터의 그림자

1　Klein, Union Pacific, 27.
2　Kennan, E. H. Harriman, 1:119.
3　Haeg, Harriman vs. Hill, 47.
4　"Stories of the Late James J. Hill," Michigan Manufacturer and Financial Record, June 24, 1916.
5　Kennan, E. H. Harriman, 1:119.
6　Chernow, House of Morgan, 104.
7　U.S. Industrial Commission on Transportation, Report, 9:770.
8　Cohen, Schiff: Study in Leadership, 9.
9　Kobler, Otto the Magnificent, 23.
10　Adler, Schiff: His Life and Letters, 1:92.
11　Kennan, E. H. Harriman, 1:121.
12　Klein, Union Pacific, 22-23.
13　"Pacific Railroads Funding Bill," Los Angeles Herald, April 30, 1896.
14　Kennan, E. H. Harriman, 1:123.
15　Klein, Life and Legend of Harriman, 110.
16　Kennan, E. H. Harriman, 1:90.
17　Casson, History of Telephone, 205.
18　Kennan, E. H. Harriman, 1:124-25.
19　"Proceedings of Congress," New York Times, December 23, 1896; "Morgan's New Bill," Salt Lake Tribune, January 8, 1897.
20　"Defeat for the Lobby," Chicago Tribune, January 12, 1897.
21　Adler, Schiff: His Life and Letters, 1:94.
22　JHS가 로버트 플레밍에게, April 29, 1897, Folder 15, Box 437, JHS-AJA.
23　Klein, Life and Legend of Harriman, 113; "Has a Ten Million Interest," Argus-Leader (Sioux Falls, S. D.), May 20, 1897.
24　"Morgan Makes an All Day Speech on Union Pacific Affairs," Courier-Journal (Louisville, Ky.), July 13, 1897.
25　JHS가 로버트 플레밍에게, July 14, 1897, Folder 15, Box 437, JHS-AJA.
26　Kennan, E. H. Harriman, 124-25.
27　Kahn, Our Economic and Other Problems, 19-21.
28　"Sale of Union Pacific," New York Times, September 2, 1897.

29 JHS가 MLS에게, September 23, 1897, DTS.
30 "Confirming the Steal," World (N.Y.), October 19, 1897.
31 Klein, Life and Legend of Harriman, 114.
32 "World's Biggest Auction," Nebraska State Journal, November 2, 1897.
33 Kennan, E. H. Harriman, 1:138.
34 Klein, Union Pacific, 65.
35 Ibid., 51.
36 Kahn, Our Economic and Other Problems, 25.
37 오토 칸(OHK)이 호러스 버트에게, February 18, 1898, Folder 5, Box 8, AH-LOC.
38 JHS가 호러스 버트에게, February 23, 1898, Folder 5, Box 8, AH-LOC.
39 JHS가 호러스 버트에게, March 30, 1898, Folder 5, Box 8, AH-LOC.
40 JHS가 로버트 플레밍에게, May 2, 1898, Folder 6, Box 437, JHS-AJA.
41 "Astor Battery Enroute," Wichita Daily Eagle, June 16, 1898.
42 OHK가 호러스 버트에게, June 17, 1898, Folder 5, Box 8, AH-LOC.
43 호러스 버트가 OHK에게, June 23, 1898, Folder 5, Box 8, AH-LOC.
44 Klein, Union Pacific, 67-68.
45 Kennan, E. H. Harriman, 1:134.
46 "Owners of America," Cosmopolitan, June-November 1909.
47 Klein, Union Pacific, 23.

15. 완전한 평화

1 JHS가 호러스 버트에게, February 7, 1898, Folder 5, Box 8, AH-LOC.
2 Pyle, Life of James Hill, 45.
3 Klein, Union Pacific, 100.
4 MLS가 JHS에게 보낸 편지, November 3, 1895, DTS.
5 Pyle, Life of James Hill, 10.
6 제임스 힐이 JHS에게, October 11, 1895, JJH-MHS.
7 Haeg, Harriman v. Hill, 38.
8 Adler, Schiff: His Life and Letters, 1:102.
9 "Proposed Extension of the C., B. & Q.," Indianapolis Journal, November 20, 1899.
10 "The Burlington Heading for the Coast," Anaconda Standard (Mont.), April 17, 1900.
11 Haeg, Harriman vs. Hill, 72.
12 Klein, Life and Legend of Harriman, 216.
13 Haeg, Harriman vs. Hill, 73.
14 Adler, Schiff: His Life and Letters, 1:102-3.
15 Ibid., 1:91; Haeg, Harriman vs. Hill, 89.
16 Klein, Life and Legend of Harriman, 219.
17 Pyle, Life of James Hill, 104.
18 "Harriman Syndicate Gets Southern Pacific," New York Times, February 1, 1901.
19 "Leased to Great Northern," New York Times, March 13, 1901.
20 Haeg, Harriman vs. Hill, 94.
21 Adler, Schiff: His Life and Letters, 1:103.
22 "That Rumored C. B. & Q.," Des Moines Register, March 30, 1901.
23 Adler, Schiff: His Life and Letters, 1:105.
24 Ibid., 1:104.
25 Kennan, Harriman, 1:296-97.
26 Paine, George Fisher Baker, 202.
27 Kennan, Harriman, 1:296.
28 OHK의 메모, November 24, 1925, Reel 684, JHS-AJA.

29　Ibid.
30　시프는 1901년 12월까지 그레이트노던의 이사회 이사직을 유지했다. "American and Canadian," Herapath's Railway Journal, December 6, 1901.
31　Haeg, Harriman vs. Hill, 108–9.
32　"Another Exciting Day on the Stock Exchange," New York Times, April 30, 1901.
33　Haeg, Harriman vs. Hill, 134.
34　Warburg, Reminiscences of Long Life, 75.
35　오토 칸은 20여 년 후에 쓴 메모에서 만남이 있었던 날이 5월 2일이라고 못 박았다. 사건이 일어나고 2주 후, 시프는 J. P. 모건에게 보낸 편지에서 이 회의가 5월 3일에 있었다고 말했다.
36　Haeg, Harriman vs. Hill, 135.
37　Ibid., 156; Klein, Life and Legend of Harriman, 239.
38　Adler, Schiff: His Life and Letters, 1:106.
39　Kennan, Harriman, 1:303.
40　Klein, Life and Legend of Harriman, 231.
41　Kennan, Harriman, 1:305.
42　오토 칸의 메모, November 24, 1925, Reel 684, JHS-AJA.
43　Brooklyn Daily Eagle, May 7, 1901.
44　Haeg, Harriman vs. Hill, 180.
45　줄리어스 골드만의 메모, October 29, 1925, Reel 684, JHS-AJA.
46　Baruch, Baruch: My Story, 2:144.
47　"Scenes of Disorder in Stock Exchange," New York Times, May 10, 1901.
48　OHK의 메모, November 24, 1925, Reel 684, JHS-AJA.
49　"Northern Pacific Corner Exposed," New York Times, May 10, 1910.
50　Allen, Lords of Creation, 89.
51　"The Northern Pacific Settlements Effected," New York Times, May 11, 1901.
52　"Dies in Vat of Hot Beer," New York Times, May 10, 1901.
53　"The Struggle for Control," New York Times, May 10, 1901.
54　"Morgan Will Hurry to New York," St. Louis Post-Dispatch, May 12, 1901.
55　"A Game of Wreckers Says James J. Hill," St. Louis Post-Dispatch, May 12, 1901.
56　"Quick Recovery Follows Panic," Chicago Tribune, May 11, 1901.
57　OHK의 메모, November 24, 1925, Reel 684, JHS-AJA.
58　Adler, Schiff: His Life and Letters, 1:107.
59　Ibid.
60　William Ripley to George Kennan, March 19, 1916, Folder 3, Box 140, OHK-PU.
61　U. S. Industrial Commission on Transportation, Report, 9:769.
62　Ibid., 9:770.
63　Ibid., 9:772.
64　Haeg, Harriman vs. Hill, 166–67.
65　U. S. Industrial Commission on Transportation, Report, 9:772.
66　Klein, Union Pacific, 107.
67　Josephson, Robber Barons, 443.
68　Strouse, Morgan, 431.
69　Adler, Schiff: His Life and Letters, 1:110.
70　JHS가 TR(시어도어 루스벨트)에게 보낸 전보, September 10, 1901, TR-LOC.
71　TR, Addresses and Messages of Roosevelt, 290, 296.
72　Goodwin, Bully Pulpit, 299.
73　JHS가 루셔스 리타워에게, March 24, 1902, TR-LOC.
74　TR이 JHS에게, March 27, 1902, TR-LOC.
75　Adler, Schiff: His Life and Letters, 1:47.
76　Best, To Free a People, 44–46.
77　"Mr. Schiff's Views," Wall Street Journal, December 15, 1904.

78 "Small Talk of the Week," Sketch, December 19, 1906.
79 "The New Money King," Philadelphia Press, August 22, 1903.
80 Cohen, Schiff: Study in Leadership, 11.
81 " 'On Pleasure Bent Are We,' " Los Angeles Times, November 30, 1904.
82 니컬러스 머레이 버틀러가 TR에게, December 23, 1903, TR-LOC.
83 JHS가 TR에게, January 31, 1904, TR-LOC.
84 Morris, Theodore Rex, 309.
85 JHS가 루이스 립스키에게, October 5, 1904, Folder 29, Box 1, PC-AJHS.
86 "Safe and Sane," Wall Street Journal, June 25, 1904.
87 Zipperstein, Pogrom, 98.
88 Best, To Free a People, 82.
89 Muraoka, "Jews and Russo-Japanese War," 11.
90 Best, To Free a People, 74-75.
91 TR이 오스카 스트라우스에게, July 19, 1904, TR-LOC.
92 TR이 코넬리어스 블리스에게, July 14, 1904, TR-LOC.
93 Sachar, History of Jews in America, 226.

16. 전쟁의 힘줄

1 Adler, Schiff: Biographical Sketch, 46.
2 Adler, Selected Letters, 2:38.
3 "Jacob Schiff Talks," Los Angeles Times, April 14, 1904.
4 "An American 'Slave' Becomes Japan's Premier," Literary Digest, February 18, 1922.
5 다카하시 고레키요가 MLS에게 보낸 편지, July 24, 1925, Reel 684, JHS-AJA.
6 Smethurst, Foot Soldier to Finance Minister, 20.
7 다카하시 고레키요가 MLS에게 보낸 편지, July 24, 1925, Reel 684, JHS-AJA.
8 Best, "Schiff's Early Interest in Japan."
9 Smethurst, Foot Soldier to Finance Minister, 151.
10 Ibid., 155.
11 Ibid., 150.
12 Ibid., 151.
13 "Japanese War Loan," Lewiston Evening Teller (Idaho), May 10, 1904.
14 Best, "Financing a Foreign War," 315.
15 PMW(폴 워버그)의 메모, November 19, 1925, Reel 684, JHS-AJA.
16 MLS가 JHS에게 보낸 편지, May 27, 1901, DTS.
17 PMW가 AW에게 보낸 편지, July 16, 1901; PMW가 AW에게 보낸 편지, December 15, 1901, AW-WIA.
18 Katharine Weber, 저자와의 인터뷰에서; Weber, Memory of All That, 163.
19 MMW(막스 M. 워버그)가 AW에게 보낸 편지, March 16, 1901, AW-WIA.
20 MLS의 메모, December 1, 1928, DTS.
21 Warburg, Reminiscences of Long Life, 15.
22 Chernow, Warburgs, 88.
23 PMW의 메모, November 20, 1925, Reel 684, JHS-AJA.
24 테레즈 시프가 MLS에게 보낸 편지, December 4, 1895, DTS.
25 PMW의 메모, November 19, 1925, Reel 684, JHS-AJA; Warburg, Long Road Home, 18.
26 Muraoka, "Jews and Russo-Japanese War," 106.
27 다카하시 고레키요가 MLS에게 보낸 편지, July 24, 1925, Reel 684, JHS-AJA.
28 Sherman, "German-Jewish Bankers in World Politics," 73.
29 Adler, Schiff: His Life and Letters, 2:121.
30 "Reminiscences from an Old Friend," American Hebrew, October 8, 1920.

31 PC, Memories of American Jew, 285.
32 Adler, Schiff: His Life and Letters, 2:121-22.
33 PC(필립 카우언), Memories of American Jew, 286.
34 "Finance," Forum, July 1904-June 1905.
35 Adler, Schiff: His Life and Letters, 2:125-26.
36 Best, To Free a People, 100.
37 앨버트 스트라우스가 그레고리 빌렌킨에게, March 20스 1905, 앨버트 스트라우스의 편지집 2, SC-UO.
38 J. & W. Seligman & Co. to Gregory Wilenkin and Baron Wrangel, December 13, 1904, Albert Strauss letter book 2, SC-UO.
39 앨버트 스트라우스가 헨리 그로브에게, December 10, 1904, 앨버트 스트라우스의 편지집 2, SC-UO.
40 앨버트 스트라우스가 헨리 그로브에게, March 8, 1905, 앨버트 스트라우스의 편지집 2, SC-UO.
41 "Kuhn Loeb & Co.'s New Quarters," New York Times, May 12, 1903.
42 "New Japanese Loan Several Times Taken," New York Times, March 30, 1905.
43 Muraoka, "Jews and Russo-Japanese War," 107.
44 다카하시 고레키요가 MLS에게 보낸 편지, July 24, 1925, Reel 684, JHS-AJA.
45 Best, "Financing Foreign War," 313.
46 Herman Bernstein, "Personal Memories of Mr. Schiff," American Hebrew, October 8, 1920.
47 Keene, Emperor of Japan, 612.
48 Matsumura, Baron Kaneko and Russo-Japanese War, 342.
49 Witte, Memoirs of Count Witte, 135.
50 Morris, Theodore Rex, 391.
51 INS가 셀리그먼프레어시에에 보낸 편지, July 19, 1905, SC-UO.
52 Muraoka, "Jews and Russo-Japanese War," 5, 17.
53 INS가 셀리그먼 형제에게 보낸 편지, August 8, 1905, SC-UO.
54 Warburg, As I Recall, 21.
55 JHS가 PC에게, August 7, 1905, Folder 29, Box 1, PC-AJHS.
56 Witte, Memoirs of Count Witte, 163-64.
57 Kraus, Reminiscences and Comments, 156-57; "Witte Receives Jews in Appeal for Race," New York Times, August 15, 1905.
58 "Jewish Representatives and M. De Witte," Menorah, January-July 1905.
59 JHS가 PC에게, August 16, 1905, Folder 29, Box 1, PC-AJHS.
60 INS가 TR에게, August 17, 1905, INS의 편지집, SC-UO.
61 Herman Bernstein, "Personal Memories of Mr. Schiff," American Hebrew, October 8, 1920.
62 "To Blow Up Schiff," Scranton Republican (Penn.), August 19, 1905.
63 "Not Disturbed," Boston Globe, August 19, 1905; "Guarding Schiff's House," New York Times, August 19, 1905.
64 "Infernal Machine Incidents in New York," American Israelite, August 24, 1905; "An Infernal Machine for Jacob H. Schiff," New York Times, September 25, 1906.
65 "How the World Learned the News," Index, September 2, 1905.
66 Adler, Schiff: His Life and Letters, 1:231-32.
67 Ibid., 1:227.
68 Best, To Free a People, 111.
69 Adler, Schiff: His Life and Letters, 2:133.
70 "How Russian Soldiers Were Enlightened in Japan," Outlook, March 17, 1915.
71 Ibid.
72 "Russian Prisoners Cheer Revolution," New York Times, November 12, 1905.
73 조지 케넌이 JHS에게, April 11, 1917, Folder 5, Box 2541, JHS-AJA.

74 "Russia Free! Russia Aflame! Woe to the Jew!" Menorah, November 1905.
75 "American Jews to Aid Sufferers in Russia," New York Times, November 8, 1905.
76 Schachner, Price of Liberty, 8.
77 Adler, Schiff: His Life and Letters, 2:137-38.
78 Best, To Free a People, 120; TR, Letters of Theodore Roosevelt, 112.
79 Schachner, Price of Liberty, 9.

17. 해리먼 제거 동맹

1 "Talks with Big Ones," Los Angeles Times, January 13, 1907.
2 "Kuhn, Loeb & Co. Leave All Railroad Boards," New York Times, February 27, 1906.
3 Schiff, Our Journey to Japan, 1, 8.
4 Klein, Life and Legend of Harriman, 330.
5 Ibid., 330.
6 Ibid., 329.
7 "Ryan Now Tells of Harriman Talk," New York Times, December 13, 1905.
8 "Equitable Hearing Waits on Mediation," New York Times, March 29, 1905.
9 JHS가 TR에게, July 26, 1905, TR-LOC.
10 JHS가 찰스 R. 플린트에게, April 6, 1896, Box 36, AO-NYPL.
11 JHS가 아돌프 옥스에게, January 5, 1898, Box 36, AO-NYPL.
12 JHS가 아돌프 옥스에게, October 30, 1904; AO to JHS, October 30, 1904, Box 36, AO-NYPL.
13 JHS가 아돌프 옥스에게, February 26, 1905, Box 36, AO-NYPL.
14 JHS가 아돌프 옥스에게, March 31, 1905, Box 36, AO-NYPL.
15 "Too Fast and Too Far," New York Times, April 1, 1905.
16 New York State, Testimony: Business and Affairs of Life Insurance Companies, 1050.
17 Schiff, Our Journey to Japan, 1.
18 Smethurst, "Korekiyo, Rothschilds and War," 6.
19 Griscom, Diplomatically Speaking, 263.
20 Muraoka, "Jews and Russo-Japanese War," 110.
21 Schiff, Our Journey to Japan, 168.
22 Ibid., 49, 167.
23 Harvey Krueger, 저자와의 인터뷰.
24 빅터 솔로몬이 DS(돌리 시프)에게 보낸 편지, June 7, 1972, Box 244, DS-NYPL.
25 Yashuda Kawamura to DTS, February 28, 2012, DTS.
26 "How Japan Saved Jews from Hitler," Washington Post, November 14, 1982.
27 Warburg, Reminiscences of Long Life, 49-51.
28 "Editorial," American Federationist, August 1906.
29 Kahn, Our Economic and Other Problems, 39-40.
30 Kennan, Harriman, 2:182.
31 Ibid., 2:201; Bishop, Theodore Roosevelt and His Time, 2:42, 61.
32 Klein, Life and Legend of Harriman, 401.
33 "Harriman Facing Federal Inquiry," Chicago Tribune, November 9, 1906.
34 Kennan, Harriman, 2:174-75.
35 "The Harriman Investigation," Railroad Gazette, May 17, 1907.
36 "E. H. Harriman Stands by His Guns in Chicago & Alton," Wall Street Journal, March 25, 1907.
37 "Schiff Predicts Panic Unless Money Is Freed," New York Times, January 4, 1906.
38 Adler, Schiff: His Life and Letters, 1:36.
39 Cohen, Schiff: Study in Leadership, 22.

40 Adler, Schiff: His Life and Letters, 1:44 – 45.
41 Ibid.
42 "Mellen Gloats over Harriman," Eugene Guard (Ore.), July 16, 1907.
43 U.S. Interstate Commerce Commission, Reports, 301.
44 Kennan, Chicago & Alton Case, 13, 25.
45 TR, Address on Laying the Corner Stone of Pilgrim Monument.
46 Kahn, Our Economic and Other Problems, 55 – 56.
47 Chernow, House of Morgan, 122 – 23, 126 – 27.
48 "Schiff Declares Trouble Over," Washington Evening Star, October 24, 1907.
49 "Jacob Schiff Sounds Warning," American Israelite, November 7, 1907.
50 "Zionism's Hope Here, Says Jacob H. Schiff," New York Times, July 29, 1907.
51 "Zionism and Patriotism," Houston Press, September 22, 1907.
52 "Calls Schiff Traitor," Washington Post, September 15, 1907; "Zionists Stirred bySchiff's Trip," Morning News (Wilmington, Del.), March 25, 1908.
53 Kennan, Harriman, 2:327.
54 Klein, Life and Legend of Harriman, 437.
55 OHK가 E. H 해리먼에게, May 23, 1908, Folder 3, Box 8, AH-LOC.
56 "An American in Asia," Asia, February 1921.
57 Adler, Schiff: His Life and Letters, 2:253.
58 Klein, Life and Legend of Harriman, 439.
59 Ibid., 64.

18. 골드만 삭스의 황금

1 Sachs, "Autobiography," 25.
2 Sachs, "Reminiscences of Walter Sachs," Part 1, 11.
3 Ibid., 16.
4 Sachs, "Autobiography," 97.
5 Carr and Bruner, Panic of 1907, 30.
6 Sachs, "Autobiography," 96 – 99.
7 Fisher, When Money Was in Fashion, 53.
8 Sachs, "Reminiscences of Walter Sachs," Part 1, 24.
9 Sachs, "Autobiography," 59, 64, 65.
10 Manheim, "Seed and Tree," 133.
11 Endlich, Culture of Success, 38.
12 Supple, "Business Elite," 173 – 74; Manheim, "Seed and Tree," 142; Sachs, "Autobiography," 132 – 33.
13 Ellis, Partnership, 12.
14 Ascoli, Julius Rosenwald, 24.
15 Manheim, "Seed and Tree," 153.
16 "Farmers Betrayed to Wall Street," Hanover Democrat and Enterprise (Kan.), June 29, 1906.
17 Manheim, "Seed and Tree," 153.
18 Wake, Kleinwort Benson, 128.
19 허먼 앤드리아가 폴 삭스에게, July 11, 1912, KB-LMA.
20 골드만 삭스가 클라인워트선즈에게, December 6, 1910, KB-LMA.
21 골드만 삭스가 허먼 앤드리아에게, April 24, 1912, KB-LMA.
22 폴 삭스가 허먼 앤드리아에게, June 28, 1912, KB-LMA.
23 Alexander, Museum in America, 208.
24 "Portrait of the Artist as a Director," Harvard Magazine, September – October 2002.

25 Ibid.
26 Duncan and McClellan, Art of Curating, 16.
27 "Portrait of the Artist as a Director," Harvard Magazine, September – October 2002.
28 Fisher, When Money Was in Fashion, 53.
29 러스티 삭스, 저자와의 인터뷰에서.
30 Weber, Patron Saints, 26 – 27.
31 "Mentor for American Museum Men," New York Times, November 28, 1948; Kantor, Barr and Museum of Modern Art, 73.
32 Valentiner, Henry Goldman Collection, 8.
33 "Mr. F. W. Woolworth's Story," World's Work, November 1912 – April 1913.
34 Manheim, "Seed and Tree," 155.
35 Winkler, Five and Ten, 173, 182.
36 "55- Story Building Opens on a Flash," New York Times, April 25, 1913; "Wilson Lights Up Woolworth Tower,"Brooklyn Daily Eagle, April 25, 1913; "Architect Given Signal Courtesy," Marion Star (Ohio), April 25, 1913.
37 Sachs, "Reminiscences of Walter Sachs," Part 2, 97.
38 Sachs, "Autobiography," 110.
39 Levy, Yesterdays, 246.

19. 그리고 여전히 그들은 오고 있다

1 Riis, How the Other Half Lives, 105, 108.
2 "Bill Is Un- American," South Bend Tribune, June 12, 1906; "The Dillingham Immigration Bill," Burlington Free Press, April 11, 1906.
3 "Pass Immigration Bill, Cut by Cannon's Order," New York Times, June 26, 1906.
4 "Jacob H. Schiff's Chautauqua Address," American Hebrew and Jewish Messenger, July 23, 1909.
5 Adler, Schiff: His Life and Letters, 2:97; Best, "Schiff's Galveston Movement," 45.
6 "Interview with Mr. Jacob Schiff," American Hebrew and Jewish Messenger, June 25, 1909.
7 Adler, Schiff: His Life and Letters, 2:87 – 88; Berman and Schloff, Jews in Minnesota, 25.
8 Richardson, Compilation of Messages and Papers of Presidents, 1131.
9 Cohen, Schiff: Study in Leadership, 160.
10 JHS가 솔로몬 세흐터에게 보낸 편지, September 22, 1907, Box 7, OS- LOC.
11 JHS가 OS에게, October 4, 1907, Box 7, OS- LOC.
12 Adler, Schiff: His Life and Letters, 2:97.
13 Marinbach, Galveston, 11, 179.
14 베르하르트 칸 박사, 막스 M. 위버그에게 보내는 조사弔詞(1947)에서, LBI.
15 Marinbach, Galveston,14.
16 Best, "Schiff's Galveston Movement," 52
17 Marinbach, Galveston, 23, 24, 42.
18 "Foreign Criminals in New York," North American Review, September 1908.
19 Silver, Marshall and Jewish Ethnicity, 146; Feldstein, Land I Show You, 215.
20 Goren, New York Jews and Quest, 28, 30, 34; "Bingham Is Criticized," Detroit Free Press, September 10, 1908.
21 "Wrong About Jews Bingham Admits," New York Times, September 17, 1908.
22 Goren, New York Jews and Quest, 38.
23 Ibid., 49, 51, 54.
24 Ibid., 68.
25 "Memorandum Containing Recollections of Felix Warburg by One of His Children," April 12, 1939, Felix and Frieda Warburg Family Collection- AJA.
26 Warburg, As I Recall, 20.

27 Gerald Warburg, "Life with Fizzie," n.d., Felix and Frieda Warburg Family Collection- AJA.
28 Ibid.
29 Chernow, Warburgs, 243.
30 "First Draft of Interview with Mr. Sol Stroock in Question of Materials for Biography," December 12, 1940, Felix and Frieda Warburg Family Collection- AJA.
31 Warburg, As I Recall, 20.
32 "Memorandum Containing Recollections of Felix Warburg by One of His Children," April 12, 1939, Felix and Frieda Warburg Family Collection- AJA.
33 "First Draft of Transcript of Interview with Mr. Newcomb Carlton in Quest of Materials for Biography of Felix M. Warburg," December 19, 1940, Felix and Frieda Warburg Family Collection- AJA.
34 Buttenwieser, "Reminiscences of Benjamin Buttenwieser," 285.
35 Warburg, As I Recall, 19.
36 Memorandum, c. 1917, Reel 2434, JM- AJA.
37 Goren, New York Jews and Quest, 164.
38 로버트 애덤슨이 MLS에게, November 20, 1925, Reel 684, JHS- AJA.
39 Best, To Free a People, 171.
40 Ibid., 175.
41 Marinbach, Galveston, 59.
42 맥스 콜러가 MLS에게, January 6, 1925, Reel 684, JHS- AJA.
43 "Puts Up Bars at Galveston," Baltimore Sun, August 21, 1910.
44 Adler, Schiff: His Life and Letters, 2:107 - 8.
45 Best, "Schiff's Galveston Movement," 64.
46 Marinbach, Galveston, 107 - 8.
47 Best, "Schiff's Galveston Movement," 66.
48 JHS가 FMW에게 보낸 편지, November 4, 1914, Folder 16, Box 166, FMW- AJA.

20. 여권 문제

1 Adler, Schiff: His Life and Letters, 2:151 - 52: JHS가 AO에게 보낸 편지, April 28, 1911, Box 95, AO- NYPL.
2 Cohen, Schiff: Study in Leadership, 147.
3 "The Passport Question," American Jewish Year Book, September 23, 1911; Best, To Free a People, 183.
4 JHS가 사이먼 울프에게 보낸 편지, May 24, 1918, Folder 20, Box 457, JHS- AJA.
5 Wolf, Presidents I Have Known, 294 - 310.
6 William H. Taft to Otto Bannard, June 17, 1911, Reel 684, JHS- AJA.
7 Cohen, Encounter with Emancipation, 238.
8 McAdoo, Crowded Years, 122.
9 Ibid.; "Break with Russia Demands Public Opinion," American Israelite, December 14, 1911.
10 McAdoo, Crowded Years, 122.
11 Cohen, Not Free to Desist, 79.
12 Best, To Free a People, 196 - 97.
13 Cohen, Encounter with Emancipation, 98.
14 "Report of American Jewish Committee," American Jewish Year Book, September 21, 1914 - September 8, 1915.
15 "Schiff Bares Brandt Plot," New York Times, February 27, 1912.
16 "Evidence Which Indicted Brandt," New York Times, February 15, 1912.
17 "Thirty Years for Valet," New- York Tribune, April 5, 1907.
18 폴케 브란트가 KN(크누트 넬슨)에게, March 1, 1909, Box 76, KN- MHS.

19 "The Strange Case of Mr. Schiff's Valet," St. Louis Post-Dispatch, January 26, 1912.
20 MLS가 KN에게, July 1, 1909, Box 76, KN-MHS.
21 하워드 갠스가 MLS에게, December 13, 1911, Box 220, DS-NYPL.
22 "Gerard Will See Dix About Brandt Tonight," Brooklyn Daily Eagle, February 15, 1912.
23 "Jacob Schiff Sails; Silent on the Brandt Case," Philadelphia Inquirer, February 22, 1912.
24 L. E. 밀러가 MLS에게, October 19, 1922, Box 220, DS-NYPL.
25 부커 T. 워싱턴이 MLS에게, February 19, 1912, Box 220, DS-NYPL.
26 "Schiff Bares Brandt Plot," New York Times, February 27, 1912.
27 "Mrs. Schiff Before Grand Jury to Tell Her Story of Brandt," Evening World (N.Y.), March 26, 1912.
28 "No Indictment in Brandt Case," Boston Globe, March 29, 1912.
29 "Thousands Mourn at Straus Memorial," New York Times, May 13, 1912.
30 "Slur Against Woman Is Reason Dix Refuses Pardon," Star-Gazette (Elmira, N.Y.), March 1, 1912.
31 Cohen, Schiff: Study in Leadership, 152.
32 "Press Assailed by Schiff," Daily Herald (Arlington Heights, Ill.), March 22, 1912.
33 "Brandt Retracts; Is Free: Justice, Not Mercy, Rules," New-York Tribune, January 18, 1913.
34 새뮤얼 딜이 MLS에게, June 16 and October 10, 1913, Box 220, DS-NYPL.
35 William Sulzer to MLS, March 12, 1913, Box 220, DS-NYPL.
36 "Folke Brandt Reported Killed in the War," Watertown Daily Times (N.Y.), February 10, 1917.
37 폴케 브란트가 MLS와 아델 시프에게, August 8, 1927, Box 220, DS-NYPL.
38 M. M. 머피가 폴케 브란트에게, November 7, 1927, Box 220, DS-NYPL.
39 에른스트 시프가 MLS에게, March 1928, Box 220, DS-NYPL.
40 Potter, Men, Money, and Magic, 39.
41 Warburg, Reminiscences of Long Life, 85.
42 웬디 그레이, 저자와의 인터뷰에서.
43 Potter, Men, Money, and Magic, 110.
44 Ibid., 43.
45 "Heavy Gambling on the Deutschland," New York Times, August 30, 1901.
46 MLS가 JHS와 테레즈 시프에게, September 24, 1901, DTS.
47 Potter, Men, Money, and Magic, 74.
48 LS, "Reminiscences of Lewis L. Strauss," 74-75.
49 "To Accuse Gov. Sulzer," Buffalo Morning Express, August 1, 1913.

21. 사냥꾼들

1 "To Investigate 'Money Trust,'" Courier-Journal (Louisville, Ky.), July 30, 1911.
2 HL(허버트 리먼), "Reminiscences of Herbert Lehman," Part 1, 4:70, 82.
3 "Morgan Testifies at Pujo Probe; He Denies There Is a Money Trust," Times Union (Brooklyn, N.Y.), December 19, 1912.
4 U. S. House of Representatives, Money Trust Investigation, 1:1:1052.
5 "Morgan Reveals Business of Firm," New York Times, December 19, 1912.
6 U. S. House of Representatives, Money Trust Investigation, 3:23:1663, 1691-92.
7 U. S. House of Representatives, Report of the Committee to Investigate the Concentration of Money, 56, 129, 131.
8 "Tributes to Morgan," Buffalo Morning Express (N.Y.), April 1, 1913.
9 "Schiff's Tribute to Morgan," New York Times, April 4, 1913.
10 "Who Will Wear Morgan's Mantle," Allentown Democrat (Penn.), April 4, 1913.
11 "The Income Tax Amendment," Political Science Quarterly, June 1910.

12 Mehrotra, "Envisioning the Fiscal State," 1860.
13 "To Become British Because of Tax," New York Times, March 7, 1914; "British Citizenship Is Easy to Obtain," New York Times, March 8, 1914.
14 "Applauds the President," Pittsburgh Press, May 6, 1906.
15 "A Tax on Business Incomes," New York Times, February 19, 1909.
16 Warburg, Federal Reserve System, 1:19.
17 Ibid., 1:12.
18 Ibid., 1:14.
19 Ibid., 1:18–19.
20 Warburg, "Reminiscences of James Paul Warburg," 17.
21 "Warburg, the Revolutionist," Century Magazine, May–October 1915; "Attitude of the Public and of the Bankers Toward Monetary Reform Prior to the Panic of 1907," Reel 61, NWA-LOC.
22 "Defects and Needs of Our Banking System," New York Times, January 6, 1907.
23 AO가 JHS에게, January 10, 1907, and JHS to AO, January 14, 1907, AO-NYPL.
24 "Aldrich Becomes Converted to Idea of a Central Bank, May–October 1908," Reel 61, NWA-LOC.
25 "Philadelphia Meeting," New-York Tribune, December 3, 1907.
26 Seligman, Currency Problem and Present Financial Situation, 149.
27 "Aldrich Becomes Converted to Idea of a Central Bank, May–October 1908," Reel 61, NWA-LOC.
28 PMW가 NWA(넬슨 올드리치)에게, December 31, 1907, Reel 61, NWA-LOC.
29 Lowenstein, America's Bank, 76.
30 Adler, Schiff: His Life and Letters, 1:286; Lowenstein, America's Bank, 82.
31 Warburg, Federal Reserve System, 1:56–57.
32 Vanderlip, Farm Boy to Financier, 213.
33 Paul Warburg, 지킬 섬 회합에 대한 이야기, Reel 61, NWA-LOC.
34 Lowenstein, America's Bank, 110.
35 Vanderlip, Farm Boy to Financier, 216.
36 Ibid.
37 PMW가 새뮤얼 삽스에게, January 11, 1911, Folder 1, Box 1, PMW-YU.
38 PMW의 성명서, January 17, 1911, Folder 1, Box 1, PMW-YU.
39 "Wants a Bank Inquiry," New York Times, July 9, 1911.
40 "Thin Ice," New York Times, June 16, 1911.
41 Lowenstein, America's Bank, 148–49, 157.
42 Phillips-Matz, Many Lives of Kahn, 147–48.
43 Link, Wilson, 1:485.
44 Adler, Schiff: His Life and Letters, 1:312.
45 "12,000 Give to Campaign," Sioux City Journal, September 9, 1912.
46 U. S. House, Hearings on Banking and Currency Reform, 73.
47 Lowenstein, America's Bank, 182–83; Link, Wilson, 2:202, 204.
48 PMW가 E. M. 하우스에게, April 22, 1913, Folder 4, Box 1, PMW-YU.
49 Lowenstein, America's Bank, 202; Warburg, Federal Reserve System, 1:92.
50 PMW가 E. M. 하우스에게, July 13, 1913, Folder 5, Box 1, PMW-YU.
51 PMW가 E. M. 하우스에게, July 30, 1913, Folder 5, Box 1, PMW-YU.
52 Link, Wilson, 2:239.
53 PMW가 헤라르트 피서링에게, December 29, 1913, Folder 12, Box 1, PMW-YU.
54 Lowenstein, America's Bank, 268.
55 Warburg, Long Road Home, 29.
56 PMW가 WW(우드로 윌슨)에게, May 1, 1914, Folder 14, Box 1, PMW-YU.
57 "Schiff to Head the Reserve Board," Courier-Post (Camden, N.J.), March 30, 1914; Adler,

Schiff: His Life and Letters, 1:287.
58 William McAdoo, "Memorandum Concerning the Late Jacob H. Schiff," Reel 684, JHS-AJA.
59 ERAS(에드윈 R. A. 셀리그먼)이 WW에게, March 10, 1914, Folder 19, Box 2, PMW-YU.
60 E. M. 하우스가 WW에게, May 1, 1914, in WW, Papers of Wilson Digital Edition.
61 JHS가 어니스트 카셀에게, May 14, 1914, Box 1861, JHS-AJA.
62 윌리엄 매커두가 PMW에게, June 17, 1914, Folder 20, Box 2, PMW-YU.
63 PMW가 윌리엄 매커두에게, June 17, 1914, Folder 20, Box 2, PMW-YU.
64 애틀리 포머린이 PMW에게, June 24, 1914, Folder 20, Box 2, PMW-YU.
65 PMW가 애틀리 포머린에게, June 26, 1914, Folder 20, Box 2, PMW-YU; memos, n. d., Folder 21, Box 2, PMW-YU.
66 PMW가 WW에게, July 3, 1914, Folder 21, Box 2, PMW-YU.
67 카터 글래스가 PMW에게, July 8, 1914, Folder 21, Box 2, PMW-YU.

4부 왕조의 몰락

22. 우리 사이에 놓인 장벽

1 Sachs, "Reminiscences of Walter Sachs," Part 1, 35-38; Sachs, "Autobiography," 123-25.
2 "Refugees in Boston," Boston Globe, August 8, 1914.
3 "Foreign Exchange," Wall Street Journal, August 3, 1914.
4 Sachs, "Autobiography," 128.
5 FMW가 MMW에게 보낸 편지, January 29, 1915, Folder 3, Box 165, FMW-AJA.
6 FMW가 존 헨리 해먼드에게 보낸 편지, January 21, 1918; 해먼드가 FMW에게 보낸 편지, January 25, 1918, Folder 29, Box 179, FMW-AJA.
7 Chernow, Warburgs, 161.
8 Warburg, "Reminiscences of James Paul Warburg," 8.
9 JHS가 제임스 윌슨에게 보낸 편지, October 24, 1914, Folder 7, Box 438, JHS-AJA.
10 "Mr. Schiff's Triple Patriotism," Maccabean, February 1913.
11 Weizmann, Trial and Error, 184.
12 Adler, Schiff: His Life and Letters, 2:182.
13 MLS가 JHS와 테레즈 시프에게, August 16, 1914, DTS.
14 MLS가 JHS와 테레즈 시프에게, August 6, 1914, DTS.
15 MLS가 JHS와 테레즈 시프에게, August 16, 1914, DTS.
16 Roberts, "Conflict of Loyalties," 10.
17 맥스 콜러가 MLS에게, October 14, 1925, Reel 684, JHS-AJA.
18 JHS가 다카하시 고레키요에게, August 23, 1914, Folder 6, Box 438, JHS-AJA.
19 "Jacob H. Schiff Has Quit Japan Society," New York Times, December 2, 1914.
20 "Jacob H. Schiff Points a Way to European Peace," New York Times, November 22, 1914.
21 "An Insidious Suggestion," London Globe, November 23, 1914; "German Press Campaign," Times (London), November 23, 1914.
22 "German Press and Peace," Scotsman, November 28, 1914.
23 JHS가 MMW에게, January 28, 1915, Folder 16, Box 444, JHS-AJA; Adler, Schiff: His Life and Letters.
24. 2:187-88.
25 Rosenbaum and Sherman, Warburg & Co., 115, 117.
26 Ibid., 113.
27 Weizmann, Trial and Error, 184.
28 Rosenbaum and Sherman, Warburg & Co., 114-16.

29 Chernow, Warburgs, 156.
30 U. S. Senate, Brewing and Liquor Interests and German Propaganda, 1994.
31 Szajkowski, Jews, Wars, and Communism, 38.
32 "Bernhard Dernburg: The German Whose Presence Here Has Aroused British Apprehensions," Current Opinion, January – June 1915.
33 Feilitzsch, Secret War on United States, 125.
34 JHS가 MMW에게, January 28, 1915, Folder 16, Box 444, JHS-AJA.
35 FMW가 MMW에게, January 29, 1915, Folder 3, Box 165, FMW-AJA.
36 FMW가 MMW에게, December 24, 1914, Folder 3, Box 165, FMW-AJA.
37 U. S. Senate, Brewing and Liquor Interests and German Propaganda, 2006 – 7.
38 Memo, August 15, 1914, Reel 20925, AA.
39 FMW가 MMW에게, February 17, 1915, Folder 3, Box 165, FMW-AJA.
40 데이비드 드 솔라 풀이 FMW에게, December 30, 1914, Folder 15, Box 166, FMW-AJA.
41 루이스 마셜이 JHS에게, December 30, 1914, Folder 1, Box 439, JHS-AJA.
42 FMW 가 베른하르트 데른부르크에게, December 30, 1914, Folder 3, Box 165, FMW-AJA.
43 Gwynn, Letters and Friendships of Spring Rice, 2:242 – 43.
44 막스 보덴하이머가 카를 디에고 루드비히 폰 베르겐에게, September 16, 1914, AA.
45 Szajkowski, Jews, Wars, and Communism, 38.
46 U.S. Senate, Brewing and Liquor Interests and German Propaganda, 1448.
47 Feilitzsch, Secret War on United States, 137.
48 Isaac Strauss, memo, April 26, 1915, Reel 20945, AA.
49 Doerries, Imperial Challenge, 64 – 66.
50 Ibid.
51 Isaac Strauss, memo, April 26, 1915, Reel 20945, AA.
52 JHS가 WW에게, November 19, 1914, in WW, Papers of Wilson Digital Edition.
53 WW가 JHS에게, December 8, 1914, AJA.
54 헨리 모겐소가 JHS에게, August 31, 1914, JDC.
55 "Jewish War Relief Work," American Jewish Year Book, September 17, 1917 – September 6, 1918.
56 "Palestine and the War: Impressions on a Relief Trip to the Holy Land," Survey, January 2, 1915.
57 "Jewish War Relief Work," American Jewish Year Book, September 17, 1917 – September 6, 1918.
58 JHS가 루이스 브랜다이스에게, February 29, 1916, Folder 8, Box 446, JHS-AJA.
59 Cohen, Not Free to Desist, 93.
60 Ibid., 90.
61 "Schiff Urges Jews to Be Americans," New York Times, May 22, 1916.
62 "Jacob Schiff Quits Jewish Movements," New York Times, June 5, 1916.
63 Editorial, American Jewish Chronicle, May 19, 1916.
64 Szajkowski, Jews, Wars, and Communism, 40.
65 FMW가 MMW에게, June 19, 1916, Reel 20947, AA.
66 MMW가 아르투어 치머만에게, July 19, 1916, Reel 20947, AA.
67 "Toluol Leads Him to Ellis Island," New York Herald, February 16, 1918; "Berlin Agent Sought Secret of Gas Masks," New-York Tribune, April 5, 1918; "Straus Interned," American Israelite, April 11, 1918.
68 "To Intern Seven Germans," Baltimore Sun, March 14, 1919.
69 Bernstorff, My Three Years in America, 139 – 41.
70 Chernow, House of Morgan, 165.
71 Ibid., 196.
72 Nicolson, Dwight Morrow, 188 – 89.
73 Warburg, Reminiscences of Long Life, 76.

74 "Cornell Will Drop the Study of 'Kultur,'" New York Times, June 25, 1918.
75 M. J. 스트룩이 MLS에게, October 3, 1925, Reel 684, JHS-AJA.
76 Adler, Schiff: His Life and Letters, 2:190.
77 L. M. Cangrell, report, July 20, 1915, Investigative Reports of the Bureau of Investigation 1908–1922, NA.
78 "Dernburg Off: Pleased with Work," Central New Jersey Home News, June 12, 1915.
79 Feilitzsch, Secret War Council, xxi–xxii.
80 Von Rintelen, Dark Invader, xxxiii; Sachs, "Reminiscences of Walter Sachs," Part 1, 19.
81 Von Rintelen, Dark Invader, 66, 74.

23. 연합국

1 "To Raise Loan of $500,000," Boston Globe, September 10, 1915.
2 Reading, Rufus Isaacs, 51.
3 JHS이 LR(레딩 경)에게, September 12, 1915, LR-BL.
4 "German-American Banks to Be Asked to Loan to Allies," Philadelphia Inquirer, September 15, 1915.
5 OHK memo, n.d., Reel 684, JHS-AJA.
6 Ibid.
7 Adler, Schiff: His Life and Letters, 2:252.
8 "Kuhn Loeb & Co., Pro-German Bankers, May Not Aid in Loan," Evening Public Ledger (Philadelphia), September 21, 1915.
9 Erich Hossenfelder to Theobald von Bethmann-Hollweg, October 12, 1915, Reel 17358, AA.
10 요한 하인리히 폰 베른스토르프가 테오발트 폰 베트만-홀베크에게, November 17, 1915, Reel 17359, AA; U.S. Senate, Brewing and Liquor Interests and German Propaganda, 2001.
11 베른스토르프가 베트만-홀베크에게, November 17, 1915.
12 Heinrich Albert, Memo on the Prospects of a German Loan in the United States, November 8, 1915, Reel 3101/672, AA.
13 OHK가 비버브룩 경에게, June 26, 1916, C/187A, Beaverbrook Papers-PA.
14 OHK가 JHS에게, September 21, 1916, Folder 4b, Box 449, JHS-AJA.
15 JHS가 OHK에게, September 27, 1916, Folder 4b, Box 449, JHS-AJA.
16 Link, Wilson, 5:196.
17 Collins, Otto Kahn, 116.
18 JHS가 이즈리얼 쟁윌에게, March 15, 1917, Reel 684, JHS-AJA.
19 "Jacob H. Schiff Rejoices," New York Times, March 17, 1917.
20 JHS가 파벨 밀류코프에게, March 19, 1917, Folder 22, Box 455, JHS-AJA.
21 JHS가 필립 시프에게, April 6, 1917, Folder 4, Box 450, JHS-AJA.
22 "Pacifists Pester Till Mayor Calls Them Traitors," New York Times, March 24, 1917.
23 JHS가 MLS에게, March 20, 1917, DTS.
24 Adler, Schiff: His Life and Letters, 2:254.
25 JHS가 MLS에게, March 24, 1917, DTS.
26 Sachs, "Reminiscences of Walter Sachs," Part 1, 39.
27 허먼 앤드리아가 아서 삭스에게, November 25, 1915, CLC/B/140//KS04/02/08/018, KB-LMA.
28 클라인워트선즈가 골드만 삭스에게, October 18, 1915, CLC/B/140//KS04/02/08/021, KB-LMA; Wake, Kleinwort Benson, 142.
29 클라인워트선즈가 골드만 삭스에게, July 12, 1916, CLC/B/140//KS04/02/08/021, KB-LMA.
30 리하르트 티머사이트가 총리에게, January 27, 1917, M1085, Investigative Reports of the Bureau of Investigation 1908–1922, NA.
31 "German Ends Life After Questioning by U.S. Agents," New York Tribune, July 6, 1917.
32 "In re: Henry Goldman Sr.," March 15, 1918, M1085, Investigative Reports of the Bureau

of Investigation 1908 – 1922, NA.
33 Gerhardt, Recital, 79.
34 스티븐 배럿이 저자에게, January 17, 2019.
35 Henry Goldman III, 저자와의 인터뷰에서.
36 Fisher, When Money Was in Fashion, 112 – 13.
37 Marcus Moench, 저자와의 인터뷰에서.
38 Henry Goldman to Kleinwort Sons, October 29, 1917, CLC/B/140//KS04/02/08/005, KB-LMA.

24. 영웅의 땅

1 HL, "Reminiscences of Herbert Lehman," Part 2, 4:2:606.
2 Ibid., Part 2, 4:2:243.
3 HL, "Reminiscences of Herbert Lehman," Part 1, 4:151.
4 Warburg, "Reminiscences of James Paul Warburg," 44.
5 Ibid., 16.
6 Katharine Weber, 저자와의 인터뷰에서.
7 Warburg, "Reminiscences of James Paul Warburg," 14.
8 Ibid., 10.
9 Warburg, Long Road Home, 31.
10 Warburg, "Reminiscences of James Paul Warburg," 7.
11 Warburg, Long Road Home, 37 – 38.
12 Ibid., 47 – 48.
13 FMW가 존 워버그에게, March 27, 1918, Folder 33, Box 179, FMW-AJA.
14 FMW가 조시퍼스 대니얼스에게, September 19, 1917, Folder 31, Box 175, FMW-AJA.
15 Alice R. Emanuel, September 1963, Felix and Frieda Warburg Family Collection-AJA.
16 Chernow, Warburgs, 186.
17 Weber, Memory of All That, 142.
18 Warburg, Long Road Home, 49.
19 Weber, Memory of All That, 138 – 39.
20 Warburg, Long Road Home, 49.
21 Warburg, "Reminiscences of James Paul Warburg," 44.
22 CH(찰스 햄린)의 일기, 1916년 8월 9일 기록, vol. 3, CH-LOC.
23 CH의 일기, 1916년 11월 29일 기록, vol. 4, CH-LOC.
24 CH의 일기, 1916년 11월 25과 8월 9일 기록, vol. 4, CH-LOC.
25 CH의 일기, 1917년 4월 22일과 30일 기록, vol. 3, CH-LOC.
26 TR, Works of Theodore Roosevelt, 457.
27 PMW가 WW에게, May 27, 1918, in WW, Papers of Wilson Digital Edition.
28 JHS가 PMW에게, May 9, 1918, Folder 1, Box 456, JHS-AJA.
29 WW는 PMW에게, August 9, 1918, Folder 56, Box 4, PMW-YU.
30 PMW가 벤저민 스트롱에게, August 13, 1918, Benjamin Strong Papers-FRBNY.
31 Chernow, Warburgs, 186.
32 PMW가 벤저민 스트롱에게, August 14, 1918, Benjamin Strong Papers-FRBNY.
33 PMW가 E. M. 하우스에게, October 10, 1918, Folder 57, Box 4, PMW-YU.
34 Warburg, "Reminiscences of James Paul Warburg," 16 – 17.
35 OHK가 PMW에게, August 12, 1918, Folder 8, Box 276, OHK-PU.
36 Warburg, "Book for Jimmy, Jennifer," 52.
37 JHS가 다카하시 고레키요에게, July 15, 1918, Folder 14, Box 460, JHS-AJA.
38 JHS가 맥스 본에게, January 22, 1918, Folder 3, Box 450, JHS-AJA.
39 "Against War Time Wealth," American Israelite, November 29, 1917.

40 Kobler, Otto the Magnificent, 104.
41 JHS가 K. J. 이마니시에게, October 26, 1917, Folder 2, Box 451, JHS-AJA.
42 "Destroy Prussianism, Jacob Schiff Urges," New York Times, April 12, 1918.
43 Cohen, Schiff: Study in Leadership, 199.
44 C. W. 테인터가 JHS에게, June 10, 1918, Folder 1, Box 456, JHS-AJA.
45 Cohen, Schiff: Study in Leadership, 204-5.
46 "Report of American Jewish Committee," American Jewish Year Book, September 25, 1919 - September 12, 1920.
47 "Untermyer Joins Protest on Root," New York Times, May 4, 1917.
48 "New York Letter," Reform Advocate, April 14, 1917.
49 필립 리먼이 JHS에게, July 13, 1917, Folder 3, Box 451, JHS-AJA.
50 줄리어스 골드만이 JHS에게, April 6, 1917, Folder 18, Box 452, JHS-AJA.
51 JHS가 윌리엄 매커두에게, May 14, 1918, Folder 5, Box 459, JHS-AJA.
52 윌리엄 매커두가 JHS에게, May 11, 1918, Folder 5, Box 459, JHS-AJA.
53 Certificate of commission, April 11, 1929, DTS.
54 MLS, "The Jewish Welfare Board," 연설, May 29, 1919, DTS.
55 MLS, 필라델피아 YMHA에서 한 연설, April 27, 1919, DTS.
56 MLS가 JHS에게, June 6, 1917, Folder 4, Box 450, JHS-AJA.
57 "Fall from Horse Kills I. N. Seligman," New York Times, October 1, 1917.
58 JHS가 MLS에게, August 1917, Folder 4, Box 450, JHS-AJA.
59 "Eulogies of Life of I. N. Seligman," New York Times, October 3, 1917.
60 JHS가 필립 시프에게, October 3, 1917, Folder 4, Box 450, JHS-AJA.
61 "Presents Seligman Notes," New York Times, March 5, 1920.
62 FMW가 제임스 로브에게, February 15, 1916, Folder 31, Box 170, FMW-AJA.
63 Wells, "House of Seligman," 503.
64 INS to Wyler, July 31, 1915, Box 3, SC-UO.
65 Wells, "House of Seligman," 514.
66 Ibid., 516.
67 Central Union Trust Co. to Office of the Alien Property Custodian, September 7, 1918, Box 6, Records of the Office of Alien Property, NA.
68 "U-Boat Street Parade," New York Times, October 20, 1917.
69 Hero Land advertisement, New-York Tribune, November 28, 1917.
70 "Jewish Relief Day Crowds Hero Land," New York Times, November 29, 1917.
71 AGS to Julius Goldman, October 3, 1918, Folder 53, Box 1, AGS-HU.
72 "Schiff Favors Home for Jewish Culture," New York Times, April 23, 1917; JHS to David Philipson, May 11, 1917, Box 453, JHS-AJA.
73 JHS가 줄리언 맥에게, December 3, 1917, Folder 22, Box 460, JHS-AJA.
74 JHS가 줄리언 맥에게, January 29, 1918, and 줄리언 맥이 JHS에게, January 30, 1918, Folder 22, Box 460, JHS-AJA.
75 Kobler, Otto the Magnificent, 91.
76 Schmidt, "Zionist Conversion of Brandeis," 21, 30.
77 Kobler, Otto the Magnificent, 91.
78 Ibid., 78, 123; Collins, Otto Kahn, 85.
79 Phillips-Matz, Many Lives of Kahn, 107-8.
80 OHK가 WW에게, April 6, 1917, Folder 11, Box 284, OHK-PU.
81 Collins, Otto Kahn, 123.
82 OHK to Lord Beaverbrook, July 2, 1917, C/187A, Lord Beaverbrook Papers-PA.
83 "Otto Kahn Flays Prussianism," Brooklyn Daily Eagle, September 26, 1917.
84 "Otto H. Kahn Says Pan-German Plots Threatened Safety of United States," Brooklyn Daily Eagle, October 6, 1918.
85 Kobler, Otto the Magnificent, 100.

86 "In Re: Otto H. Kahn (German Activities)," July 28, 1918, M1085, Investigative Reports of the Bureau of Investigation 1908-1922, NA.
87 Thwaites, Velvet and Vinegar, 154-55.
88 JW, 저자와의 인터뷰에서.
89 "Sir William Wiseman, Friend of Wilson, Roney Plaza Guest," Roney Plaza Daily, March 8, 1936, JW.
90 Memorandum, n. d., JW.
91 Thwaites, Velvet and Vinegar, 255.
92 Collins, Otto Kahn, 123.
93 비버브룩 경이 OHK에게 보낸 전보, n. d., C/187A, Beaverbrook Papers-PA.
94 "Otto Kahn on European Conditions," Argonaut, August 10, 1918.
95 Phillips-Matz, Many Lives of Kahn, 190.
96 MLS가 아델 시프에게, December 20, 1918, Folder 17b, Box 460, JHS-AJA.
97 "With the A. E. F.," 필라델피아 YMHA에서의 연설, April 27, 1919, DTS.
98 MLS가 아델 시프에게, January 9, 1919, Folder 16b, Box 461, JHS-AJA.
99 Ibid.
100 MLS가 FMW에게, January 19, 1919, Folder 20, Box 183, FMW-AJA.
101 FMW가 제럴드 워버그에게, March 17, 1919, Folder 5, Box 184, FMW-AJA.

25. 비극의 서막

1 JHS가 MMW에게, August 26, 1919, Folder 16b, Box 461, JHS-AJA.
2 Chernow, Warburgs, 212.
3 Ibid., 210.
4 Schiff, Germans at Versailles 1919, 48.
5 Chernow, Warburgs, 214.
6 Barry, Great Influenza, 385.
7 Ferguson, Paper and Iron, 222.
8 루이스 마셜이 JHS에게, May 29, 1919, Box 2364, JHS-AJA.
9 루이스 마셜과 사이러스 애들러, 전보, May 12, 1919, Box 461, JHS-AJA.
10 "Call on Nations to Protect Jews, New York Times, May 22, 1919.
11 루이스 마셜이 JHS에게, May 29, 1919, Box 2364, JHS-AJA; Adler, Schiff: His Life and Letters, 2:306.
12 "Senators Call Six Financiers," New York Times, June 10, 1919.
13 "Willing to Tell What He Knows of Treaty Leak," Associated Press, June 10, 1919.
14 "President Exonerates Lamont in Peace Treaty Leak," New York Times, June 17, 1919.
15 윌리엄 보라가 JHS에게, June 17, 1919, 그리고 JHS가 윌리엄 보라에게, June 19, 1919, Folder 10, Box 461, JHS-AJA.
16 JHS가 이즈리얼 쟁윌에게, August 14, 1919, Reel 684, JHS-AJA.
17 "To Honor Louis Marshall," New York Times, July 22, 1919.
18 Fink, "Louis Marshall: An American Jewish Diplomat," 37.
19 Schiff, Germans at Versailles 1919, 109.
20 Chernow, Warburgs, 217.
21 Rosenbaum and Sherman, Warburg & Co., 123.
22 "Warburg Studies Relief," New York Times, October 18, 1919.
23 FMW, Report to JDC, November 10, 1919, Folder 13, Box 182, FMW-AJA.
24 PMW, memo, December 5, 1919, Folder 91, Box 7, PMW-YU.
25 Carter, Price of Peace, 80.
26 Ibid., 86.
27 Keynes, Economic Consequences of Peace, 251.

28　Ibid., 38.
29　Keynes, Two Memoirs, 71.
30　Ibid.
31　Minutes of the Conference on the Problem of International Credit and Organization, Box 7, Folder 93, PMW-YU; "History of the European Memorandum," Folder 96, Box 8, PMW-YU.
32　Draft appeal, Folder 94, Box 7, PMW-YU.
33　"Warburg Back from Europe," Baltimore Sun, November 6, 1919.
34　"History of the European Memorandum," Folder 96, Box 8, PMW-YU.
35　Fisher, When Money Was in Fashion, 127; "Banker Sees Germany on the Verge of Collapse," New York Times, August 5, 1922.
36　"History of the European Memorandum," Folder 96, Box 8, PMW-YU.
37　Ibid.

26. 헨리 포드

1　"Berlin Hears Ford Is Backing Hitler," New York Times, December 20, 1922.
2　Ford, International Jew: World's Foremost Problem, 1:5, 6, 46.
3　Wallace, American Axis, 46.
4　Baldwin, Ford and Jews, 2.
5　Wallace, American Axis, 24.
6　"Commercialism Made This War," New York Times, April 11, 1915.
7　"Ford, as Oscar II Sailed, Got Blessing from Edison," Brooklyn Daily Eagle, December 5, 1915; "Dubbed 'Ship of Fools,'" New York Times, December 4, 1915.
8　Watts, People's Tycoon, 234.
9　Wallace, American Axis, 19.
10　Baldwin, Ford and Jews, 59.
11　Kahn and Sayers, Great Conspiracy, 49; Singerman, "American Career of 'Protocols of Elders of Zion,'" 55.
12　Szajkowski, Jews, Wars, and Communism, 162.
13　BB to Serge Karasseff, July 13, 1920, Box 17, BB-LOC; BB to Mary Gagarine, December 18, 1920, Box 22, BB-LOC.
14　Singerman, "American Career of 'Protocols of Elders of Zion,'" 56.
15　Bendersky, Jewish Threat, 55, 57.
16　Zipperstein, Pogrom, 170.
17　Singerman, "American Career of 'Protocols of Elders of Zion,'" 49.
18　"The Inside Story of Henry Ford's Jew-Mania," Part 4, Hearst's International, September 1922.
19　Singerman, "American Career of 'Protocols of Elders of Zion,'" 70.
20　Fuller, Foreign Relations of the United States, 1918, Russia, 1:215.
21　Kennan, Russia Leaves the War, 449.
22　Kahn and Sayers, Great Conspiracy, 144.
23　Graves, Truth About "The Protocols."
24　"The Inside Story of Henry Ford's Jew-Mania," Part 1, Hearst's International, June 1922.
25　Singerman, "American Career of 'Protocols of Elders of Zion,'" 72.
26　"An Ally to the Pogrom Makers," American Hebrew, April 1, 1921.
27　Pipp, Real Henry Ford, 21.
28　Ford, International Jew: Jewish Activities in United States, 137–38.
29　Jewish Influence in Federal Reserve System, 46.
30　Ibid., 7.
31　Ibid., 42.

32 Ibid., 47.
33 Ibid., 48.
34 Ibid., 43-44.
35 "Report of the American Jewish Committee," American Jewish Year Book, October 3, 1921 – September 22, 1922.
36 Wallace, American Axis, 14.
37 Baldwin, Ford and Jews, 139.
38 Cohen, Not Free to Desist, 130 – 31.
39 Dan Kramarsky, 저자와의 인터뷰.
40 Warburg 후손, 저자와의 인터뷰.
41 Katharine Weber, 저자와의 인터뷰.
42 "Coughlin in Error, Kerensky Asserts," New York Times, November 29, 1938.
43 "Church Paper Editor Charges Father Coughlin Uses False Statements," Leader-Telegram (Eau Claire,Wis.), December 23, 1938.
44 Trotsky, Writings of Trotsky, 148.
45 JHS가 루이스 마셜에게, August 19, 1918, Folder 3, Box 459, JHS-AJA.
46 Ackerman, Trotsky in New York, 320.
47 "Cholly Knickerbocker," New York Journal-American, February 3, 1949.
48 John Schiff 성명서, Box 215, DS-NYPL.
49 "Calling All Crackpots," Washington Post, October 16, 1994.
50 Adler, Selected Letters, 2:38 – 39.
51 "$200,000 Libel Suit Filed Against Ford," New York Times, August 19, 1923.
52 "Memorandum Re Anti-Semitic Articles in the 'Dearborn Independent,'" August 29, 1921, Box 32, LS-AJHS.
53 "Sapiro Sees 'Fake' in Suit," New York Times, May 28, 1927.
54 "Statement by Henry Ford," American Jewish Committee, 1927.
55 Ribuffo, "Ford and 'International Jew,'" 469.
56 Baldwin, Ford and Jews, 297.
57 Wallace, American Axis, 133 – 34.
58 Watts, People's Tycoon, 397.
59 Wallace, American Axis, 359.

27. 다가올 세상

1 "Lowell Tells Jews Limit at Colleges Might Help Them," New York Times, June 22, 1922.
2 JHS가 A. J. 색에게, February 9, 1920, Folder 7, Box 463, JHS-AJA.
3 Adler, Schiff: His Life and Letters, 2:359.
4 Ibid., 2:357 – 58.
5 Ibid., 2:359.
6 "Jacob Schiff, Dead," Reform Advocate, October 2, 1920.
7 Louis Marshall, 연설, December 19, 1920, Box 244, DS-NYPL.
8 "Weather Report," New-York Tribune, September 25, 1930.
9 Buttenwieser, "Reminiscences of Benjamin Buttenwieser," 280 – 81.
10 "Jacob H. Schiff Left $34,426,282 Subject to New York Taxes," New York Times, March 3, 1922.
11 JHS, Last Will and Testament, Box 244, DS-NYPL; Berman, American Jewish Philanthropic Complex, 39.
12 MLS, memorandum, December 1, 1928, DTS.
13 Kuhn, Loeb & Co., Investment Banking Through Four Generations, 24.
14 Chernow, Warburgs, 309; Collins, Otto Kahn, 190.

15 U. S. Senate, Stock Exchange Practices, 1007.
16 "Warburg Assails Federal Reserve," New York Times, March 8, 1929.
17 Galbraith, Great Crash, 99.
18 "Banker Seligman Sued for $100,000 Love Balm Claim," Brooklyn Daily Eagle, June 3, 1929; Muir and White, Over the Long Term, 133.
19 Muir and White, Over the Long Term, 137.
20 Ibid., 137-38.
21 허먼 칸 인터뷰 노트, Box 15, JK-CURBML.
22 데이비드 삭스 인터뷰 노트, Box 15, JK-CURBML.
23 조지 볼 인터뷰 노트, Box 15, JK-CURBML.
24 Sachs, "Reminiscences of Walter Sachs," Part 1, 44.
25 Galbraith, Great Crash, 62.
26 Sachs, "Reminiscences of Walter Sachs," Part 1, 48.
27 Ellis, Partnership, 28.
28 Sachs, "Reminiscences of Walter Sachs," Part 1, 47.
29 Ibid., Part 1, 52.
30 Ibid., 2:22.
31 Fisher, When Money Was in Fashion, 194.
32 Ibid., 238.
33 "Goldman Joins Arthur Lipper & Co.," New York Times, May 13, 1919.
34 Max Born, 토머스 S. 쿤과의 인터뷰, October 18, 1962, Niels Bohr Library & Archives, AIP.
35 "Banker Says 'All Europe Is Ablaze,'" Buffalo Courier, May 29, 1923.
36 맥스 본 인터뷰, Oral History Collection, Niels Bohr Library & Archives, AIP.
37 GW가 먼로 휠러에게, May 21, June 10, June 15, and July 2, 1923, Box 3, GW-YU.
38 GW가 먼로 휠러에게, May 26 and 30, 1923, Box 3, GW-YU.
39 GW가 먼로 휠러에게, May 21, 1923, Box 3, GW-YU.
40 "Mr. Auerbach in Paris," Harper's, April 1942.
41 Ibid.
42 "American Amazed at Hindenburg's Perception," Associated Press, April 21, 1932.
43 McDonald, Advocate for Doomed, 23.
44 Fisher, When Money Was in Fashion, 150.
45 헨리 골드만이 줄리어스 골드만에게, April 13, 1933, Folder 28, Box 1, AGS-HU.
46 McDonald, Advocate for the Doomed, 246.
47 Tracy Breton, 저자와의 인터뷰.
48 막스 보른 인터뷰, Oral History Collection, Niels Bohr Library & Archives, AIP.
49 "Mortimer L. Schiff Dies Unexpectedly," New York Times, June 5, 1931.
50 Potter, Men, Money, and Magic, 75.
51 "Schiff Estate $28,718,213 Net," Times Union (Brooklyn, N.Y.), April 21, 1933.
52 "Otto Kahn, 67, Dies of a Heart Attack in Bank's Offices," New York Times, March 30, 1934.
53 Warburg, Reminiscences of Long Life, 100.
54 Chernow, Warburgs, 455.
55 "F. M. Warburg Dies at 66 in Home Here," New York Times, October 21, 1937.
56 "Paul M. Warburg Dies of Pneumonia," New York Times, January 25, 1932.
57 Chernow, Warburgs, 328.
58 Warburg, "Book for Jimmy, Jennifer," 56.
59 Katharine Weber, 저자와의 인터뷰에서.
60 Warburg, "Reminiscences of James Paul Warburg," 53-54.
61 Warburg, Aus meinen Aufzeichnungen, 140.
62 Rosenbaum and Sherman, Warburg & Co., 160.
63 Marie Warburg, 에릭 워버그 미국 독일협회 지부 샌디에이고 회의 연설, January 25, 2014.

64　Chernow, Warburgs, 441.
65　Ibid., 442; Smethurst, Foot Soldier to Finance Minister, 297.
66　Farrer, Warburgs, 115.
67　Chernow, Warburgs, 442.
68　McDonald, Advocate for Doomed, 98.
69　Rosenbaum and Sherman, Warburg & Co., 167.
70　Ibid., 168.
71　"When Bankers Started Playing with Other People's Money," Atlantic, February 28, 2017.
72　DTS, 저자와의 인터뷰에서.
73　"Schiff Mourned by Hosts He Aided," New York Times, September 27, 1920.
74　"Schiff as a Jew Is Praised by Dr. Wise," New-York Herald, October 4, 1920.
75　Waldman, Nor by Power, 323, 327.
76　Forward editorial, translation, Box 35, AO-NYPL.
77　Oscar Garrison Villard to Therese Schiff, September 28, 1920, Felix and Frieda Warburg Family Collection- AJA.
78　Warburg, As I Recall, 23.
79　"Memorial for Jacob Schiff," Yonkers Herald (N.Y.), October 2, 1920.
80　"Thousands Pay Last Honors to Jacob H. Schiff," New-York Tribune, September 29, 1920.
81　"Some Costly Tombs," Phillipsburg Herald (Kan.), October 24, 1895.

에필로그 다시 찾은 세일럼 필즈

1　"Baker Will Divides $75,000,000 Fortune," New York Times, May 14, 1931.
2　Scott Schiff, 저자와의 인터뷰.
3　DTS(데이비드 시프), 저자와의 인터뷰.
4　Harvey Krueger, 저자와의 인터뷰.
5　DTS, 저자와의 인터뷰.
6　Scott Schiff가 저자에게 한 말, 2019년 1월 15일
7　Drew Schiff, 저자와의 인터뷰.

참고문헌

―

아카이브 출처 및 기록 컬렉션

Aby Warburg Papers, Warburg Institute Archive (London, U. K.)
Adolph Ochs Papers, New York Public Library (New York, N. Y.)
Agnes Goldman Sanborn Papers, Schlesinger Library, Radcliffe Institute, Harvard University (Boston, Mass.)
American Jewish Committee Oral History Collection, New York Public Library (New York, N.Y.)
Auswärtiges Amt, Federal Foreign Office Political Archive (Berlin, Germany)
Averell Harriman Papers, Library of Congress (Washington, D. C.)
Benjamin Strong, Jr., Papers, Federal Reserve Bank of New York (New York, N.Y.)
Boris Brasol Papers, Library of Congress (Washington, D. C.)
Charles Hamlin Papers, Library of Congress (Washington, D. C.)
David T. Schiff Papers (private collection)
Dorothy Schiff Papers, Archives and Manuscript Collection, New York Public Library (New York, N.Y.)
Edwin Robert Anderson Seligman Papers, Columbia University Rare Book and Manuscript Library (New York, N.Y.)
Felix and Frieda Warburg Family Collection, American Jewish Archives (Cincinnati, Ohio)
Felix M. Warburg Papers, American Jewish Archives (Cincinnati, Ohio)
George S. Hellman Papers, Archives and Manuscript Collection, New York Public Library (New York, N. Y.)
Glenway Wescott Papers, Beinecke Rare Book and Manuscript Library, Yale University (New Haven, Conn.)
Herbert H. Lehman Papers, Columbia University Rare Book and Manuscript Library (New York, N. Y.)
Jacob H. Schiff Papers, American Jewish Archives (Cincinnati, Ohio)
James J. Hill Papers, Minnesota Historical Society (St. Paul, Minn.)
John Wiseman Papers (private collection)
Joint Distribution Committee Archives (New York, N. Y.)

Joseph Kraft Papers, Columbia University, Rare Book and Manuscript Library (New York, N.Y.)
Judah Magnes Papers, American Jewish Archives (Cincinnati, Ohio)

아카이브 약어 목록

AIP American Institute of Physics
AJA American Jewish Archives
AJCOHC American Jewish Committee Oral History Collection
AJHS American Jewish Historical Society
BL-HBS Baker Library at Harvard Business School
BU Boston University
CURBML Columbia University Rare Book and Manuscript Library
FRBNY Federal Reserve Bank of New York
HU Harvard University
IFS Institut für Stadtgeschichte Frankfurt
JDC Joint Distribution Committee Archives
LBI Leo Baeck Institute
LMA London Metropolitan Archives
LOC Library of Congress
MHS Minnesota Historical Society
NA National Archives
NYHS New-York Historical Society
NYPL New York Public Library
PA Parliamentary Archives
PU Princeton University
UO University of Oklahoma
WIA Warburg Institute Archive
YU Yale University

사진 출처

—

1 조셉 셀리그먼: Atlantic Publishing and Engraving Company of New York
2 제시 셀리그먼: Harper's Weekly (1894)
3 행상: C. G. Bush, Library of Congress
4 메이어 리먼: Herbert Lehman Collection, Columbia University Rare Book and Manuscript Library
5 메이어 리먼 부부의 저택: Herbert Lehman Collection, Columbia University Rare Book and Manuscript Library
6 코트 스퀘어: Alabama Department of Archives and History
7 메이어 리먼 가족: Herbert Lehman Collection, Columbia University Rare Book and Manuscript Library
8 이매뉴얼 리먼: Herbert Lehman Collection, Columbia University Rare Book and Manuscript Library
9 허버트 리먼: Herbert Lehman Collection, Columbia University Rare Book and Manuscript Library
10 시프와 로스차일드가 살았던 집: Universitätsbibliothek Frankfurt am Main
11 테레즈 시프: American Jewish Archives
12 제이컵 시프: American Jewish Archives
13 솔로몬 로브: American Jewish Archives
14 베티 로브: American Jewish Archives
15 에이브러햄 쿤: American Jewish Archives
16 시프와 로브 일가: The Dorot Jewish Division, The New York Public Library
17 헨리가 복지관: Jacob Riis/Library of Congress
18 릴리언 왈드: Library of Congress
19 이매뉴얼 회당: Harper's Weekly
20 월터 삭스: 삭스 일가 제공
21 마커스 골드만: Wikimedia Commons
22 골드만과 삭스 일가: 삭스 일가 제공
23 그랜드유니언 호텔 사건 풍자화: Puck/Library of Congress

24 그랜드유니언 호텔: Library of Congress
25 그랜드유니언 호텔 사건 기사: The New York Times
26 제이컵과 테레즈 시프 부부: Bain News Service/Library of Congress
27 시프의 핍스 애비뉴 965번지 자택: The Architectural Record
28 시프 자택의 응접실: The Architectural Record
29 모티와 아델 시프 부부: Bain News Service/Library of Congress
30 삭스 일가의 뉴저지 해안 저택 엘렌코트: Architecture
31 막스 워버그와 카를 멜키오르: National Archives
32 워버그 형제들: Warburg Institute Archive
33 공동분배위원회와 미국유대인구호위원회 대표들: Joint Distribution Committee Archives
34 펠릭스와 프리다 워버그의 핍스 애비뉴 저택: William Roege
35 활기찬 모습의 펠릭스 워버그: Joint Distribution Committee Archives
36 펠릭스, 프리다, 에드워드 워버그: Bain News Service/Library of Congress
37 존 피어폰트 모건: Library of Congress
38 제임스 J. 힐: Harris & Ewing/Library of Congress
39 에드워드 H. 해리먼: Bain News Service/Library of Congress
40 팜비치의 오토 칸: Lehman Collection, Baker Library, Harvard Business School
41 오토 칸과 쇼걸들: Arnold Genthe/Library of Congress
42 쿤로브 이사회실: Anja Elisabeth Witte/Berlinische Galerie
43 로버트 리먼: Lehman Collection, Baker Library, Harvard Business School
44 제프 셀리그먼: Bain News Service/Library of Congress
45 모티 시프: Harris & Ewing/Library of Congress
46 새뮤얼 삭스: 삭스 일가 제공
47 필립 리먼: Lehman Collection, Baker Library, Harvard Business School
48 〈디어본 인디펜던트〉: Wikimedia Commons
49 Der Internationale Jude: Wikimedia Commons
50 《시온 장로 의정서》: Wikimedia Commons
51 나치 선전물: United States Holocaust Memorial Museum
52 나치 선전물: United States Holocaust Memorial Museum
53 연방준비제도 초대 이사회: Bain News Service/Library of Congress
54 시사어 힐너니, 둘린 일가
55 갤버스턴 운동을 통해 도착한 이민자들: University of Texas at San Antonio Special Collections
56 시프와 뉴욕 시장 게이너: Bain News Service/Library of Congress

찾아보기

〈디어본 인디펜던트〉 _651, 660, 673
〈미국 유대인 연대기 The American Jewish Chronicle〉
    _556, 563
〈베사라베츠 Bessarabets〉 _366
〈성 바르톨로메오〉(렘브란트) _453
〈안락의자에 앉은 남자의 초상〉(렘브란트) _453
〈에포크 The Epoch〉 _192
〈영 이슬라엘 Young Israel〉 _165
〈자유 러시아 Free Russia〉 _230, 399
〈죽음의 수용소 Death Stations〉 _674
《공산당 선언》 _47
《국제 유대인 The International Jew》(포드) _651,
    672
《나머지 절반은 어떻게 사는가》(리스) _457
《나의 투쟁》(히틀러) _653, 701
《니콜라스 니클비》(디킨스) _117
《벨벳과 식초》(스웨이츠) _623
《붉은 다마스크 Red Damask》(에머니 삭스) _24
《셀리그먼 가문 House of Seligman》(웰스) _126,
    246
《시온 장로 의정서》_ 402, 657, 658
《신세계 질서》(로버트슨) _670
《씨앗과 나무》(만하임) _71, 94, 116
《어둠의 침입자》(린텔렌) _571
《위대한 음모》(세이어스와 칸) _659
《인종보다 정의 Right Above Race》(쿤) _617
《전세가 바뀌는 순간 When the Tide Turned》(칸)
    _623
《정글 The Jungle》(싱클레어) _423
《파리의 아우어바흐씨 Mr. Auerbach in Paris》(웨스
    콧) _695

《평화의 경제적 결과》(케인즈) _643
10월 선언(1905년 러시아) _402
11인 위원회 _624
1812년 전쟁(영국-미국) _55
1832년 미-러 조약 _367, 479, 489
1918년 스페인 독감 _632
2007-8년 금융위기 _143, 432
21인 위원회 Committee of Twenty-One _ 62
48세대 Forty-Eighters _48, 69, 446
50인 위원회 Committee of Fifty _190
5월법 May Laws (러시아) _218, 382

ㄱ

가드너, 어거스투스 _460
가이거, 알프레트 _101
가이벨, 에마누엘 _716
가티-카사차, 줄리오 _308
가필드, 제임스 _131, 135
갈레아니, 루이지 _656, 675
갈렌베르크, 베티(솔로몬 로브의 두 번째 부인)
    _107, 147, 205, 378
갠스, 하워드 _494, 497
갠즈, 아돌프 _104
갤버스턴 운동
    막스 워버그 _465
    시프 _463, 466, 481
    장윌 _463
    태프트 행정부 _479~483
갤브레이스, 존 케네스 _690

거슈윈, 조지 _595
건전한 은행 시스템 촉구를 위한 전국시민연맹 _530
검은100인단 Black Hundreds _403
검은 금요일(1869) _131
게르하르트, 엘레나 _586, 692
게른스하임, 마이클 _146
게이너, 윌리엄 _476~478
게임스톱 GameStop _349
게티스버그 전투 _70, 86, 604
겐타로, 가네코 _389
고리키요, 다카하시 _372~375, 380, 388, 398, 419, 422, 703
고먼, 조지핀 _673
고무라 남작 _398, 419
고어, 앨 _718
고어, 카레나 _718
고트헤일, 구스타프 _187
골드러시(캘리포니아) _241
골드만 삭스 _293
    1907년 공황 _439, 447
    1929년 주식시장 붕괴 _688
    2007-8년 금융 위기 _143
    기업어음 _21, 112, 293, 301, 444
    시어스 로벅 IPO _445
    유나이티드 시가 IPO _444
    증권 인수업 _442
    창립 _110
    클라인워트선즈 _302, 439, 448
    CEO 와인버그 _452
    F. W. 울워스 IPO _454
골드만 삭스 트레이딩 코퍼레이션 _690
골드만, 루이자(샘 삭스의 부인) _148, 199, 201, 293, 587
골드만, 마커스 _21
    1873년 공황 _143
    결혼 _111
    그랜드유니언 호텔 _440
    남북전쟁으로 큰 수익 _112
    던스의 평가 _114
    미국으로 이주 _111
    사망 _440
    퍼첼앤골드만 _112
골드만, 줄리어스(마커스의 아들) _
〈디어본 인디펜던트〉 소송 _671
케힐라 _470
공동분배위원회 _641
허쉬기금 _224~227
골드만, 헨리(마커스의 아들)
골드만 삭스 사임 _587
    미술품 컬렉션 _453, 454

상장 회사 확대(제조, 유통) _442
샘 삭스와의 관계 _299
아서리퍼 합류 _692
증권 인수업 _440
필립 리먼과의 친분 _443
골드만매코머스 Goldman, McComas & Co. _111
골드스미스, 루이스 _43
골드스미스, 퍼디낸드 _67
골드포글, 헨리 메이어 _487
곰퍼스, 새뮤얼 _423
공매도 _349, 352, 430
공보위원회 Committee on Public Information _620
공산주의 _668, 675
공화당
    1910년 선거 패배 _514
    유니언리그클럽 _250
공황(1837) _32, 518
공황(1857) _64, 163
공황(1869) _129~131
공황(1873) _132, 135, 143
공황(1893) _259, 301, 312
공황(1907) _429, 437, 447, 478
괴링, 헤르만 _706
구겐하임 가문 _192, 444
구겐하임, 마이어 _499
구겐하임, 벤저민 _499
구겐하임, 페기 _254
국가사회주의독일노동자당 _648
국가통화위원회 National Monetary Commission _523, 532
국제금융회의 International Financial Conference (1920) _646
국제연맹 League of Nations _626, 634~639, 646, 675
국제인수은행 International Acceptance Bank, IAB _683
굴드, 제이 _125, 191
    금 매점(1869) _126~136
    사망 _246
    유니온퍼시픽 철도 _311
    이리철도 _153
    제시 셀리그먼과의 친분 _245
굴드, 조지 _311
그랜드유니언 호텔 Grand Union _170~176, 184, 250
그랜트 행정부 _129~136
그랜트, 율리시스
1873년 금융 위기 _136
    멕시코-미국 전쟁 _56
    셀리그먼 일가와의 친분 _56, 182
    일반명령 11호 _72
    제이 굴드와 금 파동 _128

주화법(1873) _238
페익소토 _166
그랜트, 제시 _73
그레이, 웬디 _502
그레이스, 윌리엄 러셀 _190
그레이트노던철도
   노던퍼식픽 인수 시도 _335~351
   모티 시프의 견습 _288
그로브, 헨리 _386
그리스컴, 로이드 _418
그린백 _127, 183, 238
그린백당 Greenback Party _183
그릴리, 호레이스 _136
글래스, 카터 _533, 646
금 거래소 _118, 126
금권 독점 money monopoly(윌슨) _530
금융통화위원회(상원) _686
금융통화위원회(하원) _131, 508
기업어음 CP _21, 112, 293, 301, 440
기터먼, 헨리 _77
길버트, C. P. H. "캐스" _455, 699
김벨 Gimbel 가문 _444

ㄴ

나로드나야 볼야(인민의 의지) _215
나치 독일 _553, 703
나치 선전 _660, 668, 704
나치당 _649, 673, 701
남만주 철도 _418, 435
남부연합
   리먼 브라더스 _70, 74, 92
   링컨의 경제 제재 _71
   면화 유럽 수출 금지 _71
   병사들의 탈영 _88
남북전쟁
   국채 판매 _21, 104
      면화산업의 변화 _116
   내부자 거래 _106
내셔널시티은행 National City Bank _398, 512
내셔널에나멜링앤스탬핑 Enameling & Stamping _448
네덜란드 동인도회사 _178
네바다 내셔널뱅크 Nevada National Bank _298
네이글, 찰스 _479
네터, 제이컵 _109, 151
네틀턴, 앨브레드 베이어드 _227
넬슨, 크누트 _495, 500
노던증권 Northern Securities Company _357

법무부 소송 _360, 426
해리먼과 힐의 충돌 _362
노던퍼시픽철도 Northern Pacific Railway _133
   구조조정(모건) _316, 335
   파산(제이쿡) _136
   해리먼과 힐의 대결 _334~358
노에츨린, 에두아르 _152
노예 해방 선언 _81
노예제 _38, 68, 116
   리먼 일가 _49, 70
   셀리그먼 일가 _49
   유대주의 _50
노이슈타트, 아델(모티 시프의 부인) _ 344,
   493~502, 625, 626
녹스, 필랜더 _360, 485
뉴개스, 바베트(메이어 리먼의 부인) _66, 167
뉴개스, 벤저민 _95, 299
뉴올리언스 _ 95, 258, 464
뉴욕
   공공도서관 _210
   면화거래소 _21, 117, 256
   지하철 시스템 _190
   징병 추첨과 폭동(1863) _82
   커피거래소 _262
뉴욕 대학교 _680
뉴욕 방문간호서비스 Visiting Nurse Service of New
   York _208
뉴욕 시각장애인협회 _471
뉴욕 증권거래소 _검은 금요일(1869) _105,
   126, 132, 253, 302, 344, 442, 687, 706
뉴욕 현대미술관 Museum of Modern Art, MOMA _452
뉴욕이리호웨스턴철도 _191
뉴햄프셔주 _179, 183, 390, 679
니진스키, 바슬라프 _619
니체, 프리드리히 _377
니커보커 아이스 _448
니커보커, 촐리 _669
니커보커신탁 _432, 520
니콜라이 1세(러시아) _217
니콜라이 2세(러시아) _387, 390, 402, 461,
   582, 664
다마스쿠스 사건 Damascus Affair _195

ㄷ

다우존스 산업평균지수 _427, 537, 687
다카하시 고레키요 _372, 703
막스 워버그 초청 _703
시프 _372~381, 419, 423
일본 채권 발행 _372~388
다카하시 와키코 _423

다하우 Dachau (강제수용소) _704
대공황(1929) _682, 687, 699
대니얼스, 조시퍼스 _594
더스트, 로버트 _167
더스트, 조셉 _167
데른부르크, 베른하르트 _552~555, 568
데브니모건 Dabney, Morgan & Co. _119
데이비스, 노먼 _646
데이비스, 노아 _187, 250
데이비스, 제퍼슨 _20, 50, 70, 90, 374
데이비슨, 헨리 P. _524~528, 573, 580, 637
덴버퍼시픽철도 _326
델모니코스 Delmonico's _148, 182, 237, 443
뎁스, 유진 _425
도이치방크 _305, 335
도이치스, 고타르트 _100
독일
　1차 대전 이후 독일 경제 _648
　반유대주의 _283, 558, 639, 696
　비스마르크와 민족주의 _145
　파리강화회의 _630
독일 유대인 구호회 _465
독일 적십자 _552, 565
독일계 유대인 이민자(1840년대) _ 63, 107
독일민주주의의친구들 _620
동청철도 _370, 418, 435
두빈, 조지프 _692
듀보이스, W. E. B. _471
듀어, 리베카 _94
듀어, 존 웨슬리 _74
드레드 스콧 판결 _64, 68
드레이퍼스, 루드윅 _295
드레이퍼스, 아이작 _274
드레퓌스, 알프레드 _245
드렉셀, 앤서니 _154, 187
드렉셀모건 Drexel Morgan _175, 242, 315
드루, 대니얼 _125, 342
드루몽, 에두아르 _245
디너스타인, 레너드 _179
디스콘토-게젤샤프트 Direktion der Disconto-
　Gesellschaft _438, 570
디킨스, 찰스 _117
디퓨, 챈시 _316, 415
딕스, 존 _76, 496
딜링엄, 윌리엄 P. _459~463, 492

ㄹ

라우터바흐, 에드워드 _173
라이언, 토머스 포천 _413

라자르 프레르 Lazard Frères _211
라테나우, 발터 _647
래저러스, 에마 _457
러몬트, 토머스 _504, 631, 637
러버타이어휠 Rubber Tire Wheel Company _262
러셀, 니컬러스 _400
러시아
　1832년 미-러 조약 _367, 479, 485
　1905년 혁명 _390, 405, 670
　1917년 러시아 혁명 _394, 401~405, 582,
　　612, 655
　5월법 _218, 223, 382
　검은100인단 _403
　동청철도 _370, 418, 435
　시베리아 횡단철도 _370, 382, 418
　여권 문제 _478, 485~506
　오데사 대학살 _403, 406
　의화단 운동 _370
　키시네프 대학살 _366, 376, 393, 657
러시아 발레단 _619
러시아자유의친구들 _230, 399, 582, 611,
　670
러일전쟁 _382, 401, 581
러일전쟁_러시아 전쟁 포로 _399, 670
러일전쟁_봉천전투 _387
러일전쟁_쓰시마 해전 _387
러일전쟁_포츠머스 조약 _418
런던앤한자은행 London & Hanseatic Bank _267
레닌, 블라디미르 _402, 611, 658, 669
레딩 경(루퍼스 아이작스) _574~576, 584, 614
레딩철도 Reading Railroad _204
레비, 라파엘-조르주 _642
레빈, 시마리아 _547
레셉스, 샤를 드 _244
레셉스, 페르디낭 드 _241~244
레온하르트, 로베르트 _711
레인, 프랭클린 _427
렘브란트 _453, 454
로마노프 왕가 _394, 582 655, 668
로버트 플레밍 Robert Fleming & Co. _152
로버트슨, 팻 _670
로벅, 알바 _445
로브, 니나(폴 워버그의 부인) _279~285, 377,
　595, 609
로브, 솔로몬_배경 _106, 110, 143~157, 189,
　237, 283, 309, 378
로브, 제임스(솔로몬의 아들)_ 109, 147, 151,
　156, 282, 284, 377, 450, 609 611
로브, 테레즈(제이컵 시프의 부인) _107, 147,
　280, 411, 423, 497, 582, 614, 678, 710
로스차일드, 너새니얼 _382, 417

로스차일드, 라이오넬 네이선 드 _142, 159
로스차일드, 메이어 암셀 _86
로스차일드, 에두아르와 모리스 드 _626
로스차일드, 월터 라이오넬 _612
로스차일드앤선즈 N. M. Rothschild & Sons _ 87, 159
로우, 세스 _237, 366
로웬스틴, 비어트리스 _469
로웰, A. 로런스 _677
로이드 조지, 데이비드 _623, 636, 643
로잘스키, 오토 _87, 273, 496
로젠, 로만 _391
로젠바움, S. G. _202
로젠월드, 줄리어스 _258, 445~447
로지, 헨리 캐벗 _637
록퍼드록아일랜드세인트루이스철도 _122~124, 126, 336
록펠러, 윌리엄 _509
록펠러, 존 D. _24, 246, 264, 357, 518, 711
록힐, 윌리엄 _485
루마니아 _74, 165, 195, 362, 414
루스벨트, 시어도어 _359, 364, 368
　《인종보다 정의》 서문 _617
　1912년 대통령 선거 _492, 532
　기업 정책 _359~361, 407, 428
　러일전쟁 평화회담 _389
　순수식품및의약품법 _424
　이중 미국인' 반대 운동 _599, 604
　주간 통상위원회 _417, 424
　태프트 _434, 492
　헵번법 _599, 604
루스벨트, 아치 _592
루스벨트, 엘리노어 _596
루스벨트, 프랭클린 델러노 _437, 516, 590
루시타니아호 Lusitania _565~567
루이스 허쉬 Louis Hirsch _438
루이스, 조지 _305
루이지애나 매입 _64
루이지애나주 _68, 220, 363
루트, 엘리후 _249, 646
리, 아이비 _307
리먼 브라더스 _ 18, 21, 50, 54, 71, 75, 256, 264, 440, 690, 707, 714
　1907년 공황 _447
　1929년 주식시장 붕괴 _688
　2008년 파산 _65, 143, 708
　던스의 평가 _41, 51, 68, 118
　본사 _65
　증권 인수업 _443, 448, 688
리먼, 메이어 _21, 41, 53, 68, 114, 258, 297
　결혼 _66
　남북전쟁 _69, 88~94

뉴욕 면화거래소 _117
면화 사업 _49, 74
미국 이민 _47
사망 _260
자선 활동 _192, 196
리먼, 밀턴(이매뉴얼의 아들) _75, 261
리먼, 셀리그먼 _42
리먼, 에바 _42
리먼, 이매뉴얼 _21, 51, 65, 168, 251, 260
　기질 _53
　남북전쟁 _68~75
　자동차 _262
　칼 몽고메리 _46
　허쉬기금 _224
리먼, 폴린(이매뉴얼의 부인) _ 261
리먼, 필립(이매뉴얼의 아들) _75, 262, 443, 456, 606, 689
　미술품 컬렉션 445
　체포 _264
리먼, 허버트(메이어의 아들) _43, 49, 53, 67, 260, 589
　가족의 노예 활용 _114
　정치 _43, 260
　케힐라 _470
　공동분배위원회 _562
리먼, 헨리 _42
　면화사업 _51
　몽고메리(엘라배마) 44
　미국 이민 _43
　사망 _52
　R. G. 던스의 평가 _41
리먼스턴앤컴퍼니 Lehman, Stern & Co. _115
리먼앤뉴개스 Lehman & Newgass _95
리먼앤퍼스트 Lehman & Ferst _66
리버티본드위원회 _603, 614
리볼드, 어니스트 _653
리스, 제이컵 _457
리처드슨, 윌리엄 _136
리타워, 루셔스 _361, 460
리하이 Lehigh 대학교 _33
린드버그, 찰스 _507, 529, 673
린텔렌, 프란츠 폰 _438, 570~572
릴리엔설, 맥스 _187
링컨 행정부 _81, 132, 238, 311
링컨, 에이브러햄 _68, 71, 73, 81, 88, 92, 127
링크, 아서 _534

■

마르크스, 칼 _47, 704

마사(노예 소녀) _49
마셜, 루이스 _155, 205, 369, 486, 532, 555
　매그니스 _469
　파리강화회의 _633, 638
　포드 _665, 672
마운트 시나이 병원 _161, 198, 608, 711
마이어, 애니 네이션 _211
마이어로비츠, 아르투어 _556, 564
마인츠 _80, 305
만하임, 프랭크 _94, 257, 263
매그니스, 주다 _405, 469
매디슨, 제임스 _518
매커두, 윌리엄 _ 490, 597, 602, 606
　연방준비법 _536, 538
매케나, 조셉 _323, 324
매킨리 행정부 _323, 359
매킨리, 윌리엄 _259, 292, 359, 407
매킴, 찰스 _431
맥 형제(신시내티의 유대인 형제) _73
맥, 줄리언 _405, 616
맥거피 독본 McGuffey Readers _653
맥클러런 조지 _468
맥킨레이, 던컨 _244
맨해튼비치 Manhattan Beach Co. _184
멀린스, 유스터스 _526
메누힌, 예후디 _692
메이 백화점 May Department Stores _448
메이시스 Macy's _23, 200, 444, 499
메이지 천황 _420
메이트원 전투 Battle of Matewan _676
메트로폴리틴 미술관 _209, 450, 000
메트로폴리탄 오페라 _308, 472, 568, 586, 618, 711
멕시코-미국 전쟁 _56
멜라메드, 사무엘 _556
멜런, 앤드루 _646
멜키오르, 카를 _551, 630, 640, 644
면화 _49, 116
　남북전쟁 _71~75, 89~96, 339
　뉴욕 면화거래소 _21, 117, 256, 260
　리먼가 _51~53, 65, 72, 89~96, 115
　선물계약 _115
　환어음 _96
명백한 운명 Manifest Destiny 신조 _ 56, 64
모건, 잭(존 피어폰트 모건 주니어) _512, 566, 573, 580, 583, 603, 637, 646, 656, 676
모건, 존 타일러 _320
모건, 존 피어폰트 _16, 310, 313~318, 385
　1907년 공황 _431, 432
　노던증권 _360~363
　노던퍼시픽 쟁탈전 _331~358

데브니모건 _119
메트 미술관 이사회 의장 _211
미술품 컬렉션 _432
사망 _512
시카고벌링턴앤퀸시철도 _338~342, 345, 358, 398
푸조 위원회 _509
모건, 주니어스 _676
모건화 Morganization _255
모겐소 시니어, 헨리 _534, 560
모뉴먼츠 멘 Monuments Men _452
모로, 드와이트 _286
모르타라, 에드가르도 _163, 195
모리스, 윌리엄 C. _707
모리타니아호 Mauretania _565
몬테피오레 만성질환자요양원(몬테피오레 병원) _ 196~202, 222
몬테피오레, 모지스 _194~199, 204, 472
몽고메리, 앨라배마주 _ 40~46, 50~53, 65~70, 74, 88, 93, 95, 114
뮌히, 마커스 _588
무어, 찰스 허버트 _450
미국
　국무부 _435, 605, 659
　비밀경호국 _569, 668
　사우스캐롤라이나 _68, 71
　상무부 _480~485
　원정군(1차 대전) _406, 468~470, 485~ 492, 557, 561, 634
　재무부 _78, 119, 127~132, 141, 182, 245, 517, 540, 607, 630, 646
　해군 _140, 229, 386, 593
미국 노동연맹(AFL) _228
미국 연방 대법원
노던증권 해체 _362, 426
　노던퍼시픽과 그레이트노던 합병 _335
　드레드 스콧 판결 _64
미국 유대인위원회 American Jewish Committee _ 406, 468~470, 485~492, 557, 561, 634
미국 자연사박물관 _209~211, 471
미국-스페인 전쟁 _292
미국보호연맹 American Protective League _586
미국시오니스트기구 Zionist Organization of America _616
미국애국유대인연맹 Jewish League of American Patriots _605
미국유대교신도연합 Union of American Hebrew Congregations _228, 486
미국유대인구호위원회 American Jewish Relief Committee _561
미국유대인의회 American Jewish Congress _562, 634

미시시피주 _68, 72, 86
미주리퍼시픽철도 Missouri Pacific Railroad _137
미합중국 제1은행 _518
미합중국 제2은행 _528
밀러, 아돌프 _516
밀류코프, 파벨 _582

ㅂ

바너드 칼리지 _211, 212
바니, 찰스 T. _433
바루크, 버나드 _351
바에르, 소피아(샘 삭스의 어머니) _199
바이에른(독일) _30, 39, 42~47, 60, 69, 111, 185, 589, 652
바이츠만, 차임 _551
바인랜드(뉴저지) _220
반유대주의 _26, 433, 526, 720
   그랜드유니언호텔 _175
   다마스쿠스 사건 _195
   독일 _283, 558, 630, 639, 649, 698
   러시아 _15, 366, 385, 398
   미국 _180, 184, 220, 406, 489, 562, 604
   브라솔 _655~662, 666
   비처의 연설 _177
   코글린 신부 _668
   포드 _652~654
   프랑스 _245
   하버드 대학교 _591, 677
반제티, 바르톨로메오 _675
발렌티너, 빌헬름 _454
발린, 알베르트 _551, 556
방랑자들 the Wanderers _369~371, 405
방크드파리 _242
배럿, 스티븐 _586
밴더립, 프랭크 _509, 525, 528, 637
밴더빌트 가문 _181, 316
밴더빌트, 코넬리우스 _125, 136, 246, 342
밸푸어 선언 _612, 634
밸푸어, 아서 _612
버냉키, 벤 _432
버밍엄, 스티븐23, 181
버지, 모리츠 _122, 134
버지, 헨리 _104, 122~124, 134, 148, 411
버지시프앤컴퍼니 Budge, Schiff & Co. _104, 106, 118~124, 134, 201, 267, 336
버크, 프랭크 _569, 570
버터필드, 대니얼 _128~131
버트, 호러스 _327, 331
버튼위저, 벤저민 _307, 474, 679

버튼위저, 조지프 _204
버틀러, 니컬러스 머레이 _364
번스타인, 허먼 _556, 671
벌린, 어빙 _614
벌링턴철도(별칭 'Q') _336~348, 358
베델 회당 _279
베르됭 전투 _625
베르사유 조약 _637~642, 646~48, 663, 675, 693
베른스토르프, 요한 하인리히 폰 _553, 564~569, 577, 597, 621
베이커, 조지 F. _341, 509, 603, 713
베이컨, 로버트 _340, 347
벤저민, 주다 _50
벨기에 _277, 543, 547, 624, 631, 648
벨몬트, 어거스트 _154, 160
보단츠키, 아르투어 _586
보라, 윌리엄 _637, 646, 678
보른, 막스 _692, 698
보불 전쟁(1870) _145
보이스카우트(미국) _607, 699
보티첼리, 산드로 _273
보험산업 _412, 417
복본위제 _238, 245
본, 윌리엄 _103, 306
본앤컴퍼니 M. E. Vaughn & Co. _74
볼셰비키 _611~613, 631
   1917년 러시아 혁명 _613
   브라솔의 견해 _655
   유대인과의 연계 의심 _635, 656~670
   제1차 세계대전 _612, 623
봉천전투 _387, 388
부디, 헨리 _122
부트웰, 조지 _129, 130
북부연방 the Union _69, 76~79, 86~94
   그린백 발행(1862) _127
   남부연합 경제 봉쇄 _71
   채권 판매 _80
브나이 브리트 B'nai B'rith _366, 406
브라솔, 보리스 _655~662, 666
브라이언, 윌리엄 제닝스 _259, 317, 478, 531
브란겔, 표트르 _386
브란트, 폴케(로런스 드 풀크) _493~505, 510
브래디, 앤서니 N. _680
브래킷, 에드거 T. _414
브랜다이스, 루이스 _560, 562, 616~618
브레너, 앨리스 _257~258
브루스터, 메리 _207
브리지포트 Bridgeport Projectile Company _571
브링크만, 루돌프 _704
브링크만비어츠 Brinckmann, Wirtz & Co. _704

블레인, 제임스 _203, 231
블루리지 Blue Ridge Company _690
블루멘설, 조지 _211
블룸, 로베르트 _101
블리스, 코넬리어스 _249, 368
비너스의 탄생(보티첼리) _273
비버브룩 경, 맥스 에이킨 _578, 619, 623
비스마르크, 오토 폰 _145
비에렉, 조지 실베스터 _553, 569
비엔, 줄리어스 _214
비처, 헨리 워드 _161, 177
비테, 세르게이 _ 382~385, 389~403, 611
빅스버그 점령 _82, 86
빈스방거, 오토 _377
빌라드, 오즈월드 _710
빌렌킨, 그레고리 _384~386, 391, 393, 435
빌헬름 1세 _145
빌헬름 2세 _361, 543, 625, 628
빙엄, 시어도어 _467, 468, 475, 477

ㅅ

사전트, 프랭크 _463
사피로, 애런 _671, 672
삭스 가문 _ 201, 293, 437, 532, 545, 587, 691, 718
삭스, 버나드 "바니"(샘의 동생) _200, 587, 609
삭스, 새뮤얼(샘)
　결혼(루이자 골드만) _199, 201, 293
　마커스 골드만의 동업 제안 _293
　시프와의 교류 _201
　헨리 골드만과의 불화 _295, 299~302, 441, 544, 584
삭스, 아서(샘의 아들) _584, 690
삭스, 어니스트 폴 _451
삭스, 월터(샘의 아들) _24, 111, 201, 294~296, 300, 437~456, 543, 572, 587, 691
삭스, 조셉(샘의 아버지) _199
삭스, 줄리어스(샘의 형) _293, 587
삭스, 폴(샘의 아들) _260, 449~453, 587
삭스칼리지 Dr. Sachs' Collegiate Institute _201, 286
새뮤얼몬태규 Samuel Montagu & Co. _272, 291, 305
샤일로 Shiloh 전투 _89
샌드, 알레산더 앨런 _373
서던퍼시픽철도 _338, 364
선물 계약 _115, 116
설저, 윌리엄 _490, 496, 500, 505
설즈베거, 사이러스 _404, 406
섬터 요새 전투 _71, 76

세이어스, 마이클 _659
세인트폴퍼시픽철도 _333
세일럼 필즈 _ 19~26, 252, 256, 712, 718
세파르디 유대인 _84, 162, 174, 192, 211
센트럴퍼시픽철도 _121, 338
셀리그먼 일가 _ 22, 30, 34, 36, 59~64, 77~80, 84, 87, 96, 125, 138~142, 154, 159, 162, 198
　그랜드유니언호텔 사건 _170~181
　그랜트 대통령과의 친분 _56, 74, 128, 130, 136
　남부에서 뉴욕으로 _38~40
　정신질환 _255
셀리그먼, 루이스(조셉의 사촌) _31
셀리그먼, 아이작 _ 37, 54, 77, 82, 85, 105, 137~142, 182, 252, 255, 515
셀리그먼, 아이작 뉴턴 '아이크' _ 77, 129, 184, 186, 253, 255, 279, 284, 369, 378, 391, 409, 432, 515, 520, 609~611
셀리그먼, 에드윈 _ 77, 186, 222, 226, 513~521, 538
셀리그먼, 에이브러햄 _37, 61, 63, 252
셀리그먼, 윌리엄 _ 34, 55, 78, 82~85, 138~140, 160, 185, 192, 255, 610
셀리그먼, 제시 _ 21, 184, 219, 224, 229, 237~239
　샌프란시스코의 전진 기지 _57~63
　유니언리그클럽 _159, 248~250
　죽음 _251
　파나마운하회사 _240~248
　히브리고아원 _164
　힐튼 판사에 대한 언급 _176
셀리그먼, 제임스
　그랜트 대통령 _56, 81, 136, 182
　미국 이주 _35
　이매뉴얼 회당 이사회 _166
　징집 회피 _82
셀리그먼, 조셉
　결혼(바베트) _39
　그랜드유니언호텔 _171~181
　그랜트 대통령 후원 _137, 182
　남북전쟁 조달사업과 북부 채권 판매 _77~86
　노예제도와 북부로 이주 _38
　미국으로의 이주 _29~32
　반부패위원회 _178
　북부연방 지지 _76
　셀마에서의 싸움과 체포 _36
　제이 굴드와 금 파동(1869) _125~132
　죽음 _185
　철도 사업에 대한 입장 _125

최초의 전신 이용자 _105
호레이쇼 엘저 _29
히브리고아원 후원 _164
셀리그먼, 조지 워싱턴(조셉의 아들) _184
셀리그먼, 헨리 _37
　뉴욕주 잡화점 _55, 56, 60
　독일 지사 _88, 182
　샌프란시스코 사업 _63
　이매뉴얼 회당 _61
셀리그먼앤스테트하이머 _609
셀리그먼앤컴퍼니 J. & W. Seligman & Company _21, 86, 609, 707, 722
셀리그먼앤헬먼 Seligman & Hellman _96
셀리그먼프레르에시에 Seligman Frères & Cie _138
셔먼 반독점법 _360, 515
셔먼 A. J. _381
셔먼, 존 _154, 182
셰넌도어 코퍼레이션 Shenandoah Corporation _690
셰에리트 이스라엘 Shearith Israel _194
셰퍼드, 엘리엇 _240
셰펠러앤컴퍼니 Schepeler & Co. _119
셸턴, 아서 _525
소비에트 연방 _613
소작농 체제(남북전쟁 이후 남부) _115
손다임, 루이스 _66
쇼트 스퀴즈 short squeeze _349
슌펠드, 에이브 _476, 477
수사국 Bureau of Investigation (FBI 전신) _585, 620
수에즈 운하 _241, 243
수정헌법 제16조 _513~515
순수식품및의약품법 Pure Food and Drug Act _424
슈가 트러스트 _521
슈르츠, 카를 _47, 70, 165
슈왑, 찰스 _387
슈타인하르트, 바베트(조셉 셀리그먼의 부인) _39
스미스, 앨프리드 E. _711
스미스, 찰스 에머리 _230, 231
스미스, L. K. _673
스웨이츠, 노먼 _621~623
스위프트, 캐서린 '케이' _595
스탠더드오일 Standard Oil _264, 509, 561, 689
스탠퍼드, 릴랜드 _121
스턴 브라더스 Stern Brothers _448, 449
스턴, 앨 _351
스턴, 에이브러햄 _67
스테트하이머, 맥스 _88, 297
스투드베이커 Studebaker _448
스튜어트, 알렉산더 터니 _170~173
스튜어트, 코넬리아 _171
스트라우스, 루이스(쿤로브) _504, 627

스트라우스, 리바이 _60
스트라우스, 아이작 _555~564
스트라우스, 앨버트 _601
스트라우스, 오스카 _224, 229~233, 362, 369, 390, 404, 466, 479, 490
스트라우스, 이시도르(메이시스) _200, 499
스트롱, 벤저민 _601
스트롱, 윌리엄 _249
스트룩, 솔 _473
스티프 리프카 Stiff Rifka _476
스틸먼, 제임스 _309, 398, 509, 516, 519
스파르타쿠스단 _624, 627
스파이어, 제임스 _306, 441
스파이어, 폴 콘 _279, 283
스파이어 Speyer & Co. _279, 306, 372
스팽크뇌벨, 하인즈 _673
스페인의 유대인 추방(1492) _214, 239
스프링 라이스, 세실 _555, 597
시드니 덕스 Sydney Ducks _62
시베리아 횡단철도 _370, 382, 418
시슨 문서 _659, 660
시슨, 에드거 _658
시어스 로벅 Sears Roebuck _445, 447
시어스, 리처드 _445
시어슨 리먼 Shearson Lehman _707
시어슨 Shearson _707
시오니스트일반사무임시집행위원회 _560, 617
시오니즘 _433, 463, 562, 563, 615~618
시카고벌링턴앤퀸시 _336, 벌링턴 항목 참조
시카고올턴철도 Chicago & Alton Railroad _429, 430, 440, 539
시프, 도로시 '돌리' _194, 276
시프, 모제스 _100~103, 119
시프, 모티머 '모티' _157, 273, 285~292, 307, 376, 503, 547, 576~584, 606, 624, 682
　결혼(아델) _344
　브란트 스캔들 _493~502
　제임스 힐 _313, 334
　죽음 _698~700
시프, 빅토어 _640
시프, 제이컵 H.
　노던퍼시픽 쟁탈전 _335~353
　다카하시 고레키요 _372~375, 380, 388, 398, 419, 422
　던스의 평가 _123
　데른부르크의 자금 조달 _552
　러일전쟁 _382, 401, 418, 461
　몬테피오레 요양원 _499, 680, 711
　반차르 선전 활동 지원 _399, 400, 461
　버지시프 _104, 118~124, 134, 201, 336
　빙엄 논문 _468

에퀴터블 생명보험 사태 _411~417
장례식 _19~22, 710~712
존 피어폰트 모건 _313~316, 318, 340, 352, 354, 357
죽음 _710
케힐라 _469, 470, 475, 563
폴 워버그 _378~380
푸조 위원회 _510
허쉬기금 _224~229, 240, 462, 711
헨리가 복지관 _208, 352, 461
시프, 클라라(제이컵의 어머니) _100, 148
시프, 프리다(펠릭스 워버그의 부인) _148, 283, 285~287, 423, 568, 700
결혼 _267, 274~281, 472
시프, 헤르만(제이컵 시프의 형제) _608
식품의약국 FDA _424
신시내티 _65, 73, 107~109
싱어먼, 로버트 _657
싱클레어, 업튼 _423
쓰시마 해전 _387, 388

ㅇ

아메리칸코튼오일컴퍼니 _257
아메리프라이즈 파이낸셜 _707
아서리퍼 Arthur Lipper & Co. _692
아이슬링 Aisling 캐피털 _717
아인슈타인, 앨버트 _692
아인슈타인, 에드윈 _250
아프리카계 미국인 _83, 92, 115, 208, 232, 367, 639, 676
알렉산더, 제임스 _411~413
알렉산드르 2세 _214~218
알렉산드르 3세 _217, 218, 390
알베르트, 하인리히 _554, 673
알폰소 13세 _624
암스테르담 회의(1919) _644
암스트롱 위원회 _412~416
암스트롱, 윌리엄 W. _412
애덤스, 대니얼 _93
애덤스, 존 퀸시 _180
애덤슨, 로버트 _478
애들러, 사이러스 _103, 369, 371, 375, 405, 638, 666, 670, 710
애들러, 새뮤얼 _163, 168
애들러, 펠릭스 _186, 609
애스터 포병연대 _328
애스터, 존 제이컵 4세 _328, 498
애스터, 캐럴라인 _23
애커먼, 케네스 _669
애틀랜틱 전신회사 _105

앤더슨, 로버트 _76
앤드류, A. 파이엇 _524, 529
앤드리아, 허먼 _449
앨런비, 에드먼드 _613, 614
앨저, 호레이쇼 _29, 160, 165
야생동물보호협회 Wildlife Conservation Society _715
어윈, 프랭크 _261
어음 깎는 사람 note shavers _113
언더우드 타자기 Underwood Typewriter _448
언터마이어, 새뮤얼 _508~512, 537, 605
에드워드 7세 _291, 375, 396
에머슨, 랠프 월도 _450
에베르슈타트, 에마 _304
에퀴터블 생명보험 _411~417
에트나 Aetna (보험회사) _179
엘리스 아일랜드 _213, 227
엘리엇, 찰스 _392
엘펠트, 어거스터스 _180
엥겔스, 프리드리히 _47
여성 참정권 운동 _612
연방 소득세 _513~515
연방거래위원회 Federal Trade Commission, FTC _516
연방우유위원회 Federal Milk Commission _607
연방준비법 Federal Reserve Act _534~538, 601
연방준비제도 _537, 545, 580, 596, 602, 663
영란은행 _439, 518, 522
영토주의 territorialism _464
예카테리나 대제 _216, 217
오를란도, 비토리오 _636
오리건쇼트라인 _327
오리건설노향토회사 _327, 332
오언, 로버트 _535~537
오펜하임, 나단 _273
오하이오생명보험신탁 _64
옥스, 아돌프 _369, 414, 486, 520
올드리치 플랜 _529~533
올드리치, 넬슨 _521~533
와이즈, 스티븐 _708
와이즈먼, 윌리엄 _621, 626
와인버그, 시드니 _452
와일드, 오스카 _305
왁시 고든 Waxey Gordon _476
왓츠, 토머스 힐 _53, 88~91
우리 무리 Our Crowd (버밍엄) _23, 182
우에르타, 빅토리아노 _571
우치다 자작(외무상) _710
울워스 빌딩 _455
울워스, 프랭크 윈필드 _454~456
울프, 사이먼 _487~489
울프, 알렉산드라 _718

울프, 애디(오토 칸의 부인) _279, 303, 306, 618
울프, 에이브러햄 _146, 279, 303, 306, 308
울프, 톰 _718
워드, 퍼디낸드 _247
워버그 연구소 _271, 270~274, 285, 377, 435, 465, 550~554, 658, 663~667, 672
    나치 독일 치하 _701~705
    바이에른 제3경기병대 복무 _271
    일본의 초대 _703
    죽음 _706
    테러 위협(1922) _647
    파리강화회의 _626~633, 639
워버그, 모리츠 _ 145, 267~279, 465
워버그, 아비(막스의 형) _ 269~277, 283~285, 289, 377, 702
워버그, 제임스 '지미'(폴의 아들) _ 591~596, 602, 603, 667, 701
워버그, 펠릭스 모리츠 _627, 666, 680
    1차 대전과 독일 지원 _545, 553~555
    결혼(프리다 시프) _267, 272~279
    국제인수은행 _684
    길버트가 설계한 저택 _455
    미술품 컬렉션 _451
    자선 활동 _471~475
    자연사박물관 _211
    죽음 _700
    공동분배위원회 _561, 563, 590, 641
워버그, 폴 _ 376, 545, 553, 565, 577, 592, 602, 640, 647, 663
    1929년 주식시장 붕괴 _685
    결혼(니나 로브) _280, 283
    국제인수은행 _683
    시민권 _546
    연방준비제도 경력 _538~540, 596~601
    올드리치 _521
    윌슨 대통령 _531, 538, 600
    제이컵 시프 _377~380, 428
    죽음 _700
    중앙은행 설립 노력 _516~537
    피서링의 암스테르담 회의 _642~645
워버그, 프리츠(모리츠의 아들)
    워버그은행 M. M. Warburg _145, 267~270, 377, 526
    1차 대전 _550~554
    나치 독일 _702~704
    러일전쟁 시 일본 국채 판매 _378
    모티 시프의 견습 _285, 291
    소유권 회복 _706
워싱턴, 부커 T. _208, 471, 497, 680
워싱턴, 조지 _76, 96

워트하임, 프레드 _443
월드, 릴리언 _715
월드먼, 모리스 _202, 205, 709
월스트리트 폭발 사고(1920) _676
웨버 대령, 존 B. _232~235
웨버, 캐서린 _591, 667, 701
웨스콧, 글렌웨이 _694~696
웨스턴유니온 Western Union _22, 474, 711
웨스트버지니아 광부 파업(1920) _676
웨스팅하우스 Westinghouse _22
웰스 파고 Wells Fargo _298
웰스, 헨리 _60
위조지폐 확산(19세기 중반) _ 49
윌슨 행정부
    《시온 장로 의정서》_658
    1차 대전 참전 및 선전포고 _589
    알베르트의 비밀 문서 _570
    전쟁 배상금 _643
윌슨, 우드로
    14개조 평화원칙' 연설 _632
    국제연맹 _626, 646, 675
    대통령 선거(1912) _491, 531
    대통령 선거(1916) _586, 593
    브랜다이스 대법관 지명 _562
    연방준비제도 _531~540
    파리강화회의 _631~633
    폴 워버그 _600~602
유나이티드시가제조사 United Cigar Manufacturers Company _443
유니버시티 클럽 _504
유니언리그클럽 Union League Club _159, 178, 248~251
유니언퍼시픽철도 _ 20
    1907년 주가 급락 _1907년 3월
    그레이트노던 _335~350
    서던퍼시픽 철도 _339
    오리건쇼트라인 _327
    인가(1862) _311
    쿤로브의 구조조정 _311~330
    크레디 모빌리에 스캔들 _135
    파산과 법정관리 _248
    파워스 법안 _317~321
    해리먼 _318~330
유대신학교 Jewish Theological Seminary _471, 680
유대인 구호의 날(히어로 랜드 축제 중) _614
유대인복지위원회 Jewish Welfare Board _607, 626
유대인영토기구 Jewish Territorial Organization, ITO _463
유대인이민자구호협회 Hebrew Emigrant Aid Society, HEAS _218, 221
유대인이민자정보원 Jewish Immigrant Information

Bureau, JIIB _466
유대인자선연합 Federation for the Support of Jewish Philanthropies _680
유에스러버 U.S. Rubber _22
윤리문화협회 Society for Ethical Culture _169, 253, 609
의화단 운동 _370
이리철도 Erie Railroad _125, 153, 191, 342
이매뉴얼 회당(뉴욕) _20, 155, 191, 251, 279, 403, 469, 591
　개혁 정책과 관례 _163~169
　랍비 구스타프 고트헤일 _187
　시프의 장례식 _710
이민법(1882년) _227
이민법(1891년) _227, 235
이민법(1924년) _677, 705
이주제한연맹 Immigration Restriction League _459
이집트 원정군(영국) _613
이탈리아 _47, 234, 624, 632
인민구호위원회 People's Relief Committee _561
인민당 People's Party _62
인터내셔널증기펌프 International Steam Pump Company _443
일렉트릭비히클 Electric Vehicle Company _262
일리노이센트럴철도 _318
일반명령 제11호(그랜트) _72, 74, 180
일본 _334, 370, 397~401, 435, 534, 548, 660, 664, 670, 703
　남만주 철도 _418
　러일전쟁 _369~389
　제이컵 시프 _371~389, 398, 418~423, 667, 710
　잉거솔, 로버트 _161

ㅈ

자동차에 대한 대중의 반응 _263
자유의 여신상 _457
작은 베르사유 조약 _638
재펫앤컴퍼니 S. Japhet & Co. _438
잭슨, 앤드루 _38, 49, 518
쟁윌, 이즈리얼 _463~466, 638
적색 공포 Red Scare _656
적성국자산관리처 _611
적십자 _552~554, 587, 605, 614, 637, 711
전국시민위원회 National Citizens' Committee _490
전미유색인지위향상협회 _208
전시무역위원회 War Trade Board _655
전쟁부(미국) _78, 90, 328, 434, 478, 623
절망적인 꼬마 유델 Desperate Little Yudel _476
제1차 세계대전
　독일의 미국에서의 선전 활동 _552~559,
　569~571
　독일의 잠수함전 _565
　베르사유 조약 _642, 646~648, 675, 693
　영불 금융 지원 _579, 584
　우편 금지 _548, 627
제2차 세계대전 _422, 452, 673
제너럴 모터스 _22
제이쿡매컬러 Jay Cooke, McCulloch & Co. _134
제이쿡앤컴퍼니 Jay Cooke & Co. _132~135, 141
제정러시아육해군장교연합 _655
젠킨스, 존 _62
조이스, 윌리엄 _676
조지아주 _68, 88, 524, 564
존슨, 앤드루 _94
주간 통상위원회 Interstate Commerce Commission, ICC _417, 424, 426
주얼티컴퍼니 Jewel Tea Company의 _585
주화법 Coinage Act of 1873 _183, 238
줄리어드 음악원 _282
중국인배제법 The Chinese Exclusion Act _227
중앙은행(연방준비제도)
　연방준비법 _534~538, 601
　올드리치 플랜 _529~533
　윌슨 _531~540
　폴 워버그의 기여 _516~537
증권거래위원회 Securities and Exchange Commission _445
지킬 섬 회합 _524~529
지퍼스타인, 스티븐 _657
진보 시대 Progressive era _505
진보당 Progressive Party _492
징병법 Enrollment Act _82

ㅊ

챈들러, 윌리엄 이턴 _235
챈들러앤컴퍼니 Chandler & Co. _620
처노, 론 _282
처칠, 말버러 _656
철도 붐 _121
청년히브리협회 YMHA _221, 470, 554, 608
청일전쟁 _370
체브라 메바체 콜림 Chevra Mevacher Cholim _45
체이스, 새먼 P. _79
체이스맨해튼 _684
촐고츠, 리언 _359
치머만, 아르투어 _558, 564

ㅋ

카네기, 앤드루 _680

카셀, 어니스트 _152, 223, 229, 276, 291, 307, 358, 363, 374, 428, 538, 583
카시니, 이고르 _669
칸, 베른하르트(오토 칸의 아버지) _303
칸, 앨버트 _659
칸, 오토 허먼 _303~308, 396, 429, 456, 513, 531, 682
　《전세가 바뀌는 순간》_623
　1차 대전과 자금 지원 _574~584, 602, 620~624
　노던퍼시픽 쟁탈전 _342~346, 354
　메트로폴리탄 오페라 _308, 618
　반유대주의의 표적 _652, 646, 662, 671
　브랜다이스 _617
　사망 _700
　스파이어 _279, 306
　시민권 _550
　예술 후원 _473, 618
　유니언퍼시픽 철도 _325~329
　해리먼에 대한 언급 _322, 412, 424~426, 431, 435
칸, 허먼 _689
칸트, 임마누엘 _168
칼 몽고메리(유대교 회중) _46
칼턴, 뉴컴 _474
캐칭스, 워딜 _690
캔자스퍼시픽철도 _326
캘러핸, 에드워드 _105
커스타인, 링컨 _453
컬럼비아 대학교 _165, 186, 192, 209, 211, 261, 364, 513
컬버슨, 찰스 _490
케넌, 조지 프로스트(외교관) _230, 658
케넌, 조지(저널리스트) _230
케이블, 벤저민 _479
케인스, 존 메이너드 _643~646
케힐라 kehillah _469~478, 662
켄트, 프레드 _642
켐스터, 월터 _232
코글린, 찰스 _668
코넬 대학교 _211, 546, 568, 717
코닥 _22
코빈, 에이블 _128
코빈, 오스틴 _183, 204
코코프쵸프, 블라디미르 _388
코튼덕트러스트 _ 257
코튼시드오일트러스트 _257
콘-스파이어, 폴 _279, 283
콜러, 맥스 _480, 482
콜론 call loan _686
콤스탁 Comstock 광산 _238
쿡, 제이 _80, 133, 140, 334

쿤, 에이브러햄 _106, 146, 151
쿤, 패니(솔로몬 로브의 첫 번째 부인) _106
쿤, 프리츠 _673
쿤네터 Kuhn, Netter & Co. _107
쿤로브 Kuhn, Loeb & Co. _18~21, 151~157, 183, 185, 203, 291, 396, 420, 426, 35, 455, 473, 504, 539
　1873년 공황 _143
　1912년 대통령 선거 _531
　노던퍼시픽 쟁탈전 _338~358
　리먼 브라더스 _115
　셀리그먼 일가와의 유대 _252
　시프의 합류 _146
　에퀴터블 생명보험 스캔들 _411~417
　오토 칸의 합류 _279, 307
　워버그은행과의 협력 _267, 273, 275
　유니언퍼시픽 철도 _311~330
　일본 국채 발행 _374~378, 388
　창립 _106
　푸조 위원회 _510, 512
쿨리지, 캘빈 _286
큐클럭스클랜 KKK _676
크라우스, 아돌프 _406
크레디모빌리에 아메리카 _134
크루거, 하비 _714
크루셰반, 파벨 _366, 657
크리스탈나흐트 Kristallnacht _705
클라인워트, 알렉산더 _438, 448
클라크, 앨버트 _356
클라크, 에드워드 영 _676
클레망소, 조르쥬 _632, 636, 640
클레멘스, 새뮤얼(마크 트웨인) _230
클레이, 헨리 _38
클레이턴 반독점법 _515
클로스, 헨리 _136, 140
클리블랜드 행정부 _321
클리블랜드, 그로버 _258, 366
클라인워트선즈 Kleinwort Sons _302, 438, 447~449, 584
클린턴, 드윗 _192
키시네프 대학살 _366, 376, 393, 657
키프, 대니얼 _480

ㅌ

타이타닉호 _498
태프트 행정부 _479, 482~484, 487
태프트, 윌리엄 하워드 _478~489, 491~493, 528~533, 646, 710
터스키기 연구소 Tuskegee Institute _471, 497, 680
토마스, 로이드 _627

톰슨, 리처드 위긴턴 _243
투기 열풍
   1901년(노던퍼시픽 쟁탈전) _350
   1904~1906년 _427
   남북전쟁 및 직후 _104, 119
트렌홈, 조지 _92, 93
트로츠키, 레온 _ 402, 613, 656, 658, 660, 664~669
트위드, 윌리엄 '보스' _178, 186, 190
티케너, 아이작 _89~92
티파니, 루이스 컴퍼트 _21
틸든, 새뮤얼 _258
틸먼법 Tillman Act (1906) _423
팀머샤이트, 리하르트 A. 585

ㅍ

파고, 윌리엄 G. _60
파나마운하회사 _240~244
파라마운트 Paramount _22, 683
파리강화회의 _630~649
파스은행 Parr's Bank _373
파슨스, 허버트 _487, 490
파울러, 찰스 _521
파워스, H. 헨리 _317~321
파인과 댄디 Fine and Dandy (뮤지컬) _595
파쿠아, 존 _357
팔머, A. 미첼 _611, 656, 675
퍼스트, 모지스 _66
퍼스트내셔널뱅크 _341, 509, 512, 603
퍼싱, 존 _623, 626
퍼첼, 메이어 _112, 113
퍼첼앤골드만 Putzel & Goldman _110, 112
퍼킨스, 찰스 엘리엇 _337~341
페글러, 웨스트브룩 _502
페르디난트 대공, 프란츠 _540, 634
페이머스 플레이어즈-라스키(파라마운트) _683
페익소토, 벤저민 프랭클린 _166
페일 유대인 정착지 _ 15, 216, 223, 231, 403, 486, 634
펜실베이니아철도 _20, 154, 204, 315, 363
포드 자동차 _673
포드, 에젤 _661
포드, 헨리 _263
   반유대주의 _651~674
   일렉트릭비히클 분쟁 _263
   죽음 _674
   평화운동 _653
   히틀러 _651~653, 673
포머린, 애틀리 _539

포브스, 에드워드 월도 _450
포브스, B. C. _526
포스터, 찰스 _228
포츠머스 조약(1905) _390, 397, 418, 611
폭로자 muckraker _407
폴라로이드 Polaroid _22
폴란드 공화국 _634
폴섬, 조지프 _59
폴슨, 헨리 _432
푸조 위원회 _509~513, 532, 537
푸조, 아르센 _508
풀, 데이비드 드 솔라 _554
퓰리처, 조셉 _247, 323, 524
프랑스
   반유대주의 _245
   영불 금융 지원(J. P 모건) _571~580
   파나마 운하 프로젝트 _242~245
   파리강화회의 _626~633
프랭크앤갠즈 Frank & Gans _104, 119
프랭클린, 아레사 _718
프로그레스 클럽 Progress Club _181
프로이센 _ 124, 145, 305, 604, 620
프릭, 헨리 클레이 _680
플레밍, 로버트 _321, 363
플레베, 뱌체슬라프 폰 _384
플로리다 준주 _32
플림턴, 조지 아서 _212
피서링, 헤라르트 _642, 644
피셔, 준 브레턴 _295, 587, 692
피스크, 짐 _125~129
씨어스, 퀸늘토 _311~325
피어슨, 루이스 _454
피터 루거 Peter Luger _13
필드, 사이러스 _105, 187
핍, 에드윈 _660
핑크, 캐롤 _639

ㅎ

하나우어, 제롬 _548, 579, 682
하딩 행정부 _647
하모니 클럽 Harmonie Club _181
하바라(양도) 협정 Haavara Agreement _702
하버드 대학교
   로브고전도서관 _282
   반유대주의 _437, 591, 677
   포그 미술관 _450
   피바디 박물관 _284
하버드 크림슨 The Harvard Crimson _437, 592
하우, 어빙 _218

하우스, 에드워드('대령') _534, 538, 580, 606, 622, 626
하운디니, 해리 _614
하이드, 제임스 헤이즌 _411~413
하이드, 헨리 B. _411~412
하이드앤레더컴퍼니 _443
하이미 헌드레드 Hymie Hundred _476
하인샤이머, 루이스 _303, 347
하일란, 존 _711
하트퍼드 내셔널뱅크 _440
함부르크 증권거래소 _269, 289, 640
공동분배위원회 Joint Distribution Committee, JDC _561, 590, 640, 656, 685
해나, 마크 _364
해리먼, 에드워드 H. _318~330
    1907년 공황 _432
    남만주 철도 _418, 435
    노던퍼시픽 쟁탈전 _332~353
    시어도어 루즈벨트 _362
    시카고올턴철도 _429, 539
    에퀴터블 생명보험 스캔들 _412~417
    죽음 _435
해리슨 행정부 _229~231
해리슨, 벤저민 _229~236
해머슬로, 새뮤얼 _446
해밀턴, 알렉산더 _518
핸콕, 존 _297
햄린, 찰스 _516, 597
허버트, 힐러리 _53, 258
허쉬, 루시엔 _223
허쉬, 모리스 드 _223, 226
허쉬남작기금 Baron de Hirsch Fund _224~229, 240, 462, 711
허스트, 윌리엄 랜돌프 _496
헌팅턴, 콜리스 _251, 338
헤르츠, 마리 _289
헤르츨, 테오도르 _463
헤이, 존 _362
헤이스, 러더포드 B. _47, 182, 242, 258
헤이스, 아서 _406
헤일, 네이선 _467
헨리가 복지관 Henry Street Settlement _208, 352, 461, 470, 715
헬먼, 맥스 _96, 105, 297
헬먼, 시어도어 _138, 185
헬먼, 이사이아스 _298
헬먼, 제프리 _23, 38
헬먼, 조지 S. _81, 252
헬먼, 헨리엣(제시 셀리그먼의 부인) _63, 251

헵번법 Hepburn Act _425, 428
호센펠더, 에리히 _576
호턴, 해리스 _657
홀먼, E. B. _480
홍콩상하이은행 HSBC _373
화이트, 트럼볼 _180
화이트, 호레이스 _126, 229
환어음 _96, 141, 268, 544, 683
황열병 _45, 52, 58, 65
후버, 허버트 _607, 627, 633, 646
후버, J. 에드거 _675
휘트먼, 찰스 _497
휠러, 먼로 _694
휴잇, 마빈 _316
휴잇, 에이브럼 _237
휴즈, 찰스 에번스 _416, 598, 636, 647
히브리고아원 Hebrew Orphan Asylum _117, 191, 213, 251, 710
히브리무상학교협회 Hebrew Free School Association— _206, 222
히브리자선연합 United Hebrew Charities, UHC _221, 225, 405
히어로 랜드 Hero Land 축제 _613
히틀러, 아돌프 _648, 702, 706
히틀러, 아돌프 《나의 투쟁》_702
히틀러, 아돌프 총리 지명 _696
히틀러, 아돌프 포드 _651, 673
힌덴부르크, 파울 폰 _696
힐, 아서 _372, 373, 375
힐, 제임스 J.
    노던증권 해체 _360, 362
    노던퍼시픽 _331~358
    모티 시프의 견습 _313
    제이컵 시프 _574

기타

B. F. 굿리치 B. F. Goodrich _22, 448
BCS (자산관리회사) _715
DLJ _706
F. W. 울워스 F. W. Woolworth & Co. _454~455
J. P. 모건
    노던퍼시픽 쟁탈전 _331~358
    드렉셀모건 _175, 242, 315
    본사(코너) _566, 584, 676
    영불 금융 지원 _571~580
    폭발 사건(1920년) _676